새로운 다문화사회의 이해와 실천

임신웅 著

교육과학사

1. 다문화사회에 대한 교수학습의 궁극적인 목표는 지식의 전달이 아니라 삶의 변화입니다. 즉 다문화사회에 대한 이론이나 정책을 소개하는 것에 그치는 것이 아니라, 타인의 문화에 대한 왜곡된 편견을 버리고, 다양한 문화를 가진 사람들이 서로의 존재 가치와 문화를 동등하게 인정하며 평화롭게 공존하게 하는 것입니다.

따라서 다문화사회를 가르치는 교수자에게는 다문화사회에 대한 이론 및 정책에 대한 지식뿐 아니라, 상대방에 대한 인정과 평등한 공존을 바탕으로 섬김의 삶을 실천하는 본(本)을 보이며, 학습자들에게 이러한 정신과 삶을 전수해 가는 것이 요구됩니다.

이것을 알기에 필자의 삶을 스스로 돌아보며 한없이 부족하고 초라한 모습에 고개를 숙입니다. 하지만 그러하기에 더욱더 본이 될 삶은 없고 갖가지 지식의 정보만 무수히 늘어놓는 말쟁이나 글쟁이가 되지 않도록 힘을 내어 다문화주의를 실천하며 살아가려고 합니다.

2. 이 책은 다문화사회에 대한 이론과 현상 및 정책, 그리고 다양한 문화 양상을 정리하여 다문화교육의 교재 및 자료로 활용하는 데 초점을 맞추어 집필하였습니다. 이 책은 강의교재로 대학교 교양과목, 다문화와 관련한 전공소양 과목, 각 기관 등에서 다양하게 강의교재로 활용할 수 있으며, 특히 교육학과, 상담학과, 사회복지학과, 간호학과에서 한 학기 동안 강의할 수 있는 좋은 교재가 될 것입니다.

교재의 순서에 맞춘 강의계획서를 다음과 같이 권장해 드립니다. 1~9장까지는 모든 학과에서 공용으로 강의하시기에 알맞은 내용입니다. 이후의 내용부터 각 학과의 특성에 맞추어 다음과 같은 주제로 강의를 진행해 가시면 좋을 것입니다. 특히 10장 '다문화교육의 실제'를 강의하실 때는 지식적인 정보를 전달하는 데 치우지지 말고, 교재에 있는 여러 가지 다문화교육의 자료들을 실제로 함께 경험해 보는 시간을 가지면 좋겠습니다.

	교육학과	상담학과	사회복지학과	간호학과
1주	1. 다문화사회의 형성			
2주	2. 다문화사회의 모형과 정책			
3주	3. 결혼이민자의 현황과 정책			
4주	4. 외국인근로자의 현황과 정책			
5주	5. 북한이탈주민의 현황과 정책			
6주	6. 다문화가정 자녀의 현황과 정책			
7주	7. 동북아시아: 중국, 일본, 몽골, 러시아			
8주	8. 동남아시아: 베트남, 필리핀, 태국, 캄보디아			
9주	9. 기타: 미국, 영국, 프랑스, 호주			
10주	10. 다문화교육	10. 다문화교육	10. 다문화교육	11. 다문화교육의 실제
11주	11. 다문화교육의 실제	11. 다문화교육의 실제	11. 다문화교육의 실제	12. 다문화상담
12주	12. 다문화상담	12. 다문화상담	12. 다문화상담	13. 다문화 사회복지
13주	13. 다문화사회와 학교 사회복지	13. 다문화 사회복지	13. 다문화 사회복지	14. 다문화 간호

3. 무엇보다도 이 책이 세상에 나오기까지 저를 변화시키시고 이끌어주신 하나님께 감사드립니다. 그리고 아들의 뒤늦은 공부를 말없이 도와주신 부모님과 가족들, 저를 늘 아껴주시고 힘이 되어 주시는 순천대학교 교직과 교수님들, 어려운 시대 속에서도 늘 꿈을 잃지 않는 목양의 동역자들, 아끼는 자료들을 선뜻 내어주신 분들, 줄탁동시(啐啄同時)의 마음으로 정성껏 책을 만들어주신 교육과학사, 이 외에도 많은 사람의 은덕을 통해 이 책이 엮어졌음을 밝히며 한없이 감사드립니다. 사랑합니다.

2023년 6월 14일

著者 임신웅

Ⅱ 한국의 다문화

Ⅲ 다문화 이주자 국가에 대한 소개

Ⅳ 다문화교육

V 다문화상담

Ⅵ 다문화 사회복지

Ⅶ 다문화 간호

I

다문화사회와 다문화주의

제 1 장

다문화사회의 형성

"**다문화**"란 무엇인가? "**다문화**"의 의미를 이렇게 간략히 정의할 수 있다. **"다양한 문화들이 다 소중한 가치가 있다. 그러므로 다 함께 어울려 살아야 한다. 이것이 다문화다."**

이처럼 '다문화'는 다양한 문화가 있다는 것을 전제로 한다. 그렇다면 '문화'란 무엇인가? '문화'는 매우 다양하게 정의되고 있어서, 한마디로 정의하기 어렵다. 다만, 여러 학자가 정의한 것들을 바탕으로 '문화'의 개념을 폭넓게 추정할 수 있을 뿐이다. 하지만 그럼에도불구하고 반드시 '문화'의 개념을 정의하여 문화의 특성을 파악해야만 이를 바탕으로 '다문화'에 대해 조금 더 정확하게 이해할 수 있고, 다문화사회에 필요한 역량을 갖출 수 있다. 따라서 본 장에서는 다음과 같은 목표를 가지고 구체적인 내용을 살펴보고자 한다.

단원목표

1. 다문화사회를 이해하기 위하여 '문화와 세계화'의 개념과 특징을 이해한다.
2. 다문화사회로 변화되는 과정을 이해하기 위하여 '문화의 변동'에 대해 이해한다.
3. 다문화주의 태도를 갖기 위하여 '문화를 대하는 관점과 태도'를 이해한다.
4. 다문화사회를 살아가기 위해 필요한 역량을 파악한다.

1) 문화의 개념 및 특징

(1) 문화의 개념

'문화(culture)'라는 용어는 라틴어 'colere'(경작하다)에서 유래되었으며, 'cultus(경작)', 'cultura(문화, 교화)'라는 의미로 사용되었다. 이는 고대인들이 농경 중심의 공동체를 이루고 살아가는 데 필요했던 생활양식, 관습, 예절, 농경 기술, 생존에 필요한 기술 등을 총체적으로 의미한다.

이후, 로마의 철학자인 '키케로(Marcus Tullius Cicero, BC 106~43)'는 '문화란 무엇인가'라는 물음에 대하여 '영혼의 도야(cultura animi)'라는 표현을 써서 '정신의 밭을 가는 일'에 비유했다. 이로써 '문화'라는 개념이 '교양'이라는 뜻으로 이해되었으며, 음악, 미술, 문학 등을 이해하고 즐기는 교양 있는 사람을 '문화인'으로 인식하기 시작했다.

또한, '문화(文化)'라는 용어에서의 '문(文)'은 글월, 무늬, 채색을 의미하는 것으로써, 여러 가지 지식과 생활양식들을 그리거나 체계적으로 기록하는 것을 의미한다. 그리고 '화(化)'란 두 사람이 나란히 서 있는 것을 형상화한 글자로써 '가르치다. 따르다, 본받다.'라는 뜻이 있으며, 여러 가지 지식과 생활양식들을 전승해가는 것을 의미한다.

따라서 넓은 의미에서의 '문화'란, 물질적인 것뿐만 아니라, 정신적인 것까지도 포함하는 '인간의 모든 생활양식'을 의미한다. 다시 말하면 문화란 사람들이 살아가면서 만들어낸 의복, 음식, 주거 형태, 기술, 학문적인 연구, 윤리, 가치관, 공동체적인 규범, 관습, 사회제도, 예절, 놀이 등을 포함한 인간의 모든 생활양식을 의미하며, 이러한 문화를 학습하고 전승하는 것까지도 포함한다.

인류학자 타일러(Edward Burnett Tylor, 1832~1917)는 '문화'를 "지식, 신앙, 예술, 도덕, 법, 관습 그리고 사회 구성원으로서 인간에 의해 얻어지는 또 다른 능력과 습관들을 포함하는 복잡한 통합"이라고 정의하여 문화의 포괄성을 강조했다. 또한 인류학자 마거릿 미드(Margaret Mead, 1901~1978)는 '문화'를 "사회나 소집단의 학습된 행위"라고 정의하여, 문화의 학습 행위를 강조했다.

마거릿 미드
(Margaret Mead, 1901~1978)

한편 현대 문화연구의 고전적 학자인 레이몬드 윌리엄스(Raymond Williams, 1921~1988)는 "문화란 생산구조, 가족

구성, 사회관계를 표현하거나 통제하는 제도의 구조, 사회구성원들의 특징적인 커뮤니케이션"이라고 정의하며, 다양한 문화의 '상징'과 '상징체계'에 주목했다. 또한 『Keywords』에서 '문화의 정의'에 대해 크게 3가지의 관점이 존재한다고 주장했다. 첫째, 문화를 '인간정신을 지적, 정신적 또는 심미적으로 계발해나가는 일반적 과정 그 자체'로 정의하는 관점이다. 둘째, 문화를 '한 인간이나 시대 또는 집단의 특정 생활방식을 총체적으로 지칭하는 개념'으로 정의하는 관점이다. 셋째, 문화를 '지적인 작품이나 실천행위, 특히 예술적인 활동을 일컫는 용어'로 정의하는 관점이다.

다문화사회에 맞는 간호의 필요성을 강조하며 '다문화 간호'를 주창한 매들린 레닌저(Madeline Leininger) 박사는 문화의 구성요소를 〈표 1-1〉과 같이 구분했다.

〈표 1-1〉 문화 사정의 구성요소

가족과 친척관계 체계	가족이 핵가족인가, 확대가족인가, 아니면 "혼합"인가? 가족구성원이 가까이 사는가? 가족 구성원간의 대화방식이 무엇인가? 개인적인 가족 구성원의 지위와 역할은 무엇인가? 이 지위와 역할은 나이에 의해서 구분되는가, 성별에 의해서 구분되는가?
사회적 삶	단체의 일상은 무엇인가? 무엇이 생일, 결혼, 그리고 죽음과 같은 중요한 삶의 순환되는 사건인가? 교육적 시스템은 어떻게 구성되었는가? 단체가 경험한 사회적 경험은 무엇인가? 단체의 사회적 교류방식은 무엇인가? 그 단체에서 주로 권하는 영양적 활동은 무엇인가?
정치적 체계	정치적 체계의 어떤 요소가 집단이 지배적인 문화에 비해서 자신의 위치를 어떻게 인식하는지에 영향을 주는가? 예를 들면 법, 정의와 문화적 영웅 등 경제적 시스템이 토지, 물, 주거, 직업, 기회와 같은 자원의 통제에 어떻게 영향을 주는가?
언어와 전통	문화적 집단 사이의 방언이나 언어에 차이가 있는가? 역사, 예술 및 드라마 등 주요 문화적 전통은 무엇인가? 또한 이것이 그 집단의 문화적 정체성에 어떻게 영향을 주는가? 언어적 및 비언어적인 의사소통과 관련하여 주된 언어방식은 무엇인가? 의사소통과 관련해서 개인적인 영역은 어떠한가?
세계관, 중심가치, 문화적 규범	자연 및 또 다른 요소와 인간과의 관계에 대한 주요 문화적 가치는 무엇인가? 그 집단의 윤리적 신념이 어떻게 기술되고 있는가? 행동(권위, 책임, 의존, 그리고 경쟁)의 규범과 표준은 무엇인가? 시간, 일 및 여가에 대한 문화적 태도는 무엇인가?
종교	집단의 종교적 신념과 행위는 무엇인가? 그것이 어떻게 행위와 연관되어 있는가? 탄생과 죽음과 같은 주요한 삶의 사건을 둘러싼 의식과 금기는 무엇인가?
건강 신념과 행위	건강 및 질병과 관련한 집단의 태도와 신념은 무엇인가? 문화적 집단은 간호를 민간의료서비스 제공자로부터 찾는가? 보건의료서비스에 대한 결정은 누가 하는가? 집단의 건강에 중요한 생물학적인 변이가 있는가?

출처: Madeline Leininger(2012), 이은희 외 역

(2) 문화의 구분

문화는 공동체를 중시하는 '집단주의 문화'와 개인의 독립적인 자아를 중시하는 '개인주의 문화'로 나눌 수 있다. 먼저, '집단주의 문화'는 주로 마을 공동체의 협력을 중시하는 농경사회에서 발달하였으며, 상호의존적인 자아를 존중하고, '우리'라는 표현을 선호한다. 고향·학교 등의 인간관계와 인화(人和)를 중시하기 때문에 공동체적인 관계를 해치지 않으려고 자기 특성과 생각을 공동체에 맞추려고 노력한다.

집단주의 문화에 익숙한 사람들은 '침묵은 금'이라는 말처럼 많은 말을 하며 수다를 떠는 것을 부정적으로 생각한다. 또한 자기의 감정을 직접 솔직히 표현하기보다는 우회적인 방법으로 자기의 의견을 전달하는 간접적인 커뮤니케이션을 선호한다. 그러면서도 상대방이 자기의 생각과 감정을 잘 헤아려주기를 바라고, 자기도 상대방의 속마음을 헤아리려고 노력한다. 상대방의 제안을 거절할 때도 직접 부정적인 표현을 하는 것을 꺼려하며, 침묵이나 미소로 대신하는 경우가 많다. 사람들과의 관계에서 갈등이 일어났을 때에도 자기의 입장을 적극적으로 설명하거나 방어하기보다는 침묵이나 미소로 자기의 불편한 마음을 나타내며, 상대방이 직접 부정적인 의견을 표현하는 것을 기분 나쁘게 생각한다. 이는 체면과 조화를 중시하는 유교적 전통의 영향 때문인 것으로 보인다.

이런 집단주의 문화의 의사소통 방식을 '고맥락 문화'라고 하는데, 주로 오랫동안 동일한 문화권으로 형성된 동질문화권의 사회에서 주로 볼 수 있다. '고맥락 문화'를 가진 사람과 의사소통을 할 때 언어적인 표현보다도 상황을 중시하므로 대화를 하는 사람들이 눈치가 있어야 하고, '감', '상대방의 기분' 등에 민감해야 한다. '하나를 들으면 열을 알아야 한다'는 말처럼 상대방이 모든 것을 일일이 말해주지 않아도 '눈치껏' 알아서 할 수 있어야 하며, 모호하고 추상적인 표현도 서로 이해할 수 있어야 한다.

반면에 주로 다양한 인종이 모여서 집단을 이룬 사회나 기술과 독창성을 기반으로 발달한 산업사회에서 볼 수 있는 '개인주의 문화'는 독립적인 자아를 존중하고, '나'라는 표현을 선호한다. 대개 업무 위주로 관계를 형성하며, 경쟁과 갈등을 당연한 것으로 여긴다. 따라서 자기를 다른 사람들에게 인식시키기 위해 여러 가지 방법으로 자신의 개성과 자질을 드러낸다.

이런 개인주의 문화의 의사소통 방식을 '저맥락 문화'라고 하는데, 직설적인 표현으로 자기의 생각과 감정을 솔직히 표현하는 직접적인 커뮤니케이션을 선호한다. 상대방의 의견을 반대하고 제안을 거절할 때도 직설적인 표현으로 명확하게 거절한다. 따라서 부정적인 표현을 하지 못하고 침묵이나 미소 등으로 자기의 감정을 우회적으로 표현하는 고맥락 문화를 가진 사람들과 의사소통을 할 때 상대방의 뜻을 이해하지 못할 때가 있다.

'저맥락 문화'를 가진 사람들과 의사소통을 할 때는 상황적인 맥락보다도 언어 메시지를 잘 이해하고 파악해야 하며, 언어 표현에 구체적이고 명시적인 설명과 묘사를 해야 한다. 또한 언어적 표현이나 글을 쓸 때, 메시지 구성이 논리적이고 짜임새가 있어야 한다.

이처럼 어떤 문화의 영향권 아래에서 살아가는가에 따라서 같은 의미도 표현하는 방법이 다르다. 따라서 다른 문화를 가진 사람과 의사소통을 하고 교류하려면, 반드시 상대방의 문화를 알아야 한다. 이렇게 자신과 교류하는 상대방의 문화적인 가치 기준과 태도에 적절하게 반응하고 행동할 수 있는 능력을 '문화 지능(Cultural Intelligence)'이라고 한다. 이러한 문화지능은 문화적 경계선이 낮아진 현대사회에 더욱 중요한 능력과 태도이다.

문화지능을 키우기 위해서는 세 가지 준비와 경험이 필요하다. 첫째, 다른 문화에 대한 것들을 알고 이해하는 문화 지식이 필요하다. 둘째, 다문화주의에 입각한 개방성, 수용성, 문화적 감성을 길러야 한다. 셋째, 적극적이며 지속적으로 다른 문화를 가진 사람들과 소통하고 교류하는 문화적 실천이 필요하다.

(3) 문화의 특징

문화가 가진 공통된 특성들은 다음과 같다.

첫째, 문화는 '인간의 산물'이다. 모든 문화는 이미 존재하는 자연과 관련이 있지만, 자연 그대로가 문화는 아니다. 인간은 세상을 살아가면서 자연을 탐구하고 응용하고 활용하여 다양한 산물을 만들어 내는데, 이것을 '문화'라고 한다.

둘째, 문화는 '공유적 속성'을 가진다. 일반적으로 개인적인 취향을 문화라고 하지는 않으며, 여러 사람들이 함께 공유하는 것을 문화라고 한다. 즉, 어떤 가

[그림 1-1] 각 지역의 민요

치관이나 규범, 관습, 사회제도, 예절, 전통 놀이, 의복, 음식 등 공동체를 이룬 사람들이 함께 인식하고 인정하며 지키고 즐기는 '한 사회의 주요한 행동양식과 상징체계'를 문화라고 한다.

이러한 문화의 '공유적 속성'은 사회 구성원들이 자신의 삶과 행동을 결정하는 데 매우 중요한 영향을 끼치며, 사회 공동체는 이러한 문화의 공유를 통해서 구속력과 결속력을 가짐으로써 공동체의 질서를 유지해 간다.

셋째, 문화는 '다양성'을 가진다. 각 시대와 공동체마다 삶의 터전이 되는 자연 환경, 가치관, 문명과 정보통신의 발달, 정치·경제·종교적인 요소 등에 따라 다양하고 독특한 문화를 가지고 있는데, 이를 우열(優劣)이 아니라. 다양성으로 이해해야 한다.

넷째, 문화는 '일정한 과정'을 거쳐서 변화되어 간다. 어느 한 시대에 생성된 문화는 사회 구성원들에게 학습되고, 공유된다. 그러는 사이에 일정한 틀을 갖추어 양식화되고, 오랜 세월을 거쳐 전통이 되기도 한다. 이러한 '일정한 과정'을 거치는 동안, 각 문화들은 약간 다른 형태로 변형되기도 하며 쇠퇴하거나 소멸되기도 한다.

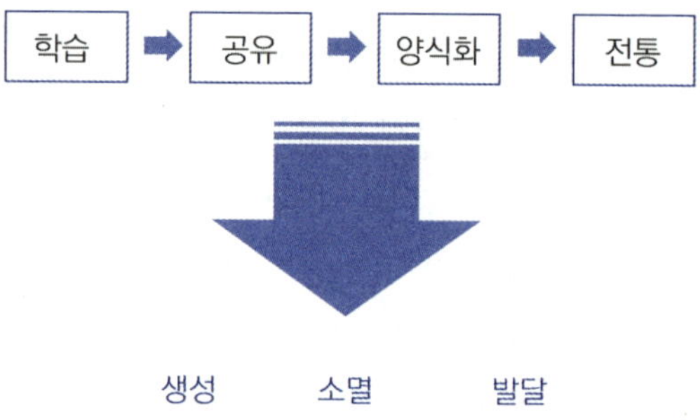

[그림 1-2] 문화의 변천 과정

다섯째, 문화는 '축적적'이다. 문화는 복사하듯이 '있는 그대로' 전승되지는 않는다, 모든 문화는 다음 세대로 전승되어 가면서, 그들이 가진 새로운 삶의 방식들이 더해져서 그 내용이 점점 복잡해지고 다양해진다.

여섯째, 각 문화들이 유기적으로 통합되어 공동체의 특성을 규정짓는 독특한 문화가 된다. 이는 어느 한 공동체 안에서만 해당되는 것이 아니라, 세계 전체의 문화들이 빈번하게 접촉하며 상호 밀접한 관련을 맺어서 시대의 특성을 규정짓는 독특한 문화가 된다. 이에 따라 문화의 어느 한 부분에 변동이 생기면, 다른 문화에도 영향을 주어 변동이 일어난다.

2) 문화의 변동

(1) 문화 변동의 요인

모든 문화는 고정불변(固定不變)한 것이 아니며, '일정한 과정'을 거쳐 끊임없이 변화되어 간다. 이것을 '문화 변동'이라고 하는데, 문화변동이 일어나는 요인은 다음과 같다.

첫째, 자연 환경의 변화이다. 모든 문화는 각 사회가 형성된 지역의 자연환경과 매우 밀접한 관련을 맺는다. 예를 들어, 몽골에 비해 기온이 높은 필리핀의 경우, 몽골의 전통의상인 '델'에 비해 상당히 얇은 천으로 된 '바롯사야'라는 전통의상을 입는다. 또한, 드넓은 초원에서 유목생활을 하는 몽골인의 경우에 이동하기 편리한 천막형태의 '게르'에서 살아가는 반면에, 베트남, 미얀마, 태국 등 열대 지역에 사는 사람들은 강이나 바다에서 물고기를 잡으며 모여 살았기 때문에 주로 물 위에 집을 짓고 살았다. 그러나 이처럼 각 지역의 자연환경에 따라 독특성을 가진 문화들도 기온 상승, 지형 변화, 오염 등으로 인해 자연환경이 바뀌어감에 따라 서서히 변화되어 간다.

둘째, 문명의 변화이다. 모든 문화는 각 사회가 가진 문명에 따라 다양한 형태를 가진다. 예를 들어, 과거에는 사람들이 일일이 심어서 모내기를 하였지만 농기계의 발달로 인해 이제는 기계로 모를 심는다. 또한 과거에는 아이들이 조그만 오락실에 모여서 놀았지만. 이제는 각자의 스마트 폰으로 게임을 한다.

[그림 1-3] 문명의 변화에 따른 문화 변천

셋째, 정치적인 변화이다. 프랑스의 구조주의 철학자인 미셸 푸코(Michel Foucault, 1926~1984)는 문화의 형성과 전파 과정에서 권력을 충실하게 작동하고 유지시킬 만한 지식이 당시의 지배적인 특정 양식의 지식, 즉 이데올로기(ideology)로 형성된다고 주장했다. 이에 따르면 민주주의와 공산주의, 진보와 보수 등이 대립하는 상황에서 어떤 이데올로기를 가진 세력이 주도권을 갖느냐에 따라 이데올로기와 지배적인 문화 양식이 변할 수밖에 없다. 이밖에 전쟁, 정치・종교적인 이유로 인한 난민, 제도의 개편(교육제도, 선거제도 등), 생활밀착형 정책의 변화 등 다양한 정치적인 요소들이 문화를 변화시키는 요인이 된다.

넷째, 이주와 세계화이다. '이주(移住, migrate)'는 '移 ; 옮길(이)'와 '住 ; 살(주)'를 합친 단어로써, 경제적 혹은 사회적인 이유 때문에 개인이나 가족 또는 집단이 지역을 옮겨서 살아가는 것을 의미한다. 이들은 이주를 한 후에 자기들의 문화를 이주한 지역에 맞게 변형시키며 살아간다. 또한 이주민들의 문화를 자주 접하게 되면 토착민들의 문화에도 변화가 일어난다. 이처럼 이주로 인한 인구 이동은 문화를 변화시키는 요인이 된다.

이주는 좁은 지역이나 국가 안에서 일어나기도 하지만, 국경을 넘어 다른 국가로 이주하기도 한다. 국제적인 이주는 유대인들의 디아스포라, 일제 강점기의 한민족 이동 등 강제적인 경우도 있지만, 임금이 낮고 경제 활동의 기회가 적은 국가에서 임금이 높고 경제 활동의 기회가 많은 국가로 이동하는 외국인 근로자, 결혼이주자, 유학이나 사업으로 인한 이주, 다양한 복지혜택을 누리기 위한 이주 등 자발적인 경우도 있다.

이러한 국제적인 이주 현상은 정치적인 이데올로기가 쇠퇴하고, 정보통신과 대중문화 산업이 발달한 20세기 후반에 들어서 더욱 증가되고 있다. 특히 1970년대 이후에 시장의 자연성과 민간의 자유로운 활동을 중시하며 초국가적 자본의 세계화를 강조하는 신자유주의의 성행과 함께 국제적인 이주 현상과 세계화가 더욱 가속화되고 있다. 이로 인해 세계 곳곳에서 다문화 현상이 급속도로 진행되고 있다.

〈표 1-2〉 이주에 영향을 끼친 요인

구분	이주에 영향을 미친 요인
배출 요인	빈곤, 낮은 임금, 인종적 · 종교적 · 정치적 억압, 교육 · 문화 · 보건 시설 등의 부재, 기근 · 홍수 등의 자연재해 지역 및 거주 간의 친근감
흡인 요인	저렴한 농지 가격, 고용 기회의 증대, 높은 임금 수준, 쾌적한 환경, 학교 · 병원 · 위락 시설 등의 시설 확충 미지에 대한 기대 등
장애 요인	아동 비용, 이주 규제법, 노동 허가 규제법, 가족 · 친구 · 지역사회와의 분리에 대한 심리적 불안감
개인적 요인	성, 연령, 건강 상태, 혼인 상태, 교육 수준, 자녀 수 등

(2) 문화 변동의 양상

모든 문화는 여러 가지 요인들에 의해서 다양한 모습으로 변화되어 가는데, 이러한 문화 변동의 양상을 다음과 같이 세 가지로 구분할 수 있다.

첫째, 변동 요인에 따라 '내재적 변동'과 '문화 접변을 통한 변동'으로 나눌 수 있다. '내재적 변동'이란, 문화 체계의 내부에서 발명과 발견을 통해 변동이 이루어지는 것을 말한다. 예를 들면, 한자(漢子)가 사대부들의 전유물로 여겨져서 사회적 불평등이 심화되어 있을 때, 한글을 창제하여 보급함으로써 서민들의 생활 전반에 변화가 일어났다.

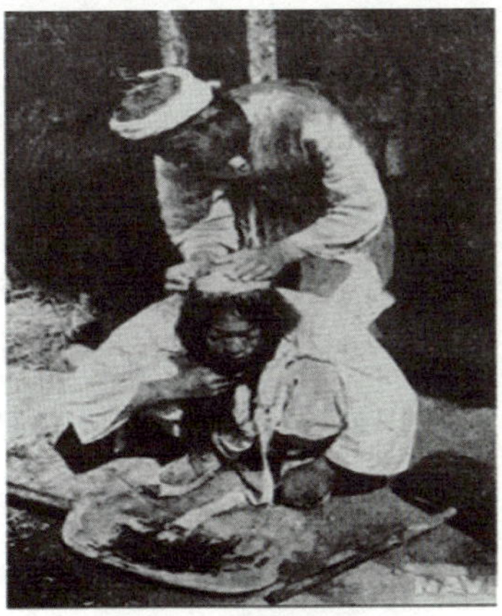

[그림 1-4] 단발령

반면에 '문화 접변을 통한 변동'이란 두 개 이상의 문화가 장기간 전면적으로 접촉함으로써 문화에 변동이 일어나는 것을 말한다. 예를 들면 불교의 문화와 한국의 토속 신앙이 장기간 함께 접촉하며 공존함으로써 두 가지 신앙을 혼합한 형태의 '산신각'을 만들게 된 것이다.

둘째, 변동 기간에 따라 '문화 진화'와 '문화 개혁'으로 나눌 수 있다. '문화 진화'란 어떤 문화가 장기간에 걸쳐 점진적으로 변동해 가는 것을 말한다. 예를 들면, '민주주의'는 고대 그리스 아테네에서 시행했던 '직접 민주주의' 방식으로부터 시작되어, 오랜 세월 동안 각 국가의 상황에 따라 다양한 방식으로 수정을 거치며 변동되어 왔다.

반면에 '문화 개혁'이란, 비교적 짧은 시간동안 강력한 인위적 행위에 의해 문화를 변동시킨 것을 말한다. 예를 들면, 동학농민운동 이후에 일본의 지지를 받은 개화파가 추진한 '갑오개혁(1894~1896년)'을 들 수 있다. 이들은 청나라에 대한 전통적인 사대정책에 반대하고, 서양 및 일본의 문물을 모델로 하여 213건의 개혁안을 시행하였고, 단발령을 시행했다.

셋째, 변동의 정도에 따라 '문화 공존', '문화 동화', '문화 융합'으로 나눌 수 있다. '문화 공존'이란, 기존의 토착 문화와 새로운 문화가 고유한 성격을 유지하면서 함께 공존하는 것을 말한다. 예를 들면, 미국 샌프란시스코, 인천, 부산 초량 등에 위치한 화교들의 차이나타운은 다른 문화를 가진 사회에 위치해 있으면서도 화교들의 문화를 잘 유지하며 공존해 가고 있다. 또 캐나다는 영어와 프랑스어를 동시에 공용어로 사용하며, 인도, 필리핀, 남아프리카 공화국, 가나 등 오랫동안 영국의 식민지로서 지배를 받아왔던 국가들은 모국어와 함께 영어를 공용어로 사용한다.

반면에 '문화 동화'란, 토착 문화가 새로운 외래문화 체계에 흡수되거나 대체되는 것을 말한다. 예를 들면, 토착민인 미국의 인디언들이 원주민의 언어 대신 영어를 사용하게 되었다. 또한 한국에 서구식 복장이 유행하면서, 한국인들이 한복을 거의 입지 않게 되었고, 청바지, 티셔츠, 양복과 같은 서양식 의복을 입고 생활하게 되었다.

하지만 짧은 기간 동안 문화가 완벽하게 동화되는 경우는 거의 없으며, 구성원들이 기존의 토착 문화를 얼마나 가치 있게 여기고 있으며, 토착문화가 얼마나 활성화되어 있고, 유연한가에 따라서 새로운 문화를 흡수하는 동화 현상의 속도나 정도가 달라진다.

또한, '문화 융합'이란, 서로 다른 문화가 접촉하여 새로운 문화가 형성되는 것을 말한다. 예를 들면, 토마토 김치, 두부 스테이크, 떡 케이크 등 퓨전 음식들이 있다. 또 연미복과 드레스를 입고 결혼식을 한 후, 전통 혼례복을 입고 폐백을 하는 것도 문화 융합의 한 형태이다.

3) 문화를 이해하는 관점과 태도

(1) 문화를 이해하는 관점

문화를 이해하는 관점을 다음과 같이 세 가지로 나눌 수 있다.

먼저, 총체론적 관점이다. '총체론적 관점'이란, 어떤 문화를 대할 때 그 사회의 자연환경, 정치, 경제, 문화적 요소 등과 연관하여 전체적인 맥락에서 총체적으로 이해하려는 관점이다. 어떤 사회이든지 다양한 요소가 서로 밀접한 관계를 맺어가면서 전체를 이루고 있기 때문에, 어느 한 측면만 부분적으로 생각하면 편협되고 왜곡된 관점을 가질 수밖에 없다. 따라서 어떤 문화를 대할 때는 반드시 그 사회의 역사, 지리적 환경, 정치·경제적 배경 등 다양한 요소들과 연관하여 전체적인 맥락에서 총체론적 관점으로 이해해야 한다.

예를 들면, 대다수의 인도 사람들은 힌두교를 숭배하여, 암소를 신성한 동물로 여기기 때문에 쇠고기를 먹지 않는다. 이러한 암소 숭배를 총체론적인 관점에서 생각하면, 인도의 자연환경 및 농업 조건과 밀접한 관련이 있다. 인도는 세계 경지면적의 약 12%나 되는 넓은 농경지를 가지고 있으며, 국가 노동력의 약 58% 정도가 농업에 종사하고 있다. 이러한 농업에서 암소는 농사에 필요한 수소를 낳고, 우유를 공급하며, 그 배설물은 땔감과 비료로도 이용된다. 따라서 인도인들에게 암소는 생활을 이어가는 매우 소중한 기반이다. 이렇게 총체론적인 관점으로 문화를 이해할 때, 그 문화를 보다 정확하게 이해하여 수용성을 갖게 된다.

둘째, 상대론적 관점이다. 어떤 문화를 대할 때, 그 문화를 가진 사람들의 특수한 환경이나 역사적인 특수성을 고려하여, 그 사회의 기준으로 문화를 이해하려는 관점이다. 왜냐하면 모든 문화는 그 사회의 자연 환경 및 역사적인 상황에 대처하며 살아온 결과이기 때문이다.

예를 들면 한국에서 국제적인 행사가 있을 때마다 한국인들이 개고기 먹는 것을 문제 삼는 외국인들이 많았다. 이는 한국의 특수성을 이해하지 못하고, 자기들의 문화적인 기준으로만 이 문제를 판단했기 때문이다. 본래 한국은 농경 사회이었기 때문에 힘든 노동을 많이 했다. 하지만 축산업이 발달하지 못하여, 소나 닭의 가격이 매우 비쌌다. 그래서 한꺼번에 많은 새끼를 낳는 개를 먹음으로써 단백질을 보충하였다. 이러한 한국의 특수성을 인정하고, 한국인들이 개고기 먹는 것을 생각한다면, 국제적으로 문제를 삼을 만한 일이 아닌 것이다. 따라서 어떤 문화이든지 상대론적 관점으로 대해야만 편견 없이 바르게 이해할 수 있다.

셋째, 비교론적 관점이다. '비교론적 관점'이란, 어떤 사회의 문화를 다른 문화와 동등한 위치에서 객관적으로 대조・비교하여 두 문화 간의 보편성과 특수성을 이해하려는 관점이다. 예를 들면, 모든 사회에 결혼 제도가 있지만, 결혼제도의 구체적인 방식은 다양하다. 한국은 일부일처제이지만, 어떤 사회에서는 일처다부제 또는 일부다처제이다. 이는 각 사회의 종교・정치・경제 등의 특수성이 반영된 결과이다. 이처럼 모든 사회가 결혼 제도라는 보편성을 가진 동시에 각 사회마다 다양한 결혼 제도의 독특성을 가지고 있다.

따라서 한 사회의 문화만을 단독으로 떼어 놓고 생각하면, 그 문화를 바르게 이해하기 어렵기 때문에 두 개 이상의 문화를 동등한 위치에서 서로 대조・비교하여 각 문화의 독특성과 보편성을 이해하려는 비교론적 관점이 필요하다. 이럴 때에 문화 간의 공통점과 차이점을 파악하여 자신의 문화뿐만 아니라 다른 문화도 더 깊이 이해하고 존중하게 된다.

(2) 문화를 대하는 태도

모든 문화는 다른 문화와 접촉하게 마련이며, 세계화가 가속화될수록 문화 간의 접촉은 더욱 빈번하게 일어난다. 이때 다른 문화를 어떠한 관점으로 이해하여 문화 간의 관계를 설정하는지에 따라 다른 문화를 가진 사람들을 대하는 태도와 정책이 달라진다. 따라서 개인적인 차원에서뿐만 아니라 국가적인 차원에서도 다른 문화를 대하는 태도가 갈수록 중요하게 여겨지고 있다. 다른 문화를 대하는 태도를 다음과 같이 구분할 수 있다.

첫째, 자문화 중심주의이다. '자문화 중심주의'란, 자기들의 문화만이 당연하고, 정당하며, 자기들의 문화가 다른 문화에 비해 우월하다고 믿기 때문에, 자기중심적인 판단을 내리는 경향이 강한 것을 말한다.

예를 들면, 침략자들이 자기들의 문화가 원주민들의 문화보다 우월하다고 생각하기 때문에 원주민들에게 자기들의 문화를 강요하는 것이다. 또한 경제적으로 부강한 선진국의 사람들이 자기들의 문화가 가난한 국가들의 문화보다 우월하다고 생각하여 가난한 국가의 국민들에게 자기들의 문화를 일방적으로 강요하면서도 정당화시키는 것이다.

둘째, 문화 사대주의이다. '문화 사대주의'란, 다른 사회의 문화를 자기가 속한 공동체의 문화보다 더 좋은 것으로 여겨서 동경하거나 숭상하며, 자기들의 문화는 무시하거나 낮게 평가하는 경향이 강한 것을 말한다. 문화 사대주의가 심화될 경우, 다른 사회의 문화를 절대적인 것으로 여기기까지 한다. 예를 들면, 조선 시대 선비들은 중국이 세계의 중심이라고 믿고 중국 한족의 문화를 '중화(中華)'라고 부르며 숭상했다, 반면에 자기들이 속한 조선의 문화는 그보다 못한 것으로 여겨 '소중화(小中華)'라고 불렀다. 이러한 문화 사대주의는 현재까지도 이어지고 있어서, 많은 한국인들이 일방적으로 외제품을 선호하며 선진국의 문화를 동경하는 경향이 있다.

셋째, 문화 상대주의이다. '문화 상대주의'란, 문화의 다양성과 상대성을 인정하여, 어떤 문화를 그 사회의 특수한 자연환경과 역사적. 경제적, 사회적 맥락 속에서 이해하고 판단하려는 경향을 말한다. 이러한 문화 상대주의적인 태도를 가진 사람은 문화들의 우월성을 비교하는 것은 무의미하다고 여기며, 특정 사회의 문화를 다른 사회의 기준에 따라 평가하는 것은 바람직하지 않다고 생각한다.

넷째, 다문화주의이다. '다문화주의'란, 각 문화의 다양성과 상대성 및 보편성을 인정하여 평등한 공존을 추구하는 것이다. 따라서 다문화주의를 가진 사람은 어떤 문화를 그 사회가 가진 특수한 자연환경과 역사적 · 경제적 · 사회적 맥락 속에서 총체적으로 이해하려고 한다. 더불어 지배문화와 종속문화, 주류와 비주류, 다수 문화와 소수 문화를 구분하는 편견과 차별을 거부하고, 모든 문화를 평등하게 존중하며 공존하고자 한다.

이데올로기의 장벽이 무너져 세계화가 가속화되고, 정보통신이 발달하여 문화 간의 접촉이 많아졌으며, 온 인류 공동체가 함께 대책을 세우고 해결해 가야 할 지구적인 문제들(대기오염, 미세먼지, 기온 상승, AIDS, 국제적인 범죄 등)이 많아짐으로써 다문화주의가 더욱 강하게 요구되고 있다.

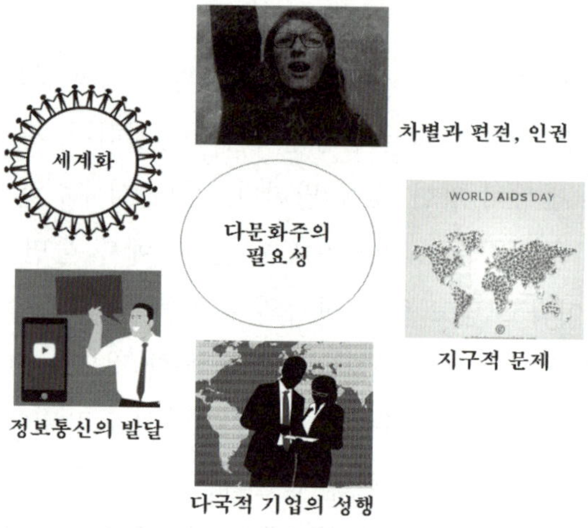

[그림 1-5] 다문화주의 필요성

4) 다문화사회를 살아가기 위해 필요한 역량

세계화를 비롯한 다양한 요인들로 인하여 한국 사회의 전반에 급격한 변화를 겪고 있다. 그중에서도 급속히 다문화사회의 현상들이 증가하고 있다는 것이 명백하다. 하지만 민족적 단일성을 자랑스럽게 여겨온 한국인들은 빠르게 다문화사회로 변해가는 현상들을 적절히 대처하지 못하고 있다. 이에 다문화사회를 살아가기 위해 필요한 역량이 무엇인지 살펴보고, 스스로를 성찰하며 준비해 가는 지혜가 필요하다.

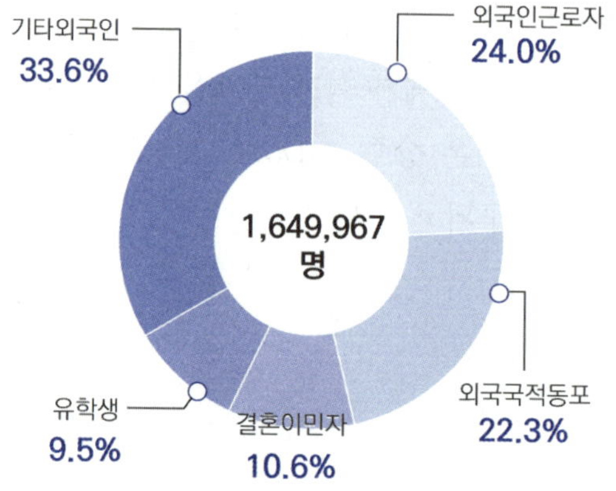

[그림 1-6] 한국 국적을 가지지 아니한 자 유형별 그래프

출처: 행정안전부(2022)

(1) 문화적역량(cultural competence)

베탄코트(Betancourt, 2003)는 '문화적역량'이란 '주류문화와 차별성을 갖는 다른 소수집단의 문화를 가진 인구 집단의 독특한 욕구를 이해하고 이에 반응하는 능력을 의미하며, 동시에 다른 문화를 가지고 있는 사람들의 욕구에 반응할 수 있는 작업을 실행할 수 있는 능력'이라고 정의했다. 즉, 문화적 역량이란, 다른 문화를 가진 집단의 욕구를 이해하고, 거기에 적절히 반응하며, 이를 실행할 수 있는 능력을 말한다.

이러한 문화적역량은 네 가지 요소로 구성된다. 첫째, 문화적인 지식이다. 다른 집단의 문화가 가진 내용을 알고, 그 문화가 가진 독특성과 보편성을 이해하는 것을 말한다. 각 집단의 문화 및 상징체계는 그 집단이 가진 자연환경과 여러 가지 사회, 정치, 문화적인 배경에 따라 다양하게 해석될 수 있으므로 그 집단의 문화에 대한 지식을 가지고 있어야만 의사소통 및 상호작용을 원활하게 할 수 있다. 따라서 여러 집단이 가진 문화를 알아가는 문화적 지식의 역량을 갖추는 것이 매우 중요하다.

둘째, 문화적인 감수성이다. 문화적인 감수성이란, 문화적인 개방성 및 수용성과 연관된 것으로 다른 문화를 가진 사람들과 거리낌 없이 가까이 하려는 정서적 준비상태 및 태도를 말한다. 베넷(Bennett)에 의하면, 문화적인 감수성은 천연적으로 가지고 태어나는 것이 아니라, 계속된 교육과 훈련에 의해 발전하기도 하는 유동적인 능력이다. 문화적인 감수성 향상을 위해 반편견 프로그램, 문화적 감수성 훈련 프로그램, 다문화 인식 전환 프로그램 등을 실시하는 것이 효과적이다. 이러한 훈련을 통해 편견과 고정관념을 버리고, 다른 문화를 가진 사람들과도 거리낌 없이 가까이 하기를 계속할 때 문화적인 역량을 갖출 수 있다.

셋째, 실천적 역할 수행이다. 즉, 문화적인 지식과 문화적인 감수성을 바탕으로 다른 문화를 가진 사람들과 적극적으로 함께 어울리며, 서로의 역할을 협력적으로 수행해 가는 것이다. 이러한 실천적 역할 수행을 통해 자신의 문화 역량을 성찰할 수 있으며, 발전시킬 수 있다.

넷째, 상황에 적절히 대처하는 능력이다. 즉, 다른 문화를 가진 사람과 함께 역할을 수행할 때, 상호작용이 이루어지는 맥락을 잘 파악하여 적절히 대처하는 능력을 말한다. 이렇게 상황에 적절히 대처하는 의사소통을 통해 공감과 친밀감이 향상되며, 문화적 차이에 구애받지 않고 자유롭게 교류할 수 있는 문화적인 역량을 갖게 된다.

〈표 1-3〉 세대별 다문화수용성 지수

<table>
<tr><th rowspan="2">구분</th><th rowspan="2">2015</th><th colspan="2">2018</th><th colspan="2">2021</th></tr>
<tr><th></th><th>증감</th><th></th><th>증감</th></tr>
<tr><td>성인(점)</td><td>53.95</td><td>52.81</td><td>1.14 감</td><td>52.27</td><td>0.54 감</td></tr>
<tr><td>청소년(점)</td><td>67.63</td><td>71.22</td><td>3.59 증</td><td>71.39</td><td>0.17 증</td></tr>
</table>

출처: 여성가족부, 「국민다문화수용성조사」(2021)

〈표 1-4〉 구성요소별 다문화수용성 지수

구분	1	2	3	4	5	6	7	8
성인(점)	거부회피 정서 (63.86)	고정관념 및 차별 (63.42)	세계시민 행동 (54.11)	국민 정체성 (49.20)	이중적 평가 (48.89)	일방적 동화기대 (48.53)	문화 개방성 (48.04)	교류 행동의지 (38.76)
청소년(점)	교류 행동의지 (78.09)	거부회피 정서 (77.18)	고정관념 및 차별 (74.69)	국민 정체성 (71.89)	이중적 평가 (66.92)	일방적 동화기대 (66.04)	문화 개방성 (65.26)	세계시민 행동 (65.08

* 구성요소의 점수가 높은 것은 해당 요소와 관련된 다문화수용성이 높다는 것
출처: 여성가족부, 「국민다문화수용성조사」(2021)

(2) 세계시민의식(global citizenship)

① 세계화

말콤 워터스(Malcolm Waters)는 “세계화란 사회적·문화적 제도에 대한 지리학적 구속이 약해지고, 그러한 사실을 사람들이 점점 더 많이 인식하게 되는 사회적 과정이다.”라고 정의했다. 또한 ‘사회 구조화 이론’을 주장한 앤서니 기든스(Anthony Giddens)는 “세계화란 세계사회의 상호의존성이 증대하는 현상에 대한 일반적 용어이다.”라고 정의했다.

즉, 세계화(Globalization, 世界化)란 정치·경제·문화 등 여러 분야에서 국가 간 교류가 증대하여 지리학적 구속력이 약해지고, 개인과 사회집단이 갈수록 하나의 공동체로 인식되며, 세계 전체의 상호의존성이 높아져 세계가 단일한 체계로 통합되어 가는 현상을 의미한다.

세계화가 일어나게 된 요인은 다음과 같다. 먼저, 강제적인 방식으로 세계화가 이루어진 측면이 있다. 노예 이동, 전쟁 포로의 이동, 유대인들의 디아스포라, 일제 강점기

의 한민족 이동, 난민 등이 그렇다.

반면에 자발적인 방식으로 세계화가 이루어진 측면이 있다. 첫째, 경제 활동의 기회와 높은 임금을 찾아 이동하는 외국인 근로자, 결혼이주자, 유학, 사업으로 인한 이주, 다양한 복지혜택을 누리기 위한 이주 등 개인적이고 자발적인 방식으로 세계화가 이루어졌다.

둘째, 교통과 통신 기술의 발달에 따라 세계 각 지역의 시·공간적인 거리가 축소되어 다양한 분야에서 국경을 뛰어넘는 교류와 소통이 활발해짐으로써 세계화가 이루어졌다. 특히 정보통신의 기술 향상으로 인한 SNS의 활성화로 인해 세계적인 네트워크 형성이 가능해졌으며, 세계의 다양한 사람들과 함께 서로의 생활과 문화, 특히 대중문화를 실시간으로 교류할 수 있게 된 것이 세계화를 촉진시키는 요인이 되었다.

셋째, 신자유주의의 성행이 세계화의 요인이 되었다. 신자유주의란, 국가권력의 시장개입을 비판하고 시장의 기능과 민간의 자유로운 활동을 중시하는 이론이다. 이러한 신자유주의의 성행으로 인해 이데올로기의 장벽을 넘어 경제적 이윤을 따라 어느 나라와도 교류하게 되었으며, 냉전 시대에 폐쇄적이었던 국가들도 경제적인 교류를 하려고 문호를 개방하고 있다. 이에 따라 전 세계를 활동 무대로 이윤을 추구하는 다국적 기업들이 상품이나 자본을 따라 자유롭게 이동하게 되며, 세계화는 더욱 가속화되고 있다.

넷째, 온 인류 공동체가 함께 대책을 세우고 해결해 가야 할 지구적인 문제들이 생겨난 것이 세계화의 요인이 되었다. 예를 들면, 대기오염, 미세먼지, 기온 상승, AIDS, 국제적인 범죄 등은 더 이상 한 국가만의 문제가 아니다. 이데올로기와 국가 간의 이해관계를 초월하여 모두가 함께 협력하여 대책을 세우고 해결해 가야 할 문제이다.

이러한 세계화를 어떤 관점으로 이해해야 하는가? 먼저, 세계화의 긍정적인 측면을 주장하는 사람들은 세계화가 단일한 지구적 시장과 경쟁 원칙을 강화하여 인류에게 발전을 가져온다고 주장한다. 또한 다양한 문화를 가진 사람들이 서로 교류함으로써 보다 폭넓은 생각을 하게 되며, 삶의 질이 높아질 수 있다고 한다.

반면에 세계화를 부정적으로 보는 사람들은 막대한 자본력을 가진 다국적 기업들이 세계화를 통해 환경과 인권을 파괴해 가며 세계 경제를 지배하게 될 것이며, 이에 따라 국가 간 불평등이 더욱 심화될 것이라고 강조한다. 또한 자본을 투자한 다국적 기업들의 이동에 따라 많은 노동자들이 일자리를 잃게 될 것이며, 이로 인해 자본이나 기술이 부족한 국가들은 존립 기반마저 무너지게 될 것이라고 주장한다. 또한, 강한 흡인력을 가진 서구 문화가 널리 확산되면서 문화 획일화 현상이 나타나며, 이로써 정치 · 경제적인 영향력이 상대적으로 약한 약소국이나 원주민의 문화는 차별과 편견의 대상이 되어 소멸하게 될 것이라고 주장한다.

이렇게 긍정론과 부정론이 팽팽히 맞서는 동안, 이들의 주장을 적절히 절충하려는 절충적 관점이 등장하였다. 이들은 세계화가 긍정적 측면과 부정적 측면을 모두 갖고 있는 양면적인 과정으로 파악한다. 세계화는 경제 · 문화적 삶을 향상시킬 수 있는 새로운 기회이나, 동시에 지구적 불평등을 강화시키는 위기 현상이라는 것이다. 따라서 세계화를 이분법적으로 어느 한 측면만을 강조할 것이 아니라, 세계화에 대해 균형 잡힌 이해를 가져야 하며, 정확한 사실에 기반하여 판단하는 것을 중시한다.

세계화 시대를 살아가는 우리는 다음과 같이 대처해야 한다. 첫째, 자국 문화의 정체성을 지키면서도 다른 문화들의 다양성과 가치를 인정하는 개방적이고 수용적인 태도를 겸비해야 한다. 둘째, 환경, 인권, 평화, 빈곤, 전쟁 등 지구적인 문제에 직면하여, 지구는 하나의 운명 공동체라는 인식을 가지고 세계 곳곳에서 일어나는 일들에 관심을 갖고, 그 일들이 세계에 미칠 영향력을 냉철히 판단하여 함께 협력하며 대처해가야 한다. 셋째, 약소국이나 원주민, 소수자들이 억울하게 자기 권리를 빼앗기지 않도록 주장하고 협력해야 한다.

② 세계시민의식(global citizenship)

'세계시민의식'이란, 인류를 하나의 운명공동체로서 간주하여 세계를 전체적인 관점에서 이해하고, 세계 일원으로써의 권리와 시민적 책임감 및 의무를 가지는 것을 말한다. 세계시민의식을 갖추면 자기기 속한 지리적 · 정치적인 개념의 특정한 나라나 장소의 시민이라는 인식과 더불어 "지구 공동체"에 속한 세계시민으로서의 정체성도 매우 중요하게 생각한다.

알버트 아인슈타인(Albert Einstein, 1879~1955년)은 "세계시민"이라는 개념을 적극적으로 지지하며, 자기 스스로를 세계시민이라고 묘사하면서 이렇게 말했다. "민족주의는 유치한 질병이다. 그것은 인류의 홍역이다." 게리 데이비스(Garry Davis)는 세계시민을 위한 세계여권(World Passport)에 대한 이슈를 다루는 세계서비스국(World Service Authority)을 워싱턴DC에 설립하였으며, 휴 스콘필드(Hugh J. Schonfield)는 'Mondcivitan 공화국'으로 알려진 세계시민의 영연방(Commonwealth of World Citizens)을 설립하였다.

이밖에도 다양한 노력들을 통해 '세계시민의식'이 널리 알려지게 되었으며, 빈곤 및 기아, 물, 테러 및 전쟁, 평화 유지, 공해, 기온 상승, 에너지 고갈의 문제처럼 온 인류가 함께 대처해 가야할 지구적 문제들이 많아짐으로써 '세계시민의식'이 더욱 주목을 받게 되었다.

세계시민의식을 향상시키기 위해서는 다음과 같은 역량들이 필요하다. 첫째, 환경, 평화, 빈곤, 인권, 평등, 에너지, 인구 등의 국제적인 이슈에 대한 이해를 바탕으로 공공성과 다양성을 가져야 한다. 공공성이란, 인류는 하나의 공동체라는 인식을 가지고 공공의 선이 무엇인지 파악하고, 이를 지키기 위해 상호작용에 대한 가치를 인정하는 것이다. 또한 다양성이란, 각 집단의 다양성과 독특성을 인정하고 관용하는 자세를 가지고 이타성을 실천해 가는 것이다.

둘째, 문화적인 다양성과 공통성, 문화적인 가치의 평등성, 문화적인 편견 인식 등에 대한 이해를 바탕으로 문화적인 갈등을 조정해 가는 것이 필요하다, 이를 위해 다른 문화에 대해 수용성과 개방성을 가지고, 중용의 자세로 공유(共有)하는 문화적인 유연성이 필요하다, 또한 다른 문화와의 관계를 가치 있게 여기며, 상대방을 존중하는 자세를 가지고, 합리적이고 평등한 윤리적 태도로 서로의 문화를 대하는 것이 필요하다.

셋째, 간문화성, 변화 감각, 각 집단의 역할 설정 등 문제해결을 위한 대안을 세워야 한다. 이를 위해 분석, 비교, 비판, 종합, 평가, 응용, 창의 등의 고등 사고력이 요구된다. 또 다양한 국제적 이슈와 문화에 대한 정보수집, 정보처리, 정보 활용 등의 능력이 요구된다. 또한 협상, 협동, 의사소통력, 토론, 관계 맺기, 네트워킹의 확산 등의 상호작용 능력이 요구된다.

(3) 인권 의식

인권(人權)이란, 사람이 개인 또는 나라의 구성원으로서 마땅히 누리고 행사해야 할 기본적인 자유와 권리를 말한다. 이러한 인권은 각 민족의 특성 또는 국가의 정치력・경제력・군사력 등 모든 조건과 제약을 초월하여 모든 사람들에게 마땅히 보장되어야 한다.

17세기 영국의 청교도혁명과 명예혁명, 18세기 미국 독립혁명, 프랑스 혁명 등 근대시민혁명을 거치는 동안 인권에 관한 관념과 제도가 정립되었다. 이러한 근대시민혁명의 정신에 따르면, 인권은 다음과 같은 성질을 가진다. 첫째, 인권은 모든 사람이 누려야 하는 보편적 권리이다. 둘째, 모든 사람은 태어날 때부터 인권을 가지고 있다는 점에서 고유성을 지닌다. 셋째, 인권은 일시적인 권리가 아니라, 항구적으로 누리는 권리이다. 넷째, 다른 국가 및 정부권력 등 그 어떤 세력일지라도 개인의 인권을 침해할 수 없는 불가침성을 가진 권리이다.

1948년 12월 10일, 세계 여러 나라들은 인권을 보장하기 위해서 국제기구나 국제인권협약을 통해 '세계인권선언문'이라는 인종차별에 대한 규정이나 조항들을 제정함으로써 법적인 근거를 마련했다. 1965년 12월 21일, 유엔(UN) 총회에서 채택한 「모든 형태의 인종차별 철폐에 관한 국제협약」에 따르면, 인종차별이란 "인종, 피부색, 가문 또는 민족이나 종족의 기원에 근거를 둔 어떠한 구별, 배척, 제한 또는 우선권을 말하며, 이는 정치, 경제, 사회, 문화 또는 기타 어떠한 공공 생활의 분야에 있어서든 평등하게 인권과 기본적 자유의 인정, 향유 또는 행사를 무효화시키거나 침해하는 목적 또는 효과를 가지고 있는 경우"라고 규정한다.

유엔은 이 협약에 따라 인종, 피부색, 혈통, 민족적·종족적 출신에 따른 차별을 근절하기 위한 의무를 당사국에 부과하였다. 이러한 의무를 위반했거나 위반이 의심되는 경우에 당사국은 유엔에 인종차별에 대한 보고서를 제출해야 할 의무를 가지며, 이는 인종차별에 대한 국제적 제재 조치로 활용되고 있다. 이 협약은 1979년 1월 4일부터 한국에도 적용되고 있다.

이러한 인종 차별은 개인적 차원의 인종차별, 제도적 차원의 인종차별, 문화적 차원의 인종차별로 구분할 수 있다. 개인적 차원의 인종차별이란, 언어, 피부색 등 인종으로 인식되는 표식에 따라 다른 사람을 차별하는 것을 말한다. 제도적 차원의 인종차별이란, 정책이나 관행 및 제도에서 인종 표식에 따라 특정 집단의 사람들에게 불공정하게 대우를 하거나 특정한 집단의 사람들만 이익을 얻도록 방치하는 것을 말한다. 문화적 차원의 인종차별이란, 한 집단의 문화와 문화적 유산이 다른 집단의 문화와 유산보다 우월하다는 주장이 포함된 개인과 제도의 표현을 말한다. 이러한 인종차별은 사람으로서 마땅히 누려야 할 인권을 침해하는 것이며, 그 정도가 경미할지라도 반드시 시급히 수정되어야 한다.

현재 한국에서는 아동, 청소년, 성인, 교사, 직장인, 사업가, 다문화 구성원 등 다양한 대상들에게 인권 교육 프로그램을 실시하고 있다. 그 내용은 주로 성 차별, 언어폭력, 폭행, 노동자의 권리, 갈등 조정 등이며, 이를 통해 평등, 차별과 편견의 배제,

다양성과 독특성 인정, 배려 등을 실천하여 서로의 인권을 존중하는 사회를 만들어가는 것을 목표로 하고 있다. 이렇게 다양한 교육과 훈련을 계속적으로 실시하여 각 집단의 특성에 구애받지 않고 인권이 실천될 때, 다양한 특성을 가진 집단들이 평등하게 공존하는 다문화사회를 이루어 갈 수 있다.

제 2 장

다문화사회의 모형과 정책

지금 세계는 다양한 문화를 가진 사람들이 함께 어울려 살아갈 수밖에 없는 다문화사회를 형성하고 있다. 그럼에도 불구하고 국가들마다 다문화사회에 대한 인식이 다르며, 이에 따라 다문화 구성원들을 대하는 개방성과 수용성이 다르다. 또한 국가들마다 다문화사회를 대처하는 방식이 다르며, 자국의 이익에 따라 다양한 다문화 정책을 펼치고 있다.

국가의 정부가 다문화 사회 현상을 어떻게 이해하며, 어떤 방식으로 다문화 정책을 펼쳐 가는가에 따라 국민들이 다문화 사회 현상을 이해하는 수준도 달라지며, 다문화 구성원들에게 갖는 의식도 달라진다. 그리고 이러한 다문화 의식은 고스란히 그 국가의 경쟁력이 된다. 이에 따라 본 장에서는 다음과 같은 목표를 가지고 다문화사회와 관련한 주요 국가들이 가진 다문화사회의 모형과 구체적인 정책들을 구체적으로 살펴보고자 한다.

단원목표

1. 다문화사회의 모형들을 이해한다.
2. 다문화사회에서 이주민들이 적응하는 방식에 따라 유형을 분류한다.
3. 다문화사회의 국가별 정책을 살펴본다.

1) 다문화사회의 모형

급속히 세계화가 이루어지면서 자연스럽게 다문화사회가 형성되었지만, 국가들마다 다문화사회에 대한 인식이 다르다. 또한 각 사회의 구성원마다 다른 문화를 가진 이주민과 소수 민족을 대하는 개방성과 수용성이 다르다. 이에 따라 국가들은 자국의 이익에 따라 다양한 정책을 펼치고 있다. Castles & Miller는 이러한 다문화 정책들을 차별적 배제 모형(difference exclusionary model), 동화주의 모형(assimilationist model), 다문화주의 모형(multi-cultural model)으로 구분했다.

(1) 차별적 배제 모형(difference exclusionary model)

차별적 배제 모형과 동화주의 모형은 문화적인 단일성을 중시하는 모델이다. 그 중에서도 차별적 배제 모형(difference exclusionary model)은 특정 국가의 국민이나 특정 직업인, 특정 기술인, 자국에 일정 정도 이상의 자본을 투자하려는 외국인 또는 이민자 등 엄격한 조건을 통과한 사람에게만 차별적으로 유입을 허가해 주는 배타적인 외국인 이민 정책이다.

차별적 배제 모형의 정책을 실행하는 국가들은 장기 체류를 원하거나 영주권을 취득하려는 이민자들은 받아들이지 않으며, 3D 업종처럼 자국 내에서 충당하기 어려운 업종에 한하여 단기 취업자로 한시적인 유입을 허가한다. 또한 이주민들을 정착시키기 위한 다문화 정책을 거의 실행하지 않을 뿐만 아니라, 이주민들에게 복지혜택, 국적 획득, 정치참여의 기회를 주지도 않는다.

대표적으로 스위스, 벨기에, 독일 등이 차별적 배제 모형을 실행하고 있다. 또한 1960년대 독일에서 실행했던 게스트워커(Guest Worker) 제도와 2004년 8월부터 시행된 한국의 고용허가제가 대표적인 차별적 배제 모형 정책이다. 현재 미국에서도 게스트워커 제도가 실행되고 있는데, 매년 12만 명이 게스트워커 자격을 허락받아 3개월에서 9개월 동안 머무는 한시적인 취업자로 유입되고 있다. 이들은 주로 농장과 호텔에서 전문적인 기술을 필요로 하지 않는 단순 노동을 한다.

(2) 동화주의 모형(assimilationist model): '용광로(Melting Pot) 모형'

동화주의 모형(assimilationist model)이란, 이질적인 문화를 가진 이주민 또는 소수집단들이 유입되어 사회적인 구심력이 약화되면 공동체가 와해될 것을 우려하여, 이주민 또는 소수집단이 가진 문화를 주류 문화에 일방적으로 흡수시키려는 사회통합정책을 말한다.

동화주의 모형을 실행하는 국가는 이주민과 소수집단의 다양성을 인정하면 불필요한 사회적 갈등이 생기는 계기가 될 것이라고 생각하여, 이주민과 소수집단의 정체성과 문화적 다양성을 고려하지 않는다. 이주민에게 자국민과 같은 국적과 시민권을 허용해 주는 대가로 이주민의 언어, 문화, 사회적 특성 등의 정체성을 포기하도록 요구하여, 주류 사회의 일원으로 편입시키려 한다. 이를 위해 주류 사회의 언어와 관습 및 문화를 배우도록 권면하며, 학습의 기회를 준다.

1960년대까지 미국이 표방했던 '용광로(Melting Pot) 정책'이 대표적인 동화주의 모형 정책이다. 이들은 미국 사회를 거대한 용광로에 비유하고, 수많은 이민자를 철광석에 비유했다. 여러 가지 철광석들이 거대한 용광로 안에서 정체성을 잃고 하나의 쇳물로 녹아버리듯이 수많은 이민자들이 미국에 정착하려면 자기들의 정체성을 포기하고 미국 사회에 동화될 것을 요구하였다.

또, 프랑스가 초기에 이주 노동자들을 유입할 때도 동화주의 정책을 실행했다. 즉, "누구나 동의할 수 있는 단일하거나 절대보편적인 가치 및 행위의 준거 기준이 있다."는 명제를 기반으로 하는 프랑스의 공화주의 이념을 수용하는 것을 전제로 주류 사회의 구성원들과 차이를 두지 않는 동화주의 모형의 정책을 실행했다.

(3) 다문화주의 모형(multi-cultural model): '샐러드 볼(Salad Bowl) 모형'

'다문화주의'는 모든 사람의 문화적 다양성을 인정하여, 한 사회 내의 다양한 구성원들의 권리와 기회를 평등하게 인정하며 함께 공존하려고 하는 이념체계 및 정책이다. 이러한 '다문화주의'를 다양한 음식의 재료들이 어우러져 맛있는 하나의 샐러드가 되는 것에 비유하여 '샐러드 볼(Salad Bowl) 모형'이라고도 한다.

다문화주의는 지배문화와 종속문화를 구분하여 차별하는 것을 거부하며, 집단 간의 문화적인 차이를 의미 있게 생각하여 존중하고 보존하려 한다. 이는 국가나 민족적인 다양성뿐 아니라, 집단 내 소수자들의 다양한 문화와 권리를 인정하는 것까지도 포함한다.

영국계 아버지와 프랑스계 어머니 사이에서 태어난 캐나다의 정치철학자 찰스 테일러(Charles Taylor)는 「다문화주의(Multiculturalism)」라는 저서를 통해, '보편주의적 존엄성의 정치(politics of dignity)'와 '차이의 정치(politics of difference)'를 구분했다. 더불어 문화적 다수집단이 문화적 소수집단을 동등한 가치를 가진 집단으로 인정하는

'인정의 정치(the politics of recognition)'가 다문화주의라고 정의했다.(조원탁 외, 2019)

여기에서 '인정의 정치'란, 한 사회 내에서 소수집단이 다수 집단에게 권리를 침해당하지 않고 자유롭게 살아가도록 인정해 줄 뿐만 아니라, 다수 집단이 소수 집단의 문화가 존속될 수 있도록 적극적인 조치를 취해야 한다는 것이다. 이를 위해 편견과 고정관념을 가지고 있는지 성찰하는 노력과 더불어 서로의 문화를 존중하여 함께하려는 적극적 수용성과 개방성의 태도가 필요하다.

킴리카(Kymlicka)는 '다문화주의'란 "자유민주주의에 대한 광범위한 합의와 지지가 선결된 조건에서 다양한 문화적 주체들의 '차이의 정치'(politics of difference)에 대한 제도적 보장"이라고 정의하였다.

이에 따른 다문화 국가의 특징을 세 가지로 요약했다. 첫째, 하나의 민족 집단이 국가를 소유한다는 관념을 배척하며 국가는 모든 시민에게 동등하게 속함을 인정한다. 둘째, 소수집단들을 동화시키거나 배제하는 정책을 거부한다. 셋째, 소수집단에게 행해진 역사적 불의를 인식하고 그것을 바로잡으려는 의지를 표출한다.

이처럼 다문화주의는 추상적인 이론만을 연구하여 주창하는 것에 그치는 것이 아니라, 개인 및 공동체를 성찰하여 적극적인 의지를 가지고 다문화주의를 실천해 가는 것이며, 다문화주의를 실천하는 데 방해가 되는 요소들을 적극적으로 바꾸고 바로 잡아가는 특성을 가지고 있다.

1971년, 캐나다 총리 트뤼도(Trudeau)는 '다문화주의(Multiculturalism) 선언'을 통해, 다문화주의를 캐나다의 공식적인 정책의 기조로 선언했다. 이후에 미국과 호주 등 이민자로 형성된 국가들에서 다문화주의가 활발히 논의되면서 세계적인 개념으로 자리를 잡았다.

미국에서는 1960년대 미국 흑인 인권운동과 맥을 같이하며, 각 소수집단의 문화와 정체성을 존중하는 문화다원주의가 강조되었다. 문화다원주의란, 문화의 다양성을 인정하여 소수 집단의 문화를 존중한다는 면에서 다문화주의와 같지만, 주류가 존재한다는 것을 전제로 하기 때문에 다문화주의와는 다르다. 어느 사회가 성숙한 다문화주의 사회로 나아가는 초기 단계의 형태로 문화다원주의 정책이 실행되는 경우가 많다.

〈표 2-1〉 Castles와 Miller의 사회 통합 모형

구분	동화주의 모형	차별적 배제 모형	다문화주의 모형
정향성	국민됨을 전제로 조속한 동화됨을 지원, 제도적으로 내국인과 평등하게 대우하려 함.	원치 않은 이민자의 영주 가능성을 막고, 내국인과 차별적 대우를 유지하려 함.	소수자의 동당한 가치를 인정하고, 이에 대한 보존 지원, 우대조치를 함.
정책 목표	소수자의 주류 사회 동화	인종적 소수자의 제거 및 최소화	다양성 인정과 공존을 위한 통합
국가 역할	제한적 지원	적극적 규제	다양성 인정과 공존을 위한 통합
이주민에 대한 관점	완전한 동화를 전제로 인정	이방인, 위협적 존재	상호존중과 관용
평등 개념	사회보장 및 기회 평등	차별의 정당성 강조	적극적 조치
법적 수단	비차별의 제도화	단속 및 추방	제반 관리 허용
정주화	비교적 가능	불가능	가능
국적 부여 원칙	속지주의, 용이한 조건	속지주의, 엄격한 조건	속지주의, 이중국적 허용
정체성	동질화	이질화	이질화
사례 국가	프랑스, 미국의 초기 사회.	독일, 스위스, 벨기에	미국, 캐나다, 호주

2) 이주민들의 적응 방식에 따른 유형 분류

Berry(1997)는 이주민들이 기존사회에 적응하는 방식에 따라 두 가지 기준을 바탕으로 네 가지 유형으로 분류하고 있다. 첫 번째 기준은 수용성이다. 즉, 어떤 이주민 집단이 기존 사회와의 접촉이나 관계 유지에 대해 긍정적인가 또는 부정적인가로 나누는 것이다. 두 번째 기준은 정체성 유지와 관련된다. 즉, 이주민 집단의 구성원들이 자신들의 정체성과 특징을 유지하는 데 적극적인가 소극적인가에 따라 적응 방식을 구분하고 있다.(노기옥 외, 2019)

Berry(1997)는 위와 같은 기준들을 바탕으로 이주민들이 적응하는 방식을 '동화(assimilation)', '분리(separaation)', '통합(interation)', '주변화(margination)'로 구분했다. '동화(assimilation)'는 이주민들이 자신들이 가진 고유한 문화적 정체성과 특성을

유지하는 데 적극적이지 않으면서, 기존 문화를 수용하는 것에는 적극적인 태도를 갖는 것을 말한다. '분리(separaation)'는 이주민들이 기존 문화를 수용하고 접촉하는 것에는 소극적이면서, 자신들이 가진 고유한 문화적 정체성과 특성을 유지하는 것에는 강한 집착을 갖고 있는 경우이다.

'통합(interation)'은 이주민들이 자신들이 가진 고유한 문화적 정체성과 특성을 유지해 가는 데 적극적이면서도 동시에 기존 문화를 적극적으로 수용하고 접촉하는 경우이다. '주변화(margination)'는 이주민들이 자신들이 가진 고유한 문화적 정체성과 특성을 유지하는 것에 소극적일 뿐만 아니라, 기존 문화를 수용하고 접촉하는 것에도 소극적인 경우이다.

이러한 구분을 바탕으로 기존의 주류사회(국가)가 사회의 한 부분으로 새롭게 구성된 이민자 사회를 어떤 방식으로 수용하느냐 하는 문제에 대해서 '사회통합(social integration)'이라는 정책적 차원에서 논의가 이루어지고 있다. 여기에서 '사회통합'이란 비통합적인 상태에 있는 사회 내 집단이나 개인들이 서로 적응함으로써 단일한 집합체로 통합되어가는 과정을 말한다. 이러한 '사회통합'은 사회적인 갈등을 제어하고 사회적 합의를 창출하는 동시에 사회의 내적 결속력을 높이는 기능을 담당하게 된다.

〈표 2-2〉 Berry의 문화 적응 모형

차원		고유한 문화적 정체성과 특성을 유지할 것인가?	
		예	아니오
주류 사회의 기존문화를 받아들이고, 적극적으로 관계를 유지할 것인가?	예	통합(interation)	동화(assimilation)
	아니오	분리(separaation)	주변화(margination)

출처: 노기옥 외, 2019, 재인용

3) 다문화사회의 국가별 정책

20세기 이후 세계의 역사를 다문화적인 관점에서 크게 네 단계로 구분할 수 있다. 첫째, 제1차 세계대전(1914년 7월 28일~1918년 11월 11일)부터 제2차 세계대전(1939년 9월 1일~1945년 9월 2일)까지의 기간이다. 온 세계가 전쟁에 휩싸인 가운데, 국가

기반 시설을 확충하는 데 많은 노동력이 필요했다. 이에 따라 유럽의 주요 국가들은 이주민들에게 이중 정책을 시행하여 임시로 이주민들을 확대 수용하면서도, 국가 경제에 부담이 될 것을 우려하여 영주권을 허락하는 것은 통제하였다.

둘째, 제2차 세계대전(1939년 9월 1일~1945년 9월 2일) 직후부터 1973년 1차 석유 파동이 일어날 때까지의 기간이다. 제2차 세계대전 직후, 경제 부흥이 다시 일기 시작했고, 자유무역주의 사상과 시장 경제의 원리에 따라 대규모로 무역이 확대됨에 따라 유럽의 주요 국가들이 대규모로 이민자들을 수용했다.

셋째, 1970~80년대이다. 이때 석유 파동 등이 일어나 전 세계적으로 경제가 불황이었다. 이에 따라 주요 국가들은 채용을 축소하고, 국경을 통제하여 이민자들의 유입을 막았다. 또한 이미 자국 내에 들어와 있는 이민자들조차 다시 귀환시키는 정책을 실행한다.

넷째, 1980년대 이후 신자유주의적 세계화가 본격화되면서 막대한 자본력과 기술력을 가진 미국은 경제가 회복된 반면, 일본과 기타 유럽 국가들은 침체를 면치 못하는 불균등이 계속 되었다. 이에 따라 많은 국가들이 자국에 많은 자본을 투자할 투자자 및 많은 일자리를 창출할 기업가, 고급 기술자만을 선택적으로 수용하게 된다.

이처럼 다문화사회와 관련된 정책들은 자국의 경제적인 상황에 따라서 늘 변화 가능성을 가지고 있으며, 자국의 이익에 따라 이주민 정책 및 다문화 정책이 결정되고, 실행된다.

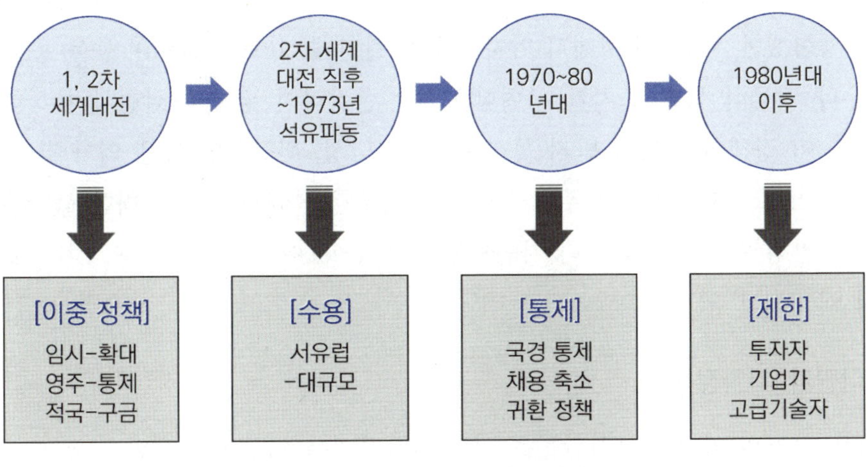

[그림 2-1] 다문화 정책의 변화

(1) 미국의 다문화 정책

미국은 전 세계의 수많은 인종과 문화를 받아들이며 형성되어 왔으며, 이에 따라 '문화의 용광로'라고 부른다. 이러한 다문화현상은 1950년대 학교교육에서의 다양성 강조, 1960년대 흑인인권운동, 1980년대 교과 과정의 인종적・종족적 다양성에 대한 관심, 1990년대 난민과 이주민의 증가 등과 맥을 같이 한다. 미국의 다문화 정책은 동화주의(Assimilation)에서 문화다원주의(multiculturalism)로 변화되어 왔으며, 최근에 들어서 다문화주의가 강조되고 있다. 따라서 미국은 문화다원주의의 기조(基調)를 바탕으로 정책들을 실행하고 있으며, 구체적인 다문화 정책은 다음과 같다.

① 소수자 우대정책(Affirmative action)

소수자 우대정책(Affirmative action)은 미국에서 가장 오래된 국가주도형 사회통합 공공정책이다. 1961년 케네디 대통령이 행정명령 제10925호를 공포하고, 존슨 부통령을 위원장으로 하는 '대통령 직속 고용기회평등위원회'를 설치한 뒤 고용분야의 차별 철폐를 선언했다. 1963년 이를 바탕으로 한 소수자 우대정책이 입법화되었다(조원탁 외, 2019).

소수자 우대정책은 국적, 인종, 피부색, 성별, 연령, 종교, 장애 등으로 인해 경쟁에서 불리한 소수 인종 및 사회적 소수자에게 대학 입학, 취업, 승진 등에서 혜택을 주어 차별을 줄이고 실질적인 평등을 이루기 위한 정책이다. 미국은 이 정책을 통하여 취업, 대학 입학, 정부 발주공사 입찰 등에서 흑인, 여성, 장애인 등 과거에 차별과 억압을 경험했던 사회적・경제적 약자들에게 '할당제(quota system)' 등을 통해 우선적 처우나 적극적 특혜 조치를 부여함으로써 실질적인 평등을 실현하려고 하였다.

그러나 이 정책의 혜택을 받지 못하는 백인, 남성, 비장애인 등은 역차별((逆差別, reverse discrimination)이라고 주장하며 강한 거부감을 표시했다. 이러한 불만은 경제 상황이 불안정해질수록 점점 더 가중되었고, 지금도 여전히 사회적・정치적 논란과 갈등이 야기되고 있다.

② 이민자 지원정책

미국은 '세계의 압박받는 사람들을 위한 피난처'라는 이상을 내세워 건국 후 무제한으로 이민자들을 받아들였다. 그러나 1875년 매춘부와 전과자의 이민 제한을 시작으로, 정신이상자, 일부다처주의자·아나키스트 등 이민 제한자의 범위를 점점 늘려 나갔다.

1924년에 '이민법'을 제정해, 1890년 당시 미국에 거주했던 외국이민수를 기준으로 하여 그 숫자의 2%를 각국의 입국허가자로 하는 '할당 이민제'를 시행했다. 이 제도는 1965년의 이민귀화법에 의해 폐지되었고, 현재는 연간 총 이민수 29만 명, 1개국당 2만 명을 한도로 이민을 허가하고 있다.

미국은 미국 시민권을 가지고 있지 않은 사람들을 광범위하게 '이민자(immigrant)'로 규정하며, 여기에는 불법체류자까지도 포함된다. 그러나 관광, 유학, 취업 등을 위해 미국에 일시 체류하고 있는 사람은 이민자로 여기지 않으며, '비이민자(nonimmigrant)'라고 부른다.

현재 미국의 이민정책은 '이민국적법'에 의거하여 집행되며, 기본적으로 다음과 같은 원칙을 바탕으로 실행된다. 첫째, 미국 시민권자와 영주권자의 가족들에게 이민을 허용함으로써 가족들이 미국 내에서 결합하도록 도모한다. 둘째, 미국사회에서 필요로 하는 특정한 기술이나 재능을 가지고 있는 사람들을 유입하여 국가와 사회에 기여할 수 있는 기회를 준다. 셋째, 미국으로의 이민 비율이 낮은 국가의 이민자 유입을 통해서 다양한 국가의 출신자들이 동화되어 '하나의' 국가를 이룰 수 있도록 배려한다. 넷째, 자국에서 인종적, 종교적, 정치적 이유로 박해의 위험에 처한 사람들을 보호하여 그들에게 사람답게 살 수 있는 안식처를 제공한다.

미국 사회의 이민자 지원은 세 가지 차원에서 이루어진다. 먼저, 정부 차원의 지원이다. 이민과 귀화를 담당하는 주무부서인 '국토안보부(Department of Homeland Security; DHS)' 산하 '미국 이민국 서비스(U.S. Citizenship and Immigration Services; USCIS)'에서는 영어교육과 귀화수속을 지원하고 있다. 이민자 학생들은 법적인 신분에 상관없이 공립학교에 진학할 수 있다. 심지어 불법체류자일지라도 대학에 진학하거나 39개 주의 수업에 참석하여 학업과 영어 의사소통에 도움을 받을 수 있도록 법으로 보장하고 있다. 또한, 2006년에 "New American Task Force"라는 기구를 설치하여 이민자들을 지원하는 정책을 총괄하고 있다.

둘째, 각 주정부 차원에서 난민 및 이민자들을 다양하게 지원하고 있다. 매사추세츠주에서는 "RISE'라는 명칭으로 난민과 이민자들에게 긴급구호 및 긴급취업지원 등의 서비스를 제공하고 있다. 아칸사주는 이민자를 지원하는 원스톱(one-stop) 커리어센터를 표방하며 이민자들에게 언어교육, 직업교육, 귀화정보, 법률적 지원, 다른 이민자

지원서비스 연계 등을 포괄적으로 제공하고 있다.

셋째, 민간단체 차원에서 다양한 방법으로 이민자들을 지원하고 있다. 특히 종교 및 시민단체(NGO) 등의 민간단체가 제공하는 이민자 지원 서비스는 역사가 길고 전문적이다. 규모가 큰 기관들은 대부분 '미국 이민국 서비스(USCIS)'와 연계하여 거주 주택 알선, 구직기술 및 자격등 취득 지원, 복지혜택 신청 지원, 이민자 창업 보육 프로그램, 창업 희망 이주자 네트워크 형성, 금융정보 제공 및 저축 유도, 이주자 신용 확보 및 회복 지원 등 다양한 활동을 하고 있다(조원탁 외, 2019).

(2) 캐나다의 다문화 정책

① 캐나다 다문화 정책의 역사적 배경

1535년, 신대륙을 찾아 나선 프랑스인 카르티에가 현재 퀘백 주에 처음 발을 들여놓았고, 17세기부터 프랑스는 캐나다를 본격적으로 식민지화하기 시작했다. 1628년 노바스코샤 식민지의 설립과 함께 영국인들이 캐나다를 식민지화한 후로, 150년간 뉴펀들랜드, 뉴브런즈윅, 프린스에드워드섬, 허드스만 지방에 많은 식민지를 만들었다. 이에 따라 프랑스와 영국은 캐나다 지역에서 계속 충돌하게 되었으며, 1756~1763년의 7년 전쟁에서 영국군이 퀘백, 몬트리올을 점령하여 승리함으로써, 최종적으로 영국이 캐나다를 지배하게 되었다. 그 후 1926년 영국 제국회의는 캐나다의 완전자치를 인정하였고, 1949년 캐나다의 완전 독립이 법적으로 완성되었다. 이러한 역사적인 배경에 따라 현재도 캐나다는 영어와 프랑스어를 동시에 공용어로 사용하며, 영어 57.8%, 프랑스어 22.1%, 기타 언어 20.1%를 사용하는 국가이다.

캐나다는 건국 시부터 영국인들을 중심으로 한 동화주의 정책을 시행했다. 원주민들을 백인들의 문화에 동화시키기 위해 가혹한 정책을 수행했으며, 원주민의 땅을 빼앗고, 원주민 보호구역을 설정하여 분리시켰다. 또 1885년 '중국인 배척법'을 제정하여 중국인들의 이주를 제지하였다. 이러한 동화주의 정책은 영국계와 프랑스계의 갈등을 더욱 심각하게 만들었다.

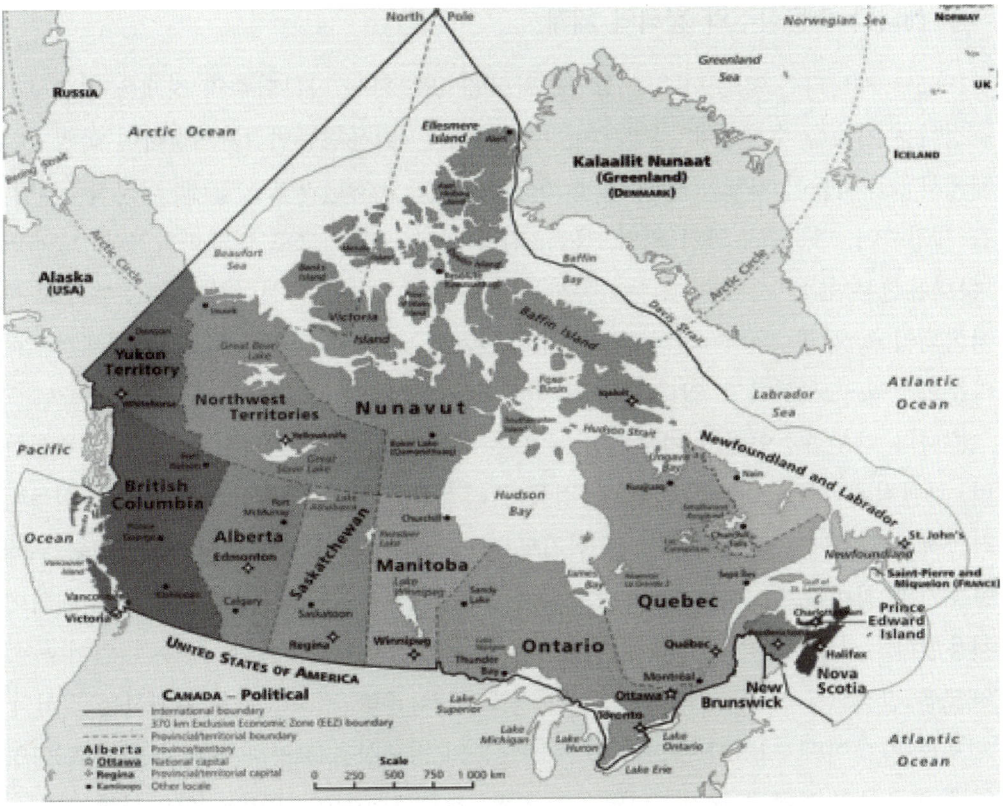

[그림 2-2] 캐나다의 각 주

한편으로는 세계에서 두 번째로 넓은 영토(997만 610㎢)를 가진 캐나다에 인구가 적어서(1871년 당시 약 350만 명) 발전에 장애가 되었고, 경제발전을 위해 이민자들을 유입해야 할 상황이었다. 1950년대까지는 주로 유럽계 백인들을 이민자로 유입하였으나, 1967년부터는 민족과 인종, 출신 지역에 상관없이 일정한 자격만 갖추면 이민이 가능한 '점수제(Point system)'를 채택하게 되어 많은 이민자들이 유입되었다.

이러한 상황에서 캐나다는 영국계와 프랑스계의 갈등을 해소하고, 급증하는 다양한 인종의 이민자들을 안정화시켜 국가발전을 도모해야하는 과제에 직면했다. 이에 따라 1971년 캐나다 총리 드뤼도는 캐나다의 공식적인 정책기조가 '다문화주의'라고 선언하여, 국민통합을 이루고자 했다. 이후로 다문화주의는 북미, 남미, 유럽, 오스트레일리아 등으로 전파되었고, 2002년 대만, 2006년 일본도 다문화주의를 국가의 공식적인 정책 기조로 선언했다. 또한 한국도 2006년 4월 '다문화, 다민족 사회로의 전환'을 선언했다.

② 캐나다 다문화주의 정책의 체계

1985년 캐나다는 '다문화주의 상임위원회'를 발족하여 다문화주의 정책을 전담하고 조정하는 기능을 수행하게 하였으며, 1986년에는 「고용평등법」을 제정하여 국영기업체에서 소수자들이 차별을 받지 않게 하였다. 또한, 1988년 7월 22일에 「다문화주의법」을 제정하여, 다문화주의의 의의, 목적, 지향 등을 구체적으로 법제화하였다. 1995년 「문화유산부법」을 제정하여, 문화유산부가 다문화주의법을 실현하는 주무부서로 공식화되었고, 문화유산부 산하 20여 개의 단체와 25개 지역본부를 통해 체계적으로 다문화정책을 시행하고 있다.

캐나다 다문화주의법의 기본적인 목표는 시민의 참여, 사회정의의 실현, 정체성확립, 차별철폐이다. '시민의 참여'란, 정책이 진정성을 갖기 위해서는 다양한 시민들이 직접적인 업무에 종사해야 한다는 취지로 시민의 참여를 유도하는 것이다. 이를 위해 공공기관 참여 프로그램 · 지역사회 참여 프로그램 등을 통해 소수민족을 우대하여 채용한다. '사회정의의 실현'이란, 삶에서 평등을 실천하기 위한 '대중적 언어구사', '새로운 관점으로 보기', '다양성 증진과 상호 관계 존중' 프로그램을 시행하는 것이다. '정체성 확립'이란, 다양한 문화를 가진 사람들의 정체성을 고양하기 위한 것으로 '다양한 문화유산의 보존과 증진', '다양성의 포용' 프로그램을 실시한다. '다양성의 포용'을 위해 국제전문가 양성, 다문화주의증진을 위한 연구지원, 장기적 관점에서의 융합 등의 프로그램을 실시한다. '차별철폐'란, 차별 철폐를 위해 인종차별철폐 캠페인, 흑인문화유산의 달 · 아시안 문화유산의 달을 통해 소수민족의 문화를 아는 기회를 갖는 프로그램 등을 시행하는 것이다.

③ 캐나다 다문화 지원 정책 프로그램

캐나다 헌법 제95조에 의하면, 이민에 관한 관할권을 연방정부와 지방정부가 공유하여 협력을 강조하고 있다. 캐나다 연방정부는 외국인 출입국 관리, 연간 이민자 수 결정, 이민 자격 요건 심사 및 허가, 이민자 통합 및 시민권 부여 등의 정책과 예산을 수립하고, 이민부를 통해 주정부 사업에 연방재정을 지원하고 있다. 또한 주정부는 시민단체 및 비영리 단체가 주택 · 직업교육 · 언어교육 등 구체적인 이민정착 프로그램을 수립하여 시행하는 것을 지원한다.

주요 서비스 내용은 다음과 같다. 첫째, 신규 이민자 언어교육(LINC)이다. 1992년부터 캐나다 정부는 주정부, 교육청, 지역 개방대학 등에 재정을 배당하여, 신규 이민자들에게 공용어(영어 및 프랑스어) 교육을 지원하고 있다.

둘째, HOST 프로그램이다. 이는 캐나다인 자원봉사 지원자 및 그 가정을 선발하여 소정의 교육을 시킨 후에 신규이민자 가정과 일대일로 연결해 줌으로써 도우미 역할을 해주는 프로그램이다. 호스트들은 신규이민자에게 지역 자원과 서비스를 소개해주고, 언어 연습 상대가 되어 주기도 하며, 취업을 위한 인맥 형성, 지역 사회 공동체 참여 유도 등의 역할을 한다.

셋째, 이민자 정착 및 적응 프로그램(ISAP)이다. 이것은 연방정부 및 주정부가 각 지역단위 이민자 정착지원 서비스 기관에 대규모 재원을 지원하는 서비스들의 통칭이며, 은행 이용, 물건 구입, 주택 구입, 통번역 서비스, 취업 상담 및 이력서 작성 지원 등 생활에 필요한 전반적인 서비스를 지원하고 있다.

넷째, 문화행사를 통해 사회통합을 추구하는 축제들을 실시한다. 오타와 튤립축제, 몬트리올 재즈페스티벌, 토론토 국제영화제, 켈거리 스템피드, 퀘백 카니발 축제, 캐나다 데이 등 각 지역별로 다양한 문화를 공유하는 특색 있는 문화행사를 통해 사회통합을 추구한다.

(3) 독일의 다문화 정책

① 독일 다문화 정책의 역사적 배경

독일은 제2차 세계대전에서 패한 후에 자국의 많은 노동인력이 동유럽 및 소련으로 강제로 이주되었거나 피난함으로써 부족한 노동력을 충원하려고 이주노동자들을 받아들이기 시작했다. 1970년대 후반부터 8년 이상 독일에 고용된 이주노동자를 독일에 통합시키려고 특별 노동허가를 부여하여 독일인과 동등한 대우를 해주는 통합정책을 실시했으며, 동시에 귀국촉진정책을 실시하였다.

또한 19세기 산업화에 따라 독일의 많은 농촌인구들이 도시로 이주했고, 많은 노동인력들이 미국으로 이주하였다. 그러다가 고도의 경제성장으로 인해 심각한 노동력 부족 현상을 겪게 되자, 터키, 이탈리아, 스페인, 포르투칼, 유고슬라비아 등에서 많은 노동자를 유입했다. 이때 독일은 철저히 '보완 원칙'과 '교환 순환 원칙'을 준수했으며, 외국인 노동자들을 '초청 노동자(Gastarbeiter)'라는 이름으로 유입한 후에 일정기간이 지나면 귀국을 강요하는 귀국촉진정책을 실시했다. 하지만 많은 노동자들이 단기간

내 목돈 마련이 용이하지 않자 자국으로 돌아가지 않고 독일에 남게 되었다.

1998년부터는 전문기술직 이주노동자의 이민을 허용하고, 영주권을 부여하는 정책을 실시하였다. 또한 2005년 이민법을 개정하여 외국인 이주민에 대한 '체류 허가제'를 '이민을 통한 정착'으로 전환시키고, 이주민 자녀에게 독일 국적을 부여하였으며, 이주민에게 사회통합 과정을 의무적으로 참가하게 했다.

2012년에 블루카드 제도를 도입하여 EU 회원국 구직 이민자의 거주권 조건을 완화해 주었으며, 이들의 가족구성원들도 노동시장 접근에 어떤 제약도 하지 않고 있다. 이러한 적극적인 이민정책으로 인해, 현재 독일은 빠른 속도로 다문화사회로 변화되고 있다. 독일 전체 인구의 약 9%인 약 734만 명이 외국인이다. 독일의 인구는 줄고 있는 반면, 독일 내의 출생아 중에서 약 10~15%가 외국인일 정도로 빠른 속도로 다문화사회로 변화되고 있다.

② 독일 다문화주의 정책의 체계

독일 내 이주민들 중에서 유럽공동체국가에 속하는 외국인은(전체 외국인의 약 25%)은 지역의회(시, 구)와 유럽의회선거에 피선거권과 선거권이 있다. 그러나 유럽공동체에 속하지 않는 외국인은 동등한 납세의무를 감당하면서도 선거권이 전혀 없다. 기타 여러 가지 불합리한 조건을 철폐하기 위해 일부 이주 노동자들은 노조에 가입하여 적극적으로 권리 투쟁에 나서고 있다. 중앙노조에는 외국인 노동자를 위한 특별부서도 설치되어 있다. 하지만 중앙노조 내에서도 외국인 노동자를 거부, 배척하는 분위기가 있다.

참정권이 없는 외국인들은 자기들의 권익 보호를 위해 외국인들이 직접 뽑은 대표들이 모이는 위원회(Ausländerbeirat)를 독일 전역에 약 450개를 만들었다. 이들은 주・연방 단위로 연합체를 이루어 이민자들과 관계된 정치적인 발언을 하고, 적극적으로 자신들의 주장을 홍보한다. 그러나 외국인들의 위원회 참여율은 10~20%로 적으며, 1995년부터 유럽공동체국가에 소속된 외국인들에게 참정권이 주어져서 이 위원회의 역할이 점점 약해지고 있다.

이주민이 독일 국적을 취득하면, 법적으로 독일인과 동등한 권리를 갖게 된다. 2000년 1월 1일부터 독일 내 출생 외국인 아동들은 부모 중 한쪽이 8년 이상을 독일에 합법적인 거주를 하였고, 무기한 체류허가나 영주권을 소유하고 있으면 자동적으로 독일인이 된다. 그런데 대부분 외국인 자녀들은 부모의 국적도 가진 이중국적자이기 때문에, 만 24세 전에 두 국적 중에서 하나만을 선택하고, 다른 국적을 상실했다는 증거 서류를 기관에 제출해야 한다.

하지만 독일 사회 전체에 여전히 인종차별주의와 극우주의가 만연하여, 독일 국적을 취득한 후에도 이민자들은 다양한 부분에서 많은 차별대우를 당한다. 독일의 정치권은 인종차별을 근절하기 위해서 '반차별대우법(Antidiskriminierungsgesetz)'을 토론하고 있으나, 아직 국회에 법안으로 제안되지는 않고 있다. 다만, 외국인 수임관(Auslaenderbeauftragte), 다문화국 연방, 주정부 및 시의 행정부에 이주민들의 동화정책을 위한 부처가 있어서, 이민자들과 관련된 제반문제에 대해 정책을 수립하고, 홍보활동을 한다.

③ 독일 다문화 지원 정책 프로그램

독일 내 이민자들은 의료보험, 실업보험, 사회복지보조금(Sozialhilfe), 연금, 자녀들의 의무교육 등 사회복지의 기본혜택을 받고 있다. 그러나 대부분의 이민자들은 단순노동자로서 고질적인 저 소득과 고 실업률(1998년 기준, 19.8%, 독일 평균보다 약 2.5배가 높다) 문제를 겪고 있다. 특히 이민자 가족의 청소년들의 경우에는 독일어 구사가 미숙한 경우가 많고, 고등교육기관 및 대학진학률이 매우 낮다. 교회나 사회복지 기관, 시민단체 등이 정부(연방, 주, 시)로부터 재정 지원을 받아 언어교육, 법률상담, 의료 및 심리적 치료 지원, 국제결혼 상담, 가족 상담, 각종 동아리 활동을 통한 이민 청소년들의 만남 주선, 이민자가족 보조정책(독일어 교육, 과외활동, 특수 직업 훈련) 등 다양하고 실질적인 도움을 주고 있다.

독일정부와 연방주는 다양한 문화 활동을 통해 지속적인 사회융합 정책을 펼치고 있다. 예를 들면, 프랑크푸르트에는 약 350여 개의 이민자 단체를 중심으로 다양한 문화예술 프로그램들이 진행되고 있다. 여기에는 독일 이민자들 중 가장 많은 수를 차지하고 있는 터키인들의 모임에서부터 한국 문화센터에 이르기까지 50여 개가 넘는 이민자들의 모임이 있다. 프랑크푸르트 다문화지원센터(Amt für multikulturelle Angelegenheiten; AMKA)에서는 매년 이민자 단체들이 개최하는 100~150개 정도의 프로젝트와 행사들을 재정적으로 지원하고 있다. 특히, 매년 6월 말에 개최되는 문화 퍼레이드(Parade der Kulturen)는 매우 높은 관심을 끌며, 프랑크푸르트를 대표하는 문화행사로 자리 잡았다.

[그림 2-3] 프랑크푸르트 문화 퍼레이드

(4) 프랑스의 다문화 정책

① 프랑스 다문화 정책의 역사적 배경

프랑스는 대서양과 지중해에 맞닿은 유럽의 본토와 대양에 산재한 여러 해외 영토로 구성된 국가이다. 영국, 독일, 이탈리아, 스페인, 벨기에, 스위스 등 주변국들의 영향으로 일찍이 다양한 문화를 받아들였다.

고대 갈리아족(켈트족), 카이사르를 필두로 하여 로마 제국에서 올라온 라틴족, 대규모로 이주해 온 게르만족이 섞여서 프랑스가 이뤄졌으며, 외부에서 침입한 바이킹 지파인 노르만족도 노르망디에 정착하면서 모국어를 잃어버리고 프랑스인이 되었다.

더군다나 18세기부터 출산율 감소가 지속되어 인구가 줄어들자 노동력이 크게 부족하게 되었다. 이에 따라 프랑스는 유럽, 중동, 아프리카, 남아시아, 동남아시아 등에서 많은 이민자들을 유입하였다. 또한 20세기 초반 러시아 혁명이 일어나자 과거 러시아 귀족 계층이 대거 프랑스로 망명했고, 이탈리아 북부와 스페인 카탈루냐에서도 많은 이민자들이 몰려와 프랑스 파리에 정착했다. 이처럼 프랑스는 아주 오래전부터 다문화사회를 이루어왔다.

그러나 2000년대 들어와서 프랑스혁명의 정신인 '자유, 평등, 박애'라는 모토가 무색할 정도로 중동계 이민자들에 대한 차별이 심화되고 있다. 정치와 종교를 분리하는 '라이시테(laïcité)' 사상으로 인해 종교적인 상징을 외부에 내보이는 것을 굉장히 꺼려하는 프랑스인들에게 중동계 이민자들의 이슬람 복장 및 종교행위가 거슬리기 때문이다. 이에 따라 2004년에는 공립학교에서 히잡 착용을 금지하는 법이 제정되었고, 무슬림이 먹을 수 있는 '할랄(halal) 고기'로만 요리하는 패스트푸드점은 테러범들이 모일 소지가 있다며 단속을 한다. 이밖에도 난민 신청자가 유럽연합(EU) 평균보다 거의 2배가 될 정도로 증가하고, 이주민들이 다양한 범죄를 저지르는 일들이 곳곳에서 발생하자, 프랑스 정부는 '이민 쿼터제'를 도입하며, 파리 동부에 있는 이민자 텐트촌을 철거하기로 했다.

② 프랑스 다문화주의 정책의 체계

프랑스의 이민자 정책은 프랑스대혁명(1789년) 이후부터 내려오는 공화주의 가치에 기반을 둔 '공화주의적 동화정책(통합모델)'이다. 프랑스 제5공화국 헌법 전문 1조에는 "프랑스는 단일하고 분리될 수 없는, 비종교적인, 민주적인, 그리고 사회적인 공화국이다. 프랑스는 출신, 인종, 종교의 구분 없이 모든 시민이 법 앞에서 평등함을 보장한다."고 명시되어 있다.

이러한 공화주의 원칙에 따라 프랑스는 이민자들에게 출신국의 인종적 · 문화적 · 종교적 정체성을 포기하고 공화주의 원칙을 준수하여 프랑스 사회에 완전히 통합(동화)될 것을 요구하는 대신, 이민자들의 동화를 도와주기 위해서 다양한 정책을 시행한다. 이러한 '공화주의적 동화정책(통합모델)'은 프랑스와 비슷한 문화와 종교를 가진 유럽계 이민자들에게는 상당한 성공을 거두었지만, 이질적인 문화와 종교를 가진 북아프리카계 이민자 및 이슬람 이민자가 늘어나면서 문제가 되었다. 특히 1980년대 이후 프랑스 내에 거주하는 이슬람 이민자들을 사회적으로 통합시키는 문제가 강하게 대두되면서, 그동안 프랑스 이민자 정책이었던 '공화주의적 동화정책(통합모델)'에 대한 재검토의 필요성이 제기되었다.

2005년 이후. 프랑스 이민자 정책에 관하여 가장 권위 있는 법은 '외국인의 입국 · 체류 · 난민보호에 관한 법률'이다. 또한 2006년 7월에 의회를 통과한 '이민 · 통합법'에 의거해 프랑스 내에 거주하는 이민자와 외국에 거주하는 프랑스 출신 이민자를 지원한다. 또 2007년 11월 20일에 '이민 · 통합 · 난민 · 가족이민에 관한 제1631호 법률'이 발효되어 중요한 이민법으로 기능하고 있다.

이민자와 관련한 업무는 프랑스 정부의 각 부처에 분산되어 있다. 외무부는 '사증' 업무, 지방 경찰청은 '체류증' 업무, 내무부는 '거주증' 업무, 법무부는 '국적(시민권)' 취득 관련 업무, 교육부는 '이민자와 그 자녀의 교육'에 관한 업무, 고용 · 사회결속 · 주택부에서는 이민자 사회 통합 업무를 담당하고 있으며, 각 부처의 의견 조정은 '통합에 관한 각부 공동 위원회'에서 맡고 있다.

이밖에도 이민국(Direction de la Population et des Migrations; DPM)에서는 결혼이민자의 입국과 체류허가(체류증), 영주권(거주증), 시민권 등에 관한 업무를 관장한다. 이민자가 체류증 또는 거주증을 받기 위해서는 '프랑스 설립과 공화국 정신에 대한 이해, 충분한 프랑스어 능력, 기본적 권리와 의무 이행 및 공공 서비스 등 사회적 권리에 대한 이해'라는 세 가지 기본적인 요건을 충족해야 한다.

③ 프랑스 다문화 지원 정책 프로그램

프랑스 정부는 이민자들이 프랑스 문화에 시급히 동화되도록 노력한다. 2005년부터 전국적으로 실시되고 있는 '환영과 통합 계약서' 제도는 이민자에게 프랑스의 사회적 규범과 가치를 지키고, 프랑스어를 사용하며, 남녀평등 및 정교분리 원칙과 같은 공화주의 정신을 존중하겠다는 일종의 서약서를 쓰게 하는 제도이다. 이에 따라 이민자는 '프랑스어'와 '공민강좌'를 수강해야 하며, 이민자 자녀 중 프랑스어를 제대로 구사하지 못하면 특수반에서 집중적으로 프랑스어를 배워야 한다.

정부는 공민강좌를 통해 이민자들에게 하루 일정의 시민 오리엔테이션 교육(통역 배치, 영상물 시청 등), 500시간 이상의 프랑스어 교육, 이민자에 대한 행정 지원 서비스, 직업 · 자녀교육 · 가족보조금 등 '기본 사회적 서비스'에 관한 교육 프로그램인 '프랑스에서 살기(Vivre in France)'를 시행한다.

또한 프랑스는 인종차별을 법으로 엄격히 금지하고 있으며, 이에 따라 이민자들에게도 내국인과 동등한 노령연금 혜택을 부여하고, 합법적 체류자와 취업 허가를 받은 이민자 및 그들의 배우자, 자녀 등에게 의료보험혜택을 준다. 또한 합법적 체류자는 자국민 수준의 가족수당도 받을 수 있다.

(5) 일본의 다문화 정책

① 일본 다문화 정책의 역사적 배경

일본이 제2차 세계대전에서 패망한 후, 1952년 샌프란시스코 강화조약에 따라 일본 내에 거주하고 있던 조선인과 대만인이 일본 국적을 취득하려면 귀화를 해야 했다. 귀화를 하지 않고 국적을 박탈당한 채로 남아 있는 조선인과 대만인은 전쟁 희생자에 대한 보상과 연금을 비롯하여 각종 사회보장을 받을 수 없었고, 취업, 아파트 입주 등에서도 배제되는 등 차별을 당해야 했다. 또한 일본은 '외국인 등록법', '지문 날인제도'를 제정하는 등 차별적이고 폐쇄적인 외국인 정책을 시행했다.

1965년 한일회담을 계기로 한국 국적을 가진 재일한국인에게 영주자격을 주는 제도를 도입하게 되었으며, 1991년 특례법을 제정하여 한국 국적이나 일본 국적에 관계없이 특별 영주자격을 주도록 했다. 그러나 이러한 외국인 정책은 제국주의 시대부터 일본 내에 거주하고 있던 올드커머(Old comer)인 조선인과 대만인 등에 한정되었다.

또한 일본은 1970년대 베트남 전쟁으로 인해 발생한 대규모의 '보트 피플(Boat People)'을 유입하면서, 1979년에 국제인권규약을 비준하였으며, 1982년에는 난민 조약을 비준하였다. 그리고 OECD, G7 등 국제기구에 가입하면서부터 국민연금법 등을 개정하여 일본 내에 거주하는 외국인들에게 사회보장제도를 적용했다.

1980년대 이후 일본은 경제가 급성장하면서 심각한 노동력 부족 현상을 겪게 되었고, 일본계 남미 이주자들을 중심으로 한 외국인 노동자들을 유입하기 시작했다. 이들은 제국주의 시대부터 일본 내에 거주하고 있던 올드커머(Old comer)와 대비되는 뉴커머(New comer)로 불린다. 그 결과 일본은 아시아에서 최대의 이주 유입국이 되었다. 특히 저출산・고령화로 생산연령 인구뿐 아니라 인구 자체가 감소하는 상황에서 여성들의 이주가 유독 많아 전체 외국인 등록자의 53.5%를 차지한다. 여성 이민자의 증가는 일본 사회 구성원의 변화, 다문화가정의 증가에 따른 이주자의 인권 문제, 사회보장 문제, 교육 문제 등 주요 사회적 이슈가 되고 있다.

또한 1989년 출입국관리법을 개정하여 전문적・기술적인 노동자들을 적극 유입했으며, '정주자'와 '체류자'로 체류자격을 분리했다. 이때부터 일본계 브라질인들이 대거 유입되어 직종에 제한 없이 다양한 직업에 취직했다. 또한 '연수' 자격을 통해 중국 및 동남아인들이 비정규직 단순 노동자로 취직하게 되었는데, 일본은 이들에게 3개월에서 3년까지 직종에 제한 없이 취업할 수 있게 해 주었으며, 가족 초청을 통해 '정주자격'을 허용했다.

② 일본 다문화 공생 정책의 체계

일본의 다문화 공생정책은 정부가 주도하기보다는, 민간조직인 국제교류협회, 외국인시민회의, 외국인집주도시회의 등과 같은 네트워크 조직 구축을 통해 전개되는 지자체 다문화공생 거버넌스에 기반을 두고 지방자치단체가 주도하는 형태로 진행된다. 이를 통해 이민자들을 지역사회의 일원으로 받아들여 '아래로부터 다문화주의'를 확산시키고, 이들과 관련된 문제들을 논의할 수 있는 '다문화 공적 영역'을 마련했으며, 정부 차원에서뿐만 아니라 지역 시민사회에서도 지역사회 다문화공생 담론 및 거버넌스 체제가 확장될 수 있도록 했다.

일본의 중앙부처인 총무성에서는 다문화 공생주의 정책을 추진하는 계획을 수립하고, 지방자치단체와 NGO를 지원한다. 지방자치단체와 NGO는 중앙정부의 지원을 받아 각 지역의 특색에 맞추어 독자적인 프로그램들을 다양하게 운영한다. 이러한 운영 방식으로 인해 일본의 다문화 정책은 지역 중심·생활 중심의 프로그램을 운영할 수 있게 되었으며, 이민자들의 생활에 꼭 필요한 생활밀착형 지원을 할 수 있게 되었다.

③ 일본 다문화 공생 지원 정책 프로그램

2005년 일본의 중앙부처인 총무성은 '다문화 공생 추진위원회'를 설치하여 외국인의 취업과 진로, 취학, 생활환경에 대해 체계적으로 검토하기 시작했으며, 2006년에는 기존의 외국인을 단순히 지원 대상으로만 여기지 않고 공생하는 관계로 설정하며 '다문화 공생 추진에 관한 연구회 보고서'를 제안했다.

일본 총무성이 제안한 다문화 공생 프로그램 추진 계획은 다음과 같다. 첫째, 커뮤니케이션 지원이다. 이는 다양한 언어와 다양한 미디어에 의한 행정 정보 및 생활정보의 제공, 외국인 주민의 생활 상담을 위한 창구 설치 및 전문가의 양성, NPO 등과 제휴하여 다언어로 정보 제공, 지역의 외국인 주민을 상담원으로 활용, JET 프로그램(외국인 청년 어학 교류 지원 프로그램)의 국제교류원(CIR) 활용 등을 시행하는 정책이다.

둘째, 생활지원이다. 정보에 의한 거주 지원, 입주 차별 해소, 주민 입주 후 오리엔테이션 실시, 자치회를 중심으로 하는 대처방안 추진, 외국인 주민이 집단으로 거주하는 단지 등에 상담 창구 설치, 이주민 자녀들을 중심으로 한 교육 지원, 취업 및 창업 지원, 노동환경 개선, 의료 문진표를 다양한 언어로 표기하고 의료 통역자를 파견해 주는 등 의료지원, 외국인 주민 방재 훈련 및 긴급 시 다중 언어로 기상 경보를 전달하는 등 방재에 관한 지원과 같은 생활밀착형 정책이다.

셋째, 다문화 공생 지역 만들기이다. 도쿄 신주쿠 신오쿠보에 형성된 코리아타운 등이 여기에 해당된다. 이를 위해서 지역주민 전체의 다문화 공생에 관한 이해가 대단히 중요한 전제가 되기 때문에 지역 주민과 기업 등에 대한 다문화공생 계몽을 한다.

또한 학교・도서관・공민관을 다문화 공생의 거점으로 조성하고, 다문화 공생을 주제로 한 교류 이벤트를 개최하며, 외국인 주민의 사회적 참여 독려 및 자조 조직 형성 등을 실시한다.

넷째, 다문화 공생 추진 체제를 정비하는 것이다. 즉, 다문화 공생 추진 담당부서 설치 및 조직 내에서의 횡적인 제휴, 지역에서의 각 주체별 역할 분담 및 연계 협력을 추진한다.

이러한 총무성의 다문화 공생 프로그램 추진 계획과 재정 지원에 맞추어 지방자치단체와 민간단체들이 각 지역에 맞게 독자적인 프로그램들을 다양하게 운영한다.

II

한국의 다문화

제 3 장

결혼이민자의 현황과 정책

한국은 결혼이민자, 다문화 가정 자녀, 외국인근로자, 북한 이탈주민 등의 증가로 인해 급속하게 다문화사회가 되었다. 하지만 단일민족이라는 정체성을 매우 중요하게 여겨왔던 한국 사회이기에 다문화사회로 급속하게 변해가는 현상에 적절히 대처해 가는 데 어려움을 겪고 있다. 특히, 대대로 한국에 자리를 잡고 살아온 본토인들은 다문화가 어떤 의미인지, 다문화 현상을 어떻게 이해하고 대처해야 하는지, 다른 문화를 가진 사람들을 어떻게 대하며 공존할 수 있는지 배우지 못한 채, 다문화 현상의 블랙홀로 급속히 빠져들어 가고 있는 형국이다.

더군다나 한국의 다문화 정책과 지원은 대부분 결혼이민자와 다문화 가정 자녀에게 치우쳐 있다. 왜냐하면 외국인근로자는 단기 취업자 신분으로 한국에 들어와서 언젠가는 자국으로 돌아가야 할 사람들이라는 인식을 가지고 있기 때문이다. 북한 이탈주민에게 일정한 지원을 해주고 있지만, 거의 대부분 단기적인 지원에 그치고 있어서 북한 이탈주민들이 체제와 경제 수준이 다른 한국사회에서 자리를 잡고 살아가기에는 부족하다.

이와 같은 한국 사회의 상황들을 고려할 때 결혼 이민자, 다문화가정 자녀, 외국인근로자, 북한이탈주민 등에 대한 현황, 어려움, 관련 법, 정책을 살펴보는 것은 매우 중요하다. 이에 따라 본 장에서는 결혼 이민자 가정 특히 결혼이주여성에 대하여 다음과 같은 목표를 가지고 구체적인 내용을 살펴보고자 한다.

단원목표

1. 한국의 결혼이민자의 현황을 파악한다.
2. 한국의 결혼이민자가 가진 어려움들을 파악한다.
3. 한국의 결혼이민자와 관련한 법을 살펴본다.
4. 한국의 결혼이민자에 대한 정책과 지원에 대해서 살펴본다.

1) 결혼이민자의 현황

(1) 한국 사회에서 국제결혼이 증가하게 된 배경

① 인구 구성의 변화(출산율 저하, 성비의 불균형)

한국 사회에 결혼이민자가 증가하게 된 이유 중 하나는 출산율 저하, 남녀 출생성비의 불균형 등 인구 구성의 변화이다. 한국 사회는 1960년대부터 출산율이 저하되기 시작하여 2000년대 이후 세계적으로 가장 낮은 초저출산 상태에 도달했다. 국가의 출생아 수를 나타내는 지표인 합계출산율(合計出産率)은 여성 1명이 평생 동안 낳을 수 있는 평균 자녀수로서 일반적으로 15세부터 49세까지의 여성을 기준으로 한다. 2021년 기준 경제협력개발기구(OECD) 회원국의 평균 합계출산율은 1.58명인데 비해 한국의 합계출산율은 0.81명으로써 현저히 낮아 최하위 수준이다.

한국 사회는 전통적으로 남자가 자신보다 3~4살 아래인 여성의 배우자를 선호하는 경향이 있다. 따라서 계속된 출산력의 저하로 인해 결혼을 바라는 남성들에 비해 3~4살 아래인 여성들이 현저히 부족하게 되었다. 더군다나 1980년대 중반 이후 한국 사회에 남아 선호사상으로 인한 선별 출산이 많아짐으로써 남녀 간 출생성비에 심각한 불균형이 일어났다. 이러한 요인들로 인해 결혼을 바라는 남성들이 국제결혼에 관심을 갖게 되었고, 한국 사회에 결혼이주여성이 증가하는 요인이 되었다.

② 산업화로 인한 농촌 총각의 문제

'산업화(産業化; industrialization)'란, 국가경제의 부가가치 생산 비율과 취업인구가 1차 산업(농림·어업)보다 2차 산업(광공업)이 높아져서 산업구조가 변해가는 과정을 의미한다. 이러한 산업화는 사회·경제·문화뿐 아니라, 국민 정서와 생활양식에 전반적인 변화를 일으킨다.

1961년 박정희 정부가 수출주도의 경제개발정책을 추진함에 따라 한국에 산업화가 이루어지기 시작했으며, 1980년대 이후에 높은 경제성장과 더불어 산업화가 더욱 가속화되었다. 1차 산업(농림어업)의 취업규모가 1980년에 34.0%였으나, 2010년까지 6.6%로 감소한 반면에 1989년 제조업의 취업규모는 27.8%나 되었으며, 서비스산업의 취업규모는 37.0%나 되었다.

이러한 산업화의 과정에 따라 농촌에 사는 젊은 여성들이 도시로 많이 이주했으며, 이런 변화에 편승하지 못한 남성들은 자연히 농촌에 남게 되었다. 그 결과 농촌에 살던 남성 청년들은 여성 배우자를 찾기 힘들었다. 이는 결혼을 하여 자식을 낳아 대(代)를 잇는 것을 매우 중요하게 생각하는 한국 사회의 정서를 감안할 때 아주 심각한 문제로 인식되었다.

이러한 사회적 갈등 요소들을 해결하기 위해 1990년대 후반부터 2000년대 초반까지 농어촌에 있는 지자체가 앞장서서 '농촌 총각 장가보내기 운동'을 할 정도로 국제결혼을 적극적으로 추진했다. 이것이 한국 사회에 결혼이주여성이 증가하는 요인이 되었다.

③ 결혼에 대한 가치관의 변화

지난 20여 년간 한국 사회는 급속한 산업화와 세계화를 겪으면서 가치관이 많이 달라졌다. 특히 양성평등 관념이 확산되면서, 여성에 대한 차별이 감소되고, 여성의 지위가 향상되었다. 그러나 결혼을 하여 부부가 되면, 대부분의 여성들은 자신이 하던 일을 포기해야 하고 가족들을 위해 많은 것을 희생할 수밖에 없는 현실을 맞이하게 되었다. 이에 따라 젊은 여성들은 과거와 달리 결혼을 필수적으로 해야만 하는 것이 아니라, 선택 사양으로 간주하기 시작했다.

더군다나 평균 교육 수준의 상승, 여성들의 경제적 자립, 결혼에 대한 가치관의 유연성 등으로 인해 초혼연령이 꾸준히 상승하여 세계적으로 가장 높은 수준에 도달했다. 1990년에 남성 27.8세, 여성 24.8세였으나, 2022년에는 남성 33.4세, 여성 31.3세로 높아졌다. 이렇게 결혼에 대한 가치관이 변화됨에 따라 혼인적령 인구의 불균형이 초래되었고, 한국 사회에 결혼이주여성이 증가하게 되었다.

또한 세계화와 정보통신의 발달 등으로 인해 다양한 문화와 접촉할 기회가 많아지고, 한국 사회에 다문화 현상이 뚜렷해지면서, 국제결혼에 대한 거부감이 많이 약화된 것도, 한국 사회에 결혼이주여성이 증가하게 된 요인이 되었다.

(2) 결혼이민자의 현황

행정안전부(2022년)에서 발표한 다문화 인구 현황(〈표 3-1〉)에 의하면, 전국에 있는 다문화인구가 385,218가구이다. 이는 전년도에 비하여 17,444채(약 4.7%)가 증가한 것이다. 또한 전국의 다문화가구원이 1,119,267명이다. 이는 전년도에 비하여

26,039명(약 2.4%)이 증가한 것이다. 이 중에서 결혼이민자(귀화자)가 383,785명(전년 대비 12,951명 증가)이며, 혼인신고를 하지 않은 상태에서 동거를 하고 있는 이주민들이 44,766명(전년 대비 1,345명 증가)이다.

〈표 3-1〉 다문화가구 현황

행정구역별 (시 · 군 · 구)	다문화 가구 계	다문화가구 가구원 계	다문화가구 내국인(출생)	다문화가구 내국인(귀화)	다문화가구 외국인 (결혼이민자)	다문화가구 외국인(기타)
전국	385,219	1,119,267	690,716	208,663	174,122	44,766
서울특별시	71,337	187,022	101,146	44,471	30,984	10,421
부산광역시	15,711	47,593	32,477	6,673	7,329	1,114
대구광역시	11,388	33,881	22,831	4,871	5,396	783
인천광역시	27,075	76,765	43,403	17,287	12,197	3,878
광주광역시	8,095	24,332	16,267	3,658	3,694	713
대전광역시	7.738	23,139	15,797	3,393	3,463	486
울산광역시	7,268	1,409	13,923	3,481	3,381	624
세종특별자치시	1,781	5,654	3,827	798	880	149
경기도	117,478	330,934	189,179	70,34	54,308	17,123
강원도	9,402	29,932	21,130	4,352	3,866	584
충청북도	12,636	38,720	25,794	6,152	5,657	1,117
충청남도	19,648	60,015	39,165	9,749	9,089	2,012
전라북도	13,661	43,926	30,767	6,244	5,894	1,021
전라남도	15,307	50,444	35,968	6,734	6,678	1,064
경상북도	18,058	57,102	39,572	8,339	7,893	1,298
경상남도	22,906	70,210	47,139	10,681	10,510	1,880
제주특별자치도	5,730	18,189	12,331	2,456	2,903	499

출처: 행정안전부(2022)

2008년부터 감소 추세를 보이던 다문화 혼인 추이가 2015년부터 다시 상승하기 시작했으며([그림 3－1]), 2018년 전국 혼인 중 9.2%를 차지했다([그림 3－2]). 2019~2021년은 코로나바이러스감염증-19(COVID-19)의 확산으로 인해 다문화 혼인율이 감소 추세를 보였지만, 코로나바이러스감염증-19(COVID-19)가 어느 정도 안정세를 보이고 해외출국이 자유로워져감에 따라 다문화 혼인율도 다시 증가할 것으로 예상된다.

또한 국내에 있는 다문화 2세 235,282명(2018년 기준)이 약 10~20년 내에 성인이 되어 결혼 및 출산을 하게 될 것을 감안하면, 한국사회가 급속히 다문화사회에 진입할 것이 분명하다. 그러므로 지금이야말로 다문화 현상을 잘 대비해 가야 할 매우 중요한 시점이라고 할 수 있다.

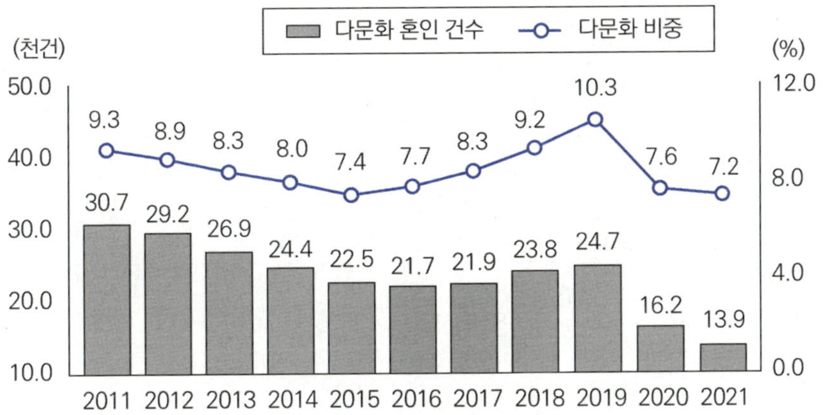

[그림 3-1] 다문화 혼인 추이

출처: 통계청(2022)

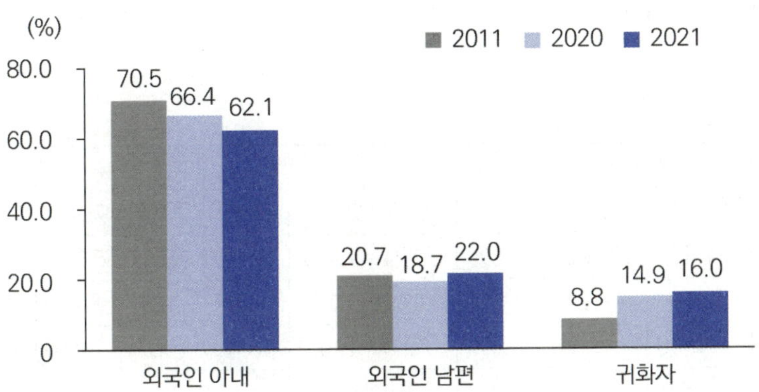

[그림 3-2] 다문화 혼인 유형별 비중

출처: 통계청(2022)

결혼이민자들의 혼인 연령을 살펴보면, 주로 한국인 출신이 많은 남편의 경우 〈표 3-2〉처럼 30세 이상의 비율이 83.6%를 차지했다.(한국 남성 평균 결혼 연령 33.2세) 특히 2018년 기준으로 남편의 나이가 40세 이상인 경우는 44.7%로 거의 절반 가까이 차지했다. 반면에 주로 결혼이주 여성이 많은 아내의 경우, 〈표 3-3〉처럼 30세 이하의 비율이 52%로 상당한 비율을 차지했다.(한국 여성 평균 결혼 연령 30.4세) 특히 25~29세의 여성이 27.7%로 가장 많았고, 20~24세의 여성도 18%나 되었다. 이는 남편이 아내보다 10살 이상 연상인 경우가 상당히 많기 때문이다.

〈표 3-2〉 남편의 혼인 연령별 비중 (단위: 건, %)

남편[1]	전국		광주		전북		전남		제주	
	2017	2018	2017	2018	2017	2018	2017	2018	2017	2018
전체	264,455	257,622	7,141	6,632	7,817	7,219	8,049	7,584	3,654	3,638
다문화 혼인	21,917	23,773	386	410	646	653	674	738	333	385
계	100.0	100,0	10.00	100.0	100,0	10.00	100.0	100,0	10.00	100.0
19세 이하	0.1	0.1	0.0	0.2	0.2	0.0	0.0	0.4	0.0	0.0
20~24세	2.8	2.7	2.8	1.5	1.7	0.9	1.3	0.8	1.5	0.8
25~29세	14.1	13.6	8.0	6.1	6.2	4.1	4.0	3.8	7.8	8.8
30~34세	19.4	19.3	11.1	13.7	9.3	10.6	9.6	10.4	12.6	9.4
35~39세	19.5	19.6	20.7	21.7	23.1	19.4	21.7	22.6	17.7	19.7
40~44세	7.7	17.8	25.6	25.9	24.0	25.3	28.3	28.2	25.8	23.6
45세 이상	26.4	26.9	31.6	31.0	35.6	39.7	35.0	33.7	34.5	37.7

1) 남편의 주소지 기준
출처: 호남지방통계청(2019)

〈표 3-3〉 아내의 혼인 연령별 비중 (단위: 건, %)

아내[1]	전국		광주		전북		전남		제주	
	2017	2018	2017	2018	2017	2018	2017	2018	2017	2018
전체	264,455	257,622	7,199	6,774	7,412	6,839	7,257	6,747	3,325	3,220
다문화 혼인	21.917	23,773	161	167	165	185	181	180	85	88
계	100.0	100,0	10.00	100.0	100,0	10.00	100.0	100,0	10.00	100.0
19세 이하	6.3	6.3	1.9	1.8	1.8	1.6	4.4	3.9	1.2	3.4
20~24세	18.0	18.0	6.8	8.4	8.5	10.8	11.6	15.6	14.1	6.8
25~29세	27.7	27.6	24.8	31.1	27.9	24.9	26.0	20.6	27.1	20.5
30~34세	21.9	22.3	32.9	31.1	32.1	29.2	30.4	31.7	25.9	23.9
35~39세	10.7	11.2	13.7	16.8	12.1	18.4	9.4	11.7	10.6	26.1
40~44세	6.1	5.6	9.3	5.4	5.5	7.6	7.2	6.1	11.8	6.8
45세 이상	9.4	8.9	10.6	5.4	12.1	7.6	11.0	10.6	9.4	12.5

1) 아내의 주소지 기준
출처: 호남지방통계청(2019)

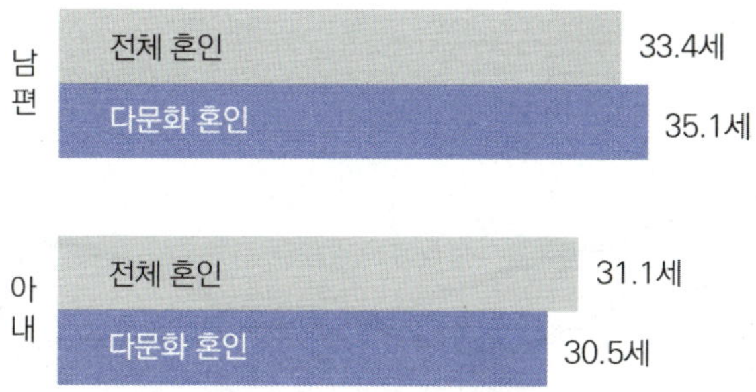

[그림 3-3] 평균 초혼연령

출처: 통계청(2019)

결혼이주여성들의 출신 국적 비율을 전국적으로 보면, 〈표 3-4〉처럼 중국(한국계) 34.9%, 베트남 21%, 중국 19.9%, 필리핀 5.6%, 일본 3.6%, 미국 2.4% 등의 순서로 집계된다. 그러나 [그림 3-4]처럼 중국 출신의 경우 2008년 이후 가파르게 감소하고 있는 반면, 베트남은 2014년 이후 지속적으로 증가하고 있다. 이에 따라 현재는 베트남 출신의 결혼이주여성들이 한국 국적을 가진 남성들과 결혼하는 경우가 가장 많다.

〈표 3-4〉 국적별 다문화 대상자 구성비 (단위: %)

	계	국적별 다문화 대상자[1] 구성비										
		중국(한국계)	베트남	중국	필리핀	일본	미국	캄보디아	대만	태국	몽골	기타
전국	100.0	34.9	21.0	19.9	5.6	3.6	2.4	2.3	1.6	1.3	1.1	6.4
광주	100.0	14.5	32.9	21.3	9.9	4.3	1.5	5.7	0.9	1.6	1.4	6.0
전북	100.0	14.2	35.4	20.5	10.8	5.4	1.0	5.1	1.0	1.4	1.1	4.1
전남	100.0	13.4	39.0	14.5	13.4	6.0	0.8	5.8	0.5	2.0	1.3	3.3
제주	100.0	22.1	27.1	19.3	9.5	3.9	2.2	2.7	3.0	0.5	0.7	9.0

1) 국적별 다문화 대상자: 내국인(귀화)과 외국인(결혼이민자)
출처: 호남지방통계청(2019)

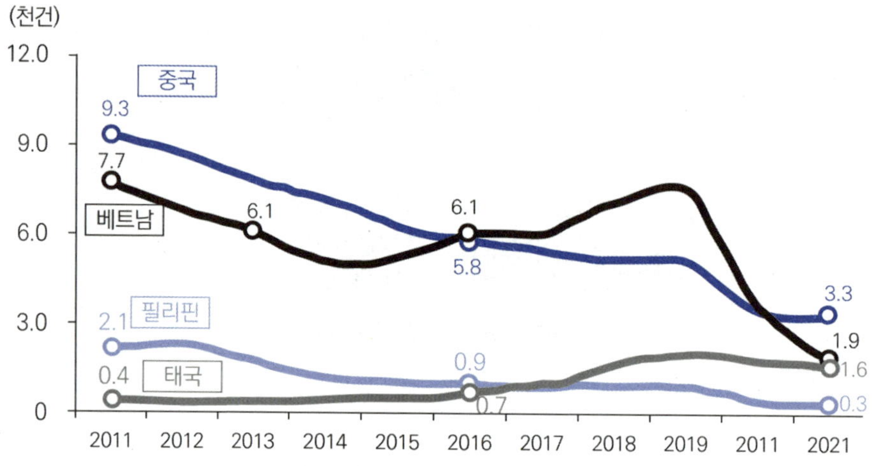

[그림 3-4] 아내의 주요국적별 혼인 건수 추이

출처: 통계청(2022)

통계청(2022년)에서 발표한 '출신국적별 혼인 비중'에 의하면, 결혼이주여성의 출신국의 경우 베트남 30%, 중국 21.6%, 태국 6.6%, 일본 4.2%, 필리핀 4.0%, 미국 2.7%, 캄보디아 2.5% 등의 순서로 집계되었다.

〈표 3-5〉 출신국적별 혼인 비중

(단위: 건, %)

남편	2019	2020	2021
건수	24,721	16.177	**13,926**
계*	100.0	100.0	**100.0**
한국	72.9	70.7	**66.9**
외국[1)]	27.1	29.3	**33.1**
미국	6.1	7.0	**9.4**
중국	8.2	8.4	**8.5**
베트남	2.6	3.1	**3.2**
캐나다	1.5	1.6	**1.6**
일본	1.1	0.9	**1.0**
영국	0.8	0.9	**0.8**
대만	0.6	0.8	**0.6**
프랑스	0.5	0.6	**0.6**
캄보디아	0.7	0.7	**0.6**
호주	0.7	0.5	**0.6**
기타	4.4	4.9	**6.2**

아내	2019	2020	2021
건수	24,721	16,177	**13,926**
계*	100.0	100.0	**100.0**
한국	17.7	19.2	**22.7**
외국[1)]	82.3	80.8	**77.3**
중국	20.3	21.7	**23.9**
베트남	30.4	23.5	**13.5**
태국	8.3	10.7	**11.4**
일본	3.7	4.7	**5.2**
미국	2.7	2.9	**3.6**
러시아	1.3	1.7	**2.6**
필리핀	3.6	2.6	**2.3**
대만	1.3	1.4	**2.0**
캄보디아	2.5	2.4	**1.6**
몽골	0.9	1.0	**1.4**
기타	7.3	8.0	**9.7**

출처: 통계청(2022)

2) 결혼이민자가 겪는 어려움

(1) 한국어 능력의 부족

〈표 3-6〉에 의하면 한국어 말하기를 '매우 잘한다.' 또는 '잘한다,'고 답변한 결혼이주여성은 36.2%에 불과하다. 반면에 한국어 말하기가 '서툰 편이다.' 또는 '매우 서툴다'고 답변한 결혼이주여성도 24.1%나 되었다, 이런 결과를 생각할 때, 결혼이주여성 중에 약 1/4명이 한국어 말하기가 서툴러 원활한 의사소통을 통해 한국인들과 관계를 맺어 가는 것이 어려울 것이라고 추정된다.

〈표 3-6〉 결혼이주여성의 한국어 사용 능력 (단위: %)

구분	매우 잘한다.	잘한다.	보통이다.	서툰 편이다.	매우 서툴다.	계 (수)
한국어 말하기	16.9	19.3	39.7	18.1	6.0	100.0(117,554)
한국어 읽기	17.3	20.1	38.7	17.2	6.6	100.0(108,966)
한국어 쓰기	16.0	16.6	36.3	21.7	9.4	100.0(108,835)

출처: 조원탁 외, 한국어 말하기 능력(2019) 편집

결혼이주여성의 한국어 능력이 부족한 경우, 의사소통뿐 아니라, 다양한 방면에서 어려움을 겪게 된다. 부부관계, 고부관계 등에서 정확한 상황을 설명하거나 심정을 제대로 표현하기 어려워서 부부 갈등이나 가정 폭력으로 이어지기도 하며, 지역민들과 관계를 맺는 데도 어려움을 겪는다. 또 주부로서 장을 보거나 물건을 살 때도 어려움을 겪는다.

또한 한국은 전통적으로 어머니(母)가 숙제를 도와주거나 존댓말을 가르치는 등 자녀교육의 많은 부분을 감당한다. 그런데 한국어 능력이 부족한 결혼이주여성의 경우에 자녀들에게 한국어를 제대로 가르쳐 줄 수 없으며, 숙제를 도와주기가 어렵다. 이로 인해 자녀에게 무시를 당하거나 소외받기도 한다. 이러한 사정으로 인해 말로 타이르기보다는 체벌을 하게 되며, 다른 아이들보다 일찍 자녀를 돌봐줄 수 있는 어린이집에 보내기도 한다. 이러한 상황들은 낯선 나라에 떨어져서 살아가는 결혼이주여성에게 깊은 외로움을 느끼게 한다.

(2) 문화적 차이

한국에서 성장한 사람끼리 결혼을 해도 여러 가지 문화적 차이를 느낀다. 하물며 전혀 다른 문화에서 성장한 사람끼리 결혼을 하는 국제결혼의 경우에는 더 많은 문화적 차이를 느낄 수밖에 없다. 〈표 3-7〉 예를 들면, 몽골은 초원지대에 위치하여 야채와 과일이 귀하며, 염소고기, 양고기 등을 자주 먹는다. 반면에 한국에서 야채와 과일은 귀한 음식이 아니며, 오히려 염소고기, 양고기가 귀한 음식이다. 이러한 문화적 차이를 알지 못하면, 한국 출신의 남편이 염소고기, 양고기를 먹고 싶어 하는 몽골 출신의 결혼이주여성을 오해할 수 있다.

또한, 베트남에서는 어른에게 꾸중을 들을 때 손으로 스스로의 양팔을 잡아 팔짱을 낀다. 그러나 한국에서는 어른 앞에서 팔짱을 끼는 것이 아주 무례한 행동으로 여겨진다. 또 베트남에서는 죽은 사람에게만 절을 한다. 따라서 처음 시집에 와서 살아계신 시부모님께 절하기를 주저한다. 이러한 문화적 차이를 알지 못하면, 한국 출신의 남편이 베트남 출신의 결혼이주여성을 오해할 수 있다. 이러한 문화적 차이는 부부 사이에 오해를 불러 일으켜 갈등의 요인이 될 뿐 아니라, 여러모로 결혼 생활을 힘들게 하며, 한국인 남성들에게 결혼이주여성의 출신국 여성들에 대한 편견과 차별을 갖게 한다.

〈표 3-7〉 다문화가정의 문화적 차이 유형 (단위: %)

	식습관	옷 입는 습관	자녀 양육	가사 분담	부모 부양	가족행사, 가족의례	종교 생활	경제 생활	의사소통 방식	기타
중국	52.7	5.6	23.4	15.3	9.2	29.5	4.7	19.2	41.3	0.6
중국 (한국계)	43.3	8.5	19.3	8.9	8.8	26.0	9.5	23.0	34.5	0.7
일본	46.3	5.5	28.7	9.0	16.5	38.6	10.5	17.8	37.8	0.9
대만	53.9	8.3	19.3	14.9	5.8	45.7	9.5	12.9	34.8	0.0
베트남	60.3	9.4	29.2	9.3	8.9	20.4	4.6	26.1	46.1	0.3
필리핀	61.2	7.9	24.7	6.4	10.1	24.7	6.6	32.3	41.8	0.4
몽골	61.4	4.6	26.0	6.4	6.2	27.8	6.2	24.8	39.3	0.0
태국	60.2	7.8	19.2	6.3	13.6	19.5	6.1	25.9	41.0	0.7
캄보디아	59.2	8.9	32.6	9.0	9.6	29.2	4.9	28.6	42.0	1.1
미주, 유럽	44.4	9.3	26.0	9.9	14.0	39.9	7.3	26.2	35.2	1.4

출처: 통계청(2019)

(3) 경제적 어려움

〈표 3-8〉는 결혼이민자가 현 배우자와의 결혼 이유를 조사한 것인데, '경제적으로 부유한 한국에 살기 위하여', '본국 가족에 경제적 지원을 하기 위하여', '한국에서 취업하기 위하여' 등 경제적인 이유로 인해 한국인 남성과 결혼을 한 결혼이주여성들이 25.3%나 된다.

하지만, 한국에 입국하여도 결혼이주여성들이 경제활동을 하는 것을 마땅치 않게 생각하는 한국인들의 편견들이 남아 있어서 취업하기가 쉽지 않고, 설령 가족들에게 경제활동 하는 것을 허락받아 취직을 하려고 해도 결혼이주여성들이 만족할 만한 보수와 환경을 가진 직장이 흔하지 않다.

〈표 3-8〉 결혼이민자가 현 배우자와의 결혼 이유 (단위: %)

구분	비율
특별한 이유 없음	15.6
경제적으로 부유한 한국에 살기 위하여	11.0
본국 가족에 경제적 지원을 하기 위하여	12.9
무조건 본국을 떠나고 싶어서	4.5
한국에서 취업하기 위하여	2.4
가족과 친척 등의 권유로	5.0
배우자를 사랑하기 때문에	28.2
한국인으로 귀화하려고	1.4
종교적인 이유로	12.9
기타	6.2

출처: 조원탁 외(2019)

보건복지부에서 발표한 2023년 한국인 3인 가구의 월평균 중위소득은 월 4,434,816원이다. 이에 비해 결혼이주여성들의 월평균 가구 소득(〈표 3-10〉)을 보면, 약 70% 정도가 한국인 가정의 월평균 가구 소득에 미치지 못했다.

〈표 3-9〉 결혼이주여성의 가구 전체 월평균 소득

100만원 미만	100~200만원 미만	200~300만원 미만	300~400만원 미만	400~500만원 미만	500~600만원 미만	600~700만원 미만	700만원 이상
10.2%	14.3%	24.7%	22.7%	15.34%	7.2%	2.3%	3.2%

출처: 통계청(2022)

이렇게 결혼이주여성들 가정의 경제적인 수준이 매우 낮아서, 생활에 어려움을 겪을 뿐만 아니라. 결혼이주여성들이 한국에 입국할 때 가졌던 기대와는 달라서 내적인 갈등을 일으키는 요인이 되고 있다. 특히 경제적인 목적 때문에 한국에 결혼이주여성으로 입국한 여성들의 경우에는 심각한 정서적 갈등과 혼란이 발생할 여지가 있다.

이밖에도 〈표 3-10〉과 같이 자녀교육, 본인 가족과의 갈등, 배우자 가족과의 갈등, 경제문제, 외도 등 여러 가지 요인들로 인하여 결혼이주여성들이 어려움을 겪고 있으며, 결혼이주자 부부에게 갈등과 다툼이 일어난다.

〈표 3-10〉 지난 1년간 배우자와 다툰 이유

(단위: %)

		자녀 교육	경제 문제	음주	배우자 가족과 갈등	본인 가족과의 갈등(가족 초청, 물질적 지원 등)	외도	폭언, 폭력	심한 의심, 외출 제한 (여권 숨김 등)	기타
배우자 성별	남	64.3	13.7	8.0	19.6	25.3	10.2	4.1	5.8	0.2
	여	54.1	18.9	22.2	22.4	21.6	8.2	9.3	4.7	0.4
혼인 기간	5년미만	52.7	20.9	29.4	14.7	17.6	7.5	9.3	6.2	0.1
	5~9년	55.2	20.1	22.2	23.9	21.3	8.4	9.0	5.1	0.4
	10~14년	55.7	16.4	15.7	26.3	24.2	8.3	8.9	4.4	0.6
	15년 이상	61.1	11.4	8.3	19.7	27.5	10.8	5.3	2.8	0.1
가구 소득	100만원 미만	54.8	17.1	17.8	13.0	38.2	5.7	5.3	4.7	0.1
	100-200만원 미만	54.4	18.1	22.7	16.1	31.0	7.6	7.6	4.5	0.4
	200-300만원 미만	53.4	18.8	25.1	21.1	22.3	9.1	8.3	4.1	0.4
	300-400만원 미만	56.2	17.0	19.6	24.4	22.2	9.0	9.3	4.9	0.3
	400-500만원 미만	57.0	19.3	16.2	24.5	18.3	7.7	9.0	5.0	0.3
	500만원 이상	58.9	17.5	13.1	23.7	15.0	8.5	8.3	6.3	0.3
출신 국적	중국	55.6	18.9	18.8	21.4	22.5	8.4	9.4	4.0	0.0
	중국(한국계)	60.0	9.0	5.3	18.3	25.1	11.5	5.5	3.0	0.1
	베트남	53.2	18.9	31.9	23.6	21.3	6.5	8.9	5.8	0.6
	일본	55.5	27.8	15.4	26.1	13.4	6.8	14.7	2.3	0.5
	필리핀	46.1	22.2	27.9	24.9	25.1	10.1	8.2	7.4	0.5
	캄보디아	48.3	22.6	24.4	26.9	23.7	8.3	10.7	6.9	0.3
	미주, 유럽, 대양주	67.7	20.7	9.7	21.6	15.2	7.7	7.7	7.3	0.5

출처: 여성가족부, '전국다문화가족실태조사'(2019) 편집

이러한 여러 가지 이유들로 인하여 다문화 가정의 이혼율이 상승하고 있다. 〈표 3-11〉처럼 2018년 다문화 부부의 이혼율 중에서 5년 이내 이혼율이 34.1%나 된다. 또한 주목해야 할 것은 다문화 부부의 이혼율 중에서 5~15년 이내 이혼율이 57.6%나 차지하고 있다는 것이다. 이는 한국인 간에 구성된 부부의 5~15년 이내 이혼율이 31%를 차지하는 것과 비교할 때, 거의 두 배 가까이 된다. 그만큼 결혼이주여성으로 한국에 들어왔을 때 가졌던 기대와 실제로 한국에서 부부로 살아가는 삶이 차이가 크고, 이로 인한 갈등이 심각하다는 것을 알 수 있다.

〈표 3-11〉 결혼생활 지속 기간별 비중

		전체			다문화 이혼[1]			출생기준 한국인 간의 이혼[2]		
		2016	2017	2018	2016	2017	2018	2016	2017	2018
건수		107,328	106,032	108,684	10,631	10,307	10,254	96,697	95,725	98,430
계		100.0	100.0	100.0	100.0	100.0	100.0	100.0	100.0	100.0
5년 미만		22.9	22.4	21.4	36.7	34.1	33.1	21.4	21.1	20.1
	1년 미만	3.9	3.6	3.5	8.6	8.0	7.7	3.4	3.1	3.0
	1~3년 미만	10.1	9.8	9.1	14.8	14.0	14.1	9.6	9.3	8.6
	3~5년 미만	8.9	9.0	8.8	13.3	12.0	11.3	8.4	8.7	8.5
5년 이상~10년 미만		19.2	19.3	18.5	38.2	36.6	32.7	17.1	17.4	17.0
10년 이상~15년 미만		13.7	14.0	14.3	17.7	21.8	24.9	13.2	13.2	13.2
15년 이상~20년 미만		13.9	13.1	12.5	4.0	4.4	5.7	14.9	14.0	13.2
20년 이상		30.4	31.2	33.4	3.3	3.1	3.6	33.3	34.3	36.5
평균 결혼생활 기간		14.7	15.0	15.6	7.4	7.8	8.3	15.5	15.8	16.4

1) 다문화 이혼: 남녀 어느 한쪽이 외국인 또는 귀화자인 경우, 또는 남녀 모두 귀화자인 경우
2) 출생기준 한국인 간의 이혼: 남녀 모두 출생기준 한국인인 경우
출처: 통계청(2019)

3) 결혼이민자와 관련한 법

한국 사회에서는 통상적으로 결혼이민자, 결혼이주여성의 용어를 혼용해서 사용하고 있다. 그러나 이들을 의미하는 정확한 법률적인 용어는 '재한외국인'에 포함되는 '결혼이민자'이다, 한국은 재한외국인들을 지원하기 위해 「재한외국인처우기본법」을 제정하여 시행 중이며, 결혼이민자 등 다문화 가족을 지원하기 위해서 「다문화가족지원법」을 제정하여 시행 중이다. 따라서 「재한외국인처우기본법」과 「다문화가족지원법」 중에서 결혼이민자와 관련된 내용들을 요약해 보고자 한다.

① 재한외국인처우기본법

〈표 3-12〉 재한외국인처우기본법

제1장 총칙

제1조 (목적) 이 법은 재한외국인에 대한 처우 등에 관한 기본적인 사항을 정함으로써 재한외국인이 대한민국 사회에 적응하여 개인의 능력을 충분히 발휘할 수 있도록 하고, 대한민국 국민과 재한외국인이 서로를 이해하고 존중하는 사회 환경을 만들어 대한민국의 발전과 사회통합에 이바지함을 목적으로 한다.

제2조 (정의) 이 법에서 사용하는 용어의 정의는 다음과 같다.

1. "재한외국인"이란 대한민국의 국적을 가지지 아니한 자로서 대한민국에 거주할 목적을 가지고 합법적으로 체류하고 있는 자를 말한다.
2. "재한외국인에 대한 처우"란 국가 및 지방자치단체가 재한외국인을 그 법적 지위에 따라 적정하게 대우하는 것을 말한다.
3. "결혼이민자"란 대한민국 국민과 혼인한 적이 있거나 혼인관계에 있는 재한외국인을 말한다.

제2장 외국인정책의 추진 및 수립체계

제5조 (외국인정책의 기본계획) ① 법무부장관은 관계 중앙행정기관의 장과 협의하여 5년마다 외국인정책에 관한 기본계획(이하 "기본계획"이라 한다)을 수립하여야 한다.

② 기본계획에는 다음 각 호의 사항이 포함되어야 한다.

1. 외국인정책의 기본목표와 추진방향
2. 외국인정책의 추진과제, 그 추진방법 및 추진시기
3. 필요한 재원의 규모와 조달방안
4. 그 밖에 외국인정책 수립 등을 위하여 필요하다고 인정되는 사항

③ 법무부장관은 제1항에 따라 수립된 기본계획을 제8조에 따른 외국인정책위원회의 심의를 거쳐 확정하여야 한다.

④ 기본계획의 수립절차 등에 관하여 필요한 사항은 대통령령으로 정한다.

⑤ 법무부장관은 기본계획을 수립함에 있어서 상호주의 원칙을 고려한다.

제3장 재한외국인 등의 처우

제10조 (재한외국인 등의 인권옹호) 국가 및 지방자치단체는 재한외국인 또는 그 자녀에 대한 불합리한 차별 방지 및 인권옹호를 위한 교육·홍보, 그 밖에 필요한 조치를 하기 위하여 노력하여야 한다.

제11조 (재한외국인의 사회적응 지원) 국가 및 지방자치단체는 재한외국인이 대한민국에서 생활하는 데 필요한 기본적 소양과 지식에 관한 교육·정보제공 및 상담 등의 지원을 할 수 있다.

제12조 (결혼이민자 및 그 자녀의 처우) ① 국가 및 지방자치단체는 결혼이민자에 대한 국어교육, 대한민국의 제도·문화에 대한 교육, 결혼이민자의 자녀에 대한 보육 및 교육 지원, 의료 지원 등을 통하여 결혼이민자 및 그 자녀가 대한민국 사회에 빨리 적응하도록 지원할 수 있다.

② 제1항은 대한민국 국민과 사실혼 관계에서 출생한 자녀를 양육하고 있는 재한외국인 및 그 자녀에 대하여 준용한다.

③ 국가와 지방자치단체는 제1항의 결혼이민자 및 그 자녀와 제2항의 재한외국인 및 그 자녀에 대하여 건강검진을 실시할 수 있다.

제13조 (영주권자의 처우) ① 국가 및 지방자치단체는 대한민국에 영구적으로 거주할 수 있는 법적 지위를 가진 외국인(이하 "영주권자"라 한다)에 대하여 대한민국의 안전보장·질서유지·공공복리, 그 밖에 대한민국의 이익을 해치지 아니하는 범위 안에서 대한민국으로의 입국·체류 또는 대한민국 안에서의 경제활동 등을 보장할 수 있다.

② 제12조제1항은 영주권자에 대하여 준용한다.

제15조 (국적취득 후 사회적응) 재한외국인이 대한민국의 국적을 취득한 경우에는 국적을 취득한 날부터 3년이 경과하는 날까지 제12조제1항에 따른 시책의 혜택을 받을 수 있다.

제4장 국민과 재한외국인이 더불어 살아가는 환경 조성

제18조 (다문화에 대한 이해 증진) 국가 및 지방자치단체는 국민과 재한외국인이 서로의 역사·문화 및 제도를 이해하고 존중할 수 있도록 교육, 홍보, 불합리한 제도의 시정이나 그 밖에 필요한 조치를 하기 위하여 노력하여야 한다.

제19조 (세계인의 날) ① 국민과 재한외국인이 서로의 문화와 전통을 존중하면서 더불어 살아갈 수 있는 사회 환경을 조성하기 위하여 매년 5월 20일을 세계인의 날로 하고, 세계인의 날부터 1주간의 기간을 세계인주간으로 한다.

② 세계인의 날 행사에 관하여 필요한 사항은 법무부장관 또는 특별시장·광역시장·도지사 또는 특별자치도지사가 따로 정할 수 있다.

제5장 보칙

제20조 (외국인에 대한 민원 안내 및 상담) ① 공공기관장은 재한외국인에게 민원처리절차를 안내하는 업무를 전담하는 직원을 지정할 수 있고, 그 직원으로 하여금 소정의 교육을 이수하도록 할 수 있다.

② 국가는 전화 또는 전자통신망을 이용하여 재한외국인과 그 밖에 대통령령으로 정하는 자에게 외국어로 민원을 안내·상담하기 위하여 외국인종합안내센터를 설치·운영할 수 있다.

제21조 (민간과의 협력) 국가 및 지방자치단체는 외국인정책에 관한 사업 중의 일부를 비영리법인 또는 비영리단체에 위탁할 수 있고, 그 위탁한 사업수행에 드는 비용의 일부를 지

원하거나 그 밖에 필요한 지원을 할 수 있다.
제22조 (국제교류의 활성화) 국가 및 지방자치단체는 외국인정책과 관련한 국제기구에 참여하거나 국제회의에 참석하고, 정보교환 및 공동 조사 · 연구 등의 국제협력사업을 추진함으로써 국제교류를 활성화하기 위하여 노력하여야 한다.
제23조 (정책의 공표 및 전달) ① 국가 및 지방자치단체는 확정된 외국인정책의 기본계획 및 시행계획 등을 공표할 수 있다. 다만, 위원회 또는 실무위원회에서 국가안전보장 · 질서유지 · 공공복리 · 외교관계 등의 국익을 고려하여 공표하지 아니하기로 하거나 개인의 사생활의 비밀이 침해될 우려가 있는 사항에 대하여는 그러하지 아니하다.
② 국가 및 지방자치단체는 모든 국민 및 재한외국인이 제1항에 따라 공표된 외국인정책의 기본계획 및 시행계획 등을 쉽게 이해하고 이용할 수 있도록 노력하여야 한다.

출처: '재한외국인처우기본법', 요약 발췌

② 다문화가족지원법

〈표 3-13〉 다문화가족지원법

제1조 (목적) 이 법은 다문화가족 구성원이 안정적인 가족생활을 영위하고 사회구성원으로서의 역할과 책임을 다할 수 있도록 함으로써 이들의 삶의 질 향상과 사회통합에 이바지함을 목적으로 한다.

제2조 (정의) 이 법에서 사용하는 용어의 뜻은 다음과 같다.
1. "다문화가족"이란 다음 각 목의 어느 하나에 해당하는 가족을 말한다.
가. 「재한외국인 처우 기본법」 제2조제3호의 결혼이민자와 「국적법」 제2조부터 제4조까지의 규정에 따라 대한민국 국적을 취득한 자로 이루어진 가족(*)
나. 「국적법」 제3조 및 제4조에 따라 대한민국 국적을 취득한 자와 같은 법 제2조부터 제4조까지의 규정에 따라 대한민국 국적을 취득한 자로 이루어진 가족
2. "결혼이민자등"이란 다문화가족의 구성원으로서 다음 각 목의 어느 하나에 해당하는 자를 말한다.
가. 「재한외국인 처우 기본법」 제2조제3호의 결혼이민자
나. 「국적법」 제4조에 따라 귀화허가를 받은 자
3. "아동 · 청소년"이란 24세 이하인 사람을 말한다.

제3조 (국가와 지방자치단체의 책무) ① 국가와 지방자치단체는 다문화가족 구성원이 안정적인 가족생활을 영위하고 경제 · 사회 · 문화 등 각 분야에서 사회구성원으로서의 역할과 책임을 다할 수 있도록 필요한 제도와 여건을 조성하고 이를 위한 시책을 수립 · 시행하여야 한다.
② 특별시 · 광역시 · 특별자치시 · 도 · 특별자치도 및 시 · 군 · 구(자치구를 말한다. 이하 같다)에는 다문화가족 지원을 담당할 기구와 공무원을 두어야 한다.

제3조의3 (연도별 시행계획의 수립 · 시행) ① 여성가족부장관, 관계 중앙행정기관의 장과 시

· 도지사는 매년 기본계획에 따라 다문화가족정책에 관한 시행계획(이하 "시행계획"이라 한다)을 수립 · 시행하여야 한다.
② 관계 중앙행정기관의 장과 시 · 도지사는 전년도의 시행계획에 따른 추진실적 및 다음 연도의 시행계획을 대통령령으로 정하는 바에 따라 매년 여성가족부장관에게 제출하여야 한다.

제3조의4 (다문화가족정책위원회의 설치) ① 다문화가족의 삶의 질 향상과 사회통합에 관한 중요 사항을 심의 · 조정하기 위하여 국무총리 소속으로 다문화가족정책위원회(이하 "정책위원회"라 한다)를 둔다.
② 정책위원회는 다음 각 호의 사항을 심의 · 조정한다.
1. 제3조의2에 따른 다문화가족정책에 관한 기본계획의 수립 및 추진에 관한 사항
2. 제3조의3에 따른 다문화가족정책의 시행계획의 수립, 추진실적 점검 및 평가에 관한 사항
3. 다문화가족과 관련된 각종 조사, 연구 및 정책의 분석 · 평가에 관한 사항
4. 각종 다문화가족 지원 관련 사업의 조정 및 협력에 관한 사항
5. 다문화가족정책과 관련된 국가 간 협력에 관한 사항
6. 그 밖에 다문화가족의 사회통합에 관한 중요 사항으로 위원장이 필요하다고 인정하는 사항
③ 정책위원회는 위원장 1명을 포함한 20명 이내의 위원으로 구성하고, 위원장은 국무총리가 되며, 위원은 다음 각 호의 사람이 된다.
1. 대통령령으로 정하는 중앙행정기관의 장
2. 다문화가족정책에 관하여 학식과 경험이 풍부한 사람 중에서 위원장이 위촉하는 사람

제4조 (실태조사 등) ① 여성가족부장관은 다문화가족의 현황 및 실태를 파악하고 다문화가족 지원을 위한 정책수립에 활용하기 위하여 3년마다 다문화가족에 대한 실태조사를 실시하고 그 결과를 공표하여야 한다.

제5조 (다문화가족에 대한 이해증진) ① 국가와 지방자치단체는 다문화가족에 대한 사회적 차별 및 편견을 예방하고 사회구성원이 문화적 다양성을 인정하고 존중할 수 있도록 다문화 이해교육을 실시하고 홍보 등 필요한 조치를 하여야 한다.
② 여성가족부장관은 제1항에 따른 조치를 함에 있어 홍보영상을 제작하여 「방송법」 제2조제3호에 따른 방송사업자에게 배포하여야 한다.
⑤ 교육부장관과 특별시 · 광역시 · 특별자치시 · 도 · 특별자치도의 교육감은 「유아교육법」 제2조, 「초 · 중등교육법」 제2조 또는 「고등교육법」 제2조에 따른 학교에서 다문화가족에 대한 이해를 돕는 교육을 실시하기 위한 시책을 수립 · 시행하여야 한다. 이 경우 제4조에 따른 실태조사의 결과 중 다문화가족 구성원인 아동 · 청소년의 교육현황 및 아동 · 청소년의 다문화가족에 대한 인식 등에 관한 사항을 반영하여야 한다.
⑥ 교육부장관과 특별시 · 광역시 · 특별자치시 · 도 · 특별자치도의 교육감은 「유아교육법」 제2조 및 「초 · 중등교육법」 제2조에 따른 학교의 교원에 대하여 대통령령으로 정하는 바에 따라 다문화 이해교육 관련 연수를 실시하여야 한다.

제6조 (생활정보 제공 및 교육 지원) ① 국가와 지방자치단체는 결혼이민자등이 대한민국에

서 생활하는 데 필요한 기본적 정보(아동 · 청소년에 대한 학습 및 생활지도 관련 정보를 포함한다)를 제공하고, 사회적응교육과 직업교육 · 훈련 및 언어소통 능력 향상을 위한 한국어교육 등을 받을 수 있도록 필요한 지원을 할 수 있다.

② 국가와 지방자치단체는 결혼이민자등의 배우자 및 가족구성원이 결혼이민자등의 출신국가 및 문화 등을 이해하는 데 필요한 기본적 정보를 제공하고 관련 교육을 지원할 수 있다.

③ 국가와 지방자치단체는 제1항 및 제2항에 따른 교육을 실시함에 있어 거주지 및 가정환경 등으로 인하여 서비스에서 소외되는 결혼이민자등과 배우자 및 그 가족구성원이 없도록 방문교육이나 원격교육 등 다양한 방법으로 교육을 지원하고, 교재와 강사 등의 전문성을 강화하기 위한 시책을 수립 · 시행하여야 한다.

④ 국가와 지방자치단체는 제3항의 방문교육의 비용을 결혼이민자등의 가구 소득수준, 교육의 종류 등 여성가족부장관이 정하여 고시하는 기준에 따라 차등지원할 수 있다.

⑤ 국가와 지방자치단체가 제4항에 따른 비용을 지원함에 있어 비용 지원의 신청, 금융정보 등의 제공, 조사 · 질문 등은 「아이돌봄 지원법」 제22조부터 제25조까지의 규정을 준용한다.

⑥ 결혼이민자등의 배우자 등 다문화가족 구성원은 결혼이민자등이 한국어교육 등 사회적응에 필요한 다양한 교육을 받을 수 있도록 노력하여야 한다.

제7조 (평등한 가족관계의 유지를 위한 조치) 국가와 지방자치단체는 다문화가족이 민주적이고 양성평등한 가족관계를 누릴 수 있도록 가족상담, 부부교육, 부모교육, 가족생활교육 등을 추진하여야 한다. 이 경우 문화의 차이 등을 고려한 전문적인 서비스가 제공될 수 있도록 노력하여야 한다.

제8조 (가정폭력 피해자에 대한 보호 · 지원) ① 국가와 지방자치단체는 「가정폭력방지 및 피해자보호 등에 관한 법률」에 따라 다문화가족 내 가정폭력을 예방하기 위하여 노력하여야 한다.

② 국가와 지방자치단체는 가정폭력으로 피해를 입은 결혼이민자등을 보호 · 지원할 수 있다.

③ 국가와 지방자치단체는 가정폭력의 피해를 입은 결혼이민자등에 대한 보호 및 지원을 위하여 외국어 통역 서비스를 갖춘 가정폭력 상담소 및 보호시설의 설치를 확대하도록 노력하여야 한다.

④ 국가와 지방자치단체는 결혼이민자등이 가정폭력으로 혼인관계를 종료하는 경우 의사소통의 어려움과 법률체계 등에 관한 정보의 부족 등으로 불리한 입장에 놓이지 아니하도록 의견진술 및 사실확인 등에 있어서 언어통역, 법률상담 및 행정지원 등 필요한 서비스를 제공할 수 있다.

제9조 (의료 및 건강관리를 위한 지원) ① 국가와 지방자치단체는 결혼이민자등이 건강하게 생활할 수 있도록 영양 · 건강에 대한 교육, 산전 · 산후 도우미 파견, 건강검진 등의 의료서비스를 지원할 수 있다.

② 국가와 지방자치단체는 결혼이민자등이 제1항에 따른 의료서비스를 제공받을 경우 외국어 통역 서비스를 제공할 수 있다.

제10조 (아동 · 청소년 보육 · 교육) ①국가와 지방자치단체는 아동 · 청소년 보육 · 교육을 실시함에 있어서 다문화가족 구성원인 아동 · 청소년을 차별하여서는 아니 된다.

② 국가와 지방자치단체는 다문화가족 구성원인 아동 · 청소년이 학교생활에 신속히 적응할 수 있도록 교육지원대책을 마련하여야 하고, 특별시 · 광역시 · 특별자치시 · 도 · 특별자치도의 교육감은 다문화가족 구성원인 아동 · 청소년에 대하여 학과 외 또는 방과 후 교육 프로그램 등을 지원할 수 있다.

③ 국가와 지방자치단체는 다문화가족 구성원인 18세 미만인 사람의 초등학교 취학 전 보육 및 교육 지원을 위하여 노력하고, 그 구성원의 언어발달을 위하여 한국어 및 결혼이민자등인 부 또는 모의 모국어 교육을 위한 교재지원 및 학습지원 등 언어능력 제고를 위하여 필요한 지원을 할 수 있다.

제11조 (다국어에 의한 서비스 제공) 국가와 지방자치단체는 제5조부터 제10조까지의 규정에 따른 지원정책을 추진함에 있어서 결혼이민자등의 의사소통의 어려움을 해소하고 서비스 접근성을 제고하기 위하여 다국어에 의한 서비스 제공이 이루어지도록 노력하여야 한다.

제11조의2 (다문화가족 종합정보 전화센터의 설치 · 운영 등) ① 여성가족부장관은 다국어에 의한 상담 · 통역 서비스 등을 결혼이민자등에게 제공하기 위하여 다문화가족 종합정보 전화센터(이하 "전화센터"라 한다)를 설치 · 운영할 수 있다. 이 경우 「가정폭력방지 및 피해자보호 등에 관한 법률」 제4조의6제1항 후단에 따른 외국어 서비스를 제공하는 긴급전화센터와 통합하여 운영할 수 있다.

제12조 (다문화가족지원센터의 설치 · 운영 등) ① 국가와 지방자치단체는 다문화가족지원센터(이하 "지원센터"라 한다)를 설치 · 운영할 수 있다.

② 국가 또는 지방자치단체는 지원센터의 설치 · 운영을 대통령령으로 정하는 법인이나 단체에 위탁할 수 있다.

③ 국가 또는 지방자치단체 아닌 자가 지원센터를 설치 · 운영하고자 할 때에는 미리 시 · 도지사 또는 시장 · 군수 · 구청장(자치구의 구청장을 말한다. 이하 같다)의 지정을 받아야 한다.

④ 지원센터는 다음 각 호의 업무를 수행한다.

1. 다문화가족을 위한 교육 · 상담 등 지원사업의 실시
2. 결혼이민자등에 대한 한국어교육
3. 다문화가족 지원서비스 정보제공 및 홍보
4. 다문화가족 지원 관련 기관 · 단체와의 서비스 연계
5. 일자리에 관한 정보제공 및 일자리의 알선
6. 다문화가족을 위한 통역 · 번역 지원사업
7. 그 밖에 다문화가족 지원을 위하여 필요한 사업

⑤ 지원센터에는 다문화가족에 대한 교육 · 상담 등의 업무를 수행하기 위하여 관련 분야에 대한 학식과 경험을 가진 전문인력을 두어야 한다.

⑥ 국가와 지방자치단체는 제3항에 따라 지정한 지원센터에 대하여 예산의 범위에서 제4항 각 호의 업무를 수행하는 데에 필요한 비용 및 지원센터의 운영에 드는 비용의 전부 또는 일부를 보조할 수 있다.

제12조의3 (유사명칭 사용 금지) 이 법에 따른 지원센터가 아니면 다문화가족지원센터 또는 이와 유사한 명칭을 사용하지 못한다.

제14조 (사실혼 배우자 및 자녀의 처우) 제5조부터 제12조까지의 규정은 대한민국 국민과 사실혼 관계에서 출생한 자녀를 양육하고 있는 다문화가족 구성원에 대하여 준용한다.

제16조 (민간단체 등의 지원) ① 국가와 지방자치단체는 다문화가족 지원 사업을 수행하는 단체나 개인에 대하여 필요한 비용의 전부 또는 일부를 보조하거나 그 업무수행에 필요한 행정적 지원을 할 수 있다.
② 국가와 지방자치단체는 결혼이민자등이 상부상조하기 위한 단체의 구성 · 운영 등을 지원할 수 있다.

제17조 (과태료) ① 제12조의3을 위반한 자에게는 300만 원 이하의 과태료를 부과한다.

출처: '다문화가족지원법', 요약 발췌

* 「국적법」 제2조부터 제4조까지는 출생, 인지, 귀화에 의해 한국 국적을 취득하는 경우를 규정한다.

4) 결혼이민자에 대한 정책과 지원

(1) 다문화 정책의 추진 체계

한국의 다문화정책은 여성부가 성폭력 · 성매매 피해를 입고 있는 외국인 여성들을 지원하면서 시작되었다. 더불어 결혼이주민과 외국인 노동자의 증가로 인해 다문화사회에 대한 문제의식이 생겨나면서, 2008년에 다문화 가족들의 안정적인 정착과 사회통합을 위해 「다문화가족지원법」을 제정하였다, 이때부터 본격적으로 다문화가정을 지원하기 위한 다양한 정책들을 시행하게 되었다. 한국 정부의 다문화정책 추진 체계는 다음과 같다.

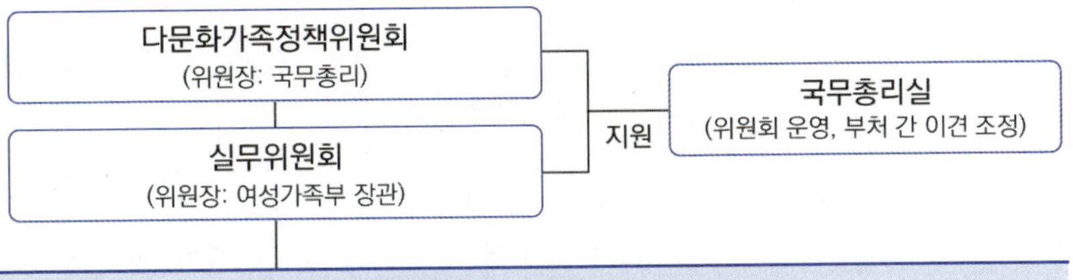

정부주요부처	다문화정책과 관련한 주요 업무
기획재정부	다문화정책과 관련한 예산 조정 및 지원
교육부	다문화가족 자녀교육 지원, 다문화교육 관련 연구 개발
외교부	국제결혼 대상 국가와의 외교적 관계 지원
법무부	결혼이민자 출입국, 체류, 귀화허가 지원, 사회통합프로그램
행정안전부	결혼이민자 생활정착 지원, 지자체 다문화지원 기반 구축
문화체육관광부	한국어교재 개발 및 보급, 문화교류 프로그램 지원
농림축산식품부	결혼이민자 영농기술교육
보건복지부	결혼이민자 사회보장 지원
고용노동부	결혼이민자 직업훈련 및 취업 지원
여성가족부	결혼이민자 한국어 교육, 다문화가족 자녀양육 지원, 폭력 피해 결혼이민자 지원, 국제결혼중개업 관리, 자조모임 지원, 다문화가족지원센터, 이주여성긴급지원센터, 쉼터 등 운영

[그림 3-5] 한국 정부의 다문화정책 추진 체계

(2) 결혼이민자의 출입국 및 국적 취득

대한민국 국민과 혼인한 외국인이 결혼 동거를 목적으로 한국 영토 내에서 장기체류하기 위해서는 대한민국 재외공관에서 결혼동거 목적의 비자를 발급 받아서 입국해야 한다. 이때 대한민국 재외공관의 기관장은 혼인의 진정성, 한국어 능력, 한국인 배우자의 부양 능력 등을 심사하여 '국민의 배우자(F-6-1)' 사증을 발급한다.(2011년 12월부터 '국민의 배우자' 코드가 F-2-1에서 F-6-1로 명칭이 변경되었다.)

F-6-1 : 국민과 혼인한 외국인으로 정상적인 결혼 생활을 하고 있는 사람.
F-6-2 : 과거에 국민과 혼인하여 F-6 체류자격으로 체류하였으나 이혼 후에 국민과 혼인관계에서 출생한 미성년 자녀를 국내에서 양육하고 있는 사람.(체류 허가 기간 : 1년)
F-6-3 : 과거에 국민과 혼인하여 F-6 체류자격으로 체류하였으나 국민에게 귀책사유(질병, 사망, 가출, 폭행 등)가 있어서 정상적인 결혼생활이 어려운 사람.
F-6-3 체류자격을 받으면 외국에 혼자 나가도 무방함.
(체류 허가 기간: 1년)

'국민의 배우자(F-6-1)' 사증을 발급받아서 입국한 결혼이민자는 입국한 날로부터 90일 이내에 거주지 관할 출입국관리사무소(출장소)에 체류기간 연장허가 및 외국인 등록을 신청하면 1년의 체류 기간을 허락받는다. 단, 2011년 7월 1일 이후에 입국한 결혼이민자인 경우에 다문화가족지원센터에서 실시하는 '조기적응교육'을 이수하고 외국인 등록을 해야만 체류기간 2년을 발급받을 수 있다.

국내에서 체류 기간을 연장하고자 하는 결혼이민자는 만료 2개월 전부터 체류기간 만료일까지 거주지 관할 출입국관리사무소(출장소)에 체류기간 연장허가를 신청해야 한다. 또한, '국민의 배우자(F-6-1)' 사증을 발급받은 결혼이민자가 '영주(F-5)'를 받으면 체류기한에 상한이 없다. '영주(F-5)' 체류자격 변경 허가를 신청할 수 있는 자격은 국민과 결혼하여 2년 이상 국내에 체류한 자로서 한국인 배우자와 계속 혼인이 유지되고 있는 경우, 한국인 배우자가 사망했거나 법원의 실종선고를 받은 경우, 한국인 배우자와 결혼 생활을 하다가 이혼이나 별거 중인 자로써 귀책사유가 한국인 배우자에게 있음을 증명할 수 있는 경우, 한국인 배우자와 혼인에 의해 출생한 미성년 자녀를 양육하고 있는 경우 등이다.

체류 기간 중 외국으로 출국했다가 한국으로 재입국하려는 경우에 체류기간 범위 내에서 1년 이내로 출입국한다면 별도의 재입국허가를 받지 않고도 가능하다. 다만, 체류기간 범위 내에서 출국 후 1~2년 사이에 재입국을 하고자 할 경우에는 출국 전에 출입국관리사무소(출장소)에서 재입국 허가를 받고 출입국을 해야 한다.

결혼이민자의 임신 또는 출산이 입증되었으나, 결혼이민자(혼인귀화자 포함)의 부모가 사망했거나, 만 65세 이상 고령 등의 사유로 결혼이민자의 출산·육아지원에 대한 지원이 어려운 경우에 한하여, 출산·육아 지원 목적으로 결혼이민자의 부모 등 가족이 최장 4년 10개월 범위 내에서 체류할 수 있다.(F-1-5) 단, 이때 부모 외가족의 범위는 결혼이민자(혼인귀화자 포함)의 가족 중 만 18세 이상 4촌 이내 혈족 여성 1명으로 제한하며, 출생자녀가 만 7세가 되는 해의 3월 말까지로 한정한다.

'국민의 배우자(F-6-1)' 및 '영주(F-5)' 체류자격을 소지한 결혼이민자는 별도의 허가나 신고 없이도 국내에서 취업할 수 있으며, 고용허가제에 관한 법률에 제한 받지도 않는다.

결혼이민자가 이혼을 할 경우에 비자가 말소된다. 단, 이혼의 귀책사유가 한국인 배우자에게 있고, 결혼이민자가 비자 연장을 원할 경우에, 귀책사유에 대한 입증서류를 제출하면 연장이 가능하며, 합의 이혼일 경우에는 연장체류가 어렵다. 이혼 후에라도 외국인등록증에 있는 체류기간 동안은 한국에 머물 수 있으며, 체류기간이 만료되었을지라도 가사정리기간으로 3~6개월 동안 체류 연장이 가능하다, '영주(F-5)' 체류자격을 소지한 결혼이민자의 경우에는 이혼과 상관없이 한국에 머물 수 있다.

(3) 사회통합 프로그램(KIIP)

① 운영 배경과 목적

법무부는 이민자들이 한국의 언어와 문화를 신속히 익혀 국민과의 원활한 소통으로 지역사회에 쉽게 융화될 수 있도록 '사회통합 프로그램(KIIP)'을 운영한다. 재한외국인에게 반드시 필요하고 적절한 각종 지원정책을 '사회통합 프로그램(KIIP)'으로 표준화하고, 이 프로그램을 이수한 이민자에게는 국적취득 시 필기시험을 면제하는 등 다양한 인센티브를 제공하여 자발적이고 적극적으로 참여하게 한다. 이 프로그램에 참여할 수 있는 대상자는 동포, 유학생, 외국인 근로자, 결혼이민자, 난민, 전문인력 등 대한민국에 체류하는 이민자와 대한민국 국적을 취득한 날로부터 3년 이내의 국민이다.

② 사회통합 프로그램(KIIP) 운영 기관

전국에 364개 기관에서 사회통합 프로그램을 운영 중인데, 각급 대학교육기관을 중심으로 전국의 지자체에 소속된 "종합복지센터"나 "다문화 가족지원센터"를 위탁교육 시행 주체로 지정해 놓고 있다. 자세한 지정 현황은 홈페이지(사회통합 정보망; www.socinet.go.kr / 한국이민재단 사회통합프로그램 평가; www.kiiptest.org)에서 확인할 수 있다. 이들 기관에서 사회통합 프로그램 교육을 수강 받으려고 할 때, 반드시 그 지역에 거주하는 것이 필수적인 것은 아니며, 수강료는 교재대 등 기본비용을 제외하면 무료이다.

③ 사회통합 프로그램(KIIP)의 과정 및 이수 시간

〈표 3-14〉 '사회통합 프로그램(KIIP)'의 과정과 이수 시간

	한국어와 한국문화					한국사회의 이해	
단계	0단계	1단계	2단계	3단계	4단계	5단계	
과정	기초	초급1	초급2	중급3	중급2	기본	심화
총 교육시간	15시간	100시간	100시간	100시간	100시간	50시간	20시간
평가	없음	1단계평가	2단계평가	3단계평가	중간평가	영주용 종합평가	귀화용 종합평가
참고	* 5단계 심화과정은 기본과정 수료 (수료인정 출석시간 수강) 후 참여 ※ 영주 신청 대상자 영주용 종합평가 합격자는 5단계 기본과정부터 수업에 참여하고 심화과정을 참여할 수 있다.						

1~4단계의 교육과 평가를 받게 되면 415시간이 걸린다. 법무부에서 주관하는 "사회통합 프로그램 사전평가" 시험에 응시하면 사전평가 시험의 점수로 단계를 배정받게 되며, 81점 이상을 받으면 곧바로 5단계 기본과정으로 배정받아 시작할 수 있다.

④ 교육 내용과 시험 제도

'사회통합 프로그램(KIIP)'의 교육내용은 1~4단계에서는 "한국어와 한국 문화"를 주제로 배우며, 5단계에서는 "한국 사회 이해"를 주제로 사회, 문화, 정치, 경제, 법, 역사, 지리로 내용을 나누어 한국 사회의 전반에 대해 구체적으로 배운다.

2018년 3월 1일부터 대한민국 국적 취득 귀화시험이 "사회통합 프로그램 종합평가"로 변경됨에 따라 시험제도와 내용이 약간 변경되었다. 시험 형태는 '사회통합 프로그램 귀화용 종합평가'이며, 시험은 객관식, 작문, 구술 포함 45문제로 구성된다. 시험일자는 사회통합정보망에 가입하여 본인이 원하는 날짜를 선택할 수 있고, 시험 장소는 시험 전 홈페이지(사회통합 정보망; www.socinet.go.kr / 한국이민재단 사회통합프로그램 평가; www.kiiptest.org)에 별도로 장소를 지정하여 공지한다. 시험은 3회의 기회가 주어지며, 합격일 순으로 최종 심사를 한다.

또한 '영주용 종합평가'는 사회통합 프로그램 5단계 기본과정(56시간)을 수료한 후 2년 이내인 자와 사회통합 프로그램 사전평가에서 85점 이상 획득한 자를 대상으로 한국 사회 이해 기본과정에서 수강한 전반적인 내용에 대해 평가하며, '귀화용 종합평가'는 사회통합 프로그램 5단계 기본과정(50시간)과 심화과정(20시간)을 수료한 후 2년 이내인 자를 대상으로 한국 사회 이해 기본 및 심화과정에서 수강한 전반적인 내용에 대해 평가한다.

⑤ 이수 혜택

'사회통합 프로그램(KIIP)'은 이수한 교육 단계에 따라 혜택의 범위가 다르다. '사회통합 프로그램(KIIP)'을 이수했을 때 혜택은 〈표 3-15〉와 같다.

〈표 3-15〉 사회통합 프로그램(KIIP) 이수 시 혜택

① 귀화 신청 시 혜택: 귀화 필기시험과 면접시험 심사가 면제되고 국적심사 대기 기간이 단축 ② 영주자격 신청 시 혜택: 장기 체류 외국인, 국민 배우자, 국민의 미성년 외국인 자녀 및 방문 취업자(H2)의 영주자격 신청 시 한국어 능력 입증 의무가 면제 ③ 점수제에 의한 전문 인력 거주 자격 신청 시 최대 28점의 점수가 부여 ④ 장기 체류 외국인 (D1, D5~D9, F1, F3, E1~E5, E7) 등의 거주자격(F2) 신청 시 한국어 능력 입증 의무가 면제 ⑤ 비전문취업(E9), 선원취업(E10), 방문취업(H2) 자격자의 거주자격(F2), 특정활동(E7) 신청 시 한국어 능력 입증 의무가 면제 ⑥ 한식조리 연수(D45), 제주도 내 음식점 등 통역 판매 사무원(E71), 정부 초청 장학생 (F-4-14) 등 비자 신청 시, 한국어 능력 입증 의무가 면제.

(4) 결혼이민자를 위한 지원 기관

한국 정부는 결혼이민자를 포함한 다문화 구성원들의 국내 생활을 지원하기 위하여 다양한 정책과 프로그램을 시행하고 있다. 이러한 정책과 프로그램들은 한국건강가정진흥원에서 운영하는 '다문화가족지원포털 다누리(www.liveinkorea.kr)' 및 '다누리 콜센터(1577-1366)'에서 통합적으로 안내받을 수 있다.

'다누리 콜센터(1577-1366)'는 다른 기관들과의 연계를 통해 폭력피해 긴급지원 및 사후관리, 종합생활정보 제공, 생활통역 및 3자 통화 서비스, 가족상담 및 부부상담, 변호사 법률 상담 등을 지원한다. 365일 24시간 항시 운영되고 있으며, 이주여성 전문

상담원이 13개 언어(한국어, 영어, 중국어, 베트남어, 타갈로그어, 캄보디아어, 몽골어, 러시아어, 일본어, 태국어, 라오어, 우즈베크어, 네팔어)로 상담한다.

또한, 여성가족부는 「다문화가족지원법」 제12조에 의해 '다문화가족지원센터'를 운영하여, 다문화가족의 안정적인 정착과 가족생활을 지원하기 위한 종합 서비스를 제공한다. 전국 각지에 소재한 다문화가족지원센터에서 다음과 같은 프로그램을 시행하고 있다.; 수준별 한국어 교육 지원, 센터별 1~4개 언어로 통역・번역서비스 지원, 상담 및 사례관리(심리검사, 법률상담, 위기가족 긴급지원, 외부상담기관 연계 등), 사회적응교육 및 취업지원(취업훈련전문기관 연계, 소비자・경제교육, 다문화이해교육, 자조모임 등), 가족교육(부부교육, 가족관계 향상 프로그램, 부모역할교육, 부부갈등해결 프로그램 등), 다문화가족 자녀 언어발달 지원, 자녀생활 방문교육(만 3세~만 12세 이하 다문화가족 자녀의 독서코칭, 숙제지도 등), 다문화가족 이중 언어 환경 조성.

이밖에도 '다문화가족지원센터'에서는 각 지역의 특성과 여건에 맞추어 다음과 같은 지원 및 프로그램을 시행하고 있다.; 건강검진 지원, 한국생활적응교육(생활요리, 예절, 다도 등), 베트남 참전 기념대회 및 결혼이주여성 위안행사, 다문화 합창단, 어린이 모국어 경연대회, 다문화 합동결혼식, 다문화 영재 교육 등

또한, 전국 각 지역에 산재한 '이주여성쉼터'에서는 가정폭력이나 폭행 등의 사유로 인해 더 이상 가정생활을 지속할 수 없는 결혼이주여성, 이혼이나 다른 문제로 쉼터생활을 필요로 하는 이주 여성, 직장 내 성폭력피해 이주여성, 실직 이주여성이 일정기간 머물 수 있도록 지원해주고 있으며, 자녀들과 함께 동반입소도 가능하다. '이주여성쉼터'에서는 픽업, 체류 및 비자문제, 자녀들의 교육문제, 의료지원, 심리 정서적 지원, 법률지원(이혼이나 기타), 직업알선 및 자활에 필요한 지원을 시행한다.

제 4 장

외국인근로자의 현황과 정책

1975년 국제노동기구(ILO)가 채택한 '이주노동자협약' 제1장 11호에 이주노동자를 "다른 사람에 의하여 고용될 목적으로 한 나라에서 다른 나라로 이주하거나 이주하였던 사람"으로 정의하고 있다. 또한 1990년 국제연합(UN)이 채택한 '모든 이주노동자와 그 가족구성원들의 권리 보호에 관한 국제협약' 제2조 1항에는 이주노동자를 '자신의 국적국이 아닌 나라에서 유급활동에 종사할 예정이거나 이에 종사하고 있거나 또는 종사하여 온 사람'이라고 정의하였다. 특히 이 협약은 고용허가를 받은 등록외국인 체류자가 아닌 '불법체류자'로 불리는 미등록이주노동자까지도 이주노동자의 범위에 포함시킬 수 있는 법적인 근거를 제공하고 있다.

반면에 현재 한국에서 시행되고 있는 「외국인근로자의 고용 등에 관한 법률」 제2조 '외국인근로자의 정의'에는 "외국인근로자란 대한민국의 국적을 가지지 아니한 사람으로서 국내에 소재하고 있는 사업 또는 사업장에서 임금을 목적으로 근로를 제공하고 있거나 제공하려는 사람을 말한다. 「출입국관리법」 제18조제1항에 따라 취업활동을 할 수 있는 체류자격을 받은 외국인 중 취업분야 또는 체류기간 등을 고려하여 대통령령으로 정하는 사람은 제외한다."라고 정의했다. 따라서 한국에서 '불법체류자'로 불리는 미등록이주노동자는 법적인 보호를 받지 못한다.

더군다나 외국인근로자들이 한국 경제에 끼치는 많은 긍정적인 영향에도 불구하고, 외국인근로자는 머지않아 자국으로 돌아갈 사람이라는 인식 때문에 결혼이주민에 비해 지원이 턱없이 부족하다. 그러나 이미 한국에 입국하여 경제활동을 하고 있는 외국인근로자들이 많고, 앞으로도 외국인근로자들의 유입을 차단하기 어려운 현실이라는 것을 감안할 때, 외국인근로자들을 이해하고 지원하며 공존하는 다문화주의 사회를 만들어가는 것이 매우 중요하다, 이에 따라 본 장에서는 외국인근로자에 대하여 다음과 같은 목표를 가지고 구체적인 내용을 살펴보고자 한다.

단원목표

1. 한국의 외국인근로자의 현황을 파악한다.
2. 한국의 외국인근로자가 가진 어려움들을 파악한다.
3. 한국의 외국인근로자와 관련한 법을 살펴본다.
4. 한국의 외국인근로자에 대한 정책과 지원에 대해서 살펴본다.

1) 외국인근로자의 현황

(1) 외국인근로자 유입의 역사적 배경

① 한국 경제의 급상승으로 인한 노동력 부족 현상

6·25전쟁 이후부터 1961년 초까지 한국은 미국의 원조에 절대적으로 의존하던 국가였다. 하지만 1962년 미국의 무상원조가 끊어지고 차관으로 전환되면서 경제가 본격적으로 성장하기 시작했다. 1962년 이후 GNP(Gross National Product; 국민 총생산)가 해마다 실질적으로 평균 8% 이상 성장하여, 1968년 1만 6,530억 원, 1978년 24만 630억 원, 1988년 131만 3,710억 원, 1996년 386만 6,404억 원이 되었다. 또한 2005년 GDP(gross domestic product; 국내총생산)가 세계 10위에 오르는 경제대국이 되었으며, 2022년 기준으로 GDP 1조 7219억 달러로 세계 12위를 차지했다.(〈표 4-1〉)

〈표 4-1〉 2022년 세계 GDP 순위

순위	국가	GDP
1	미국	26조8545억9900만 달러
2	중국	19조3735억8600만 달러
3	일본	4조4097억3800만 달러
4	독일	4조3088억5400만 달러
5	인도	3조7368억8200만 달러
6	영국	3조1589억3800만 달러
7	프랑스	2조9234억8900만 달러
8	이탈리아	2조1697억4500만 달러
9	캐나다	2조896억7400만 달러
10	브라질	2조812억3500만 달러
11	러시아	2조626억4900만 달러
12	한국	1조7219억900만 달러
13	호주	1조7075억4800만 달러
14	멕시코	1조6631억6400만 달러
15	스페인	1조4924억3200만 달러

자료: 국제통화기금(IMF)

이렇게 경제가 고도의 성장을 해 오는 동안 주요 산업의 구조도 많이 달라졌다. 농림어업 부문은 현저히 축소된 반면, 광공업은 약 31.9%나 차지했다. 따라서 광공업 분야에 갑자기 많은 노동력이 필요하게 되었다. 그러나 경제 성장과 맞물려 노동자들의 임금이 가파르게 상승했으며, 출산율마저 저하되어 자국민의 노동력이 많이 부족했다. 더군다나 국민들의 전반적인 경제력 상승으로 인해 '힘들고(difficult), 위험하고(dangerous), 더러운(dirty)' 3D 업종에 취업하기를 기피하는 현상이 더해져서 근무여건이 열악한 중소제조업 및 건설업 분야에 단순노동인력 부족현상이 심각하게 일어났다.

한편으로 경제의 급성장과 광공업의 성행으로 인하여, 농어촌에 살던 노동인구들이 취업 기회가 많고, 다양한 문화적 혜택을 누릴 수 있는 도시나 광공업이 발달한 지역으로 많이 이동했다. 더불어 농어촌의 인구가 급속히 고령화됨으로써 농어촌의 노동력은 현저히 부족하게 되었다. 이로써 한국의 중소기업, 건설업, 농어업 등의 부족한 노동력을 충당하기 위해 많은 외국인근로자를 유입했다. 그 결과, 국내 외국인근로자가 227,542명(2023, 행정안전부)이며, 불법체류자도 해마다 증가하여 417,852명으로 집계되었다(2022, 출입국외국인정책본부). 따라서 현재 국내에 체류 중인 외국인근로자가 645,394명에 달한다.

② 외국인근로자 정책의 변화

1980년대 중반까지 한국은 해외에 노동력을 송출하는 국가였으나, 1991년 해외에 투자한 국내기업들이 현지에서 고용한 인력들을 한국에 들여온 것을 계기로 한국에 외국인근로자들이 꾸준히 유입되고 있다. 그러나 1990년대 초반까지만 해도 한국 정부는 체계적인 노동시장 분석을 통한 외국인근로자 정책을 세우지 못하고 있었으며, 기업의 인력난과 외국인근로자들의 이해관계 속에서 외국인근로자들이 유입된 것이다.

1990년대 초, 노동인력 부족현상이 더욱 심화되자, 한국 정부는 기업연수를 통한 선진기술 이전을 명분으로 외국인력을 유입하여 지정된 산업체에서 연수를 받게 하는 '산업연수생(industrial trainee) 제도'를 도입하여 부족한 노동력을 충당하기로 했고, 이 제도는 1991년 11월부터 본격적으로 시행하였다.

이때부터 중소기업협동조합이 국내 기업 중 5인 이상 300인 이하의 섬유, 신발, 조립금속 등 22개 중소 제조업체를 선정하여 관련 외교 국가(네팔·미얀마·방글라데시・베트남・스리랑카・인도네시아・중국・필리핀・파키스탄・이란・우즈베키스탄・태국・몽고・카자흐스탄 등)의 인력송출 기관에서 산업연수생을 확보해 주었다.

그러나 산업연수제도를 통해 국내에 들어온 연수생들은 근로자가 아닌 학생이나 연수생의 신분으로 들어와야 했기 때문에 실제로 현장에서 노동을 하고 있음에도 불구하고, 산재보험의 혜택을 받지 못하였을 뿐만 아니라 저임금, 저급노동, 폭언, 폭행, 여권과 같은 신분증 압류 등 비인권적인 처우에 시달려야 했다. 또한 국내외에서 사업장 이탈로 인한 불법체류자 증가, 송출비리, 인권침해 등으로 외국인근로자 정책이 비판을 받아왔다.

특히 1995년 1월 9일 네팔에서 온 외국인근로자 13명이 명동성당에 모여 한국인 고용인의 비인간적인 처우와 열악한 노동환경에 항의하는 농성을 벌이면서, 산업연수생제도를 철폐해 줄 것을 요구하였다. 농성에 참가했던 연수생들은 모두 추방되었으나, 이 사건으로 인해 노동부는 1995년 2월 14일에 '외국인산업기술연수생의 보호 및 관리에 관한 지침'을 제정했다. 이로써 1995년 3월 1일부터 연수생에게도 산재보험 및 의료보험의 적용과 근로기준법상의 강제근로금지, 폭행금지, 금품청산, 근로시간 준수 등의 법적인 보호를 받을 수 있게 하였으며, 1995년 7월 1일부터는 최저임금법의 적용을 받게 하였다.

이후에도 산업연수생제도에 대한 논란과 폐해가 심해지자, 결국 노동부는 1996년 가칭 '고용허가제법안' 입법을 시도했다. 하지만 갑자기 고용허가제로 전환되는 것을 꺼려한 중소기업중앙회의 반발로 인해 법제화되지 못하였고, 이어진 외환 위기에서 비롯된 경제상황의 악화로 논의가 중단되었다. 2002년 11월에야 비로소 노동부가 주장한 고용허가제를 전면 실시하는 대신 일정기간동안 산업연수제도와 병행하여 실시하기로 합의하였다. 2003년 「외국인근로자의 고용 등에 관한 법률」을 제정하여 공식적으로 고용허가제를 도입했으며, 2003년 11월부터 2006년 12월까지는 산업연수제와 고용허가제를 병행하여 실시하였다.

2007년 1월부터는 외국인근로자에 관한 인력제도를 고용허가제로 단일화했으며, 현재까지도 고용허가제에 의해 외국인근로자가 한국에 유입되어 노동을 하고 있다. 하지만 현재에도 고용허가제는 입국의 사적인 접근, 공식 송출비용의 초과 지불, 입국 전과 후 업무의 불일치, 장시간 노동, 저임금, 법정 근무시간을 초과한 고강도의 노동, 열악한 작업장 환경, 사업장 이동 제한, 인권 침해 등의 많은 문제점들이 지적되고 있다.

〈표 4-2〉 외국인 인력정책의 단계별 특징

구분	1단계	2단계	3단계	4단계
시기	1988~1991.10	1991.11~2003.10	2003.11~2007.01	2007.10~현재
특징	정책 부재	산업연수제	고용허가제와 산업연수제 병행	고용허가제
내용	한국에 입국한 외국인근로자가 미등록노동자로 정착하는 것을 방관함.	• 연수생의 저임금, 장시간 노동, 노동법과 사회복지제도 적용에서 배제됨. • 미등록노동자 증가	• 고용허가제 시행 • 중소기업중앙회의 반발로 산업연수제 존속 • 미등록노동자 감소 • 사업장이동 제한	• 고용허가제만 시행 • 방문취업제 도입 • 사업장이동 제한

출처: 설동훈 외(2004), 국내 외국인노동자 차별해소방안 연구 / 윤정향(2009), 외국인력 수요분석 및 활용 방안

(2) 외국인근로자의 현황

① 외국인근로자의 유형

고용허가제는 일반고용허가제와 특례고용허가제로 구분된다. 일반고용허가제는 고용허가제 대상 업체가 한국산업인력관리공단을 통해 한국에 외국인근로자로 들어올 자격을 취득한 외국인과 입국 전에 근로계약서를 체결한 후에, '비전문 취업 사증(E-9)'을 발급받은 해당 외국인근로자를 고용허가서를 발급받아서 고용하는 제도이다.(자세한 절차는 [그림 4-3] 참조)

현재 외국인근로자 송출 국가는 네팔, 동티모르, 라오스, 몽골, 미얀마, 방글라데시, 베트남, 스리랑카, 우즈베키스탄, 인도네시아, 중국, 캄보디아, 키르기스스탄, 태국, 파키스탄, 필리핀(16개)이며, 한국산업인력관리공단에서는 한국어능력, 기능수준, 경력・훈련・자격 등 종합적인 직무역량을 보유한 현장성 높은 인력을 선발하기 위해 '선발 포인트 제도'를 실시하고 있다.

반면에 특례고용허가제는 '방문취업(H-2)' 자격의 사증을 발급받고 입국한 외국 국적 동포를 고용할 수 있도록 허용하는 제도이다.(자세한 절차는 [그림 4-4] 참조) 현재 특례고용허가 대상자를 송출할 수 있는 국가는 중국, 우즈베키스탄, 카자흐스탄, 키르기스스탄, 우크라이나, 타지키스탄(6개)이다. 한국 정부는 〈표 4-3〉과 같이 일반고용허가제(E-9) 및 특례고용허가제(H-2)를 통해 입국하여 일할 수 있는 직종을 구분

하여 지정해 놓고 있다.

〈표 4-3〉 외국인력 도입 허용 업종

직종 구분	일반고용허가제	특례고용허가제
제조업	상시 근로자 300인 미만 또는 자본금 80억 원 이하 (기준에 총족되지 않더라도 지방중소기업청에서 발급한 '중소기업확인서' 제출시 가능)	
건설업	모든 건설공사 (발전소, 제철소, 석유화학 건설현장의 건설업체 중 건설면허가 산업환경설비인 경우는 적용 제외)	
서비스업	건설폐기물처리업	하수·폐수 및 분뇨처리업, 폐지물 수집, 운반, 처분 및 원료재생법, 육지동물 및 애완동물 도매업, 기타 산업용 농산물 도매업, 생활용품 도매업, 기계장비 및 관련 용품 도매업, 기타 생활용품 소매업, 기타 상품 전문 소매업, 무점포 소매업, 육상여객 운송업, 호텔업, 여관업, 한식 음식점업, 외국식 음식점업, 기타 간이 음식점업, 사업시설 유지관리 서비스업, 여행사 및 기타 여행 보조 서비스업, 사회복지 서비스업, 자동차 종합 수리업, 자동차 전문 수리업, 모터사이클 수리업, 욕탕업, 산업용 세탁업, 개인 간병 및 유사 서비스업, 가구 내 고용활동.
	재생용 재료수집 및 판매업, 냉장·냉동 창고업(내륙에 위치한 업체), 서적, 잡지 및 기타 인쇄물 출판업, 음악 및 기타 오디오물 출판업	
어업	연근해어업, 양식어업, 소금 채취업	
농축산업	작물 재배업, 축산업, 작물 재배 및 축산 관련 서비스업	

② 한국 외국인근로자의 현황

2023년에 행정안전부에서 발표한 '행정구역(시도)/업종별 일반고용허가제(E-9) 외국인 현황'에 의하면 총 211,361명으로 집계되어, 2022년(총 203,121명)에 비해 증가한 것으로 나타났다(〈표 4－4〉). 이 중에서 남자가 약 80%이며, 지역적으로는 수도권(서울특별시, 경기도, 인천광역시)에 있는 외국인근로자가 약 60%나 되었다. 직업별로는 제조업, 농축산업, 어업, 건설업, 서비스업 순으로 나타났다.

〈표 4-4〉 행정구역(시도)/업종별 일반고용허가제(E-9) 외국인근로자 수

	계	제조업	건설업	농축산업	서비스업	어업
전국	211,361	170,987	5,864	24,809	274	9,427
서울특별시	1,300	563	705	29	3	0
부산광역시	5,895	5,600	87	71	6	131
대구광역시	4,005	3,976	15	6	8	0
인천광역시	10,635	9,748	474	51	15	347
광주광역시	2,929	2,473	286	154	16	0
대전광역시	734	713	2	16	3	0
울산광역시	3,789	3,591	11	38	0	149
세종특별자치시	1,015	842	46	121	6	0
경기도	85,244	76,310	2,043	6,567	131	193
강원도	3,170	1,636	27	1,201	8	298
충청북도	13,820	12,117	169	1,514	13	7
충청남도	19,146	13,178	585	4,545	9	829
전라북도	7,665	4,483	315	2,318	4	545
전라남도	11,683	5,498	340	2,129	24	3,692
경상북도	13,427	10,510	253	2,000	8	656
경상남도	23,968	18,897	488	3,112	15	1,456
제주특별자치도	2,936	852	18	937	5	1,124

출처: 행정안전부(2023)

또한 2023년에 행정안전부에서 발표한 '행정구역(시도)/업종별 특례고용허가제(H-2) 외국인 현황'에 의하면 총 16,181명으로 집계되어, 2022년(총 17,175명)에 비해 감소한 것으로 나타났으며(〈표 4-5〉), 지역적으로는 수도권(서울특별시, 경기도, 인천광역시)에 있는 외국인근로자가 약 77%나 되었다. 직업별로는 제조업, 서비스업, 건설업, 농축산업, 어업, 광업 순으로 나타났다.

〈표 4-5〉 행정구역(시도)/업종별 특례고용허가제(H-2) 외국인근로자 수

	계	제조업	건설업	농축산업	서비스업	어업	광업
전국	16,181	7,173	380	64	8,546	15	3
서울특별시	3,891	94	80	0	3,717	0	0
부산광역시	112	69	2	0	41	0	0
대구광역시	68	49	5	0	14	0	0
인천광역시	764	388	18	0	355	3	0
광주광역시	74	52	2	0	20	0	0
대전광역시	41	9	2	0	30	0	0
울산광역시	242	174	2	0	66	0	0
세종특별자치시	76	43	2	0	31	0	0
경기도	7,769	3,925	201	28	3,614	1	0
강원도	112	44	5	5	58	0	0
충청북도	770	613	20	7	130	0	0
충청남도	1,345	1,064	18	10	252	0	1
전라북도	118	69	5	1	42	1	0
전라남도	130	95	2	2	23	8	0
경상북도	224	175	6	4	38	1	0
경상남도	407	305	10	3	88	0	1
제주특별자치도	38	5	0	4	27	1	1

출처: 행정안전부(2023)

한편 2023년에 행정안전부에서 발표한 '국가별 일반고용허가제 외국인근로자(E-9) 도입현황(〈표 4-6〉)'에 의하면, 2022년을 기준으로 네팔, 인도네시아, 캄보디아, 베트남 순으로 유입되고 있는 것으로 나타났다.

〈표 4-6〉 국가별 일반고용허가제 외국인근로자(E-9) 도입현황

국가별	2020	2021	2022
합계	6,688	10,501	88,012
베트남	260	957	8,909
필리핀	409	251	7,307
태국	627	2,928	5,158
몽골	63	176	914
인도네시아	641	173	11,545
스리랑카	500	1,108	6,639
중국	24	143	168
우즈베키스탄	94	312	4,238
파키스탄	44	63	1,941
캄보디아	2,172	3,477	10,438
네팔	955	387	14,495
미얀마	700	25	7,621
키르기스스탄	13	11	888
방글라데시	141	111	5,891
동티모르	28	278	1,249
라오스	17	96	611

출처: 행정안전부(2023)

③ 한국 고용허가제 사업장 현황

2023년에 행정안전부에서 발표한 '행정구역(시도)/고용허가제 구분별 사업장 수(〈표 4-7〉)'에 의하면, 2023년 상반기 고용허가제에 의해 외국인근로자를 채용한 국내기업은 총 61,133개이다. 이는 코로나19가 발생하기 이전인 2019년(66,221개)에 비하면 감소한 것이지만, 코로나19가 진정되기 시작한 2022년 하반기(60,785개)에 비하면 증가한 것이다.

또한 지역별로 구분해 볼 때, 경기도에 있는 고용허가제 사업장 수가 24,795개로 압도적으로 많으며, 수도권(서울특별시, 경기도, 인천광역시)에 총 31,108개가 소재하여 전국의 약 50%를 차지했다. 이밖에 경상남도(6,235개), 충청남도(4,926개), 충청남도(4,926개), 전라남도(4,068개) 순으로 집계되었다. 반면에 대전광역시(204개), 세종

특별자치시(239개), 광주광역시(682개) 등은 전국 평균 사업장 수에 훨씬 미치지 못하며, 지역에 따라 격차가 많이 나는 것을 볼 수 있다.

〈표 4-7〉 행정구역(시도)/고용허가제 구분별 사업장 수

	계	일반고용허가제(E-9) 사용업체 수	일반고용허가제(E-9) 와 특례고용허가제 (H-2) 병행업체 수	특례고용허가제(H-2) 사용업체 수
전국	61,113	49,606	2,376	9,151
서울특별시	3,214	253	9	2,952
부산광역시	1,391	1,293	34	64
대구광역시	813	760	18	35
인천광역시	3,099	2,504	147	448
광주광역시	682	626	19	37
대전광역시	204	168	4	32
울산광역시	820	670	49	101
세종특별자치시	239	188	16	35
경기도	24,795	19,270	1,307	4,218
강원도	1,130	1,048	15	67
충청북도	2,869	2,358	227	284
충청남도	4,926	4,212	266	448
전라북도	2,183	2,091	25	67
전라남도	4,068	3,966	50	52
경상북도	3,160	3,003	57	100
경상남도	6,235	5,928	128	179
제주특별자치도	1,305	1,268	5	32

출처: 행정안전부(2023)

한편 2023년에 행정안전부에서 발표한 '고용허가제 업종별 사업장 수(〈표 4-8〉)'에 의하면, 일반고용허가제(E-9) 사용 업체는 49,606개로서 제조업, 농축산업, 서비스업, 어업, 건설업, 관업 순으로 나타났다. 일반고용허가제(E-9)와 특례고용허가제(H-2)를 병행하는 업체는 2,376개로서 제조업이 대다수(2,376개)로 나타났다. 특례고용허가제(H-2) 사용 업체는 9,151개로서 서비스업, 제조업, 건설업, 농축산업, 어업, 광업 순으로 나타났다.

〈표 4-8〉 고용허가제 업종별 사업장 수

구분	계	제조업	건설업	농축산업	서비스업	어업	광업
합계	61,133	39,610	632	8,567	6,840	5,481	3
일반고용허가제 사용업체 수	49,606	35,075	445	8,517	102	5,467	0
일반고용허가제, 특례고용허가제 병행업체 수	2,376	2,313	25	29	5	4	0
특례고용허가제 사용업체 수	9,151	2,222	162	21	6,733	10	3

출처: 행정안전부(2023)

③ 한국 외국인근로자 근로 환경 현황

2023년에 행정안전부에서 발표한 '2022년 이민자 월평균 임금수준별 임금근로자(〈표 4－9〉)'에 의하면, 평균적으로 남자 근로자가 여자 근로자보다 임금이 더 높은 것으로 나타났다. 또한 고용허가제의 유형에 관계없이 평균적으로 '200만 원 이상~300만 원 미만'의 임금을 받는 경우가 가장 많은 것으로 나타났다.

〈표 4-9〉 2022년 이민자 월평균 임금수준별 임금근로자

	합계(	100만원 미만	100만원 이상~200만원 미만	200만원 이상~300만원 미만	300만원 이상
계	792.7	30.2	118.8	405.1	238.6
남자	532.6	10.0	48.5	266.4	207.6
여자	260.1	20.1	70.3	138.7	31.0
비전문취업(E-9)	209.1	0.2**	16.1	139.5	53.4
방문취업(H-2)	71.0	1.1*	10.3	37.8	21.9

출처: 행정안전부(2023) 편집

한편 통계청(2019)에 의하면, 외국인근로자의 지출은 생활비(41.6%), 국내외 송금(24.4%), 저축(14.2%) 등의 순으로 나타났으며, 해외에 송금하는 외국인은 38.3%이고, 연간 송금 횟수는 연 12회 이상이라고 응답한 경우가 가장 많았다.

2023년에 행정안전부에서 발표한 '2022년 이민자 임금 및 보수 만족도(〈표 4－10〉)'에 의하면, 외국인근로자의 상당수가 임금 및 보수에 만족하는 것으로 나타났다. 성별

로는 남자 외국인근로자가 여자 외국인근로자보다 더 만족하는 것으로 나타났다.

〈표 4-10〉 2022년 이민자 임금 및 보수 만족도

	매우 만족	약간 만족	보통	약간 불만족	매우 불만족
계	17.8	33.6	36.0	11.1	1.5
남자	20.2	34.4	34.5	9.8	1.3
여자	13.2	32.1	39.1	13.7	1.9

출처: 행정안전부(2023) 편집

이러한 근로여건을 외국인근로자의 입장에서 생각해 보면, 본국으로 돌아가는 것보다 어떻게든 한국에서 노동활동을 하는 것이 좋다고 여길 수밖에 없다. 이에 따라 한국 정부에서 허가받은 3년이 지나도 본국으로 돌아가지 않고, 차라리 불법체류자의 신분으로라도 한국에 남아 취업활동을 이어가고자하는 외국인근로자들이 계속해서 증가하고 있다(〈표 4-11〉).

〈표 4-11〉 불법체류외국인 연도별 불법체류율 증감 추이

(단위: 명)

연도	총 체류 외국인	불법체류 외국인				불법 체류율
		소계	등록	거소	단기	
2012년	1,445,103	177,854	92,562	1,579	83,713	12.3%
2013년	1,576,034	183,106	95,637	1,533	85,936	11.6%
2014년	1,797,618	208,775	93,924	2,066	112,788	11.6%
2015년	1,899,519	214,168	84,969	1,114	128,085	11.3%
2016년	2,049,441	208,971	75,241	941	132,789	10.2%
2017년	2,180,498	251,041	82,837	1,064	167,140	11.5%
2018년	2,367,607	355,126	90,067	1,015	264,044	15.0%
2019년	2,524,656	390,281	95,815	1,316	293,150	15.5%
2020년	2,036,075	392,196	108,665	1,674	281,857	19.3%
2021년	1,956,781	388,700	125,022	1,427	262,251	19.9%
2021년 4월	1,990,228	392,311	115,656	2,576	274,079	19.7%
2022년 4월	1,987,250	393,054	131,202	3,071	258,781	19.8%
전년대비 증감률	-0.1%	0.2%	13.4%	19.2%	-5.6%	

출처: 출입국외국인정책 본부(2022)

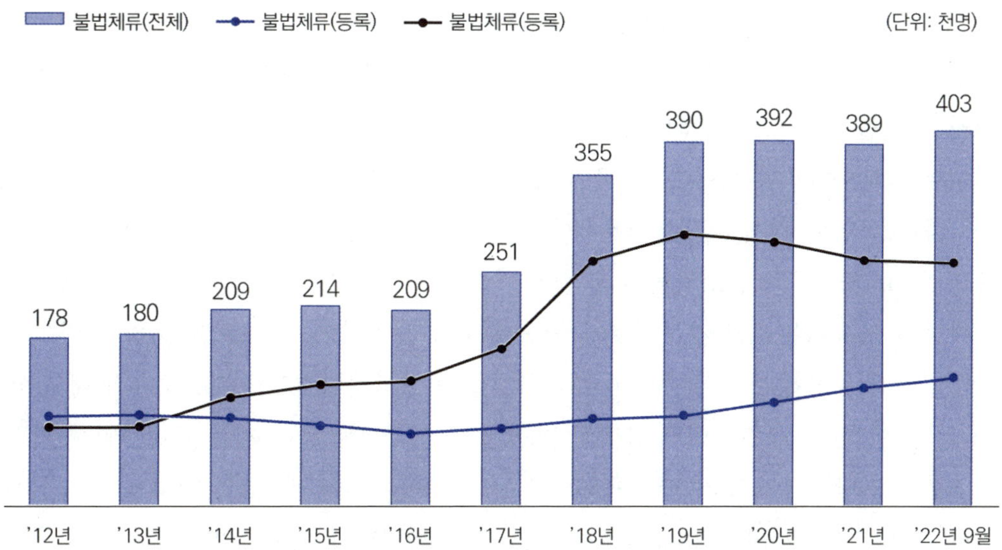

[그림 4-1] 불법체류외국인 연도별 불법체류율 증감 추이

출처: 출입국외국인정책 본부(2022)

한편 외국인 근로자를 고용하는 국내 기업들의 입장에서는 외국인근로자의 임금이 매우 큰 부담으로 작용하는 것으로 밝혀졌다. 2019년 9월에 부산상공회의소는 부산지역에 소재한 기업 중에서 외국인근로자를 고용 중인 제조업체 150개를 조사하여 '부산지역 외국인근로자 임금 실태 조사'를 발표하였다. 이 자료에 의하면, 조사에 응답한 기업들의 업체당 평균 외국인근로자 고용인원은 7.6명으로 나타났으며, 전체 평균 외국인근로자 고용 비중은 약 21.6%로써 지역 제조업체들의 인력수급에서 외국인근로자 의존도가 상당히 높은 것으로 파악되었다. 특히 기업의 종사자가 50인 이상인 기업은 평균 외국인근로자 고용 비중이 10.4% 수준이나, 기업의 종사자가 50인 미만인 기업의 경우 평균 외국인근로자 고용 비중이 27.1%나 될 정도로 영세기업일수록 외국인근로자 의존도가 매우 높은 것으로 나타났다.

또한, 조사에 응답한 기업에서 외국인근로자들의 주당 평균 근로시간은 50시간이며, 주당 평균 10시간의 초과근무를 실시하는 것으로 파악되었다. 조사에 응답한 기업들의 외국인근로자 1인당 월 평균 급여는 246만 원으로써 최저임금보다는 높은 수준의 급여를 받는 것으로 나타났다. 여기에 외국인근로자를 고용할 경우 고용자에게 숙식비 등의 추가비용이 발생할 수 있으며, 이러한 측면에서 볼 때, 외국인근로자를 고용하는 효과가 더 이상 저임금에 있다고 보기 어렵다. 다만 내국인근로자를 채용하기 어려운 현실 때문에 외국인근로자를 채용하는 경우가 많은 것으로 보인다.

[그림 4-2]는 위와 같은 부산상공회의소의 '부산지역 외국인근로자 임금 실태 조사'에서 발표한 내용으로써, 외국인근로자들을 채용하는 고용자들이 임금과 관련하여 느끼는 애로사항을 나타낸다. 외국인근로자의 임금 관련 가장 큰 애로사항은 내국인 근로자와 동일한 최저임금을 적용해야 한다는 것이 52.8%로써 가장 많았다. 고용자 중의 18.4%가 외국인근로자들의 '수습기간 부족'을 고충으로 응답했다. 즉, 외국인근로자들을 채용하는 고용자들이 외국인근로자가 업무 수행에 필요한 숙련 기간으로 3개월 이상 소요된다는 비중이 65.3%('3개월 이상 6개월 미만' 37.3%, '6개월 이상' 16.7%, '1년 이상' 11.3%)라고 응답한 반면, 고용허가제를 통해 체류를 허가받은 기간은 3년으로 한정되어 있기 때문에 수습기간이 부족할 수밖에 없다. 이밖에도 '숙식제공에 따른 별도 비용부담'(8.6%), '외국인근로자 국민연금 의무가입'(5.5%) 등의 애로사항을 가지고 있다고 응답했다.

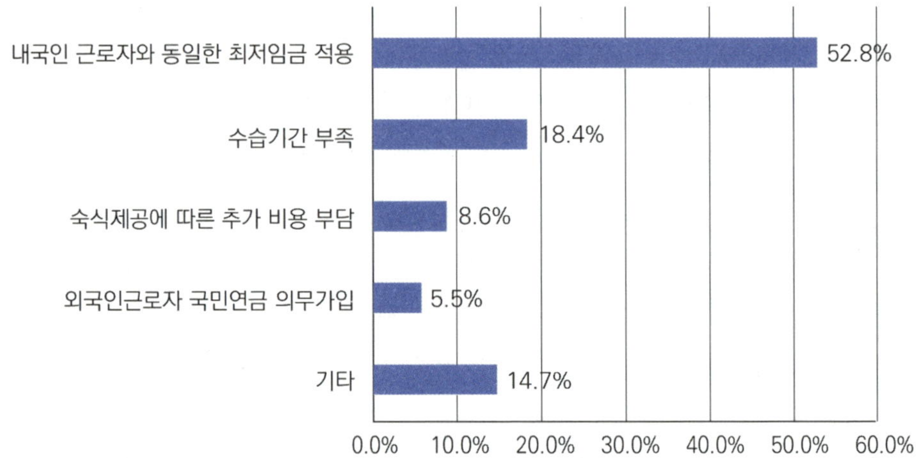

[그림 4-2] 외국인근로자 임금관련 애로사항

출처: 부산상공회의소(2019)

이처럼 외국인근로자가 급격히 증가하는 현상을 한국의 자국민들은 위협적으로 생각하는 경우가 많다. 〈표 4-12〉를 보면, 최종학력이 높아질수록 '별로 그렇지 않다'는 응답이 많아졌다. 대체적으로 소득이 낮을수록 외국인근로자들이 한국인들의 일자리를 위협한다고 생각하는 경향이 많은 것으로 나타났다. 특히 월 가구 소득이 100~199

만원이라고 응답한 한국인들 중에서 '대체로 그렇다'고 응답한 비율이 45.1%나 되어 가장 위협을 느끼는 것으로 조사되었다.

〈표 4-12〉 외국인 근로자에 대한 지각된 위협 인식 (단위: %)

구분		전혀 그렇지 않다	별로 그렇지 않다	보통이다	대체로 그렇다	매우 그렇다
학력별	중졸 이하	1.3	15.2	26.7	48.7	8.0
	고졸	2.3	26.2	36.6	31.0	3.8
	전문대졸	1.6	28.8	41.9	24.5	3.2
	4년제대졸	3.9	34.7	36.2	22.3	2.9
	대학원 이상	9.0	39.2	11.3	38.9	1.6
월가구총 소득별	100만원 미만	1.3	29.6	16.9	37.5	14.7
	100~199만원	2.8	17.1	30.0	45.1	5.0
	200~299만원	2.3	28.1	31.7	32.9	5.0
	300~399만원	2.4	27.7	35.4	31.7	2.8
	400~499만원	2.0	25.3	41.5	28.4	2.8
	500~599만원	4.0	35.6	39.7	17.8	3.0
	600만원 이상	3.8	33.0	33.9	23.7	5.7

출처: 통계청(2023), 편집

2) 외국인근로자가 겪는 어려움

현재 한국 사회에 유입된 외국인근로자들이 여러 가지 어려움을 겪고 있다. 물론 근무하는 사업장마다 근로 여건이 다르기는 하지만, 대개 외국인근로자들은 사업장 변경 제한, 임금체불, 과다한 근로시간, 보험 미가입 및 미적용, 열악한 근무 환경, 자녀교육의 문제, 외로움 등의 어려움을 겪고 있다. 이 중에서 사업장 변경 제한, 임금체불, 보험 미가입 및 미적용의 어려움에 대해 살펴보고자 한다.

(1) 사업장 변경제한

「외국인근로자의 고용 등에 관한 법률」에 의하면 외국인 근로자는 최초 3년 기한의 체류허가를 받고 입국한다. 3년이 지난 후에 고용자가 원할 경우 1회에 한하여 2년 동안 연장하여 체류할 수 있다.

「외국인근로자의 고용 등에 관한 법률」 제25조에 의하면, 외국인근로자가 국내에서 취업 허가를 받은 기간 동안 근무처를 변경하려면 다음과 같은 경우에 한하여 사업주의 승인을 받아 사업장 변경을 신청할 수 있다.; 1. 사용자가 정당한 사유로 근로계약 기간 중 근로계약을 해지하려고 하거나 근로계약이 만료된 후 갱신을 거절하려는 경우. 2. 휴업, 폐업, 고용허가의 취소, 고용의 제한, 사용자의 근로조건 위반 또는 부당한 처우 등 외국인근로자의 책임이 아닌 사유로 인하여 사회통념상 그 사업 또는 사업장에서 근로를 계속할 수 없게 되었다고 인정하여 고용노동부장관이 고시한 경우 3. 그 밖에 대통령령으로 정하는 사유가 발생한 경우.

이에 따라 비전문취업(E9) 비자로 한국에 체류허가를 받은 외국인근로자는 3년 동안 최대 3번까지 근무처를 옮길 수 있으며, 부도, 임금체불, 근로조건 위반, 부당한 처우, 고용허가 취소 및 고용 제한 등의 사유로는 횟수에 제한 없이 사업장을 이동할 수 있다.

또한 「외국인근로자의 고용 등에 관한 법률」 제25조 제1항 제3호에 의해, 상해 등으로 외국인근로자가 해당 사업(장)에서 계속 근무하기는 부적합하나 다른 사업(장)에서 근무하는 것은 가능하다고 인정되는 경우에는 사업주 동의 여부와 관계없이 진단서 제출로 사업장 변경이 가능하다.

그러나 상해처럼 명백하게 사실을 입증할 수 있는 경우 외에는 사업주의 동의 없이 사업장 변경을 할 수 없으며, 외국인근로자가 스스로 부당한 처우를 당했다는 것을 입증하기가 쉽지 않다. 또한 사업주가 부당한 처우에 대한 사실을 인정하지 않고 부인할 경우에 복잡한 절차를 거쳐야 하기 때문에 시일이 오래 걸리고, 그동안 외국인근로자는 사업장을 변경하지 못한 채 근무를 해야 하거나 허가 받은 기간이 만료될 수 있다.

(2) 임금체불

2019년 12월 19일에 통계청에서 발표한 '2019년 이민자 체류실태 및 고용조사 결과(〈표 4-13〉)'에 의하면, 한국인 근로자에 비해 외국인 근로자들이 근로시간과 업무량은 더 많고, 임금은 약간 더 적은 것으로 나타났다. 그럼에도 불구하고 외국인 근로자들에게 임금을 체불한 사례가 많다.

〈표 4-13〉 한국인근로자와 비교별 외국인 임금근로자 (단위: %)

	외국인					
	매우 많음	약간 많음	비슷함	약간 적음	매우 적음	모르겠음
근로시간	2.4	13.8	75.7	4.0	0.8	3.3
임금	2.2	6.6	62.4	18.6	2.9	7.3
업무량	2.4	14.4	76.0	3.1	0.6	3.6

출처: 통계청(2019)

통계청(2019)이 전국에 있는 외국인근로자 2만 명을 면접 조사하여 발표한 '이민자 체류실태 및 고용조사(〈표 4-14〉)'에 의하면 외국인근로자들이 직장에서 겪고 있는 어려움은 '작업 중 부상'(남자 7.9%, 여자 3.6%), '직장 내 한국인과 갈등'(남자 4.2%, 여자 3.2%), '임금체불 및 부당해고'(남자 4.0%, 여자 2.8%) 등인 것으로 나타났다. 임금을 받기 위하여 낯선 한국에 들어와서 열악한 환경에서 고된 노동을 감당해가는 외국인노동자들에게 임금체불은 참으로 부당하고 억울한 일이다.

〈표 4-14〉 외국인근로자가 한국 내 직장(사업체)에서 경험한 사항들 (단위: %)

구분	성별		체류자격별	
	남자	여자	방문취업(H-2)	재외동포(F-4)
임금 체불 또는 부당해고	4.0	2.8	3.7	3.3
작업 중 부상	7.9	3.6	7.7	4.9
작업으로 인한 질병	1.4	2.6	2.1	1.7
빠른 작업속도로 인한 어려움	2.8	2.4	2.5	2.8
직장 내 한국인과 갈등	4.2	3.2	4.1	3.6
욕설	1.6	0.9	1.4	1.2
여권 압류 또는 외출 통제	0.2	0.4	0.2	0.4
신체적 위해 및 기타	0.3	0.9	0.4	0.6
해당 사항 없음	82.2	86.3	82.5	85.1

출처: 통계청(2019), 편집

「외국인근로자의 고용 등에 관한 법률」 제23조에 의하면, 외국인근로자의 임금체불을 막기 위해 외국인근로자를 고용하는 사업주는 반드시 '임금체불 보증보험'에 의무적으로 가입하도록 명시하고 있다. 사용자의 임금체불시 외국인근로자가 고용노동부 지방노동청 근로감독과에 체불사실을 신고하여 임금체불확인서를 발급받아 보험회사에 제출하면, 보험회사가 체불임금을 먼저 외국인근로자에게 지급하고, 보험회사는 기지급된 체불임금에 상당하는 금액을 회사에 청구하게 된다. 다만, 임금체불금액이 보증금액 한도인 200만 원을 초과할 경우, 보험회사는 보증금액 한도 내에서 외국인근로자에게 체불임금을 지급한다. 나머지 임금체불금액은 외국인근로자가 사용자에게 직접 청구하거나 일반 체불임금 처리절차와 같게 진행한다. 사회적 약자인 외국인근로자가 사업주에게 맞서 이러한 절차를 직접 진행하여 해결하기에 많은 어려움이 따른다.

(3) 보험 미가입 및 미적용

통계청(2019)이 발표한 '외국인 근로자가 한국 내 직장(사업체)에서 경험한 사항들(〈표 4-12〉)'에 의하면, 외국인근로자들이 직장에서 겪고 있는 어려움 중에서 가장 많은 것이 '작업 중 부상'(남자 7.9%, 여자 3.6%)이다.

작업 중 부상을 당했을 때 '산재보험'에 가입되어 있다면 병원비를 비롯한 여러 가지 혜택을 받을 수 있지만, 통계청이 발표한 자료 〈표 4-13〉에 의하면, 산재보험에 가입되어 있지 않다고 응답한 외국인근로자가 29.7%나 되었다. 산재보험 가입 여부를 모르겠다고 대답한 외국인근로자도 5.3%나 되었다.

또한, 부당해고를 당했을 때, 고용보험에 가입되어 있으면, 여러 가지 실제적인 지원을 받을 수 있다. 하지만 통계청이 발표한 자료(〈표 4-15〉)에 의하면, 고용보험에 가입되어 있지 않다고 응답한 외국인근로자가 57.6%나 되었다. 고용보험 가입 여부를 모르겠다고 대답한 외국인근로자도 8.6%나 되었다. 산재보험이나 고용보험 같은 것들을 외국인근로자가 자세히 알기 어려울 뿐만 아니라, 외국인근로자가 사업자에게 보험가입 여부에 대해 문의하는 것을 사업자들이 꺼려하고 회피하는 경우가 많다. 따라서 보험가입에 대해 고용주가 외국인근로자에게 반드시 고지해야 하는 의무를 법으로 제정할 필요가 있다.

〈표 4-15〉 외국인근로자 고용보험 및 산재보험 가입 유무 (단위: %)

	임금근로자	고용보험			산재보험		
		가입	미가입	모르겠음	가입	미가입	모르겠음
외국인	100.0	33.8	57.6	8.6	65.0	29.7	5.3
남자	100.0	33.0	57.7	9.3	72.4	22.8	4.8
여자	100.0	35.4	57.5	7.1	49.2	44.4	6.4

출처: 통계청(2019)

3) 외국인근로자와 관련한 법

한국 사회에서는 통상적으로 '외국인근로자', '외국인노동자', '이민노동자', '이주노동자', '단기노동자' 등 다양한 명칭을 사용한다. 그러나 이들을 의미하는 정확한 법률적인 용어는 '외국인근로자'이다.

한국은 외국인근로자를 지원하기 위해 「외국인근로자의 고용 등에 관한 법률」을 제정하여 시행 중이며, 외국인근로자가 한국에 들어오거나 본국으로 돌아갈 때 「출입국 관리법」이 적용된다. 따라서 「외국인근로자의 고용 등에 관한 법률」과 「출입국관리법」 중에서 외국인근로자와 관련된 내용들을 요약해 보고자 한다.

① 외국인근로자의 고용 등에 관한 법률

〈표 4-16〉 외국인근로자의 고용 등에 관한 법률

[제1장 총칙]

제1조 (목적) 이 법은 외국인근로자를 체계적으로 도입·관리함으로써 원활한 인력수급 및 국민경제의 균형 있는 발전을 도모함을 목적으로 한다.

제2조 (외국인근로자의 정의) 이 법에서 "외국인근로자"란 대한민국의 국적을 가지지 아니한 사람으로서 국내에 소재하고 있는 사업 또는 사업장에서 임금을 목적으로 근로를 제공하고 있거나 제공하려는 사람을 말한다. 다만, 「출입국관리법」 제18조제1항에 따라 취업활동을 할 수 있는 체류자격을 받은 외국인 중 취업분야 또는 체류기간 등을 고려하여 대통령령으로 정하는 사람은 제외한다.

제3조 (적용 범위 등) ① 이 법은 외국인근로자 및 외국인근로자를 고용하고 있거나 고용하려

는 사업 또는 사업장에 적용한다. 다만, 「선원법」의 적용을 받는 선박에 승무(乘務)하는 선원 중 대한민국 국적을 가지지 아니한 선원 및 그 선원을 고용하고 있거나 고용하려는 선박의 소유자에 대하여는 적용하지 아니한다.

제4조 (외국인력정책위원회) ① 외국인근로자의 고용관리 및 보호에 관한 주요 사항을 심의·의결하기 위하여 국무총리 소속으로 외국인력정책위원회(이하 "정책위원회"라 한다)를 둔다.
② 정책위원회는 다음 각 호의 사항을 심의·의결한다.
1. 외국인근로자 관련 기본계획의 수립에 관한 사항
2. 외국인근로자 도입 업종 및 규모 등에 관한 사항
3. 외국인근로자를 송출할 수 있는 국가(이하 "송출국가"라 한다)의 지정 및 지정취소에 관한 사항
4. 그 밖에 대통령령으로 정하는 사항
④ 정책위원회의 위원장은 국무조정실장이 되고, 위원은 기획재정부·외교부·법무부·산업통상자원부·고용노동부·중소벤처기업부의 차관 및 대통령령으로 정하는 관계 중앙행정기관의 차관이 된다.

제5조 (외국인근로자 도입계획의 공표 등) ① 고용노동부장관은 제4조제2항 각 호의 사항이 포함된 외국인근로자 도입계획을 정책위원회의 심의·의결을 거쳐 수립하여 매년 3월 31일까지 대통령령으로 정하는 방법으로 공표하여야 한다.

[제2장 외국인근로자 고용절차]

제6조 (내국인 구인 노력) ① 외국인근로자를 고용하려는 자는 「직업안정법」 제2조의2제1호에 따른 직업안정기관(이하 "직업안정기관"이라 한다)에 우선 내국인 구인 신청을 하여야 한다.
② 직업안정기관의 장은 제1항에 따른 내국인 구인 신청을 받은 경우에는 사용자가 적절한 구인 조건을 제시할 수 있도록 상담·지원하여야 하며, 구인 조건을 갖춘 내국인이 우선적으로 채용될 수 있도록 직업소개를 적극적으로 하여야 한다.

제7조 (외국인구직자 명부의 작성) ① 고용노동부장관은 제4조제2항제3호에 따라 지정된 송출국가의 노동행정을 관장하는 정부기관의 장과 협의하여 대통령령으로 정하는 바에 따라 외국인구직자 명부를 작성하여야 한다. 다만, 송출국가에 노동행정을 관장하는 독립된 정부기관이 없을 경우 가장 가까운 기능을 가진 부서를 정하여 정책위원회의 심의를 받아 그 부서의 장과 협의한다.
② 고용노동부장관은 제1항에 따른 외국인구직자 명부를 작성할 때에는 외국인구직자 선발기준 등으로 활용할 수 있도록 한국어 구사능력을 평가하는 시험(이하 "한국어능력시험"이라 한다)을 실시하여야 하며, 한국어능력시험의 실시기관 선정 및 선정취소, 평가의 방법, 그 밖에 필요한 사항은 대통령령으로 정한다.
④ 고용노동부장관은 제1항에 따른 외국인구직자 선발기준 등으로 활용하기 위하여 필요한 경우 기능 수준 등 인력 수요에 부합되는 자격요건을 평가할 수 있다.
⑤ 제4항에 따른 자격요건 평가기관은 「한국산업인력공단법」에 따른 한국산업인력공단(이

하 "한국산업인력공단"이라 한다)으로 하며, 자격요건 평가의 방법 등 필요한 사항은 대통령령으로 정한다.

제8조 (외국인근로자 고용허가) ① 제6조제1항에 따라 내국인 구인 신청을 한 사용자는 같은 조 제2항에 따른 직업소개를 받고도 인력을 채용하지 못한 경우에는 고용노동부령으로 정하는 바에 따라 직업안정기관의 장에게 외국인근로자 고용허가를 신청하여야 한다.
② 제1항에 따른 고용허가 신청의 유효기간은 3개월로 하되, 일시적인 경영악화 등으로 신규 근로자를 채용할 수 없는 경우 등에는 대통령령으로 정하는 바에 따라 1회에 한정하여 고용허가 신청의 효력을 연장할 수 있다.
③ 직업안정기관의 장은 제1항에 따른 신청을 받으면 외국인근로자 도입 업종 및 규모 등 대통령령으로 정하는 요건을 갖춘 사용자에게 제7조제1항에 따른 외국인구직자 명부에 등록된 사람 중에서 적격자를 추천하여야 한다.
④ 직업안정기관의 장은 제3항에 따라 추천된 적격자를 선정한 사용자에게는 지체 없이 고용허가를 하고, 선정된 외국인근로자의 성명 등을 적은 외국인근로자 고용허가서를 발급하여야 한다.

제9조 (근로계약) ① 사용자가 제8조제4항에 따라 선정한 외국인근로자를 고용하려면 고용노동부령으로 정하는 표준근로계약서를 사용하여 근로계약을 체결하여야 한다.
② 사용자는 제1항에 따른 근로계약을 체결하려는 경우 이를 한국산업인력공단에 대행하게 할 수 있다.
③ 제8조에 따라 고용허가를 받은 사용자와 외국인근로자는 제18조에 따른 기간 내에서 당사자 간의 합의에 따라 근로계약을 체결하거나 갱신할 수 있다.
④ 제18조의2에 따라 취업활동 기간이 연장되는 외국인근로자와 사용자는 연장된 취업활동 기간의 범위에서 근로계약을 체결할 수 있다.

제11조 (외국인 취업교육) ① "외국인근로자는 입국한 후에 고용노동부령으로 정하는 기간 이내에 한국산업인력공단 또는 제11조의3에 따른 외국인 취업교육기관에서 국내 취업활동에 필요한 사항을 주지(周知)시키기 위하여 실시하는 교육(이하 '외국인 취업교육'이라 한다)을 받아야 한다."
② 사용자는 외국인근로자가 외국인 취업교육을 받을 수 있도록 하여야 한다.

제12조 (외국인근로자 고용의 특례) ① 다음 각 호의 어느 하나에 해당하는 사업 또는 사업장의 사용자는 제3항에 따른 특례고용가능확인을 받은 후 대통령령으로 정하는 사증을 발급받고 입국한 외국인으로서 국내에서 취업하려는 사람을 고용할 수 있다. 이 경우 근로계약의 체결에 관하여는 제9조를 준용한다.

1. 건설업으로서 정책위원회가 일용근로자 노동시장의 현황, 내국인근로자 고용기회의 침해 여부 및 사업장 규모 등을 고려하여 정하는 사업 또는 사업장
2. 서비스업, 제조업, 농업 또는 어업으로서 정책위원회가 산업별 특성을 고려하여 정하는 사업 또는 사업장

⑤ 특례고용가능확인의 유효기간은 3년으로 한다. 다만, 제1항제1호에 해당하는 사업 또는 사업장으로서 공사기간이 3년보다 짧은 경우에는 그 기간으로 한다.

[제3장 외국인근로자의 고용 관리]

제13조 (출국만기보험 · 신탁) ① 외국인근로자를 고용한 사업 또는 사업장의 사용자(이하 "사용자"라 한다)는 외국인근로자의 출국 등에 따른 퇴직금 지급을 위하여 외국인근로자를 피보험자 또는 수익자(이하 "피보험자등"이라 한다)로 하는 보험 또는 신탁(이하 "출국만기보험등"이라 한다)에 가입하여야 한다. 이 경우 보험료 또는 신탁금은 매월 납부하거나 위탁하여야 한다.
③ 출국만기보험등의 가입대상 사용자, 가입방법 · 내용 · 관리 및 지급 등에 필요한 사항은 대통령령으로 정하되, 지급시기는 피보험자등이 출국한 때부터 14일(체류자격의 변경, 사망 등에 따라 신청하거나 출국일 이후에 신청하는 경우에는 신청일부터 14일) 이내로 한다.

제14조 (건강보험) 사용자 및 사용자에게 고용된 외국인근로자에게 「국민건강보험법」을 적용하는 경우 사용자는 같은 법 제3조에 따른 사용자로, 사용자에게 고용된 외국인근로자는 같은 법 제6조제1항에 따른 직장가입자로 본다.

제15조 (귀국비용보험 · 신탁) ① 외국인근로자는 귀국 시 필요한 비용에 충당하기 위하여 보험 또는 신탁에 가입하여야 한다.

제18조 (취업활동 기간의 제한) 외국인근로자는 입국한 날부터 3년의 범위에서 취업활동을 할 수 있다.

제18조의2 (취업활동 기간 제한에 관한 특례) ① 다음 각 호의 외국인근로자는 제18조에도 불구하고 1회에 한하여 2년 미만의 범위에서 취업활동 기간을 연장받을 수 있다.
1. 제8조제4항에 따른 고용허가를 받은 사용자에게 고용된 외국인근로자로서 제18조에 따른 취업활동 기간 3년이 만료되어 출국하기 전에 사용자가 고용노동부장관에게 재고용 허가를 요청한 근로자
2. 제12조제3항에 따른 특례고용가능확인을 받은 사용자에게 고용된 외국인근로자로서 제18조에 따른 취업활동 기간 3년이 만료되어 출국하기 전에 사용자가 고용노동부장관에게 재고용 허가를 요청한 근로자

제18조의3 (재입국 취업의 제한) 국내에서 취업한 후 출국한 외국인근로자(제12조제1항에 따른 외국인근로자는 제외한다)는 출국한 날부터 6개월이 지나지 아니하면 이 법에 따라 다시 취업할 수 없다.

제18조의4 (재입국 취업 제한의 특례) ① 제18조의3에도 불구하고 다음 각 호의 요건을 모두 갖춘 외국인근로자로서 제18조의2에 따라 연장된 취업활동 기간이 만료되어 출국하기 전에 사용자가 재입국 후의 고용허가를 신청하면 고용노동부장관은 그 외국인근로자에 대하여 출국한 날부터 3개월이 지나면 이 법에 따라 다시 취업하도록 할 수 있다.
1. 제18조 및 제18조의2에 따른 취업활동 기간 중에 사업 또는 사업장 변경을 하지 아니하였을 것(제25조제1항제2호에 따라 사업 또는 사업장을 변경한 경우에는 재입국 후의 고용허가를 신청하는 사용자와 취업활동 기간 만료일까지의 근로계약 기간이 1년 이상일 것)
2. 정책위원회가 도입 업종이나 규모 등을 고려하여 내국인을 고용하기 어렵다고 정하는 사업 또는 사업장에서 근로하고 있을 것
3. 재입국하여 근로를 시작하는 날부터 효력이 발생하는 1년 이상의 근로계약을 해당 사용

자와 체결하고 있을 것

[제4장 외국인근로자의 보호]

제22조 (차별 금지) 사용자는 외국인근로자라는 이유로 부당하게 차별하여 처우하여서는 아니 된다.

제23조 (보증보험 등의 가입) ① 사업의 규모 및 산업별 특성 등을 고려하여 대통령령으로 정하는 사업 또는 사업장의 사용자는 임금체불에 대비하여 그가 고용하는 외국인근로자를 위한 보증보험에 가입하여야 한다.
② 산업별 특성 등을 고려하여 대통령령으로 정하는 사업 또는 사업장에서 취업하는 외국인근로자는 질병 · 사망 등에 대비한 상해보험에 가입하여야 한다.

제25조 (사업 또는 사업장 변경의 허용) ① 외국인근로자(제12조제1항에 따른 외국인근로자는 제외한다)는 다음 각 호의 어느 하나에 해당하는 사유가 발생한 경우에는 고용노동부령으로 정하는 바에 따라 직업안정기관의 장에게 다른 사업 또는 사업장으로의 변경을 신청할 수 있다.
1. 사용자가 정당한 사유로 근로계약기간 중 근로계약을 해지하려고 하거나 근로계약이 만료된 후 갱신을 거절하려는 경우
2. 휴업, 폐업, 제19조제1항에 따른 고용허가의 취소, 제20조제1항에 따른 고용의 제한, 제22조의2를 위반한 기숙사의 제공, 사용자의 근로조건 위반 또는 부당한 처우 등 외국인근로자의 책임이 아닌 사유로 인하여 사회통념상 그 사업 또는 사업장에서 근로를 계속할 수 없게 되었다고 인정하여 고용노동부장관이 고시한 경우
3. 그 밖에 대통령령으로 정하는 사유가 발생한 경우
③ 제1항에 따른 다른 사업 또는 사업장으로의 변경을 신청한 날부터 3개월 이내에 「출입국관리법」 제21조에 따른 근무처 변경허가를 받지 못하거나 사용자와 근로계약이 종료된 날부터 1개월 이내에 다른 사업 또는 사업장으로의 변경을 신청하지 아니한 외국인근로자는 출국하여야 한다. 다만, 업무상 재해, 질병, 임신, 출산 등의 사유로 근무처 변경허가를 받을 수 없거나 근무처 변경신청을 할 수 없는 경우에는 그 사유가 없어진 날부터 각각 그 기간을 계산한다.
④ 제1항에 따른 외국인근로자의 사업 또는 사업장 변경은 제18조에 따른 기간 중에는 원칙적으로 3회를 초과할 수 없으며, 제18조의2제1항에 따라 연장된 기간 중에는 2회를 초과할 수 없다.

[제6장 벌칙]

제29조 (벌칙) 다음 각 호의 어느 하나에 해당하는 자는 1년 이하의 징역 또는 1천만원 이하의 벌금에 처한다.
1. 제8조제6항을 위반하여 외국인근로자의 선발, 알선, 그 밖의 채용에 개입한 자
2. 제16조를 위반하여 귀국에 필요한 조치를 하지 아니한 사용자
3. 제19조제2항을 위반하여 근로계약을 종료하지 아니한 사용자

4. 제25조에 따른 외국인근로자의 사업 또는 사업장 변경을 방해한 자
5. 제27조제4항을 위반하여 금품을 받은 자

제30조 (벌칙) 다음 각 호의 어느 하나에 해당하는 자는 500만원 이하의 벌금에 처한다.
1. 제13조제1항 전단을 위반하여 출국만기보험등에 가입하지 아니한 사용자
2. 제23조에 따른 보증보험 또는 상해보험에 가입하지 아니한 자

출처: '외국인근로자의 고용 등에 관한 법률', 요약 발췌

② 출입국관리법

〈표 4-17〉 출입국관리법

제2조 (정의) 이 법에서 사용하는 용어의 뜻은 다음과 같다.
2. "외국인"이란 대한민국의 국적을 가지지 아니한 사람을 말한다.
4. "여권"이란 대한민국정부·외국정부 또는 권한 있는 국제기구에서 발급한 여권 또는 난민여행증명서나 그 밖에 여권을 갈음하는 증명서로서 대한민국정부가 유효하다고 인정하는 것을 말한다.
5. "선원신분증명서"란 대한민국정부나 외국정부가 발급한 문서로서 선원임을 증명하는 것을 말한다.
6. "출입국항"이란 출국하거나 입국할 수 있는 대한민국의 항구·공항과 그 밖의 장소로서 대통령령으로 정하는 곳을 말한다.
7. "재외공관의 장"이란 외국에 주재하는 대한민국의 대사(大使), 공사(公使), 총영사(總領事), 영사(領事) 또는 영사업무를 수행하는 기관의 장을 말한다.

제7조 (외국인의 입국) ① 외국인이 입국할 때에는 유효한 여권과 법무부장관이 발급한 사증(査證)을 가지고 있어야 한다.

제10조 (체류자격) 입국하려는 외국인은 다음 각 호의 어느 하나에 해당하는 체류자격을 가져야 한다.
1. 일반체류자격: 이 법에 따라 대한민국에 체류할 수 있는 기간이 제한되는 체류자격
2. 영주자격: 대한민국에 영주(永住)할 수 있는 체류자격

제10조의2 (일반체류자격) ① 제10조제1호에 따른 일반체류자격(이하 "일반체류자격"이라 한다)은 다음 각 호의 구분에 따른다.
1. 단기체류자격: 관광, 방문 등의 목적으로 대한민국에 90일 이하의 기간(사증면제협정이나 상호주의에 따라 90일을 초과하는 경우에는 그 기간) 동안 머물 수 있는 체류자격
2. 장기체류자격: 유학, 연수, 투자, 주재, 결혼 등의 목적으로 대한민국에 90일을 초과하여 법무부령으로 정하는 체류기간의 상한 범위에서 거주할 수 있는 체류자격

제12조 (입국심사) ① 외국인이 입국하려는 경우에는 입국하는 출입국항에서 출입국관리공무원의 입국심사를 받아야 한다.
③ 출입국관리공무원은 입국심사를 할 때에 다음 각 호의 요건을 갖추었는지를 심사하여

입국을 허가한다.
1. 여권과 사증이 유효할 것. 다만, 사증은 이 법에서 요구하는 경우만을 말한다.
2. 입국목적이 체류자격에 맞을 것
3. 체류기간이 법무부령으로 정하는 바에 따라 정하여졌을 것
4. 제11조에 따른 입국의 금지 또는 거부의 대상이 아닐 것

제18조 (외국인 고용의 제한) ① 외국인이 대한민국에서 취업하려면 대통령령으로 정하는 바에 따라 취업활동을 할 수 있는 체류자격을 받아야 한다.
② 제1항에 따른 체류자격을 가진 외국인은 지정된 근무처가 아닌 곳에서 근무하여서는 아니 된다.
③ 누구든지 제1항에 따른 체류자격을 가지지 아니한 사람을 고용하여서는 아니 된다.
④ 누구든지 제1항에 따른 체류자격을 가지지 아니한 사람의 고용을 알선하거나 권유하여서는 아니 된다.
⑤ 누구든지 제1항에 따른 체류자격을 가지지 아니한 사람의 고용을 알선할 목적으로 그를 자기 지배하에 두는 행위를 하여서는 아니 된다.

제24조 (체류자격 변경허가) ① 대한민국에 체류하는 외국인이 그 체류자격과 다른 체류자격에 해당하는 활동을 하려면 미리 법무부장관의 체류자격 변경허가를 받아야 한다.
② 제31조제1항 각 호의 어느 하나에 해당하는 사람으로서 그 신분이 변경되어 체류자격을 변경하려는 사람은 신분이 변경된 날부터 30일 이내에 법무부장관의 체류자격 변경허가를 받아야 한다.

제31조 (외국인등록) ① 외국인이 입국한 날부터 90일을 초과하여 대한민국에 체류하려면 대통령령으로 정하는 바에 따라 입국한 날부터 90일 이내에 그의 체류지를 관할하는 지방출입국·외국인관서의 장에게 외국인등록을 하여야 한다.

출처: '출입국관리법', 요약 발췌

4) 외국인근로자에 대한 정책과 지원

(1) 외국인근로자 정책의 추진 체계

한국 정부는 한국에 유입하는 외국인근로자들을 체계적으로 관리하기 위해 「외국인근로자의 고용 등에 관한 법률」 제4조에 의거하여 국무총리실에 외국인력정책위원회(위원장: 국무조정실장)를 설치하여 운영하고 있다. 외국인력정책위원회는 기획재정부·외교부·법무부·산업통상자원부·고용노동부·중소벤처기업부의 차관 및 대통령령으로 정하는 관계 중앙행정기관의 차관(문화체육관광부, 농림축산식품부, 보건복지부, 해양수산부) 등을 포함한 20명 이내의 위원으로 구성된다.

고용노동부장관은 「외국인근로자의 고용 등에 관한 법률」 제4조에 의거하여 외국인근로자 관련 기본계획의 수립에 관한 사항, 외국인근로자 도입 업종 및 규모 등에 관한 사항, 송출국가의 지정 및 지정취소에 관한 사항 등이 포함된 외국인근로자 도입계획을 외국인력정책위원회의 심의 · 의결을 거쳐 수립하여 매년 3월 31일까지 대통령령으로 정하는 방법으로 공표하여야 한다.

고용허가제에 의한 외국인근로자 도입계획은 일반고용허가제와 특례고용허가제로 구분되며, 구체적인 취업절차는 다음과 같다.([그림 4-3], [그림 4-4])

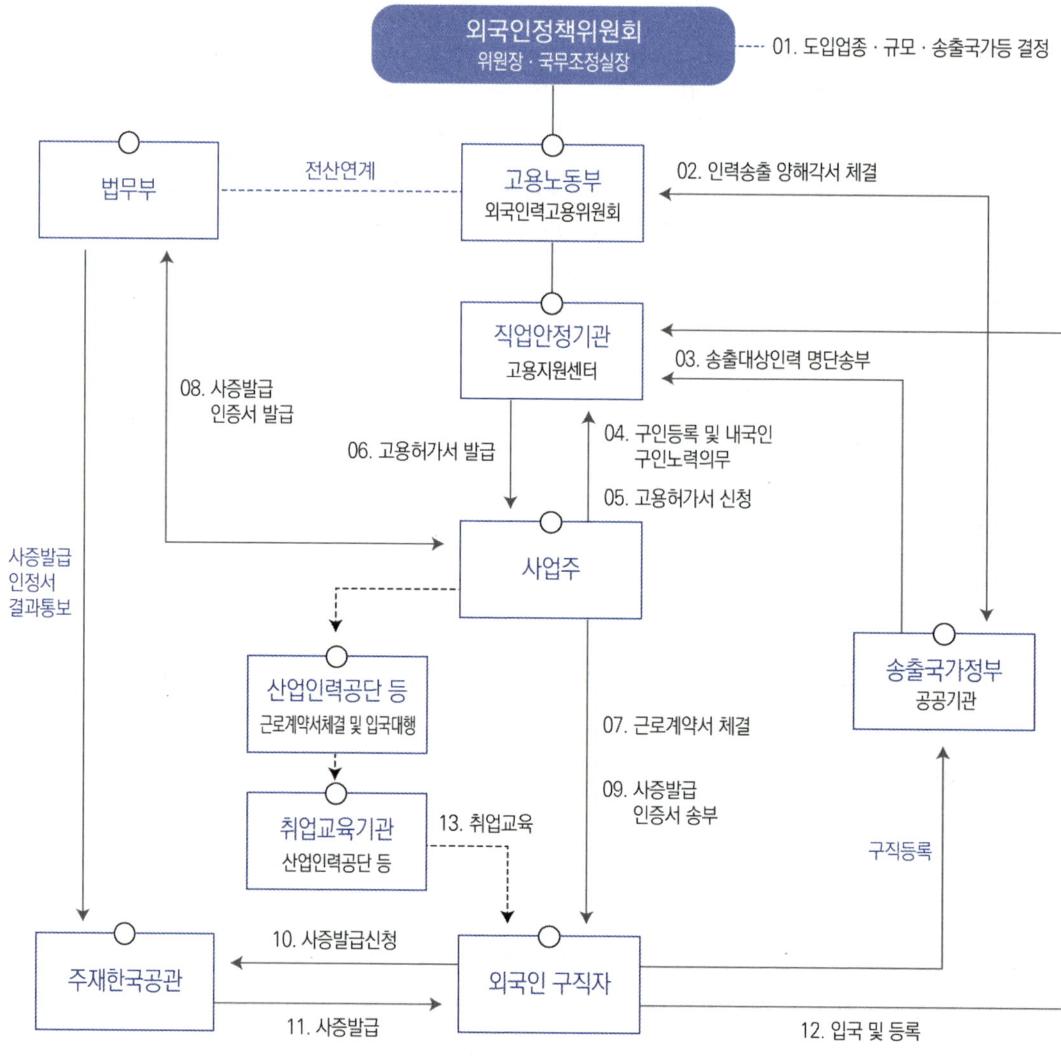

[그림 4-3] 일반고용허가제 취업절차도

출처: 순천고용복지플러스센터 홈페이지

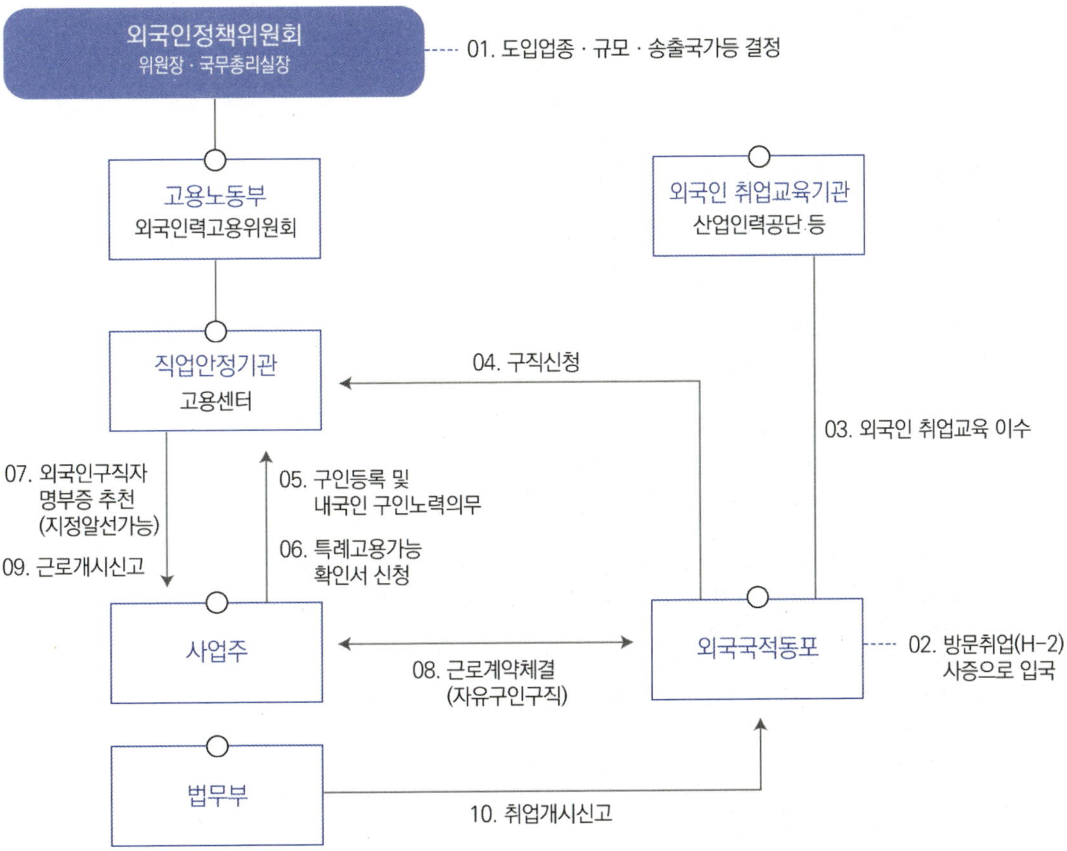

[그림 4-4] 고용특례 외국인 취업절차도

출처: 순천고용복지플러스센터 홈페이지

(2) 외국인근로자를 위한 지원 기관

① 한국산업인력관리공단

1982년에 설립된 한국산업인력관리공단은 고용노동부 산하의 위탁집행형 준정부 기관으로써 근로자의 평생학습 지원, 직업능력개발훈련의 실시, 자격검정, 숙련기술 장려 사업 및 고용촉진 등에 관한 사업을 통해 산업인력의 양성 및 수급의 효율화를 도모하고 국민경제의 건전한 발전과 국민복지 증진에 이바지하고자 세워진 기관이다. 서울, 부산, 대구, 중부(경기), 광주, 대전 등 6개 지역본부 산하에 18개 지사를 두고 있다.

한국산업인력관리공단은 국내의 노동 업무뿐만 아니라, 국제인력본부 내 외국인력국을 통해 〈표 4-18〉과 같은 외국인근로자 업무도 담당하고 있다.

〈표 4-18〉 한국산업인력관리공단의 외국인근로자와 관련한 주요 업무

1. 외국인고용지원사업 장·단기 발전계획 수립 2. 외국인고용지원사업 연간 사업계획 수립 3. 외국인고용지원사업 제도 개선 4. 송출국가와의 협력사업 및 해외지사 운영 5. 송출국가 현지 사전취업교육기관 운영 지원 6. 외국인력 선발시험 시행관리 7. 외국인구직자 명부 작성·관리 8. 외국인노동자 입국계획 수립 및 조정 등 입국 관련 업무 9. 외국국적동포(H-2) 취업교육 사업계획 수립 및 운영 10. 외국인취업교육 프로그램 개발·보급 11. 사업장변경자 교육 훈련 및 사업주 고용관리 교육 운영 12. 외국인노동자 입국 초기 취업 적응 지원 13. 사업장내 애로해소 및 통역 지원 14. 외국인력지원센터 선정 및 예산지원·관리 15. 외국인노동자 직무능력향상 및 귀환 후 재정착지원 교육훈련 운영 16. 자발적 귀환 프로그램 운영 17. 미청구보험 및 휴먼보험금 운영·관리 등

출처: 한국산업인력관리공단(2019)

② 출입국 외국인 정책본부

출입국 외국인 정책본부는 법무부의 산하기관으로써 경기도 과천시에 있는 정부종합청사에 본부를 두고 있으며, 각 지역에 출입국관리사무소(16개) 및 출장소(18개)와 외국인보호소(2개)를 두고 있다. 출입국 외국인 정책본부에서는 외국인근로자를 포함한 대한민국을 출입국하는 모든 사람에 대한 출입국심사, 외국인에 대한 비자 발급, 국내 체류 중인 외국인 등록 및 동향관리, 국적, 귀화, 난민 등에 관한 정책과 사무를 총괄한다(〈표 4-19〉).

〈표 4-19〉 출입국 외국인 정책본부의 주요 업무

1. 출입국심사 및 남북왕래자 출입심사, 출입국규제
2. 외국인의 사증·체류관리 정책 및 체류허가, 사증면제협정, 사증발급 심사
3. 외국인 동향조사 및 출입국사범 심사, 외국인 보호 및 강제퇴거
4. 출입국·외국인정책행정 정보화, 출입국 외국인정책 통계 관리 및 분석
5. 소관 법령 제·개정, 외국인정책위원회 운영, 외국인정책 기본계획 및 연도별 시행계획 수립 및 평가
6. 귀화·국적상실 및 관련 정책·제도 개선
7. 재한외국인의 사회적응 지원정책
8. 난민정책 총괄, 난민인정심사, 재정착난민 수용 및 정착지원

출처: 한국산업인력관리공단(2019)

③ 고용복지플러스센터

고용복지플러스센터는 고용센터(고용부), 일자리센터(자치단체), 복지지원팀(복지부, 자치단체), 여성새로일하기센터(여가부), 서민금융센터(금융위), 제대군인지원센터(보훈처)등 다양한 기관이 참여하여 고용, 복지, 서민금융 등의 서비스를 원스톱으로 제공하는 기관이다.

특히 고용노동부 산하기관인 고용센터에서는 외국인근로자와 관련하여 다음과 같은 업무를 담당한다.(〈표 4-20〉)

〈표 4-20〉 고용센터의 외국인근로자 관련 업무

1. 내국인 구인 노력
2. 외국인구직자 알선
3. 고용허가서 발급
4. 사업장 변경 허가
5. 근로자 보호관련 업무
6. 근로조건 등 이행실태 지도점검

또한 고용센터 내에 있는 권익보호협의회는 노동자단체, 사용자단체, 외국인근로자단체, 기타 외국인근로자 지원과 관련하여 필요하다고 인정되는 단체로서 고용센터장의 추천을 받은 자로 구성되며 다음과 같은 내용들을 협의한다. 고용센터장은 외국인근로자 관련 업무를 수행할 때 외국인근로자 권익보호협의회에서 협의한 결과가 반영되도록 노력해야 한다.(〈표 4-21〉)

〈표 4-21〉 고용센터의 외국인근로자 관련 업무

1. 외국인근로자의 사업자 변경에 관한 사항
2. 외국인근로자와 사용자 간 갈등사항의 해소 방안
3. 외국인근로자의 국내 구직활동 및 생활에 대한 지원 방안
4. 그 밖에 외국인근로자의 권익보호와 관련하여 필요하다고 인정되는 사항

④ 외국인근로자 지원센터

한국의 전국 각 지역에 공공기관이 세운 외국인근로자 지원센터뿐만 아니라, 민간이 세운 외국인근로자 지원센터들이 있어서 해당 지역에 있는 외국인근로자들을 지역의 특성에 맞게 지원하고 있다. 그중에서도 '한국외국인노동자지원센터'는 2004년 12월 고용노동부가 [외국인근로자의 고용 등에 관한 법률]에 의해 외국인근로자의 인권신장과 복지증진을 위해 설립하고, 한국산업인력공단이 관리, 감독하며, (사)지구촌사랑나눔이 수탁하여 운영하고 있다.

2019년 한국외국인노동자지원센터에서는 캄보디아 설맞이 행사(4월 15일), 몽골 농구 대회(4월 29일), 이주민가요제 서울지역예선전(5월 27일), 몽골 나담 축제(7월 15일), 외국인노동자 한마당 축제(9월 2일), 외국인노동자 EPS 골든벨 행사 및 한복체험(9월 15일), 스리랑카 음악회(9월 23일), 외국인노동자를 위한 겨울 외투 나눔 행사(11월 4일), 몽골 농구 대회 및 외국인노동자 무료 독감예방접종(11월 25일), 몽골 전통놀이 대회 및 몽골 배구 대회(12월 2일) 등을 실시하였다.

〈표 4-22〉 한국외국인노동자지원센터의 주요 업무

구 분	주요사업
상 담	• 외국인근로자와 사용자에 대한 통역지원 및 고용허가제, 노동관계법, 출입국체류 관리절차, 생활법률 등 고충상담
교 육	• 정규교육: 한국어교육, 정보화교육 • 비정규교육: 산업안전교육, 법률교육, 귀국의식교육
문 화	• 국가별 명절 및 기념일 행사, 스포츠 대회, 한국 명절
특성화	• 무료진료, 태권도, 운전면허 교육

출처: 한국외국인노동자지원센터(2019)

제 5 장

북한이탈주민의 현황과 정책

1997년에 제정된 「북한이탈주민의 보호 및 정착지원에 관한 법률」은 "북한이탈주민"이란 군사분계선 이북지역(이하 "북한"이라 한다)에 주소, 직계가족, 배우자, 직장 등을 두고 있는 사람으로서 북한을 벗어난 후 외국 국적을 취득하지 아니한 사람을 말한다."라고 정의하고 있다.

1990년대 중반부터 북한의 경제난 때문에 북한을 탈출하는 주민이 늘어나면서 '탈북자'라는 용어가 보편적으로 사용되었으나, 1997년 1월 「북한이탈주민의 보호 및 정착지원에 관한 법률」이 제정되면서 기존의 '귀순'이라는 개념이 '북한 이탈'로 바뀌었으며, 북한을 떠난 후 아직 외국 국적을 취득하지 않은 사람들을 '북한이탈주민'으로 규정하였다.

2005년 통일부는 '탈북자'라는 용어가 부정적인 인식을 심어줄 수 있다는 취지에서 한국에 거주하는 탈북자를 '새터민'이라는 명칭으로 부르겠다고 발표했지만 탈북단체들이 '새터민'이라는 용어를 사용하는 것에 부정적인 입장을 보이며 문제제기가 잇따르자, 2008년 11월 통일부는 가급적 '새터민'이라는 용어를 쓰지 않겠다고 발표했다. 이후부터 탈북자의 공식적인 명칭으로 '북한이탈주민'을 사용하고 있다.

북한이탈주민은 경제적인 이유로 북한을 탈출했다고 하여 국제법상 '위임난민(Mandate Refugee)'에 해당한다. 위임난민이란 1954년 국제연합(UN) 유엔에서 발효된 '난민의 지위에 관한 협약(Convention Relating to the Status of Refugees, 난민협약)'의 요건을 충족하는 '협약난민(정치적인 이유로 인한 난민)'이 아니기 때문에 난민협약 체약국 정부로부터 난민으로 인정받지도 못하고, 보호받을 수도 없는 사람들을 말한다. 유엔난민기구(UNHCR)에서 위임난민들까지도 보호해 주려고 노력하고 있지만, 난민협약 체약국 정부로부터 공식적인 지원을 받는 협약난민에 비하면 매우 취약하다.

하지만 한국은 북한이탈주민을 난민의 개념으로 받아들여선 안 된다. 북한이탈주민은 난민이기 이전에, 함께 살아가야 할 우리의 동포(同胞)이기 때문이다. 따라서 북한이탈주민을 이해하고, 수용하고, 협력하여, 더불어 살아가기 위한 지혜가 필요하다. 이에 따라 본 장에서는 북한이탈주민에 대하여 다음과 같은 목표를 가지고 구체적인 내용을 살펴보고자 한다.

단원목표

1. 한국의 북한이탈주민의 현황을 파악한다.
2. 한국의 북한이탈주민이 가진 어려움들을 파악한다.
3. 한국의 북한이탈주민과 관련한 법을 살펴본다.
4. 한국의 북한이탈주민에 대한 정책과 지원에 대해서 살펴본다.

1) 북한이탈주민의 현황

(1) 북한이탈주민에 대한 역사적 배경

① 북한이탈주민이 증가한 배경

한국전쟁 이후, 북한이탈주민은 매년 10명 내외였다. 그러다가 1990년대 이후부터 2009년까지 급격하게 증가하였고, 이후로는 조금씩 줄어드는 추세이다. 1990년대 이후 북한이탈주민이 급격히 증가하게 된 배경은 다음과 같다.

첫째, 사회주의 체제의 변화 및 붕괴 현상이다. 제2차 세계대전 후에도 한동안 세계는 극심한 이념 대립에 빠져 있었다. 하지만 점차 경제성장과 국가 발전이라는 명목하에 이념을 지키는 것보다 경제적 실리를 추구하는 체제로 전환하기 시작했다.

대표적인 사회주의 국가였던 베트남은 1986년까지도 전쟁 후의 황폐함, 대규모 난민 발생, 캄보디아와의 분쟁, 자연재해, 미국과 유럽의 고립정책 및 무역금지 정책으로 인해 매우 낙후되어 있었다. 1986년 베트남 정부는 이런 열악한 상황에서 벗어나기 위해 '도이머이(Đổi Mới)' 정책을 실시했다. '도이머이(Đổi Mới)' 정책이란, 정책의 우선순위를 경제발전에 두고, 정부에 의해 조절되는 다양한 시장경제 영역을 만들어 수출을 증대하려는 경제 개혁 정책이다. 이를 실행하려고 베트남 정부는 합법적인 경제 환경을 구축하고, 정당과 국가의 구조를 개편했다.

그 결과, 1989년 이후 베트남은 연간 1~1.5톤의 쌀을 수출하게 되었고, 1990년에는 인플레이션이 67.4%가 되었으며 이후로도 점차 줄어들기 시작했다. 또한 정치와 치안도 안정을 되찾았고, 외국과의 관계도 개선되어 무역활동을 재개할 수 있는 나라들이 늘어났다. 1991~1998년 사이에 연평균 경제성장률은 8%에 달했으며, 1999년에 자연재해로 인해 GDP 4.5%로 주춤한 이후 2000년에는 다시 GDP 6.7%로 급속한 발전을 이어나가고 있다.

이밖에도 북한의 가장 강력한 지지 국가였던 소련의 붕괴와 고르바초프가 추진한 '글라스노스트(개방) 정책', 중국의 덩샤오핑이 추진한 개혁과 개방 등은 여전히 낙후된 북한 사람들에게 많은 것을 생각하게 하는 계기가 되었다. 더군다나 1994년 7월 8일 북한사람들에게 신격화된 김일성이 사망했으나, 여전히 대를 이어 사회주의 체제를 지키는 것에만 급급한 북한 권력자들에 대한 실망이 북한이탈주민을 늘어나게 했다.

둘째, 북한의 경제난과 한국 정부의 지원이다. 1994년 김일성이 사망하자 아들인 김정일 국방 위원장이 권력을 이어받았지만, 북한의 경제 상황은 여전히 개선되지 않았다. 오히려 북한은 핵 개발과 사회주의체제 국가들의 붕괴로 인해 국제 사회에서 고립되었으며, 자연재해까지 겹치면서, 식량, 에너지, 원자재 등의 분야에서 심각한 경제난을 겪기 시작하였다.

2002년에 이를 해결하기 위해 경제 관리 개선 조치를 실시하여 성과급 제도를 비롯한 시장 경제 요소를 일부 도입했고, 개성 공업 지구와 금강산 관광 지구를 개방했지만, 북한 사회 전체의 심각한 식량문제를 비롯한 경제문제를 해결하지는 못했다.

이러한 경제 악화에 따라 북한사회주의를 나타내는 중요한 틀인 배급체계도 크게 흔들렸다. 1980년대 중반부터 북한의 배급사정이 나빠지기 시작했으며, 1995~1996년 북한의 곡창지대인 황해북도 은파·인산 등이 연속적인 수재를 당하면서 식량난은 더욱 심화되었다. 이에 따라 북한은 자구책으로 증산·절약운동을 강화했으나, 근본적인 해결책은 되지 못했고, 주민들의 고통과 불만은 극에 달했다. 이에 따라 북한 내 사회적인 기강이 해이해 졌고, 사회일탈현상이 증가하게 되었으며, 해외에 외화벌이를 나간 사람들에 의해 한국의 경제 발전을 비롯한 외부정보를 접촉할 기회가 많아졌다는 것도 북한이탈주민이 증가하는 요인이 되었다.

반면에 한국 정부는 북한이탈주민들에게 일정한 지원을 해 주고 있으며, 1997년에는 「북한이탈주민의 보호 및 정착지원에 관한 법률」까지 제정하여 "북한이탈주민"을 공식적으로 보호·지원해 주고 있다, 이로 인해 극심한 식량난을 이기지 못한 북한 주민들이 목숨을 걸고 한국으로 이탈하는 현상이 계속되고 있다.

셋째, 입국경로의 다변화이다. 북한에서 탈북한 후에는 대부분 중국에 잠입하여 브로커, NGO 단체 등의 도움을 받거나, 각국 대사관이나 외국인 학교로 도망쳐서 도움을 요청하기도 한다. 또한 일부는 중국에 머무르지 않고 통과만 한 뒤, 태국, 미얀마 등 동남아시아 국가들을 경유해 제3국으로 망명하는 사람도 증가하고 있다. 그리고 해외에 외화벌이를 나가있다가 북한의 감시망을 벗어나 이탈하는 사람들도 증가하고 있다. 이러한 과정에서 이미 한국에 정착한 북한이탈주민이 도움을 주기도 한다. 이처럼 탈북자 유입경로가 다변화되고 있는 것도 북한이탈주민이 증가하는 요인이 되었다.

② 북한이탈주민의 탈출 이유 및 경로

〈표 5-1〉은 북한이탈주민지원재단에서 한국에 정착한 북한이탈주민을 대상으로 북한을 탈출하게 된 동기를 조사한 결과이다. 북한체제의 감시 및 통제가 싫어서 자유를 찾아 탈북했다는 이유가 25.3%로 가장 많았고, '식량이 부족해서'(22.5%), '가족들에게 더 나은 생활환경을 주려고'(12.5%) 순으로 나타났다.

〈표 5-1〉 북한이탈주민의 탈북동기

(단위: %)

특성별(1)	특성별(2)	북한 체제의 감시·통제가 싫어서	식량이 부족해서	가족(자녀 등)에게 더 나은 생활환경을 주려고	돈을 더 많이 벌고 싶어서	먼저 탈북한 가족을 찾아서	북한에 함께 있던 가족을 따라서	신변의 위협을 느껴서	먼저 탈북한 사람(가족 제외)이 권유해서	주변 사람(가족 제외)의 권유로
전체	소계	25.3	22.5	12.5	9.6	9.4	7.3	5.8	4.1	1.9
성별	남자	27.8	12.9	12.4	6.4	11.3	11.3	9.8	4.5	1.8
	여자	24.5	25.8	12.5	10.7	8.8	6.0	4.5	3.9	2.0
연령별	15~19세	4.7	5.7	9.8	1.6	20.2	48.3	2.4	4.0	1.2
	20대	17.1	11.7	10.7	8.9	17.5	18.4	2.7	8.0	3.3
	30대	30.5	22.8	8.8	12.6	8.1	5.7	4.9	3.7	1.7
	40대	27.4	27.0	14.0	9.9	5.9	2.1	7.0	3.2	2.0
	50대	28.5	24.2	17.5	9.6	4.3	3.0	8.1	2.6	1.1
	60대 이상	17.9	28.8	11.3	3.1	18.9	5.4	7.3	4.1	1.9

특성별 (1)	특성별 (2)	북한 체제의 감시 · 통제가 싫어서	식량이 부족 해서	가족(자녀 등)에게 더 나은 생활환경을 주려고	돈을 더 많이 벌고 싶어서	먼저 탈북한 가족을 찾아서	북한에 함께 있던 가족을 따라서	신변의 위협을 느껴서	먼저 탈북한 사람(가족 제외)이 권유해서	주변 사람 (가족 제외)의 권유로
남한 거주 기간별	3년 미만	25.0	18.9	15.6	15.5	7.7	4.2	5.6	2.5	2.7
	3~5년 미만	27.3	16.7	16.0	10.4	8.6	7.4	6.2	4.1	1.9
	5~10년 미만	26.9	21.1	11.9	9.2	10.0	7.9	5.7	4.1	1.8
	10년 이상	22.6	27.3	11.3	8.2	9.3	7.5	6.1	4.5	1.8
남북 통합 학력별	초등학교 졸업 이하	10.9	30.8	5.5	15.1	15.7	16.7	1.5	0.5	1.2
	중고등학교 졸업 이하	25.3	23.6	11.2	9.6	9.1	7.6	6.0	4.5	1.7
	전문대학 졸업 이하	26.9	16.9	17.5	10.8	9.2	4.3	6.8	4.6	2.0
	대학교 재학 이상	29.5	19.4	16.0	8.0	9.4	6.2	5.9	1.9	2.7

출처: 북한이탈주민지원재단(2019), 편집

그렇다면, 이들은 어떤 과정을 거쳐서 한국에 입국하게 될까? 북한에서 탈출하는 경로는 [그림 5-1]과 같이 주로 5가지로 구분할 수 있다.

먼저, 북한에서 탈출하여 한국으로 곧바로 들어오는 경로가 있다. 이는 38선으로 불리는 출입경사무소 방향으로 탈출하는 경로가 있으며, 동해상이나 서해상으로 넘어오는 경로가 있다.

휴전선을 뚫고 비무장지대를 통과하여 한국으로 진입하는 것이 지도상으로는 가장 가까운 탈북경로이지만, 이렇게 북한을 탈출하는 사람은 매우 적다. 왜냐하면 휴전선 주변에 군인들이 밀집되어 있으며, 북한군을 피

[그림 5-1] 북한이탈주민의 북한 탈출 경로

해 비무장지대에 들어선다고 해도 북한 최전방 '민사행정경찰대(민경부대)'에게 걸리면 즉시 사살당하기 때문이다. 따라서 휴전선 경로를 이용하는 탈북자들은 대부분 북한군 민경부대 출신이다. 최근에 종종 휴전선을 넘어 북한을 탈출하는 경우가 잦아지고 있는데 그만큼 북한의 체제가 위기 상태에 있으며, 군인들의 기강이 해이해져 있다고 볼 수 있다.

또한, 중국이나 러시아 방향으로 탈출하는 경로가 있다. 하지만 러시아로 직접 탈출하는 경우는 별로 없다. 러시아 영내에 북한에서 가까운 '블라디보스토크 대한민국 총영사관'이 있지만 북한이 철저하게 경계를 하고 있으며, 북한과 러시아가 국경을 맞댄 나선직할시도 경제특구 지역으로써 북한 사람들조차 접근이 곤란하기 때문이다. 또한 나선직할시 일대가 두만강 하류이기 때문에, 강폭이 매우 넓고 깊어서 건너기가 어렵다.

북한을 탈출하는 사람들이 가장 많이 이용하는 경로는 일단 두만강이나 압록강을 건너 중국으로 가서 잠입하고 있다가 제3국을 거쳐 한국에 들어오는 것이다. 하지만 여성들의 경우 조선족들에 의해 인신매매 되는 경우가 많다. 중국의 시골 노총각들이 한족 여성과 결혼하기가 힘들어지면서 돈 몇 푼을 주고 북한 여성을 아내로 사오려고 하기 때문이다. 이런 매매혼 말고도, 유흥업소 등에 감금되어 혹사당하기도 한다.

중국을 떠나서 사회주의 국가인 라오스나 베트남, 친중파가 많은 캄보디아에 들어가도 탈북자 단속이 매우 심하며, 잡히면 북송되어서 중형을 선고받게 된다. 반면에 태국에 도착하면 밀입국 벌금을 내고 한국을 포함한 원하는 나라로 추방될 수 있기 때문에 탈북자들은 태국에 도착하면 안도의 한숨을 쉰다고 한다. 또한 몽골도 탈북자를 인도적으로 대우하는 나라이다. 하지만 태국을 갈 때 밀림을 지나가야 하고, 몽골을 갈 때는 모래사막을 지나가야 하기 때문에 매우 위험하고 야생맹수들이 많기 때문에 종종 변을 당하기도 한다.

〈표 5-2〉는 북한이탈주민지원재단(남북하나재단)에서 한국에 입국한 북한이탈주민의 출신지역을 조사하여 발표한 자료이다. 함경북도 출신이 51.7%로 압도적으로 많으며, 양강도(17.4%), 함경남도(8.5%), 평양(4.4%), 강원(36.%) 순이다. 또한 '남한 거주기간별' 조사를 볼 때, 남한의 거주 기간별로 출신지역에 변화가 있으며, 양강도 출신의 북한이탈주민이 점점 늘어나고 있다. 중국이나 러시아에 가까운 지역의 사람들이 북한을 탈출하여 한국에 들어오는 경우가 점점 많아지고 있기 때문이다.

〈표 5-2〉 북한이탈주민의 출신지역

(단위: %)

Base = 전에		함북	양강	함남	평양	강원
2022년		51.7	17.4	8.5	4.4	3.6
남한 거주기간	3년 미만	35.0	38.2	5.5	5.7	4.0
	3~5년 미만	29.6	44.1	6.7	1.9	4.5
	5~10년 미만	44.0	26.3	8.2	2.4	4.3
	10년 이상	59.1	8.5	9.0	5.5	3.1

출처: 북한이탈주민지원재단(2022)

(2) 북한이탈주민의 현황

[그림 5-2]와 같이 북한이탈주민의 국내입국은 2002년에도 대체로 계속 증가하고 있으나, 2012년을 정점으로 대체로 감소하는 추세이다. 특히 코로나19로 인해 2020년부터는 북한이탈주민의 국내입국이 급격히 감소한 것을 볼 수 있다. 〈표 5-3〉을 보면, 2019년 북한이탈주민 입국자는 1,047명이었으나 2020년에는 229명으로 급격히 감소하였다. 또한 여성의 입국비율은 1998년 약 12%에 불과했으나, 2002년을 기점으로 남성을 추월하였으며, 2006년 이후로는 전체의 약 70%를 차지하고 있다.

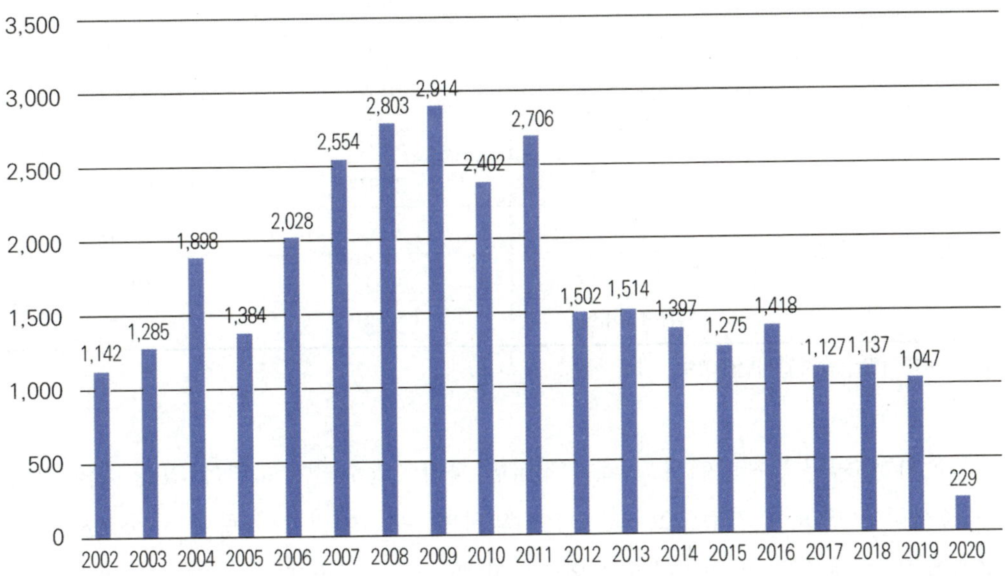

[그림 5-2] 북한이탈주민 한국 입국 현황

출처: 통일부(2019)

〈표 5-3〉 북한이탈주민 한국 입국 현황

(단위: 명)

년도	2014	2015	2016	2017	2018	2019	2020	2021	2022
남자	305	251	299	188	168	202	72	40	35
여자	1,092	1,025	1,119	939	969	845	157	23	32
총계	1,397	1,276	1,418	1,127	1,137	1,047	229	63	67

출처: 통일부(2019)

북한이탈주민지원재단에서 한국에 입국하여 살아가는 북한이탈주민의 실태를 조사하여 발표한 자료(〈표 5-4〉)에 따르면, 한국에 입국하여 살아가는 북한이탈주민들 가운데 남성이 25.2%, 여성이 74.8%로 여성이 압도적으로 많다. 연령별 조사에서도 15~19세를 제외한 나머지 연령대에서는 여성들이 훨씬 더 많은 것으로 조사 되었다.

〈표 5-4〉 북한이탈주민 실태 조사

(단위: %)

특성별(1)	특성별(2)	남성	여성
전체	소계	25.2	74.8
연령별	15~19세	45.7	54.3
	20대	34.5	65.5
	30대	24.2	75.8
	40대	18.0	82.0
	50대	27.0	73.0
	60대 이상	26.0	74.0
남한거주기간별	3년 미만	20.0	80.0
	3~5년 미만	20.6	79.4
	5~10년 미만	25.1	74.9
	10년 이상	28.3	71.7

출처: 북한이탈주민지원재단(2019), 편집

북한이탈주민지원재단에서 한국에 입국한 북한이탈주민이 북한에 있을 때의 직업을 조사하여 발표한 자료(〈표 5-5〉)에 의하면, 북한이탈주민 중에서 총 63.9%가 북한에 있을 때 직업이 있었다고 응답했으며, 36.1%는 북한에 있을 때 직업이 없었다고 응답했다. 또한 북한에 있을 때 노동자였던 북한이탈주민이 45.8%로써 압도적으로 많았고, 사무원(11.8%), 농장원(10.9%). 전문직(5.6%), 장사(9.5%) 등으로 조사되었다.

〈표 5-5〉 북한이탈주민의 북한에서의 직업 (단위: %)

특성별(1)	특성별(2)	노동자	사무원	농장원	전문직	장사	군인	관리직	예술/체육	외화벌이
전체	소계	45.8	11.8	10.9	5.6	9.5	5.0	2.9	3.6	1.8
성별	남자	46.3	10.8	6.8	4.9	3.8	12.6	6.6	2.5	3.1
	여자	45.7	12.2	12.3	5.9	11.5	2.4	1.5	3.9	1.3
연령별	15~19세	54.6	0.0	0.0	0.0	45.4	0.0	0.0	0.0	0.0
	20대	45.5	9.2	9.7	8.1	10.7	5.5	1.0	4.8	1.1
	30대	46.8	7.0	11.2	4.0	11.8	10.4	1.0	3.9	0.8
	40대	51.8	11.4	11.2	3.8	7.5	3.9	2.2	3.0	1.9
	50대	38.9	15.4	9.9	7.4	11.1	2.8	4.6	4.1	3.0
	60대 이상	34.3	19.8	12.0	11.6	7.7	1.6	8.0	2.8	0.9
남한거주 기간별	3년 미만	46.8	11.4	15.3	3.9	7.5	4.7	2.1	2.2	3.1
	3~5년 미만	41.7	10.3	11.9	8.6	11.0	3.4	2.3	4.2	1.7
	5~10년 미만	47.1	11.3	10.2	5.5	10.6	5.7	2.7	2.7	1.2
	10년 이상	44.8	13.1	10.2	5.5	8.2	4.7	3.4	5.0	2.1
남북통합 학력별	초등학교 졸업 이하	48.9	0.0	21.4	4.9	18.2	5.1	0.0	0.0	1.5
	중고등학교 졸업 이하	51.8	7.2	12.9	2.8	10.4	4.6	2.2	3.3	1.5
	전문대학 졸업 이하	40.3	18.7	5.5	5.8	7.9	4.9	4.1	5.5	2.8
	대학교 재학 이상	23.4	27.4	5.2	18.7	6.2	7.4	4.8	3.2	2.1
경제 활동별	경제활동 (취업자)	44.8	12.8	9.9	5.3	8.6	6.1	3.1	3.5	2.3
	경제활동 (실업자)	40.8	12.4	14.3	4.3	10.5	11.2	0.0	0.9	4.5
	비경제활동	48.8	9.8	12.0	6.5	11.4	2.2	2.9	3.6	0.4

출처: 북한이탈주민지원재단(2019), 편집

북한의 교육과정은 유치원 과정 2년, 인민학교(소학교) 4년, 고등중학교 6년으로 구성되어 있다. 유치원 과정은 낮은 반 1년, 높은 반 1년으로 나누어져 있으며, 이 중에서 높은 반 1년은 의무교육이다. 여기에 인민학교(소학교) 4년, 고등중학교 6년을 합하여 총 11년을 의무교육으로 한다. 인민학교(4년제, 6~10세)는 초등교육단계이며, 중등교육단계인 고등중학교(6년제, 10~16세)는 중등반(4년제)과 고등반(2년제)으로 나뉘어 운영되고 있다.

북한이탈주민지원재단에서 북한이탈주민이 북한에 있을 때 학력을 조사하여 발표한 자료(〈표 5-6〉)에 의하면, 중학교(고등중학교) 졸업자가 가장 많았다. 남자들은 여자에 비해 대학교 재학 이상이었던 사람들이 많으며, 여자들은 남자들에 비해 중학교 졸업 이하의 학력을 가진 사람들이 많다.

〈표 5-6〉 북한이탈주민의 학력 (단위: %)

특성별(1)	특성별(2)	소학교 졸업 이하	중학교 졸업 이하	전문학교 졸업 이하	대학교 재학 이상	기타/무응답
성별	남자	10.6	62.7	9.9	13.3	3.5
	여자	6.1	76.6	9.7	4.9	2.7
연령별	15~19세	45.8	23.8	0.0	0.0	30.5
	20대	22.3	66.0	3.8	2.4	5.5
	30대	5.9	80.4	7.7	5.9	0.1
	40대	0.5	78.3	12.7	8.3	0.3
	50대	1.2	78.8	11.1	9.0	0.0
	60대 이상	6.9	49.1	17.6	12.8	13.6

출처: 북한이탈주민지원재단(2019), 편집

2019년 북한이탈주민지원재단에서 발표한 자료(〈표 5-7〉)에 의하면, 한국에 입국하여 살아가는 북한이탈주민의 연간 가구 내 총소득은 평균 2,834만 원 정도인 것으로 조사되었다. 연간 1,000~2,000만 원 미만의 소득을 올리는 사람들이 23.1%로 가장 많았으며, 2,000~3,000만 원 미만의 소득을 올리는 북한이탈주민 가구가 18.4%였다. 〈표 5-1〉에서 확인하였듯이 경제적인 문제와 연관된 이유(식량이 부족해서 22.5%, 가족에게 더 나은 생활환경을 주려고 12.5%, 돈을 더 많이 벌고 싶어서 9.6%)로 북한을 탈출하여 한국에 온 북한이탈주민이 약 45%나 되었다. 하지만 〈표 5-7〉에서 보듯이 한국에서도 경제적인 사정이 넉넉지 않게 살아가고 있음을 알 수 있다.

이렇게 열악한 경제적인 사정은 한국의 높은 물가와 맞물려 북한이탈주민의 생활을 더욱 어렵게 만들고 있다.

〈표 5-7〉 북한이탈주민의 연간 가구 내 총소득 (단위: %)

		1,000만원 미만	1,000~ 2,000만원 미만	2,000~ 3,000만원 미만	3,000~ 4,000만원 미만	4,000~ 5,000만원 미만	5,000만원 이상	평균 (만원)
전체		17.2	23.1	18.4	15.0	10.7	14.9	2,834.6
성별	남자	14.2	14.4	18.6	19.9	14.5	16.9	3,210.2
	여자	18.2	26.0	18.3	13.3	9.4	14.3	2,709.2

출처: 북한이탈주민지원재단(2019), 편집

2) 북한이탈주민이 겪는 어려움

북한이탈자주민지원재단(2022년)에서 발표한 북한이탈주민의 남한생활 만족도에 의하면, 약 77.4%가 만족하는 것으로 나타났으며, 보통(20.2%), 불만족(2.5%) 순으로 나타나서 전년도와 거의 비슷한 수준인 것으로 밝혀졌다. 북한이탈주민이 남한생활에 만족한 이유([그림 5-3])는 '자유로운 삶을 살 수 있어서(33.4%)', '내가 일한 만큼 소득을 얻을 수 있어서(23.9%)', '북한보다 경제적 여유가 있어서(22.5%)' 등으로 조사되었다.

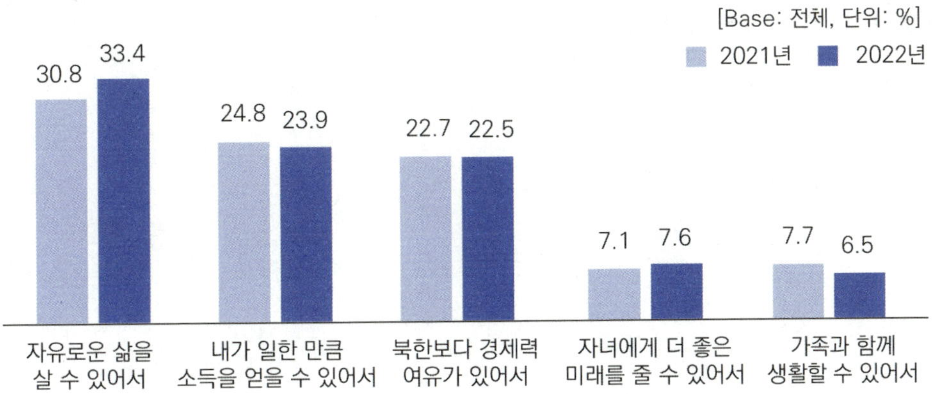

[그림 5-3] 북한이탈주민이 남한생활에 만족하는 주된 이유

출처: 북한이탈주민지원재단(2022)

반면에 통일부에서 발표한 자료([그림 5-4])에 의하면, '생계를 포함한 경제적인 어려움, 교육 및 진학, 정신건강, 신체건강, 가족관계' 등에 대해 어려움을 겪는 북한이탈주민들이 많은 것으로 나타났다.

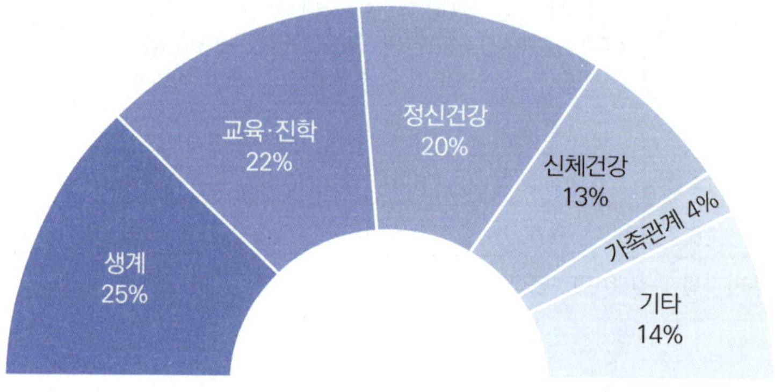

[그림 5-4] 북한이탈주민 취약계층의 주요 문제

출처: 통일부(2022)

북한이탈자주민지원재단(2019년)에서 한국에서 살고 있는 북한이탈주민들의 실태를 조사한 자료(〈표 5-8〉)에 의하면, 북한이탈주민들이 남한 생활에 만족하지 못하는 가장 큰 이유는 가족 중 일부가 북한이나 제3국에 머물고 있어서 가족과 떨어져 살아야하기 때문인 것으로 조사되었다(27.4%). 이밖에 경쟁이 너무 치열해서(18.6%), 북한이탈주민에 대한 남한사회의 차별과 편견 때문에(18.3%), 경제적으로 어려워서(14.9%) 순으로 조사되었다.

〈표 5-8〉 북한이탈주민이 남한생활에 불만족하는 이유 (단위: %)

특성별(1)	특성별(2)	가족과 떨어져 살아야 해서 (가족이 북한, 제3국에 있음)	북한이탈주민에 대한 남한 사회의 차별/편견 때문에	경쟁이 너무 치열해서	경제적으로 어려워서	남한 사회에 적응이 어려워서	내가 하고 싶은 일을 하지 못해서
전체	소계	27.4	18.3	18.6	14.9	3.8	2.4
성별	남자	22.9	17.0	23.2	13.2	4.2	3.1
	여자	28.9	18.8	17.0	15.5	3.6	2.1
연령별	15~19세	14.9	10.1	37.3	16.0	4.0	1.5
	20대	22.4	15.2	28.3	14.8	2.8	0.9
	30대	35.1	15.4	19.1	13.6	4.0	2.1
	40대	26.5	22.3	17.0	14.3	4.1	2.6
	50대	26.9	21.6	12.9	15.8	4.4	4.0
	60대 이상	21.7	14.5	8.6	19.7	2.3	2.2
남한 거주 기간별	3년 미만	34.3	13.6	13.7	11.5	7.2	1.8
	3~5년 미만	37.0	17.8	16.1	11.7	5.4	1.3
	5~10년 미만	26.7	17.3	19.7	16.0	3.6	2.9
	10년 이상	23.6	21.5	19.1	15.3	2.5	2.1
경제 활동별	경제활동 (취업자)	29.4	20.8	18.6	11.1	3.7	2.5
	경제활동 (실업자)	16.0	22.6	26.0	12.8	4.9	2.3
	비경제활동	25.9	13.3	18.0	21.2	3.5	2.0

출처: 북한이탈주민지원재단(2019), 편집

① 경제적인 어려움

북한이탈주민지원재단에서 발표한 '북한이탈주민 경제적 어려움 경험 여부'(〈표 5−9〉)을 보면, 북한이탈주민의 경제적인 사정이 얼마나 열악한지 알 수 있다. 본인 또는 가족의 교육비 때문에 돈을 빌리거나 대출을 받은 적 있다고 응답한 북한이탈주민이 9.1%였고, 병원비가 부담되어 진료를 받지 못한 적이 있다고 응답한 북한이탈주민이 9%였다. 〈표 5−10〉에서 보듯이 북한이탈주민 가운데 건강보험을 가입한 사람들은 64.9% 밖에 되지 않으며, 건강보험을 가입하지 못했거나, 가입 대상이 아니라고 응답한 사람들이 37.1%나 되었다.

〈표 5-9〉 북한이탈주민 경제적 어려움 경험 여부 (단위: %)

특성별(1)	특성별(2)	돈이 없어서 끼니를 거른 적 있음	병원비가 부담되어 진료를 받지 못한 적 있음	본인 또는 가족의 교육비 때문에 돈을 빌리거나 대출을 받은 적 있음	타의에 의한 실업을 경험한 적 있음	공과금을 내지 못한 적 있음	세나 전세 가격이 올라서 이사를 한 적 있음
전체	소계	1.9	9.0	9.1	4.0	9.2	4.1
성별	남자	2.9	9.6	7.3	4.9	9.0	3.6
	여자	1.5	8.8	9.7	3.7	9.2	4.2
연령별	15~19세	5.4	4.3	2.5	1.6	2.2	0.9
	20대	3.5	8.9	10.3	3.2	11.1	5.0
	30대	2.6	10.6	11.6	4.4	13.2	6.2
	40대	0.8	7.0	9.5	4.2	7.3	3.5
	50대	0.9	11.6	7.3	4.6	7.7	2.4
	60대 이상	1.4	8.1	3.0	2.3	5.3	2.1
거주지역별	수도권	2.4	9.9	11.0	4.7	10.4	4.3
	비수도권	0.9	7.5	5.6	2.7	7.0	3.6
남한 거주기간별	3년 미만	1.2	4.5	7.1	5.1	8.0	1.2
	3~5년 미만	1.6	8.1	7.0	2.6	8.8	2.7
	5~10년 미만	1.7	8.4	8.0	4.4	7.8	4.3
	10년 이상	2.4	11.5	11.8	3.5	11.5	5.0
남북통합 학력별	초등학교 졸업 이하	1.3	5.5	4.8	0.7	9.2	3.8
	중고등학교 졸업 이하	1.7	8.7	9.2	4.1	9.8	4.4
	전문대학 졸업 이하	2.3	10.1	9.0	4.8	8.4	4.1
	대학교 재학 이상	2.1	9.4	9.7	3.6	7.0	2.4
경제활동별	경제활동(취업자)	0.7	6.7	9.0	3.8	7.3	4.0
	경제활동(실업자)	2.7	14.1	9.9	6.7	12.5	3.6
	비경제활동	3.5	11.4	8.5	3.5	11.0	4.2

출처: 북한이탈주민지원재단(2019), 편집

〈표 5-10〉 북한이탈주민의 4대 보험 가입 여부

(단위: %)

	국민연금보험			고용보험			건강보험			산재보험		
	가입	미가입	대상 아님	가입	미가입	대상 아님	가입	미가입	대상 아님	가입	미가입	대상 아님
전체	67.3	26.9	5.8	67.5	26.9	5.6	64.9	22.1	13.0	67.2	27.2	5.6
남자	68.6	26.6	4.8	72.2	23.7	4.1	70.4	21.6	8.0	73.5	22.9	3.6
여자	66.8	27.0	6.1	65.7	28.1	6.2	62.7	22.4	14.9	64.7	28.9	6.4

출처: 북한이탈주민지원재단(2019), 편집

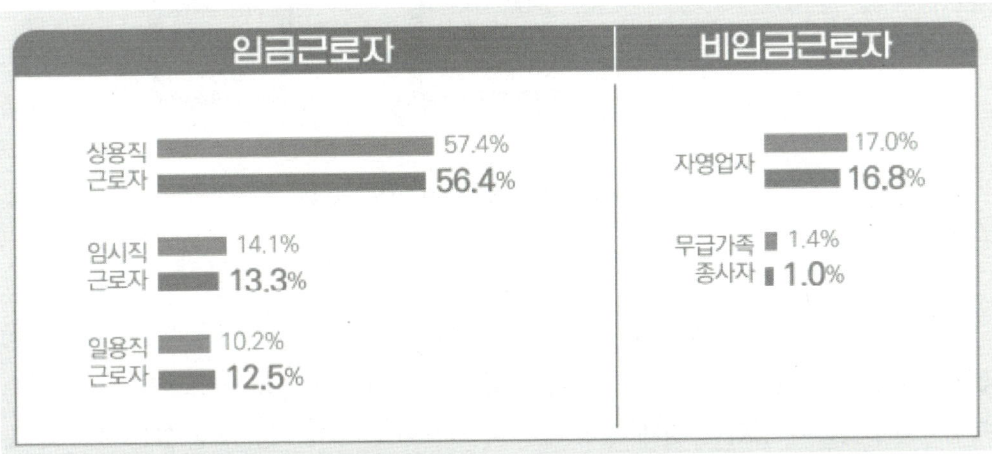

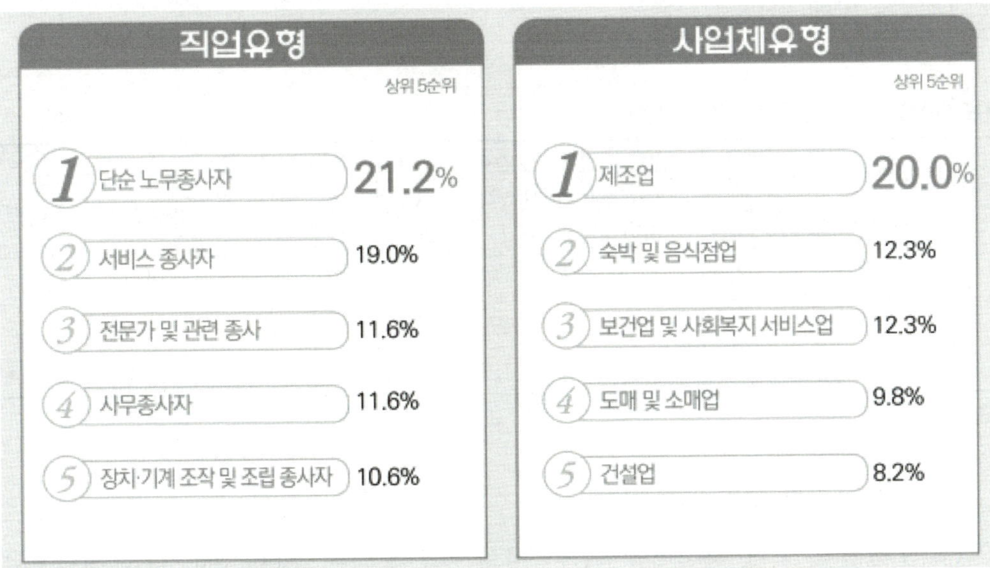

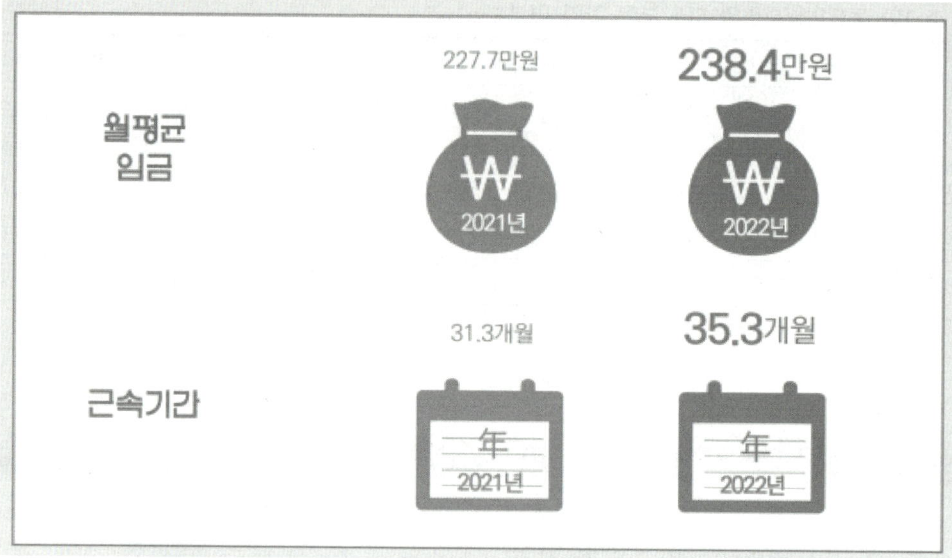

[그림 5-5] 북한이탈주민의 고용 실태

출처: 남북하나재단(2022)

〈표 5-11〉에서 보듯이 한국 내 북한이탈주민의 가구 부채는 평균 5,304만원이다. 1억원 이상의 부채를 가지고 있는 북한이탈주민의 가구도 약 20%정도가 된다. 이는 북한이탈주민들이 열악한 경제 상황 속에서 과도한 부채에 시달리고 있는 경우가 많다는 것을 알게 한다.

〈표 5-11〉 북한이탈주민의 가구 부채 (단위: %)

특성별(1)	특성별(2)	500만원 미만	500~1,000만원 미만	1,000~2,000만원 미만	2,000~5,000만원 미만	5,000만~1억원 미만	1억원 이상	평균(만원)
전체		6.7	9.5	18.4	30.6	15.3	19.2	5,304
성별	남자	7.2	11.3	17.5	31.8	12.1	19.9	5,348
	여자	6.5	8.8	18.7	30.1	16.5	19.0	5,288.4

출처: 북한이탈주민지원재단(2019), 편집

② 한국 사회의 북한이탈주민에 대한 편견과 차별

〈표 5-12〉를 보면, 북한이탈주민이 '나의 이웃이 되는 것'(35.8%), '나의 직장동료가 되는 것'(32.8%)에 찬성하는 응답이 많았다. 그러나 '나의 절친한 친구가 되는 것'을

찬성하는 사람들은 15.7%에 불과했으며, '나의 배우자가 되는 것'을 찬성하는 사람들은 3.1%에 불과했다. 북한이탈주민들을 한국 사회에 받아들일 수 없다고 응답한 사람도 12.6%나 되었다. 특히 15~29세의 젊은이들 가운데 16.6%가 북한이탈주민들을 받아들일 수 없다고 응답했다. 이러한 결과를 생각할 때 한국 사회에 여전히 북한이탈주민들에 대한 편견과 차별이 심각한 수준인 것으로 나타났다.

이렇게 한국사회의 구성원들이 북한이탈주민들에 대한 편견과 차별을 갖는 것은 한국의 '반공주의'의 영향이 있을 것이며, 아직도 적대적 관계를 형성하고 있는 북한에 대한 막연한 두려움이 작용했을 것이다. 또한 국민의 세금으로 북한이탈주민에게 다양한 지원을 해 주는 것에 대한 반감과 일자리 부족현상도 작용했을 것으로 추측된다. 그러할지라도 이념과 체제를 초월하여 '동포의식'을 가지고 북한이탈주민들을 맞이해 주는 것이 좋다.

〈표 5-12〉 한국 사회의 집단 구성원 포용 정도 (단위: %)

특성별(1)	특성별(2)	받아들일 수 없음	나의 이웃이 되는 것	나의 직장동료가 되는 것	나의 절친한 친구가 되는 것	나의 배우자가 되는 것
전체	소계	12.6	35.8	32.8	15.7	3.1
지역별	도시	12.4	35.2	33.4	16.0	3.0
	농어촌	14.0	38.5	29.1	14.5	4.0
성별	남자	11.9	35.1	33.4	15.6	4.0
	여자	13.3	36.4	32.1	15.9	2.3
연령별	15~29세	16.6	30.1	31.9	18.2	3.2
	30대	9.9	33.8	4.0	17.7	4.6
	40대	11.4	35.5	33.2	16.6	3.2
	50대	11.8	39.8	32.6	13.7	2.2
	60~69세	13.9	39.7	31.8	11.9	2.6

출처: 한국행정연구원(2019), 편집

열악한 환경에서 많은 어려움을 안고 살아가는 북한이탈주민은 한국사회가 '취・창업(24.9%), 의료지원(17.8%), 교육지원(13.7%), 주택문제 해결(12.2%), 소득 지원(12.3), 법률 지원(4.9%)' 등을 지원해 주기를 바라고 있다.(〈표 5-13〉)

〈표 5-13〉 북한이탈주민이 더 나은 남한생활을 위해 필요한 지원 (단위: %)

특성별(1)	특성별(2)	취·창업 지원	의료지원	주택 문제(배정된 주택 상태, 동네 등)지원	소득 지원(장려금, 생활비 보조 등)	교육지원(본인 또는 자녀의 학습관련 등)	법률 지원(가족관계, 형사사건 등)
전체	소계	24.9	17.8	12.2	12.3	13.7	4.9
성별	남자	30.1	15.5	12.4	10.2	10.5	6.1
	여자	23.1	18.6	12.1	13.0	14.8	4.5
연령별	15~19세	21.8	7.5	8.7	17.4	33.6	2.2
	20대	33.2	8.9	16.8	10.5	14.1	2.8
	30대	28.1	12.5	14.8	9.3	16.6	4.5
	40대	22.3	20.7	9.9	12.5	15.7	6.2
	50대	24.7	24.7	11.8	11.1	7.1	5.7
	60대 이상	8.6	30.9	4.7	26.3	2.5	5.1
거주지역별	수도권	24.7	17.8	14.1	12.1	12.7	4.5
	비수도권	25.2	17.9	8.8	12.6	15.5	5.6
남한 거주기간별	3년 미만	27.9	13.5	10.8	10.0	17.7	4.6
	3~5년 미만	27.4	12.2	16.1	10.3	13.7	5.1
	5~10년 미만	26.1	21.0	11.9	11.1	12.7	4.2
	10년 이상	21.5	16.2	11.7	15.2	14.0	5.9
남북통합 학력별	초등학교 졸업 이하	26.1	12.6	10.5	17.1	14.6	3.7
	중고등학교 졸업 이하	23.0	19.0	12.5	13.5	12.9	4.6
	전문대학 졸업 이하	27.4	17.5	10.5	9.9	17.2	5.3
	대학교 재학 이상	33.0	12.0	13.2	7.0	14.6	6.8
경제활동별	경제활동 (취업자)	26.3	15.7	14.8	9.6	13.2	6.0
	경제활동 (실업자)	52.9	16.7	9.1	4.0	10.4	1.7
	비경제활동	19.0	21.3	8.1	17.8	14.9	3.7

출처: 북한이탈주민지원재단(2019), 편집

3) 북한이탈주민과 관련한 법

한국 사회에서는 통상적으로 '북한이탈주민', '탈북자', '새터민' 등의 용어를 혼용하고 있다. 그러나 정확한 법률적인 용어는 '북한이탈주민'이다, 한국은 1997년 1월에 북한이탈주민들을 보호하고 지원하기 위해 「북한이탈주민의 보호 및 정착지원에 관한 법률」을 제정하여 시행하고 있다.

또한 북한이탈주민은 국제연합(UN) 유엔이 정한 '난민의 지위에 관한 협약'에 따르면 '위임난민(Mandate Refugee)'에 해당하는데, 한국은 2016년 12월 20일부터 난민의 지위와 처우 등에 관하여 「난민법」을 시행하고 있다. 하지만 한국 정부는 북한이탈주민을 '난민'으로 대하기보다는 '동포'라는 의식을 우선하여 대하기 때문에 「난민법」이 아니라 「북한이탈주민의 보호 및 정착지원에 관한 법률」에 의해 보호하고 지원한다. 본 장에서는 「북한이탈주민의 보호 및 정착지원에 관한 법률」과 「난민법」을 요약해 보고자 한다.

① 북한이탈주민의 보호 및 정착지원에 관한 법률

〈표 5-14〉 북한이탈주민의 보호 및 정착지원에 관한 법률

제1조 (목적) 이 법은 군사분계선 이북지역에서 벗어나 대한민국의 보호를 받으려는 군사분계선 이북지역의 주민이 정치, 경제, 사회, 문화 등 모든 생활 영역에서 신속히 적응·정착하는 데 필요한 보호 및 지원에 관한 사항을 규정함을 목적으로 한다.

제2조 (정의) 이 법에서 사용하는 용어의 뜻은 다음과 같다.
1. "북한이탈주민"이란 군사분계선 이북지역(이하 "북한"이라 한다)에 주소, 직계가족, 배우자, 직장 등을 두고 있는 사람으로서 북한을 벗어난 후 외국 국적을 취득하지 아니한 사람을 말한다.
2. "보호대상자"란 이 법에 따라 보호 및 지원을 받는 북한이탈주민을 말한다.
3. "정착지원시설"이란 보호대상자의 보호 및 정착지원을 위하여 제10조제1항에 따라 설치·운영하는 시설을 말한다.
4. "보호금품"이란 이 법에 따라 보호대상자에게 지급하거나 빌려주는 금전 또는 물품을 말한다.

제3조 (적용범위) 이 법은 대한민국의 보호를 받으려는 의사를 표시한 북한이탈주민에 대하여 적용한다.
제4조 (기본원칙) ① 대한민국은 보호대상자를 인도주의에 입각하여 특별히 보호한다.
② 대한민국은 외국에 체류하고 있는 북한이탈주민의 보호 및 지원 등을 위하여 외교적 노

력을 다하여야 한다.
③ 보호대상자는 대한민국의 자유민주적 법질서에 적응하여 건강하고 문화적인 생활을 할 수 있도록 노력하여야 한다.
④ 통일부장관은 북한이탈주민에 대한 보호 및 지원 등을 위하여 북한이탈주민의 실태를 파악하고, 그 결과를 정책에 반영하여야 한다.

제4조의3 (기본계획 및 시행계획) ① 통일부장관은 제6조에 따른 북한이탈주민 대책협의회의 심의를 거쳐 보호대상자의 보호 및 정착지원에 관한 기본계획(이하 "기본계획"이라 한다)을 3년마다 수립 · 시행하여야 한다.
② 기본계획에는 다음 각 호의 사항이 포함되어야 한다.
1. 보호대상자의 보호 및 정착에 필요한 교육에 관한 사항
2. 보호대상자의 직업훈련, 고용촉진 및 고용유지에 관한 사항
3. 보호대상자에 대한 정착지원시설의 설치 · 운영 및 주거지원에 관한 사항
4. 보호대상자에 대한 의료지원 및 생활보호 등에 관한 사항
5. 보호대상자의 사회통합 및 인식개선에 관한 사항
6. 그 밖에 보호대상자의 보호, 정착지원 및 고용촉진 등을 위하여 통일부장관이 필요하다고 인정하는 사항
③ 통일부장관은 관계 중앙행정기관의 장과 협의하여 기본계획에 따른 연도별 시행계획(이하 "시행계획"이라 한다)을 수립 · 시행하여야 한다.

제5조 (보호기준 등) ① 보호대상자에 대한 보호 및 지원 기준은 나이, 성별, 세대 구성, 학력, 경력, 자활 능력, 건강 상태 및 재산 등을 고려하여 합리적으로 정하여야 한다.
② 이 법에 따른 보호 및 정착지원은 원칙적으로 개인을 단위로 하되, 필요하다고 인정하는 경우에는 대통령령으로 정하는 바에 따라 세대를 단위로 할 수 있다.
③ 보호대상자를 정착지원시설에서 보호하는 기간은 1년 이내로 하고, 거주지에서 보호하는 기간은 5년으로 한다. 다만, 특별한 사유가 있는 경우에는 제6조에 따른 북한이탈주민 대책협의회의 심의를 거쳐 그 기간을 단축하거나 연장할 수 있다.

제6조 (북한이탈주민 대책협의회) ① 북한이탈주민에 관한 정책을 협의 · 조정하고 보호대상자의 보호 및 정착지원에 관한 사항을 심의하기 위하여 통일부에 북한이탈주민 대책협의회(이하 "협의회"라 한다)를 둔다.
② 협의회는 위원장 1명을 포함한 25명 이내의 위원으로 구성한다.
③ 위원장은 통일부차관이 되며, 협의회의 업무를 총괄한다.

제7조 (보호신청 등) ① 북한이탈주민으로서 이 법에 따른 보호를 받으려는 사람은 재외공관이나 그 밖의 행정기관의 장(각급 군부대의 장을 포함한다. 이하 "재외공관장등"이라 한다)에게 보호를 직접 신청하여야 한다. 다만, 보호를 직접 신청하지 아니할 수 있는 대통령령으로 정하는 사유가 있는 경우에는 그러하지 아니하다.
② 제1항 본문에 따른 보호신청을 받은 재외공관장등은 지체 없이 그 사실을 소속 중앙행정기관의 장을 거쳐 통일부장관과 국가정보원장에게 통보하여야 한다.
③ 제2항에 따라 통보를 받은 국가정보원장은 보호신청자에 대하여 보호결정 등을 위하여 필요한 조사 및 일시적인 신변안전조치 등 임시보호조치를 한 후 지체 없이 그 결과를 통

일부장관에게 통보하여야 한다.
④ 국가정보원장은 제3항에 따른 조사 및 임시보호조치를 하기 위한 시설(이하 "임시보호시설"이라 한다)을 설치 · 운영하여야 한다.

제9조 (보호 결정의 기준) ① 제8조제1항 본문에 따라 보호 여부를 결정할 때 다음 각 호의 어느 하나에 해당하는 사람은 보호대상자로 결정하지 아니할 수 있다.
1. 항공기 납치, 마약거래, 테러, 집단살해 등 국제형사범죄자
2. 살인 등 중대한 비정치적 범죄자
3. 위장탈출 혐의자
4. 체류국(滯留國)에 10년 이상 생활 근거지를 두고 있는 사람
5. 국내 입국 후 3년이 지나서 보호신청한 사람
6. 그 밖에 보호대상자로 정하는 것이 부적당하다고 대통령령으로 정하는 사람

제13조 (학력 인정) 보호대상자는 대통령령으로 정하는 바에 따라 북한이나 외국에서 이수한 학교 교육의 과정에 상응하는 학력을 인정받을 수 있다.

제14조 (자격 인정) ① 보호대상자는 관계 법령에서 정하는 바에 따라 북한이나 외국에서 취득한 자격에 상응하는 자격 또는 그 자격의 일부를 인정받을 수 있다.
② 통일부장관은 자격 인정 신청자에게 대통령령으로 정하는 바에 따라 자격 인정을 위하여 필요한 보수교육 또는 재교육을 실시할 수 있다.

제15조 (사회적응교육 등) ① 통일부장관은 보호대상자가 대한민국에 정착하는 데 필요한 기본교육을 실시하여야 한다.
② 통일부장관은 제1항의 기본교육 외에 보호대상자에게 거주지에서 별도의 적응교육을 추가로 실시할 수 있다.

제16조 (직업훈련) ① 통일부장관은 직업훈련을 희망하는 보호대상자 또는 보호대상자이었던 사람에 대하여 대통령령으로 정하는 바에 따라 직업훈련을 실시할 수 있다.
② 제1항에 따른 직업훈련의 실시기간은 대상자의 직무능력 등을 고려하여 3개월 이상이 되도록 노력하여야 한다.

제17조 (취업보호 등) ① 통일부장관은 보호대상자가 정착지원시설로부터 그의 거주지로 전입한 후 대통령령으로 정하는 바에 따라 최초로 취업한 날부터 3년간 취업보호를 실시한다. 다만, 사회적 취약계층, 장기근속자 등 취업보호 기간을 연장할 필요가 있는 경우로서 대통령령으로 정하는 사유에 해당하는 경우에는 1년의 범위에서 취업보호 기간을 연장할 수 있다.
② 제1항에 따른 취업보호 기간은 실제 취업일수를 기준으로 하여 정한다.
③ 통일부장관은 제1항에 따른 보호대상자(이하 "취업보호대상자"라 한다)를 고용한 사업주에 대하여는 대통령령으로 정하는 바에 따라 그 취업보호대상자 임금의 2분의 1의 범위에서 고용지원금을 지급할 수 있다.
④ 사업주가 취업보호대상자를 고용할 때에는 그 취업보호대상자가 북한을 벗어나기 전의

직위, 담당 직무 및 경력 등을 고려하여야 한다.

제17조의3 (영농 정착지원) ① 통일부장관은 영농(營農)을 희망하는 북한이탈주민에 대하여 영농 정착을 위한 다음 각 호의 행정적·재정적 지원을 할 수 있다.

1. 영농 교육 훈련
2. 농업 현장 실습
3. 영농 자금 지원
4. 그 밖에 대통령령으로 정하는 사항

제17조의4 (세제혜택) 국가 및 지방자치단체는 북한이탈주민을 채용하는 기업에 대하여 예산의 범위에서 재정지원을 하거나 조세 관계 법률에서 정하는 바에 따라 세금을 감면할 수 있다.

제17조의5 (우선 구매 등) 통일부장관은 북한이탈주민의 고용과 관련하여 모범이 되는 사업주에 대해서는 대통령령으로 정하는 바에 따라 생산품 우선 구매 등의 지원을 할 수 있다.

제18조 (특별임용) ① 북한에서의 자격이나 경력이 있는 사람 등 북한이탈주민으로서 공무원으로 채용하는 것이 필요하다고 인정되는 사람에 대하여는 「국가공무원법」 제28조제2항 및 「지방공무원법」 제27조제2항에도 불구하고 북한을 벗어나기 전의 자격·경력 등을 고려하여 국가공무원 또는 지방공무원으로 특별임용할 수 있다.
② 북한의 군인이었던 보호대상자가 국군에 편입되기를 희망하면 북한을 벗어나기 전의 계급, 직책 및 경력 등을 고려하여 국군으로 특별임용할 수 있다.

제20조 (주거지원 등) ① 통일부장관은 보호대상자에게 대통령령으로 정하는 바에 따라 주거지원을 할 수 있다.
② 제1항에 따라 주거지원을 받는 보호대상자는 그 주민등록 전입신고를 한 날부터 2년간 통일부장관의 허가를 받지 아니하고는 임대차계약을 해지하거나 그 주거지원에 따라 취득하게 된 소유권, 전세권 또는 임차권(이하 "소유권등"이라 한다)을 양도하거나 저당권을 설정할 수 없다.
③ 제2항에 따른 소유권등의 등기신청은 보호대상자를 대리하여 통일부장관이 한다. 이 경우 소유권등은 양도나 저당권 설정이 금지된다는 사실을 그 등기신청서에 기록하여야 한다.
④ 통일부장관은 보호대상자에게 대통령령으로 정하는 바에 따라 가정과 같은 주거 여건과 보호를 제공하는 공동생활시설을 이용하는 데 필요한 지원을 할 수 있다.
⑤ 국가와 지방자치단체는 보호대상자의 주거생활 안정을 위하여 주택 확보에 적극 노력하여야 한다.

제22조의2 (거주지에서의 신변보호) ① 통일부장관은 제22조에 따라 보호대상자가 거주지로 전입한 후 그의 신변안전을 위하여 국방부장관이나 경찰청장에게 협조를 요청할 수 있으며, 협조요청을 받은 국방부장관이나 경찰청장은 이에 협조한다.
③ 제1항에 따른 신변보호기간은 5년으로 한다. 다만, 통일부장관은 보호대상자의 의사, 신변보호의 지속 필요성 등을 고려하여 협의회 심의를 거쳐 그 기간을 연장할 수 있다.

제24조 (교육지원) ① 통일부장관은 대통령령으로 정하는 바에 따라 보호대상자의 나이, 수학능력(修學能力), 그 밖의 교육 여건 등을 고려하여 보호대상자가 교육을 받을 수 있도록 필

요한 지원을 할 수 있다.
② 통일부장관은 예산의 범위에서 대통령령으로 정하는 바에 따라 북한이탈주민을 대상으로 초·중등교육을 실시하는 학교의 운영에 필요한 경비를 지원할 수 있다.
③ 통일부장관은 교육부장관과 협의하여 보호대상자의 교육을 위한 전문인력을 확보하고, 보호대상자의 학력 진단·평가, 교육정보관리, 교육, 연수 및 학습활동의 지원 등 보호대상자의 교육지원과 지도를 위하여 노력하여야 한다.

제24조의2 (북한이탈주민 예비학교의 설립) ① 통일부장관은 탈북 청소년(제3국에서 출생한 북한이탈주민의 자녀로서 부 또는 모와 함께 정착지원시설에 입소한 사람을 포함한다)의 일반학교 진학을 지원하기 위하여 교육부장관과 협의하여 정착지원시설 내에 북한이탈주민 예비학교를 설립·운영할 수 있다.

제25조 (의료급여 등) ① 통일부장관은 보호대상자와 그 가족에게 「의료급여법」에서 정하는 바에 따라 의료급여를 실시할 수 있다.
② 통일부장관은 「국민건강보험법」의 적용대상인 보호대상자의 경제적 능력 등을 고려하여 「국민건강보험법」 제69조에 따라 부담하여야 하는 보험료의 일부를 지원할 수 있다.

제26조의2 (국민연금에 대한 특례) ① 제8조에 따른 보호 결정 당시 50세 이상 60세 미만인 보호대상자는 「국민연금법」 제61조에도 불구하고 다음 각 호의 구분에 따른 날부터 국민연금을 받을 수 있다.
1. 60세가 되기 전에 가입기간이 5년 이상 10년 미만 되는 사람: 60세가 되는 날
2. 60세가 된 후에 가입기간이 5년 이상 되는 사람: 가입자 자격을 상실한 날

제26조의4 (자금의 대여 등) 보호대상자는 「근로자복지기본법」 제17조에 따른 생활안정자금 지원 및 「국민기초생활 보장법」 제15조에 따른 금품의 지급 또는 대여시 대상자 선정 및 지원 상한액 등에 있어 특별한 지원을 받을 수 있다.

제30조 (북한이탈주민지원재단) ① 정부는 북한이탈주민에 대한 보호 및 정착지원을 위하여 북한이탈주민지원재단(이하 "재단"이라 한다)을 설립한다.
④ 재단은 다음 각 호의 사업을 수행한다.
1. 북한이탈주민의 생활안정 및 사회적응 지원사업
2. 북한이탈주민의 취업지원사업
3. 북한이탈주민에 대한 직업훈련에 필요한 사업
4. 북한이탈주민에 대한 장학사업
5. 북한이탈주민에 대한 전문상담인력의 양성과 전문상담사업
6. 북한이탈주민과 관련된 민간단체 협력사업
7. 북한이탈주민 지원을 위한 정책개발 및 조사·연구사업
8. 북한이탈주민에 관한 실태조사 및 통계구축사업
8의2. 북한이탈주민에 대한 영농정착지원에 관한 사업
9. 그 밖에 통일부장관이 북한이탈주민의 보호 및 정착지원에 필요하다고 인정하여 재단에 위탁하는 사업

제33조 (벌칙) ① 거짓이나 그 밖의 부정한 방법으로 이 법에 따른 보호 및 지원을 받거나 다른 사람으로 하여금 보호 및 지원을 받게 한 자는 5년 이하의 징역 또는 5천만원 이하의 벌금에 처한다.
② 이 법에 따른 업무와 관련하여 알게 된 정보 또는 자료를 정당한 사유 없이 이 법에 따른 업무 외의 목적에 이용한 자는 1년 이하의 징역 또는 1천만원 이하의 벌금에 처한다.
③ 제1항 또는 제2항에 따라 받은 재물이나 재산상의 이익은 몰수한다. 몰수할 수 없을 때에는 그 가액을 추징한다.

출처: '북한이탈주민의 보호 및 정착지원에 관한 법률' 요약 발췌

② 난민법

〈표 5-15〉 난민법

[제1장 총칙]

제1조 (목적) 이 법은 「난민의 지위에 관한 1951년 협약」(이하 "난민협약"이라 한다) 및 「난민의 지위에 관한 1967년 의정서」(이하 "난민의정서"라 한다) 등에 따라 난민의 지위와 처우 등에 관한 사항을 정함을 목적으로 한다.

제2조 (정의) 이 법에서 사용하는 용어의 뜻은 다음과 같다.
1. "난민"이란 인종, 종교, 국적, 특정 사회집단의 구성원인 신분 또는 정치적 견해를 이유로 박해를 받을 수 있다고 인정할 충분한 근거가 있는 공포로 인하여 국적국의 보호를 받을 수 없거나 보호받기를 원하지 아니하는 외국인 또는 그러한 공포로 인하여 대한민국에 입국하기 전에 거주한 국가(이하 "상주국"이라 한다)로 돌아갈 수 없거나 돌아가기를 원하지 아니하는 무국적자인 외국인을 말한다.
2. "난민으로 인정된 사람"(이하 "난민인정자"라 한다)이란 이 법에 따라 난민으로 인정을 받은 외국인을 말한다.
3. "인도적 체류 허가를 받은 사람"(이하 "인도적체류자"라 한다)이란 제1호에는 해당하지 아니하지만 고문 등의 비인도적인 처우나 처벌 또는 그 밖의 상황으로 인하여 생명이나 신체의 자유 등을 현저히 침해당할 수 있다고 인정할 만한 합리적인 근거가 있는 사람으로서 대통령령으로 정하는 바에 따라 법무부장관으로부터 체류허가를 받은 외국인을 말한다.
4. "난민인정을 신청한 사람"(이하 "난민신청자"라 한다)이란 대한민국에 난민인정을 신청한 외국인으로서 다음 각 목의 어느 하나에 해당하는 사람을 말한다.
   가. 난민인정 신청에 대한 심사가 진행 중인 사람
   나. 난민불인정결정이나 난민불인정결정에 대한 이의신청의 기각결정을 받고 이의신청의 제기기간이나 행정심판 또는 행정소송의 제기기간이 지나지 아니한 사람
   다. 난민불인정결정에 대한 행정심판 또는 행정소송이 진행 중인 사람
5. "재정착희망난민"이란 대한민국 밖에 있는 난민 중 대한민국에서 정착을 희망하는 외국인을 말한다.
6. "외국인"이란 대한민국의 국적을 가지지 아니한 사람을 말한다.

제3조 (강제송환의 금지) 난민인정자와 인도적체류자 및 난민신청자는 난민협약 제33조 및 「고문 및 그 밖의 잔혹하거나 비인도적 또는 굴욕적인 대우나 처벌의 방지에 관한 협약」 제3조에 따라 본인의 의사에 반하여 강제로 송환되지 아니한다.

[제2장 난민인정 신청과 심사 등]

제5조 (난민인정 신청) ① 대한민국 안에 있는 외국인으로서 난민인정을 받으려는 사람은 법무부장관에게 난민인정 신청을 할 수 있다. 이 경우 외국인은 난민인정신청서를 지방출입국·외국인관서의 장에게 제출하여야 한다.
② 제1항에 따른 신청을 하는 때에는 다음 각 호에 해당하는 서류를 제시하여야 한다.
1. 여권 또는 외국인등록증. 다만, 이를 제시할 수 없는 경우에는 그 사유서
2. 난민인정 심사에 참고할 문서 등 자료가 있는 경우 그 자료
③ 난민인정 신청은 서면으로 하여야 한다. 다만, 신청자가 글을 쓸 줄 모르거나 장애 등의 사유로 인하여 신청서를 작성할 수 없는 경우에는 접수하는 공무원이 신청서를 작성하고 신청자와 함께 서명 또는 기명날인하여야 한다.
④ 출입국관리공무원은 난민인정 신청에 관하여 문의하거나 신청 의사를 밝히는 외국인이 있으면 적극적으로 도와야 한다.
⑤ 법무부장관은 난민인정 신청을 받은 때에는 즉시 신청자에게 접수증을 교부하여야 한다.
⑥ 난민신청자는 난민인정 여부에 관한 결정이 확정될 때까지(난민불인정결정에 대한 행정심판이나 행정소송이 진행 중인 경우에는 그 절차가 종결될 때까지) 대한민국에 체류할 수 있다.

제8조 (난민인정 심사) ① 제5조에 따른 난민인정신청서를 제출받은 지방출입국·외국인관서의 장은 지체 없이 난민신청자에 대하여 면접을 실시하고 사실조사를 한 다음 그 결과를 난민인정신청서에 첨부하여 법무부장관에게 보고하여야 한다.
② 난민신청자의 요청이 있는 경우 같은 성(性)의 공무원이 면접을 하여야 한다.
③ 지방출입국·외국인관서의 장은 필요하다고 인정하는 경우 면접과정을 녹음 또는 녹화할 수 있다. 다만, 난민신청자의 요청이 있는 경우에는 녹음 또는 녹화를 거부하여서는 아니 된다.
④ 법무부장관은 지방출입국·외국인관서에 면접과 사실조사 등을 전담하는 난민심사관을 둔다. 난민심사관의 자격과 업무수행에 관한 사항은 대통령령으로 정한다.
⑤ 법무부장관은 다음 각 호의 어느 하나에 해당하는 난민신청자에 대하여는 제1항에 따른 심사절차의 일부를 생략할 수 있다.
1. 거짓 서류의 제출이나 거짓 진술을 하는 등 사실을 은폐하여 난민인정 신청을 한 경우
2. 난민인정을 받지 못한 사람 또는 제22조에 따라 난민인정이 취소된 사람이 중대한 사정의 변경 없이 다시 난민인정을 신청한 경우
3. 대한민국에서 1년 이상 체류하고 있는 외국인이 체류기간 만료일에 임박하여 난민인정 신청을 하거나 강제퇴거 대상 외국인이 그 집행을 지연시킬 목적으로 난민인정 신청을 한 경우
⑥ 난민신청자는 난민심사에 성실하게 응하여야 한다. 법무부장관은 난민신청자가 면접 등을 위한 출석요구에도 불구하고 3회 이상 연속하여 출석하지 아니하는 경우에는 난민인정

심사를 종료할 수 있다.

제12조 (변호사의 조력을 받을 권리) 난민신청자는 변호사의 조력을 받을 권리를 가진다.

제14조 (통역) 법무부장관은 난민신청자가 한국어로 충분한 의사표현을 할 수 없는 경우에는 면접 과정에서 대통령령으로 정하는 일정한 자격을 갖춘 통역인으로 하여금 통역하게 하여야 한다.

제15조 (난민면접조서의 확인) 난민심사관은 난민신청자가 난민면접조서에 기재된 내용을 이해하지 못하는 경우 난민면접을 종료한 후 난민신청자가 이해할 수 있는 언어로 통역 또는 번역을 하여 그 내용을 확인할 수 있도록 하여야 한다.

제16조 (자료 등의 열람 · 복사) ① 난민신청자는 본인이 제출한 자료, 난민면접조서의 열람이나 복사를 요청할 수 있다.

제17조 (인적사항 등의 공개 금지) ① 누구든지 난민신청자와 제13조에 따라 면접에 동석하는 사람의 주소 · 성명 · 연령 · 직업 · 용모, 그 밖에 그 난민신청자 등을 특정하여 파악할 수 있게 하는 인적사항과 사진 등을 공개하거나 타인에게 누설하여서는 아니 된다. 다만, 본인의 동의가 있는 경우는 예외로 한다.

제18조 (난민의 인정 등) ① 법무부장관은 난민인정 신청이 이유 있다고 인정할 때에는 난민임을 인정하는 결정을 하고 난민인정증명서를 난민신청자에게 교부한다.
② 법무부장관은 난민인정 신청에 대하여 난민에 해당하지 아니한다고 결정하는 경우에는 난민신청자에게 그 사유와 30일 이내에 이의신청을 제기할 수 있다는 뜻을 적은 난민불인정결정통지서를 교부한다.
③ 제2항에 따른 난민불인정결정통지서에는 결정의 이유(난민신청자의 사실 주장 및 법적 주장에 대한 판단을 포함한다)와 이의신청의 기한 및 방법 등을 명시하여야 한다.
④ 제1항 또는 제2항에 따른 난민인정 등의 결정은 난민인정신청서를 접수한 날부터 6개월 안에 하여야 한다. 다만, 부득이한 경우에는 6개월의 범위에서 기간을 정하여 연장할 수 있다.
⑤ 제4항 단서에 따라 기간을 연장한 때에는 종전의 기간이 만료되기 7일 전까지 난민신청자에게 통지하여야 한다.

[제3장 난민위원회 등]

제29조 (유엔난민기구와의 교류 · 협력) ① 법무부장관은 유엔난민기구가 다음 각 호의 사항에 대하여 통계 등의 자료를 요청하는 경우 협력하여야 한다.
1. 난민인정자 및 난민신청자의 상황
2. 난민협약 및 난민의정서의 이행 상황
3. 난민 관계 법령(입법예고를 한 경우를 포함한다)
② 법무부장관은 유엔난민기구나 난민신청자의 요청이 있는 경우 유엔난민기구가 다음 각 호의 행위를 할 수 있도록 협력하여야 한다.

1. 난민신청자 면담
2. 난민신청자에 대한 면접 참여
3. 난민인정 신청 또는 이의신청에 대한 심사에 관한 의견 제시

③ 법무부장관 및 난민위원회는 유엔난민기구가 난민협약 및 난민의정서의 이행상황을 점검하는 임무를 원활하게 수행할 수 있도록 편의를 제공하여야 한다.

[제4장 난민인정자 등의 처우]

제31조 (사회보장) 난민으로 인정되어 국내에 체류하는 외국인은 「사회보장기본법」 제8조 등에도 불구하고 대한민국 국민과 같은 수준의 사회보장을 받는다.

제32조 (기초생활보장) 난민으로 인정되어 국내에 체류하는 외국인은 「국민기초생활 보장법」 제5조의2에도 불구하고 본인의 신청에 따라 같은 법 제7조부터 제15조까지에 따른 보호를 받는다.

제33조 (교육의 보장) ① 난민인정자나 그 자녀가 「민법」에 따라 미성년자인 경우에는 국민과 동일하게 초등교육과 중등교육을 받는다. ② 법무부장관은 난민인정자에 대하여 대통령령으로 정하는 바에 따라 그의 연령과 수학능력 및 교육여건 등을 고려하여 필요한 교육을 받을 수 있도록 지원할 수 있다.

제34조 (사회적응교육 등) ① 법무부장관은 난민인정자에 대하여 대통령령으로 정하는 바에 따라 한국어 교육 등 사회적응교육을 실시할 수 있다.

② 법무부장관은 난민인정자가 원하는 경우 대통령령으로 정하는 바에 따라 직업훈련을 받을 수 있도록 지원할 수 있다.

제35조 (학력인정) 난민인정자는 대통령령으로 정하는 바에 따라 외국에서 이수한 학교교육의 정도에 상응하는 학력을 인정받을 수 있다.

제36조 (자격인정) 난민인정자는 관계 법령에서 정하는 바에 따라 외국에서 취득한 자격에 상응하는 자격 또는 그 자격의 일부를 인정받을 수 있다.

제37조 (배우자 등의 입국허가) ① 법무부장관은 난민인정자의 배우자 또는 미성년자인 자녀가 입국을 신청하는 경우 「출입국관리법」 제11조에 해당하는 경우가 아니면 입국을 허가하여야 한다.

② 제1항에 따른 배우자 및 미성년자의 범위는 「민법」에 따른다.

제39조 (인도적체류자의 처우) 법무부장관은 인도적체류자에 대하여 취업활동 허가를 할 수 있다.

제40조 (생계비 등 지원) ① 법무부장관은 대통령령으로 정하는 바에 따라 난민신청자에게 생계비 등을 지원할 수 있다.

제42조 (의료지원) 법무부장관은 대통령령으로 정하는 바에 따라 난민신청자에게 의료지원을 할 수 있다.

제47조 (벌칙) 다음 각 호의 어느 하나에 해당하는 자는 1년 이하의 징역 또는 1천만 원 이하의 벌금에 처한다.
1. 제17조를 위반한 자
2. 거짓 서류의 제출이나 거짓 진술 또는 사실의 은폐로 난민으로 인정되거나 인도적 체류허가를 받은 사람

출처: '난민법' 요약 발췌

4) 북한이탈주민에 대한 정책과 지원

(1) 북한이탈주민 정책의 추진 체계

북한이탈주민을 지원하기 위한 정책은 [그림 5-6]과 같이 발전해 왔다.

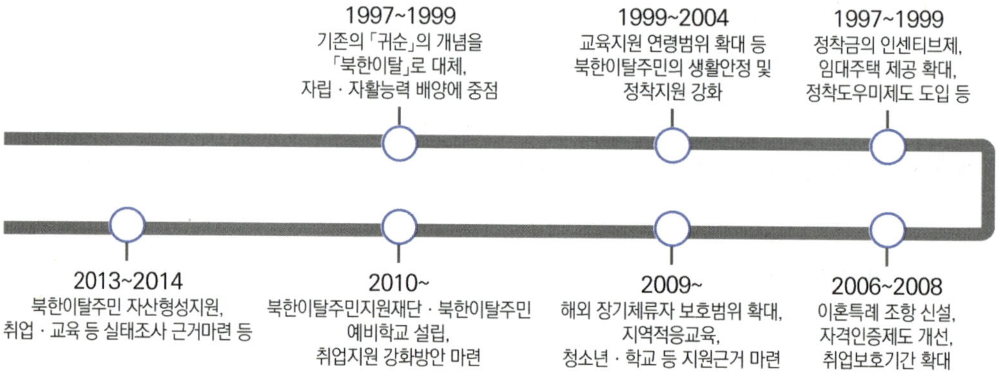

[그림 5-6] 한국 정부의 북한이탈주민을 지원하기 위한 정책의 발전
출처: 통일부 사이트

한국정부가 한국에 입국하기를 원하는 북한이탈주민을 인도하여 보호하고 지원하는 체계는 [그림 5-7]과 같다. 먼저, 한국 정부는 북한이탈주민의 성공적인 국내 정착이 우리의 통일 의지와 능력을 보여 주는 시금석이라는 판단 아래 「북한이탈주민의 보호 및 정착지원에 관한 법률」에 따라 북한이탈주민을 보호 · 지원하고 있다.

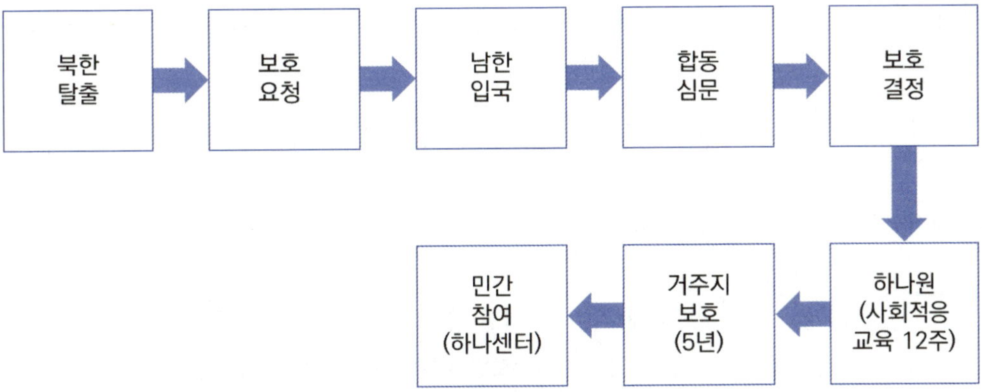

[그림 5-7] 한국 정부의 북한이탈주민 인도 및 지원 체계

북한을 탈출한 주민이 한국 대사관 및 각 국의 대사관에 보호 요청을 하여, 한국으로 들어가기를 원하면, 통일부 및 국정원은 관계 부처 간에 협의를 거쳐 해외 공관 또는 주재국 임시보호시설에 수용을 하고 북한이탈주민의 신원을 확인한다, 신원 확인을 마치면, 북한이탈주민을 한국에 입국시키기 위해 주재국과 교섭을 하고, 한국에 입국할 수 있도록 인도한다.

남한에 입국하는 모든 북한이탈주민들은 국정원, 경찰청, 등 관계기관에서 보통 7일에서 1개월 정도 신분과 탈북 동기 등과 관련하여 신문조사를 받는다.

신문조사를 거친 후 통일부의 정착지원 시설인 '북한이탈주민 정착 지원 사무소(하나원)'에 입소하여 한국 사회에 성공적으로 적응하고 정착하기 위한 12주 과정의 사회적응교육을 받는다. 이 교육은 '정서안정 및 건강증진'(50시간, 심리검사와 상담, 건강검진 등), '우리사회의 이해증진'(150시간, 민주주의, 시장경제 이해, 한국사 등), 진로지도 및 직업훈련(144시간), '초기정착지원'(48시간, 정착금 지급 · 거주지 배정 · 가족관계 등록 창설 등 안내)으로 구성되어 있다.

이 교육을 마치고 나면, 한국 정부는 북한이탈주민을 전국 각지로 배정한다. 이때 초기 정착에 필요한 자립 기반을 마련할 수 있도록 정착 기본금, 정착 장려금 · 주거 지원금 등을 지원하며, 각 지방 자치단체의 거주지 담당관이 거주지 편입과 각종 사후 지원을 해준다.

각 지역에 정착하게 된 북한이탈주민은 5년간 거주지 보호를 받는데, 그중에서 2년 동안은 경찰이 신변을 보호해 준다. 또한 이 기간 동안 북한이탈주민의 보호 및 정착 지원에 관한법률 제15조의 21항 '지역적응센터의 지정'에 의하여 운영되는 각 지역의

하나센터에서 지역적응 프로그램 사업과 지역주민 교류 사업, 정착도우미 사업 등을 지원한다.

한국 정부가 북한이탈주민을 지원하는 제도는 〈표 5-16〉과 같다.

〈표 5-16〉 북한이탈주민 정착지원제도

구분	항목	내용
정착금	기본금	1인 세대 기준 900만원 지급
	장려금	취업장려금 최대 (수도권 1,800만원 / 지방 2,100만원)
	가산금	고령, 장애, 장기치료, 한부모, 제3국출생자녀양육 등 최대 1,540만원
주거	주택알선	임대 아파트 알선
	주거지원금	1인 세대 기준 1,600만원
취업	직업훈련	훈련기간 중 훈련수당 지급(노동부)
	고용지원금	급여의 1/2(50만원 한도)을 최대 4년간 채용기업주에게 지급. 2014년 11월 29일 이전 입국자
	취업보호담당관	전국 70여 개 고용지원센터에 지정, 취업상담 · 알선
	기타	취업보호, 영농정착지원 등
사회복지	생계급여	국민기초생활보장 수급권자
	의료보호	의료급여 1종 수급권자로서 본인 부담없이 의료 혜택
	연금특례	보호결정 당시 50세 이상~60세 미만은 국민연금 가입특례
교육	특례 편 · 입학	대학진학 희망자의 경우 특례로 대학 입학
	학비 지원	중 · 고 및 국립대 등록금 면제, 사립대 50% 보조
정착도우미		1세대당 1-2명의 정착도우미를 지정, 초기 정착 지원
보호담당관		거주지보호담당관(약240명), 취업보호담당관(70명), 신변보호담당관(약900명)

출처: 통일부 사이트(2023)

(2) 북한이탈주민을 위한 지원 기관

① 남북하나재단(북한이탈주민지원재단)

서울특별시에 소재한 '남북하나재단'은 북한이탈주민의 성공적 정착과 생활 안정을 지원하기 위해 북한이탈주민의 보호 및 정착지원에 관한 법률에 따라 2010년 9월에 설립된 통일부 산하 공공기관이다. 기존의 명칭인 '북한이탈주민지원재단'은 법률적인 명칭으로, '남북하나재단'은 대외적인 별칭으로 사용하고 있다.

이 재단은 한국에 온 탈북민들의 초기 정착부터 생활보호, 취업 및 교육지원, 통일미래리더 양성, 국민인식개선 캠페인 등 다양한 사업을 통해 탈북민들의 경제적 자립과 사회적 통합을 돕고 있다. 웹사이트 'www.koreahana.or.kr'와 '콜센터 1577-6635'를 통해 북한이탈주민이 지원받을 수 있는 사항들을 종합적으로 안내받을 수 있다.

② 북한이탈주민 청소년을 위한 교육지원

[그림 5-8]는 북한이탈주민 출신 청소년의 연도별 학생 수 변화를 나타낸 표이다. 2006년에 474명이었으나, 이후로 급속히 증가하여 10년 이후 2016년에는 2,517명이나 되었다. 〈표 5-17〉에 의하면, 2019년 4월 기준으로 대안학교를 포함한 학교에 재학 중인 북한이탈주민 출신의 청소년은 총 2,761명으로 집계되었으며. 초등학교 877명, 중학교 738명, 고등학교 752명, 기타학교 164명, 전일제 대안교육시설에 230명이 재학 중이다.

〈표 5-17〉 남한과 북한의 학제비교표

남북통합학력	남한			남한		
	구분	교육기간 (년)	연령 (만 연령)	구분	교육기간 (년)	연령 (만 연령)
초등학교 졸업 이하	초등학교	6	6~11	소학교	5	6~10
중고등학교 졸업 이하	중학교	3	12~14	초급중학교	3	11~13
	고등학교	3	15~17	고급중학교	3	14~16
전문대학 졸업 이하*	전문대학	2~3	18~20	대학교	3~6	17~22
대학교 재학 이상	대학	4~6	18~23			
	대학원 (석사과정)	2	22~23	연구원 (준박사)	3~3.5	20~25
	대학과정 (박사과정)	2~3	24~26	박사원 (박사과정)	2~3	24~26

* 2019년 기준, 남한의 전문대학에 해당하는 '고등전문학교'와, 대학에 해당하는 '단과대학', '종합대학'이 '대학교'로 통합되었음. 교육과정 개정 이전에 해당 교육과정을 경험한 북한이탈주민이 많으므로, 남북통합학력 특성별로 '전문 대학 졸업 이하' 기준은 유지함

출처: 남북하나재단(2023)

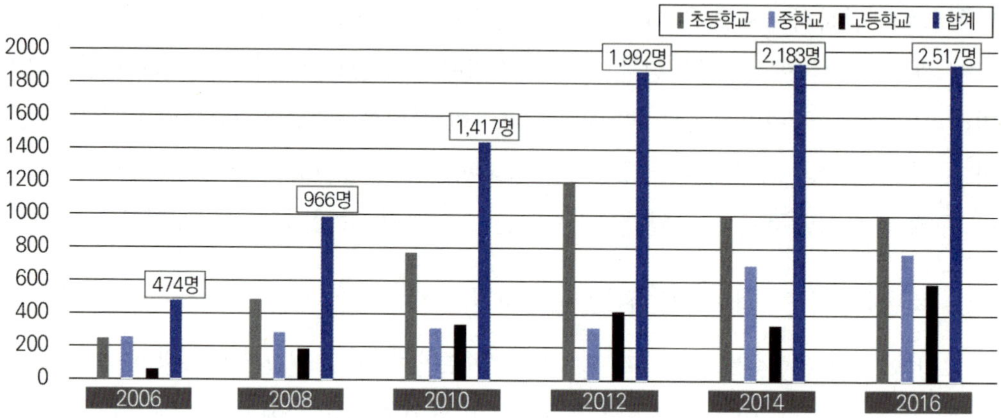

[그림 5-8] 북한이탈주민 출신의 청소년의 연도별 학생수 변화

출처: 탈북청소년교육지원센터

〈표 5-18〉 탈북학생 학교 유형별 재학 현황 (단위: 명)

<table>
<tr><th rowspan="3">구분</th><th colspan="8">학교유형</th><th rowspan="3">전일제
대안교육시설**</th><th rowspan="3">합계</th></tr>
<tr><th colspan="2">초등학교</th><th colspan="2">중학교</th><th colspan="2">고등학교</th><th colspan="2">기타학교*</th></tr>
<tr><th>남</th><th>여</th><th>남</th><th>여</th><th>남</th><th>여</th><th>남</th><th>여</th></tr>
<tr><td rowspan="3">재학현황
('19.4월)</td><td>457</td><td>420</td><td>390</td><td>348</td><td>358</td><td>394</td><td>73</td><td>91</td><td rowspan="3">230</td><td rowspan="3">2,761</td></tr>
<tr><td colspan="2">877</td><td colspan="2">738</td><td colspan="2">752</td><td colspan="2">164</td></tr>
<tr><td colspan="8">2,531</td></tr>
</table>

* 특수학교, 공민학교, 고등공민학교, 고등기술학교, 각종학교, 방송통신중·고등학교 등

출처: 통일부(2019)

그러나 한국 출신의 청소년들과 함께 어울려 학교에서 공부를 하는 것이 쉽지 않을 뿐만 아니라, 낯선 체제와 환경으로 인해 정체성의 혼란을 겪는 학생들도 많다. 따라서 한국 정부는 이들을 지원하기 위하여 [그림 5-9]와 같은 지원체계를 운영 중이다.

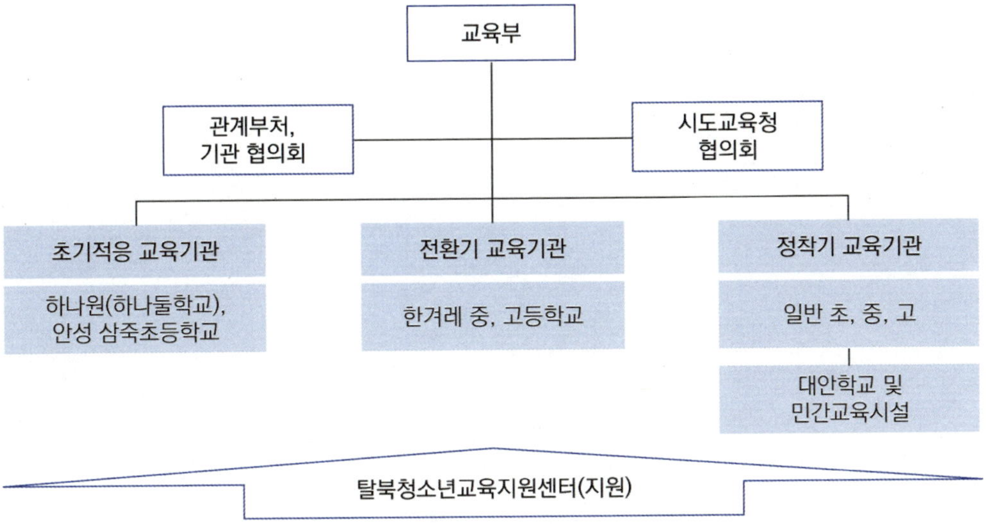

[그림 5-9] 북한이탈주민 청소년을 위한 지원 체계

출처: 탈북청소년교육지원센터

북한이탈주민 청소년을 위한 대안학교 및 민간교육시설은 '여명학교'(서울), '하늘꿈학교'(성남), '한꿈학교'(의정부), '드림학교'(천안), '우리들 학교'(서울), '해솔직업사관학교'(춘천), '삼흥학교'(서울), '두리하나 국제학교'(서울), '셋넷학교'(원주) 등이 있다.

제6장

다문화가정 자녀의 현황과 정책

한국 사회는 국제결혼을 통한 결혼이민자, 외국인근로자, 기타 재한외국인 등이 가파르게 증가함으로써 다문화사회로 급속히 변화되어 가고 있다. 이에 따라 다문화가정 자녀도 급속히 증가하여 현재 약 235,000명에 이르며, 다문화 학생이 최근 5년간 1만 명 이상 증가하여 총 168,000명(2022년)을 초과하였다.

하지만 단일민족이라는 정체성을 강하게 가진 한국 사회이기에 낯선 다문화 가정 자녀들에게 여전히 편견을 가지고 있다, 또한 다문화 가정 자녀들이 한국어 능력이 부족한 결혼이민자 가정에서 자람으로써 언어적인 부분이 체계적으로 발달하기 어려워 학습부진, 또래와의 관계 형성 장애, 학교폭력 등 많은 부분에서 애로사항을 겪고 있다.

특히 다른 국가에서 살던 도중에 부모를 따라 입국하게 된 중도입국자 자녀들은 낯선 한국 문화에 적응하기가 어려울 뿐만 아니라, 한국어를 잘하지 못해 더욱 큰 어려움을 겪고 있다. 이에 따라 다문화가정 자녀들 중에 상당수가 정체성에 혼란을 겪고 있다.

하지만 다문화가정 자녀들도 역시 한국 사회의 구성원이며, 상당수가 한국 국적을 가진 국민이며, 한국의 미래에 지대한 영향을 끼칠 훌륭한 자원들이기에, 다문화가정 자녀들을 잘 양육해 가는 것이 매우 중요하다. 이에 따라 본 장에서는 다문화가정 자녀에 대하여 다음과 같은 목표를 가지고 구체적인 내용을 살펴보고자 한다.

단원목표

1. 한국의 다문화가정 자녀의 현황을 파악한다.
2. 한국의 다문화가정 자녀가 가진 어려움들을 파악한다.
3. 한국의 다문화가정 자녀와 관련한 법을 살펴본다.
4. 한국의 다문화가정 자녀에 대한 정책과 지원에 대해서 살펴본다.

1) 다문화가정 자녀의 현황

(1) 다문화가정 자녀가 증가하게 된 배경

① 다문화가정 자녀의 증가 원인

한국의 급격한 경제 성장과 저출산, 고령화, 노동 인구의 도시 이주, 결혼에 대한 가치관의 변화 등의 요인들이 맞물려 한국 사회에 결혼이주여성들이 급속도로 증가하였고, 이로 인해 결혼이주여성과 혼인한 다문화 부부에게서 출생한 자녀들도 증가하게 되었다.

또한 이미 결혼하여 자녀가 있는 방문취업자 및 외국인근로자, 재혼을 하는 결혼이민자, 사업·직장 근무·유학 등의 목적으로 한국에 입국한 재한외국인들이 증가함에 따라 이들이 한국으로 초청한 중도입국 자녀들도 많아지게 되었다.

② 다문화가정 자녀의 유형

일반적으로 '다문화가정 자녀'를 부모의 신분에 따라 '국제결혼가정의 자녀'와 '이주노동자의 자녀'로 구분한다. 하지만 다문화가정 형성의 다양한 경위와 다문화가정 자녀의 다양한 이주 유형으로 인하여 훨씬 더 다양하게 분류할 수 있다.(〈표 6-1〉)

먼저, 국제결혼가정의 자녀도 '한국인 아버지가 외국인 여성과 결혼하여 한국에서 출생한 자녀', '한국인 어머니가 외국인 남성과 결혼하여 한국에서 출생한 자녀', '외국인 아버지가 한국의 여성과 결혼을 하여 본국에 있는 자녀를 한국으로 데리고 오는 경우', '한국인 아버지가 외국인 여성과 결혼을 하여 본국에 있는 자녀를 한국으로 데리고 오는 경우', '한국인인 아버지가 이혼을 하면서 외국인 여성과 결혼을 하여 자녀를 낳은 경우', '외국인인 아버지가 이혼을 하면서 한국인 여성과 결혼을 하여 자녀를 낳은 경우' 등 매우 다양하다.

또한 이주노동자의 자녀만 해도 '부부가 자국에서 낳은 자녀를 한국으로 데리고 입국한 경우', '부모 중에서 한 명이 자녀를 데리고 한국에 입국한 경우', '부모가 한국에서 일을 하여 어느 정도 기반을 잡은 후에 자녀를 한국에 데리고 오는 경우', '같은 나라에서 온 이주노동자끼리 결혼을 하여 한국에서 자녀를 낳은 경우', '출신국이 다른 이주노동자끼리 결혼을 하여 한국에서 자녀를 낳은 경우' 등 다양한 유형으로 나눌 수 있다. 이외에도 북한이탈주민의 자녀, 난민의 자녀 등도 있다.

이렇게 다양한 유형을 가진 '다문화가정 자녀'를 교육적·행정적으로 구분할 때에는, 주로 출생한 국가에 따라 '한국에서 출생한 다문화 가정 자녀'와 '중도 입국한 다문화 가정 자녀'로 구분한다. 그런데 이렇게 매우 큰 범위로 구분함에 따라 다문화가정 자녀의 다양한 형편과 특성에 맞는 교육과 행정을 시행하기 어려운 면이 있다.

〈표 6-1〉 다문화가정 자녀의 유형

구분	이주노동자의 자녀	국제결혼가정의 자녀
한국 출생 자녀	• 동일한 국가의 이주노동자끼리 결혼 후 한국에서 출생한 자녀. • 출신국이 다른 이주노동자끼리 결혼 후 한국에서 출생한 자녀	• 한국인 아버지가 외국인 여성과 결혼해 한국에서 출생한 자녀 • 한국인 어머니가 외국인 남성과 결혼해 한국에서 출생한 자녀 • 한국인 남성이 외국인 여성과 재혼해 자녀를 낳은 경우 • 한국인 여성이 외국인 남성과 재혼해 자녀를 낳은 경우
중도 입국 자녀	• 부부가 본국에서 낳은 자녀를 한국으로 데리고 함께 입국한 경우 • 부모 중에서 한 명이 자녀를 데리고 한국에 입국한 경우 • 먼저 부모가 한국에 입국해 일을 하여 어느 정도 기반을 잡은 후에 자녀를 한국에 데리고 오는 경우	• 외국인 아버지가 한국의 여성과 결혼해 본국의 자녀를 한국에 데리고 오는 경우 • 한국인 아버지가 외국인 여성과 결혼해 본국의 자녀를 한국으로 데리고 오는 경우

(2) 다문화가정 자녀의 현황

〈표 6-2〉는 2019년 통계청이 국내에 있는 다문화 가정의 자녀, 즉 결혼이민자의 자녀, 귀화자 및 외국국적을 가진 자녀의 현황을 조사하여 발표한 자료이다. 이에 따르면, 전국에 있는 다문화가정 자녀는 총 235,282명이다. 국내에서 출생한 다문화가정 자녀는 225,358명이고, 귀화 및 외국국적을 가진 다문화가정 자녀는 9,924명이다. 수도권(서울특별시, 경기도, 인천광역시)에 있는 다문화가정 자녀가 108,056명으로 전국의 약 46%이다. 하지만 충청남도, 전라북도, 전라남도, 경상북도, 경상남도 등 농어촌이 많은 지역에 있는 다문화가정 자녀도 많다.

〈표 6-2〉 다문화가정 자녀의 현황

(단위: 명)

	총계	국내 출생 자녀	귀화 및 외국국적 자녀
전국	235,282	225,358	9,924
서울특별시	32,598	29,935	2,663
부산광역시	10,673	10,363	310
대구광역시	7,898	7,674	224
인천광역시	14,520	13,637	883
광주광역시	5,925	5,805	120
대전광역시	5,477	5,336	141
울산광역시	5,156	5,030	126
세종특별자치시	1,143	1,105	38
경기도	60,938	57,394	3,544
강원도	7,068	6,943	125
충청북도	8,882	8,664	218
충청남도	13,725	13,350	375
전라북도	11,739	11,523	216
전라남도	13,660	13,444	216
경상북도	14,347	14,089	258
경상남도	17,558	17,218	340
제주특별자치도	3,975	3,848	127

출처: 통계청(2019)

이와 관련하여 특히 주목해야 할 것은 [그림 6-1]과 같이 2019년까지 한국의 전체 출생아 수에 비해 다문화가정 자녀의 출생 비율이 계속해서 높아지고 있었다는 것이다. 2008년 다문화가정 자녀의 출생 비율이 전체 출생비율의 2.9%였으나, 10년 후인 2018년에는 5.5%로 상승했다. 다만 2020년 이후에는 코로나-19의 영향으로 인해 감소했다. 이러한 결과로 볼 때, 한국 사회는 급속히 다문화사회로 진입하고 있으며, 이러한 현상은 계속해서 증가될 것을 예측할 수 있다.

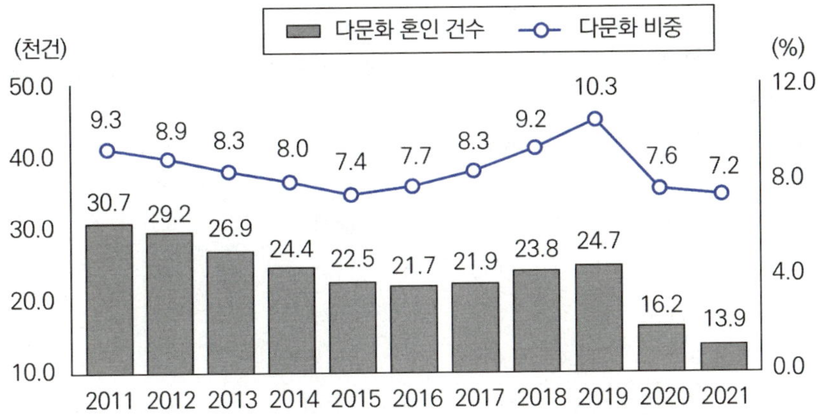

[그림 6-1] 전체 출생 중 다문화 가정 출생아 수의 비중 추이

출처: 통계청(2022)

〈표 6-3〉를 보면, 충청북도, 충청남도, 전라북도, 전라남도, 경상북도, 경상남도, 제주도 등 농어촌이 많은 지역의 다문화가정 자녀 출생 비율은 전국 평균보다 훨씬 높다. 이를 볼 때, 농어촌에서 다문화사회 현상이 더욱 뚜렷하게 나타날 것을 예측할 수 있다.

〈표 6-3〉 지역별 출생아 수 및 다문화 비중, 2016-2018년 (단위: %, 명)

	전체(A)			다문화 출생(B)					다문화 비중(B/A)		
	2016	2017	2018	2016	2017	2018	전년대비 증감	전년대비 증감률	2016	2017	2018
전 국	406,243	357,771	326,822	19,431	18,440	18,079	-361	-2.0	4.8	5.2	5.5
서 울	75,536	65,389	58,074	3,633	3,288	3,097	-191	-5.8	4.8	5.0	5.3
부 산	24,906	21,480	19,152	1,031	937	921	-16	-1.7	4.1	4.4	4.8
대 구	18,298	15,946	14,400	677	695	643	-52	-7.5	3.7	4.4	4.5
인 천	23,609	20,445	20,087	1,120	1,046	1,122	76	7.3	4.7	5.1	5.6
광 주	11,580	10,120	9,105	433	451	444	-7	-1.6	3.7	4.5	4.9
대 전	12,436	10,851	9,337	497	452	400	-52	-11.5	4.0	4.2	4.3
울 산	10,910	9,381	8,149	400	419	355	-64	-15.3	3.7	4.5	4.4
세 종	3,297	3,504	3,703	98	81	113	32	39.5	3.0	2.3	3.1

	전체(A)			다문화 출생(B)					다문화 비중(B/A)		
	2016	2017	2018	2016	2017	2018	전년대비		2016	2017	2018
							증감	증감률			
경 기	105,643	94,088	88,175	4,998	4,834	4,851	17	0.4	4.7	5.1	5.5
강 원	10,058	8,958	8,351	473	431	435	4	0.9	4.7	4.8	5.2
충 북	12,742	11,394	10,586	669	624	629	5	0.8	5.3	5.5	5.9
충 남	17,302	15,670	14,380	940	931	918	-13	-1.4	5.4	5.9	6.4
전 북	12,698	11,348	10,001	877	751	769	18	2.4	6.9	6.6	7.7
전 남	13,980	12,354	11,238	903	921	774	-147	-16.0	6.5	7.5	6.9
경 북	20,616	17,957	16,079	1,059	1,016	961	-55	-5.4	5.1	5.7	6.0
경 남	27,138	23,849	21,224	1,291	1,243	1,294	51	4.1	4.8	5.2	6.1
제 주	5,494	5,037	4,781	332	320	353	33	10.3	6.0	6.4	7.4

출처: 통계청(2019)

〈표 6-4〉와 같이 2018년 한국에서 학교(초, 중, 고등학교)에 재학 중인 학생수는 약 528만 명(2022년)이다. 2014년 6,333,570명이었으나, 저출산의 가속화로 인해 계속해서 감소하는 추세이며, 최근 5년간 연평균 약 18만 명 정도 감소했다.

〈표 6-4〉 한국의 재학생 수 변화

구분	2016년	2017년	2018년	2019년	2020년	2021년	2022년
합계	593만명	577만명	563만명	546만명	536만명	533만명	528만명

출처: 교육부(2019), 2019년 다문화교육계획

반면에 [그림 6-2]와 같이 초·중등학교(각종 학교 포함)의 다문화 학생 수는 계속해서 가파르게 증가하고 있다. 2012년 다문화 학생은 46,954명이었으나, 2022년에는 168,645명(각종 학교 포함)이 되어 약 10여 년만에 무려 3.6배 정도 증가하였다. 지역별로는 경기, 서울에 가장 많이 재학하고 있으며, 전체 학생 대비 다문화 학생 비율은 전남, 충남이 가장 높다.

초등학교의 다문화 학생 수는 111,640명으로 전년(111,371명)과 대비하여 269명(0.2%)이 증가하여 완만한 상승세를 보이지만, 2012~2019년까지 전체적으로 가파르게 증가하였다. 중학교의 다문화 학생 수는 39,714명으로 전년(33,950명)과 대비하여 5,764명(17%) 증가했으며, 2012년 이후로 전체적인 증가세가 비교적 완만하나 2019년 이후로 뚜렷한 증가세를 보인다. 고등학교의 다문화 학생 수는 16,744명으로 전년(14,308명)과 대비하여 2436명(17%)가 증가했으며, 2012년 이후로 전체적인 증가세가 완만한 편이다. 이렇게 초등학교 학생 수가 가파르게 상승해 왔고, 2019년 이후로 중학교 학생 수가 뚜렷한 증가세를 보이는 것을 볼 때, 앞으로 한국 사회에 다문화 현상이 더욱 가속화될 것이 분명하다.

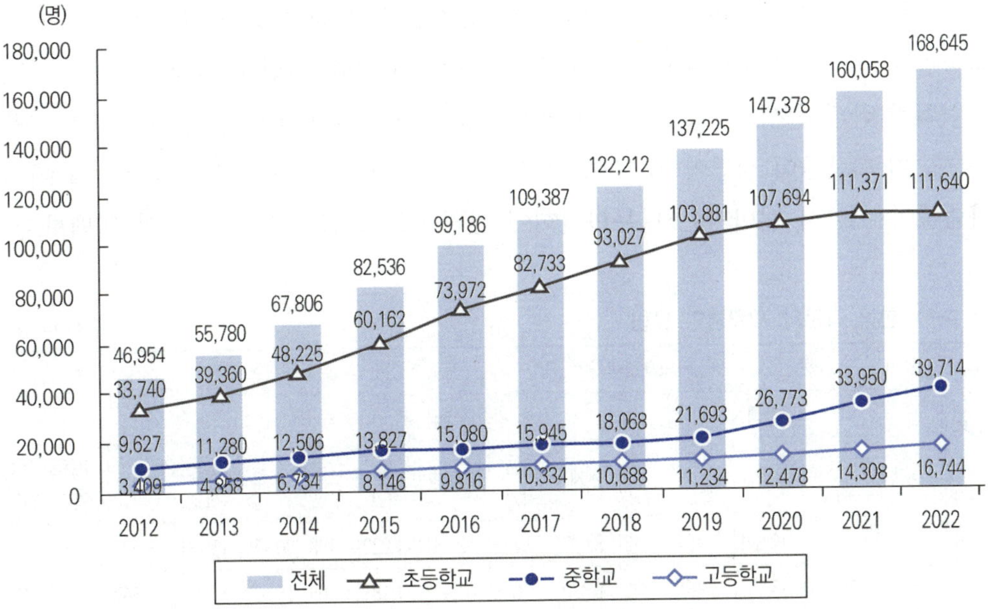

[그림 6-2] 다문화 학생 현황

출처: 교육부(2023)

〈표 6-5〉와 같이 다문화 가정 자녀의 학생을 크게 2가지 유형, 즉 '국제결혼 가정 자녀', '외국인 가정 자녀'로 구분할 수 있다. 먼저, 국제결혼가정의 자녀는 한국인 부(모)와 외국인 모(부) 사이에서 태어난 자녀로써 '국내에서 출생한 자녀(국내출생)'와 '외국에서 태어나 부모와 함께 중도에 국내로 입국한 자녀(중도입국)'으로 분류된다. 또한 '외국인 가정 자녀'는 외국인 사이에서 출생하여 국내에 거주하고 있는 자녀를 말한다.

〈표 6-5〉에 의하면, 국제결혼가정 자녀 가운데 2019년에 학교에 재학 중인 '국내에서 출생한 자녀(국내출생)'는 총 108.069명으로써 전체 다문화 학생 비율의 약 78%를 차지했다. 2012년에 비하면 약 2.5배 증가했으며, 특히 초등학교와 고등학교의 증가세가 상당히 높다. 국제결혼가정의 자녀 가운데 학교에 재학 중인 '중도입국 자녀'는 총 8,697명으로써, 전체 다문화 학생 비율의 약 6.3%를 차지했으며, 모든 학교급에서 전반적으로 상당히 증가했다.

또한, 2019년에 학교에 재학 중인 '외국인 가정 자녀'는 총 20,459명으로써, 전체 다문화 학생 비율의 약 14.9%를 차지했다. 2012년에 비하면 약 10배 정도 증가하였으며, 모든 학교급에서 전반적으로 매우 많이 증가했다. 특히 2022년 이후로 중도 입국, 외국인 학생의 증가세가 뚜렷한 것으로 나타났다(2022년, 전년 대비 약 12.3% 증가).

이처럼 국내 출생, 중도 입국, 외국인 학생이 모두 계속해서 증가하고 있는 것을 볼 때, 이 학생들이 성인이 될 10여 년 후에는 한국 사회가 매우 다양한 특성을 가진 사람들이 모여서 살아가는 다문화사회에 본격적으로 진입하게 될 것이 명백하다.

〈표 6-5〉 한국 다문화 재학생의 유형

(단위: 명)

연도	국제결혼가정										외국인가정				
	국내출생					중도입국									
	소계	초등학교	중학교	고등학교	각종학교	소계	초등학교	중학교	고등학교	각종학교	소계	초등학교	중학교	고등학교	각종학교
'19	108,069	83,602	15,891	8,464	112	8,697	5,148	2,131	1,220	198	20,459	15,131	3,671	1,550	107
'18	98,263	76,181	13,599	8,361	122	8,320	5,023	1,907	1,185	205	15,629	11,823	2,562	1,142	102
'17	89,314	68,610	12,265	8,335	104	7,792	4,843	1,722	1,063	164	12,281	9,280	1,958	936	107
'16	79,134	59,970	11,475	7,589	100	7,418	4,577	1,624	1,075	142	12,634	9,425	1,981	1,152	76
'15	68,099	50,191	11,054	6,688	166	6,261	3,965	1,389	723	184	8,176	6,006	1,384	735	51
'14	57,498	41,546	10,316	5,562	74	5,602	3,262	1,386	750	204	4,706	3,417	804	422	63
'13	45,814	32,823	9,162	3,793	36	4,922	3,006	1,143	565	208	5,044	3,531	975	500	38
'12	40,040	29,282	8,194	2,536	28	4,288	2,669	985	547	87	2,626	1,789	448	326	63

출처: 교육부(2019), 2019년 교육기본통계 편집

통계청(2019년)에서 발표한 '다문화가정 자녀의 출생 유형별 규모 및 비중(〈표 6-6〉)'에 의하면, 다문화가정 자녀의 어머니가 외국인인 경우가 많았고, 다문화가정 자

녀의 아버지가 외국인인 경우는 상대적으로 적었다. 이를 통해 매우 많은 다문화 가정의 자녀가 한국의 자국민 부(父)와 결혼이주여성인 모(母)로 구성된 가정에서 자라고 있다는 것을 알 수 있다.

〈표 6-6〉 다문화가정 자녀의 출생 유형별 규모 및 비중 (단위: 명, %)

	2016		2017		2018		전년 대비	
		비중		비중		비중	증감	증감률
다문화 출생	19,431	100.0	18,440	100.0	**18,079**	**100.0**	-361	-2.0
외국인 모1)	12,456	64.1	11,720	63.6	**11,357**	**62.8**	-363	-3.1
외국인 부2)	3,039	15.6	2,852	15.5	**2,763**	**15.3**	-89	-3.1
귀화자3)	3,936	20.3	3,868	21.0	**3959**	**21.9**	91	2.4

출처: 통계청(2019)

[그림 6-3]은 다문화가정 자녀의 부모 출신국을 조사한 것인데, 다문화가정의 부(父)는 한국인인 경우가 74.5%로 가장 많았으며, 중국(7.6%), 미국(5.5%), 베트남(2.9%) 순서로 나타났다. 또한 다문화가정의 모(母)는 베트남(35.6%), 중국(20.8%), 기타(20.8%), 한국인(15.9%)인 것으로 나타났다. 이러한 결과를 통해 다문화 가정 자녀들 가운데 상당수가 한국인 아버지와 다른 국가 출신의 어머니 사이에서 출생한 것을 알 수 있다.

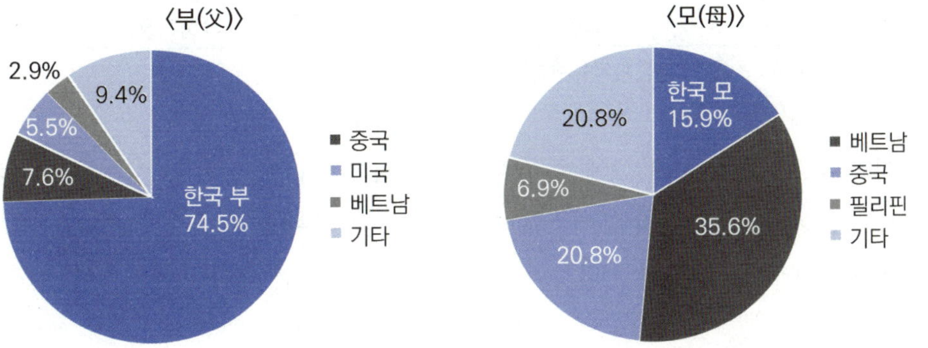

[그림 6-3] 다문화 가정 출생아 부모의 출신 국적별 비중, 2016-2018년

출처: 통계청(2019)

교육부(2019년)가 다문화가정 학생 부모의 출신국을 조사하여 발표한 자료에 의하면, 국제결혼가정 자녀 가운데 '국내에서 출생한 자녀'들의 부모의 출신국은 베트남(총 34,012명), 한국계를 포함한 중국(총 26,681명), 필리핀(총 13,156명), 일본(총 9,308명) 순이었으며, 태국, 인도네시아, 중앙아시아, 미국, 러시아 등의 국가 출신의 부모가 총 15,106명이었다.

반면에 중도입국 학생의 부모 출신국은 중국(총 3,905명), 베트남(총 1,187명), 일본(총 893명), 필리핀(총 663명) 등이었으며, 그 밖에 태국, 인도네시아, 중앙아시아, 미국, 러시아 등의 국가 출신의 부모가 총 1,672명이었다. 또한 외국인 가정 학생의 부모는 한국계를 포함한 중국(총 9,136명), 베트남(총 369명), 일본(총 162명), 필리핀(총 274명) 등이었으며, 그 밖에 태국, 인도네시아, 중앙아시아, 미국, 러시아 등의 국가 출신의 부모가 총 5,688명이었다.

〈표 6-7〉 다문화가정 학생 부모의 출신국 (단위: 명, % / 기준: '18.4.1.)

구분 \ 유형		국제결혼가정		외국인가정	계
		국내출생자녀	중도입국자녀	외국인가정자녀	
부모 출신국	중국*	26,681	3,905	9,136	**39,722**
	베트남	34,012	1,187	369	**35,568**
	필리핀	13,156	663	274	**14,093**
	일본	9,308	893	162	**10,363**
	기타**	15,106	1,672	5,688	**22,466**
합계		**98,263**	**8,320**	**15,629**	**122,212**

출처: 교육부(2019), 2019년 다문화교육계획

이러한 부모의 출신국과 그에 따른 문화적 양식은 자녀 양육에 많은 영향을 끼쳐서 다문화가정 자녀의 모든 부분에 영향을 미친다. 따라서 다문화가정 자녀를 지도할 때에 이렇게 다양한 측면에서 다문화가정 자녀의 개별적인 특성을 파악하여 지도해야 한다.

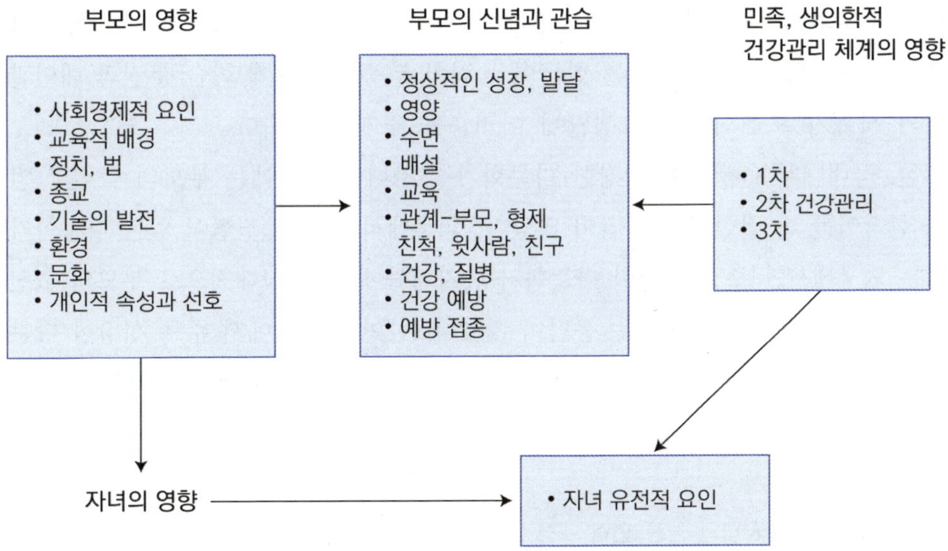

[그림 6-4] 자녀 양육에 대한 문화적 관점 모델

출처: (Leininger, 2012. 이은희 외 역)

2) 다문화가정 자녀가 겪는 어려움

(1) 한국어 능력의 부족

언어는 원활한 의사소통을 통해 친밀한 관계를 형성하는 기반이 되며, 학습의 토대가 되고, 취·창업의 기회요인이 되며, 생활 전반에 효율성을 가져다준다. 하지만, 다문화가정 자녀들은 부모에게서 정확한 발음을 가진 언어를 배우기 어려운 경우가 많으며, 이로 인해 또래 관계 형성 장애, 학습 부진, 왕따 및 학교폭력의 대상이 되기도 한다.

통계청(2019년)이 발표한 '다문화가정 자녀의 능통 언어(〈표 6-8〉)'에 의하면, 다문화가정 자녀 중에서 5.9%(남자7.0%, 여자4.8%)가 한국어보다 부모의 출신국 언어를 더 잘한다고 응답했다. 연령별 조사를 보면, 연령이 많아질수록 한국어보다 부모의 출신국 언어를 더 잘한다고 응답했다. 이는 연령이 적을수록 국내출생의 비율이 높으며, 연령이 많아질수록 중도입국 자녀의 비율이 높아지기 때문일 것이다.

또한, 한국어를 더 잘하는 경우에는 학교에 다니는 비율이 상대적으로 높으며, 한국어보다 부모의 출신국 언어를 더 잘한다는 응답이 높을수록 학교에 다니지 않는다는 비율이 상대적으로 높았다, 이는 한국어 능력이 부족할 경우에 학습 부진과 대인관계 형성의 장애가 초래되어 학교생활에 어려움을 겪기 때문이다.

또한, 국내에서 출생하여 성장한 다문화가정 자녀인 경우에는 부모의 출신국 언어보다 한국어를 더 잘한다는 응답이 많았다. 외국에서 거주한 경험이 있는 다문화가정 자녀는 외국에서만 주로 성장한 다문화가정 자녀들에 비해 상대적으로 부모의 출신국 언어보다 한국어를 더 잘한다는 응답이 많았다. 반면에 외국에서 주로 성장한 다문화가정 자녀의 경우에는 부모의 출신국 언어를 한국어보다 더 잘한다는 응답이 54.4%나 될 정도로 많았다.

〈표 6-8〉 다문화가족 자녀의 능통 언어

(단위: %)

구분별(1)	구분별(2)	한국어를 더 잘 한다	외국에서 태어난 부모님 나라의 말을 더 잘 한다
전체	소계	94.1	5.9
성별	남자	93.0	7.0
	여자	95.2	4.8
연령	9~11세	96.4	3.6
	12~14세	96.9	3.1
	15~17세	94.1	5.9
	18~24세	81.6	18.4
재학여부	학교에 다님 (재학 휴학 등 포함)	95.8	4.2
	학교에 다니지 않음 (졸업 중퇴 등 포함)	71.6	28.4
성장배경	국내에서만 성장	98.2	1.8
	외국 거주 경험	93.2	6.8
	외국에서 주로 성장	45.6	54.4

출처: 통계청(2019)

교육부(2019년)가 발표한 '다문화가정 자녀들이 주로 겪는 어려움(〈표 6-9〉)'에 의하면, 국제결혼가정 자녀 가운데 '국내출생자녀'는 한국어를 구사하는 것에는 어려움이 없으나, 학습에 필요한 문장이나 어휘를 이해하는 것에는 곤란을 겪는 경우가 있다고 했다. 이로 인해 학습 부진이 초래되어 스스로에게 부정적인 관념을 갖기 쉽다.

국제결혼가정 자녀 가운데 '중도입국자녀'는 다른 나라에서 성장하다가 부(모)를 따라 한국에 입국했기 때문에 새로운 가족과 낯선 한국문화에 적응하는 스트레스를 많이 받는다. 또한 문화적인 차이를 많이 느끼고 자기에게 관심을 주는 사람이 없다고 느껴질 때 상처를 받아 정체성에 혼란을 겪기 쉽고, 무기력·좌절감·불안 등을 경험하게 된다. 더군다나 한국어능력이 매우 부족하여, 공교육에 진입하여 적응하는 것에 어려움이 발생한다.

한국에서는 외국인 가정의 자녀들에게 유엔아동권리협약에 따라 미등록 이주아동의 교육권을 보장해 주고 있지만, 언제 본국으로 돌아가야 할지 모르는 경우가 대부분이기 때문에 정주여건이 불안정하여 학업을 지속하기 어렵다.

〈표 6-9〉 다문화가정 자녀가 겪는 어려움

구분		내용
국제결혼가정	국내출생자녀	• 한국인과 결혼이민자 사이에서 태어나 한국에서 성장한 경우 • 한국어 구사에 어려움은 없으나, 학습에 필요한 문장이나 어휘를 이해하는 데 곤란을 겪는 경우 존재 • 사춘기에 진입하면서 다문화에 대한 고정관념에 불편함을 느끼며, 심리정서 지원 요구
	중도입국자녀	• 결혼이민자가 한국인과 재혼한 이후에 본국에서 데려온 경우, 한국인과 결혼이민자 사이에서 태어났으나 결혼이민자 본국에서 성장하다가 입국한 경우 등 • 새로운 가족과 한국문화에 적응하기 위한 스트레스가 발생하며, 정체성 혼란이나 무기력 등을 경험하는 경우 존재 • 한국어능력이 부족하여 공교육 진입과 적응에 어려움 발생
외국인가정	외국인가정자녀	• 외국인 사이에서 태어난 경우(조선족, 중앙아시아 고려인, 시리아 난민 등 포함) • 정주여건이 불안정하여 학업을 지속하기 어려운 경우 존재 ※ 유엔아동권리협약에 따라 미등록 이주아동의 교육권 보장

출처: 교육부(2019), 2019년 다문화교육계획

이렇게 한국어 능력이 부족하여 어려움을 겪는 다문화가정 자녀들이 많으므로 한국 정부는 학교, 다문화가족지원센터 등에 많은 재정을 지원하여 다문화가정 자녀들에게 '한국어 교육', '언어발달', '이중 언어교육' 등을 지원하고 있다.

그러나 〈표 6-10〉에서 볼 수 있듯이, 다문화가정 부모에게 자녀의 언어 발달 지원이나 이중 언어교육을 받은 경험이 있냐고 묻자, '있다'고 응답한 경우는 9.2%에 불과했으며, '없다'고 응답한 다문화가정 부모가 90.8%나 되었다. 정부에서 많은 재정을 지원하여 여러 기관에서 언어와 관련한 교육을 실행하고 있지만, 여전히 대다수의 다문화가정의 자녀들이 지원을 받지 않고 있다는 것을 알 수 있다.

〈표 6-10〉 다문화가정자녀의 교육 또는 지원서비스 경험

(단위: %)

구분별(1)	구분별(2)	자녀의 언어발달지원, 이중언어교육	
		있다	없다
전체	소계	9.2	90.8
부모 유형	결혼이민자	10.2	89.8
	기타귀화자	3.5	96.5

출처: 통계청(2019), 편집

정부에서 많은 재정을 지원하여 여러 가지 기관에서 언어 교육을 실행하고 있지만, 대다수 다문화가정의 자녀들이 지원을 받지 않고 있는 것은, 다문화가정 부모들이 한국어교육의 필요성을 별로 느끼지 못하기 때문이다.(〈표 6-11〉)

〈표 6-11〉은 통계청에서 다문화가정 부모들에게 자녀의 한국어 교육이나 도움의 필요성을 조사한 자료이다. 한국어 교육이 '별로 필요하지 않다' 또는 '전혀 필요하지 않다'고 부정적인 견해를 밝힌 다문화가정 부모가 61.6%나 되었고, '매우 필요하다', '약간 필요하다'라고 필요성을 밝힌 다문화가정 부모는 20.6%에 불과했다.

특히 국내에서만 성장한 다문화가정의 자녀와 외국 거주 경험을 가진 다문화가정의 자녀의 부모들은 40% 이상이 '전혀 필요하지 않다'고 응답했다. 반면에 자녀가 외국에서 주로 성장한 다문화가정의 부모는 '전혀 필요하지 않다'고 응답한 경우가 18%에 불과했으며, '매우 필요하다', '약간 필요하다'고 응답한 경우는 약 50%나 되었다.

따라서 한국어교육에 대한 정책을 수립할 때 다문화가정 자녀의 한국어 수준과 문화적인 배경을 고려해야 하여 다양하고 효율적인 정책을 펼쳐가야 한다. 또한 다문화가정 부모들이 자녀들을 위해 적극적으로 지원을 받을 수 있는 분위기를 만들어 가야 한다.

〈표 6-11〉 다문화가정자녀의 교육이나 도움 필요성 (단위: %)

구분별(1)	구분별(2)	한국어교육				
		매우 필요하다	약간 필요하다	보통이다	별로 필요하지 않다	전혀 필요하지 않다
전체	소계	10.3	10.3	17.9	20.2	41.4
부모 유형	결혼이민자	11.5	11.3	17.6	19.7	40.0
	기타귀화자	8.7	11.7	16.5	19.0	44.2
재학 여부	학교에 다님 (재학, 휴학 포함)	9.8	10.1	18.1	20.4	41.7
	학교에 다니지 않음 (졸업 중퇴 포함)	17.1	13.0	15.6	17.7	36.7
성장 배경	국내에서만 성장	8.3	9.2	18.6	20.7	43.2
	외국 거주 경험	13.2	13.1	13.4	18.1	42.2
	외국에서 주로 성장	31.3	18.9	15.5	16.4	18.0

출처: 통계청(2019), 편집

(2) 폭언 및 폭행

한국 사회는 오랫동안 단일민족 의식을 가지고 살아왔기 때문에 이질적인 문화와 외모를 가진 사람들을 받아들이는 수용성이 낮은 편이다. 이러한 사회적 편견과 차별로 인해 다문화가정 자녀들이 폭언이나 폭력을 당하는 경우가 많다.

〈표 6-12〉는 2019년에 여성가족부에서 발표한 '전국다문화가족 실태조사' 중에서 '초·중·고등학교 재학생 자녀의 지난 1년 학교폭력을 당한 경험'을 조사한 것이다. 지난 1년 동안 학교폭력을 당한 적이 있다고 응답한 다문화가정 자녀는 8.2%였다. 이는 교육부가 '2019년 다문화교육계획'을 통해 전체 재학생 중에서 학교폭력을 당했다고 응답한 비율이 1.3%라고 발표한 것과 비교해 볼 때, 상당히 높은 것이다.

남학생과 여학생이 거의 동일한 비율로 조사되었으며, 대체적으로 연령이 낮을수록 학교폭력을 당한 경험이 있다는 응답이 더 많다. 또한 가구소득이 낮은 다문화가정 자녀일수록 학교폭력을 당했다고 응답한 경우가 많았다.

〈표 6-12〉 재학생 다문화가정 자녀의 지난 1년 학교폭력을 당한 경험 (단위: %)

구분별(1)	구분별(2)	학교 폭력을 당한 경험	
		있다	없다
전체	소계	8.2	91.8
성별	남성	8.4	91.6
	여성	8.0	92.0
연령	9-11세	9.9	90.1
	12-14세	7.2	92.8
	15-17세	5.5	94.5
	18-24세	4.6	95.5
성장 배경	국내에서만 성장	8.5	91.5
	외국 거주 경험	5.2	94.8
	외국에서 주로 성장	8.6	91.4
가구 소득	100만원 미만	10.1	89.9
	100~200만원 미만	9.2	90.8
	200~300만원 미만	7.4	92.6
	300~400만원 미만	8.4	91.6
	400~500만원 미만	8.9	91.1
	500만원 이상	6.6	93.4

출처: 여성가족부(2019), 편집

〈표 6－13〉에서 볼 수 있는 것처럼, 초・중・고등학교에 재학 중인 다문화가정의 자녀가 경험한 학교폭력의 종류는 폭언 및 협박(61.9%)이 가장 많았고, 따돌림(왕따, 33.4%), SNS 폭언(11.4%), 폭행 및 감금(7.8%), 돈이나 물건을 갈취(5.0%), 강제로 심부름을 시키는 경우(3.0%) 등의 순으로 나타났다.

그러나 각 상황과 처지에 따라 약간씩 차이를 보인다. 남성의 경우 여성보다 폭언 및 협박, 폭행 및 감금의 비율이 높으며, 여성의 경우 남성보다 따돌림(왕따)의 비율이 높다. 연령별 구분에서 9~11세의 경우 폭행 및 감금이 상당히 많으며, 12~14세의 경우 SNS로 폭언을 하거나 왕따를 시키는 것이 많다. 18~24세의 경우 상대적으로 폭언 및 협박이 적어졌으며, 대신 따돌림(왕따)가 상대적으로 굉장히 많다.

성장 배경별로 보면, 외국에서 주로 성장한 자녀의 경우 국내에서만 출생한 자녀 및 외국 거주 경험 자녀보다 상대적으로 폭언·협박은 적으며, 대신 폭행·감금을 당했다고 응답한 경우가 많았다, 외국 거주 경험 자녀들 중에는 상대적으로 돈이나 물건을 갈취 당했다고 응답한 경우가 많았다.

〈표 6-13〉 다문화가정자녀의 초·중·고등학교 재학생 자녀가 경험한 폭력의 종류 (단위: %)

구분별(1)	구분별(2)	초·중·고등학교 재학생 자녀가 경험한 폭력의 종류					
		폭언, 협박	따돌림(왕따)	강제 심부름	돈, 물건 갈취	폭행, 감금	SNS 폭언
전체	소계	61.9	33.4	3.0	5.0	7.8	11.4
성별	남성	64.9	21.2	4.0	4.3	10.7	15.7
	여성	58.8	46.2	1.9	5.7	4.7	6.8
연령	9~11세	62.8	31.8	4.0	6.8	10.5	6.9
	12~14세	58.3	28.0	0.4	3.0	0.9	25.1
	15~17세	68.8	46.8	3.0	0.4	8.3	9.1
	18~24세	29.6	70.4	0.0	0.0	1.7	0.0
성장 배경	국내에서만 성장	62.3	31.0	3.2	4.8	8.0	11.4
	외국 거주 경험	73.1	57.4	0.0	12.1	0.8	14.1
	외국에서 주로 성장	39.9	50.3	1.3	0.0	13.0	7.0
부모 출신 국적	중국	56.2	49.7	6.9	6.1	10.8	6.3
	중국(한국계)	69.3	29.4	1.7	5.9	1.3	9.8
	일본	64.0	28.0	0.0	5.8	9.3	12.9
	베트남	56.5	29.6	4.6	5.4	13.3	8.1
	필리핀	72.5	38.1	3.4	4.8	9.6	11.3
	미주, 유럽, 대양주	57.1	36.3	0.0	27.5	0.0	0.0

출처: 여성가족부(2019), 편집

이렇게 학교폭력을 당한 다문화가정의 자녀들은 어떻게 대처했을까? 〈표 6-14〉와 같이 '부모 등 가족에게 알렸다(46.0%)'고 응답한 경우가 가장 많았으며, '학교에 알렸다(33.6%)', '부당하다고 생각했지만 참았다(30.4%)' 등으로 나타났다. 그런데 주목해야 할 것은 '부모 등 가족에게 알렸다(46.0%)', '부당하다고 생각했지만 참았다(30.4%)', '별다른 생각 없이 그냥 넘어갔다(18.2%)' 등 참거나 소극적으로 대처하고 넘어가는 경우가 굉장히 많았다는 것이다.

남성은 '학교에 알렸다'고 응답한 경우가 여성에 비해 많았으며, 여성은 '부당하다고 생각했지만 참았다'는 경우가 남성에 비해 많았다. 초등학생에 해당하는 9~11세는 '학교에 알렸다'고 응답한 경우가 상대적으로 적었으며, 중학생에 해당하는 12~14세와 고등학생에 해당하는 15~17세는 '학교에 알렸다'고 응답한 경우가 상대적으로 많았다. 부모가 중국 출신인 다문화가정 자녀는 '학교에 알렸다'고 응답한 경우가 상대적으로 적었으며, 부모가 미주・유럽・대양주 출신인 다문화가정 자녀는 '부모 등 가족에게 알렸다'고 응답한 경우가 많았으며, 부모가 필리핀 출신인 다문화가정 자녀와 부모가 미주・유럽・대양주 출신인 다문화가정 자녀는 '부당하다고 생각했지만 참았다'고 응답한 경우가 상대적으로 많았다.

〈표 6-14〉 초 · 중 · 고등학교 재학생 자녀의 학교폭력 대응 방법 (단위: %)

구분별(1)	구분별(2)	초 · 중 · 고등학교 재학생 자녀의 학교폭력 대응 방법						
		학교에 알렸다	부모 등 가족에게 알렸다.	117 상담센터에 신고	경찰에 신고	친구나 선배들과 상의함	부당하다고 생각했지만 참았다	별다른 생각 없이 그냥 넘어갔다
전체	소계	33.6	46.0	5.5	4.0	8.8	30.4	18.2
성별	남성	41.2	45.5	8.8	5.5	8.1	24.2	20.3
	여성	25.5	46.6	2.1	2.4	9.5	36.9	16.0
연령	9~11세	27.5	47.1	6.5	2.5	6.2	33.3	14.1
	12~14세	46.8	49.2	4.8	5.7	13.2	25.9	20.0
	15~17세	41.8	35.1	2.3	4.1	14.0	28.0	35.6
	18~24세	13.0	38.3	0.0	34.8	4.4	2.6	23.5
성장 배경	국내에서만 성장	33.0	44.8	5.7	3.5	8.8	31.4	17.7
	외국 거주 경험	43.6	69.5	6.9	6.2	12.1	25.1	27.4
	외국에서 주로 성장	32.0	40.5	0.0	3.5	11.7	17.7	16.5
부모 출신 국적	중국	20.4	54.2	6.2	6.9	6.6	21.4	26.3
	중국(한국계)	43.4	53.8	8.1	7.1	10.3	21.2	25.0
	일본	45.1	44.3	0.0	0.0	21.4	22.4	20.4
	베트남	38.7	31.7	8.7	1.1	7.9	20.6	15.2
	필리핀	33.7	42.1	7.9	7.7	19.2	43.1	29.7
	미주, 유럽, 대양주	48.4	89.0	0.0	0.0	0.0	45.1	0.0

출처: 여성가족부(2019)

〈표 6-15〉에 의하면, 전체 학생들의 부적응 학업중단율보다 다문화가정의 자녀들이 학교에 적응하지 못해서 학업을 중단하는 경우가 많은 것으로 나타났다.

〈표 6-15〉 전체 학생 및 다문화 학생 학업중단율 (단위: %)

	2013	2014	2015	2016	2017
전체 학생	0.93 (0.53)	0.83 (0.45)	0.77 (0.41)	0.81 (0.43)	0.87 (0.47)
다문화 학생	1.03 (0.38)	1.01 (0.38)	0.85 (0.29)	0.88 (0.29)	1.17 (0.32)

※ 괄호 안은 부적응 관련 학업중단 (질병, 유학, 해외출국 제외)
출처: 교육부(2019), 2019년 다문화교육계획

(3) 정체성 혼란

〈표 6-16〉은 여성가족부에서 다문화가정의 청소년 자녀들이 어떤 고민을 하고 있는지 조사한 자료인데, '고민이 없다(37.2%)', '성적, 적성 등 학업에 대한 고민(31.2%)', '진로, 진학 및 직업에 대한 고민(25.0%)', '외모에 대한 고민(15.5%)', '친구와의 우정에 대한 고민(13.7%)' 등의 순으로 조사되었다. 이러한 결과를 볼 때, 다문화가정 자녀들도 한국인 출신 부모의 자녀들처럼 한국사회에서 살아가기 위한 다양한 고민과 노력을 하고 있다는 것을 알 수 있다.

〈표 6-16〉 다문화가정 청소년 자녀의 고민 유형 (단위: %)

구분별(1)	구분별(2)	다문화가정 청소년 자녀의 고민 유형						
		고민이 없다	외모	경제적 어려움(학비납부 등)	용돈 부족	공부(성적, 적성 등)	진로·진학 및 직업	친구(우정)
전체	소계	37.2	15.5	6.0	12.2	31.2	25.0	13.7
성별	남성	41.5	9.5	5.4	12.6	28.8	24.3	9.8
	여성	32.7	21.6	6.6	11.9	33.7	25.8	17.7
연령	9~11세	50.6	12.9	2.8	9.2	23.2	4.9	15.5
	12~14세	33.5	20.9	4.6	15.2	38.0	23.2	15.6
	15~17세	15.9	16.6	6.7	15.2	51.8	58.4	12.3
	18~24세	24.3	13.1	18.0	13.6	21.6	55.2	6.0
성장 배경	국내에서만 성장	38.1	15.9	5.4	12.2	31.9	23.6	14.2
	외국 거주 경험	34.8	14.4	7.8	13.7	26.7	29.7	9.2
	외국에서 주로 성장	29.5	11.7	10.5	11.3	29.8	35.8	14.5

출처: 여성가족부(2019)

그런데 다문화가정 자녀들의 경우, 이러한 청소년기의 고민과 더불어 자신의 정체성에 대해서 많은 고민을 한다. 한국 국적을 취득했다고 할지라도, 이국적인 외모와 부족한 한국어 실력을 가진 다문화가정의 자녀로써 여전히 편견과 차별이 존재하는 한국 사회에서 자신의 진정한 소속과 정체성을 고민하게 된다.

이러한 고민 속에서 〈표 6－17〉과 같이 부모님이 태어난 외국으로 유학을 희망하는 다문화 가정 자녀들이 있다. 왜냐하면 경쟁이 치열하고, 상대적으로 물가가 높고, 교육비용을 많이 지출해야 하는 한국 사회에서 다문화가정의 자녀로써 살아가는 것에 심한 부담을 느끼기 때문이다. 더불어 다문화 출신 부(모)의 국가에 대해서 알고 언어를 배움으로써 자기의 정체성을 찾고자 하는 열망도 가지고 있기 때문이다.

〈표 6-17〉 다문화가정 자녀의 부모님 나라로의 유학 희망 이유 (단위: %)

구분별(1)	구분별(2)	외국에서 태어난 부모님 나라로의 유학 희망 이유						
		한국의 학교공부가 어려워서	한국은 교육비가 많이 들어서	한국에서학교 생활이 어려워서(차별, 놀림 등)	부모님나라의 언어와 문화를 배우기 위해서	일자리를 구하기 쉬울 것 같아서	부모님 나라의 교육환경이 좋아서	기타
전체	소계	12.7	10.3	2.9	75.3	16.3	16.1	3.2
성별	남성	14.0	10.2	1.8	73.9	17.2	17.8	2.9
	여성	11.7	10.5	3.9	76.5	15.5	14.6	3.4
연령	9~11세	10.9	7.4	3.2	80.5	12.4	15.4	2.8
	12~14세	13.0	13.9	2.5	74.1	15.4	14.6	2.7
	15~17세	19.6	12.1	2.9	69.7	21.3	14.4	3.0
	18~24세	9.4	11.9	2.8	66.6	24.7	23.7	5.7
성장 배경	국내에서만 성장	11.1	10.4	2.7	80.3	15.4	14.2	2
	외국 거주 경험	11.3	6.5	2.6	68.8	19.3	27.9	4.9
	외국에서 주로 성장	27.7	14.9	5.1	43.9	19.5	16.1	3.5
	중국	10.7	7.7	1.8	81.5	11.9	7.9	3.6
	중국(한국계)	13.4	10.1	2.7	75.0	23.0	3.5	4.0
	일본	6.1	3.8	2.9	68.3	23.2	36.5	3.8
	베트남	14.9	7.3	2.7	86.5	17.0	3.6	1.1
	필리핀	18.9	19.6	3.2	73.6	10.6	12.8	3.4
	캄보디아	5.4	6.4	0.0	95.2	18.2	4.8	5.4
	미주, 유럽, 대양주	14.5	4.7	0.9	43.8	12.8	75.9	4.8

출처: 여성가족부(2019)

이렇게 정체성을 고민하는 다문화가정의 청소년들을 위해 정책을 계획하고 시행할 때, '강점 개발'의 측면에서 접근해야 한다. 즉, 한국어 실력이 부족한 사람이라고만 여길 것이 아니라, 한국인들이 제대로 구사하기 어려운 언어를 할 수 있는 사람으로 여겨야 한다. 한국 문화를 제대로 이해하지 못하는 사람으로 여길 것이 아니라, 한국인들이 깊이 경험하지 못한 문화를 깊이 경험한 사람으로 인정하여 다문화가정 자녀들이 가진 강점을 개발해 주어야 한다. 그래야 한국사회에서 자신의 역할과 정체성을 정립하고 살아갈 수 있으며, 이것이 급속히 다문화사회로 변해가는 한국 사회의 미래를 잘 준비하는 일이 될 것이다.

또한 주류를 이루고 있는 한국의 자국민들에게 다문화사회와 관련한 다양한 교육을 지속적으로 실시하여 편견과 차별을 없애가는 것이 필요하다. [그림 6-5]는 중앙다문화교육센터에서 '다문화교육 정책학교'와 '일반학교'에 다문화교육을 실시한 결과를 조사한 것이다. '일반학교'보다 꾸준히 다문화교육을 실시 해온 '다문화교육 정책학교'의 학생들이 다문화 또래 수용성, 세계시민의식, 다문화 통합성, 외국인 수용성 등이 더 높게 나타났다. 또한 다문화교육을 실시한 결과, '다문화교육 정책학교' 뿐만 아니라 '일반학교'에서도 전체적으로 다문화 의식이 향상되었음을 볼 수 있다. 따라서 이러한 다문화교육을 꾸준히 실시함으로써 편견과 차별을 없애고, 다문화 민감성과 수용성을 형성해 가는 것이 매우 중요하다.

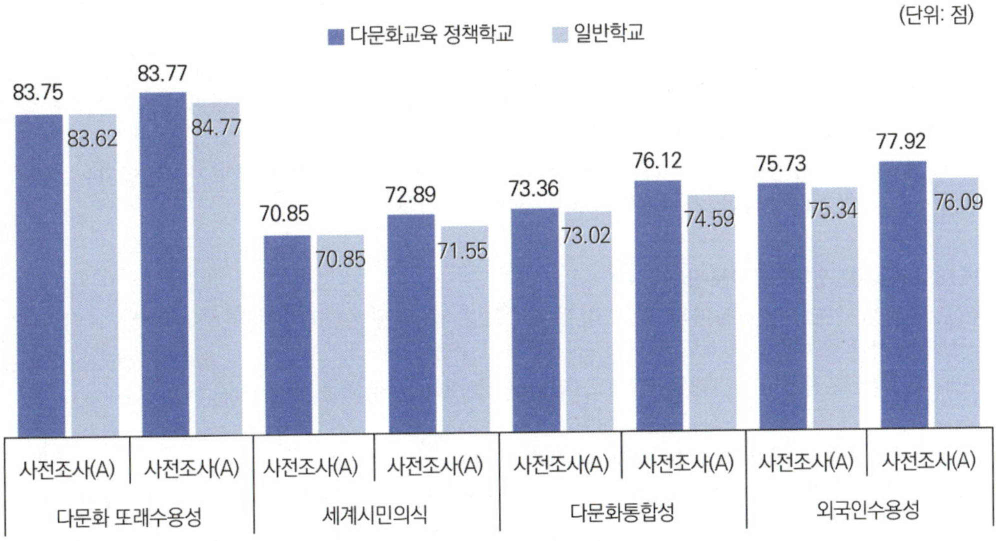

[그림 6-5] 다문화교육 실시 결과 조사

출처: 중앙다문화교육센터(2019)

3) 다문화가정 자녀와 관련한 법

한국 정부는 한국 청소년들의 교육을 지원하기 위하여 「초중등교육법」을 제정하여 시행하고 있는데, 여기에 다문화가정의 청소년들도 포함된다. 또한 다문화 학생을 포함한 학생들을 학교폭력으로부터 보호하고, 가해학생의 선도・교육 및 피해학생과 가해학생 간의 분쟁조정을 통하여 학생의 인권을 보호하고 학생을 건전한 사회구성원으로 육성하기 위해 「학교폭력예방 및 대책에 관한 법률」을 제정하여 시행하고 있다. 따라서 본 장에서는 「초중등교육법」과 「학교폭력예방 및 대책에 관한 법률」을 다문화가정 자녀와 관련된 부분을 중심으로 요약한다.

① 초중등교육법

〈표 6-18〉 초중등교육법

제1조 (목적) 이 법은 「교육기본법」 제9조에 따라 초・중등교육에 관한 사항을 정함을 목적으로 한다.

제2조 (학교의 종류) 초・중등교육을 실시하기 위하여 다음 각 호의 학교를 둔다.
1. 초등학교 2. 중학교・고등공민학교 3. 고등학교・고등기술학교
4. 특수학교 5. 각종학교

제10조의2 (고등학교 등의 무상교육) ① 제2조제3호에 따른 고등학교・고등기술학교 및 이에 준하는 각종학교의 교육에 필요한 다음 각 호의 비용은 무상(無償)으로 한다.
1. 입학금 2. 수업료 3. 학교운영지원비 4. 교과용 도서 구입비
② 제1항 각 호의 비용은 국가 및 지방자치단체가 부담하고, 학교의 설립자・경영자는 학생과 보호자로부터 이를 받을 수 없다.
③ 제1항 및 제2항에도 불구하고 대통령령으로 정하는 사립학교의 설립자・경영자는 학생과 보호자로부터 제1항 각 호의 비용을 받을 수 있다.

제18조의4 (학생의 인권보장 등)
① 학교의 설립자・경영자와 학교의 장은 「헌법」과 국제인권조약에 명시된 학생의 인권을 보장하여야 한다.
② 학생은 교직원 또는 다른 학생의 인권을 침해하는 행위를 하여서는 아니 된다.

제28조 (학업에 어려움을 겪는 학생에 대한 교육)
① 국가와 지방자치단체는 다음 각 호의 구분에 따른 학생들(이하 "학업에 어려움을 겪는 학생"이라 한다)을 위하여 대통령령으로 정하는 바에 따라 수업일수와 교육과정을 신축적으로 운영하는 등 교육상 필요한 시책을 마련하여야 한다.

1. 성격장애나 지적(知的) 기능의 저하 등으로 인하여 학습에 제약을 받는 학생 중 「장애인 등에 대한 특수교육법」 제15조에 따른 학습장애를 지닌 특수교육대상자로 선정되지 아니한 학생
2. 학업 중단 학생
3. 학업 중단의 징후가 발견되거나 학업 중단의 의사를 밝힌 학생 등 학업 중단 위기에 있는 학생

제60조 (각종학교) ① “각종학교”란 제2조제1호부터 제4호까지의 학교와 유사한 교육기관을 말한다.
② 각종학교는 그 학교의 이름에 제2조제1호부터 제4호까지의 학교와 유사한 이름을 사용할 수 없다. 다만, 관계 법령에 따라 학력이 인정되는 각종학교(제60조의2에 따른 외국인학교와 제60조의3에 따른 대안학교를 포함한다)는 그러하지 아니하다.
③ 각종학교의 수업연한, 입학자격, 학력인정, 그 밖에 운영에 필요한 사항은 교육부령으로 정한다.

제60조의2 (외국인학교) ① 외국에서 일정기간 거주하고 귀국한 내국인 중 대통령령으로 정하는 사람, 「국적법」 제4조에 따라 국적을 취득한 자의 자녀 중 해당 학교의 장이 대통령령으로 정하는 기준과 절차에 따라 학업을 지속하기 어렵다고 판단한 사람, 외국인의 자녀를 교육하기 위하여 설립된 학교로서 각종학교에 해당하는 학교(이하 “외국인학교”라 한다)에 대하여는 제7조, 제9조, 제11조, 제11조의2, 제12조부터 제16조까지, 제21조, 제23조부터 제26조까지, 제28조, 제29조, 제30조의2, 제30조의3, 제31조, 제31조의2, 제32조부터 제34조까지 및 제34조의2를 적용하지 아니한다.
② 외국인학교는 유치원 · 초등학교 · 중학교 · 고등학교의 과정을 통합하여 운영할 수 있다.
③ 외국인학교의 설립기준, 교육과정, 수업연한, 학력인정, 그 밖에 설립 · 운영에 필요한 사항은 대통령령으로 정한다.

제60조의3 (대안학교) ① 학업을 중단하거나 개인적 특성에 맞는 교육을 받으려는 학생을 대상으로 현장 실습 등 체험 위주의 교육, 인성 위주의 교육 또는 개인의 소질 · 적성 개발 위주의 교육 등 다양한 교육을 하는 학교로서 각종학교에 해당하는 학교(이하 “대안학교”라 한다)에 대하여는 제21조제1항, 제23조제2항 · 제3항, 제24조부터 제26조까지, 제29조 및 제30조의4부터 제30조의7까지를 적용하지 아니한다.
② 대안학교는 초등학교 · 중학교 · 고등학교의 과정을 통합하여 운영할 수 있다.
③ 대안학교의 설립기준, 교육과정, 수업연한, 학력인정, 그 밖에 설립 · 운영에 필요한 사항은 대통령령으로 정한다.

제60조의4 (교육비 지원) ① 국가 및 지방자치단체는 다음 각 호의 어느 하나에 해당하는 학생에게 입학금, 수업료, 급식비 등 대통령령으로 정하는 비용(이하 “교육비”라 한다)의 전부 또는 일부를 예산의 범위에서 지원할 수 있다. [개정 2014.12.30 제12933호(국민기초생활 보장법)] [시행일 2015.7.1]
1. 본인 또는 그 보호자가 「국민기초생활 보장법」 제12조제3항 및 제12조의2에 따른 수급권자인 학생

2. 「한부모가족지원법」 제5조에 따른 보호대상자인 학생
3. 그 밖에 가구 소득 등을 고려하여 교육비 지원이 필요하다고 인정되는 학생으로서 대통령령으로 정하는 학생
② 제1항에 따른 교육비 지원은 소득 수준과 거주 지역 등에 따라 지원의 내용과 범위를 달리할 수 있다.
③ 「국민기초생활 보장법」, 「한부모가족지원법」 등 다른 법령에 따라 제1항과 동일한 내용의 지원을 받고 있는 경우에는 그 범위에서 제1항에 따른 교육비 지원을 하지 아니한다.

출처: '초중등교육법', 요약 발췌

② 학교폭력예방 및 대책에 관한 법률

〈표 6-19〉 학교폭력예방 및 대책에 관한 법률

제1조 (목적) 이 법은 학교폭력의 예방과 대책에 필요한 사항을 규정함으로써 피해학생의 보호, 가해학생의 선도·교육 및 피해학생과 가해학생 간의 분쟁조정을 통하여 학생의 인권을 보호하고 학생을 건전한 사회구성원으로 육성함을 목적으로 한다.

제2조(정의) 이 법에서 사용하는 용어의 정의는 다음 각 호와 같다.
1. "학교폭력"이란 학교 내외에서 학생을 대상으로 발생한 상해, 폭행, 감금, 협박, 약취·유인, 명예훼손·모욕, 공갈, 강요·강제적인 심부름 및 성폭력, 따돌림, 사이버 따돌림, 정보통신망을 이용한 음란·폭력 정보 등에 의하여 신체·정신 또는 재산상의 피해를 수반하는 행위를 말한다.
2. "학교"란 「초·중등교육법」 제2조에 따른 초등학교·중학교·고등학교·특수학교 및 각종학교와 같은 법 제61조에 따라 운영하는 학교를 말한다.

제3조(해석·적용의 주의의무) 이 법을 해석·적용하는 경우 국민의 권리가 부당하게 침해되지 아니하도록 주의하여야 한다.

제4조(국가 및 지방자치단체의 책무)
① 국가 및 지방자치단체는 학교폭력을 예방하고 근절하기 위하여 조사·연구·교육·계도 등 필요한 법적·제도적 장치를 마련하여야 한다.
② 국가 및 지방자치단체는 청소년 관련 단체 등 민간의 자율적인 학교폭력 예방활동과 피해학생의 보호 및 가해학생의 선도·교육활동을 장려하여야 한다.
③ 국가 및 지방자치단체는 제2항에 따른 청소년 관련 단체 등 민간이 건의한 사항에 대하여는 관련 시책에 반영하도록 노력하여야 한다.
④ 국가 및 지방자치단체는 제1항부터 제3항까지의 규정에 따른 책무를 다하기 위하여 필요한 행정적·재정적 지원을 하여야 한다. 〈개정 2012. 3. 21.〉

제6조(기본계획의 수립 등)
① 교육부장관은 이 법의 목적을 효율적으로 달성하기 위하여 학교폭력의 예방 및 대책에

관한 정책 목표 · 방향을 설정하고, 이에 따른 학교폭력의 예방 및 대책에 관한 기본계획(이하 "기본계획"이라 한다)을 제7조에 따른 학교폭력대책위원회의 심의를 거쳐 수립 · 시행하여야 한다.

② 기본계획은 다음 각 호의 사항을 포함하여 5년마다 수립하여야 한다. 이 경우 교육부장관은 관계 중앙행정기관 등의 의견을 수렴하여야 한다.

1. 학교폭력의 근절을 위한 조사 · 연구 · 교육 및 계도
2. 피해학생에 대한 치료 · 재활 등의 지원
3. 학교폭력 관련 행정기관 및 교육기관 상호 간의 협조 · 지원
4. 제14조제1항에 따른 전문상담교사의 배치 및 이에 대한 행정적 · 재정적 지원
5. 학교폭력의 예방과 피해학생 및 가해학생의 치료 · 교육을 수행하는 청소년 관련 단체(이하 "전문단체"라 한다) 또는 전문가에 대한 행정적 · 재정적 지원
6. 그 밖에 학교폭력의 예방 및 대책을 위하여 필요한 사항

제7조(학교폭력대책위원회의 설치 · 기능) 학교폭력의 예방 및 대책에 관한 다음 각 호의 사항을 심의하기 위하여 국무총리 소속으로 학교폭력대책위원회(이하 "대책위원회"라 한다)를 둔다.

제9조(학교폭력대책지역위원회의 설치)

① 지역의 학교폭력 문제를 해결하기 위하여 시 · 도에 학교폭력대책지역위원회(이하 "지역위원회"라 한다)를 둔다.

제12조(학교폭력대책심의위원회의 설치 · 기능)

① 학교폭력의 예방 및 대책에 관련된 사항을 심의하기 위하여 학교폭력대책심의위원회(이하 "심의위원회"라 한다)를 둔다.

② 심의위원회는 학교폭력의 예방 및 대책 등을 위하여 다음 각 호의 사항을 심의한다.

1. 학교폭력의 예방 및 대책
2. 피해학생의 보호
3. 가해학생에 대한 교육, 선도 및 징계
4. 피해학생과 가해학생 간의 분쟁조정
5. 그 밖에 대통령령으로 정하는 사항

③ 심의위원회는 해당 지역에서 발생한 학교폭력에 대하여 조사할 수 있고 학교장 및 관할 경찰서장에게 관련 자료를 요청할 수 있다.

제13조의2(학교의 장의 자체해결)

① 제13조제2항제4호 및 제5호에도 불구하고 피해학생 및 그 보호자가 심의위원회의 개최를 원하지 아니하는 다음 각 호에 모두 해당하는 경미한 학교폭력의 경우 학교의 장은 학교폭력사건을 자체적으로 해결할 수 있다. 이 경우 학교의 장은 지체 없이 이를 심의위원회에 보고하여야 한다.

1. 2주 이상의 신체적 · 정신적 치료가 필요한 진단서를 발급받지 않은 경우
2. 재산상 피해가 없거나 즉각 복구된 경우
3. 학교폭력이 지속적이지 않은 경우

4. 학교폭력에 대한 신고, 진술, 자료제공 등에 대한 보복행위가 아닌 경우

② 학교의 장은 제1항에 따라 사건을 해결하려는 경우 다음 각 호에 해당하는 절차를 모두 거쳐야 한다.

1. 피해학생과 그 보호자의 심의위원회 개최 요구 의사의 서면 확인
2. 학교폭력의 경중에 대한 제14조제3항에 따른 전담기구의 서면 확인 및 심의

제14조(전문상담교사 배치 및 전담기구 구성)

① 학교의 장은 학교에 대통령령으로 정하는 바에 따라 상담실을 설치하고, 「초·중등교육법」 제19조의2에 따라 전문상담교사를 둔다.

③ 학교의 장은 교감, 전문상담교사, 보건교사 및 책임교사(학교폭력문제를 담당하는 교사를 말한다), 학부모 등으로 학교폭력문제를 담당하는 전담기구(이하 "전담기구"라 한다)를 구성한다. 이 경우 학부모는 전담기구 구성원의 3분의 1 이상이어야 한다.

④ 학교의 장은 학교폭력 사태를 인지한 경우 지체 없이 전담기구 또는 소속 교원으로 하여금 가해 및 피해 사실 여부를 확인하도록 하고, 전담기구로 하여금 제13조의2에 따른 학교의 장의 자체해결 부의 여부를 심의하도록 한다.

제16조(피해학생의 보호)

① 심의위원회는 피해학생의 보호를 위하여 필요하다고 인정하는 때에는 피해학생에 대하여 다음 각 호의 어느 하나에 해당하는 조치를 할 것을 교육장에게 요청할 수 있다. 다만, 학교의 장은 학교폭력사건을 인지한 경우 피해학생의 반대의사 등 대통령령으로 정하는 특별한 사정이 없으면 지체 없이 가해자(교사를 포함한다)와 피해학생을 분리하여야 하며, 피해학생이 긴급보호를 요청하는 경우에는 제1호, 제2호 및 제6호의 조치를 할 수 있다. 이 경우 학교의 장은 심의위원회에 즉시 보고하여야 한다.

1. 학내외 전문가에 의한 심리상담 및 조언
2. 일시보호
3. 치료 및 치료를 위한 요양
4. 학급교체
5. 삭제 〈2012. 3. 21.〉
6. 그 밖에 피해학생의 보호를 위하여 필요한 조치

② 심의위원회는 제1항에 따른 조치를 요청하기 전에 피해학생 및 그 보호자에게 의견진술의 기회를 부여하는 등 적정한 절차를 거쳐야 한다.

③ 제1항에 따른 요청이 있는 때에는 교육장은 피해학생의 보호자의 동의를 받아 7일 이내에 해당 조치를 하여야 한다.

④ 제1항의 조치 등 보호가 필요한 학생에 대하여 학교의 장이 인정하는 경우 그 조치에 필요한 결석을 출석일수에 포함하여 계산할 수 있다.

⑤ 학교의 장은 성적 등을 평가하는 경우 제3항에 따른 조치로 인하여 학생에게 불이익을 주지 아니하도록 노력하여야 한다.

⑥ 피해학생이 전문단체나 전문가로부터 제1항제1호부터 제3호까지의 규정에 따른 상담 등을 받는 데에 사용되는 비용은 가해학생의 보호자가 부담하여야 한다. 다만, 피해학생의 신속한 치료를 위하여 학교의 장 또는 피해학생의 보호자가 원하는 경우에는 「학교안전사고 예방 및 보상에 관한 법률」 제15조에 따른 학교안전공제회 또는 시·도교육청이 부담하

고 이에 대한 상환청구권을 행사할 수 있다.
⑦ 학교의 장 또는 피해학생의 보호자는 필요한 경우 「학교안전사고 예방 및 보상에 관한 법률」 제34조의 공제급여를 학교안전공제회에 직접 청구할 수 있다.

제17조(가해학생에 대한 조치)
① 심의위원회는 피해학생의 보호와 가해학생의 선도 · 교육을 위하여 가해학생에 대하여 다음 각 호의 어느 하나에 해당하는 조치(수 개의 조치를 동시에 부과하는 경우를 포함한다)를 할 것을 교육장에게 요청하여야 하며, 각 조치별 적용 기준은 대통령령으로 정한다. 다만, 퇴학처분은 의무교육과정에 있는 가해학생에 대하여는 적용하지 아니한다.
1. 피해학생에 대한 서면사과
2. 피해학생 및 신고 · 고발 학생에 대한 접촉, 협박 및 보복행위의 금지
3. 학교에서의 봉사
4. 사회봉사
5. 학내외 전문가에 의한 특별 교육이수 또는 심리치료
6. 출석정지
7. 학급교체
8. 전학
9. 퇴학처분

② 제1항에 따라 심의위원회가 교육장에게 가해학생에 대한 조치를 요청할 때 그 이유가 피해학생이나 신고 · 고발 학생에 대한 협박 또는 보복 행위일 경우에는 같은 항 각 호의 조치를 동시에 부과하거나 조치 내용을 가중할 수 있다.
③ 제1항제2호부터 제4호까지 및 제6호부터 제8호까지의 처분을 받은 가해학생은 교육감이 정한 기관에서 특별교육을 이수하거나 심리치료를 받아야 하며, 그 기간은 심의위원회에서 정한다.

출처: '학교폭력예방 및 대책에 관한 법률', 요약 발췌

4) 다문화가정 자녀에 대한 정책과 지원

(1) 다문화가정 자녀 정책의 추진 체계

한국 정부는 국무총리를 위원장으로 하여 여성가족부, 교육부, 보건복지부, 문화체육관광부, 법무부 등 각 처 장관과 민간 위원 등 총 20명으로 구성된 '다문화가족정책위원회'를 운영하고 있으며, 이곳에서 다문화가족 정책을 심의 조정하고 있다.

'여성가족부'의 다문화가정 자녀 지원정책은 '다문화가족 지원정책'과 '청소년 정책'이라는 두 가지 축으로 이루어진다. '다문화가족 지원정책'은 다문화가족지원센터를

중심으로 다문화 인식 개선 및 생활 안정에 대해 전반적인 정착 지원을 하고 있다. 여기에 다문화가정의 자녀에 대한 프로그램도 포함되어 있으며, 주로 학령기 이전의 다문화가정의 자녀를 대상으로 한다. '청소년 정책'은 이주배경청소년지원재단을 통해 다문화가정 자녀와 북한이탈주민 청소년에 대한 상담 및 교육(레인부오 스쿨)을 지원하고 있다.

'교육부'는 2006년 5월에 다문화가정 자녀들의 교육소외 방지대책 마련 및 다문화가정 구성원의 인적자원개발 방안 모색을 위해 '다문화가정 자녀 교육지원대책'을 수립하며 본격적으로 다문화가정의 아동 및 청소년을 지원하고 있다. 이 대책은 결혼이민자 가정 자녀와 외국인근로자 자녀 모두를 정책의 대상으로 여기되, 서로 다른 처지에 있는 현실적인 여건에 맞게 다양한 프로그램을 운영하고 있다.

또한 '교육부'는 한국 사회의 다문화가정 자녀들이 점차 학령기에 접어들고 있고, 중도입국 청소년들이 증가함에 따라 이들이 한국의 공교육에 적응하여 교육을 받을 수 있는 방안을 마련하기 위해, 2012년에 '다문화학생 교육 선진화방안'을 발표하여 정책을 추진하고 있다. 주요내용은 '다문화학생 공교육 진입 지원을 위한 예비학교 및 다문화코디네이터 운영', '한국어 교육과정(KSL) 도입 및 기초학력 책임지도 강화', '다문화학생과 일반학생이 함께 배우는 이중언어교육 강화', '다문화학생 진로・진학 지도 강화', '다문화 친화적 학교환경 조성', '일반 학생과 학부모에 대한 지원 강화' 등이다. 이밖에도 교육부 산하기관인 국가평생교육진흥원에서 '중앙다문화교육센터'를 운영하여 다문화교육 및 정책 연구와 관련된 허브기능을 수행한다.

'보건복지부'는 기존의 복지지원체계에서 다문화가정을 지원하는 방향으로 정책을 수립하고 있다. 즉, 결혼이민자를 위해 정신보건 서비스를 지원하며, 다문화가정 자녀의 보육료를 지원하고, 다문화가정의 저소득층 자녀들에게 빈곤 아동 보건, 복지, 보육을 위한 맞춤형 통합 지원 서비스 사업인 '드림스타트 사업'을 통해서 지원받을 수 있게 한다.

'법무부'는 결혼이민자, 외국인근로자, 기타 외국인, 중도입국 자녀를 포함한 다문화가정의 자녀 등과 관련한 출입국 관련 업무를 담당하고 있다. 이 과정에서 교육부, 여성가족부 등과 협력체계를 구축하여 다문화가정 자녀들이 필요한 지원을 받을 수 있도록 안내하고 있다.

'문화체육관광부'는 도서관, 박물관, 지역 문화센터 등을 활용하여 일반 국민들에게 문화적인 다양성과 수용성을 갖게 하며, 다문화가정 자녀를 위한 독서진흥콘텐츠 제작과 이주민 자녀들을 위한 '한국어 교육과정(KSL)'을 개발하고 있다.

(2) 다문화가정 자녀를 위한 지원 기관

① 다문화가족지원센터

다문화가족지원센터는 전국 각 지역에 218개가 소재하여 다문화가족이 가장 편리하게 상담 및 지원을 받을 수 있는 기관으로써, 다문화가정의 자녀를 포함한 다문화가족의 안정적인 정착과 가족생활을 지원하기 위한 종합 서비스를 제공한다. 다문화가정 자녀를 대상으로 하는 주요 프로그램은 〈표 6-20〉과 같다.

〈표 6-20〉 다문화가족지원센터의 다문화가정 자녀 대상 프로그램

프로그램	구체적인 지원 내용 및 이용대상
한국어 교육	지원 내용: 수준별 정규 한국어 교육(1~4단계, 각 100시간) 및 진학반, 취업대비반 등 지역별 특성에 따른 심화과정(특별반)운영 이용대상: 결혼이민자, 중도입국자녀 (비용 무료)
통역 · 번역	지원 내용: 베트남어, 중국어, 영어, 타갈로그어, 몽골어, 태국어, 러시아어, 인도네시아어, 캄보디아어, 일본어, 네팔어 등 센터별 1~4개 언어로 통역 · 번역서비스 지원 이용 대상: 다문화가족, 다문화가족을 직 · 간접적으로 지원하는 개인 또는 기관 (비용 무료)
상담 및 사례관리	지원 내용: 심리검사, 법률상담, 위기가족 긴급지원, 외부상담기관 연계 등 다문화가족 구성원 간 관계 증진을 위한 상담 및 사례관리 서비스 제공 (비용 무료)
다문화가족 자녀 언어발달 지원	지원 내용: 다문화가족 자녀의 언어발달을 위한 언어발달정도 평가, 언어교육, 부모 상담 및 교육방법 안내 등 서비스 이용대상: 만 12세 이하 다문화가족 자녀 / 1회(6개월) 원칙 (비용 무료)
방문교육 (자녀생활)	지원 내용: 독서코칭, 숙제지도 등 자녀생활서비스 제공 이용 대상: 만 3세~만 12세 이하 다문화가족 자녀, 중도입국자녀 비용: 소득기준에 따라 무료 또는 차등 부담 지원기간: 1회(10개월) 원칙
다문화가족 이중언어 환경조성	지원 내용: 가정 내 이중언어 사용을 위한 인식개선 교육 및 부모-자녀 상호작용(놀이, 동화 · 동요 등의 활용방법) 코칭 서비스 등 제공 이용 대상: 영유아 자녀를 둔 다문화가족 비용 무료

② 이주배경청소년지원재단

2006년 4월 24일에 개소한 '이주배경청소년지원재단'은 청소년복지지원법 제18조에 따른 이주배경청소년(탈북청소년, 다문화청소년, 중도입국청소년 등)을 지원하고

더불어 살아가는 다문화사회를 만들어가는 비영리 재단법인으로서 여성가족부의 지원을 받아 운영 중이다.

이주배경청소년과 함께 만드는 공존과 통합의 다문화 한국 사회 실현을 비전으로 한다. 청소년 인권 보호, 지역에 기반한 이주배경청소년 정착 · 통합지원, 청소년 다문화 역량 강화, 다문화사회를 선도하는 청소년 정책 개발 및 제언을 목적으로 한다. 이를 위해 이주배경청소년 지원 및 역량개발, 청소년의 다문화 감수성 제고, 정책 및 프로그램 개발을 시행하고 있다.

이 재단에서 실행하는 주요 사업은 5가지로 구분할 수 있다. 첫째, '초기 지원 사업'이다. 입국 초기 중도입국청소년들(제3국 출생 탈북청소년 포함)에게 한국사회에 대한 기본 정보, 한국어 교육, 사회적 관계 향상 및 심리정서지원 프로그램 등을 제공하고 정규교육과정으로의 편입학을 지원한다. 전국 16개 광역시도 지역에서 연간 1,400명 규모로 운영하고 있는 레인보우스쿨(전일제/시간제, 38주 과정), 중도입국청소년(제3국 출생 탈북청소년 포함)의 특성을 고려한 단계별 · 맞춤형 진로교육인 '무지개 잡(Job)아라'를 운영한다. 또한 사회진출을 희망하는 만 16세부터 24세까지의 이주배경청소년에게 바리스타, 제과제빵사, 메이크업아티스트 등의 전문 직업훈련과 자격증 취득 대비 교육을 실시하는 '내-일을 잡아라'라는 직업교육 프로그램을 전국 5개소에서 운영 중이다. 또한 이 과정을 수료하고 자격증을 취득한 이주배경청소년들이 주도적으로 운영해 볼 수 있는 '다톡다톡카페'를 운영하고 있다.

둘째, '통합지원 사업'이다. 하나원 하나둘학교 청소년반 소속 탈북청소년을 대상으로 1박 2일 동안 기초생활 및 경제생활 체험, 대중교통 이용, 교육기관 탐방, 문화체험 등 실생활 위주의 체험활동을 하는 '비교문화체험학습'을 운영하고 있으며, 초기 정착에 대한 불안감과 스트레스를 해소할 수 있도록 다양한 문화스포츠 활동을 하는 '동기야! 놀자!'라는 프로그램을 운영한다. 이주배경청소년의 안정적인 한국생활 정착과 건강한 사회구성원으로서의 성장을 지원하기 위해 전문적인 상담 서비스 및 사례관리를 제공하는 '마음 솔솔'을 운영 중이다. 서비스의 사각지대에 놓여 있거나 긴급한 상황에 처한 이주배경청소년의 경우에는 '찾아가는 상담'을 진행하고 있으며, 필요시 기관 연계 및 '다톡다톡(多talk茶talk)' 심리치료비 지원 연계도 실시하고 있다. 공통의 심리 · 정서적인 어려움을 겪고 있는 또래의 이주배경청소년들이 자신을 이해하고 대인관계능력을 향상시킬 수 있도록 돕는 집단상담 프로그램인 '마음돋보기'를 운영한다. 이밖에도 이주배경청소년에게 다양한 프로그램을 소개해 주고, 필요한 생활정보,

체류(비자, 귀화 등), 정착(진로, 직업, 취업 등), 교육(자격증, 진학 등) 등에 관해 1:1로 맞춤형 정보를 제공하고 있다. (중국어 지원 가능)

셋째, '인식개선 사업'이다. 청소년들이 다양한 문화적 환경에서 타인과 조화롭게 관계를 맺고 소통할 수 있는 핵심역량을 기르는 청소년 다문화감수성 증진 프로그램인 '다가감'을 전국 초중등학교 및 청소년 기관에서 운영하고 있다. 수도권에 거주하는 이주배경청소년과 대학생 멘토를 1:1 결연하여 교육 격차 해소 및 심리·정서적 안정을 지원하며, 비수도권 지역 이주배경청소년들에게 3개의 위탁기관(강원남부하나센터, 평택대다문화가족센터, 부산참글로벌센터)을 통해 교육 기회의 균등을 지원하는 '이주배경청소년 멘토링'을 운영 중이다. 매년 8월경에 이주배경청소년들과 일반청소년들이 함께 어울리면서 서로를 이해할 수 있는 이주배경청소년 통합캠프를 실시한다.

그밖에도 '연수 개발 사업'으로 '이주배경청소년 전문가 교육과정', '청소년활동가 양성 프로젝트', '이주배경청소년 기초연구 및 정책토론회'를 운영 중이며, '외부 사업'으로 여러 기업과 연계하여 '상담 및 심리 치유', '진로 지원', '장학금 지원 사업'을 실시하고 있다.

③ 다문화 대안학교

현재 다문화가정 자녀들을 지원하기 위한 다문화대안학교가 많이 설립되어 운영 중이다. 중도입국 자녀, 북한이탈주민 자녀를 포함한 다문화가정 자녀를 대상으로 하는 주요 대안학교는 〈표 6-21〉과 같으며, 이밖에도 다양한 학교 및 민간단체에서 다문화가정 자녀들을 지원하고 있다.

〈표 6-21〉 다문화가정 자녀를 대상으로 하는 주요 대안학교

학교명	지역	특이 사항
인천 한누리학교	인천 논현동	초, 중, 고 통합 기숙형 공립 다문화학교
해밀학교	강원 홍천군	다문화 자녀 60%와 일반 자녀 40%, 중등과정 기숙형 대안학교, 무상교육
광주새날학교	광주 삼도동	중도입국 청소년들을 위한 기숙형 다문화학교
부천새날학교	경기도 부천시	중도입국 청소년들을 위한 다문화학교
부산다문화국제학교	부산 초량3동	중도입국자 대안학교

학교명	지역	특이 사항
다애다문화학교	서울 수서동	한국어 교육 및 다양한 문화체험
다문화 국제학교	경기도 포천시	다문화가정 자녀들을 대상으로 중고등학교 통합 운영
아시아공동체학교	부산 문현동	다문화 청소년 및 비다문화 청소년 통합 운영
우리들학교	서울 신사동	탈북 다문화 청소년 대안학교
다음세대학교	전북 군산시	다양한 배경의 다문화가정 자녀들을 교육
셋넷학교	전북 남원시	탈북 청소년 적응교육과 남북청소년 교류
글로벌국제학교	부산 전포동	중도입국자 중학교급 부산교육청 위탁교육기관
행복한학교	경기 오산시	경기도교육청 위탁형 다문화대안학교
예나예술종합학교	경기 포천시	다문화가정 자녀를 위한 예술형 대안학교
드림학교	충남 천안시	탈북청소년 대안학교
여명학교	서울시 남산동	탈북청소년 대안학교
해솔직업사관학교	강원 춘천시	탈북청소년을 위한 직업교육 대안학교
하늘꿈학교	경기 성남시	탈북청소년 기숙형 대안학교
두리나하국제학교	서울 방배동	탈북청소년 대안학교
한꿈학교	경기 의정부시	탈북 청소년 대안학교
셋넷학교	강원 원주시	탈북청소년 기초학습, 진로교육 대안학교

• 다문화대안학교 '새날학교'(광주광역시) 전경

• 다문화대안학교 '새날학교'(광주광역시)의 오케스트라 – 다문화대안학교는 다양한 문화를 가진 학생들이 함께 모여 있다. 이런 다문화가정의 자녀들에게 다양한 악기들이 모여서 아름다운 화음을 이루는 오케스트라를 통해서 공존의 의미와 자기의 역할 및 정체성을 느끼게 한다.

• 다문화대안학교 '새날학교'(광주광역시)의 현관에 있는 교육목표(큰 꿈을 이루는 삶, 세계를 변화시키는 삶, 다문화를 포용하는 삶), 학교장 경영관, 학교연혁

• 다문화대안학교 '새날학교'(광주광역시)의 행사활동, 체험활동, 교육활동, 동아리 활동 게시판

• 다문화대안학교 '새날학교'(광주광역시)의 태권도 수업 - 다문화대안학교는 다양한 언어와 문화를 가진 학생들이 함께 모여 있기 때문에 언어가 잘 통하지 않아도 함께 할 수 있으며, 자연스럽게 친해질 수 있는 체육(운동, 활동) 수업이 매우 중요하다.

• 다문화대안학교 '새날학교'(광주광역시)의 교실 현관 - 중도입국자 자녀들을 위해 설립된 다문화대안학교인만큼 각 나라의 언어별로 교실이 구분되어 있어서 효과적으로 도움을 줄 수 있다.

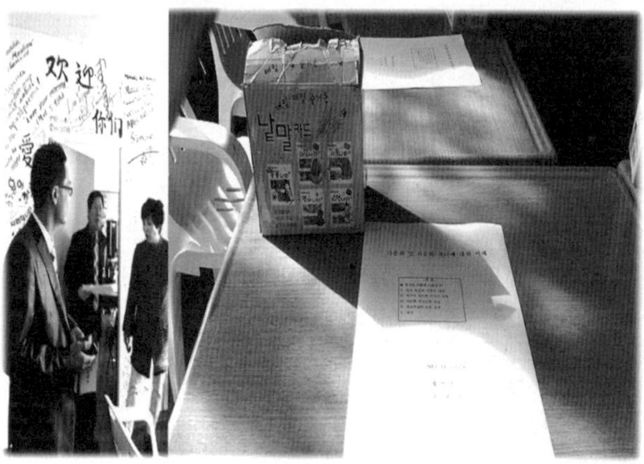

• 다문화대안학교 '새날학교'(광주광역시)에서 학생들에게 한글을 가르칠 때 활용하는 낱말카드 & 새날학교에 대해서 친절하게 설명해 주시는 선생님들

Ⅲ

다문화 이주자 국가에 대한 소개

제7장 동북아시아: 중국, 일본, 몽골, 러시아

제8장 동남아시아: 베트남, 필리핀, 태국, 캄보디아

제9장 기타: 미국, 영국, 프랑스, 호주

제 7 장

동북아시아: 중국, 일본, 몽골, 러시아

동북아시아(東北亞-, Northeast Asia)란 아시아의 동북부 지역을 말한다. 좁은 의미로는 한국, 중국, 일본 3개국을 가리키며, 넓은 의미로는 몽골, 러시아의 극동 지역 및 시베리아를 포함한다.

동북아시아의 대표적인 국가인 한국, 중국, 일본은 오랫동안 갈등과 전쟁의 역사를 만들어 왔으며, 현재도 국가 간 긴장관계를 형성하고 있다. 하지만 세계 인구의 1/4이 거주하는 동북아시아는 오늘날 세계에서 가장 역동적으로 경제가 발전하는 지역이 되었고, 최근 중국의 경제가 급성장함에 따라 동북아시아의 세계 경제에 대한 영향력은 앞으로도 계속해서 더욱 커질 것으로 전망된다.

또한 현재 한국에 있는 결혼이민자 가운데 한국계를 포함한 중국 출신들이 가장 많으며, 일본과 몽골도 상당히 많다. 외국인근로자도 중국인들이 가장 많다, 또한 러시아는 일제 강점기 때 한국의 선조들이 이주를 가서 '카레이스키'라고 불릴 정도로 한국과 관계가 깊은 국가이며, 최근 러시아인들의 유입도 많이 늘어나고 있다. 따라서 '중국, 일본, 몽골, 러시아'를 파악하고, 이들의 문화를 이해하는 것이 필요하다, 본 장에서는 다음과 같은 목표를 가지고 동북아시아의 국가들에 대한 구체적인 내용을 살펴보고자 한다.

단원목표

1. 중국, 일본, 몽골, 러시아의 국가에 대해 이해하고, 역사와 국경일을 파악한다.
2. 중국, 일본, 몽골, 러시아의 주요 산업을 파악한다.
3. 중국, 일본, 몽골, 러시아의 주요 인물을 파악한다.
4. 중국, 일본, 몽골, 러시아의 전통문화(전통놀이, 전통의복, 음식) 및 생활 관습과 예절을 파악한다.

1) 중국

(1) 중국 국가에 대한 소개

공식명칭	중화 인민 공화국(People's Republic Of China)
수도	베이징
언어	중국어 (소수민족어, 방언 등을 포함하여 약 130여 가지나 되지만, 전체인구의 약 70%가 베이징어를 사용함)
면적	약 959만㎢ (한반도의 43.455배)
인구	약 141,504만 명 (세계 1위)
인종	한족(92%) 및 55개의 소수 민족
종교	사회주의국가로써 종교생활을 엄격히 금지하고 있지만, 약 30% 정도는 기독교, 불교, 도교, 이슬람교, 천주교 등의 종교생활을 함)
경제	GDP: 약 14조 1,401억 달러 (세계 2위)
통화	런민비(위안(元)) / 1CNY=165.61원
기후	중국은 영역이 넓고 지형이 복잡해 다양한 기후대가 존재한다. 북쪽에서 남쪽으로 내려갈수록 한온대, 온대, 아열대, 열대의 순으로 위도에 따라 기후대가 다르게 나타나며, 남북의 기온차가 크다. 베이징은 사계절이 분명한 온난대륙성 기후 특징을 지닌다. 가장 더운 7월에는 40℃가 넘는 날도 있고, 1월 평균기온은 -4℃이다. '상하이'는 온난습윤 기후에 속하며 봄, 가을이 짧고 여름은 비교적 긴 편이며, 1월 평균기온 4℃, 7월 평균기온 28℃ 정도이다. 남부의 '하이난'은 아열대 기후로 연평균 24℃의 따듯한 기후를 지닌다.

(2) 중국의 주요 역사

부족시대 ⇒ 하(夏) ⇒ 은(殷: 최초의 중국 국가. 갑골문의 발굴로 존재 증명) ⇒ 주(西周) ⇒ 춘추 시대(東周: 대혼란기) ⇒ 전국 시대 ⇒ 진(秦: 천하재패, 중국 최초 황제인 진시 황제 등극, 군헌 제도 실시) ⇒ 한(前漢: 유방이 천하통일, 최장수 통일 왕조, 중국문화의 토대 완성) ⇒ 신(新) ⇒ 한(後漢) ⇒ 삼국시대(위(魏),촉(蜀),오(吳)) ⇒ 진(晉) ⇒ 5호 16국 시대(이민족의 16개 정권) ⇒ 남북조시대(북방=이민족정권, 남방=한족정권) ⇒ 수(隨) ⇒ 당(唐) ⇒ 북송시대(송과 요의 대립) ⇒ 남송시대(송과 금의 대립) ⇒ 원(몽골제국) ⇒ 명(明) ⇒ 청(淸: 영국과 아편전쟁에 패배, 농민반란과 열강 침략으로 멸망) ⇒ 중화민국(민주정부 이후 현 대만정권) ⇒ 중화인민공화국(국민당 공산당 내전으로 승리, 지금의 공산정권)

(3) 중국의 주요 인물

① 위에페이(악비 · 岳飛 · 1103~1142)

금나라에 맞서 싸운 남송(南宋)의 장수인 '악비'는 상주 탕음(하남성 탕음현, 湯陰縣)의 가난한 농가에서 태어났다. 악비는 가난한 농민 출신으로 정규군의 지휘관이 아니었지만, 뛰어난 전술과 용맹으로 자주 전쟁에서 공을 세워 30대의 젊은 나이에 남송군의 유력한 장군이 되었다.

위에페이는 '중원 복귀, 송조 부흥'에 열을 올렸다. 악비가 고종 황제에게 금나라 정벌을 제안하여 승인 받고, 3만 명의 부하를 이끌고 금나라를 쳐서 중국 중부의 대도시 양양을 수복했다. 연전연승하던 그는 이대로 북중국 전체를 되찾자고 주장했으나, 주화론자들의 반대로 무산됐다. 이런 악비가 금나라와 화친을 주장하는 신중론자들에게는 무모한 전쟁을 벌이려는 위험인물로 간주되어, 1141년 38세의 나이로 주화론자들에게 살해되고 만다. 중국 사람들에게 악비는 '충(忠)'을 의미하는 장수로 여겨지며, 사후에 주어진 시호가 '충무(忠武)'이다. 저장(浙江)성 항주(杭州)의 치샤링(棲霞嶺) 남쪽 기슭에 위에페이를 모시는 위에페이 묘(岳王廟)가 있다.

② 레이펑(뇌봉 · 雷鋒, 1940~1962)

고아 출신인 레이펑은 중국 인민해방군의 모범병사이다. 후난 성 창시 출신으로, 아동단과 소년선봉대에 들어가 활동하였으며, 1957년에는 중국공산주의청년단에 들어가 중국 각지의 농장이나 공장에서 작업하는 등 봉사활동을 계속했다. 인민해방군 공병대 소속이던 1962년 헤진 옷을 몇 차례 기워 입는 등 근검, 절약을 실천하고 저축한 돈을 빈곤층에 나눠줘 칭송을 받았다. 1962년 8월 15일, 랴오닝 성 푸순에서 트럭 사고로 순직했다.

1963년 3월 5일 마오쩌둥이 직접 '향뇌봉동지학습(向雷鋒同志学習, 레이펑 동지에게 배우라) 운동'을 지시한다. 이 슬로건은 문화 대혁명 중, 각종신문이나 교과서에 수없이 인용되었고, 현재까지 3월 5일은 "레이펑에게 배우는 날(Learn from Lei Feng

Day)"로 지정되어 학생들이 공원이나 거리를 청소하는 날이 되어 있다. 그의 고향인 창시와 순직지인 푸순에는 레이펑 기념관이 설립되어 있다.

③ 덩샤오핑(등소평 · 鄧小平, 1904~1997)

덩샤오핑은 중화인민공화국 정치가로서, 중국인민정치협상회의 주석(1978~1983), 중화인민공화국 중앙군사위원회 주석(1981~1989)을 역임했다.

그는 "검은 고양이든 흰 고양이든 쥐만 잘 잡으면 된다"라는 말을 할 정도로 중국 경제에 자유기업의 요소를 혼합시키려고 했다. 흑묘백묘론을 통한 실용주의 노선을 추진하고, 기존의 사회주의 체제를 유지하는 정경분리의 정책을 통해 중국의 정치 · 경제생활의 거의 모든 분야에 걸쳐 중대한 개혁을 실행했다. 1994년 이후 공식석상에서 사라진 덩샤오핑은 1997년 2월 지병으로 사망했다.

(4) 중국의 국경일

국경일 명칭	기간	특징
원단(元旦)	1월 1일	• 양력 새해 • 집집마다 문 옆에 '춘련'이라는 붉은 색축복의 글귀를 붙임. • 새해음식인 교자(饺子)와 떡을 먹음. • 사자춤과 용춤을 즐김.
춘절	2월 중 (음력 1월 1일)	• 음력 새해 • 폭죽놀이, 붉은 홍등과 장식물로 치장함.
청명절	4월 4일	• '하늘이 점점 맑아진다'는 뜻. • 성묘하러 가서 지전 태우기. 푸른 풀 밟기.
노동절	5월 1일	• 근로자의 날
단오절	5월 5일	• 용선 경주. 오색 팔찌를 만들어서 차기. • 단오절 음식: 쫑쯔
중추절	9월 중 (음력 8월 15일)	• 달맞이, 연등 달기. • 중추절 음식: 월병
국경절	10월 1일	• 중화인민공화국의 건국기념일

(5) 중국의 주요 산업

중국의 산업구조를 보면, 제1차 산업 약 10%, 제2차 산업 약 45%, 제3차 산업 약 45%를 이루고 있다. 중국의 주요 수출품은 자동자료처리기계, 통신전저부품, 선박, 다이오드반도체, 전자직접회로, LCD, 광학기기부품류, TV 수신기, 프린터, 여행용품, 가방 등이다. 주요수입품은 석유화학제품, 전자부품, 기초산업기계, 수송기계, 직물 등이다.

① **'전자 IT산업'**: 중국이 정한 신산업 가운데 하나로써 경쟁력이 빠른 속도로 향상되고 있다. 중국은 미국・일본과 함께 세계 제3대 IT산업 소비시장이다. 2015년 중국 정부는 각종 정책을 통해 정보기술서비스업의 발전을 강력히 지원하였으며, 해외 IT 선두기업들이 중국 기업과 전략적 협력을 추진하며 중국 시장에 적극적으로 진출하고 있다. 그러나 중국의 전자제품은 대부분 저부가가치형이다.

② **'철강산업'**: 중국은 2000년대 초반 세계적인 '철강대국'의 반열에 올라서, 2008년 철강제품이 세계시장의 12.1%를 차지했지만, 최근 주춤거리고 있다. 생산량은 선진국의 2.2배에 달하지만, 무역경쟁력 및 품질경쟁력은 크게 못 미친다.

③ **'자동차 산업'**: 중국 자동차산업의 경쟁력은 일본, 한국에 비해 미흡하지만, 하이브리드 카, 전기자동차 등 신개념 대체 에너지 차량 분야에서는 정부의 강력한 지원과 방대한 내수시장에 힘입어 두각을 나타내고 있다.

④ **'의약 바이오산업'**: 중국은 세계 2위의 의약품 시장이며, 독성이 적고, 난치성・만성질환에 효과가 뛰어난 바이오의약산업을 육성 중이다. 중국 내에서 바이오의약산업을 육성하려는 의지와 관련 기술에 대한 수요가 지속적으로 커지고 있다.

(6) 중국의 전통문화

① 전통의복 - 치파오

중국의 전통의상인 '치파오'는 말을 타고 생활하던 만주족('치런'이라고 불림) 남녀 모두가 입던 긴 도포인 '창파오(長袍)'에서 유래했다. 만주족이 청나라를 건국한 이후 '창파오(長袍)'가 중국 전역에서 유행하기 시작했고, 한족은 팔기제에 속한 사람들을 뜻하는 '치런(旗人, 기인)'이 입는 옷이라고 하여 '치파오'라 부르게 되었다.

치파오는 화려한 색상과 몸매가 드러나는 디자인을 가지고 있으며, 옆트임이 큰

출처: 전남교육청(2011)

것이 특징이다. 본래 옆트임은 말을 쉽게 타도록 발목을 넘는 길이로 만들었으나, 1911년 신해혁명 이후 서양식 의상의 영향을 받아 화려하고 복잡한 형태에서 간결한 디자인, 우아한 색으로 변했다.

1920년대 말에는 치마가 땅에 닿을 정도로 길어지고 옆트임이 허벅지까지 올라올 정도로 과감해지고 허리선이 더욱 강조되었다. 1940년대에는 실용성이 강조되어 길이가 다시 짧아져 종아리까지 올라갔고, 장식을 없앤 단순한 형태가 주를 이루었다. 20세기에 들어 서양의 복장이 유입되면서 간편하고, 실용적이며 서민화된 방향으로 발전하여 현재 치파오의 모습으로 변했다. 현재는 중국인들이 결혼과 같은 특별한 예식을 할 때 예복으로 많이 입는다.

② 전통음식

중국의 지역이 광대하기 때문에, 각 지역마다 특색이 있는 음식들이 있다. 중국의 음식은 크게 4가지로 구분할 수 있다. 첫째, '베이징(북경)요리'는 베이징오리구이, 양고기통구이, 훠궈 등이 대표적이며, 이 음식들은 궁중에서 황제를 위해 만든 요리들이다. 둘째, '쓰촨(사천)요리'는 산악고원지대에 위치하고 있기 때문에 무더운 기후에 쉽게 상하는 것을 방지하기 위해서 고추, 후추, 마늘 등의 향신료를 많이 사용하며, 마파두부, 삼겹살야채볶음, 두반어(생선요리), 삼선누룽지탕 등이 대표적인 요리이다. 셋째, '광둥요리'는 광저우가 일찌기 국제무역이 성행하는 곳이어서 서양요리의 영향을 받았으며, 탕수육, 팔보채, 딤섬, 등이 대표적인 요리이다. 넷째, '상하이요리(남경요리)'는 바다와 가까워 해산물을 재료로 한 요리가 발달하였으며, 상하이 게장, 염수압(鹽水鴨, 오리요리), 꽃빵 등이 대표적인 요리이다.

- **훠궈**: 중국의 국물 요리로 샤브샤브의 원형이다. 3세기 삼국시대 제갈량의 솥 요리에서 유래했다는 설과, 13세기 몽골 칭기스칸이 야전에서 투구를 벗어 물을 끓여서 현지에서 조달한 재료를 익혀 먹은 데에서 유래했다는 설이 있다. 충칭식 훠궈는 태극 모양으로 칸이 나뉘어져 있으며, 한

쪽엔 매콤한 홍탕, 한쪽엔 담백한 백탕을 끓여서 고기, 해물, 채소, 버섯 등을 익혀 먹는다.

• **마파두부**: 중국은 2000년 전부터 두부를 만들었으며, 1만 가지 이상의 두부요리가 있다고 한다. 그중 대표 요리가 '마파두부'다. 사천 지역에 사는 어떤 할머니가 손님을 대접하기 위해서 만들어본 것이 입소문을 타서 사천지역의 대표적인 요리가 되었고, 중국 각지로 소문이 퍼져 각 지방의 특색있는 마파두부요리가 나올 정도였다.

• **딤섬**: 오래 전부터 중국 남부 지역에 있는 광둥 지방에서 먹던 전통음식으로 한국의 만두처럼 넓게 편 반죽 안에 소를 넣은 중국 음식이다. 짠맛이 나는 '시엔디엔싱', 단맛이 나는 '티엔디엔싱', 그 이외의 맛이 나는 '샤오츠'로 구분된다.

③ 전통놀이

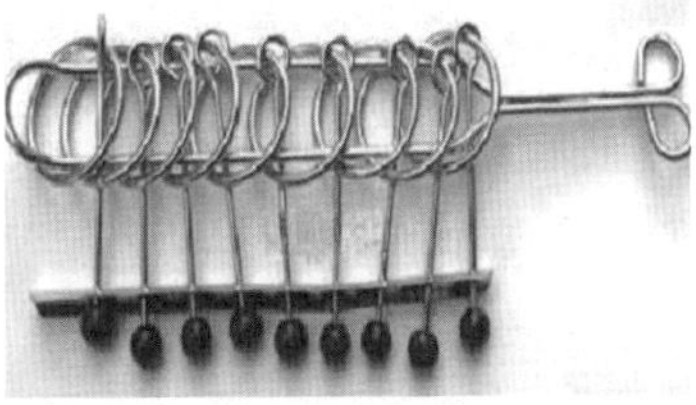

• **구련환(九连环)**: 중국 송나라 때 산시성에서 비롯된 민간놀이 중 하나이며, 아홉 개의 연결된 고리를 차례대로 빼내는 놀이이다. 구련환은 난이도가 있는 두뇌게임이라고 알려져서 남녀노소 모두가 즐기는 놀이이다.

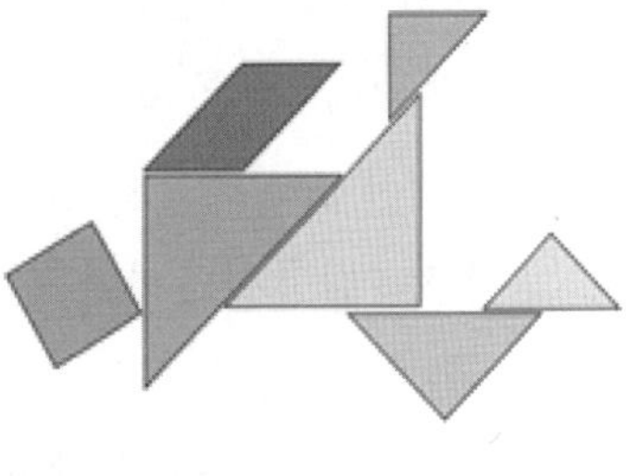

• **칠교놀이**: 나무 조각 7개를 이리저리 움직여서 여러 형상을 만드는 놀이이며, 인물·동물·식물·기물·건축물·지형·글자형 따위를 100여 개 만들 수 있다고 한다. 혼자서도 하지만 여럿이 합세하여 경쟁적으로 놀기도 한다. 예전에는 집에 손님이 왔을 때 음식이나 사람을 기다리는 동안 지루하지 않도록 주인이 칠교 놀이판을 내어 놓기도 하여, 이를 '유객판(留客板)' 또는 '유객도(留客圖)'라고도 했다.

- **폭죽놀이:** 7세기 이후 당, 송 시대에 축제가 있을 때 폭죽을 터뜨렸던 것에서 '폭죽'이 유래되었을 정도로 중국인들은 유독 폭죽놀이를 좋아한다. 특히 음력 새해(1월 1일)가 되면, 잡귀를 물리치고 복을 빌기 위해 꿈과 희망을 담아서 하늘로 폭죽을 쏘아 올린다. 1993년부터 북경 시내에서 폭죽놀이가 금지되었지만, 여전히 찬반 의견이 팽팽하다.

(7) 중국인의 생활 관습 및 예절

- 중국인들은 자기와 특별히 관계가 없는 사람에게는 상당히 무뚝뚝하다. 하지만 친구나 사업 파트너처럼 계속 만나게 될 사람에 대해서는 매우 예의 바르고 친절하다. 특히 아는 사람을 통해 소개를 받았을 경우에는 무척 호의적이며 상당히 적극적으로 도와주기도 한다.
- 중국에서 식사를 초대받았을 때 선물을 짝수로 준비하는 것이 좋다. 다만 중국에서는 시계를 의미하는 '종(鍾)'의 발음이 끝을 의미하는 '종(終)'의 발음과 같아서 죽음을 상징하기 때문에 가급적 벽시계나 탁상시계를 선물하는 것은 삼가는 것이 좋다. 음식은 통상 12가지 이상 나오며, 손님에게 가장 멀리 떨어진 자리를 권하여 많은 음식을 대접한다. 중국인은 손님이 음식을 다 먹지 못하고 남기는 것을 충분히 준비한 것으로 간주하므로 굳이 음식을 비울 필요는 없다.
- 중국인들의 '차' 문화는 4천 년 이상 되었으며, 한국인들이 식사 후 물을 마시는 것처럼 보편화되어 있다. 어느 공공장소를 가더라도 찻잎만 있으면 언제든지 차를 마실 수 있도록 끓는 물이 준비되어 있다. 녹차, 홍차, 오룡차, 백차, 화차, 긴압차 등 각 지방마다 고유한 차가 있다.
- 중국에서 공식적으로 결혼을 하려면 남자 22세, 여자 20세 이상 되어야 하며, 미혼증명서, 건강진단서를 첨부하여 혼인신고를 하면 된다. 중국이 사회주의 국가가 된 후 약 40년 동안은 가까운 친지만 초청하여 간단히 예식을 마친 후에 사탕이나 담배를 나누는 등 소박하게 결혼식을 했지만, 개혁개방 후에는 최대한 성대하게 결혼식을 치른다. 이는 약 2천 여 년 동안 중국을 지배해 왔던 유교가 체면을

중시하기 때문인 것으로 보인다.

- 중국인들은 짝수를 좋아해서 결혼식 날짜를 잡을 때에 음력과 양력이 모두 짝수인 날을 좋아한다. 특히 숫자 '8'을 좋아하는데, '큰 돈을 벌다'라는 뜻의 '발재(發才)'의 '발(發)'과 발음이 같기 때문이다. 이에 따라 888위안을 축의금으로 내는 경우가 많으며, 2008년 베이징 올림픽 개막식을 '8'에 맞추어 8월 8일 저녁 8시에 시작했을 정도이다.
- 중국의 장례식장에서는 화려한 색깔의 조화를 쓰고 지전을 태우며 고인의 명복을 빈다. 유족들은 검정색 옷을 입고, 상주는 왼쪽 팔에 '효(孝)'자가 새겨진 띠를 두른다. 조문객은 굳이 검정색을 입지 않아도 되며, 지나치게 화려한 옷을 입지만 않으면 된다.

2) 일본

(1) 일본 국가에 대한 소개

공식명칭	일본국(Japan)
수도	도쿄
언어	일본어
면적	약 37만㎢(한반도의 1.711배)
인구	약 12,718만 명(세계 11위)
인종	일본인(98.5%), 한국인(0.5%), 중국인(0.4%), 기타(0.6%)
종교	신도(49%), 불교(45%), 그리스도교
경제	GDP: 약 5조 1,544억 달러(세계 3위)
통화	일본 엔(¥) / 100JPY=1064.18원
기후	• 아한대다우기후, 온대다우기후 • 일본은 남북으로 길게 섬으로 이루어져 있기 때문에, 지역마다 계절별 온도 차이가 심하고, 이로 인해 설해 · 냉해 · 태풍재해 등 기상재해가 빈번하다. 삿포로 지역은 겨울이 길고 추우며, 눈이 많이 내린다. 오키나와 지역은 아열대성기후이며 연중 온난하다. 일본의 보편적인 기후는 대체로 3월에서 5월까지는 봄, 9월에서 11월까지는 가을이라고 본다. 6월경에 우기가 시작되며, 9월에 태풍이 시작된다.

(2) 일본의 주요 역사

① **선사시대(약 1만 년 전)**: 신석기 시대(수렵, 채집)를 지나, 기원전 3세기경에 한반도에서 벼농사가 전래되어 벼농사를 하고, 청동기를 사용하는 '야요이 시대'가 시작되었다.

② **고대시대(3~11세기)**: 각 부족 국가들이 통합과 멸망을 거듭하던 시기이다. 3세기경 야마타이국(30개 부족연맹체) ⇒ 4~5세기경 천황 중심의 중앙 집권 정부인 야마토 정권(백제에서 한자, 유교, 불교 전래) ⇒ 7세기 중엽 다이카 개신으로 천황 중심의 통치 체제를 완성 ⇒ 후지와라씨라는 외척 세력이 등장하여 헤이안 시대까지 집권(불교 문화와 사원 문화가 급성장, 중국과의 문물 교류를 통해 선진 문화 유입)

③ **중세시대(12~16세기)**: 가마쿠라 시대와 무로마치 시대. 무사들의 성장. 막부체제 형성, 봉건체제 형성.

④ **근세시대(16~19세기)**: 임진왜란 발발. 1603년에 도쿠가와 이에야스가 에도(현재의 도쿄)에 막부를 설치하고 강력한 중앙집권체제를 형성함. 막부 말기에 구미열강에 진출함.

⑤ **근대시대(1868~제2차 세계대전)**: 1867년 개혁파가 주도한 메이지 유신으로 막부가 무너지자, 산업 근대화를 추진해 서양의 기술과 제도를 받아들이는 한편, 천왕을 신격화했다. 미국・영국 등과 대립하여 태평양 전쟁을 일으켰고, 결국 1945년 8월 15일 연합국에게 항복했다.

⑥ **현대**: 제2차 세계대전 이후의 일본.

(3) 일본의 주요 인물

① 쇼토쿠 태자(聖德太子. 574~622)

스이코 천황(推古天皇) 때 섭정으로 있으면서 관리의 지위를 12계급으로 하고 17조의 헌법을 만들어 나라를 바로잡았다. 유교, 불교, 신도 사상을 아우른 습합 사상(習合思想)의 창안자 겸 실천자였다. 일본의 불교 발전에 결정적인 공헌을 하였으며 국사를 편찬하고 다양한 문화활동을 장려하여 아스카 문화 발전에 기여했다. 한국에서는 고구려의 승려 담징이 벽화를 그린 '호류지'를 창립한 인물로 널리 알려져 있다.

② 우치무라 간조(內村鑑三, 1861~1930)

우치무라 간조는 일본 정부가 선정한 일본 근대화의 발전에 기여한 20명 중 하나이다. ≪구안록≫, ≪나는 어떻게 기독교인이 되었는가≫를 집필했다. 1897년부터 일본 최대 일간지 〈만조보〉에서 영문판 주필로 일하다가, 1904년 러일 전쟁이 발발하자 전쟁을 지지하고 정부의 기관지가 된 〈만조보〉에 회의를 느끼고 사직한다. 〈독립잡지〉를 창간하여 반전 운동을 하지만, 언론 활동을 통한 사회 개혁에 한계를 느끼고 성서에서 길을 찾고자 〈성서연구〉라는 잡지를 창간하고, 성서연구회 등 기독교 모임을 중심으로 신앙 활동을 했다.

우치무라 간조가 일으킨 '무교회주의'는 종래의 교파주의, 형식주의를 지양하고 성서에 기반한 신앙생활을 해 나가자는 것인데, 이런 그의 사상은 한국의 김교신, 함석헌 등에게 영향을 미쳐 한국적 기독교 사상을 일으키는 데 영향을 미쳤다.

③ 스즈키 이치로(イチロー, 1973~)

이치로는 일본의 프로 야구 선수이며, 포지션은 외야수였다. 일본 프로 야구 시절 오릭스 블루웨이브의 중심 타자로서 맹활약을 하였고 2001년 미국 메이저 리그에 진출하여 시애틀 매리너스와 뉴욕 양키스에서 활약했다. 미국에서 안타제조기(安打製造機)라는 별명으로 불리며, "아시아에 타자는 없다"라고 생각했던 미국인들의 인식을 크게 바꾸었다. 2013년 8월 22일, 토론토 블루제이스전에서 R. A. 디키를 상대로 안타를 쳐서 미·일 통산 4000안타라는 대기록을 달성하였다. 아시아 선수로는 최초로 '명예의 전당' 입성에 대한 가능성이 높아지고 있다.

(4) 일본의 국경일

국경일 명칭	기간	특징
간지쓰(元日)	1월 1일	• 양력 새해 • 일출 보기. 세뱃돈. 연하장 • 3곳 이상의 신사에 방문하면 한 해 동안 일이 잘 풀린다는 전통이 있다.
성인의 날	1월 두 번째 월요일	• 20세 이상, 성인의 날
건국기념의 날	2월 11일	• 전설상의 초대 천황인 진무천황 즉위를 기념하는 국가주의적 경축일
춘분의 날	3월 21일 경	• 성묘를 하는 날. 친척들이 모임.
쇼와의 날	4월 29일	• 격동의 세월을 지나 부흥을 이룬 쇼와시대를 기념하는 날.
천황 즉위일	5월 1일	• 새로운 천황의 즉위식을 하는 날
헌법기념일	5월 3일	• 1947년 일본국 헌법 시행을 기념.
숲 속의 날(녹색의 날)	5월 4일	• 자연을 즐기고 감사하며 풍요로운 마음을 키우는 날. 한국의 식목일과 같음.
어린이날	5월 5일	• 어린이의 건강과 행복을 기원하는 날. :'코이노보리(종이나 천등으로 잉어모양을 만들어서 장대에 높이 담)'를 장식함. • 예로부터 '단오절'로 축하되고 있다. : '가시와모찌'나 '지마키(찹쌀떡)'를 먹고 창포를 띄운 물에 목욕을 함.
바다의 날	7월 15일	• 바다의 은혜에 감사하고, 해양국인 일본의 번영을 기원하는 날.
경로의 날	9월 세 번째 월요일	• 1966년 노인복지법 제정을 기념해 설립.
추분의 날	9월 23일	• 성묘를 하는 날. 친척들이 모임.
체육의 날	10월 두 번째 월요일	• 1964년 도쿄올림픽을 기념해서 제정.
문화의 날	11월 3일	• 1947년 일본국 헌법 제정을 기념.
근로감사의 날	11월 23일	• 근로를 존중하며 생산을 축하함.
천황탄생일	12월 23일	• '아키히토 헤이세이 천황' 탄생을 기념. • 2019년 천황이 바뀌어 폐지 예정.

(5) 일본의 주요 산업

1980년대에는 일본이 미국에 이은 세계 2위의 경제대국이었으나, 1990년대 초반부터 장기불황을 겪으면서 연평균 성장률이 1~2%로 둔화되어 현재는 세계 3위의 경제대국이다. 산업구조는 1차 산업 1.2%, 2차 산업 24.5%, 3차 산업 74.3%로 이루어져 있다.

① **농어업**: 1960년대부터 농촌에서 도시로 젊은 노동력이 유출되어 농업노동력이 열악해짐으로써 농업경영이 악화되었다. 전업농가는 14%에 불과하고, 68%는 농업 이외의 수입이 농업 수입을 웃도는 제2종 겸업농가이다. 일본의 농업은 주로 쌀과 원예・축산 농업이나, 대부분의 식량을 수입한다. 일본의 연안어업은 남획・매립・공해에 의한 해양오염으로 쇠퇴하고, 대신 급성장한 원양어업으로 인해 세계 제2의 어획량을 올리고 있다. 일본의 물고기 소비량은 세계 제1위이다.

② **무역업**: 일본은 원료, 연료, 식료품의 상당한 비율을 수입한다. 특히 석유는 전체 수입품 중 약 35%를 차지하며, 그밖에 밀, 육류, 천연가스, 화학제품 등을 수입한다. 반면에 자동차, 철강, 전자제품, 선박, 정밀기계류, 합성섬유 등은 수출한다. 1960년대 중반부터 일본은 경쟁력 있는 가격으로 수출하고, 높은 관세와 수입할당제 같은 무역 장벽을 설정하여 수입을 적극 억제함으로써 엄청난 무역수지 흑자를 기록했다. 1980년대에 '관세 및 무역에 관한 일반협정'의 규정에 따라 관세를 내리고 수입할당제를 철폐했지만, 아직도 많은 국가들이 일본의 막대한 무역수지 흑자를 비난하고 있다. 일본의 최대 교역 대상국은 미국이며, 독일, 사우디아라비아, 아랍에미리트, 오스트레일리아, 인도네시아, 중국, 한국 등의 순이다.

③ **공업**: 1950년 이후 설비투자의 증대, 기술혁신의 진전에 따라 중화학공업 부문을 중심으로 하는 각종 신흥품목의 공업이 눈부시게 발전하며 신흥 공업도시들이 확산되어 나갔다. 특히 여러 공업지대를 연결하는 태평양쪽의 임해부에는 석유화학・철강 등의 콤비나트가 건설되어, 일본 공업 생산의 약 80%를 차지하고 있다. 일본은 자동차, 전자, 기계, 로봇산업, 친환경 에너지산업에 세계 제3규모의 연구 개발비를 지출하며 기술력과 규모 면에서 앞서 나가고 있다.

(6) 일본의 전통문화

① 전통의복 - 기모노

일본의 전통의상인 '기모노'는 '나라 시대'[奈良時代: 645~724] 초기부터 일본인 남녀가 즐겨 입어왔으며, 중국의 '파오[袍]' 양식의 옷에서 유래했다. 발목까지 내려오는 길이에 소매는 길고 넓으며 목 부분이 V자로 패여 있다. 왼쪽 옷자락으로 오른쪽 옷자락을 덮어 허리에 오비[帶]를 둘러 묶는다. 보통 발가락 부분이 나뉘어 있는 버선 '다비'를 함께 신고, 전통 신발인 '조리나 게타'를 신는다. 지금은 여성들이 의례나 결혼식과 같은 특별한 행사가 있을 때 많이 입는다.

결혼하지 않은 여성이 입는 전통적인 기모노는 '후리소데'라고 부르며, 소매가 길고 매우 넓으며, 자수나 염색을 이용한 화려한 무늬로 장식되어 있다. 일부 노년들은 지금도 기모노를 일상복으로 입고, 남자들은 결혼식과 다도, 공식적인 행사가 있을 때 기모노를 입는다. 전문 스모 선수들은 공식 석상에서는 항상 일본 전통 의상을 입어야 하므로 기모노를 입고 등장할 때가 많다.

② 전통음식

- **스시(壽司)**: 식초로 간을 한 밥에 어패류를 얹은 일본식 요리로써, 한국에서는 '초밥'이라고 한다. '나라 시대'에서부터 시작되어 '헤이안 시대'에 종류가 다양해졌고, 에도 시대 무렵부터 지금과 같은 형태를 갖추었다. 생선을 염장하거나 생선과 밥을 함께 쌓아 눌러 숙성시킨 '나레즈시' 종류와 식초를 사용해서 밥에 간을 하는 '하야즈시' 종류로 나뉜다.

- **우메보시(うめぼし)**: 매실을 소금에 절여서 말린 일본의 전통 음식으로 일종의 피클이다. '헤이안 시대'(794~1185)에도 있었다고 한다. 구연산이 있어 매우 시며, 소금에 절여져 짠맛이 강하다. 반찬으로 먹거나 다른 요리의 풍미와 모양을 돋보이게 하려고 사용한다. 일본에서는 주로 주먹밥이나 도시락에 사용되는 식품이다. 햇볕에 말리지 않은 것을 '우메즈케'라고 한다.

- **소바(蕎麦)**: 메밀가루로 만든 국수를 뜨거운 국물이나 차가운 간장에 무・파・고추냉이를 넣고 찍어 먹는 일본 요리이다. 메밀을 면으로 만들기 시작한 것은 16세기 말에서 17세기 초이며, 차가운 소바를 '츠메타이소바', 김이 들어 있는 소바를 '자루소바', 김이 들어 있지 않은 소바를 '모리소바'라고 한다.

③ 전통놀이

- **후쿠와라이(福笑ふくわらい)**: 주로 쇼가쓰(새해 첫날)에 노는 일본의 전통놀이이다. 눈가리개를 한 사람이 얼굴 윤곽을 그린 종이 위에 눈, 코, 입 등의 조각을 놓아가는데, 눈을 가리고 있기 때문에 위치가 엉망이 된다. 눈가리개를 풀고 나면 우스꽝스러운 얼굴 모습이 나타나게 되는데, 이것을 보면서 웃고 즐기는 놀이다.

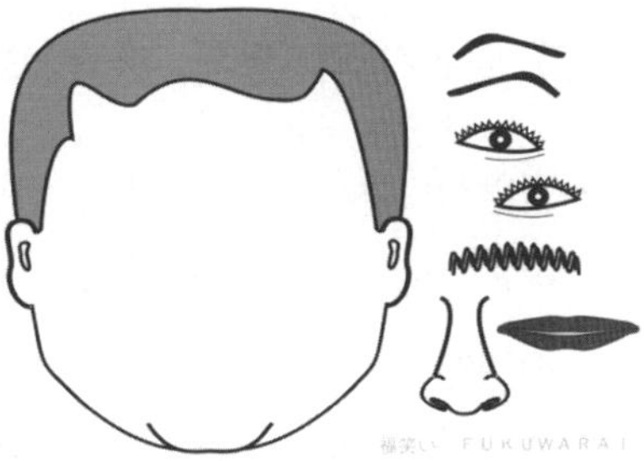

• **켄다마(けんだま)**: 본체와 공이 줄로 이어져 있는 장난감을 요요처럼 당겨서 양 옆 받침대 혹은 위쪽 뾰족한 곳에 끼워넣는 일본의 전통 놀이이다.

출처: 전남교육청(2011)

• **멘코(めんこ)**: 일본의 어린이 장난감 중 하나로써, 멘치(めんち), 판스(ぱんす), 팟창(ぱっちん) 등으로도 불리었다. 일반적으로 종이로 되어 있으며, 판지로 만든 손바닥 크기의 카드 모양이나 단면 사진이나 도안이 되어 있는 원형 모양의 것이 많다. 다가시 가게 등에서 판매하지만, 우유병 뚜껑 등의 적당한 소재로 대신할 수도 있다. 멘코는 수집 대상이 되기도 한다. 야외 및 실내를 불문하고 놀 수 있다.

(7) 일본인의 생활 관습 및 예절

• **결혼식**: 일본의 신부들은 하얀색 기모노를 입고, 머리에는 행운을 가져다준다는 여러 가지 장신구를 한다. 또한 머리부터 발끝까지 하얀색으로 칠하여 신에게 순결한 처녀라는 것을 나타낸다. 신랑은 전통적인 검정색 기모노를 입는다. 결혼예식은 신랑과 신부가 '사키(쌀로 만든 술)'를 마시는 것으로 시작한다. '사키'를 따라주는 사람은 3단계로 나누어 따르고, 신랑과 신부는 이렇게 3번을 마신다. 따라서 '사키'를 3단계로 나누어 따르는 것, 신랑과 신부가 3번 마시는 것, 3개의 잔을 합하면 9가 되므로, 이 의식을 '산-산-도쿠'라고 부른다. 결혼예식이 다 끝나고 피로연을 하는 동안, 신부는 화려한 색깔의 붉은 기모노를 입는 것에서부터 서구적인 이브닝 가운을 입기까지 여러분 옷을 갈아입는다. 하객은 '고슈기'라는 축의금을 준다.

- **마쓰리(祭り)**: 일본 사람들은 개인의 인생에서 중요한 의례, 연중행사, 공동체적 의례, 국가 행사 등을 할 때 '마쓰리'라는 신사에서의 축제를 실시한다. 마쓰리는 신사에 따라, 또는 숭배하는 가미 의식의 목적과 시기에 따라 종류가 다양하지만, 대개 대대로 내려오는 전통에 따라 2부분으로 나누어서 치러진다. 먼저 경건한 숭배의식을 하고 나서, 즐거운 축제를 연다. 마쓰리는 일반적으로 사제와 신자들이 제물로 바쳐진 음식을 먹고 마시는 잔치, 가무, 극공연, 점, 스모, 서서 쏘거나 말을 타고 쏘는 궁술대회, 보트 경주 등을 포함한다.
- **식사 문화**: 일본인들이 같은 접시의 음식을 나눠 먹을 수 있는 범위는 매우 한정되어 있어서 가족이나 매우 친한 친구, 애인 정도뿐이다. 이 관습은 일본의 날씨와 연관이 있는데, 일본은 습기가 아주 많아서 음식에 조금이라도 균이 들어가면 금방 상하게 되고, 다른 사람의 젓가락을 통해 전염될 수 있기 때문이다. 그래서 각자의 접시와 식기에 따로 덜어 먹는 것이 습관화되었다. 또한 일본인들은 대부분 자기가 먹은 밥값은 자기가 내는 '와리캉'을 한다. 대접을 받는 사람이 많은 돈을 부담해야 하는 반면, 대접을 받은 사람은 대접받았다는 정신적 부담을 갖게 되므로 서로 불편해 하지 않으려고 와리캉하는 습관이 발전했다고 한다.
- **목욕**: 일본인은 목욕을 할 때 욕조에서 천천히 몸을 따뜻하게 하며, 몸을 씻는다든지 때를 벗기는 일은 욕조 밖에서 한다. 여러 사람이 순서에 따라 목욕을 하고, 마지막 사람이 목욕이 끝난 후에는 욕조안의 온수를 모두 버린다.
- 일본인들이 싫어하는 숫자는 '4'와 '9'이다. '4'는 '시'로 발음하는데 똑같은 발음이 나는 '死'를 뜻하며, '9'는 '구'로 발음하는데 고통을 뜻하는 '苦'와 똑같은 발음이 나기 때문이다. 그래서 호텔의 방 번호에도 '4'와 '9'를 제외하고 사용하는 곳이 많다.
- **인사법**: 일본에서는 직장인뿐만 아니라 대학생과 중, 고등학생까지도 명함을 주고받는 것이 일상화되어 있다. 일본인들은 명함에 자기의 인격이 담겼다고 생각할 정도로 소중히 여기기 때문에, 명함을 받으면 상대방이 보는 앞에서 직함을 읽어보고 소중한 물건을 다루듯이 지갑 속에 넣는 것이 예의이다.

3) 몽골

(1) 몽골 국가에 대한 소개

공식명칭	몽골(Mongolia)
수도	울란바토르
언어	몽골어
면적	약 156만㎢(한반도의 7.082배)
인구	약 312만 명(세계 136위)
인종	몽골족(95%), 투르크계(5%)
종교	라마교(50%), 그리스도교, 샤머니즘
경제	GDP: 약 136억 3,700만 달러(세계 128위)
통화	몽골 투그릭(MNT) / 1MNT=0.42원
기후	몽골의 지형은 동서로 긴 타원형이다. 해양에서 멀리 떨어져 동아시아 내륙 안에 깊숙이 위치한 몽골은 평균 고도가 해발 1,585m에 이르는 고지대 국가이다. 국토의 약 4/5가 기복이 완만한 초원으로 이루어져 있으며, 북쪽에는 3개의 큰 산맥이 있다. 여름은 짧고, 겨울은 매우 긴 전형적인 대륙성 기후이다. 5월의 봄은 따뜻하지만 바람이 강하게 불고, 여름(6~8월)은 기온이 30℃ 이상 치솟지만 밤이 되면 10℃ 안팎으로 내려가기도 한다. 겨울(10~4월)은 -30~-40℃까지 내려가며 혹독한 추위가 계속되고, 밤이 되면 더 추워진다.

(2) 몽골의 주요 역사

- 신석기시대에는 사냥꾼과 순록 사육자 및 유목민들이 작은 집단을 이루어 살고 있었다. BC 3세기에는 흉노족이 세운 제국의 중심지가 되었으며, 4~10세기에는 오르혼 돌궐족이 몽골에서 가장 중요한 민족이었다.
- 745년에 동투르키스탄의 위구르족이 몽골 북부지역에 제국을 세웠지만, 840년 키르기스족의 침입으로 멸망했다. 13세기에 칭기즈 칸(테무친)이 몽골 부족을 통일하고, 중앙아시아와 페르시아만 연안 지역 및 카프카스 남부까지 정복하여 몽골 제국을 세웠다. 1234년 칭기즈 칸의 후계자인 오고타이(1229~41 재위)는 중국의 금나라를 정복했다.

- 칭기즈 칸의 손자인 쿠빌라이 칸(1259~94 재위)이 중국의 원제국(1279~1368)을 세웠으나, 1368년에 멸망하였다. 내부 다툼을 계속하다가 리그단 칸(1604~34 재위)이 점점 강해지는 만주족에 대항하여 그들의 영토를 지키기 위해 많은 몽골부족을 통일했다. 그러나 그가 죽은 뒤, 몽골족은 만주족에 정복되어 중국 청(淸)나라의 일부가 되었다.
- 1912년에 청나라가 몰락한 뒤, 몽골의 군주들은 러시아의 지원을 받아 몽골의 독립을 선언했다. 1917년 러시아에서 제정이 무너지자 몽골은 다시 중국의 지배를 받게 되었다. 1920년에 벨라루스군 5,000명이 몽골을 침략하자, 담디니 쑤흐바타르가 모스크바 볼셰비키 정부의 지원을 받아 군대를 조직해 벨라루스군을 격퇴시켰으며, 1921년에는 중국인들마저 몰아냈다.
- 1924년 11월 26일 몽골 인민공화국이 정식으로 선포되었으며, 이때부터 소련과 몽골은 밀접한 유대관계를 맺었다. 1990~91년 몽골은 동유럽과 소련을 휩쓴 민주화 혁명에 동참해 주요 정치·경제 개혁을 단행했다. 1992년 1월 사회주의를 탈피한 이원집정부제의 신헌법을 제정했고, 1996년 총선을 거쳐 1997년 5월 바가반디 대통령이 선출되었다.

(3) 몽골의 주요 인물

- **징기스 칸(Genghis Khan, 1155~1227)**: 1206년 몽골 제국의 칸으로 즉위해 칭기즈 칸으로 불리며, 아명은 '테무친'이다. 군사적으로 탁월한 재능을 가지고 있어서 급속하게 변하는 외부환경에 잘 적응했다. 몽골의 유목부족을 통일하고, 중국과 중앙아시아, 동유럽 일대인 아드리아 해까지 정복하여 인류 역사상 최대의 제국으로 일컬어지는 몽골 제국의 기초를 쌓았다. 외래문화의 흡수에 노력해 위구르 문자를 나라 문자로 채용했다. 여러 개의 지폐에 모델이 될 정도로 징기스칸은 몽골인들에게 대단한 영웅이 되었다.

• **담딘 수흐바타르(Damdiny Sühbaatar, 1893~1923):** 청년시절 군대에 들어가 기관총 사수 훈련을 받았고, 친일세력들과 싸운 대가로 '바타르'(영웅)라는 명예로운 이름을 얻었다. 1921년 인민군을 조직해 몽골 북부를 점령하고 있던 반(反)볼셰비키 패잔병들과 대항했다. 1921년 3월 인민군은 중국군을 물리쳤고, 7월 6일에 우르가를 점령했으며, 7월 10일에 영구적인 정부를 세웠고, 수흐바타르는 새 정부의 초대 국방장관이 되었다. 몽골이 공산주의를 폐기한 1990년 이후에도 몽골의 개국공신, 독립영웅 취급을 받고 있으며, 투그릭 지폐에 수흐바타르의 초상이 들어가고 있고, 울란바토르 중심의 광장에는 수흐바타르의 동상이 서 있다.

(4) 몽골의 국경일

국경일 명칭	기간	특징
신질	1월 1일	• 양력 새해 • 각종 파티를 많이 함. 폭죽 터뜨리기 • 대통령의 신년맞이 새해 인사
차강사르 (ЦАГААН САР)	2월 중(음력1월1~3일)	• 음력 새해 • 많은 음식을 준비. 손님을 위한 선물 준비 • 어른께 세뱃돈을 드림.
세계 여성의 날	3월 8일	• 여성을 위한 기념일 • 남성이 여성을 대신해 요리와 가사를 함. • 저녁에는 꽃다발과 케익을 준비해서 집안의 여성들을 위한 파티를 함.
모자의 날	6월 1일	• 부모와 아이들을 위한 기념일 • 낮에도 아이들이 탄 차량에는 전조등을 켬.
나담, 인민 혁명일	7월 11~13일	• 나담 축제: 활쏘기, 전통씨름, 말경주
자긍심의 날	11월 8일	• 징기스칸 탄생 기념일
몽골 국가 선포일	11월 26일	• 몽골이라는 정식명칭의 국가를 선포한 날

(5) 몽골의 주요 산업

몽골은 1990년까지 소비에트 모델에 의한 사회주의체제의 중앙계획경제를 지향했으나, 1992년에 민주화 개혁 과정에서 시장경제로 전환했다. 이런 과정에서 인플레이션, 실업증가, 생필품 부족, 식량배급 등 어려움을 겪었으나, 희토류를 비롯한 지하자원 수출을 통해 높은 경제 성장률을 보였다. 하지만 2014년부터 원자재 가격 급락, 대중국 수출 둔화, 과도한 국채발행 등으로 경제위기를 맞았고, 결국 2017년 IMF에 55억 달러의 구제 금융을 받았다.

① **광업**: 몽골은 80여 종의 광물을 보유한 세계 10대 광물자원 부국이다. 2004년 이후 광산개발 붐이 일어 광업 생산량이 총산업생산의 절반 이상을 차지하고 있다. 몽골의 주요 지하자원은 석탄(세계 10위 매장량), 구리(세계 13위 매장량), 몰리브덴(세계 11위 매장량), 금, 형석(세계 3위 매장량), 석유, 우라늄(세계 14위 매장량) 등이다. 몽골의 개발 인프라가 부족하지만, 세계 광물자원탐사 지출비용이 10위권에 달할 정도로 세계적인 관심이 높다. 몽골 국토의 약 75%가 아직 개발되지 않은 미개발지역이기 때문이다.

② **농목축업**: 전체 노동력의 거의 절반이 농·축산업에 종사하나, 국내총생산(GDP)에서 차지하는 비중은 1/4 정도에 불과하다. 농경지는 국토의 1% 미만으로 밀이 주요작물이다. 자연조건 때문에 국영농장제도 하에서 기계화 농업이 시행되고 있다. 전체 농산물 수익의 약 70%가 축산물이며, 가축의 약 2/3는 양이고, 염소·소·말·낙타도 기른다. 국토의 약 1/10은 숲으로 덮여 있고, 이 삼림에서 나오는 통나무는 공업용과 연료로 쓰인다.

(6) 몽골의 전통문화

① 전통가옥: 게르(ger)

'게르'는 버드나무나 느릅나무의 가지로 원형 모양을 만들고 그 위에 짐승의 털을 이용하여 만든 천을 덮은 후에 밧줄을 쳐서 만든 몽골의 전통 가옥이다. 몽골 사람들은 드넓은 초원 지대에서 가축들을 키우며 자주 돌아다녀야하기 때문에, 게

르는 만들기도 쉽고 헐기도 쉽게 하여 이동에 편리하게 되어 있다.

게르의 나무골조는 벽(칸), 긴 기중(우니), 연기 배출구(터너), 지지대(바간)로 구성되며, 출입문은 바람을 피하고 햇빛을 들이기 위해서 동쪽이나 남쪽으로 낸다, 게르를 반원형 구조로 만든 것은 윤회 철학을 담고 있고, 천정의 살은 다산을 의미하며, 중앙을 떠받들고 있는 두 기둥은 부부의 건강과 가족의 안위를 바라는 뜻이 담겨있다.

② 전통의복: 델(Del)

몽골은 20개가 넘는 다양한 부족으로 이루어진 다민족국가이므로 각 부족마다 의상이 다르다, 하지만 남녀 구분 없이 모든 부족이 일반적으로 입는 전통의상을 '델'이라고 부른다. '델'은 주머니 없이 상하가 한 벌로 된 옷이고, 긴 소매가 달려서 추위를 보호하고, 허리띠를 매어 옷을 고정시키며, 발에는 가죽으로 만든 목이 긴 신발인 '고탈'을 신고, 머리에는 '말가이'라는 전통 모자를 썼다. 날씨에 따라서 조끼를 덧입기도 한다. 또한 디자인이 다양하여, 여인들은 화려한 장식이 수놓인 긴 델을 입었으며, 상류계층 남자들은 사슴가죽으로 만든 델을 입었다.

③ 전통음식

- **수테차이(Suteychai)**: 몽골인들이 가장 즐겨 마시는 차로써, 큰 솥에 물을 부어 난로 위에 놓고 찻잎 덩어리를 조금 떼 내어 부스러뜨려 넣어서 끓인 다음, 우유와 소금을 넣는다. 끓기 시작하면 바가지로 차를 퍼서 공중에서 그릇으로 떨어뜨리는 과정을 20분 정도 반복하는데, 그래야 차 안에 공기가 많이 함유되어 더 맛있는 수테차이가 된다고 한다. 몽골인들에게는 손님이 오면 가장 먼저 수테차이를 내오는 문화가 있다. 수테차이를 먹으

면 젖이 잘 나온다는 신념이 있어서 출산 후 3주 동안 수테차이를 마신다.

- **허르헉(horqhog)**: 몽골인들은 아주 귀한 손님이 왔을 때, 집안에 경사가 있을 때, 가족들 생일, 명절 때 허르헉을 먹는다. 양이나 염소를 잡아 고기 부위의 지방을 빼고 먹기 좋게 썰어서 감자, 당근 등의 야채, 피순대, 불로 달군 돌(촐로)을 밀폐시킨 통에 함께 쪄낸 몽골의 전통 음식이다. 음식이 익으면 육즙이 많이 나오는데, 이걸 따로 떠서 모은 국은 귀한 향채를 조금 넣어서 나이든 어르신들에게 양보한다.

- **보즈(Buuz)**: 한국 사람들이 설날 떡국을 먹듯이 몽골인들은 설날(차강사르) 아침에 주로 보즈를 먹는다. 만두피를 두텁게 밀어서, 그 안에 다진 양고기 또는 쇠고기를 넣고 찐다. 몽골인들은 살코기를 가장 맛이 없는 부위라고 생각하는데, 이렇게 보즈 안에 넣어서 먹곤 했다.

④ 전통놀이

- **나담 축제(Eriin Gurvan Naadam)**: '나담'이란 몽골어로 '놀이' 혹은 '경기'를 의미한다. 나담 축제는 매년 7월 11일부터 13일까지 몽골의 혁명 기념일에 수도인 울란바토르에서 열리는 전국 최대의 축제이다. '나담'의 정식명칭인 '에링 고르붕 나담'은 '남자들의 세 가지 경기'라는 뜻이다. 나담 축제에는 몽골 전통 씨름인 '부흐', 말타기 경주인 '모리니 우랄단', 활쏘기인 '소르 하르와'라는 세 가지 경기를 한다. 전국에서 각 부족을 대표하는 선수들이 참가하여 경주를 하며, 개막식을 비롯한 모든 경기는 몽골 전역에 중계 방송된다. 나담축제는 2010년 유네스코 세계문화유산에 등재되었다.

• **샤타르(shatar)**: 서양식 체스와 매우 비슷한 형태로써 티벳을 거쳐 몽골에 전해져서 몽골의 전통놀이가 되었다. 샤타르는 정사각형의 체크무늬 판에 서로 양쪽에서 16개의 말을 배열한 후에 게임을 시작하는데, 상대방의 왕이 도망가지도 못하고 보호받지도 못하면 게임이 끝난다. 패배를 인정할 때, 자기 쪽 왕을 눕히는 것으로 의사를 표시한다.

(7) 몽골인의 생활 관습 및 예절

• **결혼식**: 옛날 몽골에서는 신랑이 아내를 직접 빼앗아 오는 '약탈혼' 제도를 시행했다. 그러나 지금은 주로 '결혼궁전'이라는 관공서에서 결혼식을 한다. 결혼식을 진행하는 사람은 국가공무원이며, 주례사는 없다. 신랑과 신부가 결혼식에 참석한 하객들 앞에서 반지를 주고받은 후에 결혼증명서에 사인을 하면 예식이 끝난다. 일반적으로 피로연은 두 번 하는데, 1차 피로연은 결혼궁전 옆방에서 하고, 2차 피로연은 신랑의 집에서 한다. 이때 신랑 집에 잔치음식을 준비하고 손님들을 초대하여 며칠씩 잔치를 한다.

• **장례식**: 고대로부터 몽골인들은 풍장으로 장례를 치렀다. 풍장은 죽은 시체를 살아있을 때처럼 하얀 천으로 싸서 활·칼과 함께 말에 싣고 동트기 전에 초원으로 나가서 정처 없이 다니면서 유해를 땅에 떨어지게 하여 들개나 새들이 먹게 하는 풍습이다. 그러나 사회주의시대에 풍장이 금지되어 지금은 토장이나 화장을 한다.

• **노래와 춤**: '구미(Khoomi)' 노래는 몽골 남성들이 목구멍 깊은 곳으로부터 내는 고음목소리이며, 여러 명이 한꺼번에 아름다운 화음을 만들어 내기도 한다. 현재 구미는 세계문화유산으로 등재되어 있다. 또한 '티삼(Tsam) 춤'은 악마의 영혼을 몰아낸다는 의미를 가지고 있으며, 전통적인 유목생활과 샤머니즘의 영향을 받은 것이다. 공산정권 시절에 한동안 금지되기도 했었다.

• 몽골의 외곽 지대에 사는 사람들은 여행자들에게 매우 친절한데, 이는 대부분 유목민족들의 특징이다. 예전에는 여행객이 오면 당연히 먹을 것과 '아이락(마유주)'를 대접했고, 여행객의 말이 지쳐있으면 새 말로 교체해주는 것을 당연하게

생각했다.

- 몽골인들은 손님을 집으로 초대하는 것을 매우 좋아한다. 손님으로 초대를 받았을 때, 주인이 건네주는 첫 잔과 첫 음식은 무조건 먹어주는 것이 예의이며, "암스테(맛있습니다.)" 또는 "거이 암스테(아주 맛있습니다.)"라고 말해주는 것이 좋다. 또한 선물을 받으면, "바야를라(고맙습니다.)"라고 말해 주는 것이 좋다.
- 손님으로 몽골인의 집을 방문할 때는 선물을 준비하는 것이 예의다. 선물을 준비하지 못했을 경우에는 돈을 주는 것도 일반화되어 있다. 가끔 몽골인들은 외국인이 불편해 할까봐서 신발을 신고 들어오라고 하는 경우가 있으나, 벗고 들어가는 것이 예의이다.
- 몽골인들은 다른 사람의 발을 밟거나, 자신의 발을 밟히면 악수를 하고 헤어진다. 당신의 적이 아니니 용서해 달라고 하는 의미가 있다. 그러나 전혀 모르는 상대라면 아무렇지도 않게 팔에 접촉하든지, 눈으로 신호를 보내던지, 혹은 사과하는 말을 건넨다.
- 몽골인들에게는 '마물(魔物)은 귀여운 아이를 데리고 간다'는 신념이 있어서 갓난 아기에게 "귀엽지 않아"처럼 반대로 말을 해야 한다. 또한 사내아이가 3세·5세, 여자 아이가 2세·4세가 되면 단발식을 거행한다. 최초의 단발식에는 친척들이 모이고, 아이와 가장 마음이 잘 맞는 사람이 머리카락을 모두 잘라준다. 태어나서 단발식까지는 아무도 머리에 접촉해서는 안 되며, 깨끗한 검은 머리가 자라도록 2~3회 정도 까까머리로 자른다.
- 몽골인들이 검지손가락으로 사람을 가리키는 것은 죽이겠다는 뜻이다.

4) 러시아

(1) 러시아 국가에 대한 소개

공식명칭	러시아 연방(Russian Federation)
수도	모스크바
언어	러시아어
면적	약 1,709만㎢(한반도의 77.421배)
인구	약 14,396만 명(세계 9위)
인종	러시아인(80%), 타타르인(4%), 우크라이나인, 기타 약 185개의 민족
종교	러시아정교(15%), 이슬람교(10%), 그리스도교
경제	GDP: 약 1조 6,378억 달러(세계 11위)
통화	러시아 루블(RUB) / 1RUB=18.59원
기후	러시아는 동서로 길고, 남북의 폭도 굉장히 넓어서 남북의 기온차가 현저히 크다. 또한 지역에 따라 연교차가 크게 차이가 나는데, 시베리아 베르호얀스크는 연교차가 60℃가 넘어 세계에서 가장 연교차가 큰 곳으로 알려져 있다. 대부분 지역에서 봄, 가을은 아주 짧고, 여름과 겨울이 길다. 1월에는 한랭 고기압으로 대부분 지역의 기온이 영하로 떨어지고 큰 추위가 온다. 7월부터 약 2~3개월간 강수가 집중되며, 기온은 북극 해안이 약 5~10℃, 시베리아 지역이 약 15℃, 유럽러시아 지역이 약 20℃를 나타낸다.

(2) 러시아의 주요 역사

- **키예프 공국**: 9세기 초 바이킹 출신의 용사 '류릭'이 '루시'라는 국가를 세웠으며, 현재 러시아는 '루시인의 나라'라는 뜻이다. 수도를 키예프로 옮긴 이후에는 '키예프 공국'으로 불리며 세력을 확대했고, 988년 블라디미르 1세는 그리스 정교를 국교로 정하고, 서유럽의 국가들과 동맹을 맺으며 최초의 법전을 만들어 러시아의 왕족 체제를 이루어 영토를 넓혀 갔다.
- **모스크바 공국**: 13세기 초에 생겨난 '모스크바 공국'은 15세기에 몽골군을 러시아 땅에서 몰아냈다. 이반 3세가 비잔틴 제국의 계승자로 추앙받으며, 러시아는 카스피해와 시베리아 접경지대까지 급속도로 영토를 확장시켰다.
- **러시아 제국**: 1917년 러시아 혁명이 일어나기 전의 러시아를 '러시아 제국'이라고

한다. 특히 1613년부터 300년에 걸쳐 러시아를 지배한 로마노프 왕조는 러시아의 근대화와 계몽에 힘쓰며, 나폴레옹과의 전쟁에서 승리하여 유럽의 강국이 되었다. 특히 표트르 대제와 예카테리나 여제의 서구화 정책은 현재 러시아의 거의 모든 제도와 문화 예술의 기초가 되었다.

- **소비에트 연방(소련)**: 19세기 러시아는 경제가 악화되었다. 1914년 제1차 세계대전에 참전한 뒤, 군사력과 경제력이 한계에 다다르자, 이를 충당하려고 군사들을 강제로 동원했다. 더군다나 군수품 생산이 강화되자 생필품 생산이 줄어들어 민중의 생활은 더욱 궁핍해졌다. 결국 1917년 2월 노동자 혁명이 일어나 니콜라이 2세를 몰아내고 세계 최초로 사회주의 국가를 세웠다.
- **러시아 연방**: 1991년 소비에트연방제국을 해체하자, 소비에트 연방을 구성하던 15개의 공화국이 독립을 선언했고, 러시아 연방을 포함한 '독립 국가 연합(CIS)'이라는 새로운 형태의 다당제 민주 국가가 되었다. 넓은 국토에 다양한 민족이 거주하기 때문에 분쟁이 끊이지 않고 있지만, 오늘날은 주변국들과 협력하며 다양한 외교적 노력을 기울이고 있다.

(3) 러시아의 주요 인물

- **톨스토이(Lev Nikolayevich Tolstoy, 1828~1910)**: 19세기 러시아 문학을 대표하는 세계적 문호로 인정받는 소설가이자 사상가이다. 젊은 시절 사실주의 문학을 추구했고, 중년기에 종교 사상에 관심을 가졌으며, [전쟁과 평화], [안나 카레니나], [이반 일리치의 죽음], [부활] 등의 작품들을 남겼다. 중년에 작가로서의 길을 포기하고 개혁적인 그리스도교 신앙을 가졌고, 이후 수많은 평론과 작품들을 통해 인간이 만들어낸 정부, 교회 등의 제도와 재산을 부정하는 견해를 전파했다. 만년에 가난한 농부로 살고자 했으며, 엄격한 청교도로 삶을 마감했다.

• **표트르 일리치 차이콥스키(Pyotr Ilyich Tchaikovsky, 1840~1893)**: 낭만주의 시대에 활동한 러시아 제국의 작곡가, 지휘자이다. 백조의 호수, 호두까기 인형, 비창 교향곡, 잠자는 숲속의 미녀 등을 작곡하여 세계적인 명성을 얻었다, 그의 작품은 선율적 영감과 관현악법에 뛰어나다는 평가를 받는다. 1860년대에는 국민악파 음악의 영향을 받았으나 후반에는 낭만주의 경향이 담긴 곡들을 작곡하였으며, 베토벤, 슈베르트의 전통을 러시아로 확산시켰다. 말년에는 유럽 순회공연을 다녀 성공하기도 했다.

• 레닌(Vladimir Ilich Ulyanov, 1870~1924): 17세부터 마르크스의 〈자본론〉 등 혁명서적을 탐독하여 마르크스주의자가 되었다. 러시아 공산당을 창설한 혁명 지도자이며, 1917년 러시아혁명 이후 열린 러시아 소비에트 대회에서 의장으로 선출되었다. 1919년에 각국 공산당들의 연합체인 '제3인터내셔널(코민테른)'을 창설했으며, 러시아인들에게 마르크스 이후 가장 위대한 혁명사상가인 동시에 역사상 가장 뛰어난 혁명지도자로 인정받고 있다. 1924년 1월 21일 저녁 고리키에서 뇌동맥경화증으로 사망했다.

(4) 러시아의 국경일

국경일 명칭	기간	특징
새해 (Новый год)	1월 1일	• 양력 새해 • 어린이 파티인 '우트렌닉'을 함. • 이른 저녁에는 어른들 파티를 함. 음식과 술을 즐기며, 노래를 부르고, 춤을 추며, 밤을 새워 논다.
크리스마스	1월 7일	• 러시아 정교의 그레고리력에 따라서 1월 7일에 크리스마스를 함.
민족 수호자의 날	2월 23일	• 볼셰비키 공산당과 레닌, 레프 트로츠키에 의해 주도된 2월 혁명을 기념하는 날

국경일 명칭	기간	특징
여성의 날	3월 8일	• 여성들을 축하하는 날. • 남성은 연인에게, 남편은 아내에게 꽃을 선물한다.
노동절	5월 1일	• 소비에트 정권의 중추 계급인 프로레타리아(노동자)계급에겐 최상의 축일이며, 소비에트 전통을 이어받은 러시아 공산당에게 최대 행사일이다.
승전 기념일	5월 9일	• 제2차 세계대전 때 독일에게 승리한 것을 기념하여, 전국 각지에 세워진 '무명용사의 탑'에서 추모하고 승전의 기쁨을 나눈다.
러시아의 날	6월 12일	• 현재의 러시아 헌법이 발표된 것을 기념
국민 통합의 날	11월 4일	• 1612년 11월 4일에 러시아 본토를 침략한 폴란드군을 몰아내고 해방을 맞은 것을 기념하는 날

(5) 러시아의 주요 산업

전 세계에서 가장 넓은 영토를 가진 러시아는 광활한 국토와 풍부한 천연자원 및 구소련의 생산협동체제에 힘입어 꾸준히 경제적인 성장과 발전을 이루어 왔다. 하지만 개혁과도기의 혼란으로 인해 1990년도 이후부터 계속 마이너스 성장을 보이고 있다.

러시아는 풍부한 천연 자원을 수출하는 대신, 국내에서 충당할 수 없는 곡물이나 광물 등을 수입한다. 현대 산업에 필요한 거의 모든 재료를 영토 내에서 확보할 수 있어서 중공업 및 현대 산업이 발달했고, 기계제조업, 화학 산업, 경공업 등이 활성화되었다.

① **기계제조업:** 증기 보일러, 터빈, 전기 발전기, 곡물용 콤바인, 자동차, 전기 기관차, 공작기구, 도구, 자동화 기계부품 등을 자급할 정도로 기계제조업이 발달했다. 모스크바, 니주니노브고로트, 미아스, 야로슬라블, 심비르스크, 이제프스크에 자동차 공장이 있으며, 톨리야티에 큰 지굴리 공장이 있고, 나베레즈니예첼니에 거대한 트럭 공장이 있다.

② **화학산업:** 암염, 코크스로(爐), 제련소에서 추출된 가스, 목재, 식품(주로 감자) 등의 원자재 활용을 위해 개발된 화학 산업을 바탕으로 야로슬라블, 예프레모프, 보로네슈에 있는 대규모 감자생산지역에 합성고무 공장을 세웠고, 비철금속 야

금업으로 유명한 크라스노우랄스크, 키로보그라트, 카라바슈, 메드노고르스크, 첼랴빈스크, 블라디카프카스에는 황산 공장을 세웠으며, 칼륨과 인산 광산이 인접한 솔리캄스크, 베레즈니키, 페름, 보스크레센스크, 브랸스크 등에는 칼륨염·인회토 비료공장을 세웠다.

③ **경공업**: 유럽권 러시아 중앙에 섬유산업이 집중되어 있는데, 의류와 신발류 대부분이 여기에서 생산된다. 모스크바와 상트페테르부르크 지역에서는 냉장고, 세탁기, 라디오, TV와 같은 제품들을 생산한다.

(6) 러시아의 전통문화

① 전통 가옥: 이즈바(Izba)

• 이즈바(Izba)는 자작나무와 같은 목재를 이용하여 지은 러시아의 전통 가옥으로 약 9세기부터 건설되었으며 14세기부터는 러시아인의 대표적인 가옥이 되었다. 지붕은 주로 얇은 철판에 컬러페인트를 칠하고, 사방확장형의 처마를 이루고 있다. 옥상의 지붕창을 통해 실내온도와 공기흐름을 조절한다. 주택은 객실, 거실, 주방 등으로 구분되며, 집안에 벽난로가 있다. 실내 바닥은 카펫을 깔고 소파, 책걸상, 책장, 옷장들이 배열되어 있다. 농촌에서는 채소와 과일을 재배할 수 있는 밭과 우물, 가축우리, 지하실, 창고 등을 함께 짓는다.

② 전통 의복: 사라판(sarafan)

• **사라판(sarafan)**: 러시아의 농촌 여성들이 입는 전통 의상이며, 풍성하게 주름 잡은 스커트에 짧은 소매가 달려 있고, 높고 둥글거나 또는 낮은 스퀘어 네크라인으로 되어 있다. 허리선이 올라간 하이웨이스트가 특징이며, 앞에는 단추가 단 끝까지 달려 있다. 멋을 내려고 장식 끈을 달기도 한다. 대개 '양단'이라

는 옷감으로 만든다. 주로 모스크바를 중심으로 한 북부와 중부 지방의 여성복이었는데, 후에 러시아를 대표하는 전통의상으로 자리 잡았다.

② 전통음식

- **밀 빵**: 러시아 사람들은 주식으로 호밀로 만든 흑빵에 과일 잼 또는 크림을 발라 먹는다. 호밀은 러시아의 차갑고 척박한 땅에서도 잘 자랐고, 이를 원료로 만든 흑빵(검은색 빵)은 영영가가 높다고 해서 러시아인들에게 사랑을 받아 왔다. 러시아 밀 빵은 찰지고 신맛이 난다. 호밀로만 만든 흑빵, 곡식을 섞은 흑빵, 딱딱한 흑빵, 부드러운 흑빵 등 다양한 종류가 있다.

- **보드카(Vodka)**: 러시아 술의 한 종류이며, 원래 감자를 원료로 해서 만들지만, 현재는 곡류를 많이 사용한다. 러시아어로 '물'을 의미하는 'voda'에서 보드카라는 이름이 파생될 정도로 러시아인들은 보드카를 즐겨 마신다. 식사 전 애피타이저와 함께 아무것도 섞지 않은 보드카를 차갑게 해서 작은 잔에 따라 마신다. 보드카는 14세기부터 만들어지기 시작했고, 제2차 세계대전 이후에는 미국과 유럽에 널리 퍼졌다.

- **솔랸카(Solanka)**: 러시아의 대표적인 수프이며, 고기나 생선 육수에 토마토와 오레가노와 같은 향신료를 넣고 오랫동안 끓인 음식이다. 러시아의 특이한 향료들이 들어가서 독특한 맛이 나며, 주로 식전에 먹는다. 대부분 작은 도자기 모양의 그릇에 솔랸카를 담아 주기 때문에, 오랫동안 계속해서 뜨거움을 유지하며 먹을 수 있다.

③ 전통놀이

- **마트료시카(Matryoshka)**: 나무로 만든 러시아의 인형으로서 생김새는 나무 오뚝이처럼 생겼고, 큰 인형 안에 약 80% 크기의 작은 인형들이 계속해서 몇 개가 들어있다. 일반적으로 여섯 개 이상인 경우가 많다. '마트로시카'의 어원은 어머니를 뜻하는 '마트로(Мать)'와 작고 귀여움을 의미하는 지소형 접미사인 '-ешка'가 결합되어 '어머니 인형'이라는 뜻을 가지고 있다. 다산, 다복, 부유함, 행운을 가져오는 인형이라고 한다. 1890년에 처음 만들어졌으며, 1900년에 러시아 각지에서 여러 가지 마트료시카가 만들어지면서 러시아의 민속공예품과 선물로 알려졌다.
- **코사크댄스(Cossack Dance)**: 15세기에서 20세기 초까지 러시아 남부와 우크라이나에서 발전해 온 러시아와 우크라이나 코사크족의 민속무용으로 팔짱을 끼고 점점 내려앉으며 다리를 번쩍번쩍 드는 춤이다.

(7) 러시아의 생활 관습 및 예절

- **결혼식**: 러시아의 전통 결혼식은 중매(스바하, 스바찌야), 상견례, 약혼식, 처녀파티와 총각파티, 결혼식 마차, 신부 데려오기, 교회 결혼식, 동네 돌기, 결혼 피로연의 절차로 진행되었다. 혼례는 여러 날에 걸쳐 치러졌다. 첫날 신랑이 신부 집에 지참금의 의미로 예물을 실어온 후에 피로연을 하는데, 몇 시간 동안 계속되는 '신부 데려오기' 과정에서 신랑은 갖가지 시험을 통과해야 했다. 신부 데려오기 의식이 끝나면, 신랑과 신부는 각자 따로 중매쟁이 등을 태운 마차를 타고 교회로 가서 결혼식을 올렸다. 둘째 날에는 양가 부모를 위해 음식을 준비하여 노래를 부르고, 혼례를 축하하는 의미로 마을과 근교의 주요 장소를 방문했다. 그러나

현재는 이 가운데서 결혼 피로연과 약혼식, 정교회 결혼식만을 진행한다.

- **인사법**: 러시아인들은 친척이나 친구를 만나거나 작별할 때 열렬히 포옹하며 '키스'로 인사한다. 웃어른이나 여성을 만났을 때는 먼저 손을 내밀지 않으며, 상대방이 먼저 악수를 청해야만 악수를 나눌 수 있다.
- 러시아인 가정에 아이가 태어나면, 한 달 후에 부모는 친척과 친구들을 초대하여 연회를 베풀고, 아이의 이름을 짓는다. 아이가 태어나서 40일이 지난 후부터 3개월 사이에 교회에 가서 아이에게 세례를 받게 하며, 교부·교모를 정한다.
- 러시아인은 손님을 대접할 때 '소금이 담긴 둥글고 큰 빵'을 주는데, 러시아인들에게 빵은 '융숭한 대접'이라는 상징적인 의미를 가지고 있기 때문이다. 전통적으로 러시아인들에게 빵과 소금은 모든 길, 흉사에 동반되었다.
- 러시아인들은 차(茶)를 마실 때, 먼저 각설탕이나 사탕 하나를 먼저 입에 넣고, 그 후에 설탕이 들어있지 않은 차를 마신다.
- 러시아는 빈부에 관계없이 대부분 '다차(일종의 별장)'를 소유하고 있다. 국토가 넓은 러시아의 특성상 국가가 개인에게 무상으로 제공하기도 한다. 따라서 대부분 주말이 되면 다차에 가기 때문에 금요일 오후가 되면 시내가 한산하다. 러시아 사람들은 다차를 통해 자연과 친해지고 여유를 찾게 된다.
- 러시아인들은 '카샤'라는 음식을 즐겨 먹는데, 물이나 우유에 끓인 곡물로 만든 죽이다. '카샤'는 결혼식, 세례식, 추도식 등에 필수적으로 준비하며, 중세기 러시아에서는 결혼식 피로연을 "카샤"라고 부를 정도였다. 전통적으로 러시아인들은 적들과 화해하는 뜻으로 죽을 끓였는데, 전쟁을 끝내는 조약을 체결할 때, 당사자가 모두 식탁에 모여 앉아 죽을 먹으며 상호간의 동맹과 우호를 약속했다.

  또한, 러시아인들에게 가장 기본적인 음식 중의 하나는 '시치'라고 하는 양배추가 들어간 국이다. 전통적으로 러시아인들은 고기국물에 양배추를 넣어 끓였는데, 봄에는 양배추 대신 갓 피어난 엉겅퀴를 넣기도 했다. 오죽하면 "시치와 카샤는 우리들의 음식이다"라는 말이 있을 정도이다.

제 8 장

동남아시아: 베트남, 필리핀, 태국, 캄보디아

동남아시아(東南亞-, Southeast Asia)란 아시아의 동남부 지역을 말한다. 아시아대륙과 인도네시아 열도 사이에 위치하며, 베트남, 필리핀, 태국, 캄보디아, 라오스, 말레이시아, 싱가포르를 포함한다. 미얀마, 브루나이, 인도네시아를 동남아시아에 넣기도 한다.

면적으로는 약 4,000,000km² 가량이며, 세계인구의 약 12분의 1정도를 차지한다. 판(plate)의 경계에 있으며, 지진과 화산 활동이 활발하다. 대부분 강수량이 풍부하고 습한 열대지방이다. 강들이 얽혀 있는 삼각주는 주요 곡창지대이며, 적도 부근 저지대와 북쪽의 열대지방은 열대 우림이다.

11~15세기 사이에 소승불교가 동남아시아 전역에 퍼져 큰 영향을 끼쳤다. 태국, 미얀마, 베트남, 라오스, 캄보디아, 싱가포르 사람들이 대부분 불교를 믿고 있다. 말레이시아, 브루나이, 인도네시아 등에는 이슬람교가 퍼져 있다. 필리핀과 동티모르는 유럽국가인 스페인과 포르투갈의 지배를 거치면서 기독교가 우세해졌다.

1950년대까지 식민지였던 국가들이 대부분 독립을 맞이했고, 1967년 경제적 · 정치적인 통합을 위해서 동남아시아 국가연합(ASEAN)이 만들어졌다.

현재 한국에 유입되는 결혼이민자 가운데 베트남 출신들이 가장 많으며, 필리핀, 캄보디아도 상당히 많다. 태국에서는 외국인근로자가 많이 들어온다, 따라서 '베트남, 필리핀, 태국, 캄보디아'를 파악하고, 이들의 문화를 이해하는 것이 필요하다, 이에 따라 본 장에서는 다음과 같은 목표를 가지고 동남아시아의 국가들에 대한 구체적인 내용을 살펴보고자 한다.

단원목표

1. 베트남, 필리핀, 태국, 캄보디아의 국가에 대해 이해하고, 역사와 국경일을 파악한다.
2. 베트남, 필리핀, 태국, 캄보디아의 주요 산업을 파악한다.
3. 베트남, 필리핀, 태국, 캄보디아의 주요 인물을 파악한다.
4. 베트남, 필리핀, 태국, 캄보디아의 전통문화(전통놀이, 전통의복, 음식) 및 생활 관습과 예절을 파악한다.

1) 베트남

(1) 베트남 국가에 대한 소개

공식명칭	베트남 사회주의 공화국(Socialist Republic Of Vietnam)
수도	하노이
언어	베트남어
면적	약 33만㎢(한반도의 1.5배)
인구	약 9,649만 명(세계 15위)
인종	베킨족(86%)
종교	불교(70%), 로마가톨릭(10%)
경제	GDP: 약 2,616억 3,700만 달러(세계 45위)
통화	베트남 동(đ) / 100VND=4.99원
기후	베트남은 중서부를 통과하며 남북으로 뻗은 안남 산맥, 북부의 홍강 삼각주, 남부의 메콩강 삼각주, 동부의 해안평야 등 4부분으로 나뉜다. 삼림이 빽빽하며 바위투성이인 안남 산맥은 윈난[雲南]고원의 남쪽 연장부분으로 전 국토의 약 2/3를 차지한다. 베트남은 전체적으로 열대 몬순기후이나 국토가 길게 늘어져 있어서 지역마다 기후 변화가 다르다. 북부는 여름이 길고 소나기가 자주 오며 고온다습하고, 겨울은 한국의 가을 날씨와 비슷하다. 중부는 5~9월에 온난건조하고, 9월 말부터 비가 많이 오며, 11~4월까지 낮은 온화하고 밤은 쌀쌀한 겨울이 지속된다. 남부는 덥고 습한 기후로 여름에 비가 잦고, 12~4월은 평균 기온이 22~33℃다.

(2) 베트남의 주요 역사

- BC 200년경 베트남어를 쓰는 민족언어 집단이 '남베트'라는 독립 왕국을 세우고, 베트남 북동부와 중국 남부를 지배했으나, BC 111년 중국의 전한(前漢)에 점령되었다.
- AD 1세기에는 인도 문화의 영향을 많이 받은 푸난 왕국이 메콩강 삼각주의 대부분을 차지하다가 6세기에 멸망했다. 939년에 베트남 북부지역이 약 1,000년에 걸친 중국의 지배에서 벗어났고 13세기에 3차례 몽골의 침략을 받았으나 모두 물리쳤다. 1407년에 중국에 다시 정복되었지만, 거국적 저항운동으로 1428년 마침내 중국인들을 몰아냈다. 레[黎] 왕조 치하에서 중국식 관료주의 정부가 수립되었고, 국경은 점차 남하했다. 1757년까지 양분되었다가, 1802년 후에 통일왕조의 황제가 된 구엔 안[阮映] 장군에 의해 통일되었다.
- 19세기 후반 프랑스에 정복되어 1883~1939년에는 식민지로, 1939~45년에는 속령으로 지배를 받았다. 1945년 호치민의 지도 아래 공산주의자 및 민족주의자들이 베트남의 독립을 선언했다. 7년 동안 프랑스가 독립을 반대했고, 호치민이 프랑스에게 게릴라전을 벌이면서 제1차 인도차이나 전쟁이 시작되었다.
- 1954년 5월 7일 베트남의 승리로 전쟁이 종결되었고, 제네바 협정에 의해 소련이 지원하는 북부와 미국이 지원하는 남부로 분할되었다. 그러나 북베트남의 게릴라 활동과 남베트남의 친공산주의자들의 반란은 미국의 개입과 베트남 전쟁을 불러일으켰다. 1973년 휴전이 되고 미군이 철수했으나, 1975년 북베트남은 남베트남을 공격했다. 그 결과 남베트남 정부는 붕괴되고, 1976년 7월 2일 베트남사회주의 공화국으로 통합되었다. 1991년 소련이 붕괴되자 많은 아시아 및 서방 국가들과의 관계개선을 도모했으며, 이로써 국제적인 고립상태에서 벗어났다.

(3) 베트남의 주요 인물

① 쩐흥다오(Tran Hung Dao. 1228~1300)

베트남 쩐 왕조 초대 황제의 형인 '진류(陳柳)'의 아들이다. 본명은 '진국준(Trần Quốc Tuấn,)'이고, 후에 그의 공적을 칭송하여 '흥도(興道)'라는 호칭이 주어졌다. 조정의 실권을 잡고 있던 진수도에 의해 아버지 진류가 실각당하고 조정과 대립하던

시기도 있었지만, 지용(智勇)이 뛰어난 인물로써 장군으로 중용되었다. 1253년 쿠빌라이 칸이 이끄는 몽골군이 남쪽에서 중국을 공격하기 위해 홍수이강[紅水河] 지역을 통과하자고 요구했을 때 쩐흥다오 장군이 군인들에게 사기를 북돋는 연설로서 국가적 단합을 호소하며 침략자에 대한 투쟁을 촉구했다. 몇 차례의 전투 끝에 1288년 쩐흥다오 장군은 몽골군 수군과 바익당강[白藤江] 입구에서 교전하게 되었는데, 쿠빌라이 칸의 전함을 미리 물밑에 박아놓은 철주에 걸리도록 유인해 궤멸시켰다. 쩐흥다오 장군은 〈병서요략 兵書要略〉이라는 병서를 저술하여, 전쟁을 거의 종교적인 의무로 신성시했고, 군주에 대한 충(忠)과 국가적 의(義) 등 유교 덕목에 대해 저술했다. 그를 기리는 많은 사당이 건립되었으며, 지금도 여러 지방에서 그를 신앙의 대상으로 삼고 있다.

② 판보이쩌우(Phan boi chau, 1867~1940)

판보이쩌우는 베트남 북부 응에안 성에서 빈곤한 가정의 아들로 태어났다. 가난한 인텔리인 아버지의 영향을 받아 유학경전과 고전 등을 배우고, 자주독립과 애국사상을 익혔다. 1904년 20여 명의 동지를 규합하여 프랑스의 점령에 반대하는 베트남 유신회를 결성했고, 무기를 구입하고 원조를 요청하기 위해 1905년 일본으로 건너갔으나 실패하였다. 이후 청년들을 일본에 유학시켜 인재를 육성하는 '동유 운동'을 펼쳐 베트남에 신사상을 보급하려 하였다. 그 결과 유신회의 회원 등은 군사학교인 진무학교나 도쿄 동문서원에서 공부하게 되었고, 판보이쩌우는 일본에서 만난 량치차오의 권유에 따라 "월남망국사" 등을 저술하여 프랑스의 식민 정책과 베트남 내부의 저항을 소개했다. 1907년, 1909년 일본에서 쫓겨나 태국으로 망명했다. 1911년 중국에 신해혁명이 일어나자, 광둥으로 가서 유명무실해진 베트남 유신회를 해산하고, 1912년 베트남 광복회를 조직하여 중국에 머물면서 베트남 독립운동을 지도했다. 1924년 상하이에서 체포되어 하노이로 호송된 후 사형 선고를 받았지만, 종신 연금 상태에 있다가 1940년 사망했다.

③ 호치민(Ho Chi Minh, 1890~1969)

본명은 응우옌 신 꿍(Nguyen Sinh Cung, 阮生恭)이며, 1890년 프랑스 치하의 베트남에서 지방의 가난한 유학자인 구엔 신 후이의 아들로 태어났다. 1911년부터 프랑스 증기선의 요리사로 3년 이상을 지내면서 아프리카의 여러 항구와 보스턴・뉴욕 등 미국의 도시들을 여행했다. 1915~17년 런던에서 생활하다가 프랑스로 옮겨 정원사, 청소부, 웨이터, 사진 수정자, 화부(火夫)로 일했다. 1917~23년 프랑스에서 지내면서 '구엔 아이 쿡(애국자 구엔)'이라는 이름으로 적극적인 사회주의 활동을 폈다. 그곳에 사는 베트남인들을 조직화했고, 1919년에는 제1차 세계대전을 종식시킨 베르사유 평화회의에 모인 강대국 대표들 앞으로 8개 조항의 탄원서를 보내서 인도차이나 식민지 국민들에게 통치자들과 동등한 권리를 줄 것을 요구했다.

1930년 2월 베트남 공산당을 창당했고, 1941년 귀국하여 독립동맹 베트민을 구성하며 베트남 독립운동을 이끌었다. 1945년 프랑스와 일본이 무너지자, 9월 2일에 베트남의 독립을 공표했다. 그러나 프랑스가 이를 인정하지 않고 베트남 남부를 장악하면서 인도차이나 전쟁이 시작됐다. 8년간의 전쟁 끝에 베트남은 1954년 제네바 협정을 통해 남북으로 분할되었고, 이에 북베트남에 공산 정권을 수립하며 대통령 자리에 올랐다. 1945년부터 1969년까지 북베트남 민주공화국의 대통령을 지내며, 베트남 민족주의 운동을 지도했다. 열강들의 손에 의해 갈라진 조국 베트남의 통일을 위해 온 힘을 다했으나, 통일을 보지 못한 채 1969년 사망했다.

(4) 베트남의 국경일

국경일 명칭	기간	특징
신정	1월 1일	• 양력 새해 • 각종 축제와 공연.
구정	2월 중 (음력 12월30일~1월3일)	• 음력 새해 • 집에서 제사를 모시고 가족과 친지들과 덕담을 나눈다. • 2-3일부터는 친구들, 은사들을 찾아 새해 인사와 덕담을 나눈다. • 어른들이 어린이들에게 '띠엔 리 씨'라고 불리는 세뱃돈을 준다. • 모든 지역에 꽃 시장이 서고 복숭아, 매화, 금귤나무 등 화려한 꽃과 나무로 집안을 장식함.
전승 기념일	4월 30일	• 1975년 4월 30일, 미국으로부터 사이공을 되찾은 날을 기념한 날. • 퍼레이드와 불꽃놀이 등
국제 노동절	5월 1일	• 근로자의 날 • 노동절을 기념한 파티나 폭죽 축제.
독립 기념일	9월 2일	• 1945년 호치민이 프랑스로부터 베트남의 완전 독립을 선언한 날. • 베트남 군인과 경찰들의 거리 행진. • 대부분의 거리를 붉은색으로 꾸미고 베트남 국기 '금성홍기(金星紅旗)'를 게양.

(5) 베트남의 주요 산업

1975년 베트남 전쟁 종결 이후 사회주의적 집산화·국영화 정책으로 인해 경제재건에 어려움을 겪었으나, 1979년부터 시작되어 1986년에 공식화된 '도이 머이(Đổi mới)' 개혁 정책을 통해 시장원리와 성과급제 등을 시행하고 민간기업의 활동을 허용하면서 2007년까지 고속성장을 이루었다. 현재 베트남은 180여 개국과 무역을 확대하며 '경제 세계화'를 추진하고 있으며, 1995년에는 아세안(ASEAN)과 동남아시아국가연합자유무역지대(AFTA)에 가입하였다. 또한 2007년 1월 11일 세계무역기구(WTO)에 가입한 후 베트남의 가장 큰 수출 대상국인 미국으로부터 항구적 정상무역관계인 PNTR의 승인을 얻어냄으로써 투자 여건이 개선되었다.

① **농업**: 국내총생산(GDP)의 1/4 이상을 농업부문이 차지하며, 총 노동력의 약 3/4이 농업에 종사한다. 경작지의 대부분이 벼농사에 이용되며, 많은 지역에서 2모작이 이루어진다. 또한 국토의 70만 헥타르의 농지에서 연간 170만 톤의 커피를 생산하고 있으며, 이는 세계의 커피 총 생산량 10.5%를 차지한다.(세계 2위) 이밖에도 카사바, 고구마, 땅콩, 사탕수수, 옥수수, 콩, 코코넛, 고무, 차 등이 주요 농작물이며, 돼지와 소도 많이 사육하고 있다.

② **IT 산업**: 다른 아시아 국가에 비해 개발이 저조한 편이나, 빠른 성장세를 보이고 있다. 2002~2007년에 연평균 30%의 성장세를 보여 2007년 전체 시장규모가 37억 6000만 달러에 달했다. 2019년까지 연평균 11.6%씩 성장하여, 2019년 전체 시장규모가 약 47억 달러 규모에 이를 것으로 전망된다.

③ **제조업**: 베트남은 세계 5위 섬유의류산업국이며, 의류제조업은 베트남의 수출품목 중에 수출 총액의 12.2%로써 2위를 차지한다. 약 250만 명 이상의 고용을 창출하고 있다. 또한 신발산업은 베트남의 제조업 중에 수출 4위의 품목이며, 베트남에서 생산된 신발은 주로 미국, 중국 등으로 수출되고 있다.

(6) 베트남의 전통문화

① 전통의복: 아오자이(Áo Dài)

출처: 전남교육청(2011)

아오자이는 베트남 여성이 입는 전통의상이며, 18세기에 청나라에서 들여온 '치파오'를 기원으로 한다. 치파오는 날씨가 차가운 만주(중국)에서 두꺼운 비단 천을 사용해서 만들었지만, 날씨가 더운 베트남에서는 이곳 풍토에 맞게 얇은 천으로 만들었다. 또한 아오자이(Áo Dài)는 베트남어로 '긴 옷'이라는 뜻이며, 매우 긴 상의와 얼핏 보면 치마처럼 보일 정도로 품이 큰 바지로 구성되어 있어서 통기성이 좋다.

현재 갸름한 몸매가 드러나는 디자인을 가진 여성용 아오자이는 프랑스령 인도차이나 시대에 개량된 것으로서 색상이나 재질, 디자인이 매우 다양하다. 과거에는 상류계급이 입는 의상이었으나, 현재는 결혼식에서 화려한 색과 무늬가 있는 아오자이를 웨딩드레스로 입거나 명절 등 특별한 행사가 있을 때도 널리 입는다. 교복이나 유니폼으로도 착용한다. 아오자이 교복은 대개 흰색이며 베트남 항공에서는 붉은색 상의와 흰색 바지로 구성된 아오자이를 유니폼으로 착용한다.

② 전통음식

- **쌀국수 '포(Pho)'**: 벼를 많이 재배하는 베트남에는 오래전부터 쌀을 이용한 음식이 다양하게 발달하였는데 쌀국수도 그중에 하나이다. 소뼈와 양지에 계피, 정향, 생강, 팔각, 고수씨 등 여러 향신료를 넣고, 장시간 우려낸 육수(지역마다 다름)를 붓는다. 그 위에 독특한 향이 나는 '고수'라는 향신료 야채를 얹어서 먹는다.

  베트남은 1859년부터 1954년까지 프랑스의 식민지였고, 이어서 1955년부터 1975년까지 제2차 인도차이나 전쟁인 월남전을 치르는 동안 많은 보트 피플(boat people)이 생겨났고, 이들이 먹는 '포(Pho)'가 미국과 캐나다 등지에서 큰 인기를 끌면서 유명한 음식이 되었다.
- **월남 쌈 '고이꾸온(Goi Cuon)'**: 베트남어로 '반짱'인 라이스페이퍼에 각종 채소와 고기를 싸먹는 베트남 전통 음식이다. '반짱'은 휴대하기 좋고, 물에 적시면 간편하게 먹을 수 있기 때문에 베트남전쟁 때 군인들의 비상식량으로 쓰였는데, 당시에는 넣을 수 있는 음식을 몽땅 넣어서 싸먹었다고 한다. 베트남 보트 피플(boat people)이 호주에 정착하여 많은 음식점들을 차렸는데, 호주인들에게 가장 인기가 많았던 음식이 월남쌈 '고이꾸온(Goi Cuon)'과 쌀국수 '포(Pho)'였다고 한다.

- **반미(Banh Mi)**: 프랑스가 베트남을 식민 통치하고 있을 때(1883~1945), 마요네즈와 버터를 바르고 토마토, 양상추를 올려 먹던 프렌치바게트 샌드위치를 당근, 고수, 두부 등의 베트남 식재료를 넣도록 변형한 베트남식 샌드위치이다.

처음에 베트남인들은 바게트를 "외국의 빵과자"라는 뜻으로 '반떠이(bánhtây)'라고 불렀으나, 세월이 흐르면서 '반미(bánh mì)'로 불리게 되었다.

당시에는 베트남 부유층이 먹는 고급 음식이었고, 주로 연유에 찍어 먹었으나. 지금은 가격이 저렴해서 베트남 현지 서민들도 아침 대용으로 부담 없이 많이 먹는다,

③ 전통놀이

- 타지우(Thả Diều): 연날리기를 의미하는 '타지우(Thả Diều)'는 베트남인들이 수천 년간 즐겨온 가장 대표적인 전통 놀이이다. 베트남인들은 세계 어느 민족보다 연날리기를 좋아한다. 한국은 설날에 주로 연날리기를 하지만, 베트남인들은 시간이 있을 때마다 연날리기를 즐긴다. 베트남에서는 연을 높이 날리기는 하지만, 한국인들처럼 '연줄 끊기'처럼 게임을 하거나 다양한 재주를 부리는 기술은 하지 않는다.

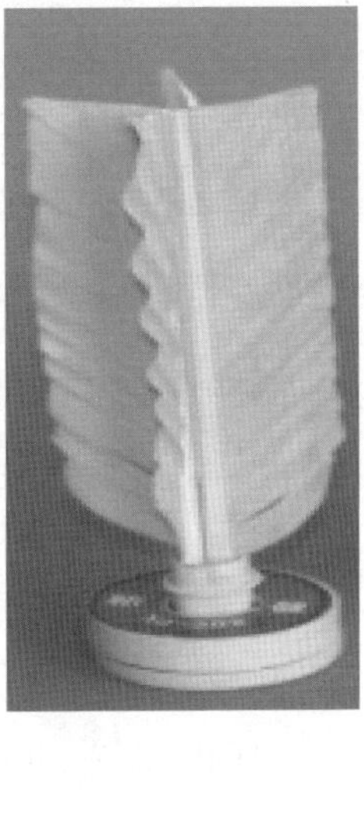

- 다꺼우(đá cầu): 우리나라의 제기차기와 비슷한 베트남의 전통놀이이다. 한국의 제기차기는 주로 혼자서 차지만, '다꺼우(đá cầu)'는 두 명 이상이 함께 족구를 하는 것처럼 두 편으로 갈라서 네트를 치고 공격과 방어를 하면서 즐긴다. 한국에서는 설날이나 특별한 날에 제기차기를 하지만, 베트남인들은 일상적으로 '다꺼우(đá cầu)'를 즐긴다. 아침, 저녁으로 공원에 가면 '다꺼우(đá cầu)'를 즐기는 사람들을 많이 볼 수 있다. 심지어 학교에서 배우기도 하며, 전국대회도 있을 정도이다.

④ 전통 가옥

• **수상 가옥**: 베트남, 미얀마, 태국 등 열대 지역에 사는 사람들은 강이나 바다에서 고기를 잡으며 모여 살았기 때문에 해안이나 강변에 말뚝을 박고 그 위에 집을 짓는다. 이런 수상 가옥은 비교적 빠르고 간편하게 지을 수 있을 뿐 아니라, 덥고 습한 기후에서 모기와 같은 해충을 막아 주기도 하고, 무더위를 피하는 효과도 있다. 그러나 전기나 수도가 연결되지 않는 집이 많다.

(7) 베트남인의 생활 관습 및 예절

• **결혼식**: 베트남인들의 결혼식은 보통 3단계로 진행된다. 첫 번째 단계는 '담호이'인데, 결혼식 한 달 전쯤 신부 집에서 담호이를 열어 가족과 친지들에게 결혼을 알린다. 이 날은 신랑과 신랑의 가족들이 빈랑 열매, 구장 나뭇잎, 차, 케이크, 찹쌀밥, 과일, 구운 돼지, 와인 등의 예물을 가지고 신부 집을 방문한다. 이때 예물은 쟁반에 담아 행운의 색으로 여겨지는 붉은 천으로 덮고, 미혼의 젊은 남자나 여자가 운반하게 하며, 신부 측에서 준비하는 접시의 숫자는 신랑의 가족 수에 따라 5 이상의 홀수여야 한다. 두 번째 단계는 '피로연'이다. 결혼식 전날 신랑의 집에서 신랑 고향의 친지들을 초청하여 잔치를 연다. 세 번째 단계는 '담끄이'라고 하는데, 이 날 아침 일찍 신랑과 신부가 신부의 집에서 신부 가족들과 함께 식사를 한다. 그리고 조상께 예를 드려 허락을 받은 후, 가족과 하객들에게 축하를 받는다. 본격적으로 식이 거행되면 신랑과 신부가 입장하고, 뒤따라 부모님들도 입장한다. 주례사는 없고, 대신 신랑이나 신부의 아버님 중 한 분이 앞에 서서, 결혼반지를 신랑신부에게 끼워주는 것으로 모든 결혼식이 끝이 난다.

• 한국 사람들은 헤어질 때 인사의 표시로 손을 흔들지만, 베트남에서 손을 옆으로 흔드는 것은 "너 참 귀엽구나. 너 참 잘 생겼구나. 너 참 매력적이다."라는 뜻으로 상대방에게 굉장한 호감을 표현하는 것이다.

• 한국 사람들은 '죽음'을 상징하는 것처럼 여겨져 "4"를 꺼려한다. 반면에 베트남인

들은 홀수를 불운한 숫자로 여긴다. 특히 "3"을 제일 안 좋게 여긴다. 사진을 찍을 때도 3명이 찍는 일은 거의 없으며, 꼭 3명이 찍어야 한다면 큰 나무를 가운데 두고 찍는다. 단, 홀수 중에서 "9"는 가장 좋은 숫자로 여겨 '럭키 9'라고 말할 정도이다. "10"은 너무 좋아서 그 이상은 없고, 다시 "1"로 돌아와 버리는데, "9"는 아직 위가 있고, 제일 만점에 가깝다는 것이다. 반대로 짝수는 좋은 숫자로 여기며, 베트남인들은 "4"도 좋아한다.

- 베트남에서는 죽은 사람에게만 절을 한다. 또 베트남인들은 날씨가 덥고 습한 지역에 살기 때문에 낮잠을 자는 것이 습관이 되어 있다. 베트남은 커피 생산량이 세계 2위인 국가여서 커피를 마시는 것이 습관이 되어 있다. 베트남인들은 어른에게 꾸중을 들을 때 양팔로 팔짱을 끼어 송구스럽고 죄송한 마음을 공손히 표현한다.

2) 필리핀

(1) 필리핀 국가에 대한 소개

공식명칭	필리핀 공화국(Republic of The Philippines)
수도	마닐라
언어	필리핀어, 영어
면적	약 30만㎢(한반도의 1.358배)
인구	약 10,651만 명(세계 13위)
인종	말레이인(96%), 기타, 인도네시아인
종교	가톨릭(83%), 개신교(9%),
경제	GDP: 약 3,568억 1,400만 달러(세계 37위)
통화	필리핀 페소(₱)/ 1PHP=22.83원
기후	필리핀은 태평양에 있는 7,000여 개의 크고 작은 섬으로 구성되었으며, 환태평양 조산대에 속하여 지진의 피해가 적지 않다. 일 년 내내 고온 다습한 아열대성 몬순 기후를 가지고 있다. 12~4월까지는 건기, 5~11월까지는 우기로 분류된다. 연평균 기온이 25~29℃ 정도이며, 6~10월에는 많은 비가 내린다. 3~5월은 22~32℃를 오르내리는 덥고 메마른 날씨이다. 11월부터 이듬해 2월 사이는 22~28℃ 정도로 선선한 날씨이다.

(2) 필리핀의 주요 역사

- **선사시대:** 약 2만 여 년 전에 '네그리토' 부족이 필리핀 섬에 들어와 살기 시작했다. 이어서 기원전 4000여 년경에 제철과 관개 기술을 가진 오스트로네시아 어족의 부류인 말레이 폴리네시아 어족이 들어왔다. 서기 300년부터 700년경에 동남아시아의 섬에서 활약하던 해양 민족에 의해 인도 문화권의 불교 및 힌두교, 특히 수마트라의 스리비자야 왕국과 자바섬의 마자파힛 왕국(모두 현 인도네시아)이 필리핀에 소개되었다. 이 때문에 필리핀의 모국어인 타갈로그어에는 산스크리트어를 어원으로 하는 단어가 많다.
- **고대:** 필리핀은 지리적 위치 덕분에 고대로부터 해상 무역이 활발했으며, 900년에는 마닐라만을 중심으로 한 '톤도 왕국'이 중국과 해상 무역을 하여 번성했다. 이러한 영향을 받아서 필리핀의 언어에는 중국어에서 유래된 것으로 여겨지는 경제 용어도 많다. 14세기 후반에는 이슬람교가 필리핀의 일부 지방들에 전파되기 시작했다. 1450년경에 팔렘방에서 온 아부 바쿠르가 술루 왕국을 건국했고, 필리핀 남부 민다나오에는 조호에서 대사 카푼스완이 와서 마긴다나오 왕국을 건국했다. 또한 필리핀은 '바랑가이'라는 수십 가구를 단위로 하는 마을이 많이 있었다. '바랑가이'는 '배'를 의미하는 말레이어에서 유래했다.
- **스페인 식민지 시대(1565년~1898년):** 1521년 스페인 출신의 페르디난드 마젤란이 배를 타고 승무원들과 함께 필리핀에 도착했다. 마젤란은 갑옷, 창, 화승총, 대포 등 강력한 무기를 앞세워 스페인 왕에게 복속을 강요하여 조공을 바치고, 기독교로 개종할 것을 요구했다. 하지만 이슬람의 문화가 강한 필리핀 남부의 부족장 '라푸라푸'는 거절하고 싸워 마젤란의 일행에게서 승리했다. 그러나 결국 스페인은 1571년에 마닐라 왕국과 톤도 왕국을 정복했고, 스페인령 동인도의 수도로 마닐라를 세웠다. 1592년, 일본의 도요토미 히데요시와 스페인 상인의 무역이 성행했고, 이에 많은 일본인들이 동남아 각지에 일본인 마을을 형성했다. 18세기에 영국 동인도 회사가 마닐라를 점령했고, 1809년에는 영국이 마닐라에 길드 사무소를 설립했다. 이때 호세 리잘, 안드레스 보니파시오 등이 독립운동을 했다.
- **미국 식민지 시대(1898년~1946년):** 1898년 미국-스페인 전쟁에서 미국이 승리하여 미국이 필리핀을 통치한다. 이듬해 1899년 1월 23일에 아기날도는 마롤로스 헌법을 공포하고 필리핀 제1공화국을 수립하여 초대 대통령에 취임했으나, 다음

해에 미군에 잡혀서, 강제로 미국의 주권을 인정 당했다. 1902년, 미군이 필리핀 주요 지역을 점령하여 미국의 식민지가 되었다. 1916년, 미국 의회에서 [존스 법](필리핀 자치법)이 통과되었다. 1934년, [필리핀 독립법]이 가결되어, 10년 후 필리핀 독립을 승인하게 되었다. 1935년 5월에 헌법이 비준되어 9월에 선거를 통해 마누엘 케손 대통령과 미 자치령 정부(독립 준비 정부) '필리핀 연방'이 시작되었다. 한편 1920년대부터 1930년대에 걸쳐 소작농이나 도시 노동자들이 조직화되었고, 필리핀 노동조합이 만들어졌으며, 1938년 필리핀 공산당(PKP)이 창당되었다.

- **독립 이후의 시대(1946년~현재)**: 필리핀은 1944~45년 미군에 의해 해방을 맞이한 후, 1946년 7월 4일 미국 정부를 모태로 한 정부를 세우고 공화국 수립을 선포했다.

(3) 필리핀의 주요 인물

① 호세 리살(Jose Rizal, 1861~1896)

호세 리살(Jose Rizal)은 사탕수수 농장주인 아버지와 최고 고등교육을 받은 어머니 사이에서 태어났다. 마닐라에 있는 대학교에서 공부했고, 스페인의 마드리드대학에서 의학과 교양학을 공부했다. 유학기간 동안 필리핀 유학생 단체의 지도자가 되어 필리핀에 대한 스페인 식민통치 개혁에 힘썼다. 파리와 하이델베르크에서 의학 공부를 계속했고, 1886년 〈나에게 손대지 말라〉라는 소설을 발표해, 가톨릭 탁발수사들의 죄악상을 격렬하게 파헤쳤다. 이어서 〈체제 전복〉(1891)을 발표하면서 필리핀 개혁운동의 주요 대변자가 되었다. 1892년 귀국하여 비폭력 개혁단체인 '필리핀 동맹'을 결성해 추방당했고, 유배기간 중에 학교와 병원을 세웠다. 1896년 민족주의 비밀결사단체인 '카티푸난'이 폭동을 일으켰을 때, 리살은 체포되어 공개 총살당했고, 이로 인해 필리핀인들은 독립하려는 의지가 높아졌다. 그가 처형되기 전날 산티아고 요새에 갇혀 있을 때 지은 〈마지막 이별〉은 걸작으로 꼽힌다.

② 보니파시오(Andres Bonifacio, 1863~1897)

보니파시오는 필리핀 마닐라의 가난한 집안에서 태어나 정식 교육을 거의 받지 못했다. 배달부와 상점 점원으로 일했지만, 매우 박식했다. 보니파시오는 스페인으로부터의 완전 독립을 주장했다. 1892년 마닐라에서 비밀결사단체 '카티푸난'을 결성하여 1896년까지 10만 명의 회원을 확보했고, 여러 지부까지 두게 되었다. 회원들은 대부분 혁명을 원하는 노동자와 농민들이었다. 1896년 8월 보니파시오가 루손에서 혁명을 일으켰지만 스페인 군대에 패했다. 그의 부관 '에밀리오 아기날도'는 저항을 계속했고, 1897년 3월 아기날도는 필리핀 공화국의 새로운 대통령으로 추대를 받았다. 보니파시오는 독자적인 반란 정부를 세우려 했지만, 아기날도가 보니파시오를 체포해 반역죄로 총살형에 처했다.

③ 아폴리나리오 마비니(Apolinario Mabini, 1864~1903)

마비니는 농촌 출신으로 마닐라의 산후안데레트란대학에서 수학하고, 1894년 산토 토마스 대학교에서 소아장애와 가난을 극복하고 법학 박사학위를 받았다. 1896년 8월 에밀리오 아기날도의 군대에 들어가 그의 심복이 되어, 이론가로 활동했다. 1898년 스페인-미국 전쟁 때 마비니는 스페인으로부터 독립하기 위해 미국에 협력할 것을 주장했다. 1898년 9~10월 아기날도를 대통령으로 하는 독립공화국이 선포되었으며, 마비니는 미국헌법과 유사한 헌법을 기초하고, 필리핀의 초대 국무총리를 맡았다. 하지만 미국이 필리핀을 합병하려 하자, 마비니는 아기날도와 다시 독립운동을 벌였다. 1899년 미군에 의해 체포되어 괌으로 유배되었다가 죽기 몇 달 전에야 고향으로 돌아왔다. 1931년에 〈필리핀 혁명, La revolución filipina〉을 저술했다. 필리핀 사람들은 마비니를 "위대한 마비니", "혁명의 뇌"라고 부른다.

(4) 필리핀의 국경일

국경일 명칭	기간	특징
신정	1월 1일	• 양력 새해 • 각종 축제와 공연, 폭죽놀이
혁명기념일	2월 25일)	• 필리핀 국민이 평화적으로 마르코스 독재를 종식시킨 역사적 사건을 기념하는 날
성 목요일	4월 1일	• 예수 그리스도의 수난 기념일인 성 금요일 전날
성 금요일	4월 2일	• 예수 그리스도의 죽음을 기리는 기독교 기념일로, 부활절 전 금요일
바타안 데이 (Bataan Day)	4월 9일	• '용사의 날'이라고도 불림. • 제2차 세계대전 때 필리핀 미국 연합군과 일본군 간의 전투를 되새기는 날
노동자의 날	5월 1일	• 노동자들이 주최하는 기념 행사 개최
독립기념일	6월 12일	• 1898년 6월 12일 스페인으로부터 독립을 선언한 날을 기념 • 군대 행렬 등 대규모 행사가 열림.
아퀴노 추모일 (Ninoy Aquino Day)	8월 21일	• 필리핀의 독재자 마르코스와 정치적으로 대립했던 아퀴노 상원의원이 암살당한 날 • 아퀴노를 추모하고, 그의 죽음을 계기로 일어난 시민혁명의 정신을 되새기는 행사가 열림.
국민 영웅의 날	8월 마지막 주 일요일	• 필리핀의 국가적 위인을 기리는 날
성인의 날	11월 1일	• 가족과 가까운 친척이 모여 성묘를 함. • 묘지마다 수많은 꽃과 촛불을 장식함.
보니파시오 추모일 (Bonifacio Day)	11월 30일	• 카티푸난 혁명을 주도하여 필리핀의 영웅이 된 안드레스 보니파시오를 추모하는 날
크리스마스	12월 25일	• 예수 그리스도의 탄생을 기리는 기념일 • 크리스마스 이브에 팜팡가의 산 페르난도에서 장엄한 등불 축제가 열림.
리살 추모일 (Rizal Day)	12월 30일	• 1896년 12월 30일 스페인 정부에 의해 처형된 호세 리살을 기리는 날
송년일	12월 31일	• 각지에서 신년을 맞이하는 전야제가 열림.

(5) 필리핀의 주요 산업

필리핀은 광물이 많고, 토지가 비옥하며, 섬들로 이루어진 나라인 만큼 해양자원이 풍부한 국가이다. 2017년 경제 성장률이 6%가 넘을 정도로 빠른 성장세를 보이고 있다. 하지만 정경유착이 심해서 일부 계층만이 부(富)를 독식하고 대다수의 국민들이 빈곤과 채무에 시달린다. 필리핀 국민의 약 47%가 자신이 빈곤층에 속한다고 대답할 정도이다. 필리핀 경제는 주로 농업, 경공업, 서비스업에 기반을 두고 있다.

① **농업**: 필리핀의 농업은 국내총생산(GDP)의 1/4을 차지하며, 총 노동력의 약 40% 이상이 농업에 종사하고 있다. 농민의 다수가 소작농이며 국토의 1/4 이상이 경작에 적합하나 관개시설이 부족하다. 주로 쌀을 경작하며, 몇 개의 섬에서는 옥수수를 재배한다. 굴지의 코코넛 생산국으로 코코넛열매와 코프라뿐 아니라 코코스야자유를 수출한다. 사탕수수, 바나나, 파인애플 등도 많이 재배하며, 마(麻) 생산은 세계 1위이다.

② **제조업**: 필리핀의 제조업은 국내총생산(GDP)의 1/4을 차지하며, 총 노동력의 약 10%를 고용한다. 필리핀 정부는 전기 및 전자기기 조립 생산을 포함한 노동집약형 산업의 육성에 적극적인 지원을 하고 있다. 주요 제조 품목은 식품, 음료, 석유제품, 섬유, 신발 등이다.

③ **서비스업**: 필리핀의 서비스업은 꾸준히 성장세를 보이고 있으며, 총 노동력의 약 50% 이상이 서비스업에 종사한다. 2015년 약 93만 개의 소매점포 중에서 약 81만 개가 소규모 점포 소매업일 정도로 대규모 소매업은 적고, 대부분 소규모 점포 소매업이다. 마닐라 수도권을 중심으로 약 70%의 외식업이 이루어지고 있으며, 패스트푸드 및 포장・배달 전문점의 비율이 증가하고 있다. 이・미용 및 마사지는 전국 체인을 가진 소수의 대기업 사업자와 소규모 사업자가 난립하고 있다.

(6) 필리핀의 전통문화

① **전통의복: 바롱(Barong), 바롯사야**

• **바롱(Barong)**: '바롱'은 '바롱 따갈로그'의 줄임말로 '따갈로그 지방의 옷'이라는 뜻이다. 여자 의상은 '바롯 사야'라고 하는데, '블라우스와 치마'라는 뜻이다. '바롱'

의 유래는 필리핀 날씨가 무덥기 때문에 속이 비칠 정도로 시원한 옷을 만들었다는 설과 스페인이 필리핀을 점령할 때 원주민과 필리피노들을 쉽게 구별하기 위해 만들었고 옷 속에 무기를 감추지 못하도록 속이 비치게 만들었다는 설이 있다. 열등한 신분을 나타내기 위해서 바롱을 바지 속에 넣어서 입지 못하게 했다. 예전에는 흰색뿐이었으나, 최근에는 다양한 색상의 바롱을 만들어 입고 있다.

출처: 전남교육청(2011)

② 전통음식

- 룸삐아(Lumpia): 필리핀의 길거리에서 많이 파는 전통음식이며, 얇은 밀전병 속에 바나나, 야채, 고기 등을 넣어서 튀긴 일종의 튀김 만두라고 할 수 있다. 새우, 닭고기, 돼지고기에 야채를 채워 튀긴 것을 '스프링롤'이라고 하며, 고기만 넣고 튀긴 작은 스프링롤을 '룸삐아 샹하이'라고 한다. 중국의 '춘권'에서 유래했다고 한다.

- 아도보(Adobo): 닭고기나 돼지고기, 해산물 등을 튀겨서 간장, 식초, 후추, 마늘 등으로 양념을 하고 물을 붓고 졸여서 만드는 요리인 아도보는 필리핀인들이 즐겨먹는 대중적인 음식이다. '아도보'는 스페인어로 "양념에 재우다"라는 뜻이며, 스페인이 필리핀을 점령했을 때 식초를 넣고 육류를 끓여서 만든 아도보가 유래되었다. 주재료를 돼지고기를 넣으면 '돼지고기 아도보', 닭고기를 넣으면 '치킨 아도보', 해산물을 넣으면 '해산물 아도보'라고 한다. 외국인들이 뽑은 베스트 필리피노 음식에도 매년 뽑힐 뿐 아니라 스페인, 멕시코, 페루, 볼리비아 등에도 널리 알려져 있다.

• **시난개그(Sinangag)**: 시난개그는 필리핀의 전통 음식으로 한국에서 만들어 먹는 계란 볶음밥과 아주 비슷하다. 밥에 스크램블 에그, 닭, 돼지, 소 등의 고기류, 새우, 야채를 넣고 볶아서 먹는 볶음밥이다.

③ 전통놀이

• **연 날리기**: 필리핀의 건기(12~4월)에는 바람이 많이 불어서 연날리기에 적합하다. 연의 종류는 주로 '가오리연'과 '새 연'이고, 연의 재료는 대나무와 비닐이다. 가톨릭의 영향을 받은 필리핀은 매년 11월 1일부터 3일동안 '만성절'(쏘우엔)이라고 부르는 할로윈을 하는 데, 이때 연날리기를 비롯한 전통놀이를 한다.

• **티니클링(tinikling)**: 긴 대나무 막대기 두 개를 두 사람이 양쪽에서 잡고 바닥에 두드리면서 벌렸다 좁혔다 할 때, 다른 사람들이 대나무 막대기 사이에서 뛰거나 건너다니는 전통놀이이다. '티니클링'이라는 명칭은 목과 다리가 길고 점잖게 걷는 새의 이름에서 유래되었다는 설이 있으며, 새틀을 이용해 새를 포획하려고 했지만, 새가 미끼만 먹고 이리저리 피하는 모습을 형상화하여 표현한 춤이다.

(7) 필리핀인의 생활 관습 및 예절

• **전통 결혼식**: 필리핀에서는 총각이 처녀에게 청혼하려면 처녀에게 연애편지를 전하거나 처녀의 집을 방문한다. 여자가 남자의 청혼을 받아들이는 순간, 둘은 곧바로 약혼을 한다. 여자 측의 부모가 정식으로 결혼을 승낙하기 전까지 남자는 여자

의 집에 머물며 고된 농사일과 집안일을 도맡아 하며 여자 측 부모의 환심을 산다. 결혼 승낙이 있은 후에도 결혼식 전까지 여자 집에 머물며 열심히 일을 한다. 그동안에 여자 측의 부모는 사위가 될 남자의 됨됨이를 유심히 관찰하며, 남자는 자기의 순정과 인내심을 증명해 보인다. 구애기간이 끝나고 허락을 받으면, 남자는 자기 집으로 돌아가 부모에게 결혼을 허락 받고, 다시 부모와 함께 여자의 집에 가서 정식으로 결혼을 요청한다. 수차례 방문을 하고 나면 마침내 여자의 가족은 결혼을 승낙하게 되고, 신랑이 신부의 부모에게 줄 예물을 포함하여 결혼식에 대해 구체적인 상의를 한다. 대체로 예물은 지역의 관습과 양가의 경제적인 형편 및 사회적인 지위에 따라 결정되는데, 대개 토지, 집, 돈 등을 준다, 일부 지역에서는 신랑과 신부의 가족이 서로 예물을 교환하는데, 서로 더 많은 예물을 주려고 노력한다. 결혼식엔 가까운 가족, 친지 및 친구들을 초청하여 간소하게 치르는데, 하객들은 축의금을 신랑과 신부에게 직접 꽂아 주며, 친구들이 준비한 갖가지 선물은 결혼식장 옆에 가지런히 놓아두어 신랑·신부에게 전달한다.

- **인사법**: 필리핀인과 인사할 때 도시에서는 영어로 인사하는 것이 일반화되어 있다. 여자와 남자가 친분이 있을 때에는 대부분 악수를 하고, 외국 남자와 필리핀 여자가 초면일 경우에는 여자가 먼저 악수를 청할 때까지 기다린다. 필리핀인의 가정에 방문했을 때에는 연장자 순으로 인사를 하며, 존경의 표시로 오른손을 이마에 대는 관습이 있다.
- 필리핀인들은 아침식사, 점심식사, 저녁식사 외에도 오전과 오후에 '참(Merienda snack)'을 먹는다. 그리고 숟가락과 포크를 이용하여 밥을 먹는 사람들도 있지만, 대부분 손으로 식사를 한다.
- 한국인에게 'Korean time'이 있었던 것처럼, 필리핀인들에게 'Filipino time'이 있다. 필리핀인들은 식사 약속 시간을 정확히 지키는 사람은 먹을 것을 너무 밝히는 사람이라서 격이 떨어진다고 간주한다. 그래서 보통 15분 정도 늦게 오며, 특별한 손님이 올 때는 한두 시간 늦어도 이해한다.
- 필리핀인들은 무릎을 꿇는 것을 치욕적으로 여겨서 한국인들이 무릎을 꿇고 방을 닦는 것을 이해하지 못한다.

3) 태국

(1) 태국 국가에 대한 소개

공식명칭	타이 왕국(Kingdom of Thailand)
수도	방콕
언어	타이어
면적	약 51만㎢(한반도의 2.323배)
인구	약 6,918만 명(세계 20위)
인종	타이인(75%), 중국인(14%)
종교	불교(95%), 이슬람교(5%)
경제	GDP: 약 5,291억 7,700만 달러(세계 23위)
통화	타이 밧(THB) / 1THB=38.72원
기후	태국은 북부 산악지대와 중부 평원지대, 북동 고원지대, 남부 밀림지대 등 4개 지역으로 나누어진다. 북부 산악지대에는 평균고도가 1,200m 정도의 여러 산맥들이 세로로 나란히 뻗어 있고, 열대우림이 무성하다. 중부 평원지대는 가장 넓은 지역으로 대부분 차오프라야강 삼각주로 이루어져 있다. 태국은 고온다습한 아열대몬순기후 지역에 속하며, 여름(3~4월)·우기(5~10월)·가을(11~2월)의 뚜렷한 3계절로 나뉜다. 연평균기온은 25~29℃(최고 32.5℃, 최저 23.7℃)이며, 연평균 강우량은 코라트 고원이 900㎜, 차오프라야 범람원이 1,016㎜, 말레이반도 서해안이 4,000㎜ 정도로 다양한 분포를 보인다.

(2) 태국의 주요 역사

- **선사시대**: 기원전 4000년에 초기 청동기 문화가 형성되었으며, 벼농사가 발달하여 사회적·정치적 조직화를 이루었다. 6세기와 7세기에 중국 남부에서 동남아시아로 집단 이주가 이루어졌다. 타이족이 남하하기 전에, 이미 말레이족, 몬족, 크메르족 등의 문화가 꽃피웠다.
- **수코타이 왕국 시대**: 1238년 타이 족장들이 수코타이에서 크메르를 타도하고 타이인의 왕국을 세웠다. 수코타이 왕국은 람캄행 왕 시절 오늘날의 타이 지역 거의 전부를 지배하게 되었지만, 그의 죽음과 함께 쇠퇴했다. 1350년, 차오프라야 강가에 새로운 타이 왕국이 세워졌으나, 1558년부터, 버마와 아유타야에게 번갈아 가며 식민통치를 받다가, 결국 아유타야 왕국의 일부가 되었다.

- **아유타야 왕국 시대**: 아유타야 왕국이 1700년대까지 타이 남부와 중부 지역을 지배한다. 아유타야 왕국의 첫째 왕 라마티보디 1세는 소승 불교를 국교로 제정하고 융성하게 하여, 힌두교 왕국인 이웃 크메르 제국과 구별되게 했다. 또한 힌두교 법률서와 타이의 전통 풍습에 기초해 '다르마샤스트라(Dharmashastra) 법률'을 제정했다. 이것은 19세기까지 타이 법률의 기초가 되었다.
- **랏따나꼬신 왕국과 이후 시대**: 1767년 버마의 침략으로 아유타야 왕국의 수도가 불타고, 6개로 분열되었다. 이때 딱신(Taksin) 장군이 타이 왕국을 재통일하여, 톤부리에 새로운 수도를 정하고, 1769년 스스로 왕이 되었다. 1782년, 차크리(Chakri) 장군이 라마 1세로 즉위하여 차크리 왕조의 첫째 왕이 되었고, 방콕에 수도를 건설했다. 라마 1세의 후계자들은 1826년 영국이 이웃 버마에서 승리한 일을 계기로 유럽 식민주의에 대응해야 했다. 1826년, 타이는 영국과 친선·통상 조약(Treaty of Amity and Commerce)을 맺었다. 1833년에는 미국과 시안(타이의 옛이름)의 외교관계가 시작되었다. 타이인들은 왕들의 외교력과 타이 정부의 근대화 개혁 때문에, 타이가 식민지가 되지 않고 독립을 유지한 유일한 나라로 남을 수 있었다고 여긴다. 1909년, '영국-시암 조약'을 통해 시암과 영국령 말라야 사이의 국경을 정했는데, 이것이 오늘날의 국경이 되었다.
- **의원내각제 시대**: 1932년, 시암 쿠데타로 인해 타이의 정부는 절대 군주제에서 입헌 군주제로 바뀌었다. 제2차 세계대전 때, 일본군에 점령당했다가, 일본이 패망하자, 미국과 영국을 지지했던 '사리 타이(Saree Thai)' 사람들에 힘입어, 타이는 미국과 매우 긴밀한 관계를 가졌다. 버마, 베트남, 캄보디아, 라오스 등에 공산주의 혁명이 일어나자, 타이는 공산주의 확산을 방지하려고 노력했다. 1992년 선거 이후, 타이는 명실공히 민주주의 국가가 되었다. 2006년, 타이 쿠데타가 일어났으며, 2008년에는 타이 반정부 시위가 일어났다. 최근에는 동남아시아 지역 협력체인 동남아국가연합(ASEAN)에 가입하여 적극적인 활동을 하고 있다.

(3) 태국의 주요 인물

① 퍼쿤 람캄행(1239~1317년)

람캄행(Ramkhamhaeng)은 수코타이 왕조의 제3대 왕이었으며, 타이 민족을 처음으로 통일했다. 그의 재위기간 동안 수코타이는 문화적, 물질적으로 가장 큰 번영을

누렸다고 전해진다. 당시 동남아의 패권국이었던 크메르 제국을 격파하고, 수코타이를 동남아의 패권국으로 만들었다. 말레이반도까지 영토를 넓혔다. 람캄행은 독자적인 타이 문자를 고안했는데 현대에도 타이 문자는 태국을 비롯해 캄보디아, 라오스 등지에서 약간씩 변형된 형태로 쓰이고 있다. 또한 소승불교를 국교로 정해 모든 수코타이 국민이 믿도록 장려하였다. 국왕은 아버지, 국민은 아들들이라고 하여, 온정주의를 강화하였다. 태국 국민들에게 '학문의 신'으로 추앙을 받는다.

② 딱신 대왕(Somdet Phrachao Taksin Maharaj, 1743~17)

딱신대왕은 톤부리 왕조의 유일한 국왕이었다. 1767년 아유타야가 두 번째 몰락하자, 이후 점령한 버마군에 맞서 시암(태국)을 해방시켰으며, 주변국의 전쟁 위험으로부터 시암을 통일시키고 톤부리에 새로운 도읍을 세웠다. 버마의 침공을 물리쳤고, 라오스의 왕조였던 란나 왕국과 캄보디아를 병합했다. 후일 태국 사람들은, 그의 업적을 기리려고, '대왕'으로 호칭하였으며, 태국 국민들에게 무한한 존경을 받는 국왕이다.

③ 푸미폰 아둔야뎃(1927~2016)

푸미폰(Bhumibol Adulyadej) 왕은 초창기에는 군부 정권을 옹호하기도 했지만, 1990년대 태국의 정치적인 위기를 포함하여 수차례 태국 정치에서 결정적인 중재를 하며 태국의 민주화를 촉진하는 데 많은 공헌을 했다. 직접 태국의 여러 곳을 시찰하여 민정을 살피며 개혁하기를 힘썼고, 왕실의 많은 재산을 시골 지방의 발전을 위한 자금으로 제공했다. 19번의 쿠데타를 당하면서도 태국 국민들에게 구심점이 되어 주었다. 이런 공로를 인정받아 1988년에 막사이사이상을 받았다. 태국인들은 푸미폰 왕을 '국민의 아버지'라고 부르며 거의 신적인 인물로 존경한다. 푸미폰 왕의 생일인 12월 5일을 국경일로 정했으며, 태국 곳곳에 그와 왕비의 초상화가 걸려 있다.

(4) 필리핀의 국경일

국경일 명칭	기간	특징
신년	1월 1일	• 양력 새해
마카부차의 날 (만불절)	2월 중 (태국력 3월(마카) 보름)	• 부처가 왕사성의 죽림정사에 있을 때, 1,250명의 제자에게 계율을 설법하고, 3개월 후 보름에 입적할 것을 예언한 날 • 태국 방콕 인근 '왓 프라 담마카야 사원'에서 승려들이 경전을 낭독함 • 알코올 판매 금지
차크리왕조 기념일	4월 6일	• 1782년 차크리 왕조의 설립과 풋타엿파쭐라록 대왕에 의해 방콕의 설립을 기념. 또한 풋타엿파쭐라록 대왕 기념일
송끄란	4월 13~15일	• 태국의 전통적인 새해. 물 축제
노동절	5월 1일	• 일반 기업만 휴일
국왕 즉위 기념일	5월 4일	• 2019년 라마 10세의 즉위를 기념
농민의 날	5월 중 어느 한 날	• 매년 점성술에 의해 날짜를 결정하여 태국 궁내청 관보에 공고함. • 매년 왕궁 앞 광장에서 태국 왕실에 의한 모내기 의식이 열림.
위사카부차의 날	태국력 6월(위싸카) 보름	• 석가의 탄신 · 성도 · 열반 세 가지를 축원하는 날 • 태국불교에서 가장 중요한 축제 • 알코올 판매 금지
왕비 탄신일	6월 3일	• 수티다 왕비 생일
아사라하부차의 날 (삼보절)	7월 중 (태국력 8월(아싼하) 보름)	• 석가가 깨달음을 얻어 5인의 제자에게 초전법륜(初轉法輪)을 설파한 날 • 불교의 기본골격을 이루는 불(佛) · 법(法) · 승(僧) 삼보의 성립을 축원하는 날 • 사원에 양초를 진상하고 각 촌락에 국왕이 보낸 왕실 양초가 전달됨. • 동북부 나컨랏차씨마, 성대한 '양초 축제' • 알코올 판매 금지

국경일 명칭	기간	특징
카오빤사 (입안거)	7월 중 (삼보절의 다음 날)	• '판싸(Phansa)'는 빠알리어로 우기를 뜻한다. 승려는 이 3개월 동안 사원에 머물면서 수행하며 외출이 금지된다. • 우기 중에는 홍수가 발생해 탁발(托鉢)을 나가면 농민들에게 불편을 끼치기 때문에 승려들은 한 장소에 모여서 수행, 정진한다. • 재가 신도들은 사원에 직접 가서 음식물 등을 공양한다. • 이 기간 동안 단기출가자들이 급증하고 각지에서 득도식이 행해진다. • 알코올 판매 금지
국왕탄신일	7월 28일	• 라마 10세 생일을 기념하는 축일
왕대비 탄생일 (어머니의 날)	8월 12일	• 시리낏 왕대비 생일을 기념하는 축일
푸미폰 아둔야뎃 대왕 기념일	10월 13일	• 2016년 라마 9세 추모를 기념.
쭐랄롱꼰 대왕 기념일	10월 23일	• 1910년 라마 5세 추모를 기념.
푸미폰 아둔야뎃 대왕 탄신일 (아버지의 날)	12월 5일	• 라마 9세 탄생 기념일
제헌절	12월 10일	• 1932년 태국 헌법 공포를 기념하는 축일
연말	12월 31일	• 태양력의 마지막 날 • 신년 전야 만찬 행사

(5) 태국의 주요 산업

태국은 광활한 국토, 풍부한 자원, 많은 노동력. 건실한 농업 생산기반, 동남아국가연합(ASEAN) 및 중국 등과의 교역 확대, 외자 유치를 통한 경제 개발 추진 등을 통해 1960년대 초부터 고도의 경제성장을 달성했다.

① **농업**: 세계 제1위의 쌀 수출국이며, 국민의 약 40%가 농업에 종사한다. 매년 도정미 650만 톤 정도를 수출하여, 태국 GDP의 약 10% 정도를 차지한다. 특히 메콩강 유역의 55%는 쌀 경작지이다. 고무, 옥수수도 많이 수출한다.

② **섬유패션산업**: 태국은 오래전부터 천연섬유・인공섬유의 생산과 제조의 모든 공

정이 가능한 섬유 및 의류산업 선도 국가이다. 약 4,500개의 업체가 있으며, 약 100만 명이 종사한다. 천연섬유인 '린넨, 양모, 모, 석면포'와 인공섬유인 '폴리에스테르, 나일론' 및 아크릴, 인조견 등이 다른 국가에 비해 높은 점유율을 보이고 있다. 또한 가방 산업의 연간 총매출액은 약 39,680만 달러로서 동남아시아 국가 중 압도적인 1위를 차지하고 있다.

③ **자동차산업**: 태국은 1950년대부터 정부의 적극적인 주도로 많은 세제 혜택을 주면서 자동차산업을 육성했고, 1960년대부터 일본 자동차 회사들이 태국에 조립 생산기지를 구축하기 시작했다. 지금은 동남아시아국가연합(ASEAN)에서 최대의 자동차 생산·수출국이 되었다. '한국 전기자동차협회(KEVA)'와 '태국 전기자동차협회(EVAT)'가 전기차 관련 업무 협약을 체결하고 있다.

④ **MICE 산업**: MICE는 기업회의(Meeting), 부가가치 창출(Incentive), 국제회의(Conference), 전시사업(Exhibition)의 첫 글자를 의미한다. 태국이 아시아 최고의 MICE 컨벤션 목적지로 각광받고 있으며, 태국의 전체 관광산업 수익의 8.95%를 차지하고 있다. 정부기관인 '태국컨벤션전시국(TCEB)'에 의해 MICE 산업이 유연하게 운영되고 있다.

(6) 태국의 전통문화

① 전통의복: 파 신(pha sin), 파 퉁(pha thung)

- '파 신(pha sin)'은 태국, 라오스 등지의 여성들이 입는 전통 치마로, 허리에 둘러 입으며, 웃옷으로 블라우스나 탱크톱을 입는다. '파퉁(pha thung)'은 '가방모양의 옷'이라는 뜻인데, 폭은 약 1m 정도 되며, 길이는 약 2m 정도 되는 통 모양의 천으로 가슴에서부터 발목까지 온다. 마름매듭 부분은 꿰매져 있고 허리 좌측에서 포개지며, 금색이나 은색 벨트로 조여서 착용한다. '파 퉁(pha thung)'은 캄보디아 및 라오스를 거쳐 태국에 들어온 것이며, 공식석상에서는 '파 퉁(pha thung)'에 실크나 무명으로 된 블라우스를 입고, 허리에는 색깔이 다른 벨트를 차기도 한다.

출처: 전남 교육청(2011)

② 전통음식

- **똠양꿍**: 타이어로 똠(tom)은 '끓이다', 얌(yam)은 '새콤한 맛', 꿍은 '새우'를 의미한다. 새우와 채소, 레몬즙, 향신료 등을 넣고 끓인 국물 요리이다. 주재료에 새우를 넣으면 '똠얌꿍', 닭고기를 넣으면 '똠얌카이'라고 부른다. 1997년 7월 타이 문화부와 외무부가 공동으로 설문조사를 한 결과, 외국인들이 가장 좋아하는 태국음식 1위를 차지했을 정도로 많이 알려진 음식이다.

- **쏨 땀(som tam)**: '쏨 땀'이란 태국어로 '신맛이 나는 것'이라는 "쏨"과 '빻다'라는 뜻의 '땀'이 결합된 것이다. 절구에 마늘을 넣고 공이로 찧은 후에, 방울토마토, 줄기콩, 라임, 고추, 피시소스, 설탕, 땅콩, 그린 파파야를 넣어 버무린 음식으로 고추의 매콤한 맛, 마늘의 알싸한 맛, 라임의 새콤한 맛, 피시소스(액젓)의 짭짤한 맛, 종려당(pam sugar)의 달콤한 맛을 동시에 느낄 수 있다. 태국 동북부 지역의 전통음식이었으나, 이제는 태국 전역에서 즐겨 먹는 대중적인 음식으로 발전했다.

- **카오팟(Khao Phat)**: 태국어로 '카오'는 '쌀, 밥'을 의미하며, '팟'은 '볶는다'를 의미한다. 카오팟은 잘게 썬 야채에 달걀을 풀어서 넣고 밥과 함께 볶은 태국식 볶음밥이다. 기본적인 볶음밥을 '카오팟'이라고 부르며, 새우볶음밥은 '카오팟 꿍', 게살 볶음밥은 '카오팟 뿌', 돼지고기 볶음밥은 '카오팟 무', 닭고기 볶음밥은 '카오팟 까이', 쇠고기 볶음밥은 '카오팟 느어'라고 한다.

③ 전통놀이

• **물 축제**: 해마다 양력 4월 중에 태국의 전통적인 새 해인 송끄란을 맞이하는데, 이때 태국 전역에서 물 축제가 펼쳐진다. 본래 가족들이 함께 모여서 불상에 물을 부어 씻으며 번뇌를 씻었던 것에서 유래되었으며, 이 날만큼은 길거리, 상점, 교통수단 등 장소를 가리지 않고, 지나가는 사람들에게 물을 뿌린다.

• **물소 경주**: 태국은 대부분 물소를 이용해서 농사를 짓는다. 이에 따라 농번기에 고생했던 물소들을 격려하고, 벼농사의 풍작을 기원하며, 불교의 사순절 기간이 끝나는 것을 기념하기 위해 매년 10월에 촌부리 주(州)에서 물소 경주를 실시한다. 물소 경주는 물소의 연령대에 따라 3개 그룹으로 나눠서 진행되는데, 200미터를 빠르게 통과하면 이기는 것이다. 호각소리에 맞춰 물소들이 힘차게 달려 나가고, 물소의 쟁기를 잡은 사람도 뒤따라 열심히 뛰어간다.

• **무에타이(Muay Thai)**: 태국의 국가적인 스포츠이며, 태국인들은 "무어이"라고 부르는 격투기이다. 과거에 궁정 병사들이 전장에서 무장 해제되었을 때를 대비하기 위해서 가르쳤다. 제대한 병사들 중에 상당수가 불교 승려로 사찰에 머무른 결과, 무어이(무에타이)는 사찰의 교과목 중 하나가 되었다.

1768년 미얀마군이 아유타야를 함락했을 때 많은 타이인들을 포로로 끌고 갔다. 그중에 '나이 카놈 똠'이라는 사람이 있었는데, 미얀마의 많은 선수들을 쓰러뜨려 무에타이의 전설이 되었으며, 태국인들의 영웅이 되었다.

(7) 태국인의 생활 관습 및 예절

- 태국인들은 불교의 영향권에 있기 때문에 불상을 매우 신성하게 여긴다. 따라서 사진을 찍기 위해 불상에 올라간다거나 불상에 불경스러운 행동을 해서는 안 된다. 또한 태국인들은 왕실을 무척 존경하기 때문에, 왕실을 모독하는 행동이나 말을 하지 않아야 한다.
- 태국인들은 머리를 신체에서 가장 신성한 것으로 여기기 때문에, 다른 사람의 머리에 손을 대는 것은 금기사항이다. 또한, 발을 가장 더러운 것으로 여기기 때문에 발로 어딘가를 가리키는 것도 금기사항이다. 이럴 경우에, 즉시 사과해야 한다.
- 태국인들은 반상이나 바닥에 음식을 차려 놓고, 빙 둘러 앉아서, 개인 접시에 음식을 덜어서 먹는데, 이때 식기를 사용하지 않고 손으로 먹는 것이 전통적인 식사방법이다. 또한, 음식을 먹을 때 입을 벌리고 음식을 씹는 것, 음식을 씹는 중 말을 하는 것, 국물이 있는 음식을 들이 마시는 것 등은 하지 말아야 한다.
- 결혼을 위해 신랑은 신부측 부모에게 'sin sod'라고 하는 일정한 돈을 준다.
- 태국인들은 Mr., Mrs., Miss., 라는 뜻의 '쿤Khun' 뒤에 이름을 부른다. 그러므로 나이 어린 사람이 이름만 불러도 화내지 말아야 한다. 또한 'Hey You'라고 부르더라도 화내지 말아야 한다. 이것은 태국어를 직역해서 영어로 부르는 것이지 나쁜 뜻이 있는 것은 아니다. 태국인들은 모두 자신의 애칭을 가지고 있다. 만일 태국인의 이름이 잘 발음이 되지 않는다면, 그들의 짧은 애칭을 물어봐서 애칭으로 부르면 된다.
- 태국에서는 음식을 투명 봉투에 담는 문화가 있다. 음식을 집에서 해먹기보다는, 주로 사 먹기 때문에 길거리에서 투명 비닐 봉투에 음식이나 음료를 포장해서 들고 가는 태국인들을 자주 발견할 수 있다. 고무줄로 묶는 방법도 매우 탁월해서 국물이 결코 새지 않는다. 대형마트 등에서 물건을 사면, 과도할 정도로 봉투에 나눠서 담아 주며, 편의점에서 페트병 생수 1개만 구입해도 봉투에 빨대까지 포함해서 주는 경우가 많다.

4) 캄보디아

(1) 캄보디아 국가에 대한 소개

공식명칭	캄보디아 왕국(Kingdom of Cambodia)
수도	프놈펜
언어	크메르어
면적	약 18만㎢(한반도의 0.82배)
인구	약 1,624만 명(세계 72위)
인종	크메르족(90%), 베트남인(5%), 중국인
종교	소승불교(95%)
경제	GDP: 약 267억 3,000만 달러(세계 105위)
통화	리엘 (Riel) / 1리엘=0.28원
기후	캄보디아는 총 육지면적의 3/4을 차지하는 중부의 넓은 평야지역, 북동쪽과 동쪽에 있는 평균 해발 360m의 고지대, 북쪽의 당그레크 산맥(평균고도 490m), 남서쪽의 크라반 산맥과 담레이 산맥, 남쪽으로 국토의 동부를 가로질러 흐르는 메콩강 등의 지형을 이루고 있다. 기후는 고온다습한 열대 몬순 기후이다. 3~5월에는 북서풍이 불고 고온 건조하며 최고기온 35~40℃이다. 6~8월은 남서풍이 불고 고온 다습하며, 우기에 해당하는 9~11월은 습기가 많다. 건기인 12~2월은 최저 기온 20℃, 최고 기온 30℃이다.

(2) 캄보디아의 주요 역사

- **고대:** 1세기경 현 캄보디아 위치에 '부남'(扶南) 왕국(86~550년)이 있었다. 인도와 중국의 중간에 있는 요충지였기에 일찍이 외국 문화가 유입되어 상업국가로서 번영했으며, 벼농사가 발달했다. 6세기에 캄보디아 국가의 기원으로 간주되는 진랍 왕조(550~802년)가 세워졌다. 인도 문화에 영향을 받아 산스크리트 문자를 사용했지만, 크메르 문자도 사용되기 시작했다.
- **중세:** 자야바르만 2세(802~854년)가 자와를 대상으로 독립을 선언하고 앙코르 왕조 [크메르 제국]을 시작했으며, 9세기 말에는 야소바르만 1세가 앙코르에 수도를 건설했다. 1113년, 수르야바르만 2세가 즉위하여 국내를 통일하고 영토를 확장하여 타이 중부, 말레이 반도, 베트남 남부에까지 이르렀다. 수르야바르만 2세는

사원 건축에 열정을 가져서 앙코르 와트, 트마논, 반테이 삼르 등을 비롯해 힌두 사원들을 건축했다. 13세기에 원나라의 침공이 시작되었고, 13세기 후반에는 타이의 아유타야 왕조의 침공이 시작되었다.

- **근대**: 1863년 8월 11일, 캄보디아의 국왕 프라마하 아파랏치는 프랑스와 교섭해 ≪수호통상과 프랑스의 보호에 관한 협약≫을 체결하고 프랑스의 식민지가 되었다. 1907년에는 샴에게서 앙코르 부근의 영토를 탈환했다. 1940년에 일본군이 인도차이나에 침공하자, 노로돔 시아누크 국왕은 1945년 3월 12일에 캄보디아의 독립을 선언하였다. 그러나 일본이 연합국에 항복하면서 1946년에는 다시 프랑스의 식민지가 된다. 시아누크 국왕은 끈질기게 독립 운동을 계속해서 1947년에 헌법을 공포했고, 1949년에 프랑스 연합 내에서의 독립을 선언하였다. 1953년에는 경찰권, 군사권을 회복해 완전 독립을 이룰 수 있었다.
- **현대**: 1955년 시하누크는 아시아-아프리카 회의(반둥 회의, 반둥, 인도네시아)에서 비동맹·중립 외교 정책을 표명했고, 같은 해에 선거를 통해 수상 겸 외무부 장관으로 취임했다. 1960년에 국가원수에 취임한 시하누크는 1965년 5월에 북베트남에 폭격을 행하는 미국과의 단교를 선언했다. 1970년 3월 17일 친미 론 놀이 시하누크의 외유 중에 쿠데타를 일으켜 크메르 공화국을 수립하고, 반베트남 정책을 실행했다. 1975년 4월 17일 세력이 약해진 론 놀은 하와이로 망명했다. 같은 해 4월 30일에 베트남 전쟁이 종결되었다. 1976년 1월에 크메르 루즈가 수도 프놈펜에 입성하여 캄보디아 민주 헌법을 공포하여 국명을 '민주 캄푸차'로 개칭하였으며, 극단적인 원시 공산제 사회로의 회귀 정책을 실행했다. 1991년 10월 23일, 캄보디아 평화파리협정이 개최되어 최종 합의문("국제 연합 캄보디아 잠정 통치 기구(UNTAC)"의 설치, 무장해제와 내전 종결, 난민의 귀환, 제헌의회 선거의 실시 등)에 19개국이 승인함으로써 20년에 이르는 캄보디아 내전이 종결되었다. 1993년 5월에는 국민의회 총선거가 실시되어 입헌군주제가 채택되었다.

(3) 캄보디아의 주요 인물

① 자야바르만 7세(Jayavarman VII, 1120/25경~1215/19경)

자야바르만 7세는 61세에 왕에 올라 30년의 재위 동안 크메르 제국의 영토를 가장 많이 확장시켜 참파, 남부 라오스, 말레이 반도, 미얀마 일부를 지배했다. 또한 현재의

앙코르 톰인 앙코르 시를 재건했고, 간선도로를 확대했으며, 이 도로들을 따라서 100개 이상의 휴양소와 100개 이상의 병원을 만들었다. 불교의 영향으로 복지국가를 건설하여 물질적으로나 정신적으로 캄보디아인들의 욕구를 충족시켰다. 캄보디아 국립박물관 중앙 정원에 자야바르만 7세의 상(像)을 전시하고 있을 만큼 캄보디아인들에게 사랑을 받는다.

② 노로돔 시아누크(Norodom Sihanouk, 1922~2012년)

1941년 노로돔 시아누크는 18살에 왕위에 올랐다. 1945년 3월 프랑스가 인도차이나 전역의 식민통치에 종지부를 찍자, 이 기회에 시아누크공은 프랑스로부터 독립을 선언했다. 그러나 캄보디아에 대한 프랑스의 위임통치가 2차 대전 종전 후에도 계속되자, 시아누크공은 끈질긴 독립운동을 주도해 마침내 53년 11월 9일 독립을 쟁취해냈다. 그래서 캄보디아인들은 시아누크를 '독립의 아버지'라고 한다. 시아누크가 온건정치를 편 15년 동안 많은 동남아시아 국가들이 격변을 겪은 데 비해 캄보디아는 비교적 평화롭게 번영을 누렸다. 1970년 '론 놀 장군'이 쿠데타를 일으켜 축출되었지만, 1975년 크메르루주가 캄푸치아를 장악한 뒤 귀국했고, 1982년 연립망명정부의 대통령이 되었다가, 1993년 총선에 따라 군주제가 된 캄보디아의 왕위에 올랐다. 한편 여러 편의 영화 제작을 맡은 감독이기도 했다.

③ 노로돔 시하모니(Norodom Sihamoni, 1953~)

노로돔 시하모니는 노로돔 시하누크 국왕의 아들이다. 1960년대부터 프라하에서 클래식 댄스를 배운 후, 북한에 건너가서 영화 촬영 기술을 배웠다. 폴 포트 정권 시대 때 프놈펜의 왕궁에 유폐되었으나, 1978년 폴 포트 정권 붕괴 직전에 부모님과 함께 탈출에 성공했다. 1981년에 프랑스로 건너가, 발레를 가르쳤다. 그 후 캄보디아의 내정이 불안정하여, 프랑스에서 20년간 머물며 유네스코의 대사를 맡기도 했다. 2004년 10월 14일에 왕실 평의회에서 왕으로 지명되었다. 현재 캄보디아의 국왕이다.

(4) 캄보디아의 국경일

국경일 명칭	기간	특징
신년	1월 1일	• 양력 새해
학살정권에 대한 승리의 날	1월 7일	• 폴포트 정권에서 해방된 것을 기념.
메악 보찌아 (만불제)	2월 중	• 붓다의 가르침을 듣기위해 제자들이 모여든 것을 기념하는 날
세계 여성의 날	3월 8일	• 국제적인 여성의 날
크메르 신년	4월 14~16일	• 캄보디아 주류 민족인 크메르 족의 전통적인 새해 설날 • 농사 수확을 마치는 시기
비삭 보찌아	4월 29일	• 석가모니 붓다의 탄생일
노동절	5월 1일	• 노동자의 날
왕실 농경의 날	5월 중	• 농사철이 시작되는 것을 알림. • '왕실 쟁기질 의식' - 국왕이 앞에서 밭을 갈고 왕비가 씨를 뿌리며, 신하들이 7개 쟁반에 쌀, 옥수수, 참깨, 콩, 잔디, 물, 술을 담아 왕실의 황소에게 먹임. 점성술사들은 황소들이 먹는 것을 보고 한해 농사를 점침.
노로돔 시하모니 국왕 탄생일	5월 13~15일	• 노로돔 시하모니 국왕의 생일을 기념.
세계 어린이날	6월 1일	• 어린이날
왕대비 탄생일	6월 18일	• 노로돔 모니니엇 왕대비(국왕의 어머니) 탄생을 기념하는 날
제헌절	9월 24일	• 1993년 노로돔 시하누크 전 국왕이 제헌헌법에 서명한 날
영혼의 날	9월 혹은 10월	• 크메르인들의 추석 • 스님들을 찾아가 공양을 올리고, 죽은 자의 영혼을 달램.
노로돔 시아누크 국왕 서거일	10월 15일	• 노로돔 시아누크 국왕의 서거를 기림.
파리 평화 협정 기념일	10월 23일	• 1991년 '파리평화협정'을 기념. 이 협정을 통해 20년 넘게 지속된 내전이 종식됨.
노로돔 시하모니 국왕 즉위 기념일	10월 29일	• 노로돔 시하모니의 국왕 즉위를 기념.
독립기념일	11월 9일	• 1953년 캄보디아가 프랑스로부터 독립한 것을 기념.
물축제	11월 21~23일	• 메콩강물과 톤레삽 물이 다시 바다를 향해 정상적으로 흐르기 시작하는 우기의 끝을 기뻐하는 축제. • 국민들이 프놈펜에 모여 왕궁 앞의 바삭강에서 메콩강과 합류되는 지점까지 배로 경주를 함. 촛불을 켠 종이배를 강물에 띄우고 소망을 빔.
세계 인권의 날	12월 10일	• 유엔 총회가 인권헌장을 결의하여 선포한 기념일

(5) 캄보디아의 주요 산업

캄보디아는 개발도상국가이며, 세계최빈국에 속한다. 캄보디아는 전체 80%의 인구가 농업에 종사하며, 자급농업이 중심을 이룬다. 쌀농사가 가장 비중이 많고, 가축업, 어업, 산림업 등을 한다. 고무는 주요 환금작물이다. 적은 양의 카사바・사탕수수・고구마・옥수수도 생산된다. 가축(주로 소・돼지・물소) 사육과 연안 어업도 점차 증가하고 있다. 소량의 인회암, 보석, 소금, 비금속 건축자재가 생산된다.

캄보디아의 제조업이 전체 GDP에서 차지하는 규모는 작지만, 섬유업과 캄보디아의 전략 사업인 봉제업은 약 130개 기업이 진출해 있으며, 그중 봉제업의 규모가 가장 크다. 또한 국내에서 생산되는 고무, 쌀, 기타 농산물 등을 가공하는 기업들이 많다. 적은 양의 고무와 농산물, 티크를 비롯한 목재를 수출하며 자본과 소비재는 대부분 수입한다.

(6) 캄보디아의 전통문화

① 전통의복: 삼포트(saṃbát)

- 캄보디아인들은 자주 침략을 당하면서 그때마다 입는 옷이 달라져 왔다. 그럼에도 불구하고 전통의상을 꼽으라면 캄보디아의 전성기였던 앙코르 시대(8~14세기) 때부터 입어왔던 '삼포트(saṃbát)'라고 할 수 있다. '삼포트(saṃbát)'는 무릎길이까지 둘러서 입는 면이나 실크로 만든 치마이다. 대개 여성은 삼포트에 흰 블라우스를 입고, 바둑판무늬로 된 크라마를 착용한다. 통풍이 잘되고 가볍다, 계급에 따라 옷 모양이 다르며, 삼포트 중에서 사롱으로 알려진 옷은 보통 하층민에서 착용한다.

② 전통음식

- **놈빵 바떼:** 프랑스인들의 영향을 받은 대표적인 음식이며, 캄보디아인들이 아침식사로 많이 먹는다. 프랑스식 바게트 빵을 반으로 잘라서 햄, 간 돼지고기, 오이, 파파야 생채, 통조림 생선 등을 넣어서 먹는 샌드위치이다. 캄보디아인들은 떡을 '놈'이라고 한다.
- **아목:** 아목은 바나나 잎에 생선 살코기, 양배추, 향신료, 소금, 설탕, 액젓, 쁘로혹(민물생선 젓갈) 등을 카레와 섞어서 찐 것에 코코넛 크림을 얹어서 먹는 요리이다. '아목'은 조리 과정이 복잡하기 때문에 캄보디아인들 사이에서도 특별한 행사나 명절 때 자주 해 먹는다. '아목 뜨라이'(생선 아목)가 가장 흔하지만, 돼지고기, 닭고기, 쇠고기를 선택해서 먹을 수도 있다.

- **록락(Lok Lak):** 캄보디아의 대표적인 소고기 요리로 일종의 스테이크라고 할 수 있다. 얇게 저민 소고기를 간장 양념으로 굽거나 볶아서 밥과 달걀 프라이를 곁들여 먹는다.

③ 전통 놀이

- **압사라(Apsara):** '압사라'는 '물 위(apsu)'와 '태어나다(sara)'의 합성어로서 '천상의 무희'를 의미한다. 전설에 의하면 신들이 불사의 명약을 찾기 위해서 바다를 휘젓자 행운의 여신 락슈미가 나왔다고 한다. 계속 바다를 저으니 '의술의 신'과 함께 아름다운 여인들이 나왔는데, 이 여인들이 바로 '압사라'다. 이 압

사라들은 천상에 머물면서 신들을 위해 아름다운 춤을 추었기 때문에 '천상의 요정'이라 불리게 되었다고 한다. 고대 크메르 제국 때에는 신과 왕을 위해서만 춤을 추었으며, 무희(압사라)들은 천상의 춤을 추는 신성한 사람들로 여겨져 왕궁에서 살았으며 결혼은 금지되었다. 무희들이 전통악기 연주에 맞춰 조용히 춤을 춘다.

- **물 축제(본옴뚝)**: 물 축제는 17세기 자야바르만 7세 때 캄보디아를 지배하던 참족과의 해상 전에서 승리한 것을 기념하고 당시 참전했던 캄보디아 해군들의 용맹함을 높이 사기 위해 시작되었다고 한다. 국왕이 직접 나와 참관할 정도로 최대의 명절로 꼽힌다. 메콩강에서 톤레삽강으로 흐르던 물이 역류하여 바다로 되돌아가는 시기, 즉 음력 10월 보름달이 차오르는 때(양력 10월 말 또는 11월 초)를 기점으로 3일 동안 열리며, 캄보디아의 수도인 프놈펜에서 수백 척의 배들이 경기를 한다.

(7) 캄보디아인의 생활 관습 및 예절

- 캄보디아인들은 죽음을 인생의 고통에서 벗어나는 것으로 생각한다. 그러나 물에 빠져 죽었거나 자살이나 예기치 못한 사고로 죽은 시체들은 집안으로 들이지 않으며 집 밖에 보관한다. 예전에는 이런 시체라도 임시로 무덤을 파서 묻어 두었다가 장례를 위한 길일이 되면 시체를 화장하였으나, 지금은 곧바로 화장을 한다.
- 캄보디아인은 태국인들처럼 손을 기도하듯이 앞으로 모아서 허리를 굽히며 '썸뻬아'라고 말하면서 인사를 한다. 그리고 동남아시아의 다른 나라와 마찬가지로 사람을 부를 때는 손바닥을 아래로 해야 한다. 캄보디아인들은 손으로 식사를 하는 경우가 많다.
- 아이들이 귀여우면 머리를 쓰다듬지 말고 등을 가볍게 두드려 주어야 한다. 다른 사람이 머리를 만지면 공부를 못하게 된다고 믿기 때문이다. 과일을 깎을 때 칼의 방향을 안에서 밖으로 하고, 빨래를 할 때 커다란 양동이를 사용하며, 빨래 솔을 사용한다. 잠잘 때는 엎어서 자지 않는데, 그러면 장사가 안 된다고 믿기 때문이다.

- 캄보디아인들은 손목에 붉은 줄 또는 흰색 줄을 매는데, 이 줄이 19개의 정령을 불러들여 악령을 물리쳐서 복을 받는다고 믿기 때문이다.
- 캄보디아인들은 3명이 사진을 찍으면 가운데 있는 사람이 빨리 죽는다는 믿음이 있기 때문에 주의해야 한다. 또한, 숫자 9를 행운의 숫자라고 생각한다.
- 캄보디아는 모계가 우세하기 때문에 데릴사위제가 유지되고 있다. 따라서 남자는 결혼 후에 처가에서 처가살이를 해야 한다. 경제권도 장모가 갖는다.
- 캄보디아의 남자들은 부모님 혹은 조부모님이 돌아가시면 머리는 물론 눈썹까지 전부 삭발을 하는 관습이 있다. 또한 화장을 한 후에 유골은 강이나 산에 뿌리고 유품만 납골당에 보관한다.
- 캄보디아에서는 밥솥 아래쪽에 있는 밥이 맛있는 밥이라고 생각한다. 따라서 어린 사람이 자신의 밥을 먼저 푸고, 어른들께는 맛있는 밥을 대접하려고 가장 나중에 어른들의 밥을 담는다.

제 9 장

기타: 미국, 영국, 프랑스, 호주

미국과 호주는 다양한 이민자들이 유입되어 형성된 국가이며, 다문화주의 정책을 실행하는 대표적인 국가이다. 미국은 연방 정부와 북아메리카 대륙의 48개주와 알래스카, 하와이의 2개 주를 합한 50개의 주정부로 구성된 연방 공화국이다. 또한 호주는 태평양과 인도양 사이에 있으며 대륙의 절반 이상은 서부 고원 지대이다.

프랑스는 동화주의 정책을 실행하는 대표적인 국가로써, 유럽 서부 대서양 연안에 위치한 공화제 국가이다. 영국은 유럽대륙 서북쪽 대서양상에 위치한 입헌왕국제 국가이며, 오랫동안 다문화주의 정책을 실행하였으나, 국민들이 점차 이에 대한 회의를 느끼고 다문화정책을 수정할 것을 요구하고 있는 중이다. 이처럼 미국, 영국, 프랑스, 호주는 다문화 정책을 이해하는 데 매우 중요하게 여겨지는 국가들이다.

또한, 미국, 영국, 프랑스, 호주는 한국과 오랫동안 많은 교류를 하고 있는 국가들이다. 한국 사회에 들어온 외국인들 중에 가장 많은 사람들이 미국인이다. 또한 미국, 영국, 프랑스, 호주에 한국인 이민자들이 많이 살아가고 있다. 이에 따라 본 장에서는 다음과 같은 목표를 가지고 미국, 영국, 프랑스, 호주 국가들에 대한 구체적인 내용을 살펴보고자 한다.

단원목표

1. 미국, 영국, 프랑스, 호주의 국가에 대해 이해하고, 역사와 국경일을 파악한다.
2. 미국, 영국, 프랑스, 호주의 주요 산업을 파악한다.
3. 미국, 영국, 프랑스, 호주의 주요 인물을 파악한다.
4. 미국, 영국, 프랑스, 호주의 전통문화(전통놀이, 전통의복, 음식) 및 생활 관습과 예절을 파악한다.

1) 미국

(1) 미국 국가에 대한 소개

공식명칭	미합중국(The United State of America)
수도	워싱턴 D.C
언어	영어
면적	약 982만㎢(한반도의 44.495배)
인구	약 32,676만 명(세계 3위)
인종	백인(80%), 흑인(12.8%), 아시아계
종교	개신교(52%), 로마가톨릭(24%), 모르몬교
경제	GDP: 약 21조 4,394억 달러(세계 1위)
통화	달러($) / 1USD=1167.50원
기후	미국 본토는 서쪽으로는 태평양, 동쪽으로는 대서양에 접해 있는 거대한 대륙이다. 따라서 매우 다양한 기후와 자연환경을 가지고 있으며, 대서양 연안평야 지역, 동부와 남동부의 애팔래치아 산맥 지역, 미국의 중앙부를 차지하고 있는 광대한 내륙평원, 북아메리카 코르디예라 산계, 그리고 이 산계의 지맥에 속하는 서부의 산간고원 등 5개의 주요 지역군으로 구분할 수 있다. 미국의 서부 연안지역은 세계에서 화산활동이 가장 활발한 지역에 속한다. 하와이섬과 마우이섬을 중심으로 이루어진 하와이 제도는 거의 화산활동에 의해 형성되었다. 또 다른 화산활동지역인 알래스카는 남쪽의 섬과 산맥 지역, 내륙 중앙부의 분지 · 평원 · 고원, 북쪽의 브룩스 산지, 북단의 툰드라 북극평원으로 구성되어 있다. 대서양에 접한 동남부 지역은 8월 중순부터 10월까지 종종 허리케인이 발생하며, 록키산맥 동쪽의 중서부 지역과 남부지역은 종종 토네이도가 발생한다.

(2) 미국의 주요 역사

- **식민지 이전 시대:** 현재 미국이 있는 아메리카는 오랜 기간 동안 원주민의 땅이었다. 8세기에서 16세기 무렵까지 계속되었던 미시시피 문화의 유적들이 일리노이주 세인트루이스 교외 카호키아에서 발견되어 세계 유산에 등록되었다.
- **식민지 시대(1493~1776):** 1492년 콜럼버스가 서인도제도에 도착한 이후로 인디언에 대한 영토 약탈과 학살이 시작되었다. 16세기에 유럽에서 퓨리턴(청교도)이 메이플라워호를 타고 도착하여 인디언과 적대하면서 세력을 늘려나갔다. 이들이 설탕, 커피, 면화, 담배 등의 농장을 일구었지만 노동력 부족에 시달렸다. 이에

인디언을 노예화했으며, 흑인들을 잡아 노예로 남북 아메리카에 수출했다.

- **신생 국가 시대(1776~1789):** 1763년 프랑스-인디언 전쟁이 끝났을 때, 대영 제국은 무려 1억 3000만 파운드의 빚을 지고 있었고, 한 해 이자만 450만 파운드에 달했다. 대영제국이 아메리카 식민지에 각종 과세를 해서 비용을 충당하려 하자, 미국 독립 운동이 시작되었다. 1776년 7월 4일 13개 식민지의 대표들이 미국 독립 선언에 서명하고, 새로운 국가인 '아메리카 합중국(미국)'을 수립했다. 1781년 미국은 '요크타운 전투'에서 대영제국에 승리했고, 1783년 9월 3일에 미국과 대영제국은 〈파리 조약〉을 맺어서 미합중국의 독립을 승인했다.
- **성장과 갈등의 시대(1789~1849):** 1783년 독립 전쟁의 승리로 미국은 미시시피강 동쪽의 영토를 다스리게 되었다. 1803년, 토머스 제퍼슨 대통령은 미시시피강 유역의 상업을 장악하려고 나폴레옹으로부터 루이지애나 지방과 뉴올리언스를 구입했다. 이로 인해 미국의 영토는 두 배로 증가했고, 점점 국가다운 위용을 갖추게 된다. 하지만 1794년 위스키 반란, 1812년 미영전쟁으로 또다시 갈등을 겪는다. 1803년부터 1848년까지 후기성도들, 이민자들, 골드러시로 금광 채굴에 관심이 있는 사람 등 다양한 사람들이 서부로 대거 이주했다. 이는 북미 원주민인 인디언들의 생존권을 위협하여 인디언들과 미국 정부 사이에 갈등이 벌어졌다.
- **내전의 시기(1849~1865):** 19세기 중반, 북부는 산업화가 진행되면서 보호 무역을 요구했고, 노동자 부족 사태로 흑인 노예를 해방하여 노동자로 이용했다. 반면에 남부는 자유롭게 면화를 수출하려고 자유 무역과 관세 철폐를 요구했고, 영국으로 면화 수요가 확대되자 점점 흑인 노예의 노동력에 의존하게 되었다. 1854년, 북부를 중심으로 노예제를 반대하는 공화당이 창당되자, 남부 농민의 지지를 받는 민주당과 대립했다. 1860년 공화당 에이브러햄 링컨이 대통령이 되자 흑인 노예 해방을 공약했다. 이에 남부의 노예주가 반발하며, 남부맹방을 결성하여 분리를 선언했다. 미합중국은 인정하지 않았고, 1861년 4월 남북 전쟁이 발생했다. 이 전쟁에서 공업 국가를 지향하던 북부의 자본주의 세력이 농업 국가를 지향하던 남부 지주 세력을 격파함으로써, 남북 전쟁 이후 미국 산업은 공업 중심으로 급속히 성장하게 되었다.
- **서부 개척 시대(1865~1890):** 1869년 대륙 횡단 철도의 개통으로 서부와 물류 교류가 활발해지면서 서부 개척 시대가 시작됐고, 미합중국의 영토는 태평양까지 뻗어나갔다. 서부 인구는 더욱 증가했고, 1860년 급속도로 생활권을 빼앗긴 인디

언과 미합중국 군대가 '인디언 전쟁'을 벌였다. 1871년 미합중국 정부는 인디언 부족을 독립 국가로 간주한다고 선언했으나 계속 소탕작전을 펼쳐서 결국 1890년에 '국경의 소멸'을 선언했다.

- **제국주의 시대(1890~1918)**: 1898년 미국은 하와이 왕국을 조금씩 합병하여 영토를 태평양까지 확대했다. 같은 해에 스페인령 쿠바의 독립 전쟁에 편승하여 스페인과 전쟁을 일으켜 승리하고, 중미의 많은 나라들을 경제 식민지, 보호국(쿠바), 식민지(푸에르토리코, 필리핀, 괌 섬 등)로 만들었다. 또한 제2차 산업 혁명(1865~1900년)으로 미국의 공업력은 세계 최고가 되었다. 1910년부터 1930년 사이에 200만 명이나 되는 남부의 흑인들이 인종 차별을 피해 뉴욕, 시카고, 디트로이트, 클리블랜드 등 북부 도시들로 이주하였고, 19세기 후반에는 많은 이민자가 미국으로 이주해 왔다. 이로 인해 잦은 분쟁이 일어났다.
- **격동의 시대(1900~1980)**: 제1차 세계대전 기간 동안 전쟁 물자를 팔아 수익을 올렸던 미국 공장들은 전쟁이 끝나자 수요가 사라져 부도를 냈다. 1929년 경제대공황(The Great Crash)이 일어났다. 1939년 독일이 폴란드에 침공하여 제2차 세계대전을 일으켰고, 일본 제국이 진주만을 공습하자, 미국은 연합국에 참가했다. 1961년 미국은 남베트남에 군대를 파견하여 군사적인 개입을 시작했고, 베트남 전쟁에 참전했다.
- **현대(1980~현재)**: 1981년부터 신자유주의 정책을 펼쳤으나. 역사상 최고의 무역 적자를 기록했다. 1991년 소비에트 연방이 해체되자, 미국은 세계 평화를 책임지겠다고 표방하며 계속해서 여러 나라에 전쟁을 일으켰다. 그러나 이로 인해 미국의 국내 경기는 성장했다. 2008년 미국 대통령 선거에서 역사상 최초로 혼혈 출신이 버락 오바마가 당선되었다.

(3) 미국의 주요 인물

① 마틴 루터 킹(Martin Luther King, 1929~1968)

- 1929년 조지아주 애틀랜타 시에서 태어나 개신교 목사가 되었다. 앨라배마주 몽고메리에 있는 교회의 담임목사일 때, 1955년 로자 파크스 사건이 벌어졌고, 루터 킹 목사가 버스 보이콧 운동을 이끌었다. 1956년 미국 연방 최고재판소에서 승소하자, 그는 남부기독교지도자회의(SCLC)를 결성하고, 전국적인 비폭력 인권운동

을 시작했다. 1965년 킹과 SCLC 위원들이 셀마에서 몽고메리까지 행진을 시작했을 때 경찰과 폭도들이 무자비한 폭력을 가했는데, 이것이 '피의 일요일' 사건이다. 1968년 3월 킹은 파업을 벌인 화장실 청소부들을 지지하러 멤피스에 갔다가 저격을 당해 사망했다.

② 월트 디즈니(Walt Disney, 1901~1966)

• 월트 디즈니는 17세기 미국으로 건너와 뉴잉글랜드에 정착한 초기 이민 세대의 가정에서 태어났다. 그의 아버지인 일라이어스는 농부, 목수, 잡역부 등의 일을 하며 겨우 생계를 꾸려갔다. 월트 디즈니는 그림에 취미를 붙이며 힘든 유년기를 극복했지만, 만화가로 성공하고자 했던 그의 꿈은 소질이 없다는 이유로 번번이 좌절되었다. 스스로 애니메이션 스튜디오를 설립한 그는 '미키 마우스', '도널드 덕'의 성공을 발판으로 애니메이션 산업, 캐릭터 산업의 선구자가 되었다. '백설공주와 일곱 난쟁이', '신데렐라', '피터 팬' 등의 장편 만화영화를 만들었으며, 1955년에 대규모 놀이공원인 디즈니랜드를 건축하여 개장했다. 오늘날까지도 디즈니랜드는 미국 최고의 놀이공원으로 꼽히고 있다.

③ 조너스 에드워드 소크(Jonas Edward Salk, 1914~1995)

• 소크는 뉴욕의 유대인 부모 밑에서 태어나, 뉴욕 의과대학을 졸업했다. 1947년 소크는 소아마비 국제 기금이 설립한 프로젝트를 맡게 되자, 그의 숙련된 연구팀과 함께 7년 동안 헌신적으로 연구했다. 1952년 미국에서 소아마비로 3,145명이 사망했고, 21,269명이 마비가 되었지만 치료약이 없었는데, 마침내 1955년 4월 12일 소크가 백신 개발에 성공했다. 인터뷰에서 소크에게 백신의 특허를 가졌냐고 묻자, "특허는 없다. 태양에도 특허를 낼 건가?"라고 대답했다. 1960년 캘리포니아에 소크 연구소를 설립해 의료 과학 연구의 중심지가 되었다.

(4) 미국의 국경일

미국은 제도적으로 국경일(National Holiday)이 없고, 대통령과 의회가 법적으로 휴일을 정할 수 있는 것은 워싱턴 DC와 연방 직원에 대해서만 가능하다. 단, 공휴일을 두 종류로 구분할 수 있다. 먼저 미국의 모든 주에 공통되는 공휴일로 매년 일자가 같고, 일 년에 7일이 있다, 또 하나는 각 주가 독자적으로 정한 공휴일로 몇 개 주가 함께 하는 축제일도 있고, 그 주의 연방 가입을 기념하는 독자적인 축제일(floating day)도 있다. 미국의 모든 주에서 공통되는 공휴일은 다음과 같다.

국경일 명칭	기간	특징
신년 (New Year's Day)	1월 1일	• 양력 새해
마틴루터킹 탄생일	1월 셋째주 월요일	• 흑인해방운동을 했던 마틴 루터 킹 목사를 기념하기 위해 제정된 날
독립기념일	7월 4일	• 1776년 미국이 독립 선언서에 서명한 것을 기념하는 날 • 불꽃놀이, 퍼레이드 등 다양한 기념 행사 • 많은 사람들이 피크닉을 즐김
근로자의 날	9월 첫째 월요일	• 1894년, 공식 기념일로 제정됨.
재향군인의 날 (Veterans Day)	11월 11일	• 1938년에 제1차 세계대전 종전을 기념하여 '종전 기념일'을 제정했다가, 1954년에 Veterans' Day로 명칭을 바꿈.
추수감사절	11월 넷째주 목요일	• 1620년 영국의 청교도(Pilgrims)들이 메이플라워호를 타고 아메리카 대륙으로 이주하여 첫 수확물을 하나님께 바쳐 감사한 데서 비롯됨. • 1863년 링컨 대통령에 의해 제정됨.
성탄절	12월 25일	• 예수 그리스도의 탄생을 기념함.

(5) 미국의 주요 산업

미국의 경제 체제는 자본주의 시장 경제이며, 다양한 인적 자원, 풍부한 천연 자원, 기반 시설, 자유무역, 기술혁신 산업, 활발한 해외 투자활동, 낮은 인플레이션, 견실한 금융시장 등을 통해 세계 최고의 경제대국을 이루었다. 광업, 에너지 산업, 농림어업, 제조업, 서비스 산업 등은 자급자족이 가능할 정도로 경제규모가 크며, 영국과 함께 세계금융의 중심지이다. 산업구조는 1, 2차 산업 비중이 약 15%이고, 3차 산업인 서비스산업이 약 85%를 차지한다.

① **무역업**: 미국은 세계 무역시장에서 1위를 차지하고 있으나, 독일, 일본, 중국 등의 무역 규모가 커지면서 상대적으로 저하되고 있는 상황이다. 국토가 넓고 각종 자원이 풍부한 미국은 무역 의존도가 적으며, 자급자족형의 경제구조를 갖고 있다. 단, 생산이 많지 않은 카메라, 선박, 바나나 등은 무역 의존도가 높으며, TV, VTR, 자동차, 기계류, 식료품 원재료, 컴퓨터를 포함한 사무용기기, 섬유, 원유 등은 수입한다. 수출품은 수송용 기기(機器), 기계류, 식료품(주로 농산품), 공업제품 등의 규모가 크다. 미국의 주요 수출상대국은 이웃 국가인 캐나다가 최대이며, 멕시코, 일본, 영국, 독일, 중국, 한국 등이다. 주요 수입 상대국은 캐나다, 일본, 멕시코, 중국, 독일, 영국, 타이완, 한국, 프랑스 등이다.

② **농림수산업**: 미국의 전체 토지면적 중에서 약 50%가량이 농경지로 이용되며, 여러 가지 농기계를 동원하는 자본주의적 대규모 경영이 발달했다. 미국의 중심부에서는 주로 옥수수·밀·보리 등을 재배하며, 남부에서는 주로 알곡용 수수·목화쌀·쌀·콩·담배 등을 재배한다. 플로리다, 텍사스, 캘리포니아 등에서 오렌지·그레이프 프루트·레몬·라임을 수확하고, 태평양 연안에서 포도를 수확하며, 하와이에서 파인애플을 재배한다. 이 가운데서 밀·옥수수·콩·귀리·담배·목화·포도·귤·파인애플·사과 등은 세계 제1~2위의 생산량을 보이고 있다.

③ **서비스 산업**: 미국 노동인력의 약 1/3이 의료·보건업, 전문업, 사회사업, 레저관광산업 등 서비스 분야에 종사한다. 미국 경제에서 가장 빠른 성장세를 보이는 분야이며, 국내총생산 공헌도에 1위를 기록한다. 플로리다, 남캘리포니아, 하와이 등의 아열대지역, 동부 연안주의 역사 유적지, 서부의 불가사의한 자연경관과 국립공원, 나이아가라 폭포, 로키 산맥, 시에라네바다 산맥 등이 관광업의 중심지이다.

(6) 미국의 전통문화

① 전통의복: 카우보이(cowboy) 복장

• 미국은 비교적 역사가 짧고 유럽 이주민들이 세운 국가이기 때문에 독특한 전통의상이 없고, 인디언 의상이나 카우보이 복장을 전통의상으로 여긴다. 카우보이 복장은 미국 서부개척시대 때부터 입기 시작했으며 가죽점퍼와 챙이 넓은 모자(텐갤런 햇, Tengallon Hat)를 쓰고, 말을 타고 총을 들고 다녔다. 원래 카우보이는 1800년대 미시시피강 서쪽에서 소를 치던 목동들이다, 1820년경 미국의 개척자들 중 일부가 텍사스의 목장에서 올가미 밧줄, 안장, 박차, 낙인 등을 사용하는 기술을 터득하며 목축업을 시작했다. 하지만 서부 개척 시대에 농업 변경지역이 서부로 이동하자, 서부로 이동한 카우보이들은 갱이나 야생동물의 위협으로부터 자신을 보호하기 위해 보안관처럼 총을 들고 다니기 시작했다. 서부의 방목지가 농장으로 바뀌면서 카우보이 시대가 끝이 났다. 하지만 이들은 19~20세기의 여러 소설, 영화, 텔레비전에서 과묵하고 자신감 있는 서부의 영웅으로 소개되어 명성을 얻게 되었다.

② 전통음식

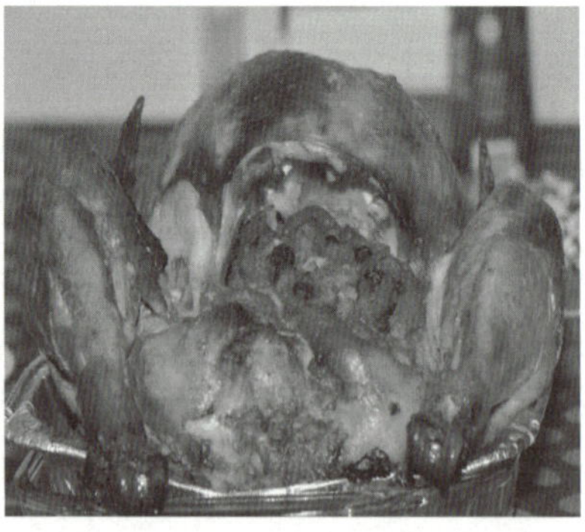

• **칠면조요리**: 영국의 국왕 제임스 1세가 영국의 청교도인들에게 종교적인 자유를 허락하지 않자, 1620년 메이플라워호를 타고 자유를 찾아 떠난다, 이들이 도착하게 된 곳이 지금의 미국인데, 험난한 땅에서 농사짓기가 어려운 이들은 인디언들과 불가침조약을 맺고 서로 협조하며 가축과 농사에 대해 지도를 받는다. 이로 인해 다음 해 가을에 풍작을 이룬 것을 기념하기 위해 청교도인들이 인디언들을 초대하여 최초의 추수감사절을 지킨다. 이때 총을 들고 새를 잡으려던

사냥꾼이 인근에서 칠면조를 잡게 되어 이 고기를 함께 나누어 먹었다, 이후로 미국인들은 추수감사절이 되면 칠면조 고기를 먹는다.

- 팝콘(popcorn): 팝콘은 현재 미국 땅에 살던 원주민들이 먹던 전통 요리로 16세기 신대륙 탐험가들에 의해 알려졌다. 원래 옛날 인디언들은 옥수수를 통째로 꼬챙이에 꿰어 불에서 구우면서 튀겨 내거나, 옥수수 낱알을 불에 던져서 튀겨 내어 먹었다고 한다. 19세기 미국에서 팝콘 대량생산기계를 만들어 내면서, 팝콘이 미국 전역으로 퍼져나가기 시작했다. 1920년 미국에 일어난 경제대공황으로 저렴한 팝콘의 소비가 많이 늘었다.

- 햄버거(hamburger): 햄버거는 'hamburger'에서 '-er'을 빼면 'hamburg'가 되는 것에서 알 수 있듯이 원래 독일 함부르크에서 유래했다. 그러다가 1904년 미국 세인트루이스에서 세계박람회가 개최되었을 때, 수많은 인파가 몰려들자 구내식당에서 일하던 어느 독일인 요리사가 너무 바빠서 햄버그스테이크를 둥근 빵에 끼워 팔게 된 것이 햄버거의 시초다. 이렇게 미국에 선을 보인 뒤에, 1940년대부터 미국 패스트푸드의 주요 메뉴로 자리 잡았다.

③ 전통놀이

- 자이브(Jive): 1927년 경 뉴욕의 흑인 거주지인 '하렘(Harlem)'에서 째즈(Jazz)음악의 일종인 스윙(Swing) 리듬에 맞추어 춤을 춘 것이 시초이다. 1936년경 전 미국을 휩쓸 정도로 인기가 절정에 달했고, 제2차 세계대전 중에 미국 직업 군인(G.I)들에 의해 유럽에 퍼졌다. 1945년까지는 재즈, 스윙(swing), 지터벅(Jitterbug)으로 불렸으나, 1950년 영국의 6개

무도강사협회의 협의기구에서 승인하고부터 '자이브'라는 명칭이 공식적으로 사용되었다. 1968년, 자이브는 국제무도경기에서 다섯 번째의 라틴 댄스로 채택되었다. 자이브는 4/4 박자로 둘째와 넷째 박자에 악센트가 있으며, 1분에 40~46 소절의 템포이다. 1990년대 이후의 모던 자이브는 무릎과 엉덩이의 굽힘과 들어올림이 매우 자주 반복되게 개량되었다.

- **농구(Basketball)**: 1881년 미국의 메사추세츠주 스프링필드 YMCA 훈련학교의 체육부장인 L. Gulick 박사의 지시에 의해 학교 체육 지도자였던 J. Naismith가 겨울에 즐길 수 있는 실내 스포츠로 농구를 창안했다. 처음에는 체육관 양쪽에 복숭아 상자를 하나씩 매달아 놓고 공을 던져서 상자 가운데에 공이 머물렀을 때 골인으로 인정했다. 그러다가 1894년에 현재와 같은 방법으로 링과 공의 크기를 정하였기 때문에 골인 될 때마다 사다리를 놓고 꺼내지 않아도 되게 되었다. 이후 전 세계로 보급되었고, 마침내 1936년 제11회 베를린올림픽부터 정식 경기종목으로 채택되었다.

- **미식축구(American football)**: 1823년 영국에서 시작된 럭비가 미국에 전파되었고, 미국이 축구와 럭비의 특성을 통합하여 만들어낸 경기이다. 미국인들은 'Football'로 부른다. 1869년 러트거스 대학과 프린스턴 대학이 최초로 정식 경기를 했으며, 1876년에 미국대학 미식축구연맹이 창설되었다.
1945년 광복 이후 미군에 의해 한국에 전해졌으며, 1946년 YMCA에서 조선미식축구 협회를 창립하여 본격적인 활동을 시작했다.

(7) 미국인의 생활 관습 및 예절

- **결혼식**: 미국인 신부들은 결혼식 날짜가 정해지면 가장 먼저 웨딩드레스를 맞추러 간다. 몸에 잘 맞는 웨딩드레스를 찾기가 쉽지 않고, 웨딩드레스를 수선하는 데 3개월 정도나 걸리기 때문이다. 미국인들에게는 결혼식 전까지 남편이 신부가 입을 웨딩드레스를 보면 안 되는 전통이 있기 때문에 한국처럼 결혼식 전에 웨딩

사진을 찍는 문화가 없다. 결혼 전에 친한 친구들을 초대해 작은 파티를 열어 친구들을 중요시하는 마음을 표현하는데, 결혼을 하는 여성이 친구들에게 두 사람의 러브스토리를 자랑하면, 친구들은 포크로 유리잔을 두드려 축복을 보낸다. 결혼식에서 신랑과 신부는 왈츠와 같은 춤을 추게 되며, 신랑과 신부가 어느 정도 춤을 추고 나면 하객들도 함께 춤을 추면서 즐긴다.

- 인사법: 공식적인 자리에서는 악수를 하거나 미소를 짓는다. 얼굴에 가벼운 키스나 포옹을 하는 경우도 많다. 일반적으로 이름을 호칭으로 많이 사용하지만, 병원에서 환자와 의료진 간에는 Mr, Miss, Mrs를 붙여 성을 부르도록 한다. 대화를 할 때 약 1m 정도 상대방과 거리를 유지하는 것을 좋아하며, 눈을 맞추며 고개를 끄덕이거나 맞장구를 해주는 등 경청하고 있다는 신호를 보내주면서 적극적으로 의사를 표현하는 것을 좋아한다. 대개 동성끼리는 신체접촉을 하지 않는다.
- 미국은 팁을 주는 문화가 보편화되어 있어서 모든 서비스에는 반드시 세금과 팁을 지불해야 한다. 계산서를 보면 세금(Tax)이 표시 되어 있는데, 팁은 세금의 약 2배 정도 지불하면 된다. 이렇게 계산하면 총 금액의 10~20% 정도 된다. 카드로 주는 방법, 현금으로 주는 방법, 카운터에 있는 팁 박스에 주는 방법이 있다.
- 미국인들은 식사를 할 때 나이프와 포크를 사용하는데, 왼손으로 포크를 잡고, 오른손으로 나이프를 잡는 것이 예절이다. 만약 왼손잡이일지라도 나이프를 왼손에 쥐고 있는 것은 큰 결례라고 여긴다. 또한, 미국인들은 식사를 함께 하는 상대방의 그릇 위로 팔을 뻗지 않는 것을 예의로 여기기 때문에 멀리 있는 음식이나 양념이 필요할 때에는 상대방에게 건네 달라고 부탁하는 것이 좋다. 웨이터에게 도움이 필요할 때는 소리를 쳐서 부르지 말고 조용히 손을 들면 된다. 음식을 남길 때에는 '투고 박스'나 'doggie bag'을 요청해서 남은 음식을 모두 싸서 가져갈 수 있다.
- 미국인들에게 'Thank you'라는 표현은 서로간의 신뢰를 쌓는 기본이 되므로 작은 호의에도 'Thank you'라고 인사를 하는 것이 좋다. 또한 'Please, Excuse me, I'm sorry, No thanks, Your welcome' 등의 표현은 서로에게 긍정적인 감정을 갖게 하므로 반드시 본인의 잘못이 아니더라도 미안함을 표현하여 우호적인 분위기를 만드는 것이 좋다.
- 상대방이 재채기를 하면 'God bless you'라고 말해 준다, 이는 재채기를 하는 동안 나쁜 기운이 들어 올 수 있다는 옛날 풍습에서 시작 했다고 한다.

2) 영국

(1) 영국 국가에 대한 소개

공식명칭	The United Kingdom of Great Britain and Northern Ireland
수도	런던
언어	영어
면적	약 24만㎢(한반도의 1.103배)
인구	약 6,657만 명(세계 21위)
인종	켈트족, 앵글로색슨족
종교	성공회(43%), 로마가톨릭(9%), 개신교(8%), 기타 기독교 종파(20%), 이슬람(2%), 비종교(13%)
경제	GDP: 약 2조 7,435억 달러(세계 6위)
통화	파운드(pound/£)/ 1GBP=1537.25원
기후	영국은 유럽 북서쪽에 놓인 섬나라로 영국 해협과 북해를 사이에 두고 있다. 가장 큰 섬인 그레이트브리튼은 섬의 거의 2/3를 차지하는 남쪽의 잉글랜드(13만 440㎢)와 섬의 1/3에 해당하는 북쪽의 스코틀랜드(7만 8,770㎢), 서쪽의 웨일스(2만 760㎢)로 이루어져 있다. 얼스터라고도 불리는 북아일랜드는 면적이 약 1만 4,120㎢이며, 아일랜드섬의 북부에 위치한다. 영국은 전반적으로 온화한 해양성 기후를 가지고 있다. 겨울에는 비가 자주 오고, 하루에도 사계절을 느낄 수 있을 만큼 날씨 변화가 심하다. 여름은 맑고 덥지 않은 청명한 날이 많다. 겨울은 음산하고 흐린 날이 많다.

(2) 영국의 주요 역사

- **선사시대:** 신석기시대에 이베리아인이 이주하여 스톤헨지를 세웠지만, 그 숫자가 매우 적었다. 기원전 700년경 켈트족이 브리튼섬에 들어와 기원전 500년경에는 브리튼섬과 아일랜드 전체를 지배하는 종족이 되었다.
- **로마제국의 점령과 앵글로색슨 족의 유입:** 로마 제국이 세 차례에 걸쳐 단계적으로 '브리타니아(브리튼인의 나라)'를 정복하여 식민지화했다. 로마 제국이 가져온 문명은 브리튼섬을 문명화했다. 그러나 400년 후에 로마제국은 쇠퇴했고, 로마인들이 브리튼섬을 빠져나갔다. 5세기경 앵글로색슨 족이 브리튼섬에 들어와서 켈트족을 산악 지대인 북쪽(스코틀랜드)과 서쪽(웨일스)으로 쫓아내고 잉글랜드를 차지했다. 이를 계기로 앵글로색슨 족이 급격히 늘어났고, 6세기에 잉글랜드 전역에

앵글로색슨 족의 작은 왕국들이 세워졌다.

- **전쟁과의 시대**: 1066년 노르망디는 프랑스의 영지였으나, 왕도 넘볼 수 없는 독립적인 주권을 지닌 공국이었다. 그러나 윌리엄 공은 잉글랜드와 노르망디를 차례로 점령했다. 영토 회복의 기회를 노리고 있던 잉글랜드는 1337년에 프랑스의 왕위 계승 문제를 꼬투리 삼아 전쟁을 일으켰다. 또한 1455년부터 30년 동안 장미전쟁이 일어났다.
- **연합 왕국의 성립과 18세기의 영국**: 1707년 연합법의 공표로 스코틀랜드와 잉글랜드가 연합하여 그레이트브리튼 왕국을 세웠다. 이 당시에 웨일스는 이미 1535년 웨일스 법에 의해 잉글랜드에 포함되어 있었다. 1536년 잉글랜드가 아일랜드를 정복하여 잉글랜드 왕국의 군주가 아일랜드 왕국의 군주까지 겸하게 되었다. 제임스 2세의 왕권신수설에 입각한 전제 정치는 결국 영국 의회의 반발을 가져왔고, 영국 의회의 지원을 받은 오렌지공 윌리엄이 제임스 2세를 퇴위시키고 새로운 국왕으로 즉위하는 명예혁명이 일어났다. 이 후 영국은 입헌군주제를 도입하게 된다. 1756년, 7년 전쟁이 일어났고, 그 결과 1763년 파리 조약이 체결되었으며, 영국은 북아메리카의 13개 식민지와 인도에서의 독점적 지위를 확보할 수 있게 되었다. 이 후 영국은 제국주의 정책과 식민지 건설을 지속하였고, 영국 동인도 회사는 프랑스 동인도 회사와의 경쟁에서 승리하여 인도를 영국의 식민지로 만들었다. 1765년 제임스 와트는 증기 기관을 발명했으며, 이후 대량 생산이 도입되어 산업 혁명이 시작되었다.
- **19세기**: 1800년 연합법을 통해 아일랜드 왕국을 연합왕국의 일부로서 합병했다. 1806년 11월 21일 프랑스의 나폴레옹이 대륙봉쇄령을 선포하고 영국의 무역을 봉쇄하려고 하자 전쟁이 일어났고, 영국은 프랑스에 대항하는 동맹의 중심국가가 되었다. 1815년 영국이 워털루 전투에서 나폴레옹 군대를 격파했다. 빅토리아 시대(1837~1901년)에 영국은 생산력이 비약적으로 발전하였고, 세계 곳곳을 점령하여 식민지화했다. 이로써 영국은 '해가 지지 않는 나라'라고 불렸다. 19세기 영국의 주요 무역 중 하나는 청나라에 대한 아편 판매였으며, 아편 금수 조치를 단행한 청나라와 아편 전쟁을 일으켰다. 결국 영국은 청나라와 난징 조약을 체결했으며, 1898년 홍콩을 포함한 신지에를 99년간 할양받게 된다.
- **20세기 초반**: 제1차 세계대전(1914~1918년) 동안 영국이 총력전을 펼친 결과, 1921년 영국은 지구 육지 면적의 약 1/4에 해당하는 3,670만km^2의 영토를 차지했

다. 1922년 아일랜드 공화국이 독립함으로써 영국의 정식명칭은 '그레이트브리튼 북아일랜드 연합왕국'이 된다. 영국은 제2차 세계대전(1939~1945년)에서 승리했지만, 막대한 피해를 입었다.

- **20세기 후반**: 제2차 세계대전이 끝난 후 많은 식민지들이 영국에게서 독립했다. 1950년대 집권 노동당은 "요람에서 무덤까지"라는 슬로건을 내세우며 복지 국가를 표방하며 사회 복지 정책을 실시했다. 1980년대 마거릿 대처의 보수정권이 집권하자 사회복지를 대폭 축소시켰고, 많은 국영기업을 민영화했다. 이러한 정책은 신자유주의의 시작으로 평가된다.

(3) 영국의 주요 인물

① 셰익스피어(William Shakespeare, 1564~1616년)

- 영국의 극작가이자 시인이다. 잉글랜드 유복한 집안에서 태어나 런던으로 이주하고서 본격적으로 작품 활동을 시작하면서 명성을 얻었고, 생전에 '영국 최고의 극작가' 지위에 올랐다. 4대 비극인 〈햄릿〉, 〈오셀로〉, 〈리어 왕〉, 〈맥베스〉를 저술했으며, 〈헨리6세〉, 〈말괄량이 길들이기〉, 〈베로나의 두 신사〉, 〈로미오와 줄리엣〉, 〈베니스의 상인〉 등 수많은 작품을 저술했다.

② 나이팅게일(Florence Nightingale, 1820~1910)

- 당시 귀족집의 영애로 태어나서, 집안의 반대에도 불구하고, 당시에 천대받던 직업인 간호사가 되었다. 1854년에 일어난 크림 전쟁 때, 38명의 성공회 수녀와 함께 이스탄불에서 간호사로 활동했다. 당시 최악이었던 병원의 위생을 보고, 위생을 강조하며, 위생법을 통과시켜 사망률을 극적으로 줄였고, 병원과 의료제도를 개혁했다. 간호사 직제를 확립하고, 의료 보급의 집중적 관리와 오수 처리 등의 방법으로 의료 효율을 증진시켰다. 나이팅게일은 영국인들에게 '광명의 천사'라고 불린다.

③ 처칠(Winston Churchill, 1874~1965)

• 영국의 정치가이자 문학가이다. 말버러 공작 7세의 셋째 아들로 태어났고, 1874년 미국 뉴욕 주 하원에 들어갔다. 1880~85년 윌리엄 유어트 글래드스턴의 자유당 내각 시기에 다른 3명의 보수당원과 합세해 제4당을 결성하고 '토리 민주주의'라고 선언된 일련의 견해들을 지지했다. 2차 대전 당시, 유럽이 히틀러에게 거의 굴복했을 때 끝까지 투쟁을 이끌어 유럽을 구해냈다. 카이로, 테헤란, 얄타로 등의 회담에서 탁월한 국제적 정치 감각을 발휘했다. 1953년 노벨 문학상을 수상했다. 2003년 유럽 6개국을 대상으로 한 19세기 이후의 유럽 위인들 선호도에서 1위를 차지했다.

(4) 영국의 국경일

국경일 명칭	기간	특징
신년 (New Year's Day)	1월 1일	• 양력 새해 • 불꽃놀이 • 하루 전인 12월 31일에 신년 축제를 함.
성 금요일	4월 중 (부활절 전 금요일)	• 예수 그리스도가 십자가에 못 박혀 죽으심을 기념하는 날. • 거리에서 예수 수난 행사
부활절	3월 하순~4월 중순	• 예수 그리스도가 부활한 것을 기념. • 성 금요일부터 부활절이 지난 월요일까지 휴일. • 달걀 모양, 토끼 모양의 초콜릿, 공예품. • Egg Hunt(공원에서 숨겨진 달걀을 찾는 행사)
안작데이 (ANZAC DAY)	4월 25일	• 영국의 현충일 • 1915년, 제1차 세계대전 중, 호주와 뉴질랜드 합동 연합군(Australian and New Zealand Army Corps)이 갈리폴리 반도 상륙작전을 감행한 것을 기념하고, 전몰 장병을 추모하는 날.
여왕 탄신일	6월 3일	• 규모 면에서 기념일 중 최대 행사 • 각 엘리트 부대의 사열 • 여왕은 마차를 타고 시가 행진. 왕족들과 함께 버킹검 궁 발코니에서 인사.

국경일 명칭	기간	특징
노동절	10월 28일	• 노동자의 날
성탄절	12월 25일	• 예수 그리스도의 탄생을 기념.
박싱데이 (Boxing Day)	12월 26일	• 과거 봉건시대 유럽 영주들이 주민들에게 상자(box)에 선물을 담아 전달하고, 하루 휴가를 준 데서 유래함. • 상점들이 대대적인 할인행사를 함으로써, 미국의 블랙 프라이데이 · 사이버 먼데이 등과 함께 세계적인 세일 이벤트 기간으로 명성을 떨치고 있다.

(5) 영국의 주요 산업

영국의 경제는 국내 총생산(GDP)을 기준으로 세계 5위의 경제 규모이며, 구매력 평가(PPP) 기준으로는 세계에서 9위의 규모로, 전 세계 GDP의 4%를 차지한다.

① **금융업**: 영국의 금융업은 GDP의 약 13%를 차지한다. 세계 1위 금융허브 도시 "런던"에서 세계 외환의 41%, 채권 발행(54%), 채권 유통(65%), 파생상품(49%), 유로화(40%)가 거래되고 있다. EU 내의 헤지펀드 85%, 외환거래 78%, 장외 파생상품 74%, 사모펀드 54%, 해상보험 59%, 펀드운용 59%를 점유하고 있다. 세계금리의 기준인 "리보금리"가 영국의 런던에서 결정될 정도로 금융업에 영향력이 막강하다.

② **회계, 컨설팅, 법률업**: 세계 1~3위의 매출액을 기록하는 회계 법인들이 영국에 있다. 예를 들면, PwC (40조7천억 원, 2016), 딜로이트 (41조4천억 원, 2016), Ernst & Young (33조3천억 원, 2016) 등이다. 또한 전 세계 상위 10대 로펌 중 절반은 영국계 로펌이다.

③ **석유산업**: 영국은 세계 3대 유전 중에 하나인 '북해산 브랜트유'를 보유하고 있다. 또한 세계 5대 메이저 석유기업인 'BP', 'Shell'을 보유하고 있으며, 유전 및 가스와 관련한 대규모 엔지니어링 기업인 'Petrofac'을 보유하고 있다. 세계 1위 심해저 플랜트 설치기업인 'Subsea7'을 경영하며, 세계 2위권 해양 시추업체인 'Ensco'를 운영하고 있다.

④ **의약 & 바이오 산업**: 영국은 세계 7위권 내 메이저 제약기업인 '글락소스미스

클라인'과 '아스트라 제네카'를 보유하고 있으며, 세계최대 희귀병 제약회사인 'Shire'를 보유하고 있다. 유럽 내 바이오테크놀로지 업체 중에서 3/4 정도가 영국계 회사이다. 바이오산업은 5,500여 개 회사에서 약 24만 여 명을 고용하고 있으며, 미국 다음으로 높은 R&D를 투자 중이다.

(6) 영국의 전통문화

① 전통의복: 킬트(kilt)

• 킬트(kilt)는 영국 스코틀랜드 고지대 지방과 아일랜드에서 입는 전통의상으로 무릎까지 내려오는 짧은 스커트로 된 남성용 정장이다. 한 장의 천을 몸에 감아 무릎까지 내려오게 하였으며, 등을 덮는 윗옷 부분이 있다. 허리를 벨트로 고정하고, 앞 중앙에 '스포란'이라는 주머니를 장식으로 단다. 원래 씨족을 표시하는 '타탄 체크(tartan, 격자 무늬 모직물)'로 만들어 씨족의 남자나 군인이 입었다. 그러나 1860년대 이래로 아이들과 여성들도 입기 시작했다.

② 전통음식

• **피시 앤드 칩스(Fish and Chips)**: 굵게 썬 감자와 생선에 튀김옷을 입혀 튀겨 만든 영국 요리이다. 처음에는 물고기와 빵조각을 튀겨 주었는데, 밀 부족으로 인해 빵이 비싸지자 감자로 대신하게 되었다. 제2차 세계대전 때 병사들에게 급식되었으며, 대피한 민간인들에게도 배급 차량에서 '피시 앤드 칩스'를 공급했다. 19세기에 가족들이 운영하는 소규모 음식점들이 런던의 거리와 잉글랜드 북부의 큰 공업 도시들에서 자기들의 음식을 홍보하면서 유명해졌다.

• **로스트 비프(Roast beef)**: 소고기를 통째로 오븐에 구운 뒤에 얇게 저민 고기 조각을 구운 야채와 함께 먹는 영국의 전통요리이다. 매운맛이 나는 '홀스래디시' 소스와 고기 육즙으로 만든 '그레이비' 소스를 곁들여 먹는다. 원래 영국 국왕에게 중죄를 진 죄수들을 가둔 런던 타워를 지키는 '비프이터(beefeater)'라는 별명의 병사들을 위로하려고 개발된 음식이다. 주로 온 가족이 모이는 일요일에 먹으므로 '선데이 로스트'라고도 하며, 18세기에는 헨리 필딩에 의해 "옛 영국의 로스트 비프(The Roast Beef of Old England)"라는 노래가 만들어지기도 했다.

• **샌드위치(Sandwich)**: 포커 게임에 심취했던 영국의 샌드위치 백작 4세인 존 몬태규(John Montague)는 카드게임을 멈추지 않고도 허기와 식욕을 충분히 만족시킬 수 있는 음식을 만들기 위해 오랫동안 고민하다가 이 음식을 만들게 되었고, 그래서 이 백작의 이름을 따서 '샌드위치'라고 부르게 되었다.

③ 전통놀이

• **축구(soccer)**: 6~10세기 바이킹시대 때 덴마크가 영국을 정복하여 탄압했다. 후에 영국이 덴마크를 몰아내고 나서 사망한 덴마크인의 두개골을 파내어 발로 차고 놀았던 것에서 축구가 유래했다는 설이 있다. 14세기 이후 축구가 성행하기 시작했지만, 지금처럼 골대를 세우지 않았고 골라인을 그려놓고 볼이 골라인을 넘어가면 득점으로 인정했다고 한다. 19세기에 영국 축구협회에서 지금과 같은 경기 규칙을 정하여 지금과 같은 현대의 축구로 발전하게 되었다.

• **골프(golf)**: 네덜란드의 어린이들이 실내에서 하던 콜프(Kolf)에서 유래했다는 설, 스코틀랜드 목동들이 나뭇가지로 돌멩이를 날리던 놀이에서 유래한다는 설, 아이

스하키와 비슷한 놀이인 네덜란드의 콜벤(Kolven)이 스코틀랜드로 건너가 골프로 발전했다는 설 등이 있다. 14세기부터 스코틀랜드에 널리 퍼졌고, 15세기에는 너무 유행하여 국왕 제임스 2세가 국민의 무도와 신앙에 방해를 준다는 이유로 골프를 금지시키기도 하였다. 하지만 곧 골프는 국민 스포츠로 발전했으며, 영국으로 전해지며 더욱 성행하였다. 1608년 런던에 첫 골프회가 만들어졌고, 1744년 골프 규칙을 제정하여 스포츠로서의 격식을 갖추었다.

- **팬케이크 데이(Pancake Day)**: '팬케이크 데이'란 사순절의 첫날인 재의 수요일 전날, 즉 '참회의 화요일'에 대한 영어권에서의 별명이다. 부활절이 오긴 전에 사순절 기간(40일) 동안 금식을 하는데, 1445년부터 이 금식 기간 전에 남아있는 계란을 먹어 치우기 위해서 '팬케이크 레이스'를 했다고 한다. 팬케이크를 들고 달리면서 중간 중간에 꼭 뒤집어 줘야한다.

(7) 영국인의 생활 관습 및 예절

- **장례 문화**: 19세기 전까지 영국에는 교회의 부설묘지가 태반이었으나, 1833년 프랑스의 묘지개혁을 모방하여 런던에 켄살그린 사설묘지가 들어서면서 근대화되기 시작했다. 현재 영국의 화장률이 70% 정도로 유럽에서 가장 높은 편이며, 화장을 한 후에 재를 묻는 묘지를 만드는 경우가 많다.
- 음식을 먹을 때뿐 아니라 라면 같은 면 종류를 먹을 때도, 소리를 내지 말고 먹어야 한다. 음식이 입에 있는 채로 말하는 것은 실례이며, 스테이크를 썰어서 나이프로 찍어 먹으면 예의에 어긋난다. 나이프로 썰어서, 항상 포크로 옮겨서 먹어야 한다.

- 영국은 자기 음식만을 먹는 문화이기 때문에, 샐러드 같은 것을 나누어 먹을 때, 자신이 먹을 분량만큼만 자신의 그릇으로 옮겨서 먹어야 한다. 음식이 멀리 떨어져 있을 경우, 자신이 손을 뻗어서 가져오려고 하거나, 일어나서 가져오는 것은 예의에 어긋나는 행동이라고 여기며 음식과 가까이 있는 사람에게 건네주기를 부탁하는 게 예의이다.
- 한국에서는 새로운 사람을 만나면, 바로 나이부터 물어보고, 가족관계, 결혼여부 등 개인적인 질문들을 많이 한다. 하지만 영국 사람들은 이것을 굉장히 예의에 어긋나는 행동으로 간주한다. 나이조차 상대방이 먼저 이야기하지 않는 이상 잘 물어보지 않는다.
- 영국에서 운전을 하려면 많은 인내심이 필요하다. 느린 마차가 앞서 가고 있어도 빨리 가라고 경적을 울려서는 안 된다. 영국에서는 운전자끼리 양보하는 모습을 흔하게 볼 수 있다. 누가 한쪽에서 도로로 들어서려고 하면 교통흐름에 방해되지 않는 한 그냥 양보해준다. 영국에서는 쌍라이트를 번쩍이면 양보해 주겠다는 뜻이다. 감사하다는 표시도 똑같이 쌍라이트를 켜던지, 엄지손가락을 치켜 보이면 된다. 영국 도로에서는 자전거 또한 자동차와 똑같이 교통법규를 지켜야 한다.

3) 프랑스

(1) 프랑스 국가에 대한 소개

공식명칭	프랑스 공화국(La République Française)
수도	파리
언어	프랑스어
면적	약 64만㎢(한반도의 2.913배)
인구	약 6,523만 명(세계 22위)
인종	골족
종교	로마가톨릭(83%), 개신교(2%), 이슬람교
경제	GDP: 약 2조 7,070억 달러(세계 7위)
통화	유로(€) / 1EUR=1303.68원

기후	프랑스는 헤르시니아 조산대(아르덴 고원, 보주 산맥, 마시프상트랄, 아르모리캥 대산괴), 북부와 서부의 평야지역(파리 분지, 루아르 평야, 아키텐 분지, 알자스 평야), 남부와 남동부의 신기 습곡산맥지역(피레네 · 쥐라 · 알프스 산맥들과 인접한 손 평야와 론 평야 포함)으로 나눌 수 있다. 바이욘-릴 서쪽 지역은 습기가 많은 해양성 기후로 연중 선선하다. 알자스, 로렌, 라인 협곡 지역과 산악지대(알프스, 피레네, 중앙 산악지대)는 여름에는 덥고 겨울에는 매우 추운 '반대륙성 기후'를 보인다. 파리와 중부지방은 여름에는 덥지만 건조하며, 겨울에는 거의 매일 비가 내려 습기 찬 날씨다. 남부지방은 겨울에는 온화하고 여름에는 무척 더운 '지중해성 기후'에 속한다.

(2) 프랑스의 주요 역사

- **고대의 프랑스**: 지금의 프랑스 지역에 갈리아인(Gauls)들이 살고 있었다. 로마 공화정 초기에 이들은 로마를 약탈하기도 했으나, 로마가 강해져 알프스 산맥 지역의 갈리아인(Gauls)들을 복속시킨 후 로마 문명과의 교류가 활발해졌다. 카이사르의 정복 이후 현대 프랑스 지역 전체가 로마의 속주로 편입되었다. 5세기 말에 서로마 제국이 멸망하자 게르만족이 대거 갈리아 지역으로 이동하여 자신들의 국가를 세웠다. 카롤루스 대제는 왕립학교 건립, 고전 자료 연구 등을 통해 학문을 발전시키며 프랑크 왕국의 전성시대를 열었다. 그러나 카롤로스 대제가 죽자, 프랑크 왕국은 크게 내분에 휩싸여 분할되었다.(870년)
- **중세의 프랑스**: 여러 권력 투쟁을 거쳐 '위그 카페'가 '카페 왕조'(987~1972)를 창설해 프랑스를 통치했다. 그중에서도 루이 9세(1214~1270)는 모든 이를 위한 공평한 정의를 위해 새로운 법정을 만들었고, 나병환자를 치료하려고 했다. 이때 프랑스는 큰 발전을 이루었고, 왕은 훌륭한 기사이자 모범적인 기독교인으로 인정받았다. 그러나 영국왕 에드워드 3세가 자신이 프랑스 왕위를 계승할 것을 주장하며, 백년전쟁이 일어났다. 1435년에 백년 전쟁이 끝나자, 1436년에 프랑스가 파리를 되찾았고, 1450년에는 노르망디를 회복했다. 1495년 라노, 오스트리아, 베네치아, 교황 알렉산데르 6세는 반 프랑스 동맹을 결성해 포르노보 전투에서 프랑스를 격파했다.
- **근대 초기의 프랑스**: 16세기 후반 프랑스의 개신교신자들인 위그노와 로마 가톨릭 세력들 간에 대립이 격화되어, 36년간 위그노 전쟁이 계속되었다. 1598년 앙리

4세가 낭트 칙령을 발표함으로써 위그노 전쟁은 종결되었고, 이후 앙리 4세는 해외진출을 추진하여 프랑스 절대왕정의 기초를 마련했다. 루이 14세는 관료제와 상비군 체제를 정비했고, 중상주의경제 정책을 실시하여 유럽의 강국이 되어갔다. 그러나 베르사유 궁전 건축을 위한 과도한 지출, 낭트칙령 폐기로 인한 위그노들의 대거 이주 등으로 국력이 크게 쇠퇴했다.

- **프랑스대혁명과 제2공화정:** 18세기 후반, 프랑스는 구제도 하에서 로마 가톨릭교회 성직자와 귀족이 면세특권과 봉건적 특권을 누렸고, 평민들이 모든 재정적인 부담을 감당했다. 이로써 프랑스 부르봉 왕조의 재정 상태는 파탄 지경에 이르렀다. 더불어 계몽사상가들의 혁명 사상이 시민들에게 큰 영향을 끼쳤고, 미국의 독립혁명 소식도 이들을 크게 자극하여 프랑스혁명이 일어났다. 1799년 나폴레옹은 쿠테타를 일으켜 통령 정부를 수립해 독재 권력을 확립했다. 1804년 나폴레옹 1세로 즉위하여 황제가 되면서 프랑스 제1제정이 시작되었다. 그러나 1812년 나폴레옹이 러시아 제국과의 라이프치히 전투에서 참패하여 막을 내린다. 1848년 제2공화정의 대통령으로 당선된 루이 나폴레옹은 쿠데타를 일으켜 독재 권력을 장악하고, 1852년 황제가 되어 나폴레옹 3세로 칭하면서 제2제정을 열었다. 프랑스 시민들이 열렬히 환영했으나, 1871년 프로이센과의 보불전쟁에서 크게 패함으로써 막을 내린다.
- **제3공화정과 제1차 세계대전:** 1871년 프랑스는 아돌프 티에르를 대통령으로 하는 제3공화국을 수립했다. 제3공화정 8대 대통령인 레이몽 푸앵카레 대통령 재임 때, 독일 제국이 프랑스에게 선전 포고를 하여 제1차 세계대전이 일어났다. 1917년 미국이 참전하여 막대한 물량공세를 퍼부으면서 독일군을 격파하고, 1919년 베르사유 조약을 체결함으로써 제1차 세계대전에서 승리했다. 이후 1929년 세계 대공황 때 프랑스도 불황의 늪에 시달렸는데, 프랑스 정부는 식민지들 하고 무역 형식으로 하는 블록 경제 체제로 대공황을 극복하고자 했다.
- **제2차 세계대전 이후의 프랑스:** 1939년 제1차 세계대전에서 해결되지 않은 분쟁이 다시 폭발하여 독일·이탈리아·일본의 추축국과 프랑스·영국·미국·소련·중국의 연합국 간의 제2차 세계대전이 일어났다. 1945년 전쟁이 끝나자, 제2차 세계대전 말기 한때 임시 정부의 총리였던 드골이 하야했다. 제4공화국이 발족했으나 경제적으로 안정을 찾지 못했고, 8년간에 걸친 인도차이나 전쟁과 계속된 알제리 문제 등으로 내전의 위험까지 안고 있었다. 1958년 샤를 드골이 12년 만에 총리직에 복귀했고, 막강한 대통령의 권한을 인정한 헌법을 발의하고 국민 투표에

서 통과되자 1959년 1월 제5공화국의 대통령에 취임했다. 드골은 알제리 문제를 해결했고, 프랑스를 세계에서 네 번째의 핵 보유국으로 만들었으며, 중국과 국교를 수립하는 등 국제 사회에서 프랑스의 발언권을 강화하고자 노력했다. 그러나 학내 처우 개선 요구에서 비롯된 3.22운동과 5.3운동은 대학 교직원 조합, 노동 총동맹 들을 끌어들여 전국 규모의 파업으로 발전했고, 이 시위로 드골 정권이 무너졌다.

(3) 프랑스의 주요 인물

① 장 자크 루소(Jean-Jacques Rousseau, 1712~1778)

• 이성의 시대를 끝맺고 낭만주의를 탄생시킨 프랑스의 철학자, 교육학자, 음악가, 음악평론가이다. 루소는 예의바른 절도보다는 자유롭게 감정을 표현하는 것을 중시했다. 종교를 버린 이들에게 종교적 감성을 숭배하도록 인도했으며, 누구나 자연의 아름다움에 눈뜨고 자유를 가장 보편적인 동경의 대상으로 여기라고 역설했다. 개인은 단일한 의지를 지닌 존재이기 때문에 스스로 정한 규칙에 복종함으로써 자유로울 수 있다는 '자유주의'를 주창했다. 이러한 루소의 사상은 문학, 음악, 예술, 교육 등에 전반적인 변화를 일으켰다, [고백론], [학예론], [인간 불평등기원론], [사회계약론] 등을 저술했다.

② 빅토르 위고(Victor-Marie Hugo, 1802~1885)

• 빅토르 위고는 부모의 이혼으로 어머니와 둘이서 살았다. 1827년에 운문 희곡인 [크롬웰(Cromwell)]을 유명한 〈서문〉과 함께 발표하여 낭만파 작가로 인정을 받았다. 1831년에는 루이 11세 치하의 중세 생활을 연상시키는 역사소설 [노트르담의 꼽추]을 저술하여 더욱 유명해졌다. 또한 1851년 나폴레옹 3세의 쿠데타에 반대한 이유로 국외로 추방당했을 때 장 발장이라는 인간을 통해 악에 대항하는 양심의 각성과 성숙을 묘사한 [레미제라블](1862)을 저술했다.

이밖에도 정치적인 경향을 숨김없이 드러낸 많은 시를 썼다. 프랑스 모든 도시에 그의 이름을 딴 거리가 있을 만큼 사랑받는 시인이다.

③ 드골(Charles de Gaulle, 1890~1970)

• 1945~1946년까지 프랑스 임시정부 주석을 지냈고, 1958년 총리로 전권을 행사했으며, 1959년 제18대 대통령이 되었다. 새로운 헌법을 제정하여 민주주의적으로 선출된 국가원수의 권한을 강화했다. 집권 후 나치 부역자들을 대대적으로 숙청해, 많은 프랑스인들이 그를 '나치의 압제에서 프랑스를 해방시킨 영웅'이자, 전후 프랑스의 재건을 주도한 인물로 높이 평가한다. 2차 대전 초기에 패전국이었던 프랑스를 결국 승전국으로 만들어 프랑스가 독일 분할 점령에 참여하게 하고, 유엔안보리의 상임이사국이 되게 하였다. 현재 '드골'로 불리는 거리가 3600여 개나 된다.

(4) 프랑스의 국경일

국경일 명칭	기간	특징
신년	1월 1일	• 양력 새해 • 1월 1일을 알리는 종이 12번 울리면 "bonne année(본아네)"라고 외치며 서로 인사를 하면서 축복을 기원해 줌.
부활절	3월 하순~4월 중순	• 예수 그리스도가 부활한 것을 기념. • 다음날인 월요일까지 연휴 • 계란 모양 또는 토끼 모양의 초콜릿을 아이들에게 나누어줌.
노동절	5월 1일	• 노동자의 날 • 은방울꽃을 행운의 표시로 선물함
제2차 세계대전 승전 기념일	5월 8일	• 제2차 세계대전에서 연합국이 독일의 히틀러에게 승전한 날을 기념
그리스도 승천일	5월 상순	• 부활절 40일 후의 목요일 • 예수 그리스도의 승천을 기념.
성신강림일	5월 중순	• 부활절 49일 후의 일요일 • 다음날인 월요일까지 연휴

국경일 명칭	기간	특징
프랑스 대혁명 기념일	7월 14일	• 1789년 7월 14일 바스티유 감옥을 탈취하며 대혁명이 시작된 날을 기념. • 13일 밤부터 14일 밤까지 축제가 열림. • 파리의 샹젤리제 거리에서 군사 퍼레이드 • 전국의 소방서에서 댄스파티를 주최함. • 불꽃놀이
성모 승천일	8월 15일	• 성모 마리아의 죽음과 승천을 기념
성인들의 기념일.(만성절)	11월 1일	• 교회에서는 순교한 성인들을 추앙함. • 고인의 무덤을 찾아 꽃을 두며 추모함.
제1차 세계대전 휴전 기념일.	11월 11일	• 1918년 연합군과 독일군의 휴전을 기념
크리스마스	12월 25일	• 예수 그리스도의 탄생을 기념 • 가족들과 함께 모여 식사를 하고 선물을 나눔.

(5) 프랑스의 주요 산업

프랑스는 제2차 세계대전 직후부터 1970년대 중반까지 3차 산업 중심의 초고속 성장으로 세계적인 경제 대국이 되었다. 현재 프랑스의 국내 총생산(GDP)은 세계 5위 규모로써 유럽에서는 독일에 이어 2번째로 크다.

① **농목업**: 프랑스는 유럽공동체(EC) 12개국 중에서 최대의 농업생산국이다. 프랑스의 농목업은 국내 총생산의 약 3%를 차지하고, 경제활동 인구의 약 8.8%를 고용하며, 경지 면적은 프랑스 영토의 약 60%인 17만 9,000㎢나 된다. 이는 유럽공동체 전체의 약 35%에 해당한다. 주요 농산물은 밀(세계 5위), 포도(세계 1위), 보리, 귀리, 옥수수, 사탕무, 포도주, 낙농제품 등이다. 또한 노르망디와 산지를 중심으로 소, 말, 양이 사육되며, 국토의 약 25%가 임야여서 목재 등의 임산물이 살출되고 있다.

② **광업**: 북부와 로렌의 석탄, 알프스·피레네의 수력전기, 라크 지방의 천연가스 등이 주요 에너지 자원이나 에너지의 전환을 추구하고 있어서 국영탄광의 출탄량(出炭量)이 줄었으며, 대신 사하라 사막의 석유나 원자력 발전 및 천연가스로 대체되어 가고 있다.

③ **공업**: 프랑스의 공업은 경제활동 인구의 약 15.9%를 고용한다. 북부의 철강업은

세계 최고의 철강을 생산하며, 수송용·농업용 기계 등의 기계공업이 뛰어나다. 르노, 푸조, 시트로엥 등의 자동차 산업이 있으며, 카라벨·콩코르드를 개발하는 항공기공업이 있다. 또한 세계적인 디자인 중심지인 파리에서 뛰어난 디자인의 각종 의류제품이 만들어지고 있으며, 리옹의 견직물, 북부 플랑드르 지방의 면마(綿麻)공업 등이 유명하다.

(6) 프랑스의 전통문화

① 전통의복: 코르셋(corset)

• 코르셋은 BC 2000년경 청동기 미노아 문명의 크레타인들이 허리를 조이고 가슴을 강조하여 아름다운 몸매를 만들기 위해서 처음 입었던 것으로 여겨진다. 1550~1660년경에는 상체를 납작하게 할 목적으로 나무 살대로 보강했다. 1660년 이후에는 길이가 점점 짧아졌으며 가슴을 강조하고 불룩하게 보이도록 모양을 냈다. 프랑스 혁명(1787~1799) 후에 갑자기 사라졌다가, 1810년경 다시 입기 시작했다. 19세기에는 드레스 모양에 따라 변화되며, 고래 뼈나 강철로 만든 살대로 보강을 했다. 20세기 초반에 코르셋은 길이가 짧아지고 더 이상 가슴을 받쳐주는 기능을 하지 않게 되었다. 코르셋에서 브래지어가 유래하게 되었다.

② 전통음식

• 에스카르고(escargot): '에스카르고'는 프랑스어로 "달팽이"를 뜻하며, 달팽이를 사용해서 만든 요리를 '에스카르고'라고 한다. 과거에 프랑스에는 포도밭에서 자생하는 달팽이가 많았다. 16세기에 프랑수아 1세와 앙리 2세에게 자주 진상되는 요리였다고 한다. 19세기 초, 셰프 앙토냉 카렘이 마늘과 허브를 넣은

버터를 곁들인 부르고뉴 풍 달팽이 요리인 '에스카르고'를 선보이면서 세계적으로 유명한 요리가 되었다.

• **푸아그라(Foie Gras)**: 프랑스어로 '푸아그라'란 "살찐 간"이라는 뜻으로, 거위나 오리에게 강제로 사료를 먹여 간을 키워 만든다. 빵에 발라먹거나 불에 양면을 살짝 익혀서 먹는다. 고대 이집트에서 피라미드를 건설할 때, 기러기들이 무화과나무 열매를 잔뜩 먹고 장거리 여행을 떠나는 것을 발견하고 자기들의 가금류도 이렇게 먹였다. 이 방법이 프랑스의 알자스 지방에 전해졌고, 현재도 알자스 지방은 푸아그라의 대표적인 산지로 유명하다. 미식가들은 트뤼프(송로버섯), 캐비어, 푸아그라를 세계 3대 진미라고 한다.

• **부야베스(bouillabaisse)**: 일종의 해물 잡탕 수프로서 과거 프랑스의 항구 도시인 마르세유에서 어부들이 상품성이 없는 물고기들을 한꺼번에 넣고, 양을 늘리기 위해 야채를 추가해 끓인 데서 유래했다. '부야베스'라는 이름이 '수프가 끓으면 불을 줄여라(quand ça bouille tu baisses)'라는 프로방스 속담에서 유래되었을 정도로, 모든 재료를 함께 넣어 빨리 끓이는 것이 조리법의 핵심이다. 부야베스가 파리로 전해지면서 가재, 새우, 게 등와 조개를 넣은 상류층의 요리로 진화했다.

③ 전통놀이

• **페탕크(pétanque)**: 주로 프랑스 남부 지방에서 하는 놀이인데, 1907년 '리오씨타'라는 도시에서 유래되었다고 한다. 두 팀으로 나누어서 먼저 빨간색이 칠해진 작은 공을 던진 후에 쇠로된 무거운 공을 최대한 작은 공에 가까이 던지는 놀이이다. 제일 가까이 있는 공

이 있을 때, 1점을 받는다. 먼저 13점을 받는 팀이 이기는 놀이이다. 프랑스 북서쪽 '브리타느'에도 비슷한 놀이가 있는데, '팔레(Palais)'라고 한다. 차이점은 동그란 공이 아니라, 동전 모양의 큰 쇳덩어리를 던진다는 것이다.

- **윈 마헬(une marelle)**: 한국의 '하늘땅' 같은 놀이이며, 칸대로 작은 돌맹이를 던져서 콩콩 뛰면서 다시 돌맹이를 주워오는 놀이이다.
- **도블(DOBBLE)**: 전통적으로 파티 문화가 발달한 프랑스인들은 가족들끼리 즐기는 보드게임이 몇 가지씩은 있다. 멋진 그림이 그려진 카드를 나누어 들고 이야기를 짓거나 낱말을 맞히는 보드게임은 가족들 모두가 좋아할 뿐만 아니라, 부모가 자녀들에게 사교문화를 가르쳐 주는 교육의 장이기도 하다. '도블(DOBBLE)' 상자에는 55장의 카드에 8종류의 그림이 그려져 있다. 한 사람이 도블 카드를 한 장씩 꺼내주면, 자기가 갖고 있는 카드 속에 있는 그림과 같은 그림이 있을 경우 큰 소리로 이름을 말하고 가져와서, 맨 위에 올려놓는다. 일정한 시간까지 카드를 많이 가져온 사람이 이기는 게임이다.

(7) 프랑스인의 생활 관습 및 예절

- **결혼식**: 프랑스인들이 결혼을 할 때 신혼살림에 필요한 간단한 물건들을 적어서 친지와 친구들에게 나누어주며, 사주고 싶은 선물을 사전에 확인하여 중복되지 않게 한다. 프랑스인들은 대부분 성당에서 간소하게 결혼식을 한다.
- **인사법**: 프랑스인들은 대개 손을 잡고 약간 흔들어서 악수를 하며 인사를 한다. 이때 손을 너무 강하게 잡거나 심하게 흔들면 안 된다. 윗사람에게 먼저 손을 내밀어 악수를 하지 않으며, 손이 더럽거나 젖어있을 때는 팔목을 내밀기도 한다. 친한 사람이나 어린이와는 서로 뺨을 맞대기도 한다. 프랑스인은 영국과 독일에 대해 우월의식과 열등의식이 복합돼 있으므로 이를 자극하는 화제는 피한다.
- 프랑스인에게 초대받은 경우에 방문가능 여부를 반드시 통보해 주는 게 좋다.

방문할 때 정장을 입고 장미, 국화 등의 꽃이나 간단한 선물을 준비하여 감사를 표시하는 게 좋다. 주인의 안내로 집에 들어가면, 주인이 권하는 자리에 앉는다. 보통 식사 전에 와인, 꼬냑 등의 술을 주는데, 술잔은 절대 돌리지 않으며, 과음해서는 안 된다. 포도주의 시음은 연장자나 집주인이 한다. 프랑스인들은 식사를 하면서 이야기를 나누는 것을 중요하게 생각하므로 대화에 적극적으로 참여하는 게 좋다. 단, 프랑스인들은 개인적인 프라이버시를 대단히 중요하게 생각하므로 사적인 질문을 하지 않는 게 좋고, 정치와 돈에 관한 이야기를 하지 않는 게 좋다.

- 프랑스에서는 다른 사람의 물건에 손을 대는 행위는 실례다. 그러므로 다른 사람의 집에 초대를 받았을 때, 허락 없이는 물건을 만지지 말아야 한다. 가게에서 상품을 고를 때에도 판매원이 가져다주는 것만을 만져보거나 입어보는 것이 예의다. 특히 과일이나 생선 또는 육류 등의 식료품을 살 때 판매하는 사람의 허락 없이는 상품에 손을 대지 말아야 한다.

4) 호주

(1) 호주 국가에 대한 소개

공식명칭	오스트레일리아 연방(Commonwealth of Australia)
수도	캔버라
언어	영어
면적	약 774만㎢(한반도의 35.052배)
인구	약 2,477만 명(세계 54위)
인종	유럽계(89%), 아시아계(4%), 원주민
종교	그리스도교(50%), 이슬람교(3%), 불교(2%), 힌두교(2%)
경제	GDP: 약 1조 3,762억 달러(세계 14위)
통화	오스트레일리아 달러($A) / 1AUD=805.61원
기후	호주는 태평양과 인도양 사이에 있으며, 국토면적이 굉장히 넓어 다양한 기후 분포를 보인다. 대륙의 절반 이상이 서부 고원 지대이며, 플린더스강, 스완강, 쿠퍼강 등이 있고, 그레이트배리어리프 · 멜빌 섬 · 태즈메이니아 등 많은 섬과 암초들이 있다. 북쪽 지역은 대체로 날씨가 온화한 편이며, 남쪽 내륙은 무덥고 건조한 반면 남동부 해안은 온화하고 습하다. 서오스트레일리아는 워낙 넓어서 그 안에서도 다양한 기후대가 존재한다. 북서쪽 내륙은 고온 건조하고 여름에는 비가 많이 오며, 남서쪽은 겨울이 온화하고 여름은 덥고 건조하다. 브리즈번과 케언스가 속한 퀸즐랜드는 아열대 기후다.

(2) 호주의 주요 역사

- **원주민의 시대:** 오스트레일리아인의 조상은 학자들에 따라서 다르지만, 대개 약 4만년에서 7만 년 전으로 추정한다. 이들은 수렵 채집 생활을 하면서, 종교 및 예술적 전통을 발전시켰다.
- **유럽인들의 발견:** 17세기에 네덜란드인들이 오스트레일리아를 발견하고, '새로운 네덜란드'라는 뜻으로 '뉴홀랜드(New Holland)'라고 이름을 붙였다. 이 당시 약 100만 명의 애버리진과 300여 개의 부족 국가가 있었고, 약 250개의 언어와 700여 개의 방언을 사용하고 있었다고 한다. 그러나 네덜란드인들의 탐험은 경제적인 이유로 중단되었다. 1769년 제임스 쿡이 오스트레일리아를 탐험한 이후로 이 땅이 하나의 대륙으로서 인정받기 시작했다. 곧 이어 뉴사우스웨일스는 고대 그리스의 철학자들이 생각했던 남쪽 대륙인 '테라 아우스트랄리스'이라는 뜻으로 '오스트레일리아'라고 불리게 되었다.
- **이주의 시대:** 1788년 영국은 죄수의 폭발적인 증가와 미국 독립 전쟁(1776년)으로 인해 뉴사우스웨일즈 주(오스트레일리아)를 새로운 유배 식민지로 만들려고 했다, 아서 필립이 이끈 11척의 배에 1,500명이 탑승하고 시드니 항구에 도착해 뉴사우스웨일스 식민지의 건설을 시작했고, 1868년까지 약 16만 명에 달하는 죄수들이 오스트레일리아로 호송되었다. 또한 1790년대부터 세계 각지에서 자유 정착민들이 오스트레일리아로 이주해오기 시작했다.
- **골드러시의 시대:** 1851년 뉴사우스웨일스주와 빅토리아주에서 금이 발견되자, 배서스트, 벤디고, 밸러랫을 비롯한 다양한 곳에서 금을 찾아오는 사람들이 급증했다. 이와 함께 양모 산업도 급격한 성장을 이루자, 1850년에 40만 명이었던 인구가 10년 후에는 115만 명, 30년 후에는 223만 명으로 증가했다. 이처럼 경제활동과 물자 교역이 활발해지자, 시드니와 멜버른 등 해안 도시들의 발전이 가속화되었고, 오스트레일리아 인구의 3분의 2가 해안 도시를 따라 거주하게 되었다. 영국 총독은 식민지인 오스트레일리아에 막대한 세금을 매겼다. 결국 1854년에 유레카 감옥에서 광산 노동자들이 봉기했다. 이를 계기로 1855년에 뉴사우스웨일스주, 빅토리아주, 사우스오스트레일리아주, 태즈메이니아주가 자치 식민지가 되었으며, 1859년에는 퀸즐랜드주가 자치 식민지가 되었다.
- **독립과 세계대전 참전:** 1901년 1월 1일, 6개의 식민지 주는 오스트레일리아 연방을

결성했다. 1942년 10월 9일 외교권과 국방권을 얻은 독립국이 되었고, 1986년 3월 3일 독자적인 헌법을 제정했다. 제1차 세계대전과 제2차 세계대전에 오스트레일리아 및 뉴질랜드에서 약 40만 명 정도가 참전했고, 이 중에서 약 6만 명이 전사했다고 한다. 이를 기념하기 위해 호주는 '오스트레일리아 뉴질랜드 군단(Australia & New Zealand Army Corps)의 이름으로 'ANZAC Day'를 국경이로 지킨다.

- **제2차 세계대전 이후:** 제2차 세계대전 직후에 호주는 급성장했고, 많은 이민자들이 찾아왔다. 그러나 1960년대에 이민자들의 증가로 불편을 느낀 토착민들이 거세게 항의하자, 인종의 다양성에 따른 경제 및 사회적 변화를 추진했다. 1967년에 연방정부가 법을 제정할 권한을 가지면서 새로운 이민자들을 인구조사에 포함시킬 것을 결정했다.
- **1970년대 이후:** 1972년 고프 위틀램의 지도 아래 노동당은 종전 이후에 계속된 자유당-국가당 연립 정부와 정권교체를 이룬다. 이후 3년 동안, 위틀램 정권은 징병제를 철폐했고, 대학 수업료를 없앴으며, 모든 국민에게 무상의료를 제공했다. 또한 책임 사유 없는 이혼을 허용했고, 여성 노동력에 대해 평등한 임금을 보장하는 법을 제정했다. 그리고 백호 정책을 폐지하고 다문화주의를 표방했다. 그러나 1975년 즈음에 일어난 물가의 폭등과 각종 비리로 인해 노동당은 차기 대선에서 참패했고, 1983년까지 자유당-국민당 연합이 통치했다.

(3) 호주의 주요 인물

① 반조 패터슨(Andrew Barton "Banjo" Patterson, 1864~1941년)

- 패터슨은 '반조'라는 필명을 가진 호주의 작가이다. 그는 가정교사에게 기초 교육을 받고, 담불 학교, 시드니 그램머 학교에서 공부했다. 1886년 시드니 대학에서 시험에 실패해 장학금을 받지 못하게 되자, 학교를 떠나 법률 사무소에 법무관으로 취임했다. 그 후로 변호사를 개업했을 때부터 반조 패터슨은 글을 쓰기 시작했다. 1895년에 시집을 발행하자, 발매 4개월 만에 5,000부가 팔렸다. 여전히 많은 호주인들이 반조 패터슨을 존경하며, 호주 지폐 10달러에

반조 패터슨이 새겨져 있다.

② 존 모나쉬(Sir John Monash, 1865~1931년)

• 모나쉬 장군은 제1차 세계대전에서 뛰어난 활약을 한 장군이며, 호주 역사상 가장 유명한 사령관이다. 특히 1918년 8월 8일에 '아미앵 전투'에서 작전을 세우고, 선두로 나아가서 연합군에게 큰 승리를 가져다주었다. 또한 존 모나쉬는 토목 기사로 일하며, 호주에 강화 콘크리트를 도입하는 데 중요한 역할을 했다.

③ 러셀 크로우(Russell Crowe, 1964~)

• 멜 깁슨, 니콜 키드먼, 휴 잭맨, 러셀 크로우 등 호주 출신의 유명 영화배우 및 감독들이 유독 많다. 그중에서도 러셀 크로우는 1990년대 중반 할리우드에 진출하여 [L.A. Confidential, 1997]에서 경찰 역할을 통해 스타 반열에 올랐다. [글래디에이터, 2000]에서 복수심에 불타는 로마 장군 출신의 검투사 막시무스, [레미제라블, 2012]에서 자베르 형사 역할로 출연해 좋은 연기를 보여주었다. 전 세계 영화팬들에게 많은 사랑을 받고 있다.

(4) 호주의 국경일

국경일 명칭	기간	특징
신년	1월 1일	• 양력 새해 • 불꽃놀이
호주의 날 (Australian Day)	1월 26일	• 건국기념일 • 1788년 1월 26일, 영국인들이 호주의 시드니 록스 지역에 최초로 상륙하여 호주를 개척한 것을 기념.
성금요일	3~4월 중	• 예수 그리스도가 십자가에 못 박혀 죽으심을 기념하는 날

국경일 명칭	기간	특징
부활절 토요일	3~4월 중	• 예수 그리스도의 부활을 기념하는 부활절 전후로 3일(토요일, 부활절, 월요일).
부활절 월요일	3~4월 중	
안작데이 (Anzac Day)	4월 25일	• 1915년 4월 25일 터키 갈리폴리 반도에 상륙작전을 한 오스트레일리아 뉴질랜드 군단(ANZAC, Australia New Zealand Army Corps)의 군인들을 추모하는 날.
여왕 생일	6월 둘째주 월요일	• 영국 여왕의 생일을 기념함.
크리스마스	12월 25일	• 예수 그리스도의 탄생을 기념
박싱데이 (Boxing Day)	12월 26일	• 과거 봉건시대 유럽 영주들이 주민들에게 상자(box)에 선물을 담아 전달하고, 하루 휴가를 준 데서 유래함. • 상점들이 대대적인 할인행사를 함으로써, 미국의 블랙 프라이데이·사이버 먼데이 등과 함께 세계적인 세일 이벤트 기간으로 명성을 떨치고 있다.

(5) 호주의 주요 산업

1971년 6월, 호주는 경제협력개발기구(OECD)에 회원국으로 가입하였다. 호주의 국내총생산(GDP)은 1조 2천억 달러 규모이며, 1인당 국민소득은 약 5만 5천 달러로 상당히 높은 수준이다. 호주는 계속해서 연평균 3~4% 정도의 꾸준한 성장률을 보이고 있다.

① **광업**: 호주는 풍부한 에너지 자원을 바탕으로 한 자원수출국으로서 1차 산품과 광물의 수출 의존도가 높다. 주요 자원은 보크사이트, 석탄, 갈탄, 광물질모래, 금, 납, 아연, 철, 우라늄, 경질원유, 천연액화 가스 등이다. 특히 우라늄은 서방세계 매장량의 약 1/3에 달하며, 철광석은 세계 제2의 수출국이다. 그러나 산업 및 자원개발을 대부분 외국의 자본에 의존하고 있다.

② **농·목축업**: 호주 국토의 약 2/3가 농지와 초지이다. 이 중에서 약 1/9이 소규모 방목을 하며, 나머지는 농업과 대규모 방목을 위해서 개간되었다. 주요 작물인 가을밀은 전 농토의 절반 이상에서 경작되어 영국으로 수출한다. 이밖에 바나나, 파인애플, 파파야, 감귤, 포도, 사과, 배, 체리, 딸기 등을 재배한다. 또한 호주는 세계에 있는 양의 약 14%를 소유하고 있으며, 세계 양털 생산량의 약 30%를 차지하고 있다.

③ **제조업**: 호주의 제조업은 꾸준히 성장하여 국내총생산(GDP)의 약 8.6%가 되었

다. 식품가공업이 가장 큰 부분을 차지하며, 섬유·의류 산업, 바이오·의료 산업 등이 활발하다. 자동차, 직물, 의류, 신발 산업 등은 다양한 정책적 지원을 받는다.

④ **서비스 산업**: 호주는 금융 및 서비스 산업이 큰 편이며, 노동력의 약 3/4을 고용하고 있다. 특히 서비스업의 경우에 국내총생산의 3/4을 차지할 정도이다. 그러나 자본의 해외 의존도가 높다.

(6) 호주의 전통문화

① 전통의복: 드리자본 코트(Driza Bone Coat)

• 호주는 17~18세기에 영국 등지에서 들어와 형성된 국가이기 때문에, 오랜 역사를 가진 전통의상이라고 할 만한 것이 없다. 그래서 2007년 호주 시드니에서 개최된 APEC 정상회의에서도 전통의상으로 '드리자본 코트'를 입었다. 이 코트는 1800년대 말부터 만들기 시작했는데, 비에 젖지 않는 방수포로 만들었다. 애초에 선원들을 위해 만들었던 코트이지만, 이후에 호주 농장에서 말을 타는 사람들이 입기 좋게 바뀌어 왔다.

② 전통음식

• **베지마이트(vegemite)**: 1920년대 제1차 세계대전 직후에 호주의 시릴 칼리스터 박사가 영국의 머메이트에 대항해서 만든 잼이다. 소금, 채소즙, 이스트 추출물로 만든 크림타입의 잼이다. 비타민B가 굉장히 많이 들어 있는 음식으로 손꼽힌다. 호주인들이 아침식사로 빵에 발라먹기 때문에 마트에 많이 진열되어 있으며, 어느 가정에나 한 통씩은 갖춰놓고 있을 정도다.

- **미트파이(meat pie)**: 그리스에서 시작된 요리로, 호주뿐 아니라 영국을 비롯한 유럽, 남아프리카공화국, 뉴질랜드에서도 즐겨먹는 음식이다. 손바닥 크기의 고기 파이로, 소로 잘게 썰거나 다진 고기와 그레이비가 들어가며, 양파, 버섯, 치즈 등을 추가로 넣어서 만들기도 한다. 호주인들이 가장 좋아하는 요리 중에 하나이다.

- **캥거루 스테이크(Kangaroo Steak)**: 캥거루 고기를 스테이크처럼 구워서 만든 요리이다. 캥거루는 전통적으로 호주 원주민들의 주단백질원이다. 지금도 마트에서 햄버거용, 스테이크용, 꼬치용 캥거루 고기를 판매한다. 캥거루 고기는 특유의 냄새가 있고 다소 질기긴 하지만, 다른 고기에 비해 콜레스테롤 함량이 2% 정도 낮으며, 단백질과 영양분이 풍부하다.

③ 전통놀이

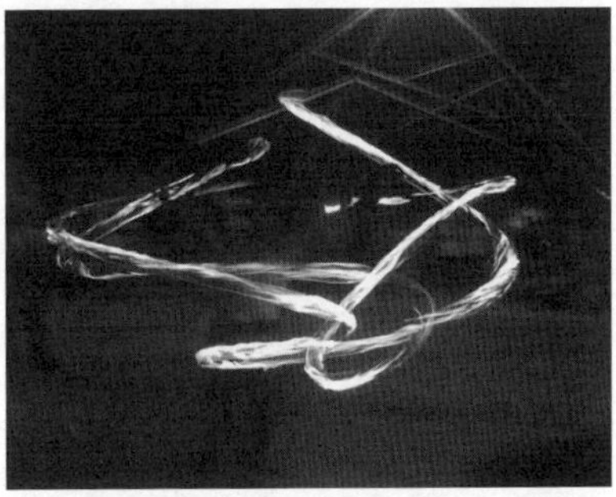

- **포이(poi) 놀이**: 한국에서 하는 쥐불놀이와 같은 놀이이다. 약 1m 정도 되는 얇은 쇠줄 끝에 봉이 달려 있는데, 이 봉에 기름을 먹여서 양손 손가락에 끼고 돌린다.

- **부메랑(boomerang)**: 호주 원주민들이 투척 무기로 사용하던 것으로 약 30~80cm가량 되는 ㄴ자 모양으로 구부러진 나무 조각이다. 1804년 부메랑이 처음으로 세계에 소개되었을 때, 투척 솜씨가 매우 정교했으며, 20~30야드(18~27미터)를 날아가 공중에서 놀라운 속도로 방향을 전환하여 적을 가격하고, 튕겨져 70~80야드(64~73미터)를 더 날아갔다고

한다. 현재도 많은 사람들이 부메랑놀이를 즐기며, A자형 부메랑, 십자형 부메랑, 사냥용 부메랑, 장식용 부메랑 등으로 다양화되었다.

(7) 호주인의 생활 관습 및 예절

- 호주인들에게 식사나 파티에 초대받았을 경우 초대장에 'RSVP'라고 쓰여 있다면, 신속히 참가여부를 알려달라는 뜻이다. 'RSVP'란 프랑스어의 구절 'Répondez s'il vous plaît'에서 비롯된 두문자어로서 "부디 응답하시오"를 의미하며, 초대에 대한 응답을 요청하기 위해 관용적으로 쓰는 표현이다. 또한 호주에는 "BYO 파티"라는 것이 있는데, "BYO"란 'Bring Your Own'의 줄임말로서 자신이 먹을 음식이나 음료수, 술 등을 준비해가야 하는 파티이다. 만약 어떤 모임에 초대를 받을 경우에 "Bring a plate"를 부탁 받았다면, 다른 사람과 나눠 먹을 수 있는 음식 한 접시를 가져오라는 뜻이다.
- 호주인들은 식사를 준비해 준 사람에게 감사를 표현하는 게 자연스럽다. 식사를 할 때도 비교적 조용히 식사를 하며, 스프를 그릇째 들고 들이마시거나 국수를 소리 내어 먹지 않는다. 음식을 먹을 때는 스푼, 포크, 나이프 등을 사용하며, 스프 등을 먹을 때에도 그릇을 식탁에서 들어 올리지 않는다. 음식물 찌꺼기를 식탁 위에 놓지 않고, 접시의 가장자리에 놓는다. 식사가 끝난 후에는 그릇을 치우는 것을 도와주거나 설거지를 도와주기도 한다.
- 호주인과 처음 만나서 인사를 할 때, 상대방의 눈을 바라보며, 서로 오른손을 내밀어 악수하는 게 상례이다. 대화를 할 때도 상대방의 눈을 바라보는데, 이는 존중하는 마음으로 이야기를 잘 듣고 있다는 표현이다. 또한 호주인은 처음 만나는 사람이나 친하지 않은 사이일 경우에 나이, 결혼, 자녀, 돈과 관련한 질문을 받는 것을 불편하게 생각한다.
- 호주에서는 인간적인 관계로 문제를 해결하기보다는 법으로 해결하려는 경우가 많다. 예를 들어 호주인들은 가정이나 공공장소에서 다른 사람이 크게 소음을 내면 직접 찾아가서 대화로 문제를 풀려고 하기보다는 경찰에 신고를 한다. 그러므로 절대 법에 어긋날 만한 일은 하지 않아야 한다. 또한 호주의 법에 따르면 만 18세 이상이 되어야 술을 구입할 수 있으며, 반드시 허가된 술가게(liquor shop)에서만 술을 판매할 수 있다.

Ⅳ

다문화교육

제 10 장 다문화교육(Multicultural education)

한국사회는 빠르게 다문화사회로 변해가고 있다. 이미 다문화사회의 현상이 눈에 띄게 나타나고 있으며, 이러한 현상은 앞으로 더욱 가속화될 전망이다. 그러나 다문화사회를 살아가는 한국인들은 다문화주의 사고를 형성할 기회가 부족했다.

물론 다문화교육 정책학교를 중심으로 공교육에서 다문화교육을 실행하고 있기는 하지만, 다문화교육 정책학교와 이에 해당되지 않는 학교 간의 격차가 크다. 또한 대부분 여러 가지 프로그램을 만들어서 진행하는 수준이며, 다문화교육에 대한 전문적이고 학술적인 연구는 부족하다.

더군다나 대학생을 비롯한 성인들을 대상으로 하는 다문화교육은 매우 부족한 실정이다. 현재 한국의 대학교에서 다문화를 전공하는 학과는 불과 몇 개 되지 않으며, 소수의 대학에서 다문화사회에 대한 내용을 교양과목으로 배정하고 있을 뿐이다.

심지어 다문화 현상이 매우 빠르게 진행되고 있는 학교 현장에서 학생들을 지도하게 될 교사 지망생(사범대, 교육학과 등)들조차 다문화사회와 다문화교육에 대해 배울 기회가 매우 부족하다는 것은 교육의 미래뿐만이 아니라 한국 사회의 미래를 생각할 때 심각한 문제이다. 따라서 본 장에서는 다음과 같은 목표를 가지고 구체적인 내용을 살펴보고자 한다.

단원목표

1. 다문화사회에서 요구되는 다문화교육의 정의 및 필요성을 이해한다.
2. 다문화사회에서 요구되는 다문화교육의 구체적인 목표와 영역 및 교수법을 살펴보고, 다문화교육의 효과를 이해한다.
3. 다문화교육을 하는 교사의 역할과 태도를 이해하고, 다문화교육을 위한 교사교육의 중요성을 인지한다.
4. 다문화교육을 실행하는 교사의 생활지도에 대해 이해한다.

1) 다문화교육의 개념

(1) 다문화교육의 정의

한국 사회는 다문화에 대한 인식과 연구가 제대로 준비되지 않은 상황에서 다문화 사회라는 현실에 먼저 부딪쳤다. 따라서 '다문화'라는 개념이 여러 가지 뜻으로 혼용되고 있으며, 더불어 '다문화교육'이라는 개념도 여러 가지로 혼용되어 사용되고 있다. 예를 들어 '다문화교육(Multicultural education)', '세계시민의식교육(Global Citizenship Education)', '반편견교육(Anti-bias education)', '다민족교육(Multiethnic education)' 등을 같은 뜻으로 혼용하여 사용하는 것이다.

그러나 이러한 개념들은 엄연히 다른 의미와 활동 범위를 가지고 있다. 먼저, '세계시민교육(Global Citizenship Education)'이란 전 세계인이 '지구공동체의 일원'이라는 정체성을 가지고 있다는 것을 깨닫게 하여, "지구 공동체"의 시민으로서의 권리, 책임감, 의무를 가지고 지구적인 문제에 적극적으로 참여하게 하는 교육을 의미한다. 현재 지구공동체가 지리적·정치적인 경계를 넘어 상호의존적인 관계로 변모한 상황에서 모든 사람들의 공생을 위한 세계시민교육은 중요성이 더해 가고 있다.

또한 '반편견교육(Anti-bias education)'이란 인종, 외모, 장애, 종교, 성적 취향에 대한 편견을 해소시키기 위한 교육으로써 이에 대한 적극적인 대응 능력을 길러주는 교육이다. 따라서 반편견교육이 다문화주의적인 사고를 갖게 하는 데 매우 중요한 교육이기는 하지만, 반편견교육과 다문화교육이 같은 것은 아니다.

그리고 '다민족교육(Multiethnic education)'이란 '다문화교육'이라는 개념이 본격적으로 사용되기 이전에 한시적으로 사용하던 용어이며, 미국에서 다양한 사회적·문화적 집단 출신의 학생들이 평등한 교육 기회를 가질 수 있도록 교육환경과 교육제도를 수정하고 재구성하려는 개혁운동의 일환이었다.

반면에 '다문화교육(Multicultural education)'이란 다양한 문화를 가진 사람들로 구성된 이질적인 사회의 구성원들에게 편견과 고정관념을 버리고, 평등과 협력을 바탕으로 한 평화적 공존을 지향하는 다문화주의를 갖게 하려는 교육으로써, 이를 위해 '다문화'의 개념과 '다문화사회'를 이해하게 하여 이를 바탕으로 다문화주의 사회를 이루어가려는 적극적인 성찰과 개혁적 실천을 하도록 교육한다.

이러한 다문화교육은 문화의 다양성을 존중하고, 자아정립과 삶의 방식 및 사회적 관계를 형성하는 과정에서 자신들이 속해 있는 문화뿐만 아니라 서로 다른 문화에 대한 교육의 필요성을 인식하는 데서 출발한다.(김선미, 2000) 더 나아가 사회 정의와 교육과정 및 교과서 개정까지도 적극적으로 주장하여 사회 및 학교개혁운동을 실천해 가는 '다문화교육 운동'으로 나아가는 것이다.

이처럼 '세계시민의식교육(Global Citizenship Education)', '반편견교육(Anti-bias education)', '다민족교육(Multiethnic education)'이 '다문화교육(Multicultural education)'과 구별되는 각자의 정의와 의미와 역할을 가지고 있다. 그러나 서로 전혀 동떨어진 개념을 가진 것은 아니며, 상호 보완하여 성숙한 다문화주의를 가진 지구공동체를 형성해 가게 한다.

(2) 다문화교육의 필요성

한국에 거주하는 외국인이 230만 명이 넘었고, 한국 사회가 급격히 다문화사회로 변화되어가고 있음에도 불구하고, 다문화사회를 이해하여 다문화사회를 살아갈 자세와 역할을 갖게 하는 다문화교육은 매우 부족한 실정이다. 하지만 다문화사회를 살아가고 있다는 현실적인 상황뿐 아니라 한국의 국가적인 미래를 준비하는 차원에서도 다문화교육은 아주 중요한 필요성을 가지고 있다. 구체적인 필요성은 다음과 같다.

① 세계화로 인한 다문화사회의 도래

오늘날은 사회적, 경제적 관계가 국경을 넘어 세계로 확대되어 가고 있다. 이러한 세계화 현상은 교통이 편리해지고 정보통신이 발달한 21세기 사회에 더욱 뚜렷해지고 활발해졌다. 그러므로 세계화 시대를 살아가기 위해서 무엇보다도 다양한 문화를 가진 사람들과 함께 어울릴 수 있는 문화적 역량이 필요하다.

다문화교육은 편견과 고정관념을 버리고 문화적인 다양성을 인정하게 하여 평화적으로 함께 공존할 수 있는 문화적 역량을 키워주는 교육이기 때문에, 세계화 현상이 활발해질수록 더욱 큰 필요성을 갖는다.

더군다나 한국 사회는 오랫동안 많은 침략을 당해오면서 외국인들이 한국에 들어오는 것을 별로 반기지 않을 뿐 아니라, 오랜 세월 동안 단일민족이라는 긍지와 자부심을 가지고 살아온 민족이기 때문에 이것이 문화적·인종적 편견으로 작용하기 쉽다. 그런데도 다문화사회를 대비할 문화적 역량을 갖출 기회도 없이 여러 가지 이유로 인해 빠르게 다문화사회가 되어버렸다. 그러므로 한국 사회 구성원들에게 시급히 다문화교육을 시행하는 것이 매우 필요하다.

② 사회의 안정과 공존

어떤 국가이든지 각 구성원들이 얼마나 서로를 이해하고 배려하며 평화적으로 공존하는 가에 따라서 국가의 안정과 경쟁력이 좌우된다. 또한 어떤 집단이든지 각 구성원들이 얼마나 서로를 이해하고 배려하며 평화적으로 공존하는 가에 따라서 집단 구성원의 만족도가 결정된다. 그러므로 어떤 국가나 집단의 안정, 경쟁력, 만족도가 높은 수준을 달성하기 위해서는 다양한 문화를 가진 사람들이 서로를 이해하고 배려하며 평화적으로 공존해 가려는 노력이 필요하다.

다문화교육은 서로의 다름을 인정하게 하는 교육일 뿐 아니라, 다른 문화를 가진 구성원을 이해하고 배려하여 평화적으로 함께 공존기 위해서 적극적으로 알아가고 이해하고 어울리게 하는 교육이기 때문에 어떤 국가나 집단의 안정, 경쟁력, 만족도를 위해서 큰 필요성을 갖는다.

한국 사회는 아직 다문화사회에 대한 준비가 되지 않았을 때에 빠르게 다문화사회가 되어버렸기 때문에 결혼이민자, 외국인근로자, 북한이탈주민, 다문화 가정의 자녀들이 사회적인 약자와 비주류로 전락하여 여러 가지 현실적인 어려움을 겪고 있으며, 이는 한국 사회의 안정과 경쟁력과 만족도를 떨어뜨리는 불씨가 될 수 있다. 그러므로 결혼이민자, 외국인근로자, 북한이탈주민, 다문화 가정의 자녀들뿐 아니라, 오랫동안 한국에서 뿌리를 내리고 살아와 주류를 형성하고 있는 한국의 자국민들에게 다문화교육을 시행하여 사회적인 갈등을 해소하고, 사회의 안정과 경쟁력과 만족도를 향상시켜 가는 것이 매우 중요하다.

③ 교육의 평등한 기회 보장

한국 사회에 다양한 문화를 가진 인종과 민족이 들어와 거주하면서 이들이 주류사회로부터 소외를 당하는 현상이 발생하고 있다. 이런 소외 현상은 경제적인 측면뿐 아니라 정보의 획득, 관계의 형성, 교육의 기회, 복지 혜택 등 다양한 부분에서 일어나고 있다.

이중에서도 교육적인 기회를 평등하게 갖는 것은 사회 구성원들이 그 사회에서 자기의 정체성을 찾고 역할을 수행하며 자아를 실현해 가는 데 매우 중요하게 작용하며,

사회의 안정과 평화적 공존으로 연결된다. 따라서 다문화주의 사회로 성숙해 가기 위한 실천적 개혁운동을 포함하고 있는 다문화교육을 시행하는 것이 필요하다.

이러한 관점에서 Banks(2008) 워싱턴대학교 교수는 다문화교육을 "학교교육 개혁운동의 일환으로서 학교나 다른 교육기관을 변화시키고자 모든 사회계층, 성별, 인종, 그리고 문화적인 집단 등이 학습을 위해 균등한 기회를 갖게 하는 것"이라고 규정했다.

뱅크스(Banks)가 주장한 학교교육 개혁운동으로써의 다문화교육이란, 단순히 학교에 입학할 기회를 공정하게 주는 것뿐만 아니라 학교 교육과정을 다문화주의 관점에서 재구성하는 것과 다양한 언어로 학습할 기회를 주는 것을 포함한다. 또한 학교생활을 하는 중에 선입견 및 편견과 차별에 희생당하지 않으며, 평등하게 생활할 수 있도록 배려하는 것까지도 포함한다. 이러한 다문화교육을 실행함으로써 다양한 집단의 구성원들이 교육의 기회를 평등하게 누릴 수 있게 하는 것이 매우 필요하다.

④ 우수한 글로벌 인재의 양성

매슬로(Abraham Maslow)의 '인간욕구 5단계이론'(Maslow's hierarchy of needs)에 의하면, 인간에게 다섯 가지 기본적인 욕구들이 있는데, 생리적 욕구(Physiological needs), 안전의 욕구(Safety needs), 소속의 욕구(Belongingness needs), 존경의 욕구(Esteem needs), 자아실현의 욕구(Self-actualization)이다. 그러나 한국의 다문화정책은 주로 호혜적인 차원에서 생리적 욕구(Physiological needs)와 안전의 욕구(Safety needs)를 채워주는 정도에 머물고 있다.

진정으로 다문화주의 정신을 가진 다문화 정책과 지원을 시행하기 위해서는 호혜적인 차원에서 접근하기보다는 강점을 키워주어 소속의 욕구(Belongingness needs), 존경의 욕구(Esteem needs), 자아실현의 욕구(Self-actualization)를 채워갈 수 있도록 지원해주어야 한다. 이를 위해 결혼이민자, 외국인근로자, 북한이탈주민, 다문화 가정의 자녀, 그 밖의 재한 외국인들을 한국 사회의 소중한 구성원이자 자산으로 여기고 우수한 글로벌 인재로 양성해 가는 다문화교육이 필요하다. 이러한 효과적인 다문화교육을 통하여 한국이 더 강한 경쟁력을 갖게 될 것이며, 한국 사회가 더욱 공고히 안정될 것이며, 한국 사회의 구성원들의 만족도가 높아져 갈 것이다.

(3) 다문화교육의 목표

Bennett(2007)은 "미국 다문화교육은 민주주의의 가치관과 신념에 기초한 문화적으로 다양한 사회에서 문화적 다원주의를 지지하는 교수-학습 접근법이며, 다원화된 민주사회에서 공교육의 주요 목표는 모든 학생들의 지적, 사회적, 개인적인 발전을 도모하여 그들의 잠재력을 최대한 발휘하도록 하는 데 있다."고 하였다.

그러므로 다문화교육의 목표는 교육과정을 부분적으로 수정하거나 교체하는 것이 아니라, 모든 학생들이 지적, 사회적, 개인적인 발전을 도모하여 그들의 잠재력을 최대한 발휘할 수 있도록 공교육의 전체적인 방향을 다문화주의 관점에서 개혁하는 것이며, 이를 통해 민주주의의 가치관과 신념에 기초한 다문화주의 사회를 형성해 가고자 하는 것이다.

Bennett은 이러한 다문화교육의 목표를 이루기 위해서 다문화교육과정의 목표를 다음과 같이 주장했다. 첫째, 다양한 역사적 관점을 개발하는 것이다. 둘째, 문화적 의식을 강화하는 것이다. 셋째, 문화 간 역량을 강화하는 것이다. 넷째, 인종차별, 성차별 및 기타 모든 형태의 편견과 차별에 대한 대책을 세우는 것이다. 다섯째, 지구의 현황과 세계적 역동성에 대한 이해를 증진하는 것이다. 여섯째, 사회적 행동 기술을 형성하는 것이다.

또한 켄델(Kendal, 1983)은 다문화교육의 목표를 다음과 같이 구분했다. 첫째, 아동들이 자신의 문화와 가치를 존경하는 것과 마찬가지로 다른 사람의 문화와 가치도 존중할 수 있게 하는 것이다. 둘째, 다문화적 사회에서 성공적으로 살아갈 수 있는 태도와 능력을 기르는 것이다. 셋째, 인종주의 등에 의해 가장 영향을 많이 받는 유색인종의 아이들이 긍정적인 자아개념을 형성할 수 있도록 도와주는 것이다. 넷째, 문화적인 다양성과 인간으로서의 공통성을 모두 긍정적으로 경험하도록 돕는 것이다. 다섯째, 다문화적인 전체의 공동체 사회에서 서로 독특한 역할을 맡아 수행할 수 있도록 격려하는 것이다.

(4) 다문화교육의 영역

다문화교육의 목표를 이루기 위해서 〈표 10-1〉과 같이 적어도 여섯 가지 영역의 다문화교육이 필요하다. 첫째, '문화'에 대한 영역이다. 즉, 문화 간의 특징, 유사점,

차이점을 파악하여, 각 문화에 대한 이해와 존중심을 길러 문화 간 긍정적인 태도를 발달시키는 것이다. 둘째, '반편견'에 대한 영역이다. 즉, 선입견, 편견, 고정관념, 차별대우에 대해 비판적인 사고를 형성하고, 자기와 공동체의 모습을 성찰하며, 문제 상황에 대처하는 능력을 기르게 하는 것이다. 셋째, '다양성'에 대한 영역이다. 즉, 다양한 개인과 집단의 존재와 가치를 인정하고, 다양성을 존중하는 마음을 갖게 하는 것이다. 넷째, '정체성'에 대한 영역이다. 즉, 사회의 모든 구성원들이 다문화사회와 다양한 문화를 가진 구성원들에 대하여 긍정적인 개념을 갖게 하여, 개인뿐 아니라 사회적인 측면에서도 긍정적인 정체성을 형성하도록 돕는 것이다. 다섯째, '평등성'에 대한 영역이다. 즉, 국가, 민족, 성, 능력, 계층에 대한 긍정적인 태도를 가지고, 모든 인간이 평등하다는 가치를 형성하게 하는 것이다. 여섯째, '협력'에 대한 영역이다. 즉, 문화적으로 다양한 사람들과 상호작용을 하면서 협동해 가는 능력을 증진시키는 것이다.

"문화에 대한 이해, 반편견, 다양성, 정체성, 평등성, 협력", 이 여섯 가지 영역은 다문화교육을 포함한 다문화주의의 핵심개념이자 핵심가치이기도 하며, 이상적인 다문화사회를 형성해 가는 데 꼭 필요한 태도와 역량이다.

〈표 10-1〉 다문화교육의 영역

영역	의미
문화	문화 간의 유사점과 차이점의 특징을 알고 각 문화에 대한 이해 및 존중심을 길러 문화 간 긍정적인 태도 발달시키기
반편견	선입견, 편견, 고정관념, 차별대우에 대한 비판적 사고를 형성하고, 문제 상황에 대처하는 능력을 키우기
다양성	다양한 개인과 집단의 존재를 인정하고, 다양성을 존중하는 마음 갖기
정체성	긍정적 개념을 기르고, 정체감을 형성하기
평등성	국가, 민족, 성, 능력, 계층에 대한 긍정적인 태도를 가지고, 인간이 평등하다는 가치를 형성하기
협력	다양한 사람들과 상호작용 및 협동 능력을 증진하기

(5) 다문화교육의 교수법

① 다문화교육을 위한 교수법

다문화교육에서 주로 활용하는 교수학습방법은 다음과 같다. 첫째, 협동학습

(Cooperative learning)이다. 협동학습은 이질적인 특성을 가진 다양한 학습자들이 소집단의 공동 목표를 성취하기 위해 서로 배려하고 존중하고 공유하면서 긍정적인 상호작용을 통해 학습하도록 구조화된 수업방법이다.

이때 학습목표는 구성원 모두가 성취에 관심을 갖고 기여하도록 구조화되어 있다. 또한 개별적인 책무성을 높이기 위해 개인 및 집단의 점수를 모두 반영하기 때문에 학습자들이 개인의 성취뿐 아니라, 동료 구성원의 성취에도 도움을 주고 격려하게 된다.

따라서 다문화교육을 할 때 협동학습을 활용하게 되면 다음과 같은 장점이 있다. 먼저, 한국에 대한 이해와 한국어 능력이 부족하여 불리한 위치에 있는 다문화가정의 자녀들이라고 해서 불이익을 받지 않도록 구조화되어 있어서, 모든 학습들에게 개인의 재능을 발휘할 기회를 주게 된다. 또한 우수한 학습 능력을 보이는 학습자는 동료를 도와주면서 메타 인지(Metacognition)를 획득하고 섬김의 리더십을 배우게 되며, 학습 능력이 부족한 학습자는 우수한 학습자의 학습전략을 관찰하여 모방함으로써 학업 성취도가 향상될 수 있다. 무엇보다도 학습자들이 서로 배려하고 존중하고 공유하면서 학습공동체로써 사회적인 책임을 배우게 되어 학습을 통해 다문화주의를 체득할 수 있다.

둘째, 문화감응교수법(Culturally responsive teaching)이다. 문화감응교수는 소수인종 학생의 낮은 학업성취를 역전하고자 하는 취지에서 비롯되었으며(Bennett, 2010), 학습의 모든 측면에서 학습자가 가진 문화적 준거를 포함하는 것의 중요성을 인정하는 교수법이다. 즉, 인종적, 문화적으로 다양한 학습자들이 지닌 독특한 문화적 지식, 이전 경험, 준거 체제, 관점, 학습 유형, 수행 양식 등을 적극적으로 활용하여 그들에게 효과적인 학습 경험을 갖게 하려는 교수방식을 의미한다. 이러한 문화감응교수법은 타당성, 포괄성, 다차원성, 능력부여, 변혁성, 해방성 등의 특징을 지닌다.

빌링스(Ladson-Billings)는 문화감응교육이 갖추어야 할 세 가지 측면을 다음과 같이 주장했다. 첫째, 어떤 상황에서도 소수인종 학습자들을 향한 높은 학업성취에 대한 기대를 가져야 하며, 기대를 충족하기 위한 교사의 노력이 필요하다. 둘째, 소수 문화 학생들이 그들의 문화적 역량을 발휘할 수 있게 해 주는 것이 필요하다. 여기에서 말하는 문화적 역량이란 소수자로서의 정체성과 성공적인 학교생활을 동시에 수용할 수 있는 통합적 역량을 의미한다. 셋째, 학생들이 인종적, 문화적으로 불평등한 사회구조에 대해 비판적인 의식을 형성하게 하는 것이 필요하다. 이러한 문화감응교육을 하려면 교수자가 편견과 고정관념을 버리고 불평등한 상황에 반응적이어야 하며, 모든 학생의 문화와 특성을 고려하는 수업을 해야 한다.

셋째 총제적 언어접근법(Whole Language Approach)이다. 총제적 언어접근법은 듀이(Dewey)의 학습자 중심 교육에서 비롯되었으며, 문자의 해독(decoding)에 초점을 두어 문법, 어휘, 낱말 인식(word recognition), 음철법(phonics) 등의 요소를 개별적으로 가르치는 것을 지양하고, 언어를 총체적, 종합적으로 가르치는 방법이다. 즉 하향식 접근의 교수법(이야기→문장→단어→낱자)을 말한다.

원래 총제적 언어접근법은 영어를 모국어로 하는 아이들에게 읽기 지도를 연구하는 중에 언어 학습을 여러 영역에 걸쳐서 총체적으로 지도해야 하며, 아울러 학습자들을 한 문화의 구성원과 지식의 창조자로 인식해야 한다는 취지에서 이루어졌다. 따라서 학습자의 경험과 내재적 동기에 기초하여 다양한 학생들의 문화와 언어가 학습의 자료가 될 수 있기 때문에 다문화교육에 매우 유용하다.

교수자가 이러한 총제적 언어접근법을 실행하기 위해서는 학습자의 사회적, 문화적, 역사적 맥락을 이해하여 추상적인 교수법을 구체적인 교수법으로, 탈상황적인 교수법을 상황적인 교수법으로, 형식적인 언어교육을 학습자에게 의미 있는 언어교육으로 바꾸어야 한다. 그래서 학습자가 자연스러운 상황에서 듣고, 말하고, 읽고, 쓰기를 통합적·총체적으로 학습할 수 있도록 지원해야 한다.

넷째, 프로젝트 학습법(Project-based Learning Method)이다. '프로젝트 학습'이란 한 명 또는 그 이상의 학습자가 책임을 지고 특정한 주제를 심층적으로 연구하여 발표하는 활동을 말한다. 학습자들은 교사가 제시한 주제 내에서, 스스로 실제적인 과제를 선정하고, 과제를 완수하기 위해 다른 학생들과 협동, 조사, 탐구하여 결과물을 만들어 발표하게 된다. 이때 학습자는 학습의 전 과정에 의사를 결정할 권리를 가지며, 이에 대해 책임을 진다.

이러한 프로젝트 학습법은 '결과 중심'의 학습이 아니라. 학습자의 흥미와 요구에 기초를 두고 학습자가 교사와 함께 학습을 계획하고, 운영하며, 학습의 전개 방향을 계속 변화시켜 나가는 '과정 중심'의 학습이다. 또한 암기 위주의 학습이 아니라, 실생활과 연관된 주제, 문제, 쟁점 등에 대해 탐구하고 표현하는 활동 중심의 학습이기 때문에 경쟁적인 분위기보다는 상호협력적인 분위기를 중시한다. 따라서 효과적인 다문화교육을 하는 데 매우 적절하게 활용된다.

그 외 다문화교수법의 효과적인 학습 방법으로는 실제 현장에 가서 학습을 하는

'엑스포저(exposure) 학습법', 자신의 경험으로부터 지식과 의미를 구성해 내는 '구성주의 교육(Constructivism in Education)', 역할극・게임・모의학습・놀이학습 등을 통해서 문제해결력과 의사결정력을 신장시키고 학습자들이 상호교류하게 하는 '통합교육(Integrated Education)' 등이 있다.

② 다문화적인 수업 진행 방법

다문화교육에서 주로 활용하는 교수학습 자료는 '문학을 활용한 다문화교육', '음악・영화 등 영상매체를 활용한 다문화교육', '디자인・명화・포스터 등 시각 자료를 활용한 다문화교육', '의식주생활을 활용한 다문화교육', '설화 및 영웅적인 인물 소개를 활용한 다문화교육', '언어의 어원 비교 자료를 통한 다문화교육' 등이 있다.

이러한 자료들을 바탕으로 효과적인 다문화적인 수업을 진행하기 위해서는 교사가 다음과 같은 사항을 고려하여 수업을 진행해야 한다. 첫째, 교수학습 과정에서 학생이 중심이 되게 하여 학생들이 흥미를 갖고 적극적으로 수업에 참여하게 해야 한다. 둘째, 학습자들의 인권과 문화적 차이에 대해 존중하고 장려해야 한다. 셋째, 모든 학생에게 교육의 가능성이 있다고 믿어야 한다. 넷째, 학생 개개인의 경험과 맥락을 인정하고, 이것에 기초하여 수업을 진행해야 한다. 다섯째, 인종, 성, 계급, 장애인, 동성애, 아동, 청소년, 노인에 대한 차별을 이해하기 위해 억압과 권력관계를 비판적으로 분석해야 한다. 여섯째, 사회 정의와 평등을 위해 사회의 불평등을 비판해야 한다.(Gollnick, Donna M. & Chinn, Philip, 2009)

③ 다문화교육과 교육평가

교육평가(教育評價, Educational evaluation)란 교육목표의 달성 정도나 교육과정의 효율성을 판단하기 위하여 교육과정, 교육 프로그램, 교육제도, 교육 행정 및 교육조직, 교육정책, 학습자의 행동 변화, 학습과정에 관한 제반 정보를 수집하여 이용하여 가치를 판단함으로써 교육적인 의사결정을 하는 데 도움을 주는 행위를 말한다.

일반적으로 교육평가는 크게 세 가지 유형으로 구분한다. 첫째, 교수학습 활동을 시작하기 전에 학습자의 능력 및 특성(지적 수준, 선수학습의 정도, 흥미, 동기 등)의 양상이나 원인을 체계적으로 파악하여, 그 정보를 교육목표 설정, 교수학습 활동 계획, 평가 계획 수립 등에 기초로 삼는 것을 목적으로 하는 '진단평가'이다, 이를 통해 교수학습에 있을 수 있는 어려움을 사전에 예상하고, 그에 맞는 보충학습이나 적절한 교수학습 활동을 설계하여 교수학습의 효과성과 효율성을 높일 수 있다.

둘째, 수업이 진행되는 도중에 실시하는 '형성평가'로써, 이는 현재 진행 중인 학습 내용에 대한 학습자의 흥미와 이해 정도·기능 수준의 성취정도를 파악하고, 교사와 학습자 간의 의사소통이 원활하게 이루어지고 있는지를 그때그때 확인하여, 즉각 수업에 반영함으로써, 학습목표를 효과적으로 달성하는 것을 목적으로 한다.

셋째, 일정 단위의 교수학습 과정이나 프로그램이 종료된 후에 교수목표의 달성 여부와 정도를 종합적으로 판정하는 것을 목적으로 하는 '총괄평가'이다. 이를 통해 학습자들의 성적을 결정하며, 학습자의 미래 성적을 예측하는 자료로 활용하게 된다.

그런데 다문화교육을 할 때 이러한 진단평가·형성평가·총합평가를 모든 학습자에게 동일한 기준으로 적용하게 되면, 한국에 대한 이해가 부족하고, 한국어 능력이 미숙한 다문화가정의 자녀들이 불이익을 받을 수밖에 없다. 따라서 다문화교육을 할 때에는 진단평가·형성평가·총합평가의 목적은 그대로 유지하되 최대한 학습자의 개인차를 고려하여 학습자에게 맞는 성장지향평가 또는 역동적평가를 해야 한다. 또한 '교수학습을 개선하여 교수과정과 학습과정에 최대한으로 도움을 줌으로써 학습자의 학습효과를 극대화한다.'는 교육평가의 본질적인 기능을 잘 이행해 가야 한다.

(6) 다문화교육의 효과

다문화교육이 효과적으로 실행될 때 다음과 같은 효과를 얻게 된다. 첫째, 성·인종·문화·계층·개인의 정체성에 대한 긍정적인 사고를 발달시키고 다른 집단과의 교류를 인정하게 된다. 둘째, 아동들이 자신의 정체성, 감정이입, 다른 집단 사람들과의 관계에서 자신을 좀 더 큰 사회의 구성원으로 인식하게 된다. 셋째, 타인의 다양한 삶의 방식에 대해 존경심과 진정한 가치를 인정하게 된다. 넷째, 아동의 사회적인 초기 관계에서 타인에 대한 개방과 흥미를 갖게 되며, 다른 사람과 함께 하고자 하는 의지와 협력하고자 하는 욕구를 갖게 된다. 다섯째, 사회에 대한 인식, 사회에 대한 책임감, 자신들의 가족과 이웃에 대한 이해의 폭을 확장시키게 된다. 여섯째, 아동이 사회 환경 속에서 자발적이고 비판적인 분석을 할 수 있도록 돕는다. 일곱째, 개인적인 스타일, 문화 지향성, 언어배경에 적절한 사회의 참여자가 될 수 있도록 교육적, 사회적 능력 발달을 돕는다. 여덟째, 학교와 가족 간의 효과적이고 상호보완적인 관계를 촉진시킨다(Patricia G. Ramsey, 2003).

2) 다문화교육과 교사

(1) 다문화교육을 위한 교사의 역할과 태도

일반적으로 교육의 질은 교사의 질에 달렸다고 해도 과언이 아니다. 다문화교육에 대한 좋은 자료를 준비해 줄 뿐 아니라, 실제로 현장에서 다문화교육을 진행하는 교사가 다문화교육에 대한 가치를 확신하고 전문성을 발휘할 수 있어야 효과적인 다문화교육을 할 수 있다. 따라서 다문화교육을 실행하는 교사는 다문화교육을 위해 어떤 전문성을 가지고, 어떤 역할을 해야 하며, 어떤 태도로 임해야 하는지를 잘 알고 숙련되어 있어야 한다.

경기도다문화교육센터(2007)는 다문화교육 교사를 위해 '다문화교육을 위한 10대 교사 가이드라인'을 〈표 10-2〉와 같이 발표하였다.

〈표 10-2〉 다문화교육을 위한 10대 교사 가이드라인

[다문화교육을 위한 10대 교사 가이드라인]

1. 교사는 다문화교육의 핵심적 역할을 수행하며 다문화교육을 담당할 수 있는 적절한 지식, 태도, 기능을 습득하고 있어야 한다.

2. 교사는 우리사회를 구성하고 있는 다양한 민족 집단들의 역사와 문화에 대한 기본적인 지식을 갖추고 있어야 한다.

3. 교사는 인종적 편견이나 고정관념의 문제점을 인식하고 이에 대해 반성적 사고를 할 수 있어야 한다.

4. 교사는 학생들이 가지고 있는 인종적 편견과 민족적 고정관념을 파악하여 이를 변화시키도록 노력해야 한다.

5. 교사는 수업 시간에 사용하는 교과서 및 관련 학습 자료에 인종차별적 요소가 있는지 파악하고 이를 개선해 나가야 한다.

6. 수업에서 다문화가정의 학생들에 의해 만들어진 여러 가지 자료(수기/책/면담자료/영화/비디오테이프 등)를 활용하고, 그들의 견해에 관심을 가져야 한다.

7. 다문화 수업을 진행할 때는 학생들의 발달 단계를 고려하여 개념, 내용, 활동 등을 적절히 적용해야 하며, 저학년에서는 보다 구체적 접근을, 고학년에서는 추상적인 개념이나

사례연구, 체험활동 등을 활용토록 한다.

8. 교사의 기대는 학생들의 성취에 지대한 영향을 미치므로 다문화가정의 자녀들이 높은 학업 성취를 이루도록 교사는 그들의 가능성을 인정하고, 격려해주어야 한다.

9. 인종 간 교류와 통합에 매우 유용한 협동학습 방법을 사용하여 수업 시간에 다양한 인종적, 민족적 배경의 학생들이 어울려 학습할 수 있도록 장을 마련해야 한다.

10. 학급, 학교의 행사나 활동에 있어서 다문화가정의 학부모와 학생들이 초기에 능숙하지 않다는 이유로 배제되어서는 안 되며, 반드시 참여하도록 해야 한다.

출처: 경기도다문화교육센터(2007)

이러한 가이드라인을 바탕으로 다문화교육을 수행하는 교사는 '교과에 대한 전문성', '수업에 대한 능력', '문화 해석적 능력', '문화적인 차이를 연결하는 능력'을 가지고, 문화적인 차이를 중재하는 '문화적 중재자'로서의 역할을 수행해야 한다.

(2) 다문화교육을 위한 교사교육의 중요성

쌀 한 톨이 생산되기 위해서는 농부의 손길이 88번 미쳐야 하는 것처럼, 효과적인 다문화교육을 하는 교사가 되기 위해서는 수많은 연구와 자기 성찰과 실행의 노력이 필요하다. 그런데 한국교육의 현실을 보면, 학교에 다문화가정 자녀들이 급속히 증가하고 있음에도 불구하고 학교현장에 발령을 받는 교사들조차 다문화교육에 대하여 배우지 않아서 전혀 알지 못하는 경우가 많다. 한국사회, 특히 학교가 급속하 다문화사회로 변해가고 있는 현실을 고려할 때, 2013년부터 교직과목에 '학교폭력의 예방 및 대책'을 신설하여 의무화하도록 했던 것처럼, 적어도 교사가 되기 위해 교직과목을 이수하는 학습자들의 경우만이라도 '다문화교육'을 의무화하도록 해야 할 것이다.

Banks는 다문화교사 교육을 매우 중요시하여, 예비교사뿐만 아니라, 이미 다문화교사교육을 받지 못하고 교육활동을 하고 있는 현직교사들에게도 교사 연수프로그램 등을 통해 다문화교육을 실시해야 한다고 주장했다. 즉, '다문화교육'이라는 수업을 진행하는 교사뿐 아니라, 예비교사와 모든 교사들이 다문화교육에 대해 연수를 받아서 모든 교과 수업을 포함한 전체 학교활동 과정에서 함께 협력하여 다문화교육을 실행해 가야 한다는 것이다. 이는 학교를 중심으로 한국 사회 전체를 다문화주의가 실현되는 장으로 만들어 가는 기회가 될 것이다.

(3) 다문화교육의 생활 지도

① 담임교사로서의 역할

종종 다문화가정의 자녀는 담임교사에게 자기의 생활환경을 말하거나 감정을 솔직하게 표현하기를 꺼려하는 경우가 있다. 그러므로 담임교사는 다문화가정의 자녀가 믿고 의지할 수 있도록 좀 더 배려하며, 친밀히 다가갈 필요가 있다. 그러나 일반학생들에게 담임교사가 다문화가정의 자녀를 편애하는 것으로 느껴질 때 역효과가 나타날 수 있으므로 지혜롭게 조절해야 한다.

국가평생교육진흥원(2013)에서 발행한 '다문화학생을 위한 교사용 매뉴얼, 생활지도 및 학습지도'에 보면, 다문화적인 담임교사로서의 역할에 대해 네 가지 구체적인 예를 들고 있다.

첫째, 도우미 친구를 붙여주는 것이다. 배려심이 많고 친절한 학생과 성적이 좋은 친구 1~2명을 도우미 친구로 선정해주면 학교생활에 도움이 된다. 함께 잘 살기 위해 서로 도우미가 되어야 된다는 필요성과 서로 진정한 친구가 되는 것이 얼마나 멋진 일인지를 말해줄 필요가 있다. 둘째, 방과 후에 잠시 남아 선생님을 도와달라든지 하여 다문화 학생과 대화를 할 필요가 있다. 셋째, 다문화가정의 자녀가 방과후교실, 멘토링 등 각종 교육지원에 소외되지 않도록 지도해야 하는데, 담임교사가 모든 것을 다해줄 수는 없기 때문에 학교 내 자원과 지역자원을 활용할 필요가 있다. 넷째, 다문화학생 학부모와의 관계도 중요하다. 다문화가정 학부모 중에는 주변에서 자신들을 무시한다며, 주변의 편견으로 인한 어려움을 느끼는 경우도 있다. 또한 자신들은 생계를 위한 노동으로 인해 자녀들과 대화할 시간이 부족하고, '학부모'로서 무엇을 어떻게 해야 하는지를 모르겠다고 호소하기도 한다.

또한 담임교사는 다문화가정의 자녀가 긍정적인 정체성을 형성하여 자신감 있게 학교 생활을 하고, 바람직한 또래관계를 형성해 가도록 지도해야 한다. 만약 '다문화학생'이라는 이유만으로 친구들에게 놀림을 받거나 소외당하는 경우가 발생하면, 전체 학생에게 창의적 체험활동 시간 등을 활용하여 편견해소를 위한 교육, 다문화적 사고의 중요성을 알게 하여 더 이상 차별하지 않도록 지도하는 것이 필요하다. 그리고 다문화학생 학부모도 긍정적인 정체성을 가지고, 자녀가 '다문화가정 자녀'라는 사실이 알려지는 것을 두려워하거나 부끄러워하지 않도록 지도할 필요가 있다.

다문화가정 자녀의 한국어 습득 정도는 매우 다양하여 교과 내용을 이해하는 수준도 다양하다. 특히 한국어에 익숙하지 못한 중도입국학생의 경우는 교과 내용을 이해하여 학습 목표를 달성하는 것을 매우 힘들어 하며, 동료들과의 관계도 힘들어 하는 경우가 많아서 학교에서 보내는 시간이 매우 괴롭게 느껴질 수 있다. 이들을 잘 위로하고 격려하여 학습을 포기하지 않도록 지도하며, 필요할 경우 보충수업을 진행해 주는 것도 필요하다. 반면에 국내에서 출생한 다문화가정 자녀의 경우에 한국어 구사에 어려움이 별로 없으며, 교과 내용을 이해하여 학습 목표를 달성하는 것도 잘하는 경우가 많다. 이들은 자신이 다문화가정 자녀라는 것을 굳이 밝히고 싶어 하지 않을 수 있으니 주의해야 한다.

이중언어교육은 다문화학생의 올바른 자아정체성 확립과 글로벌 감각을 갖춘 인재 육성을 위하여 매우 중요하다. 담임교사가 학부모와 상담을 할 때, 현재 한국 사회에서는 '이중 언어'를 구사하는 것을 특별한 재능으로 인정하고 있다는 것을 알려주어 다문화가정 자녀가 이중언어능력을 키울 수 있는 환경을 조성해 주는 것이 필요하다. 이를 위해 다문화가족지원센터 등 이중언어교육을 지원하는 기관들과 연계하여 효과적으로 활용토록 해야 한다.

② 다문화학생 생활지도

'생활지도(guidance)'란 '안내하다', '지도하다', '이끌다', '관리하다' 등의 의미를 가진 단어로써, 학생들의 성장과 발달을 바람직한 방향으로 안내하고 이끌어 주며 관리해 주는 것을 말한다. Miller(1971)는 생활지도를 '학교와 가정, 지역사회에 최대한 적응하기 위해 자기 자신을 이해하고, 자기주도적으로 주요한 결정을 내리는 능력을 함양하도록 도와주는 과정'으로 정의했다. 또한 Shertzer & Stone(1981)은 생활지도를 '개인들이 자기 자신과 자신의 주위 세계를 이해할 수 있도록 도와주는 과정'이라고 정의했다.

따라서 '다문화 생활지도(guidance)'란 '학생들이 자기 자신의 문화 및 자신의 주위 세계의 다양한 문화를 이해하여 학교와 가정, 지역사회에 최대한 적응하고, 자기주도적으로 주요한 결정을 내리는 능력이 함양되도록 안내하고 이끌어 주며 관리해 주는 것'이라고 할 수 있다. 이를 위해 학생들에게 다양한 문화에 대한 정보 제공, 다양한 문화 체험, 다양한 문화를 가진 사람들과의 교제, 자신의 생각과 행동의 성찰, 다문화상담 등이 필요하다.

국가평생교육진흥원(2013)에서 발행한 '다문화학생을 위한 교사용 매뉴얼, 생활지도 및 학습지도'에 보면, 〈표 10-3〉과 같이 다문화학생 생활지도에 대해 문답식으로 예를 들고 있다.

〈표 10-3〉 다문화학생을 위한 교사용 매뉴얼, 생활지도

Q1 쉬운 질문에도 대답하지 못하거나, 가까운 친구들 간에도 친밀한 대화를 못하는 등 의사소통이 어려운 경우에는 어떻게 할까요?

A1 다문화학생 중에는 누적된 실패감으로 인하여 다른 사람과의 대화를 어려워하고 대답을 잘 못하는 경우가 있습니다. 그 특징으로는 대화할 때 눈을 맞추지 않는 경우가 있습니다. 교사가 따로 시간을 내어 차분하게 눈을 맞추면서 말하도록 꾸준히 인내심을 갖고 학생을 지도해 주세요.

1. 읽기 교과서 또는 동화책을 크게 소리내어 읽는 연습을 통해 정확한 발음과 발성 훈련을 합니다.
2. 간단한 발표를 할 때 다른 학생이 한 발표를 다시 해 보도록 하는 등 성공감을 느끼도록 지도합니다.
3. 조별 활동에서 그 조의 활동 결과를 발표하는 역할을 맡게 하여 발표하는 기회를 줍니다.
4. 학부모와 상담하여 형제 관계 등 근본적 원인이 어디 있는지 파악하고 조치합니다.

Q2 친구들과 시간 약속을 지키지 않아 다른 친구들에게 불편을 주거나, 야외활동에서 모임시간 혹은 점심시간이나 쉬는 시간 등을 잘 지키지 않는 경우에는 어떻게 할까요?

A2 1. 약속을 지키지 않는 간단한 상황을 주고 '입장 바꾸어 생각해보기' 등의 활동을 시켜 스스로 시간을 지키는 것이 서로에게 중요하다는 것을 알려줍니다.
2. 지키기 쉬운 시간 약속을 하게 하고 잘 지킬 경우 칭찬합니다.
※ 생활시간표를 짜고 지키라고 하면, 지키지 못하는 과정에서 자괴감을 주거나 포기, 다른 행동으로 정당화하는 등의 역효과를 불러일으킬 수도 있습니다.

Q3 책상 서랍 속이나 사물함, 가방과 필통 등의 개인 물품관리는 물론 주변정리정돈을 잘 하지 못하는 경우는 어떻게 할까요?

A3 의외로 몰라서 못하는 경우가 있습니다. 교사가 먼저 행동으로 보여줄 필요가 있습니다.

1. 책가방 내용물을 책상에 내놓고 직접 정돈하는 방법을 보여주고, 학생이 가방을 다시 챙기는 연습을 하도록 합니다.
2. 책상 속이나 가방, 필통을 잘 정리했을 때 칭찬 스티커를 줍니다.
3. 교실에서 간단한 정리가 필요한 일을 할 수 있도록 '1인 1역할'을 정해주세요.

Q4 준비물을 잘 챙기지 않는 경우에는 어떻게 할까요?

A4 다문화가정 학생의 경우 알림장 등을 학부모에게 보여 주지 않는 경우가 있고, 학부모가 자립심을 키우기 위해 신경을 안 쓰는 경우도 있습니다.

1. 준비물 내용을 교사가 다시 물어봐서 준비물이 무엇인지 그 내용을 이해하고 있는지

의 여부를 교사가 확인합니다.
2. 학교 메신저나, 문자메시지 혹은 알림장에 간단하게 붉은 글씨로 크게 써서 부모의 도움과 관심을 요청합니다.
3. 준비물을 잘 챙겨왔을 때 칭찬스티커를 줍니다.
4. 준비물 내용을 쉽게 준비하기 어려운 경우(혹은 가정에서 무슨 말인지 이해하기 어려운 경우 미리 도우미 친구에게 같이 준비하도록 일러 줍니다.

Q5 급우들 간에는 물론 선생님에게도 거리낌이나 죄책감 없이 거짓말을 자연스럽게 하는 경우에는 어떻게 할까요?
A5 초등학교 저학년 학생의 경우에는 '어제 아버지가 장난감 자동차를 사 주셨다'는 등 발달 단계상 그렇게 되었으면 하고 바라는 희망사항을 사실처럼 말할 때가 있습니다. 이때는 그냥 '그랬니?' 하고 자연스럽게 넘어가시는 방법이 좋습니다. 학생이 점차 자라면서 현실과 상상을 달리 파악할 수 있게 되면서 자연스레 없어지는 현상입니다.
1. 거짓말을 하면 그 결과 자신에게 나쁘게 되는 좋은 예인 '양치기 목동' 등의 진실과 거짓에 관한 이야기를 해주거나 역할극을 하고 느낌을 말하게 합니다.
2. 부모님과 알림장이나 면담을 통해 상호 확인합니다. 그럴 경우 작은 일을 크게 만들지 않도록 조심스럽게 합니다.
3. 작은 진실을 정직하게 말하려면 용기가 필요한데 이 용기는 아주 중요한 용기임을 알리고 다른 학생들이 없을 때 따로 정직하게 말하는 연습을 하게 합니다.
4. 반성문을 쓸 수 있음을 경고하고, 계속 거짓말을 하는 경우 반성문을 써서 자신의 행동이 무엇이 잘못되었는지 스스로 깨닫게 합니다.

Q6 학급친구들과 원만한 관계를 맺지 못하며, 휴식시간과 체육 시간 등 놀이와 운동을 할 때도 따돌림을 종종 당하는 경우에는 어떻게 할까요?
A6 다문화가정 학생은 교사와 함께 있을 때는 그렇지 않으나 학생들끼리만 있을 때는 의기소침해 하고 또래에 잘 끼어들지 못하는 경우가 있습니다.
부모가 다른 사람들과의 사회적 관계형성에 어려움이 있는 경우 이를 보고 자라는 자녀가 사회성이 부족하게 될 경우가 많습니다. 사회성의 부족은 주변에서의 애정이 결핍되었을 경우 열등감을 갖게 되며, 욕구 충족이 안 되면 쉽게 도피하는 행동을 보입니다.
먼저 학급의 친구 모두에게 ○○이가 혼자 있을 땐 서로 친구가 되어 주도록 먼저 부탁을 하고, 특별히 도우미 친구를 두어서 외로움을 느끼지 않도록 배려해 주세요.
1. 사교성이 좋은 학생을 짝으로 배치해 친구가 생기도록 배려합니다.
2. 고운 말투와 바른 대화법을 지도해 교우 관계를 개선합니다.
3. 조별 활동을 강화해 소속감과 동료의식을 고취합니다.
4. 체육시간이 많으면 좋습니다.
5. 학급 전체 아이들에게도 '다문화 · 인권교육'을 실시합니다.

Q7 교사의 지도를 잘 따르지 않거나, 때때로 반항하는 경우에는 어떻게 할까요?
A7 적대감을 해소할 수 있는 다양한 활동을 통해 감정을 발산하도록 지도할 필요가 있습니다.
1. 적대감을 해소할 수 있는 장난감을 통하여 분노를 발산하도록 합니다(인형 때리기, 뿅망치 치기, 물총놀이, 풍선 터뜨리기, 신문지 찢기 등).

2. 적절한 역할을 맡기며 고마움을 표시하고 격려하여 긍정적 자아개념을 형성할 수 있도록 돕습니다.
3. 공격적인 감정을 수용하고 억울하다고 여기는 감정에 귀 기울여 듣습니다.
4. 잘못된 행동을 할 경우 잠시 동안 반성의자에 앉아 있도록 하여 평온한 마음으로 돌아오도록 지도합니다.

Q8 지각이 잦거나, 특히 결석을 자주하는 경우에는 어떻게 할까요?

A8 아침에 학생 혼자 일어나야 하는 경우 등으로 인해 결석이 잦을 경우

1. 도우미 친구를 통해 학생의 집이나 휴대전화로 알람을 울려 주도록 합니다.
2. 집이 가까운 친구를 정하여 등교를 같이 하도록 정해 줍니다.
3. 학교에 왔을 때 밝은 미소로 맞이하여 주고, 작지만 중요한 역할을 맡도록 하여 자신이 학급에서 아주 중요한 사람임을 느끼도록 하여 학교 오는 일이 즐겁도록 지도해 주세요.
4. 각 조별 출석 장려 등으로 소속감을 갖게 해 공동 책임 의식을 느끼도록 도모합니다.

Q9 가정폭력을 당하고 있다고 판단되는 경우에는 어떻게 할까요?

A9 다문화가정 어머니가 폭력에 노출되어 있을 때, 학생 또한 가정 폭력의 피해 가능성이 있습니다.

1. 아이가 편안히 이야기할 수 있도록 따뜻한 대화의 자리를 마련합니다.
2. 교사에 대한 신뢰가 가도록 아이의 입장에서 물어봅니다.
3. 전문상담교사에게 의뢰합니다.
4. 학부모님과 따로 상담을 병행합니다.
5. '지역다문화가족지원센터', '경찰서' 등에 연계해 해결을 도모합니다.

Q10 부모님이 이혼했거나 이혼 가능성이 높은 경우에는 어떻게 할까요?

A10 다문화가정 구성이 다양화되고 이혼 가정이 증가하고 있습니다. 학생을 상담할 때 교사가 이 내용을 알고 있음을 먼저 말하여 아동이 망설이지 않고 이야기를 할 수 있도록 배려합니다. 세상에는 참으로 어렵게 살아가는 사람이 있고, 또 어려운 환경을 딛고 훌륭하게 자란 사람들의 경우를 말해 주어 학생을 격려합니다.

1. 이혼의 사유를 객관적이고 분명하게 아이의 눈높이에서 아이에게 알려주도록 부모 상담을 먼저 합니다.
2. 분노와 자책하는 습관은 아무 도움도 되지 않음을 알려 줍니다.
3. 힘들 때 노래를 부르거나 좋아하는 좌우명을 외도록 돕습니다.
4. 부모의 이혼으로 인해 받은 상처를 치유하는 방법은 사람과의 진정한 우정과 사랑을 나누는 것임을 알도록 하고, 건강한 대인관계를 맺을 수 있다는 희망을 갖도록 합니다.

Q11 학교생활이나 가정생활 등에서 스트레스를 많이 받고 있는 경우에는 어떻게 할까요?

A11 스트레스가 쌓이면 건강을 해치거나 병이 되지만, 그것을 잘 이겨내고 활용하면 아주 훌륭한 사람으로 자랄 수도 있다는 점을 알게 해 주세요.

1. 무엇이 스트레스를 주는지 파악합니다.
2. 중요하거나 급한 일이 무엇인지 판단하여 우선 순위를 정하도록 합니다.
3. 자신의 능력에 맞는 일부터 해결하도록 합니다.

4. 운동이나 취미생활을 통해 기분 전환을 유도합니다.
5. 그 일을 끈기 있게 해내어 오히려 자신의 장점이나 강점이 되도록 합니다.

Q12 배식 받은 음식을 골고루 먹지 못하고, 좋아하는 음식만으로 편식하는 경우는 어떻게 할까요?

A12 국내출생 다문화가정 학생들은 어린이집, 유치원에서 단체 급식을 먹어 학교급식을 잘 먹는 경우가 많습니다. 그러나 다문화학생 중 부모의 출신국 문화 영향으로 특정 음식에 거부감을 나타내는 경우도 있습니다. 일부 중도입국학생 중 급식적응에 상당한 시간이 걸리기도 합니다. 서서히 적응하도록 천천히 시간을 두고 배려하는 마음으로 함께 지도해야 합니다.

Q13 주의력결핍 과잉행동장애(ADHD)의 징후를 보이는 경우에는 어떻게 할까요?

A13 학생의 주의력결핍과 과잉행동장애는 사실은 아닌데 부모가 잘못 지도하여 그렇다고 인식되는 경우가 많습니다. 또한 교사도 얼마든지 전문가의 도움을 받아 그렇지 않은 학생으로 변화할 수 있다는 인식의 전환과 끈기 있는 지도가 필요합니다.

1. 주의력겹핍 과잉행동장애는 조기에 적절히 판별하여 도와주는 것이 중요하므로 평소에 주의가 산만한 아이에게 '주의력 결핍 과잉행동 장애가 있는가?'라는 의문을 가지고 관찰하도록 합니다.
2. 치료를 하면 주의력결핍, 과잉행동, 충동성 등 문제 행동이 호전되고 적응이 눈에 띄게 좋아지므로, 학부모와의 만남에서 서로 정보를 교환하고 조심스럽게 의사의 자문과 처방을 구하도록 권유합니다.
3. ADHD 학생은 주의집중력, 충동성을 조절하지 못해서 교실 생활의 어려움을 겪고 있는 보통의 아이임을 기억하며 적극적인 도움을 주도록 합니다.

Q14 인터넷에 중독되거나 전자오락에 심하게 빠져 있는 경우 어떻게 할까요?

A14 한국정보화진흥원의 '2011 인터넷 중독 실태조사'에 따르면, 만 10~19세 청소년 인터넷 중독률이 10.4%인 반면, 다문화가정 청소년은 14.2%입니다. 유·아동 및 청소년 전체 중독률 집계에서도 전체 평균이 9.8%인 반면 다문화가정 자녀의 중독률은 11.1%로 평균보다 높게 조사됐습니다. 인터넷 중독, 게임중독은 부모의 관심 부족과 같은 가정환경의 요인으로 인해 발생하는 경우가 많기 때문에, 교사의 각별한 관심과 애정이 필요합니다.

인터넷 중독과 게임중독은 취미가 아니라 고쳐야 할 병임을 학생이 분명히 알 수 있도록 합니다. 그리고 치료를 위한 지도에 임하시는 것이 필요합니다.

1. 인터넷 중독을 방지하기 위한 예방 교육을 실시합니다.
2. 인터넷에 심하게 빠져서 잘못되는 경우에 대한 예화를 많이 들려줍니다.
3. 가정과 연계하여 매일 일정한 시간을 정해서 오락을 하도록 하고, 점차적으로 그 시간을 줄여나갈 수 있도록 합니다.
4. 사이버범죄 예방을 위해 정보통신윤리를 지도합니다.
5. 혼자 있지 않도록 체육이나 예술 등의 방과 후 활동에 가입시키고, 태권도나 미술지도를 받게 합니다.

출처: 교육부 & 중앙다문화교육지원센터(2013)

또한 국가평생교육진흥원(2013)에서 발행한 '다문화학생을 위한 교사용 매뉴얼, 생활지도 및 학습지도'에 보면, 〈표 10-4〉와 같이 다문화학생 학습지도에 대해 문답식으로 예를 들고 있다.

〈표 10-4〉 다문화학생을 위한 교사용 매뉴얼, 학습지도

1. 수업에 집중을 못하는 학생

Q1 언어습득이 안되어 자신감이 없고 수업에 흥미가 없습니다. 어떻게 하면 좋을까요?

A1 언어 습득이 안 되면 학습 부진이 될 수 있습니다. 어머니의 서툰 우리말과도 관련이 있습니다. 언어적 발달이 안 되면 자신감이 떨어져 수업에 흥미를 느끼지 못합니다. 이런 경우 자신감 부여가 우선입니다. 〈YES 24〉(www.yes24.com)에서 무료로 제공하는 '플래시동화' 『틀려도 괜찮아』는 틀리는 것에 대한 두려움을 줄여주어 자신감과 학습 효과를 상승시킬 수 있습니다. 학기 초에 하면 유대감도 생기고 더욱 좋습니다!

- 플래쉬 동화(3분) 보기
- 보고 난 느낌을 이야기 나누기
- 교사가 "틀려도"라고 말하면, 학생은 "괜찮아"라고 말하기!

Q2 수업에 집중을 않고 떠들거나, 말이 없을 때 어떻게 하면 좋을까요?

A2 이주민인 어머니의 한국어 발음이 나쁘거나 자녀와의 의사소통이 어려운 경우 학생은 말이 적거나 수업과 관련이 없는 이야기를 합니다. 수업시간에 이러한 행동이 나타내는 것은 주의력 결핍, 언어발달 지연 때문이기도 합니다. 이러한 경우 교사가 지속적으로 관찰하여 심할 경우 부모님과 상담하고, 언어발달 지연일 때는 다양한 이야기를 나누며 말을 하도록 유도합니다.

- 어떤 소리를 듣고, 그 의미를 생각하기
- 그 소리에 담긴 내용을 종합적으로 이해하고 해석하기
- 문맥 속에서 적절한 반응을 보이는지 살펴보기
- 그림책을 반복해서 읽고 물음에 답하거나 짤막한 동영상을 보고 말하기

※ 예) 『뽀로로』 '8화. 눈사람 만들기'(무료)를 보며 반복되는 말 찾아 말하기

- 인형게임, 사진, 음식 등의 시각적인 자료로 이야기 나누기
- 언어 등을 통한 놀이학습을 활용하기(소꿉놀이)
- 받아쓰기를 하고 나서 학생이 큰 소리로 읽기(받아쓰기는 해도 뜻을 모르거나 읽기가 서툰 경우가 있음)
- 말이 없는 학생이 받아쓰기를 읽을 때나 말을 할 때 격려하기
- 떠드는 학생이 침착한 행동을 할 때마다 칭찬하기

Q3 수 개념이 형성되지 않아서 1~10까지 읽고 쓰기가 안 될 때 어떻게 할까요?

A3 * 수 개념 형성이 되지 않아 학습 부진이 생기는 것은 어머니의 한국어 구사 능력과 관련되어 있습니다. 1, 2, 3, 4 …10을 일, 이, 삼, 사 …십이라고 읽는 것은 잘하나, 하나, 둘, 셋, 넷, 다섯, 여섯, 일곱, 여덟, 아홉이라고 읽거나 다섯이 넘어가면 중간의 기수를 빼고

읽기도 합니다. 수의 순서인 첫째, 둘째, 셋째 등의 서수를 틀리는 경우가 있습니다. 또 다섯이 넘어가면 덧셈을 하기 어려워하기도 합니다. 수를 셀 때 생각 없이 말해서 틀릴 때는 반복해서 숫자 세기를 구체물로 지도하며 수 세기와 수 읽기 및 쓰기를 함께 병행합니다.

- 수업에 집중을 할 수 있도록 숫자 카드놀이를 하여 수 세기
- 콩을 옮기면서 수 세기를 연습시키기
- 공기놀이를 통해 수 관련 학습을 자연스럽게 익히기(공기, 초콜릿, 과자 사용)
- 구체적인 활동으로 "어느 그릇에 구슬이 많이 들어갈까?"라는 질문하기
- 수를 읽고 쓰기

Q4 또래 학생들에 비해 학습 효과가 부진하면 어떻게 할까요?

A4 먼저 왜 학습 의욕이 없는지 알아보아야 합니다. 대체로 한글을 잘 모르면 학습 동기와 효과가 낮아집니다. 그리고 부모자녀 관계, 학교 적응 문제, 심리 불안의 요인을 살펴보고 놀이를 통해 학습에 접근하는 것이 좋습니다.

- 공부를 놀이처럼 신나게 즐기면서 하도록 동기부여
- 시각적인 자료로 이야기 나누기(학습 흥미와 호기심 유발)
- 이를 통해 호기심 유발하기
- 공부하는 방법을 살펴보고 이야기 나누기
- 학생이 자유롭게 질문을 제기할 수 있는 허용적 교실 분위기를 조성하기
- 학생의 생각, 느낌, 의사표현을 존중하고 격려하기
- 적절한 지적 자극을 해주기 "이럴 때는 어떻게 하면 좋을까?"
- 효과가 없더라도 끈기 있게 칭찬거리를 찾아 매일 칭찬하기
  "칭찬은 보석 같은 아이를 만든다, 칭찬은 말썽꾸러기도 춤추게 한다."

2. 한국어 지도

Q1 자음과 모음을 잘 모르고 구별이 안 되는 경우에 어떻게 할까요?

A1 자음과 모음도 구별하지 못할 수 있습니다. 글자 읽기에 대한 두려움을 없애기 위해 그림부터 읽으며 글자를 접한 후에 글자의 짜임을 배우면 효과적입니다.

Q2 말하기를 두려워하거나 어순에 맞지 않게 말하면 어떻게 할까요?

A2 가정환경에서 언어적 자극이 부족한 것과 관련이 있습니다. 비슷한 연령의 나이, 지능, 학습 정도에 비해 떨어지는 경우 말하는 데 자신감이 떨어져 소극적인 성격이 될 수 있습니다. 또 자신의 생각을 말로 표현하지 못하는 경우 과격한 행동(물건 던지기, 발 구르기 등)이 나타나기도 합니다. 아침에 먹은 음식이나 등교하며 본 것을 물어보며 자연스러운 상황에서 말하기의 두려움과 어눌한 어순을 지도합니다.

- 교사의 설명, 단편적인 어휘, 문법, 기능 연습 등 최소화하기
- 학생이 실제적 말하기를 경험할 수 있는 시간 최대화하기
- 일반적 의사소통 상황에서 충분한 의미를 가지는 활동하기
- 말하기 교육에서 사용되는 학습과제와 자료는 실제적인 것 사용하기
- 학생이 수행하는 실제 담화 환경과 유사하게(가족 소개, 학용품 사기)
- 듣기, 말하기, 읽기, 쓰기 교육이 통합적으로 이루어지도록(효과 상승)

• 학습자가 말할 수 있는 충분한 시간 주기
• 학습자의 말하기 수행에 대하여 적절한 피드백을 제공하기(칭찬과 격려)
• 학생이 자신감을 잃지 않도록 잘한 점을 먼저 말한 뒤에 개선점 이야기하기

Q3 글을 쓸 때 글자 크기가 일정하지 않고 바른 필순으로 쓰지 못할 때 어떻게 할까요?
A3 아래와 같이 쓰기 지도를 하면 좋습니다.
• 필순지도(글의 자형을 알려주고 쓰기를 연습시키기)
• 자형 연습(국어 10칸 공책 맨 윗줄에 붙여 준 글자를 읽고 똑같이 쓰기)
• 받아쓰기(읽기 교과서에 자주 나오는 문장)
 - 받아쓰기 공책을 세로로 사용하여 띄어쓰기도 지도하기
• 글자와 다르게 소리 나는 낱말 쓰기에 유의하기(연음)
• '바' 자로 시작하는 낱말 3개를 말하고 쓰기(예: 바구니, 바나나, 바늘, 바지 등)
• 추상적인 단어 사용은 장시간 필요

Q4 책 읽기를 두려워할 때 어떻게 할까요?
A4 아래와 같이 '읽기 전, 읽기, 읽기 후' 단계로 나누어 읽기 지도를 하면 좋습니다.
• 읽기 전 단계로 학생과 이야기 나누기(예: 가족 소개)
 - 짤막한 글을 읽어주고 따라 읽기
 - 기본 음절표 따라 읽기(국어 1학년 1학기 교과서)
 - 낱자를 바꾸어 다른 글자를 만들고, 정확하게 읽기
 - 과자와 사탕 이름, 좋아하는 캐릭터를 이용하여 읽으면 보상하기
 - 부호의 쓰임에 유의하며 글을 읽기
 - 글을 정확하게 소리 내어 읽기
 - 낱말과 그림을 연결하며 읽기
 - 계속된 반복으로 짤막한 문장을 자연스럽게 읽을 때까지 연습하기
 - 교사의 낭독에 따라서 낱말, 구절, 문장을 정확하게 소리 내어 읽기
• 읽기 단계로 학생과 이야기 나누기(예: 가족을 문장으로 꾸며 소개하기)
 - 글자의 짜임을 알고, 글자를 읽기(가족을 소개한 글 읽기)
 - 대강의 내용을 파악하며 읽기
 - 간단한 글(가족을 소개한 글)을 읽고 누가, 언제, 무엇을 했는지 이야기하기
• 읽기 후 단계로 학생의 가족을 소개하기(가족소개를 자세한 문장으로 꾸미기)
• 긴 글을 읽고 누가, 언제, 무엇을 했는지 이야기하기

Q5 동화책을 자연스럽게 읽지 못할 때 어떻게 가르칠까요?
A5 • 학생 혼자서 동화책이나 읽기 책에서 읽고 싶은 것을 자유롭게 읽기
• 교사가 학생이 읽은 글을 어절로 끊어서 읽기
• 학생 스스로 차이점을 발견할 때까지 교사가 한 번 더 읽기
• 먼저 교사가 3-4개의 어절로 끊어 읽고 학생이 따라 읽으면서 쉬어 읽기 부분에 연필로 / 선을 긋고 띄어 읽기는 V(쐐기표)와 ≫(겹쐐기표)를 표시하기
• V가 있는 곳보다 ≫가 있는 곳을 조금 길게 띄어 읽기
• 학생 혼자 자연스럽게 읽기를 반복하기(큰소리로 읽기)

- 글의 내용에 따른 분위기를 묻고 실감나게 읽기
- 학생이 읽고 싶은 것이 없다고 할 경우 교사가 짤막한 글을 골라 주기(3-6줄)
- 읽기 교과서나 동화책의 내용을 어절로 학생이 스스로 끊어 읽기
- 동시나 극본을 실감나게 읽기

3. 일기 쓰기

Q1 일기 쓰기를 싫어하면 어떻게 할까요?

A1 하루 일과 중 가정과 학교에서 경험한 일에서 가장 기억에 남는 일을 한 가지를 골라 이야기를 꾸밀 수 있게 유도합니다. 생각한 내용을 문장으로 나타내는 것과 경험한 일에서 일기 글감을 찾아내는 것을 어려워하기 때문에 일기 쓰기를 주저합니다. 이야기를 할 때 순서대로 간단히 메모를 해서 나중에 일기를 쓸 때 잊어버리지 않도록 합니다. 일기 쓴 것을 읽게 하면 쓴 내용과 읽는 내용이 다를 수도 있습니다. 정확하게 읽어도 일기 쓰기에서 낱말과 맞춤법이 틀렸을 경우 교사는 수정해주고 학생을 격려합니다. 수정이 많아지면 일기 쓰기를 피할 수 있으므로 처음에는 2~4줄부터 쓰고 점차 양을 늘립니다.

- 글감을 찾기 힘들어 할 때는 교사가 도움주기
- 일상적인 일과 중에서 하나를 골라 자세히 표현하기
- 특별한 일이 없더라도 일상적인 일 속에서 글감을 찾아내기
  - 학교에서 일어난 일
  - 수업 시간, 친구, 고마운 일, 급식시간 등에 대한 생각
  - 가정에서 겪은 일
  - 새 물건, 친구, 친척, 생일, 맛있는 음식을 먹은 일 등
- "오늘 학교에서 무슨 일이 있었니?, 그때 어떤 생각이 들었니?"라고 묻기
- 경험한 일에 대한 아이들의 생각을 끄집어내기
- 쓰는 것보다 먼저 겪은 일을 말로 이야기하기(글을 쓰는 두려움 예방)
- 겪은 일을 잘 말하면 글로 옮겨 쓰기
- 글로 쓴 것을 읽게 하고 틀린 부분 수정하기(읽는 것과 쓴 낱말이 다른 경우)
- 일요일에 있었던 일 이야기하기
  (①축축한 땅 ②지렁이 ③튄 물에 더러워진 옷 ④고인 빗물 ⑤천둥번개 ⑥우산
  ⇒ ①~⑥을 짝지어 연과 행을 만들기 ⇒ 2연 4행, 3연 6행 등)

Q2 일기 지도는 어떻게 할까요?

A2 일기의 내용이 짧고 자신의 생각이나 느낌의 내용이 적으며 일기의 형식을 모르는 경우가 있습니다. 어휘 부족으로 문장 만들기를 힘들어 해도 일기를 짤막하게 2줄부터라도 쓰게 하여 일기를 쓰는 즐거움을 맛보게 해야 합니다. 예를 들어 '체육시간에 운동장에서 ○○을 했다. 숨이 차고 땀이 났다'라고 짧게 문장을 썼을 때 "그때 어떤 생각을 했어요?"라고 물으면서 학생이 스스로 생각할 수 있도록 도움을 줍니다. 일기는 쓰다 보면 사고의 방법을 체득하여 길게 쓸 수 있습니다. 다른 친구가 쓴 일기를 들려주거나 읽어 보게 하는 것도 도움이 됩니다.

일기는 자신의 역사 기록으로 글쓰기 연습과 하루 생활을 정리하며 반성을 할 수 있는 기회임을 알게 합니다. 또한 일기를 통해 자신이 겪은 일을 돌아보고 미래를 가꾸어 나갈

수 있다고 알려줍니다.
• 날짜와 요일 및 날씨를 꼭 쓰기
• 겪은 일의 내용과 생각 및 느낌을 쓰기
• 하루의 일과 중 가장 기억에 남는 일을 자세히 쓰기
• 쓰기 싫어하는 학생은 3~5줄 이상 쓰기 시작하면서 분량을 늘리기
• ○○는 ○○해서 재미있었다.-○, ○○은 재미있었다.-×
• 제목은 일기의 글감에 생각과 느낌을 보태어 표현하기
• 문장 사이는 이어서 쓰기
• 내용이 바뀔 때에만 줄을 바꿔서 다른 문단임을 표시하기
• 글씨는 반드시 깨끗하게 쓰기
• 일기를 다양하게 쓰기

4. 숙제 지도

Q1 숙제나 일기를 안 써 오는 경우가 많을 때 어떻게 할까요?

A1 저학년은 올바른 학습 습관 형성을 위해 숙제, 일기에 부모의 확인이 필요합니다. 일기는 글쓰기 연습도 되므로 가정 지도가 필요함에도 부모의 도움을 받지 못하는 다문화학생은 안 써 오기도 합니다. 일기는 학교에서 인권과 관련되어 있으며 저학년의 일기 지도는 교사의 자율성에 따라 다르나 지도가 필요합니다. 맞춤법이 많이 틀렸을 경우 교사의 수정이 많으면 일기 쓰기를 주저할 수 있으므로 적당히 지적하는 것이 좋습니다. 숙제를 안 해 올 경우 이유를 묻고 교사가 해결 방법을 찾아 일반 학생보다 적게 해 오도록 하면서 사기를 북돋아주면 점차 나아집니다.
• '도우미 친구'를 통하여 '준비물'과 '과제'를 할 수 있도록 도움주기
• 학교 내 학습준비물센터를 이용하여 교사가 준비물 준비하기
• 숙제는 자주 안 해올 경우 학교에서 해결하기(습관화 방지)
• 교사는 다문화 학부모에게 자녀의 학습을 돕는 방법 알려주기
• 전화나 알림장을 사용하거나 학생을 통해 부모님에게 전달하기
• 쉬운 표현으로 안내문을 마련하여 부모에게 전달하기

5. 알림장 지도

Q1 알림장의 내용을 이해하지 못할 경우에 어떻게 할까요?

A1 알림장의 내용을 이해하지 못해서 학습 준비를 못하는 경우가 있습니다. 다문화가정 학부모가 힘들어 하는 부분으로 자녀가 쓴 알림장만 보고 이해를 하기 어려울 때가 있습니다. 한국어 어휘 부족뿐만이 아니라 자녀의 필법을 해독하기 어려운 경우가 있을 수 있기 때문입니다. 교사는 다문화가정 학생과 약속을 하여 학교에서 알림장을 쓰면서 모르는 내용을 꼭 질문하도록 하여 자세히 알려줍니다.
• 준비물(어휘)을 이해하지 못하는 경우 알림장보다 직접 전화해서 안내하기
• 알림장의 중요한 사항들은 전화로 알려주고 확인하기
• 가장 좋은 방법은 다문화학부모 주변에 도움을 줄 수 있는 사람에게 연락을 취하거나 학급의 또래 친구의 도움받기

- 지역 내 ‘한국어교육’ 프로그램에 학부모가 참여할 수 있도록 안내하기

Q2 학교에서 전달하고자 하는 내용을 부모에게 전달하지 않을 때 어떻게 할까요?

A2 외국인가정 자녀의 경우 가정으로 알림장을 가져가도 학부모가 학생보다 한국어를 모르는 경우가 있습니다. 이런 경우 학생이 혼자 읽고 이해가 되지 않는 것을 밑줄 긋게 하여 교사와 함께 가정통신문을 읽으며 해결하는 것이 좋습니다. 가정통신문을 이해하지 못해 ‘방과후교실’이나 인근 ‘글로벌선도학교’의 교육지원에 참석하지 못하는 경우를 미연에 방지합니다.

- 가정통신문의 상단에 자기 이름을 써서 교실에서 분실한 학생을 쉽게 찾기
- 투명파일에 이름을 굵게 쓰고 가정통신문은 항상 잘 넣고 다니도록 하기
- 학생이 가정통신문을 가정으로 가져가는지 확인하기
- 가정통신문의 중요한 부분을 함께 읽기
- 꼭 전달해야 할 중요한 것은 직접 학생과 대화를 통해 전달하기
- 회신해야 할 통신문은 학생과 대화를 통해 해결하거나 부모님께 직접 전화를 하기

출처: 교육부 & 중앙다문화교육지원센터(2013), 편집

제 11 장

다문화교육(Multicultural education)의 실제

한국사회에 다문화사회의 현상이 눈에 띄게 두드러지면서, 정부차원에서 다문화 구성원들을 지원하기 위한 여러 가지 법과 제도와 정책을 마련하여 시행하고 있다. 그중에서도 가장 많은 연구와 실행을 한 영역은 학교 차원의 다문화교육과 복지의 영역이다.

복지의 영역에서는 다문화가족지원센터, 외국인근로자센터 등 다문화 구성원을 대상으로 하는 복지 기관들이 설립되어 운영되고 있을 뿐 아니라, 오랫동안 한국인들만을 대상으로 했던 복지 기관들도 다문화사회로 급변해 가는 시대에 발맞추어 다문화 구성원들에게 관심을 갖고 다문화교육 프로그램을 실행하기도 한다.

또한 학교에서는 다문화가정 자녀뿐 아니라, 한국 자국민 출신의 학생들, 다문화가정의 학부모, 교사 등 다양한 대상을 위해 다문화교육을 실시하고 있다. 그래서 복지 기관이나 학교에서 만든 다양한 다문화교육 프로그램이 있다. 따라서 본 장에서는 다음과 같은 목표를 가지고 구체적인 내용을 살펴보고자 한다.

단원목표

1. 한국 정부의 대표적인 다문화교육지원 기관인 중앙다문화교육센터의 다문화교육정책을 이해한다.
2. 한국의 학교에서 운용하는 다문화교육 프로그램의 사례를 살펴본다.
3. 다문화교육과 관련하여 인권의 문제를 이해하고, 인권교육 프로그램을 살펴본다.
4. 다문화교육과 관련한 다양성 교육, 반편견 교육 자료를 살펴본다.
5. 다문화교육에서 활용할 수 있는 영상자료 및 영화자료를 파악하고, 영화를 활용한 다문화교육에 대해 살펴본다.

1) 다문화교육 정책

한국 사회가 다문화사회로 급변하면서, 이들을 지도해야 할 교사들마저도 다문화교육에 대한 경험이 전혀 없어서 많이 혼란스러워 하며 시행착오를 했다. 이러한 현실적인 문제들이 제기되자, 다문화교육 정책의 방향을 명확히 결정하고, 다문화교육에 활용할 다양하고 효과적인 프로그램 및 자료를 정부차원에서 개발해야 할 필요성이 대두되었다, 이에 따라 2007년 7월 1일, 교육인적자원부는 '중앙다문화교육센터'(Center for Multi-Cultural Education)를 설립하여 다문화교육의 바탕이 될 수 있는 다양한 연구들을 하게 하였으며, 다문화정책을 결정하는 정부와 교육현장 사이의 중계역할을 하게 하였다.

교육부는 다문화사회 도래에 따른 제도적 기반을 마련하고, 한국사회의 다문화 수용성 및 다문화 이해를 제고하고, 다문화학생 교육의 사각지대를 해소하기 위해서 1년마다 '다문화교육지원 계획'을 수립하여 운용한다. '2023년 다문화교육지원계획'은 [그림 11-1]과 같다.

비전	함께 배우며 성장하는 학생, 다양하고 조화로운 학교
목표	▪ 다문화학생 교육기회 보장 및 교육격차 해소 ▪ 다양한 문화가 공존하는 성숙한 교육환경 구축

추진과제	
1. 출발선 평등을 위한 교육기회 보장	1 다문화학생 공교육 진입 지원 2 학교교육 준비도 격차 해소
2. 학교 적응 및 안정적 성장 지원	1 맞춤형 한국어교육 제공 2 학교 적응 및 인재양성 지원
3. 다양성이 공존하는 학교 환경 조성	1 전체 학교의 다문화교육 확대 2 교원의 다문화교육 역량 제고 3 가정 및 지역사회와의 연계
4. 다문화교육 지원체제 내실화	1 다문화교육 제도 개선 및 실태 파악 2 타 사업과의 연계 활성화 3 중앙-지역 및 주처 간 협력 강화

[그림 11-1] 2023년 다문화교육 지원 계획

출처: 교육부(2023)

① 2023년 다문화교육 지원 계획의 추진과제

교육부에서 수립한 2023년 다문화교육 추진과제는 '출발선 평등을 위한 교육기회 보장', '학교 적응 및 안정적 성장 지원', '다양성이 공존하는 학교 환경 조성', '다문화교육 지원체제 내실화'라는 4개의 추진과제를 통해서 구체화한다.

a. 출발선 평등을 위한 교육기회 보장

첫 번째 추진과제인 '출발선 평등을 위한 교육기회 보장'을 위해 두 가지를 실행한다. 첫째, 다문화학생의 공교육 진입을 지원하는 것이다. 이를 위해 외국인 아동의 조기입학 신청권을 인정하여 학교장에게 신규 입학 신청을 기존 외국인 아동의 (편)입학 절차와 동일하게 안내하게 한다. 이에 따라 서울, 부산, 대전, 전남, 제주 등 교육청에서는 다문화 아동을 위한 공교육 진입 원스톱 서비스를 지원하고 있다. 그리고 지역 다문화교육지원센터를 통해 입학·편입학, 정책학교, 학적 생성 등 공교육 진입의 전(全) 과정을 지원한다. 또한 유관기관 협업을 통해 다문화학생의 국내학교 편입학을 안내한다. 외국인 등록 시 자녀의 취학여부를 파악하여 공교육 진입 절차를 안내하며, 등록된 외국인은 법무부와 정보를 연계(연 2회)하여 중도입국·난민자녀에게 다양한 언어로 학교 편입학 안내자료 및 클립형 영상을 배포한다. 다문화가족지원센터, 한국건강가정진흥원, 무지개청소년센터, 다누리콜센터, 외국인노동자지원센터, 출입국·외국인청(사무소), 주요국 대사관 등 다문화학생 및 학부모 방문이 잦은 유관기관에 공교육 진입 안내자료를 배포한다.

둘째, 학교교육 준비도의 격차를 해소하는 것이다. 다문화유아에 대한 체계적인 지원을 위하여 공립유치원에 보통 교부금 교육복지 지원비 산정기준에 반영('21~)하며, 다문화유아 조기 적응 및 교육 지원을 위한 각종 교수·학습자료를 배포한다. 또한 유아교육·아동학과 등 관련 전공 대학생을 멘토로 선발하여 국·공립 유치원에서 멘토링 활동을 하게 하며, 입학 예정인 중도입국·외국인가정 자녀를 대상으로 초·중학교 적응을 위해 운영하는 징검다리 과정을 내실화한다. 또한 중학교 입학·편입학 예정인 중도입국·외국인가정 자녀 대상으로 학교급 전환기에 학습자 특성을 반영한 프로그램을 운영한다.

b. 학교 적응 및 안정적 성장 지원

두 번째 추진과제인 '학교 적응 및 안정적 성장 지원'을 위해 두 가지를 실행한다.

첫째, 맞춤형 한국어교육을 지원한다. 입국 초기 중도입국・외국인학생(유아 포함) 등을 대상으로 한국어 집중교육을 위한 특별학급 운영을 확대하여 지원하며(2023년, 527학급), 한국어학급 미운영 학교에 중도입국・외국인학생이 편입학하는 경우 인근 학교의 한국어학급 또는 지역 다문화교육지원센터(시・도교육청)에서 한국어강사를 파견하여 한국어교육을 지원하여, 학부모를 대상으로 이에 대한 홍보를 강화한다. 또한 맞춤식으로 한국어능력을 진단하고 보정할 수 있는 프로그램을 개발하여 보급하며, 한국어 교육과정(KSL)에 따른 온라인 한국어교육 프로그램을 개발하여 보급하며, 학교급(초등/중등)이나 수준별 한국어학습(1~4단계)이 가능한 한국어교육 자료를 개발하여 개별화 교육과정 운영을 지원한다. 또한 유관기관(국립국어원, 중앙다문화교육센터 등)과 협력하여 한국어 교육과 관련한 교원 연수・워크숍 등을 실시한다.

둘째, 학교 적응 및 인재 양성을 지원하는 것이다. 이를 위해 대학생과 다문화학생(멘티)의 멘토링을 통해 학습・숙제지도・고민상담 등 체계적・개별적 학습지원을 제공한다. 또한 다문화학생이 어려워하는 교과 주요 개념・어휘 등에 대한 교과 보조교재와 연계한 영상콘텐츠를 제작('23년 약 20편, 편당 3~5분)하여 보급하며, 이중언어 학습 장려를 위해 전자책 형태의 이중언어 교재를 보급한다. 다문화학생이 밀집한 학교를 중심으로 다문화학생의 기초학력 보장을 위해 '두드림 학교'를 지정하여 복합적 요인에 의한 학습부진학생에 대한 종합 지원을 제공한다. 다국어버전(10개 언어)의 정서・행동특성 검사지를 제공하여 다문화학생을 대상으로 하는 정서・행동발달 지원의 접근성을 개선하며, 유관기관과 연계하여 정서적 지원을 강화하며, 학교폭력, 사이버폭력 예방을 위한 활동을 지원한다. 또한 다문화 학생들의 진로탐색・설계를 지원하기 위한 진로교육 콘텐츠를 개발・보급(총 20편)하며, 권역별(5개)로 다문화 직업인과의 토크콘서트, 진로체험 부스를 운영하여 다문화학생의 진로 개척 역량 함양을 지원한다.

c. 다양성이 공존하는 학교 환경 조성

세 번째 추진과제인 '다양성이 공존하는 학교 환경 조성'을 위해 세 가지를 실행한다. 첫째, 전체 학교의 다문화교육을 확대한다. 이를 위해 '2015 교육과정'에 범교과 학습주제로 '다문화교육'을 제시하였으며, 연간 2시간 이상 다문화교육을 실시할 것을 권고하여 학교 교육과정 전반에 걸쳐 다문화교육을 실시한다. 세계인의 날(5.20.)과 연계하여, 다문화교육 주간 운영을 장려한다. 다문화교육 선도모델을 개발·확산하기 위해 다문화정책학교를 운영하며(518교), 중앙지원단 등을 활용하여 시·도교육청별 컨설팅 및 담당자 워크숍을 실시하여 개선사항 발굴 및 정책학교 운영을 내실화한다. 또한 학력격차 해소 및 진로역량 강화를 위한 맞춤형 교수학습방법 연구 및 지역사회 협력 모델 개발을 위해 연구학교를 운영한다. 또한 '다문화교육 포털(www.edu4mc.or.kr)'을 통해 다문화교육 관련 자료·정보를 제공한다.

〈표 11-1〉 다문화정책학교 운영 내용

유형		운영 내용
정책 학교	유치원	다문화유아의 언어발달을 통합교육 형태로 지원하고, 전체 유아 및 학부모 대상 다문화교육 운영
	초·중등	일반 교과수업에 다문화교육 및 세계시민교육 요소를 반영하고, 프로젝트 수업 형태로 지속성 있게 다문화교육 실시

출처: 교육부(2023)

둘째, 교원의 다문화 역량을 제고하는 것이다. 이를 위해 교원의 다문화교육 역량 제고를 위해 개발된 원격연수 콘텐츠를 보급하여 이수하도록 권고하며, 다문화교육 관련 교원(한국어교육 담당교원, 한국어학급 관리자, 다문화교육 중앙지원단 등)을 대상으로 역량강화를 위한 연수·워크숍 등을 지속적으로 추진한다. 또한 「다문화가족지원법」 및 동법 시행령 개정('17.12.)으로 교육부장관과 시도 교육감의 다문화 이해교육 관련 연수 실시를 의무화하였다. 또한 다문화가정 학생 비율이 높은 국가(태국, 필리핀, 몽골, 인도네시아, 캄보디아, 라오스, 말레이시아)와 교사 교류를 통해 양국 교원의 국제교육역량 증진 및 학교 현장의 다문화 이해도를 증진시킨다. 또한 예비 교원의 다문화교육에 대한 이해도 제고와 관련 역량 증진을 위해 교원양성 교직과정에 '다문화사회로의 이행'에 대한 내용을 편성·운영할 것을 권장하며, 다문화학생 멘토링 등 다문화학생 지도를 교육봉사로 인정한다. 다문화교육 거점 교·사대를 지정(경인교육대학교, 경북대학교, 한국교원대학교, 제주대학교)하여 다문화교육과정 개발 및 교육활동(다문화학생멘토링, 해외 교육실습 등) 운영, 타 대학으로의 성과 확산을 지원한다.

셋째, 가정 및 지역사회와 연계하는 것이다. 이를 위해 학교 및 지역의 기관들과 협력하여 학부모교육, 학부모 온라인 연수, 가족참여 수업운영 등을 통해 부모의 다문화 관련 교육활동 참여기회를 확대하고, 사례집 발간을 통해 프로그램을 공유·확산한다. 또한 외국인· 다문화학생 밀집 지역에 대한 교육력 제고 및 교육격차 해소 등을 위해 교육국제화특구를 운영하여 초·중등교육법 제23조(교육과정 등) 및 제29조(교과용 도서의 사용)를 적용받지 않고 교육과정 운영의 자율성을 확보한다. 또한 다문화학생의 이중언어학습을 장려하고 자긍심을 고취하기 위해 민·관·학이 협업하여 '전국 이중언어말하기대회'를 개최하며, 다문화학생을 선발하여 2년간 주 1회 1:1 언어교육, 우수 학생에 대한 몰입교육 등을 실시하고, 다문화 인식 개선 및 우수사례 발굴·확산을 위해 다문화교육 우수사례 공모전 및 포럼·성과공유회를 개최한다.

d. 다문화교육 지원체제 내실화

네 번째 추진과제인 '다문화교육 지원체제 내실화'를 위해 세 가지를 실행한다. 첫째, 다문화교육과 관련한 제도를 개선하고, 실태를 파악하는 것이다. 다문화교육과 관련한 제도를 개선하기 위해서 다문화교육의 근거를 시행령에서 「초·중등교육법」으로 격상하여 국가·지자체의 시책마련, 특별학급지원, 국가·지역지원센터 등의 법률적인 근거를 마련하였다. 또한 다문화교육과 관련한 실태를 파악하기 위해 교육기본통계를 통해 초·중·고·각종학교 및 국·공립유치원에 소속한 다문화 학생의 현황을 파악한다. 그리고 범부처 통계자료와의 연계를 통해 다문화학생의 취학률 등 다문화학생의 교육기회 보장과 관련한 지표를 시범 발굴하도록 추진한다.

둘째, 학생맞춤통합지원 체계를 통해 타 사업과의 연계를 활성화하는 것이다. 이를 위해 선도학교('23년 교육부 지정 학생맞춤통합지원 선도학교 30교-초 20교, 중 10교) 내의 "(가칭)학생맞춤통합지원팀"의 통합진단 및 지원 체계를 통해 복합적인 어려움이 있는 다문화학생에 대한 맞춤형 지원 우수사례를 개발·확산한다. 또한 시범교육지원청(20개)의 여건에 맞춰 연계·통합하는 대상에 다문화학생 지원을 포함하거나, 교육복지안전망(156개)의 외부 자원 연계 네트워크와 연계를 추진한다.

셋째, 중앙-지역 및 유관 부처 간 협력을 강화하는 것이다. 이를 위해 중앙다문화교육센터를 운영하여 효과적인 정책추진 및 성과 확산을 지원하고 있으며, 지역다문화교육지원센터는 지역별 여건에 맞는 다문화교육 특화사업을 운영한다. 또한 지역별 추천을 통해 다문화교육 정책학교 활동 경험이 풍부한 교원들로 '다문화교육 중앙지원단'을 구성해 네트워크를 구축하였다. 또한 중앙 차원의 부처 간 협업을 증진하기 위해 범부처 합동 정책 방향 설정을 통해 총체적 지원을 제공하며, 부처 간 협력을 통한 각종 제도 개선 사항을 발굴·개선하고 있다.

〈표 11-2〉 다문화교육 중앙지원단의 주요 역할

• 중앙 및 지역 단위 전문인력 활동(정책자문, 연수 · 워크숍 강사 활동 등) • 다문화교육 정책학교 운영 지원(운영계획서 검토, 현장방문 및 컨설팅 실시 등) • 중앙단위 다문화교육 자료 개발 및 자문, 감수 • 다문화교육 우수사례 발굴 및 정보 공유 등

출처: 교육부(2023)

2) 다문화교육 프로그램 사례

교육부 & 중앙다문화교육센터(2019)는 학습자들에게 교과에 대한 흥미를 갖게 할 뿐 아니라, 자연스럽게 다문화 감수성을 증진시키기 위해 다문화교육의 내용에 표함되어야 할 요소들을 〈표 11−3〉과 같이 제시했다.

〈표 11-3〉 다문화교육 요소 내용

평등성	• 국가, 민족, 인종, 성, 신체적 능력, 사회 계층은 다르지만, 인간은 모두 평등하다는 긍정적인 태도와 가치
반편견	• 선입견, 편견, 고정관념 및 차별 대우에 대한 비판적인 사고를 형성하고, 이러한 문제에 직면했을 때 대처할 수 있는 능력
정체성	• 긍정적인 자아개념과 자아 정체감, 집단 정체감 형성
다양성	• 유사성과 차이점을 가지고 있는 다양한 개인과 집단이 존재하는 것을 알고, 이러한 다양성을 존중하는 마음
문화이해	• 문화 간의 유사점과 차이점을 알고 각 문화에 대한 이해와 존중심을 기르며, 다양한 문화에 대한 긍정적인 태도를 기르는 것
협력	• 다양한 사람들과의 상호작용 능력과 협동 능력(공동체를 유지하기 위한 사람들의 노력과 일)

※ 세계시민교육에서 가르치고 있는 인권이나 문화다양성, 공존 등과도 연계 가능
출처: 교육부 & 중앙다문화교육센터(2019)

각 학교에서 다음과 같은 다양한 방안들을 통해 다문화교육을 실시하고 있다.

(1) 교과연계 다문화교육 프로그램

학교에서 다문화교육을 효과적으로 실시하기 위해 교과내용에 있는 다문화교육 소재를 추출하여 다문화교육 프로그램을 기획하여 운영할 수 있다. 이는 학습자들에게 교과에 대한 흥미를 갖게 하며, 다문화 감수성을 자연스럽게 증진시킨다. 교육부 & 중앙다문화교육센터(2019)는 다문화교육의 요소들을 교과와 연계하는 프로그램을 개발 및 적용하는 절차를 [그림 11-2]와 같이 제시했다.

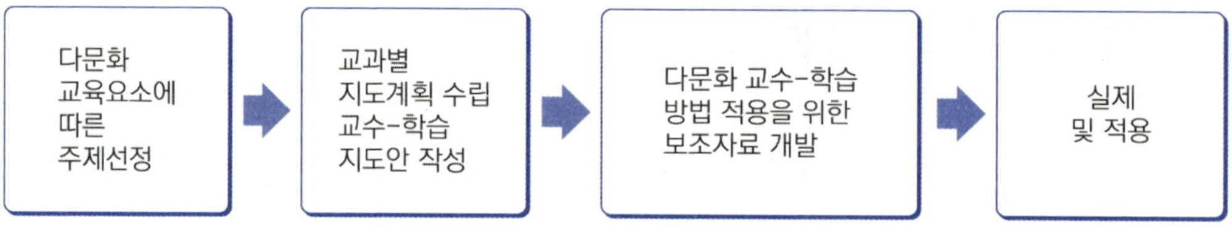

[그림 11-2] 교과연계 다문화교육 교수-학습방법 구성 절차

출처: 교육부 & 중앙다문화교육센터(2019)

교육부 & 중앙다문화교육센터(2019)는 중학교에서 교과와 연계하여 다문화교육을 실시하는 예시를 〈표 11-4〉와 같이 제시했다.

〈표 11-4〉 교과와 연계하는 다문화교육

교과	학년	단원	학습주제 및 내용	다문화교육 요소
	1	2. 읽고 대화하고	독서+미디어 리터러시 '편견을 넘어' 차이 또는 다름 이해하기	반편견 이해, 공존
국어	2	6. 효과적인 표현	목적과 상대를 고려하여 대화하기 우리 사회에서 발생하는 문화의 다양성을 고려하여 상대방과 대화하기	문화 이해, 다양성, 소통
	3	4. 문학의 가치 (2) 완득이	다문화 관련 소설을 읽고 문학에 반영된 사회 현실에 대하여 이야기 나누기	정체성, 이해

교과	학년	단원	학습주제 및 내용	다문화교육 요소
영어	2	8. Different Places, Different Lifestyles	나라별 가옥의 특징을 소개하고 이를 주제로 한 미니북 만들기	문화 다양성, 이해
	2	9. Greetings around the world	각 나라의 인사말과 문화를 통한 다양성의 가치를 이해하기	다양성, 문화이해
	3	8. Let's go to the world's festivals	구글 번역기를 사용, 평창올림픽 참가국들을 조사하여 각국의 언어로 인사, 자기소개 하는 방법을 찾아보기	문화이해, 다양성
사회	1	다양한 사회, 다양한 문화	뉴스를 통하여 다문화사회를 배우고 다문화사회에 있어 우리에게 필요한 인식을 학습	다문화이해, 수용성, 공존
	2	Ⅰ-(2). 인권침해와 구제방법	이주노동자에 대한 인권침해에 대해 알아보고, 인권감수성 향상을 위한 의식변화에 대해 이야기하기	인권, 수용성
	3	문화의 다양성	문화의 차이를 자연환경과 인문환경의 측면에서 살펴보고, 공존과 갈등 사례를 보며 타문화를 대하는 올바른 태도에 대하여 논해보기 문화카드 및 다문화 피켓 제작하기	공존, 수용성, 협력
역사	3	Ⅴ. 아시아, 아프리카의 변화와 민족운동	세계 여러 나라의 근대사회로의 변화와 민족운동 문화이해	문화다양성
도덕	1	2. 다문화사회에서 발생하는 갈등을 어떻게 해결할 것인가?	우리 사회에서 발생하는 다문화에 사회에 대한 갈등을 알아보고 이것을 해결할 수 있는 방안을 제시해보기	공존, 협력, 다문화수용성
	1	문화의 다양성	우리 안에 있는 다문화의 모습을 알아보고 자문화와 타문화를 어떻게 바라볼 것인가를 생각해보기	다문화이해, 수용성, 공존
	3	한국인의 정체성은 어디에서 오는가?	세계시민으로서의 한국인의 역할과 과제 말하기	세계시민성
미술	1	4-(2). 다른 대상이 되어보기	다른 사람 또는 다른 존재의 시선으로 바라본 세상을 그림으로 표현해보기	공감, 소통, 이해
	2	Ⅷ. 미술사의 이해	명화에 담긴 각 나라의 다양한 문화와 특성을 이해하기	다양성

교과	학년	단원	학습주제 및 내용	다문화교육 요소
체육	2	Ⅲ. 경쟁 활동: 다양한 필드형 경쟁	다양한 나라의 스포츠를 체험해보기	다양성
	3	배드민턴	네트형 경쟁스포츠를 통해 경기예절을 이해하고 상대방을 배려하는 태도 기르기	배려, 이해
음악	3	Ⅲ-3. 세계의 음악	세계 여러 나라의 문화를 이해하고 각 나라의 언어로 노래 부르기	다양성, 이해
수학	3	Ⅲ-(3). 이차방정식의 활용	세계의 아름다운 건축물의 가로와 세로의 비율을 구하고 이를 통하여 미의 다양성 알아보기	문화 다양성
	3	대푯값과 산포도	지역의 외국인 수와 다문화 학생들의 인원수에 대한 과거와 현재 자료를 분석하고 미래변화를 예측하여 다문화교육의 필요성을 인식하기	다문화 이해
과학	1	Ⅲ. 생물의 다양성	민족에 따른 신체특성 알아보기	다양성
	2	Ⅳ. 소화 · 순환 · 호흡 · 배설	피부색과 달리 인간은 모두 같은 색의 피와 심장을 가지고 있음을 이해하기	이해, 공존
	3	Ⅵ-(1). 엄마를 닮은 눈, 아빠를 닮은 코	유전과 유전자의 형질에 대하여 배우면서 다양성을 설명하기	다양성
기술 · 가정	1	1. 청소년의 이해 (4) 자아정체감의 형성	자신을 긍정적으로 받아들임으로써 자아 존중감 형성하기	정체성
	2	1. 변화하는 가족과 건강가정	변화하는 사회에서 가족 내 양성평등, 세대 간 조화로 건강한 가정 형성하기	다양성
	2	3. 청소년의 복지 서비스	다문화가정 청소년이 가질 수 있는 불편함을 논의해보고 이를 개선할 수 있는 방안 마련하기	공감, 공존
환경	3	녹색사회를 위한 실천	지속가능한 사회를 위한 국가적, 국제적 노력 발표하기	세계시민성, 협력, 공존

출처: 교육부 & 중앙다문화교육센터(2019)

(2) 창의적 체험활동을 활용한 다문화교육 프로그램

교육부 & 중앙다문화교육센터(2019)는 창의적 체험활동을 활용하여 다문화교육 프로그램을 기획 · 운영하기 위한 추진방향을 다음과 같이 제시했다. 첫째, 학생들의 요구, 지역사회 자원 및 풍토, 학교 여건 등을 고려한 특색이 있는 프로그램을 구성하여 실시해야 한다. 둘째, 교과에서 다루지 못한 다문화 관련 주제를 다양한 방법과 매체를 활용하여 다각적으로 접근해야 한다. 셋째, 학생들의 자율적이고 자치적인 동아리 활동을 위한 지원으로 창의성과 공동체의식을 함양하도록 도모해야 한다. 넷째, 학생들이 자기 주도적으로 다문화 관련 주제를 정하고, 탐구·발표할 수 있도록 자유 탐구 주제를 통한 학습 기회를 제공해야 한다.

또한 교육부 & 중앙다문화교육센터(2019)는 창의적 체험활동(자율 활동, 동아리활동, 봉사활동, 진로활동) 시간에 학교 안팎의 다문화교육 자원을 활용하여 다문화교육 프로그램을 기획 및 운영하는 사례들을 〈표 11-5〉와 같이 제시했다.

〈표 11-5〉 창의적 체험활동을 활용한 다문화교육

이중언어 방송반 운영하기	학생들의 외국어 능력 신장을 위하여 이중언어반을 개설하고, 팟캐스트 등을 통하여 이중언어 라디오 방송을 제작한다. 방송은 다문화학생과 비다문화학생이 함께 제작하고 진행하며 1주일을 기준으로 1번씩 각각 다른 언어로 점심시간 등을 통하여 방송을 하거나 제작하여 웹으로 공유한다.
세계시민 선도 동아리 운영하기	세계시민 선도 동아리를 편성하여 운영한다. 주요 활동으로는 세계시민 교육 요소와 관련된 주제들을 선정하고 이와 관련된 주제로 토론을 하거나, 문화 이해의 차원에서 다른 나라 문화체험 활동을 진행한다. 학년 말에는 세계시민 동아리 활동으로 느꼈던 점들을 UCC로 만들어 공유한다.
동아리 주관 다문화교육 프로젝트 운영하기	학교 동아리들을 대상으로 다문화 교육주간에 주 1회 한 동아리씩 다문화와 관련된 주제를 가지고 활동을 하는 프로그램을 운영한다. 기획에서 프로그램 운영까지 동아리 구성원들이 주체적으로 구성하며, 심사를 통해 동아리를 선발하고 활동금을 지원한다. ※ 예시: 요리 동아리 '포춘쿠키를 이용한 나라별 인사말 배우기', 만화동아리 '다문화 배지 만들기', 솔리언 동아리 '또래상담 활동' 등
독후활동 대회 개최하기	1~2주 정도의 기간 동안 다문화와 관련된 도서를 학생들이 선정하여 읽는다. 이후 읽은 도서와 관련된 다양한 독후활동을 실시한다. 주인공에게 편지 쓰기, 느낀 점에 대하여 시 쓰기, 책의 줄거리를 각색하기 등 다양한 방법으로 독후활동을 하고 그 결과물을 제출한다. 제출된 결과물은 심사 후 수상한 학생에게 시상을 한다.
친구와 함께 부채 제작 및 나눔 활동하기	다문화학생과 친구 1명을 신청을 받아 상반기에는 부채를 제작하여 경로당 할아버지와 할머니께 나누어드리고, 하반기에는 방향제를 제작하여 화장실에 비치한다. 다문화학생과 비다문화학생이 함께 활동하며 어울림을 배우고, 나눔 활동을 통해 나눔과 배려의 기쁨을 알아간다.

다문화 일러스트 동아리 운영하기	세계 여러 나라의 상징물이나 국가 상징을 이용한 일러스트를 그려본다. 제작한 일러스트를 다양한 물건들(컵받침, 에코백 등)에 입힘으로써 세계 여러 나라를 상징하는 기념품을 제작한다. 제작한 기념품은 나눔 활동을 하여 배포하거나 또는 판매하여 얻어진 수익금을 기부한다.
세계 민속춤 배우기	세계 여러 나라의 민속춤을 배워본다. 일반학생과 다문화학생이 함께 어울려 춤을 연습하고, 본 프로그램에서 익힌 민속춤은 학교 축제에서 공연하거나 경로당, 마을회관 등에서 자리를 만들어 어른들께 보여드린다.
'책 속으로' 동아리 운영하기	여행 전문 강사와 함께 책을 읽고 책에 나온 장소를 여행한다. 여행 팀은 다문화학생과 비다문화학생이 함께 팀을 이루며 여행 장소 및 계획을 학생들 스스로가 주도적으로 기획한다. 여행 활동 수행 뒤, 다녀온 내용 및 소감을 작성하여 함께 공유한다.
다문화취업캠프 운영하기	다문화학생과 비다문화학생을 연계하여 해외취업 체험 활동을 실시한다. 방학 중 외국의 한 국가를 선정하여 다문화학생과 비다문화학생을 1명씩 짝을 지어 선발하고 해외의 자매학교 및 산업기관을 방문한다. 이를 통하여 다문화학생과 비다문화학생 간 친밀감을 높이고, 학생의 글로벌 역량 및 진로 역량을 제고한다.
생태교육 연계 작물 가꾸기 활동하기	모든 학생들은 학교 생태공간을 이용하여 다양한 외래 작물(바질, 고수)을 기른다. 작물을 키우며, 해당 작물이 많이 사용되는 나라의 특징이나 음식 문화, 해당 작물이 사용되는 음식에 대해서도 공부한다. 다 키운 작물은 수확하여 나눔 활동을 한다. 이를 통하여 학생들의 감수성을 향상하고 배려를 함양한다.
원격영상 진로멘토링 프로그램 실시하기	교육청과 연계하여 원격영상 진로멘토링 프로그램을 실시한다. 다문화사회의 직업과 관련된 진로탐색프로그램을 적용하고, 다양한 직업인과의 화상대화 및 체험 프로그램을 통한 자기이해와 이를 바탕으로 진로 효능감을 향상시킨다.
찾아오는 진로직업 체험	진로교육시간과 연계하여 세계 여러 나라 직업의 종류와 하는 일을 알아보고 한 가지 직업을 선정하여 실제로 체험해 보는 시간을 가진다. 본 과정을 진행할 때 다문화사회에 해당 직업이 어떠한 역할을 할 수 있을지에 대하여 논의하는 과정을 포함한다.

출처: 교육부 & 중앙다문화교육센터(2019)

(3) 기타 다양한 자원을 활용한 다문화교육 프로그램

교육부 & 중앙다문화교육센터(2019)는 기타 다양한 자원을 활용한 다문화교육 프로그램을 제시했다. 첫째, 학교행사와 연계하는 방안은 다음과 같다. ; ① 학교 행사 시 다문화와 관련된 체험활동을 함께 운영할 수 있도록 기획함. ② 학교 축제행사 때 다문화 부스를 운영하여 놀이나 의상, 음식 등 외국 문화를 체험할 수 있는 기회를 제공함. ③ 세계인의 날(5.20)과 연계하여 다문화교육주간 등을 운영한다.

둘째, 지역사회와 연계하는 방안은 다음과 같다. ; ① 지역의 유관기관이나 대학교 등과 협업하여 강사나 멘토를 지원받거나 프로그램을 연계하여 운영함. ② 시·도교육청 및 지역교육지원청, 지역다문화교육지원센터와 연계하여 지역에서 추진된 다문화교육 지원단이나 지역 전문가 등을 초빙하여 다문화교육을 실시함, ③ 멘토링 프로그램 구성 시 지역의 대학교에서 대학생 멘토를 지원받을 수 있으며, 체험관이나 박물관, 지역의 랜드마크 등을 통하여 문화 체험을 실시한다.

셋째, 가정과 연계하는 방안은 다음과 같다. ; ① 학부모가 참여하여 학교에서 실시하는 다문화교육 프로그램 운영한다. ② 다문화 친화적인 학교 환경 조성과 이를 통한 지역사회의 다문화 친화적 풍토 형성을 위하여 모든 학부모를 대상으로 다문화교육 실시한다. ③ 외국인 학부모를 초빙하여 다문화교육 프로그램을 운영함으로써 외국인들의 입장과 사회적인 시선을 보다 직접적으로 들어볼 수 있는 기회를 제공한다.

3) 인권과 다문화교육

(1) 인권

1948년 12월 10일 파리에서 열린 제3회 국제 연합 총회에서는 '전문(前文)'과 '본문 총 30개 조항'으로 이루어진 '세계인권선언문(Universal Declaration of Human Rights)'을 채택했다. [그림 11-3]과 같이 세계인권선언문의 전문(前文)은 "인류가족 모두의 존엄성과 양도할 수 없는 권리"를 주장하며 시작하는데, 이것이 "인권"이다. 즉, '인권'이란 모든 인류에게 태어날 때부터 당연히 주어지는 것이며, 인간의 존엄성을 인정하는 것이며, 어떤 경우에도 양도할 수 없는 권리이다. 이러한 인권은 주로 평등권, 생존권, 생명권이 꼽히며, 이는 세계의 자유, 정의, 평화의 기초가 되기 때문에 세계인권선언뿐 아니라 국제법과 국제규약 등에도 규정되어 있다. 다음의 [그림 11-3]은 세계인권선언문을 번역한 내용이다.

인류가족 모두의 존엄성과 양도할 수 없는 권리를 인정하는 것이 세계의 자유, 정의, 평화의 기초다. 인권을 무시하고 경멸하는 만행이 과연 어떤 결과를 초래했던가를 기억해보라. 인류의 양심을 분노케 했던 야만적인 일들이 일어나지 않았던가? 그러므로 오늘날 보통사람들이 바라는 지고지순의 염원은 '이제 제발 모든 인간이 언론의 자유, 신념의 자유, 공포와 결핍으로부터의 자유를 누릴 수 있는 세상이 왔으면 좋겠다'는 것이리라. 유엔헌장은 이미 기본적 인권, 인간의 존엄과 가치, 남녀의 동등한 권리에 대한 신념을 재확인했고, 보다 폭넓은 자유 속에서 사회진보를 촉진하고 생활수준을 향상시키자고 다짐했었다. 그런데 이러한 약속을 제대로 실천하려면 도대체 인권이 무엇이고 자유가 무엇인지에 대해 모든 사람이 이해할 수 있도록 하는 것이 가장 중요하지 않겠는가? 유엔총회는 이제 모든 개인과 조직이 이 선언을 항상 마음속 깊이 간직하면서, 지속적인 국내적 국제적 조치를 통해 회원국 국민들의 보편적 자유와 권리신장을 위해 노력하도록, 모든 인류가 '다 함께 달성해야 할 하나의 공통기준'으로서 '세계인권선언'을 선포한다.

제1조. 모든 사람은 태어날 때부터 자유롭고, 존엄하며, 평등하다. 모든 사람은 이성과 양심을 가지고 있으므로 서로에게 형제애의 정신으로 대해야 한다.
제2조. 모든 사람은 인종, 피부색, 성, 언어, 종교 등 어떤 이유로도 차별받지 않으며, 이 선언에 나와 있는 모든 권리와 자유를 누릴 자격이 있다.
제3조. 모든 사람은 자기 생명을 지킬 권리, 자유를 누릴 권리, 그리고 자신의 안전을 지킬 권리가 있다.
제4조. 어느 누구도 노예가 되거나 타인에게 예속된 상태에 놓여서는 안된다. 노예제도와 노예매매는 어떤 형태로든 일절 금지한다.
제5조. 어느 누구도 고문이나 잔인하고 비인도적인 모욕, 형벌을 받아서는 안 된다.
제6조. 모든 사람은 법 앞에서 '한 사람의 인간'으로 인정받을 권리가 있다.
제7조. 모든 사람은 법 앞에 평등하며, 차별 없이 법의 보호를 받을 수 있다.
제8조. 모든 사람은 헌법과 법률이 보장하는 기본권을 침해당했을 때, 해당 국가 법원에 의해 효과적으로 구제받을 권리가 있다.
제9조. 어느 누구도 자의적으로 체포, 구금, 추방을 당하지 않는다.
제10조. 모든 사람은 자신의 행위가 범죄인지 아닌지를 판별 받을 때, 독립적이고 공평한 법정에서 공평하고 공개적인 심문을 받을 권리가 있다.
제11조. 범죄의 소추를 받은 사람은 자신을 변호하는 데 필요한 모든 것을 보장받아야 하고, 누구든지 공개재판을 통해 유죄가 입증될 때까지 무죄로 추정될 권리가 있다.
제12조. 개인의 프라이버시, 가족, 주택, 통신에 대해 타인이 함부로 간섭해서는 안 되며, 어느 누구의 명예와 평판에 대해서도 타인이 침해해서는 안 된다.
제13조. 모든 사람은 자기 나라 영토 안에서 어디든 갈 수 있고, 어디서든 살 수 있다. 또한 그 나라를 떠날 권리가 있고, 다시 돌아올 권리도 있다.
제14조. 모든 사람은 박해를 피해, 타국에 피난처를 구하고 그곳에 망명할 권리가 있다.
제15조. 누구나 국적을 가질 권리가 있다. 누구든지 정당한 근거 없이 국적을 빼앗기지 않으며, 자기 국적을 바꾸거나 다른 국적을 취득할 권리가 있다.
제16조. 성년이 된 남녀는 인종, 국적, 종교의 제한을 받지 않고 결혼할 수 있으며, 가정을 이룰 권리가 있다. 결혼에 관한 모든 문제에 있어서 남녀는 똑같은 권리를 갖는다.
제17조. 모든 사람은 단독으로 또는 타인과 공동하여 재산을 소유할 권리를 가진다. 누구나

자의적으로 자신의 재산을 빼앗기지 않는다.
제18조. 모든 사람은 사상, 양심, 종교의 자유를 누릴 권리가 있다.
제19조. 모든 사람은 의사표현의 자유를 누릴 권리가 있다.
제20조. 모든 사람은 평화적인 집회 및 결사의 자유를 누릴 권리가 있다.
제21조. 모든 사람은 직접 또는 자유롭게 선출된 대표자를 통해, 자국의 정치에 참여할 권리가 있다. 모든 사람은 자기 나라의 공직을 맡을 권리가 있다.
제22조. 모든 사람은 사회의 일원으로서 사회보장을 받을 권리가 있다.
제23조. 모든 사람은 일할 권리, 자유롭게 직업을 선택할 권리, 공정하고 유리한 조건으로 일할 권리, 실업상태에서 보호받을 권리가 있다. 모든 사람은 차별 없이 동일한 노동에 대해 동일한 보수를 받을 권리가 있다.
제24조. 모든 사람은 노동시간의 합리적인 제한과 정기적 유급휴가를 포함하여, 휴식할 권리와 여가를 즐길 권리가 있다.
제25조. 모든 사람은 먹을거리, 입을 옷, 주택, 의료, 사회서비스 등을 포함해 가족의 건강과 행복에 적합한 생활수준을 누릴 권리가 있다.
제26조. 모든 사람은 교육받을 권리가 있다. 초등교육과 기초교육은 무상이어야 하며, 특히 초등교육은 의무적으로 실시해야 한다. 부모는 자기 자녀가 어떤 교육을 받을지 '우선적으로 선택할 권리'가 있다.
제27조. 모든 사람은 자기가 속한 사회의 문화생활에 자유롭게 참여하고, 예술을 즐기며, 학문적 진보와 혜택을 공유할 권리가 있다.
제28조. 모든 사람은 이 선언의 권리와 자유가 온전히 실현될 수 있는 체제에서 살아갈 자격이 있다.
제29조. 모든 사람은 자신이 속한 공동체에 대해 한 인간으로서 의무를 진다.
제30조. 이 선언에서 말한 어떤 권리와 자유도 다른 사람의 권리와 자유를 짓밟기 위해 사용될 수 없다. 어느 누구에게도 남의 권리를 파괴할 목적으로 자기 권리를 사용할 권리는 없다.

[그림 11-3] 세계인권선언문

출처: 인권교육센터 홈페이지

또한 한국의 '국가인권위원회법' 제2조 제1항에 의하면, "인권이란 「대한민국헌법」 및 법률에서 보장하거나 대한민국이 가입・비준한 국제인권조약 및 국제관습법에서 인정하는 인간으로서의 존엄과 가치 및 자유와 권리를 말한다."라고 명시하고 있다.

특히 2016년 제정된 '북한인권법' 제2조 '기본원칙 및 국가의 책무'에는 북한 및 북한주민의 인권에 대해 다음과 같이 명시하고 있다. ; ① 국가는 북한주민이 인간으로서의 존엄과 가치를 가지며 행복을 추구할 권리가 있음을 확인하고 북한주민의 인권 보호 및 증진(이하 "북한인권증진"이라 한다)을 위하여 노력하여야 한다. ② 국가는 북한인권증진 노력과 함께 남북관계의 발전과 한반도에서의 평화정착을 위해서도 노력하여야 한다. ③ 국가는 북한인권증진을 위하여 필요한 재원을 지속적이고 안정적으로 마련하여야 한다.

이처럼 타인의 인권을 보장해 주는 것은 선택의 문제가 아니라, 엄연히 법적으로 보장하도록 명시된 권리이다. 타인의 처지와 인종과 문화적 차이와는 상관없이 당연히 보장해 주어야 할 권리이며, 당연히 보장받아야 할 권리이다.

그러나 실제로는 많은 사람들이 편견, 소외, 차별, 폭언, 폭력, 인종차별 등의 형태로 인권을 침해당하고 있으며, 이는 이주민 및 다문화 구성원들에게 더 빈번하게 일어난다. 따라서 인권을 인식하게 하고, 인권을 실천하도록 훈련하는 인권교육이 반드시 필요하다.

(2) 인권교육 프로그램

'국가인권위원회 인권교육센터'는 '유엔 아동권리협약(UN Convention on the Rights of the Child)'에 기초하여 〈표 11-6〉과 같이 '아동의 권리지수 체크리스트'를 제공하고 있다.

〈표 11-6〉 아동의 권리지수 체크리스트

항목	내용	매우 그렇다.	대체로 그렇다.	보통 이다.	대체로 그렇지 않다.	매우 그렇지 않다.
1	개인의 특성이나 학업 성적에 따라 차별받지 않고 동등하게 대우받고 있나요?					
2	정기적이고 충분한 신체활동의 기회가 주어지고 있나요?					
3	자신과 관련된 일을 결정할 때, 의견을 충분히 말할 기회가 주어지나요?					
4	가정 및 학교의 의사결정 과정에 참여할 기회가 보장되고 있나요?					
5	원하지 않는 서약이나 약속을 강요받지 않고 자신의 생각에 따라 결정할 수 있나요?					
6	자유롭게 모임을 만들거나 가입·활동할 수 있나요?					
7	알리고 싶지 않은 비밀이나 사생활의 내용이 보호되고 있나요?					

항목	내용	매우 그렇다.	대체로 그렇다.	보통 이다.	대체로 그렇지 않다.	매우 그렇지 않다.
8	내가 원하는 정보에 접근하기 쉬운가요?					
9	양육자, 보호자에게 적절한 돌봄을 받고 있나요?					
10	신체적, 정신적 폭력으로부터 안전한가요?					
11	영양이 균형잡힌 식사를 규칙적으로 제공받고 있나요?					
12	소질과 적성에 적절한 배움의 기회를 제공받고 있나요?					
13	충분하고 다양한 휴식과 놀이의 시간 및 경험을 제공받고 있나요?					
14	잘못이나 실수를 했을 때 과도하게 비난받지 않고, 공정하게 대우받고 있나요?					
15	자신의 권리와 인권을 배울 기회가 주어지나요?					

출처: 인권교육센터 홈페이지, 편집

'국가인권위원회 인권교육센터'는 이 체크리스트가 〈표 11-7〉과 같은 사실에 대해 확인하는 질문이라고 명시하고 있다.

〈표 11-7〉 아동의 권리지수 체크리스트 확인 사실

항목	확인 사실	항목	확인 사실
1	제2조 차별 금지	9	제18조 보호자의 책임/제19조 폭력과 학대
2	제6조 생존과 발달	10	제19조 폭력과 학대
3	제12조 의견 존중	11	제24조 영양과 보건
4	제12조 의견 존중	12	제28조 교육 / 제29조 교육의 목적
5	제14조 양심과 종교의 자유	13	제31조 여가와 놀이
6	제15조 모임의 자유	14	제40조 공정한 재판과 대우
7	제16조 사생활 보호	15	제29조 교육의 목적
8	제17조 유익한 정보 얻기		

출처: 인권교육센터 홈페이지, 편집

‘서울특별시교육청(2018)’에서는 ‘초등 교육과정연계 학생인권교육 지도자료’에서 저학년, 중학년, 고학년으로 세분화하여 각 대상에게 맞는 다양한 인권교육 자료를 제공하였다. 특히 이 자료는 ‘교육과정연계’와 ‘창의적 체험활동’으로 구분하여 학교에서 교과과정과 연계하여 인권교육을 할 수 있게 만들어졌다. 그중에서 [그림 11－4]는 저학년을 대상으로 교육과정과 연계하여 인권교육을 하는 자료이다.

<table>
<tr><th colspan="2">1-2. 소중한 나</th></tr>
<tr><td>학습 목표</td><td>내가 할 수 있는 일을 알아보고 내가 가진 권리가 무엇인지 알 수 있다.</td></tr>
<tr><td>내용 요소</td><td>정체성, 교육받을 권리</td></tr>
<tr><td>교과 연계</td><td>1학년 통합 - 봄 - 1. 학교에 가면
[2슬01-02] 여러 친구의 다양한 특성을 이해하고 친구와 잘 지내는 방법을 알아본다.
[2바02-02] 봄에 볼 수 있는 동식물을 소중히 여기고 보살핀다.</td></tr>
<tr><td>개요</td><td>나의 이름에 담긴 의미와 나의 특성을 알아보고 친구들과 비교해 보는 활동을 하여 나의 정체성을 알아본다. 그리고 내가 잘하는 것이 무엇인지 콜라주로 표현한 후 어떻게 배웠는지 알아보는 과정을 가짐으로써 모든 사람이 동등하게 배울 권리가 있음을 깨닫게 한다.
<table><tr><td>경험하기</td><td>나의 정체성 탐구하기</td></tr><tr><td>말하기</td><td>나와 비슷한 친구와 다른 친구들에 대해 말하기</td></tr><tr><td>성찰하기</td><td>내가 할 수 있는 일 콜라주로 표현하기</td></tr><tr><td>관련짓기</td><td>내가 할 수 있는 것을 가르쳐 준 분이나 가르쳐 준 곳 알아보기</td></tr><tr><td>실천하기</td><td>콜라주를 전시하여 배울 권리를 인식하기</td></tr></table></td></tr>
<tr><td>차시(시간)</td><td>2차시(80분)</td></tr>
<tr><td>유형</td><td>콜라주 만들기, 모둠이나 짝과 함께 이야기하기</td></tr>
<tr><td>자료</td><td>전지크기 종이, 매직펜, 컬러 사진이나 잡지, 신문, 가위, 풀, 붙임 종이</td></tr>
<tr><td>수업 시 유의점</td><td>1. 이번 차시의 콜라주 활동은 모둠으로 활동하는 것이 힘들다면, 신체 윤곽이 그려진 A4 크기의 학습지로 개별 활동을 해 보는 것도 가능하다.
2. 콜라주를 할 때 학생들이 할 수 있는 것 밑에 자신의 이름을 쓰도록 하여 누가 그 일을 할 수 있는지 친구들이 알 수 있도록 하는 것이 좋다.
3. 모든 사람이 동일한 방식으로 배우지는 않더라도 모두가 동등한(평등한) 배울 권리가 있음을 강조하여 알려준다.</td></tr>
</table>

교수학습 지도안	
경험하기 [나의 정체성 탐구]	1. 자신의 이름에 담긴 의미 알아보기 - 자신이 이름에 담긴 의미를 부모님께 물어보기 - 성(김, 이, 박 등) 외에 나의 이름에 담긴 의미를 말해볼까요? 2. 나의 정체성 탐구 - 붙임 종이(4장)에 선생님이 질문하는 것에 대해 대답을 적어봅시다. - 나의 얼굴이나 몸의 특징은 무엇인가요? - 내가 좋아하는 것은 무엇인가요? - 내가 싫어하는 것은 무엇인가요? - 내가 요즘 가장 관심 있는 것(관심 있는 장난감 등)은 무엇인가요? - 그 포스트잇을 자신의 몸에 붙인 후 돌아다니며 자기와 비슷한 답을 쓴 친구를 찾아보세요. - 비슷한 답을 한 개라도 쓴 친구들끼리 모여서 비슷한 점, 다른 점을 알아보세요.
말하기	- 나와 비슷한 답을 쓴 친구는 누구누구인가요? - 나와 비슷한 답을 쓴 친구들과 서로 비교해 보았을 때 비슷하지 않은 답은 무엇인가요? - 나와 친구들은 모두 같은 모습이라고 할 수 있나요? - 여러분은 이렇게 서로 다르지만 모두 소중한 친구들입니다. 소중한 나의 모습을 더 알아봅시다.
성찰하기 [콜라주로 표현하기]	1. 내가 할 수 있는 일 - 콜라주로 표현하기 - 여러분이 학교에 들어오기 전에는 하지 못했지만 지금 할 수 있는 일에는 무엇이 있을까요? 또는 학교에서 배운 것은 무엇이 있을까요? 예를 들면 시계 읽기나 돈 세기 등은 여러분이 어릴 때는 못하는 것들이었을 것이에요. - (교사가 모둠 당 1장의 전지크기 종이를 배부한다.) 4명의 모둠에서 한 명의 친구가 누우면 몸의 윤곽을 따라 그려봅시다. - 여러분이 알거나 할 수 있는 것을 보이도록 그림을 그리거나 사진을 잘라 몸 크기의 그림에 붙여 보세요. 예를 들면 내가 지금 축구를 잘하면 발에 축구공 사진이나 그림을 붙여보세요. 책을 잘 읽으면 책 그림이나 사진을 머리나 눈에 붙여주세요. - 그림에서 몸이 가려질 때까지 사진이나 그림을 붙여(그려) 주세요. - (콜라주를) 완성하였으면 앞 칠판에 붙여서 친구들과 서로 잘하는 것을 비교해 보도록 합니다.
관련짓기	- 다른 친구들과 우리 모둠의 콜라주의 차이점은 무엇인가요? 1. 내가 할 수 있는 것을 가르쳐 주신 분은? 가르쳐 준 곳은? - 여러분이 지금 할 수 있는 것은 누구에게서 배웠나요? 기억을 잘 떠올려서 내가 잘하는 것을 누구에게 배웠는지 가르쳐 준 사람이나 가르쳐 준 곳을 화살표로 표시해 보세요.

	- 모든 다른 친구들도 같은 방법으로 배웠을까요? - 이렇게 여러분을 가르쳐 주는 학교가 없다면 어떻게 될까요? 읽고 쓰는 것, 덧셈 뺄셈 등은 어떻게 배울 수 있을까요? - 여러분은 학교에서 여러 가지를 배울 수 있습니다. 그리고 그렇게 배울 수 있는 권리를 가지고 있다고 하지요. 지금 잘하는 것뿐만 아니라, 더 많은 것을 앞으로 학교에서 배우게 될 것입니다. 그래서 학교는 그만큼 소중한 곳입니다.
실천하기	- 오늘은 여러분 스스로의 모습을 살펴보고 내가 잘하는 것들, 그리고 그것을 누구에게 또는 어디서 배웠는지 알아보았어요. - 모든 친구들이 모두 같게 배우거나 익히는 것은 아닐지라도 세상의 모든 어린이들은 동등하게(똑같이) 배울 권리를 가지고 있습니다. - 우리가 만든 콜라주 그림을 복도나 교실 벽에 붙여놓고 이렇게 모두가 배움의 권리가 있음을 알도록 합시다.

[그림 11-4] 초등 인권교육 자료, 소중한 나

출처: 서울시교육청 학생인권교육센터(2018), 편집

4) 다문화교육과 다양성, 반편견 자료

다문화교육에서 주로 다루어지는 핵심 개념은 다양성, 반편견, 인권, 평등, 평화, 공존 등이며, 이를 주제로 한 다문화교육이 다양한 프로그램을 통해 이루어지고 있다.

다음과 같은 그림 자료들을 반편견 교육을 도입하는 부분에 활용하여 자신의 판단과 시각이 틀릴 수 있다는 것을 깨닫게 하면 흥미를 갖고 적극적으로 참여하게 할 수 있다.

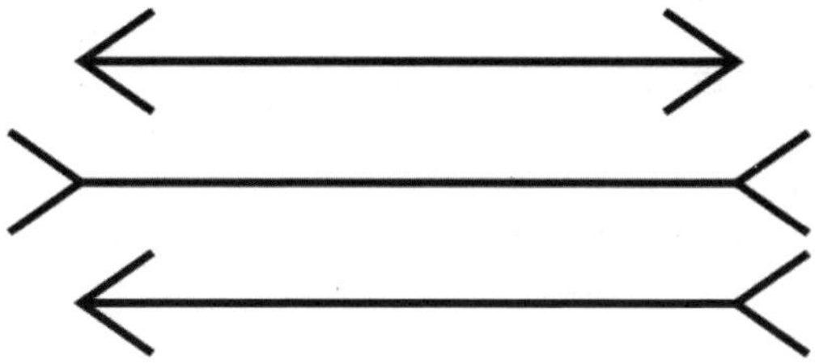

* 세 개의 화살표의 길이가 달라 보인다.
하지만 화살표의 길이는 같다.
내 판단이 틀릴 수 있다.

* 그림이 움직여 보인다.
하지만 그림은 움직이지 않고 있다.
내 시각이 틀릴 수 있다.

[그림 11－5]는 대학생들을 대상으로 다양성에 대해 다문화교육을 실시한 자료이며, 이를 통해 문화의 다양성과 공통성을 확인하게 하여 다문화감수성을 증진시키고자 한 것이다. 스마트폰 등을 활용하여 학습자가 직접 찾아보게 함으로써 교육에 흥미를 갖게 할 수 있으며, 검색을 하는 동안 다른 문화에 대해서도 알 수 있으므로 학습내용을 더욱 풍성하게 할 수 있다.

<table>
<tr><td rowspan="2">다문화교육
학습지</td><td rowspan="2">다문화 이해 교육
세계 여러 나라의 전통 놀이</td><td>학과:</td></tr>
<tr><td>이름:</td></tr>
<tr><td colspan="3">1. 다음 전통놀이의 방법과 유래를 찾아보세요.
2. 인터넷 검색을 통해 다른 나라에도 비슷한 전통놀이가 있는지 찾아보세요.</td></tr>
</table>

[씨름]

[연날리기]

[구슬치기]

[그림 11-5] 다문화이해교육, 세계 여러 나라의 전통 놀이

또한 [그림 11-6]은 대학생들을 대상으로 반편견에 대해 다문화교육을 실행한 자료이며, 인권에 대한 영상(영화)이나 다문화구성원과 관련한 영상(영화)을 시청하고 나

서, 다문화구성원 중에 한 명을 선택하여 편지를 쓰게 함으로써 다문화감수성을 증진시키고자 한 것이다.

<table>
<tr><td rowspan="2">다문화교육
학습지</td><td rowspan="2">다문화 이해 교육: 반편견</td><td>학과:</td></tr>
<tr><td>이름:</td></tr>
<tr><td colspan="3">1. 영화에 등장하는 다문화 구성원 중에서 특별히 마음에 와닿는 사람을 생각해 보세요.
2. 마음에 와닿는 다문화 구성원에게 편지를 써 보세요.</td></tr>
<tr><td colspan="3"></td></tr>
</table>

[그림 11-6] 반편견교육 자료; 편지쓰기

학생들에게 마음에 와닿는 다문화구성원들에게 편지를 쓰게 한 후에, 발표를 하는 시간을 갖거나 조별로 나누어서 왜 이 사람에게 편지를 쓰게 되었는지 토론하게 하면 더 큰 효과를 거둘 수 있을 것이다. 그리고 여기에 필요한 자료는 '국가인권위원회'에서 제작한 인권영화나 유튜브(www.youtube.com)의 영상들을 활용해도 좋을 것이다.

5) 다문화교육을 위한 영상 및 영화

(1) 다문화교육을 위한 영상자료 목록

No.	영상 제목	영상 제작처
1	지식채널 e - 다문화 시리즈	EBS
2	'다문화 휴먼다큐 가족' 시리즈	EBS
3	지식채널e - 모자이크 프로젝트	EBS
4	루비나의 사랑	평택대학교
5	'다문화 고부열전' 시리즈	EBS
6	'러브 인 아시아' 시리즈	KBS1
7	[다문화 인식개선 캠페인] - 편견에서 시작된 친절은 편견이 될 수 있습니다.	현대차 정몽구 재단
8	어느 나라 사람일까요? - 다문화 가정에 대한 한국인의 편견	LG
9	다문화이해교육 - 교육동영상시리즈	다누리
10	WWYD(What Would You Do?)	
11	우리가 더 미안해 (다문화 가정 아이들의 베트남 여행기)	CGNTV
12	1박2일 시즌1 175회 - 외국인근로자편	KBS2
13	JTBC News - "왜 놀림 받아야 하지"…차별에 상처받는 다문화가정	JTBC
14	채널A 뉴스 - "나도 한국인입니다"…다문화 2세들의 호소	채널A
15	결혼이주여성 10만 시대, 한국-베트남 다문화 가정의 현주소는?	YTN
16	'다문화인, 나는 신한국인이다' 시리즈	다문화TV
17	YTN News - "말로만 다문화 사회...걸림돌 여전"	YTN
18	'다문화 가족 이야기' 시리즈	스마트팜TV
19	스토리가 있는 다문화교육	서울특별시교육청
20	KBS News - "왜 우리 세금으로?"…편견에 막힌 다문화교육	KBS
21	'다문화 사랑' 시리즈	EBS Culture
22	YTN NEWS - "노래로 하나 돼요"...다문화의 벽 허물어	YTN

(2) 다문화교육을 위한 영화자료 목록

〈표 11-8〉 다문화교육을 위한 영상 및 영화 목록

No.	영화 제목	감독	제작 년도
1	로니를 찾아서	심상국	2009
2	반두비	신동일	2009
3	시선 1318 中 〈달리는 차은〉	김태용	2009
4	다섯 개의 시선 中 〈배낭을 멘 소년〉	정지우	2006
5	다섯 개의 시선 中 〈종로, 겨울〉	김동원	2006
6	별별 이야기 中 〈자전거 여행〉	이성강	2006
7	세 번째 시선 中 〈잠수왕 무하마드〉	정윤철	2006
8	세 번째 시선 中 〈험난한 인생〉	노동석	2006
9	여섯 개의 시선 中 〈믿거나 말거나 찬드라의 경우〉	박찬욱	2003
10	별별 이야기 2 中 〈샤방 샤방 샤랄라〉	권미진	2008
11	완득이	이한	2011
12	마이 리틀 히어로	김성훈	2013
13	러블리 로즈	스테판 거져	2008
14	터치 오브 스파이스	타소스 불메티스	2005
15	제9중대	표도르 본다르추크	2007
16	시티즌 독	위시트 사사나티앙	2006
17	나그네와 마술사	키엔츠 노부	2006
18	블랙	산제이 릴라 반살리	2009
19	어네스트와 셀레스틴	뱅상 파타 外	2014
20	세리와 하르	장수영	2009
21	안녕?! 오케스트라	이철하	2013
22	방가? 방가!	육상효	2010
23	황구	박용집	2014

〈표 11-9〉 국가인권위원회 제작 인권영화 목록

제작 연도	개봉 연도	작 품 명		감독	주제	상영 시간	상영 등급
2002	2003	여섯 개의 시선	그녀의 무게	임순례	외모차별	23	12세 110분
			그 남자의 事情	정재은	성폭력	19	
			대륙횡단	여균동	장애	15	
			신비한 영어나라	박진표	아동	12	
			얼굴값	박광수	외모차별	13	
			믿거나 말거나, 찬드라의 경우	박찬욱	이주노동자	28	
2004	2005	별별이야기 1 (애니메이션)	낮잠	유진희	장애	13	전체 관람가 72분
			동물농장	권오성	소수자	15	
			그 여자네 집	김준 외	남녀성역할	11	
			육다골대녀	이애림	외모	10	
			자전거여행	이성강	이주노동자	10	
			사람이 되어라	박재동	입시위주 교육	13	
2004	2006	다섯 개의 시선	언니가 이해하셔야 돼요	박경희	장애	22	12세 111분
			남자니까 아시잖아요?	류승완	남자	20	
			배낭을 멘 소년	정지우	탈북청소년	26	
			고마운 사람	장 진	비정규직	24	
			종로, 겨울	김동원	중국동포	19	
2005	2006	세 번째 시선	잠수왕 무하마드	정윤철	이주노동자	16	12세 106분
			소녀가 사라졌다	김현필	가족형태	22	
			험난한 인생	노동석	피부색	15	
			당신과 나 사이	이미연	남여 성역할	15	
			BomBomBomB	김곡 김선	성소수자	21	
			나 어떡해	홍기선	비정규직	17	
2007	2008	별별이야기 2 -여섯빛깔 무지개 (애니메이션)	세 번째 소원	안동희 외	장애	13	12세 92분
			아주까리	홍덕표	성교육	15	
			아기가 생겼어요	이홍수 외	임신 출산	15	
			샤방샤방 샤랄라	권미정	이주민 차녀	17	
			메리 골라스마스	정민영	취업차별	10	
			거짓말	박용제	성소수자	22	

제작 연도	개봉 연도	작 품 명		감독	주제	상영 시간	상영 등급
2008	2009	시선 1318	달리는 차은	김태용	이주노동자 자녀	29	12세 124분
			릴레이	이현승	청소년 비혼모	21	
			유 앤 미	전계수	청소년 장래	20	
			진주는 공부중	방은진	청소년 입시	19	
			청소년 드라마의 이해와 실제	윤성호	청소년 일반	35	
2009	2009	날아라 펭귄 (장편영화)		임순례	아동, 노인인권 등	110	전체 관람가
2010	2011	시선 너머	이빨 두 개	강이관	탈북 청소년	27	12세 144분
			니마	부지영	이주민	23	
			백문백답	김대승	개인정보	29	
			바나나 쉐이크	윤성현	이주민	37	
			진실을 위하여	신동일	개인정보	28	
2012	2012	범죄소년 (장편영화)		강이관	전과 차별	106	15세
2013	2013	어떤 시선	두한에게	박정범	장애와 비장애	35	12세 108분
			봉구는 배달 중	신아가 이상철	노인차별	33	
			얼음강	민용근	양심에 따른 병역거부	39	
2013	2014	하늘의 황금마차 (장편영화)		오멸	노인인권	84	12세
2014	2016	4등 (장편영화)		정지우	스포츠 인권	119	15세
2015	2016	시선사이	우리에겐 떡볶이를 먹을 권리가 있다	최익환	청소년인권	23	12세 95분
			과대망상자(들)	신연식	정신장애	37	
			소주와 아이스크림	이광국	무연사, 고독사	35	

출처: 인권교육센터 홈페이지

(3) 영상 및 영화를 활용한 다문화교육

다문화교육을 할 때 영상 및 영화를 시청하게 하는 것은 이론적인 수업에만 그치는 것을 방지하고, 학습자들이 실제로 다문화사회의 현상과 다문화 구성원들의 삶을 간접적으로 체험함으로써 다문화 감수성을 증진하는 데 매우 유용하다. 그러나 아무런 계획이나 목적도 없이 교육목표에 맞지 않는 영상 및 영화를 무분별하게 시청하게 하면 다문화 인식과 다문화 감수성을 증진시키기보다는 재미와 오락을 즐기는 시간으로 왜곡될 수 있다. 따라서 다문화교육을 할 때 교수자가 먼저 영상 및 영화를 충분히 시청하고 분석한 후에 학습자들이 꼭 시청해야 할 필요성을 가진 교수학습 지점에서 적당한 분량으로 활용해야 한다.

김연권 & 한용택(2012)은 교수학습에 있어서 영화를 시청하는 활용방안에 대해 〈표 11-10〉과 같이 주장했다.

〈표 11-10〉 다문화교육에 있어서 영화 시청의 활용방안

시청방식	적합한 영화	장점	단점
영화 전편을 한 번에 시청	• 재미가 있거나 작품성이 높은 영화에 적합하다. • 최근 상영작 혹은 대중적 오락성이 검증된 영화에 적합하다. • 옴니버스 스타일이나 단편영화처럼 러닝타임의 부담이 없는 영화에 적합하다.	• 영화의 내용 전체에 대한 이해를 증진시킬 수 있다.	• 시청에 적지 않은 시간이 필요하다. • 학생들의 관심과 긴장을 계속 유지시켜야 하는 부담이 있다. • 스토리의 이해나 오락적 측면에 함몰되어 주제에 대한 관심이 적어질 수 있다.
발췌, 편집 후 일부 시청	• 비교적 예술성이 높거나 주제 의식이 선명한 영화에 적합하다. • 할당된 수업 시간에 전편을 보여주는 것이 적합하지 않은 영화의 시청에 활용될 수 있다.	• 학습의 시간관리가 용이하다. • 주제에 대한 접근이 쉽다. • 학교의 수업시간이 일반적으로 40~50분 사이임을 감안했을 때 가장 보편적으로 응용할 수 있는 방식이다.	• 영화 내용의 전체적인 흐름에 대한 이해가 어려울 수 있다. • 영화에 대한 전반적인 오해 혹은 편협한 이해의 가능성이 있다. • 적절한 장면의 선택과 편집 등 교수자의 사전 준비가 부담이 될 수 있다.
전편을 여러 번으로	• 전편 시청의 필요성이 있으나 시간적인 제함이	• 다문화와 관련된 주제뿐 아니라, 하나의 독립	• 교수자가 영화 서사에 대해 선결적 이해가 필요하

시청방식	적합한 영화	장점	단점
나누어 시청	있을 경우, 다문화 현실을 직접적으로 다룬 영화에 적합하다.	된 서사장르로서의 영화에 대한 이해를 증진시킬 수 있다. • 작품의 주제가 형상화되는 구체적인 과정에 대해 분석적으로 파악할 수 있다. • 반복적인 토론과 지속적인 환기로 인해 주제에 대한 장기적인 관심을 유발시킬 수 있다.	다. • 식상함과 매너리즘이 교수자로서의 경계해야 할 점이다.

출처: 김연권 & 한용택(2012)

또한 김연권 & 한용택(2012)은 이렇게 영화를 시청하는 활용방안을 가지고 실제로 수업활동에 활용할 수 있도록 〈표 11-11〉과 같이 '수업 활동 계획표'를 소개했다.

〈표 11-11〉 영화를 활용한 다문화교육 수업활동

단계	활동 내용	시간(45')
도입	• 활동 안내 및 수업 목표	5분
전개	• 활동 1. '사랑해, 파리(Paris, Je T'Aime)' 중 〈센 강변〉 시청 - 영화의 줄거리와 작중 인물의 대화를 유심히 생각하면서 영화를 감상한다. • 활동2. 시청 학습지 작성 - 작중인물의 대화와 전체적인 줄거리의 상관관계 그리고 대화의 의미를 반추하면서 개인별 시청학습지를 작성한다. • 활동3. 출발~ 영화 속으로! 주제별 토론 및 발표 - 작성된 개인별 시청학습지를 바탕으로 토론을 하여 다른 학생들의 생각과 자신의 생각을 비교해 본다. - 영화의 에피스드가 미래 한국의 현실에서도 재연될 수 있는지, 또는 한국의 현실 가운데 유사한 사례가 있는지 생각해 보고 찾아본다.	30분
정리	• 히잡으로 대표되는, 프랑스를 비롯한 유럽에서의 무슬림 문제를 간략하게 설명한다. • 종교와 문화의 차이가 우열의 문제가 아니라 단순한 다름이라는 점을 강조하고, 개인 간의 우정과 의사소통은 종교와 문화의 차이를 극복할 수 있음을, 그리고 그래야 한다는 당위성을 강조한다.	10분

출처: 김연권 & 한용택(2012)

이처럼 현재 한국에서는 다문화 구성원뿐 아니라 전체 학생들, 성인들을 대상으로 영상, 영화, 책, 그림, 포스터 등 다양한 자료를 활용한 다문화교육을 연구 및 실행하고 있다. 이는 한국 사회가 다문화사회로 급변하고 있다는 것을 인식한 결과이며, 한국의 미래 사회를 준비하는 데 다문화교육이 매우 중요하다는 것에 대한 표현이다.

V

다문화상담

제12장 다문화상담(Multicultural counseling)

제 12 장 다문화상담(Multicultural counseling)

한국사회가 다문화사회로 빠르게 변해가면서 다양한 문제가 발생하고 있다. 다문화가정의 자녀들이 한국 사회 및 학교생활에 적응하는 데 어려움을 겪을 뿐 아니라, 다문화가정의 자녀들과 함께 살아가는 한국 출생의 자녀들도 혼란스러워하고 있다. 더군다나 중도입국자의 자녀들, 특히 질풍노도의 시기에 정체성을 확립해야 할 청소년기에 있는 다문화가정의 자녀들의 경우에는 더욱 혼란이 가중되고 있다.

또한 낯선 한국에 와서 한국 출생의 여성들도 감당하기 힘들어하는 가정의 살림을 맡아서 하는 결혼이주여성들은 문화적 차이에서 오는 혼란, 경제적인 어려움, 이상과 현실의 괴리감 등으로 인해 마음에 상처를 받기 쉬운 처지에 있다.

외국인근로자들의 한국 생활도 녹록치 않은 것은 마찬가지이다. 외국인근로자들은 문화적 차이에서 오는 혼란, 작업장 변경의 어려움, 가족들과 떨어져 있는 데서 오는 불안과 외로움, 과도한 근무시간과 열악한 환경, 경제적인 어려움, 이상과 현실의 괴리감 등으로 인해 마음이 편치 않은 경우가 많다.

이들과 함께 살아가는 한국 출생의 본토인들도 어색하기는 마찬가지다. 생각지도 못했는데 갑자기 다문화사회로 변해버렸으니, 다문화 구성원들을 받아들일 마음의 준비도 되지 않은 상태에서 다문화 구성원들을 어떻게 대해야 할지, 어떻게 관계를 형성해 나가야 할지 등을 고민해야 할 처지가 되었다. 그러나 이미 한국 사회는 다문화사회가 되었고, 앞으로 한국 사회의 다문화 현상은 더욱 빠르게 가속화될 것이 자명하다.

따라서 급변한 다문화사회 현상에서 오는 상처받은 마음을 치유하고, 다문화수용성과 다문화감수성 및 다문화역량을 증진하기 위해서 다문화상담이 매우 중요하며, 이를 위해 다문화역량을 갖춘 상담자들이 많이 필요한 실정이다. 이에 따라 본 장에서는 다음과 같은 목표를 가지고 구체적인 내용을 살펴보고자 한다.

단원목표

1. 다문화사회에서 요구되는 다문화상담의 정의, 목적, 유형, 원리를 이해한다.
2. 다문화사회에서 다문화상담자가 갖추어야 할 다문화상담역량(multicultural counseling competence) 및 윤리적 태도를 살펴본다.
3. 한국적 다문화상담의 필요성 및 주요상담 내용과 한국 다문화가정 자녀 상담의 원리를 이해한다.
4. 다문화상담에서 활용하는 상담기법 및 다문화상담 절차를 파악한다.

1) 다문화상담의 개념

(1) 다문화상담의 정의

'상담(counseling)'이라는 단어는 '조언을 구하다', '반성하다', '고려하다' 등의 의미를 가진 라틴어 'consulere'에서 유래되었다. 즉, '상담'이란 내담자(client)가 상담자(counselor)에게 조언을 구하여 자기의 삶을 반추하고 반성하며, 상담자의 말을 고려하여, 보다 나은 삶을 살아가게 하는 것이다.

'상담(相談)'이라는 한자를 분석하면, '서로 상(相)'은 '나무 목(木)'과 '눈 목(目)'으로 이루어졌으며, '이야기 담(談)'은 '말씀 언(言)'과 '태울 염(炎)'으로 이루어졌다. 즉, 나무 아래에서 서로 눈을 맞추어 마치 활활 타오르는 불처럼 이야기를 나누는 것을 의미한다. 그러므로 상담(相談)이란, 상담자가 내담자에게 일방적으로 지시하거나 내담자가 상담자에게 일방적으로 하소연하는 것이 아니라, 마음을 열고 눈을 맞추어 서로 편안하게 이야기를 주고받으며 성장을 도모하는 '상호작용 과정'이다.

또한 Williamson(1939)는 '상담'을 '훈련과 기술, 신용으로써 상담자가 내담자의 적응문제를 해결하는 면대 면의 관계'라고 정의하며 전문적인 훈련을 받은 상담자와 내담자의 면대 면 관계를 중시했다. 미국상담학회(ACA: American Counseling Association, 1990)도 상담을 '훈련받은 전문가가 도움이 필요한 사람과 신뢰로운 관계를 형성하는 과정'이라고 정의하며 훈련을 받은 상담자와 내담자의 신뢰적 관계를 중시했다. 그리고 Garfield(1995)는 '상담'을 '상담자와 내담자 간의 언어적 상호작용을 통해 상담자가 내담자로 하여금 어려움을 극복하도록 도와주는 것'이라고 정의하며 상담의 언어적 상호작용 과정을 중시했다.

그러므로 '상담'이란 '내담자가 전문적인 훈련을 받은 상담자에게 조언을 구하여, 서로 신뢰하는 마음으로 편안하게 이야기를 주고받으며, 적응 문제를 포함한 여러 가지 어려움을 해결해 가는 상호작용의 과정'이다.

이러한 상담의 정의를 기반으로 '다문화상담'을 정의하면, '다문화상담'이란 '문화적 배경, 가치관, 생활양식의 차이로 인해 어려움을 겪는 내담자가 전문적인 훈련을 받아서 문화적인 역량과 상담 능력을 가진 상담자에게 조언을 구하여, 서로 신뢰하는 마음으로 편안하게 이야기를 주고받으며, 문화적인 적응 문제를 포함한 여러 가지 어려움을 해결해 가는 상호작용의 과정'이라고 할 수 있다.

(2) 다문화상담의 목적

알프레드 아들러
(Alfred Adler, 1870~1937)

영향력 있는 개인심리학 체계를 세웠으며, 열등감(inferiority feeling)이라는 용어를 도입했던 알프레드 아들러(Alfred Adler)는 상담의 목적이 '사회적 관심, 열등감 극복, 생활양식 수정, 동기의 변화, 공동체감 증진, 평등성 자각'이라고 주장했다. 이러한 아들러의 주장은 다문화상담이 추구하는 목적과 적합하게 연계될 수 있다.

첫째, 아들러는 유아기에 중요한 주변인들에게 적절한 사랑과 관심, 존중을 받고 자라지 못하면, 이것이 반사회적 행동이나 범죄의 원인이 되기도 하기 때문에 상담의 주요 목적 가운데 하나는 개인의 사회적 관심(social Interest)을 증진하는 일이라고 했다.

다문화가정의 자녀들뿐 아니라, 상당수의 자녀들이 세대 간의 차이, 문화적인 차이, 경제적인 상황으로 인해 유아기 및 청소년기에 중요한 주변인들로부터 적절한 사랑과 관심, 존중을 받지 못하고 자라는 경우가 많다. 이는 반사회적 행동이나 범죄의 원인이 되어, 사회적인 갈등의 불씨가 될 수도 있는데, 효과적인 다문화상담을 통해 적절한 사회적 관심을 줌으로써 이를 예방할 수 있다.

둘째, 아들러는 아동은 어려서부터 자기보다 강하고 더 많은 자원을 가진 사람에게 열등감을 느끼며 성장하기 때문에 상담의 주요 목적 가운데 하나는 개인의 열등감 극복(overcoming Inferiority)을 돕는 일이라고 했다. 아동은 자라면서 자신의 열등감을 극복하고, 중요한 주변인들에게 인정을 받으려고 하지만, 이런 도전들이 적절히 보상받지 못하게 될 때 열등감은 일종의 병적 콤플렉스가 된다. 따라서 상담은 내담자가 피해의식, 패배감, 열등감을 극복하고, 자신이 가진 자원을 확인하고, 자신감을 느끼도록 도와야 하는데, 이를 위해 정서적인 지지와 존중이 매우 중요하다.

여러 가지 문화적인 배경, 가치관, 인종, 언어, 생활양식의 차이로 인해 열등감을 느끼는 사람들이 많다. 이는 유아 및 청소년뿐 아니라, 성인들도 마찬가지이다. 특히 결혼이민자, 외국인근로자, 북한이탈주민, 다문화가정의 자녀 등의 경우 문화적·경제적 차이에서 오는 열등감을 느끼는 경우가 많다. 이들도 중요한 주변인들에게 인정을 받으려고 노력하지만, 종종 이런 열등감이 본인의 노력으로만은 해결되지 않은 경우가 많다. 따라서 적절한 다문화상담을 통해 내담자가 피해의식, 패배감, 열등감을 극복할 수 있도록 도와서 자신이 가진 자원을 확인하고, 자신감을 느끼며 살아갈 수 있도록 정서적인 지지와 존중을 해 주는 것이 매우 중요하다.

셋째, 아들러는 개인이 현실에서 벌이지는 일에서 의미를 찾는 '핵심 신념'은 본인의 생활양식을 결정하며, 이 생활양식은 개인의 모든 행동을 통합하고 연결한다고 했다. 이 생활양식을 통해 자아, 타인, 인생에 대한 가치와 시각을 구성하고, 이에 따라 자기의 목표를 이루어 간다. 따라서 상담의 주요 목적 가운데 하나는 개인의 '생활양식을 수정(lifestyle Modification)'하는 일이라고 주장했다. 이처럼 상담은 내담자의 왜곡된 생활양식을 바람직한 생활양식으로 변화시키는 것을 목표로 한다.

여러 가지 문화적인 배경, 가치관, 인종, 언어, 생활양식의 차이로 인해 열등감을 느끼는 사람들일수록 자아, 타인, 인생에 대한 가치와 시각이 왜곡되며, 이에 따라 개인의 현실에서 벌어지는 일들에 대해 긍정적인 판단을 하지 못하게 된다. 이러한 일들이 반복되면, 결국 '핵심 신념'까지 잘못될 가능성이 높아서 인생을 살아가는 대부분의 생활양식들이 왜곡되고 만다. 따라서 효과적인 다문화상담을 통해 개인의 '생활양식을 수정'해 가는 일이 반드시 필요하다.

넷째, 아들러는 개인의 부적절한 행위는 그 행위 자체보다, 그 행위를 유발하는 동기에 문제가 있는 경우가 많으므로 상담의 주요 목적 가운데 하나는 개인의 '동기의 변화(motivation Modification)'를 형성해 가는 것이라고 했다. 이를 위해 개인주의 상담에서는 행동보다는 동기 변화에 관심을 갖고, 개인이 바람직한 동기를 지니도록 격려하고 지지한다. 이를 통해 내담자들은 동기와 행동을 포함한 총체적인 변화를 시도하게 되며, 궁극적으로 효율적인 행동을 실행하게 된다.

여러 가지 문화적인 배경, 가치관, 인종, 언어, 생활양식의 차이로 인해 중요한 주변인들에게 인정이나 존중을 받지 못하는 일들이 빈번하게 계속되면, 자신의 존재를 인정받거나 존중받기 위해서 부적절한 행위를 반복하는 일들이 발생한다. 다문화가정 자녀의 경우에 자신의 존재를 인정받기 위해 동료 학우들에게 무엇인가를 선물하는 데 많은 돈을 쓰기도 하며, 이것이 부모와 자녀 사이에 불화를 일으키는 요인이 되기도 한다. 따라서 적절한 다문화상담을 통해 내담자를 격려하고 지지하여 타인에 대해 왜곡된 생각을 바로 잡고, '동기의 변화'를 형성해 가야 한다.

다섯째, 아들러는 각 개인의 행복과 성공이 사회적 연결성과 관련되어 있다고 했다. 인간은 누구나 혼자서 세상을 살아가며 만족감을 느낄 수 없으며, 가족과 사회 안에서 안정감, 수용, 존중 등 기본적인 욕구를 채우려 한다. 개인이 경험하는 문제들은 대부분 그가 소중하게 여기는 공동체에 받아들여지지 않는 것에 대한 두려움과 연관되어 있으며, 이것 때문에 불안을 느낀다. 이에 상담자는 '공동체감 증진(Feeling of Community)'을 통해 내담자가 공동체에 대한 소속감을 자각하도록 도와야 한다고 했다.

여러 가지 문화적인 배경, 가치관, 인종, 언어, 생활양식의 차이를 많이 느끼는 사람들일수록 혼자 있는 시간이 많고, 스스로를 두려움과 불안의 감옥 속에 가두고 마음의 문을 열지 않으려고 하는 경우가 많아서 사회적 관계를 맺는 데 어려움을 느낀다. 따라서 다문화상담자는 효과적인 다문화상담을 통해 사회적 관계를 시도하게 하고, 격려해 주고, 지도해 주어 '공동체감 증진'을 함으로써 내담자가 가족과 사회 안에서 안정감, 수용, 존중 등을 느낄 수 있게 도와야 한다.

여섯째, 아들러는 상담의 주요한 목적은 '평등성 자각(Awareness of Equality)'이라고 했다. 즉, 상담은 사회적 평등을 증진하며, 개인 간 내적 차이에도 불구하고 모든 사람이 상호 존중하고, 서로의 존엄성을 인정하도록 촉구해야 한다. 아들러는 같은 맥락에서 개인주의 상담은 다문화주의를 존중하고, 경쟁적이며 개인 중심주의적인 문화를 경계하며, 상담자는 내담자가 사회 구성원에 대한 평등 의식을 지니도록 도와야한다고 주장했다.

여러 가지 문화적인 배경, 가치관, 인종, 언어, 생활양식의 차이를 느끼는 사람들은 불평등이 불의한 일이라는 것을 알고 처음에는 상황을 바꾸어보려고 하지만, 자기의 힘으로 상황을 바꿀 수 없다는 것을 계속해서 느끼게 되면 체념해 버리는 경우가 많다. 그러하기에 효과적인 다문화상담을 통해 내담자가 평등 의식을 갖도록 돕고, 다문화상담자가 내담자와 함께 불평등한 상황을 바꾸어 가도록 도와야 한다. 이를 위해 다문화상담자는 내담자 및 주변인들의 평등의식을 고취해야 하며, 더불어 사회 전체 구성원 전체가 평등 의식을 갖도록 노력해야 한다.

(3) 다문화상담의 유형

고영남(2012)은 내담자의 발달연령, 구성인원, 조력욕구, 문제내용에 따라 상담의 유형을 〈표 12-1〉과 같이 구분했다.

〈표 12-1〉 상담의 유형

구분	내용
내담자의 발달연령	아동상담, 청소년상담, 성인상담, 노인상담
내담자의 구성인원	개인상담, 집단상담
내담자의 조력욕구	문제예방상담, 발달과 성장상담, 문제해결상담
내담자의 문제내용	정신건강상담, 진로상담, 성상담, 성장상담, 비행상담, 학습상담, 가족상담, 위기상담, 종교상담.

출처: 고영남, 생활지도와 상담(2012)

먼저, 내담자의 발달연령에 따라 '아동상담(3~12세), 청소년상담(13~18세), 성인상담(19~60세), 노인상담(60세 이상)'으로 구분했는데, 이는 일반 상담뿐 아니라 다문화상담에서도 동일하다. 다만, 문화적인 배경, 가치관, 인종, 언어, 종교, 생활양식 등에서 자국민들과 크게 차이를 보이는 다문화 구성원일 경우에는 내담자의 발달연령과 더불어 다양한 문화적 배경을 고려하여 상담해야 한다. 특히 성인상담의 경우에는 내담자의 발달연령뿐 아니라, 한국에 온 배경. 문화적 특성, 경제적 수준, 연령에 따른 기대 수준 등을 다양하게 고려해야 한다.

둘째, 내담자의 구성인원에 따라 개인상담, 집단상담이라고 했는데, 다문화상담에서도 동일하게 구분할 수 있다. 다문화상담에서도 개인의 문화적인 배경과 문화적 역량을 고려한 개인상담을 진행하며, 학교에서 학생들을 대상으로 하는 다문화 집단상담을 비롯하여 다문화교육의 한 부분으로써 다문화 집단상담을 진행한다. 다문화 집단상담의 경우에 내담자의 연령, 문제유형, 문제 심각성 등에 따라 내담자의 숫자가 달라질 수 있지만, 일반적으로 내담자를 8~12명으로 구성하는 것이 바람직하다.

셋째, 내담자의 조력욕구에 따라 문제예방상담, 발달과 성장상담, 문제해결상담으로 구분했다. '문제예방상담'이란 미래에 일어날 수 있다고 예상되는 것을 사전에 예방조치하여 곤란을 겪지 않도록 하기 위한 상담이다. 다문화상담의 경우에도 문제예방 성격의 상담인 경우가 많은데, 주로 미래 예방적인 차원의 성격을 강하게 지니고 있는 다문화교육을 통해 이루어진다. '발달과 성장상담'이란 내담자가 지닌 잠재력을 개발하여 성장을 도모하고자 하는 상담이다. 다문화상담의 경우에 문화적인 배경, 가치관, 인종, 언어, 종교, 생활양식 등의 차이로 인해 잠재력을 개발하지 못하고 있는 내담자가 많다. 그러므로 다문화상담을 통해 내담자가 잠재력을 발견하여 개발할 수 있는 방법을 제시해 주고, 지원 정책을 소개해 주거나 관련 기관과 연계해 주어야 한다. 이때 내담자가 용기를 얻을 수 있도록 격려하고 지지해 주는 것이 매우 중요하다. '문제해결상담'이란 상담자가 내담자의 문제 해결을 위해 조력하는 상담활동을 말한다. 다문화상담에서는 주로 문화적인 배경, 가치관, 인종, 언어, 종교, 생활양식 등의 차이로 인한 어려움 해결, 심리 치료, 실질적인 도움을 받을 수 있는 기관과의 연결을 통해 문제해결상담을 한다.

넷째, 내담자의 문제내용에 따라 정신건강상담, 진로상담, 성상담, 성장상담, 비행상담, 학습상담, 가족상담, 위기상담, 종교상담으로 구분했다. 이처럼 상담은 내담자의 심리·정서적인 요소뿐 아니라, 진로, 성, 학습, 가족 문제, 종교 등 내담자의 생활 전반에 대해 관여하게 된다. 문화적인 배경, 가치관, 인종, 언어, 생활양식 등에서 한국의 본토인들과 큰 차이가 나는 다문화 구성원일수록 심리·정서적인 요소뿐 아니라, 내담자의 생활 전반에 다양한 어려움이 가중되어 있는 경우가 많으므로 다문화상담에 있어서 이런 다양한 영역의 전반적인 상담들이 더욱 필요하다.

(4) 다문화상담의 원리

'다문화상담'이란 '문화적 배경, 가치관, 생활양식의 차이로 인해 어려움을 겪는 내담자가 전문적인 훈련을 받아서 문화적인 역량과 상담 능력을 가진 상담자에게 조언을 구하여, 서로 신뢰하는 마음으로 편안하게 이야기를 주고받으며, 문화적인 적응 문제를 포함한 여러 가지 어려움을 해결해 가는 상호작용의 과정'이다. 이를 위해 다문화상담자가 다문화상담을 진행할 때에 다음과 같은 원리를 따라야 한다.

① 진정성을 가진 '개별화'의 원리

다문화상담자는 다양한 문화적인 배경을 가진 내담자들을 똑같이 획일적으로 대해서는 안 되며, 문화적인 배경, 가치관, 인종, 언어, 종교, 생활양식 등의 개성과 개인차를 고려하여 내담자에게 진정성 있는 상담을 전개해야 한다. 이를 위해 다문화상담자는 내담자 및 내담자와 같은 문화적 배경을 가진 집단에 대한 편견을 버려야 한다. 또한 내담자에게 관심을 갖고 내담자의 말을 경청하고, 내담자의 행동에 주의를 기울여 세심하게 관찰하여 내담자의 감정 변화를 민감하게 포착해야 한다. 그리고 다문화상담자와 내담자 사이에 견해의 차이가 있을 때에는 내담자의 문화적 역량에 맞추어 적절하고 친절하게 상담을 진행해야 한다.

② 공감적 이해를 통한 '라포(rapport) 형성'의 원리

'라포'란 사람과 사람 사이, 상담자와 내담자 사이에서 상호 이해와 공감을 통해 형성되는 신뢰관계와 유대감을 의미한다. 서로의 관심사를 공유하고 공감하며, 상대방에 대해 존중하며 배려하고 이해하며, 같은 경험을 통해 공감대를 만들어 갈 때 '라포'가 형성되어 간다. '라포'가 많이 형성될수록 깊이 있는 상담이 가능하며, 보다 장기적인 신뢰관계로 발전할 수 있다.

문화적인 배경, 가치관, 인종, 언어, 종교, 생활양식 등의 차이로 인해 타인과 관계를 맺는데 익숙하지 않으며, 사회적인 거리감을 가지고 있는 사람들을 상담할수록 '라포'를 형성해 가는 것이 매우 중요하다. 따라서 다문화상담자는 내담자가 마음을 열고 상담에 적극적으로 참여할 수 있도록 우호적이고 온화한 분위기를 만들도록 노력해야 한다. 또한 다문화상담자는 내담자가 기대했던 반응을 보이지 않을지라도 인내심을 가지고 경청해야 하며, 내담자의 정서변화에 민감하여 적절하게 반응하고, 내담자의 반응에 적극적으로 관여해야 한다.

일반적으로 NLP에서는 신뢰가 커지는 과정을 다음과 같이 5단계로 설명한다. ; 1. 내담자의 흐름에 맞춰서 커뮤니케이션을 진행한다. → 2. 라포가 형성된다. → 3. 상담자가 내담자를 상담자의 흐름으로 끌어들인다. → 4. 서로 상대방에게 영향을 준다. → 5. 서로의 생각과 감정을 지지해 주는 공감대가 형성된다.

③ 무조건적 긍정적 존중을 통한 '수용(受容; acceptance)'의 원리

'수용'이란 다른 사람 또는 다른 집단의 사상・문화・제도・관습・주장・요구 등을 상대방의 입장에서 생각하고 이해하여, 있는 그대로 받아들여서 공감하는 것을 말한다. 수용의 자세를 가진 다문화상담자는 자신의 문화적인 배경을 가지고 내담자에 대해 편견을 갖거나 차별하지 않으며, 온정적이며, 내담자에게 관심을 갖고, 내담자를 존중하여 정중한 태도를 갖고 경청하며, 변함없는 중립성과 확고하고 긍정적인 태도를 가지며, 내담자의 생활을 이해하여 효과적인 상담을 해주려는 의지를 가지며, 내담자의 행동이나 특성에 따라 상담자의 말・표정・행동에 거부 반응을 보이거나 비판하지 않는다. 특히 다문화상담은 다양한 사상・문화・제도・관습・주장・요구 등을 가진 내담자를 상담하기 때문에 다문화상담자는 항상 수용적인 자세를 가져야 하며, 무조건적 긍정적 존중의 태도를 가져야 한다.

④ 자기결정의 원리

'다문화상담'이란 '문화적 배경, 가치관, 생활양식의 차이로 인해 어려움을 겪는 내담자가 전문적인 훈련을 받아서 문화적인 역량과 상담 능력을 가진 상담자에게 조언을 구하여, 서로 신뢰하는 마음으로 편안하게 이야기를 주고받으며, 문화적인 적응 문제를 포함한 여러 가지 어려움을 해결해 가는 상호작용의 과정'이기 때문에, 기본적으로 내담자에게 다문화상담자의 조언이나 도움을 통해 자신의 힘으로 문제를 해결해 나갈 수 있는 능력이 있다는 것을 전제로 한다. 따라서 다문화상담에서는 모든 최종결정권을 내담자가 갖는데, 이것을 '자기결정의 원리'라고 한다.

물론 다문화상담을 할 때, 상담자와 내담자의 의견이 다를 수 있고, 상담자의 입장에서 생각할 때 내담자가 내린 결정이 이해가 되지 않을 때가 있다. 그러할지라도 일방적으로 지시를 내리기 보다는 내담자가 충분히 생각하고 결정할 수 있도록 조언해 주고, 격려해 주며, 기다려 주어야 한다.

⑤ 비밀보장의 원리

상담은 상담자와 내담자가 서로 신뢰하는 마음으로 함께 어려움을 해결해 가는 과정이다. 따라서 신뢰적인 관계를 형성하기 위해서 상담자는 어떤 경우에라도 상담을 통해 알게 된 내담자의 비밀을 보장해 주어야 한다.

특히 다문화상담에서 상담자는 내담자가 자신의 비밀을 이야기할 수 있는 유일한 존재인 경우가 많은데, 다문화상담자가 섣불리 문제를 해결하려고 타인에게 내담자의 비밀을 이야기할 경우에 상담자와 내담자의 신뢰 관계가 깨지는 것은 물론, 내담자의 어려움이 더 가중되기도 한다. 그러므로 다문화상담자는 내담자의 비밀을 항상 철저히 보장해 주어야 한다.

단, 내담자가 자신이나 타인을 해칠 위험이 있을 때, 아동학대나 성폭력 등 범죄에 대한 내용을 알고 대처해야 할 때, 내담자의 보호자 요청이 있을 때, 내담자가 용인했을 때, 법적으로 공개를 명했을 때, 상담사가 수습기간에 슈퍼바이저의 지도를 받고 있을 때 등 부득이한 경우에는 내담자에게 비밀유지의 한계를 이야기해주고, 조심스럽고 지혜롭게 제한적인 범위 내에서 내담자의 비밀을 공개할 수 있다.

2) 다문화상담 역량(multicultural counseling competence)

(1) 다문화상담 역량의 구성요소

'다문화상담'이 내담자가 다문화상담자의 조언이나 도움을 통해 자신의 힘으로 문제를 해결해 나갈 수 있다는 것을 전제로 할지라도, 다문화상담자의 역량에 따라 상담의 질(質)과 결과가 많이 달라진다. 따라서 다문화상담자는 뛰어난 다문화상담 역량을 갖출 것이 요구된다. 하혜숙(2011)은 다문화상담자가 갖추어야 할 다문화상담 역량으로 '문화적 유능성; 인식, 문화적 유능성; 지식, 문화적 유능성; 기술'이 요구된다고 주장했다.

① 문화적 유능성: 인식

다문화상담자는 문화적 감수성을 가지고 다양한 문화에 대해 민감하게 인식해야 하여, 주류문화의 잘못된 편견, 고정관념 등을 파악하고 버릴 수 있는 자세를 가져야 하며, 다양한 문화들의 차이점·유사점, 독특성·공통성의 가치를 인정하고 존중하는 방향으로 변화할 수 있어야 한다. 또한 상담자 자신의 가치·고정관념·편견 등이 내담자에게 미칠 수 있는 다양한 영향을 인식해야 하며, 문화적인 배경, 가치관, 인종, 언어, 종교, 생활양식 등에서 상담자와 내담자 사이에 존재하는 차이를 거부감 없이 받아들일 수 있어야 하고, 차이를 이탈로 보지 않는 마음가짐이 필요하다. 그리고 내담자를 다른 상담자에게 의뢰하게 해야 하는 상황에 민감해야 하며, 항상 자신의 생각과 말과 행동을 성찰하는 자세를 가져야 한다.

② 문화적 유능성: 지식

다문화상담자는 다양한 문화를 가진 내담자들을 효과적으로 상담하기 위해서 다양한 역사적, 사회적, 종교적, 정치적, 경제적인 배경에 대해 지속적으로 관심을 가져야 한다. 또한 이러한 여러 가지 배경들이 개인이나 집단의 행동에 어떻게 영향을 미치는지 파악하고, 이에 대해 상담자를 포함한 자국민이 편견과 차별을 가지고 있지 않은지 살펴야 한다.

다문화상담자가 내담자에 대한 문화적 지식을 가지고 있을 때 내담자와 라포를 형성하는 데 도움이 되며, 상담자가 내담자의 문화를 고려하여 질(質) 높은 상담을 진행해 가는 데 유용하다. 또한 다문화상담자는 사회가 다양한 문화적 집단, 특히 소수집단과 비주류 집단의 치료와 예방에 대해 어떤 지원체계를 가지고 있는지 파악하고 있어야 하며, 다양한 어려움을 가진 내담자들에게 어떤 제도와 정책이 문제 해결의 장애가 되는지 알고 있어야 한다. 이밖에도 다문화상담자는 상담과 치료에 대한 일반적인 특징과 지식 및 정보를 지속적으로 파악하여 내담자에게 가장 적합한 지식과 정보를 제공할 수 있어야 한다.

③ 문화적 유능성: 기술

다문화상담자는 무엇보다도 수용능력을 가지고 있어야 한다. 이를 위해 상담자 자신의 문화적 특징을 유지하면서도 내담자의 문화적 정체성을 환영하고 이해하고 배려하여, 내담자가 상담자가 기대한 것과는 다른 방식의 행동을 보일지라도 긍정적인 태도로 수용하며, 장점을 찾아낼 수 있는 열린 자세가 필요하다.

또한 다문화상담자는 상담의 전문가로써 다양한 언어적·비언어적인 상담기술을 통해 내담자와 메시지를 정확하고 충분하게 주고받을 수 있어야 하며, 가장 적합하고 효과적인 방법으로 상호작용을 하며 상담을 진행할 수 있어야 한다. 이때 상담자가 확신하는 심리상담 이론을 지나치게 맹신하여 내담자에게 순응할 것을 강요하지 말아야 하며, 다양한 문화를 가진 내담자들의 특성에 맞게 개별화된 개입을 실시할 수 있어야 하고, 내담자에게 가장 필요하고 적절한 제도적 개입을 실시하는 기술을 갖추고 있어야 한다. 그리고 문화적으로 다양한 내담자에 대하여 상담자 자신이 가진 조력

방식과 한계점의 영향을 예상할 수 있어야 한다.

(2) 다문화상담자가 지켜야 할 윤리적 태도

'상담'이란 '내담자가 전문적인 훈련을 받은 상담자에게 조언을 구하여, 서로 신뢰하는 마음으로 편안하게 이야기를 주고받으며, 적응 문제를 포함한 여러 가지 어려움을 해결해 가는 상호작용의 과정'이기 때문에, 상담자에게는 전문가다운 윤리적인 책임과 의무가 요구된다.

노안영(2005)은 상담자가 지켜야할 윤리적 책임으로써 다음과 같은 사항을 제시하였는데, 다문화상담자도 전문적인 상담자로서 반드시 이러한 윤리적 책임과 의무를 지켜야 한다.

첫째, 상담자는 전문성의 유지와 전문성의 한계를 인식하는 것이 필요하다. 상담자는 상담을 위한 전문적인 훈련을 받고 자격을 취득한 전문가로서 전문인으로서의 책임감과 뛰어난 상담 기술과 윤리적인 태도를 가지고 내담자를 조력해야 한다. 하지만 상담 전문가로서의 범위를 벗어나거나 상담자 자신의 역량을 벗어날 경우에 자신의 한계를 인식해야 하며, 부적절한 조력활동을 계속하지 말고, 기꺼이 내담자를 적합한 다른 상담자에게 의뢰해주어야 한다.

둘째, 상담자는 오랫동안 상담을 연구하고 연수를 받은 상담 전문가로서 내담자에게 상담료를 요구할 자격이 있다. 그러나 내담자에게 불필요한 오해를 사지 않고, 내담자도 상담의 과정을 충분히 이해하고 상담에 들어갈 수 있도록, 상담 시작 전에 상담 목표, 방법, 규칙, 비용, 예상효과, 한계에 대한 정보를 충분히 제공하고, 사전 동의를 얻어야 한다.

셋째, 상담자는 내담자의 비밀을 보장해 주어야 한다. 상담을 진행할 때 항상 기억해야 할 윤리적인 문제는 내담자의 비밀을 유지해 주는 것이다. 내담자에게 상담자가 자신의 비밀을 함부로 발설하지 않을 것이라는 신뢰가 있어야 진실한 상담이 가능하기 때문에, 상담자는 내담자의 비밀을 항상 지켜주어야 할 책임과 의무가 있다. 단, 부득이하게 내담자의 비밀을 공개해야 할 경우에는 미리 내담자에게 비밀유지의 한계를 이야기 해주고, 조심스럽고 지혜롭게 제한적인 범위 내에서 내담자의 비밀을 공개해야 한다.

넷째, 상담자가 내담자와 이중 관계, 다중관계를 금지해야 한다. 상담자가 내담자에게 두 가지 혹은 그 이상의 역할을 동시에 수행할 때 이중관계 혹은 다중관계가 발생한다. 예를 들어 감독자와 상담자의 역할, 친구와 상담자의 역할, 친인척과 상담자의 역할, 연인과 상담자의 역할 등을 동시에 수행하는 것을 이중관계라고 하는데, 이러한 이중관계가 상담을 진행할 때 불필요하게 과도한 감정이입이나 편견 및 선입견을 갖게 함으로써 상담의 결과에 부정적인 영향을 끼친다. 따라서 상담을 진행하기 전에 이미 이중관계 혹은 다중관계가 형성되어 있다면, 가급적 다른 상담자에게 의뢰하는 것이 바람직하다.

다섯째, 상담자와 내담자는 상담 종결 후 2년 이내까지 성적인 관계를 금지해야 한다. 상담자가 상담을 진행할 때 내담자와 '라포'를 형성하고, 다양한 공감을 가지며, 활발한 상호작용을 갖기 때문에, 자칫 상담자와 내담자 사이에 이성적인 감정을 가질 위험이 있다. 따라서 상담자는 항상 상담전문가로서의 윤리적 책임감과 의무를 기억해야 하며, 상담자가 자신과 내담자 사이에 상담의 범위를 넘어서는 일들이 발생하지 않도록 스스로 일정한 제한을 두며 상담을 진행해야 한다.

이밖에도 상담자는 내담자와 금전 거래, 영업 및 동업 등의 개인적인 관계를 갖지 않아야 한다. 또한 상담자는 내담자의 문화적인 배경, 가치관, 인종, 언어, 종교, 경제력, 생활양식 등에 따라 편견을 갖거나 차별하지 말아야 한다. 그리고 상담자는 내담자의 복지와 이익을 증진시켜 성장과 발달을 도모해야 하며, 내담자가 적극적으로 자신의 의사를 표현하며 상담에 참여할 수 있도록 내담자의 권리와 자유를 보장해 주어야 한다.

3) 한국적 다문화상담

(1) 한국적 다문화상담의 필요성

① 한국사회의 다문화현상과 문화적인 갈등

2019년 통계청에서 발표한 자료에 의하면, 전국에 있는 다문화 가구는 20,499,543 가구(2018년 기준)이며, 2018년 다문화 결혼 비중이 전국 혼인 중 9.2%를 차지했다. 또한 2018년 현재 국내에 있는 다문화 2세가 235,282명으로 집계되었으며, 이들이 약 10~20년 내에 성인이 되어 결혼을 하게 될 것을 감안할 때, 한국 사회가 급속히 다문화사회로 변화되어 가는 것을 예측할 수 있다. 이밖에도 한국의 경제력 상승과 함께 외국인 근로자, 외국동포 방문 취업자, 외국인 유학생 등이 한국에 많이 들어왔다. 그래서 이제는 한국이 다문화사회라는 것을 부인할 수 없게 되었으며, 한국 사회의 다문화 현상이 앞으로 더욱 가속화될 것이 자명하다.

하지만 한국의 자국민들은 오랫동안 오천 년 역사를 가진 민족이라는 문화적 긍지와 함께 단일민족의 정체성을 가진 민족이라는 끈끈한 단결력을 가지고 살아왔기 때문에, 갑자기 다문화사회로 급변해버린 한국의 현실이 여전히 어색하기만 하다. 이는 문화적인 편견, 선입견, 배타성, 폐쇄성을 불러일으키는 요소가 되고 있으며, 이로 인해 곳곳에서 다양한 문화적 갈등이 일어나고 있다. 따라서 이러한 한국의 다문화 현실을 이해하고, 한국 사회에서 문화적인 갈등으로 상처받은 사람들의 마음을 치료하고, 함께 해결해 가며, 문화적인 감수성과 문화역량을 키워줄 수 있는 한국적 다문화 상담이 필요하다.

② 한국적 다문화상담의 필요성

제2차 세계대전 이후에 다양한 이주자들이 모여서 세워진 신생국들이 출현하며 서로 다른 문화와 독특성을 인정하자는 취지로 상담을 다문화적으로 접근하기 시작했다. 그리고 1960년대에 이르러 백인들에게 인종차별을 받는 북미 흑인들의 인권운동을 계기로 상담을 다문화적으로 접근하려는 시도가 급격히 발달했다. 이때 다문화주의자들은 실제적으로 평등한 정치적 정의를 실현하기 위해서 교육과 상담 분야에서 문화의 차이로 인해 피해를 받은 사례를 연구하는 것에 주요한 관심을 두었으며, 인권존중의 시민정신을 가지고 다양성을 추구하는 교육의 필요성이 대두되었다(김태호, 2009).

이러한 외국의 다문화교육 및 다문화상담의 연구들을 참조하는 것은 의미가 있다. 그러나 한국의 다문화 현실을 고려하지 않고, 무분별하게 추종하는 것은 결코 바람직하지 않다. 이러한 연구들을 한국의 다문화 현상에 맞게 적용하는 것과 함께 한국의 다문화 현상과 특성 및 구체적인 대상들을 충분히 고려한 다문화상담을 연구하여 개발할 필요가 있다.

더군다나 한국의 자국민들은 한국 사회의 다문화 현상을 받아들일 자세와 준비가 되어있지 않은 상태에서 현실적인 필요에 따라 다양한 문화적 요소를 가진 구성원들을 받아들였기 때문에 한국의 자국민들과 이주자들 사이에 문화적인 배경, 가치관, 인종, 언어, 종교 등의 차이가 가져다주는 갈등과 충돌이 일어날 수 있는 요소가 매우 많다.

결혼이민자의 경우에 한국어가 미숙하여 발생하는 문제, 외국인에 대한 편견과 차별 및 소외, 문화적 차이로 인한 오해와 갈등, 부부폭력과 갈등, 고부간의 갈등, 이상과 현실의 괴리 등으로 인해 무기력, 우울증, 불안, 분노 등의 어려움을 겪고 있다. 또한 다문화 가정의 자녀들의 경우에 한국어가 미숙하여 발생하는 생활의 문제 및 학습부진, 사회성 및 성격 발달의 문제, 정체성 혼란, 인종과 피부색의 차이로 인한 편견과 차별 및 소외, 조롱, 다문화가정 부부의 이혼율 상승으로 인한 불안, 가족 간의 갈등 등으로 어려움을 겪고 있다.

외국인 근로자의 경우에 사업장 변경 횟수 제한, 오랫동안 가족과 떨어져 살아가는 데서 오는 외로움 및 가정 유지에 대한 불안, 문화적 차이로 인한 오해와 갈등, 열악한 작업장, 과도한 노동 시간 등으로 인해 어려움을 겪고 있다. 북한이탈주민의 경우에 북한이탈과정에서 겪은 심리적인 불안 및 건강 이상, 신변의 안전에 대한 두려움과 불안, 경제적인 어려움, 정치제도가 다른 데서 오는 오해와 갈등, 한국 자국민들의 편견, 북한 및 제3국에 남아있는 가족이나 친지에 대한 걱정 등으로 어려움을 겪고 있다.

이렇게 한국의 다문화현상이 불러일으키는 다양한 문제들을 해결하고 대처하기 위해서는 한국의 다문화 현실을 구체적이고 실제적으로 파악해야 한다. 이를 바탕으로 한국적 다문화상담을 통해 한국사회의 다양한 다문화 구성원들을 이해하고 공감하며 치료하며, 이들이 가진 어려움을 함께 해결해 가는 노력이 필요하다.

(2) 한국적 다문화상담의 주요 상담 내용

결혼이민자, 외국인근로자, 북한이탈주민, 다문화가정의 자녀 등 대상별로 겪는 어려움이 조금씩 다르기 때문에, 한국의 다문화 현상에 맞는 한국적 다문화상담의 주요 내용도 결혼이민자, 외국인근로자, 북한이탈주민, 다문화가정의 자녀 등 대상별로 세분화해야 한다. 다만, 여기에서는 다문화가정 자녀를 대상으로 하는 한국적 다문화상담의 주요 내용을 살펴보기로 한다.

최충옥(2012)은 다문화가정 학생들이 겪는 고충을 '이질감, 분노, 부담감, 소외감, 두려움, 열등감 등의 정서적인 고충', '언어문제로 인한 위축, 규칙과 관습 이해의 어려움, 학력 격차로 인한 부적응 등의 학교 적응상의 고충', '행동적인 고충', '정체성 확립에서의 고충'으로 구분하였는데, 이것이 다문화가정 자녀를 대상으로 하는 한국적 다문화상담의 주요 내용이라고 할 수 있다.

① 정서적인 고충: 이질감, 분노, 부담감, 소외감, 두려움, 열등감

'이질감(異質感)'이란 자신의 어떤 특성이 주변 사람들과 다르다고 지각할 때 느끼는 불편한 감정을 말한다. 일단, 어떤 상황에서 이질감이 느껴지면 말 한마디를 할 때도 몇 번씩 생각하면서 망설이게 되고 행동이 부자연스러워진다. 따라서 그 자리에 있는 사람들과 자연스럽게 어울리지 못하고, 자신의 행동을 계속 의식하게 되며, 다른 사람에게 어색함을 들킬까 봐 신경을 쓰게 된다. 이러한 과정을 통해 이질감을 느끼는 모임에서 점점 멀어져 간다.

한국의 다문화가정 자녀들은 피부색, 생김새, 식습관, 가정의 분위기, 언어의 미숙함 등에 있어서 동료 학생들과 다른 점을 많이 가지고 있기 때문에 자국인들에 비해 이질감을 느낄 만한 요소들을 훨씬 많이 가지고 있다. 따라서 한국의 다문화가정 자녀들의 이질적 특성을 잘 고려하는 한국적 다문화상담을 통해 이들이 이질감을 느끼면서 받은 스트레스와 상처들을 치료해 주고, 반편견 교육, 인권교육, 다문화 집단상담 등을 통해서 다문화가정 자녀들과 자국인 출신 학생들이 거부감 없이 어울릴 수 있도록 힘써야 한다.

'분노(憤怒)'란 위협을 당하거나 해를 입는 상황을 지각할 때 나타나는 일반적이고 정상적인 감정으로, 불안, 초조, 심장박동과 심폐운동의 증가, 심리적·언어적 공격성, 폭력, 부정적 관점 형성 등을 동반한다. 분노는 자기 내적일 수도 있고 외적일 수도 있으며 강하거나 약할 수도 있고, 의식적일 수도 무의식적일 수도 있다.

한국의 다문화가정 자녀들은 자신이 선택하지 않은 결과로 의도치 않게 불리한 여건에 처해지게 된 경우가 많다. 경우에 따라서는 자신의 의지와는 상관없이 낯선 한국에 중도 입국한 다문화가정 자녀들도 있으며, 이들 중에는 부모의 이혼 및 재혼을 경험한 경우도 적지 않다. 또한 북한이탈주민 가정의 자녀들은 한국에 들어오기까지 생사를 건 사투를 벌여야 했으며, 이 과정에서 가족이나 동료와 헤어지거나 그들이 끔찍한 사고를 당하는 것을 목격한 경우도 있다. 한국적 다문화상담은 이러한 상처로 인해 분노를 느끼는 다문화가정 자녀들을 위로하고 지지하여 치료해 줄 수 있어야 한다.

'부담감(負擔感)'이란 무언가가 짐스러워서 마음이 편하지 않은 느낌을 말한다. 다문화가정은 경제적으로 어려운 경우가 많고, 이로 인해 다문화가정의 자녀들이 심리적인 부담감과 가정불화 등을 함께 겪는 경우가 많다. 이럴 때 결혼이민자 부모가 자녀에게 '너 때문에 이혼을 못한다.'라고 말하게 되면, 다문화가정의 자녀들은 많은 상처를 받고 막중한 부담감을 느끼게 되며, 자존감이 낮아진다. 이로 인해 여러 가지 심리적인 갈등이 일어나게 되며, 문제행동을 일으키는 요인으로 작용할 수 있으며, 심지어 공황장애로 이어지기도 한다.

그러므로 한국적 다문화상담을 통해 다문화가정 자녀의 형편을 잘 살펴서, 적극적인 격려와 위로를 통해 부담감을 덜 수 있게 도와주고, 긍정적인 정체성을 형성해 가도록 이끌어 주어야 한다. 또한 다문화가정 자녀들에게 지원 정책과 기관에 대한 정보를 주고, 다문화가정 자녀가 원할 경우에는 적합한 지원 기관을 연계해 주어야 한다.

'소외감(疏外感)'이란 어떤 사회나 집단, 특히 자신이 중요하게 여기는 사람들로부터 거리낌을 받아 따돌림을 당하는 느낌을 말한다. 소외감은 대인관계에서의 소외(외로움), 개인내적 소외(억압, 해리를 통한 자아방어, 군중 속의 고독), 실존적 소외(인간과 세상으로부터 분리되는 것을 느끼는 것으로 대개 자유와 죽음에 직면할 때 느낌)의 3가지 유형이 있다.

다문화가정 자녀는 학교에서 뿐만 아니라 가정에서도 소외감을 느낄 여지가 많다. 학교에서 동료학생들과 생활하면서 언어의 미숙함이나 문화적인 차이, 피부색, 생김새, 국적 등으로 놀림을 당하며 소외당할 수 있을 뿐 아니라, 교사나 동료 학생들이 특별히 소외시키지 않을지라도 동일한 문화를 갖지 못한 자신의 처지를 생각하며 스스로 소외감을 느끼는 경우가 있다. 심지어 많은 사랑과 이해를 받아야 할 가정에서조차 일부 가족 및 친척들에게 소외감을 느끼는 경우가 있다. 따라서 한국적 다문화상담을 통해서 이들의 상황을 잘 이해하고, 적극적으로 배려하고 공감하여 소외감을 극복할 수 있게 도와주어야 한다. 또한 다문화가정의 자녀들이 학교나 가정에서 소외를 당하지 않는 분위기를 만들어가야 한다.

'두려움'이란 무언가에게, 또는 누군가에게 위협이나 위험을 느껴 마음이 불안하고 조심스러운 느낌을 말한다. 두려움은 사람의 무의식에 깊이 내재된 본능적 기제로써 당연한 것이지만, 지나치게 두려움을 느끼면 긴장을 해서 집중력이 떨어지며, 과도한 행동을 하게 된다. 하지만 모든 두려움이 당연한 무의식적 작용이라는 것을 이해하고,

반복적인 자기암시를 통해 체계적 둔감화를 도모하면서 조금씩 변화시켜 가면 두려움을 효과적으로 극복할 수 있다.

특히 다문화가정의 자녀들은 다른 사람들에게 자신의 가정환경이 알려질까 봐 걱정하기도 한다. 또한 다른 사람들이 편견을 가지고 자기를 쳐다볼 거라는 부정적인 자의식을 강하게 가지고, 다른 사람의 눈치를 심하게 보거나 두려워하는 경우가 있다. 다른 사람들에게 자신이 자연스럽게 받아들여지지 않을 거라는 두려움, 다른 사람과 다른 행동을 해서 눈총을 받을 것 같은 두려움, 자신에게 부여된 역할을 잘 해내지 못할 것 같은 두려움 등을 느낄 수 있다. 따라서 한국적 다문화상담을 통해서 이들이 두려움을 해소하고 적극적인 마음을 가질 수 있게 도와주어야 한다.

'열등감(劣等感)'이란, 자신이 남보다 못하거나 부족하다는 생각에서 오는 절망적인 느낌이다. 자기 스스로 다른 사람과 비교하며 열등감을 느끼기도 하지만, 때로는 자신의 의도와는 상관없이 타인에 의해 다른 사람과 비교를 당하면서 열등감을 느끼기도 한다. 열등감이 심할 경우에 이미 자신이 가진 능력조차 제대로 발휘할 수 없게 되며, 일종의 콤플렉스로 작용하여 평범한 일에도 상처를 받게 된다.

더군다나 다문화가정 자녀들은 경제적 어려움에 처해 있는 경우가 많기 때문에, 열등감을 느낄 만한 일을 많이 겪게 된다. 또한 여러 가지 문화적 차이로 인해 다수를 차지하는 자국민들과 끊임없이 비교를 당하면서 열등감을 느끼게 된다. 따라서 한국적 다문화상담을 통해서 다문화가정의 자녀들에게 경제적인 어려움이나 문화적인 차이가 수치스러운 일이 아니라는 것을 알게 하여 열등감을 극복할 수 있도록 돕고, 더불어 이들에게 열등감을 줄 수 있는 환경을 개선해 나가는 노력을 해야 한다.

② 학교 적응상의 고충

첫째, '언어문제로 인한 위축'이다. 결혼이주여성의 자녀들은 유아기 때 엄마에게 한국어를 제대로 배우지 못한 경우가 많기 때문에 또래들보다 한국어 능력이 부족할 수밖에 없다. 특히 중도입국자는 한국 출생의 다문화가정 자녀에 비해 언어적인 문제로 겪는 어려움이 훨씬 크다. 한국 출생의 다문화가정 자녀일지라도 가정에서 일상적인 대화를 하는 것에는 부족함이 없으나, 학습 언어, 은유적 표현, 정서적 표현, 은어 및 속어 등을 이해하고 공감하는 데는 어려움을 겪는 경우가 많다. 특히 다문화가정의 자녀의 경우 받아쓰기의 어려움, 문장력의 미숙함, 낮은 수업이해도, 사회교과와 국어학습의 어려움, 산만한 수업 태도, 학습에서의 무력감 및 자신감 저하, 비전의 부재 등의 문제를 겪는다. 이는 학습 부진으로 이어지게 되어 소극적이 되며, 동료 학생들 가운데서도 위축이 되고 소외감을 느끼게 된다. 심지어 학교 폭력의 요인이 되기도 하며, 중도탈락으로 이어지기도 한다. 따라서 한국적 다문화상담을 통해서 이런 어려움을 겪는 다문화가정 자녀들이 위축되거나 학교폭력의 대상이 되거나 중도탈락하지 않도록 돕고, 한국어 능력이 발달할 수 있도록 돕는 기관과 연계해 주는 것이 필요하다.

둘째, '규칙과 관습 이해의 어려움'이다. 다문화가정의 자녀들 중에는 유년기 때 결혼이주여성인 엄마가 가정에서 학교생활을 제대로 도와줄 수 없는 경우가 있어서 학교 규칙을 이해하고 수행하는 데 어려움을 겪기도 한다. 예를 들면 초등학교 1학년 다문화 가정의 자녀의 경우에 결혼이주여성인 엄마가 알림장을 확인하고 학습에 필요한 것들을 준비해 주어야 하는데, 엄마의 한국어 능력이 부족하여 정확하게 준비해 주지 못할 수 있다. 학부모에게 학교 행사에 참여하기를 요청하는 공문, 학교 교칙 변경 안내, 기타 상벌 규칙 안내 등을 이해하지 못할 수 있다. 한국에서는 부모가 복잡한 한국의 입시 제도를 이해하고 여러모로 자녀들을 도와주는 일이 많은데, 결혼이민자에게는 이것이 쉽지 않은 일이다. 따라서 한국적 다문화상담을 통해서 이들의 입장에서 학교와 사회의 규칙과 관습을 잘 이해할 수 있도록 도울 뿐 아니라, 학교와 사회가 다문화가정을 위해 이중 언어로 표기해 줄 수 있는 분위를 갖도록 힘써야 한다.

③ 행동적인 고충

위에서 언급한 다문화가정의 자녀들이 겪는 정서적인 고충과 학교 적응상의 고충은 위기행동의 표출이나 일탈행동으로 이어지기도 한다. 특히 청소년 시기에 이러한 위기행동 표출이나 일탈행동이 지속되면 도벽, 거짓말, 게임 중독, 본드, 조직 폭력 가입 등으로 이어지기도 하며, 정체성 혼란 · 불안과 두려움 · 우울증 · 신경성 질환 · 공격적인 행동 등의 증상을 보이기도 한다. 따라서 한국적 다문화상담을 통해서 위기행동의 표출이나 일탈행동 뒤에 숨겨진 이들의 불안한 정서를 파악하여 치료하고, 건전한 학교생활을 할 수 있도록 도와주어야 한다. 또한 이미 일탈행동을 하여 사회적인 보호나 처벌의 대상이 되어 있다면, 최대한 법적 · 사회적 · 정서적 지원을 받을 수 있도록 도와주어야 한다.

④ 정체성 확립에서의 고충

'정체성(正體性, identity)'이란 어떤 개인이나 집단 및 사물이 본래 가지고 있는 특성을 말한다. 정체성을 의미하는 'identity'라는 단어가 '확인하다(identify)'란 말에서 유래한 것에서 알 수 있듯이, 일반적으로 개인의 정체성은 다른 사람에게서 받는 느낌·지지·격려 등을 통해서 자기의 정체성을 확인하고, 증명해 가는 과정을 통해서 형성되어 간다.

정체성은 상당 기간 동안 일관되게 유지되는 고유한 실체로서 자신에 대한 주관적 경험들이 농축된 것이라고 할 수 있다. 인간은 성장하면서 자신이 세상 속에서 다른 사람들과 함께 '한 개인'으로서 존재한다는 자각을 하게 되는데, 어떤 주관적 경험들을 하며 살아가는가에 따라서 자신만의 해석적 능력, 기억, 관념 등을 갖게 된다. 이렇게 형성된 정체성이 인생을 살아가면서 선택하는 수많은 결정에 중대한 영향을 끼친다.

다문화가정의 자녀들, 특히 중도입국 자녀들은 한국의 자국민 자녀들과 다른 문화적인 배경, 전통적 관념, 인종, 피부색, 언어, 종교, 생활양식 등으로 인해 놀림, 차별, 따돌림을 경험하게 되고, 이로 인해 정체성 혼란을 경험할 때가 있다. 또한 한국 국적을 가진 다문화가정의 자녀들의 경우 한국에서도 공동체의 일원으로서 대우받지 못하고, 부모가 이주해 온 나라에서도 공동체의 일원으로서 대우받지 못한다는 것을 생각할 때, 정체성의 혼란은 깊어져 간다. 대개 이러한 정체성 혼란은 오랫동안 밖으로 표출되지 않는 경우가 많기 때문에 간과하기 쉽지만, 자녀들의 인생에 막대한 영향을 끼친다.

그러므로 한국적 다문화상담은 온화한 분위기 속에서 마음을 여는 대화를 통해 다문화가정의 자녀들의 심정을 헤아려 주고, 지지해 주고 격려해 줌으로써 긍정적인 정체성을 형성해 가도록 도와야 한다.

(3) 한국 다문화가정 자녀 상담의 원리

다문화상담자가 내담자와 상담을 할 때, 일정한 방향성이 없이 순간적인 감정과 미시적인 판단에 의해 상담을 하면 오히려 내담자를 혼란스럽게 할 수 있으며, 어려움을 더 키울 수도 있다. 따라서 다양한 어려움을 겪고 있는 한국사회의 다문화가정 자녀들을 상담하는 다문화상담자에게는 항상 염두에 두고 고려하며, 일정한 지향점을 가지고 나아가는 올바른 방향성(方向性)이 있어야 한다. 최충옥(2012)은 다문화가정 자녀 상담의 원리를 '부모 세대 문화 고려, 지속적인 언어습득 프로그램 전제, 소외계층의 특성 고려, 돌봄과 훈육 사이의 합리적 판단, 사회적인 지지체계 활용 병행, 강점개발 중심의 관점 보유'로 주장했다.

① 결혼이민자 부모의 문화를 고려(考慮)

다문화가정 자녀들을 상담할 때는 결혼이이민자 부모의 문화를 함께 고려하여, 이 학생이 현재 보이고 있는 행동이 결혼이민자 부모의 입장에서는 어떻게 이해되고 평가되는지를 파악해야 한다. 때로는 다문화상담자가 이상하게 생각하는 다문화가정 자녀의 행동이 결혼이민자 부모의 문화에서는 올바른 것으로 이해되는 경우도 있기 때문이다. 만약에 결혼이민자 부모가 가르친 행동에 대해 다문화상담자가 교정을 요청한다면, 다문화가정의 자녀는 매우 혼란스러워 할 것이며, 이는 정체성에 혼란을 가져다 줄 수 있다. 만약에 다문화가정의 자녀가 현재 보이고 있는 행동이 결혼이민자 부모의 문화에서는 올바른 것으로 판단되나 한국의 학교 및 한국 사회에서 생활하는 데 오해를 불러일으키거나 어려움을 가중시키는 것이라면, 다문화상담자는 다문화가정의 자녀와 부모에게 이 부분을 충분히 설명해 주고 현명한 판단을 내리게 해야 할 것이다.

② 지속적인 언어습득 프로그램 병행(竝行)

다문화가정의 자녀가 겪고 있는 여러 가지 문제들 중에 상당수가 언어적인 문제, 즉 한국어의 미숙함과 연관이 있다. 한국어 능력이 부족하면 의사소통에 어려움을 겪을 뿐 아니라, 대인관계에 어려움이 따르고, 수업의 내용을 이해하고 학습 발달을 이루어 가는 데도 어려움을 겪는다. 이러한 문제들이 부정적인 정서를 갖게 할 뿐 아니라, 놀림과 소외와 학교폭력의 원인이 되기도 하여 결국 사회적인 적응에 지장을 준다. 따라서 다문화상담자는 다문화가정의 자녀가 겪고 있는 다른 모든 문제보다 앞서서 또는 병행하여 지속적으로 언어 발달을 이루어갈 수 있도록 지원해야 한다.

③ 저소득층 및 소외계층의 특성을 고려(考慮)

저소득층 가정에서 생활하는 다문화가정의 자녀는 자신이 학교생활을 하면서 겪고 있는 문화적인 차이와 여러 가지 어려움들 외에도 저소득층 또는 소외계층이 겪어야 하는 어려움을 동시에 겪고 있다. 그러므로 한국적 다문화상담을 하는 다문화상담자는 문화적인 차이에 대한 심리·정서적인 부분의 상담뿐 아니라, 한국 다문화가정이

처한 어려운 경제적 형편에서 오는 특성과 이로 인해 다문화가정의 자녀들이 겪어야 하는 이중적 어려움의 특성들을 잘 고려하면서 다문화상담을 진행해 가야 한다.

④ 돌봄과 훈육 사이의 합리적 판단

다문화가정의 자녀를 사회적인 편견과 차별로부터 보호하기 위해서 각별한 관심과 애정을 기울이다보면, 다문화가정의 자녀가 교사의 관심과 보살핌에 기대어 과제를 게을리 하거나, 수업에 태만하게 임하거나, 학교 및 학급의 규칙을 위반하고도 당연시 하거나, 동료 학생들 앞에서 군림하려고 하는 경우가 있다. 이는 다문화가정의 자녀뿐 아니라, 교사에게 지속적으로 각별한 관심과 애정을 받고 있는 학생들에게서 종종 나타나는 현상이다. 이럴 때 교사가 잘못된 행동에 대해 지속적으로 묵인하거나 방치하게 되면, 오히려 다문화가정의 자녀가 잘못된 길로 가는 것을 방치하는 결과를 초래하게 된다. 따라서 교사는 한국적 다문화상담을 효율적으로 실시함으로써 위로와 격려 혹은 훈육과 교칙 적용을 상황에 맞게 합리적으로 판단하여 지혜롭게 병행해야 한다.

⑤ 사회적인 지지체계 활용 병행

현재 한국 정부를 비롯한 여러 기관들이 다문화가정 자녀들을 지원하기 위해 다양한 법과 정책 및 지원 프로그램을 실행하고 있다. 전국 시군구에 산재한 다문화가족지원센터만 해도 총 219개(2019년 기준)나 되며, 다문화가족지원센터에서는 여성가족부의 지원을 받아 다문화가족 구성원들이 한국에서 안정적인 가족생활을 영위하고, 사회구성원으로서의 역할과 책임을 다할 수 있도록 다음과 같은 지원 사업들을 펼치고 있다. ; 다문화가족을 위한 교육·상담, 결혼이민자 및 자녀를 위한 한국어교육 및 다문화자녀 방과 후 돌봄 사업, 다문화가족 지원서비스 정보 제공 및 홍보, 다문화가족 지원 관련 기관·단체와의 서비스 연계, 일자리에 관한 정보 제공 및 일자리의 알선, 다문화가족을 위한 통역·번역 지원 사업, 그 밖에 다문화가족 지원을 위하여 필요한 사업.

그러므로 다문화상담자는 한국 정부와 기관 및 민간단체가 다문화가정 자녀들을 지원하는 다양한 서비스를 파악하여 내담자인 다문화가정 자녀와 부모에게 가장 적합한 지원 서비스를 연계해 주는 역할을 해야 한다. 이렇게 상담과 지원을 병행함으로써 보다 효과적이고 효율적인 한국적 다문화상담을 실행할 수 있게 된다.

⑥ 강점 개발 중심의 관점 보유

2006년 4월 한국정부가 '다문화, 다민족 사회로의 전환'을 선언하면서, 결혼이주여성 및 다문화가정 자녀들을 위한 지원정책을 체계적으로 실행해 왔다. 하지만 다문화주의 정책보다 동화주의에 가까운 사회통합 정책들을 많이 실행해 왔다. 이에 따라 다문화가족들이 가진 생리적 욕구와 안전의 욕구는 일정 정도 해결해 줄 수 있었지만, 사회적 욕구 · 존경의 욕구 · 자아실현의 욕구를 충족하도록 이끌어주기에는 부족한 면이 있었다. 따라서 한국정부는 다문화가족들을 사회적 약자로 여기고 돌봄에 집중하는 사회통합 정책들을 실행하기보다는 실제로 살아가는 데 도움이 되는 효율적인 지원정책과 함께 다문화가족들의 강점을 개발해 주는 방향으로 정책을 펼쳐가야 한다.

또한 한국적 다문화상담을 실행하는 다문화상담자도 내담자인 다문화가족 및 다문화가정의 자녀들을 돌봄의 대상으로만 여길 것이 아니라, 다문화가족 및 다문화가정의 자녀들이 갖고 있는 다양한 문화적 경험 · 언어 · 개인적 특성과 자질 등의 강점을 개발해 주어 이들이 한국 사회에서 긍정적인 역할을 수행하면서 보람을 느끼고 살아갈 수 있도록 인도해 주어야 한다. 이럴 때에 다문화가족 및 다문화가정의 자녀들이 한국 사회에서 사회적 욕구 · 존경의 욕구 · 자아실현의 욕구를 충족하며 행복한 삶을 영위해 갈 수 있게 될 것이고, 이들이 글로벌 시대에 한국의 큰 인적자산이 될 것이다.

4) 다문화상담의 실제

(1) 다문화상담의 상담 기법

다문화상담자는 다문화상담을 하는 전문가로서 효과적이고 효율적인 다문화상담을 할 수 있는 상담 기법을 갖추어야 한다. 예를 들어 '너무 이른 조언', '명령 · 지시', '경고 · 위협', '비난', '논리적 통제 및 질타', '지나친 질문', '상담자 경험의 과도한 진술', '관심 분산' 등은 효율적인 상담을 방해한다. 반면에 '공감적 이해, 존중, 순수성(일치성), 질문, 재진술, 구조화, 역할연습' 등은 다문화상담을 할 때 유용하게 사용할 수 있는 상담기법이다.

첫째, '공감적 이해'란 상대방의 사적인 세계를 마치 자신의 것처럼 느끼는 것을 말한다.(Rogers, 1957) 그러므로 다문화상담에서의 공감적 이해란, 상담자가 다문화가정 부모와 자녀의 입장이 되어서 이들의 세계를 이해하고 마치 상담자의 일처럼 느끼는 것이다. 다문화상담자가 내담자에게 공감적 이해의 자세를 보여주면 대부분의 내담자는 자신이 상담자에게 이해 받는다는 느낌을 갖게 되고, 이는 상담에서 절대적으로 중요한 라포를 형성하는 요인이 되어 내담자가 상담자를 신뢰하고 상담에 참여할 수 있게 한다.

둘째, '존중'이란 행동결과에 상관없이 한결같은 믿음으로 내담자를 전적으로 믿고 신뢰하는 것을 말한다. 그러므로 다문화상담에서의 존중이란, 다양한 문화를 가진 내담자가 기존의 문화체계에서는 이해되지 않거나 거부당할 행동을 할지라도 한결같은 믿음으로 상대방의 존재를 전적으로 믿고 신뢰하는 것을 말한다. 내담자가 자신의 행동 여부와 상관없이 상담자가 항상 자신을 존중해 준다는 것이 믿어질 때, 상담자가 원하는 것을 선택하고 행동해야 한다는 의무감과 가식적인 행동에서 벗어나 마음을 열고 진심으로 상담에 참여하게 된다.

셋째, 순수성(일치성)이란 상담자가 순간순간 경험하는 자신의 감정이나 태도를 내담자에게 있는 그대로 진솔하게 인정하고 개방하는 것을 말한다. 그러므로 다문화상담에서의 순수성(일치성)이란 다문화상담자가 다양한 문화를 가진 내담자들과 함께 상담을 진행하면서 느끼고 경험하는 상담자의 감정이나 태도를 내담자에게 있는 그대로 진솔하게 인정하고 개방하는 것을 말한다. 이러한 상담자의 순수성(일치성)을 통해 내담자도 상담자에게 순수성(일치성)을 갖게 된다. 그러나 다문화상담자는 순수성(일치성)을 유지하면서도, 내담자의 치료와 성장을 촉진하기 위해서 높은 수준의 자각, 자기수용, 자기신뢰, 인간에 대한 애정을 갖는 것이 중요하다.

넷째, '질문'은 상담과정에서 내담자의 문제, 내담자가 처한 상황, 내담자의 변화가능성을 탐색하기 위해 사용한다. 다문화상담에서도 상담자가 내담자의 문제, 내담자가 처한 다양한 상황, 내담자의 변화가능성을 탐색하여 내담자에게 있는 여러 가지 문제들을 극복하고, 문화적 역량을 갖게 하는 데 사용한다.

상담자가 내담자에게 동일한 내용에 대해서 질문을 하더라도 개방적인 질문으로 하느냐 폐쇄적인 질문으로 하느냐에 따라서 내담자의 대답과 자기탐색 정도가 달라진다. 상담영역의 확장, 정보의 탐색, 진솔성 및 신뢰관계의 확보 등을 위해서는 개방적인 질문이 효과적이며, 내담자와 충분히 상담을 진행한 후에 내담자에게 정보의 확실성을 보장받고 싶거나 내담자의 결단을 촉구해야 할 때는 폐쇄적인 질문을 하는 것도 필요하다.

다섯째, '재진술'이란 어떤 상황이나 사건 등에 대해서 내담자가 말하는 내용을 상담자가 그대로 반복해 줌으로써, 내담자가 자신이 한 말을 객관적인 입장에서 더 깊이 생각하고 느끼고 확신할 기회를 갖게 하는 것이다. 한국어로 원활하게 의사소통을 하지 못하는 내담자와 상담을 할 경우에 재진술을 통해 내담자가 상담자의 말을 정확히 듣고 이해했는지 확인할 수 있으며, 또한 상담자가 내담자의 말을 정확히 듣고 이해했는지 확인할 수 있다. 내담자가 한국어로 정확히 표현하기 어려웠던 내용을 상담자가 재진술 해 줌으로써 내담자가 한국어를 습득하는 데도 도움을 줄 수 있다. 재진술을 할 때는 핵심적인 내용에 초점을 맞추어 간결하게 표현해야 하며, 상담자의 가치판단을 주입시키려고 하기 보다는 내담자가 말한 내용을 있는 그대로 표현해주어야 하며, 상담자가 내담자의 말을 정확하게 표현한 것인지에 대해서 내담자의 피드백을 구해야 한다.

여섯째, '구조화(structuring)'란, 효율적인 상담을 하기 위해서 상담자가 내담자에게 상담과정, 상담 방식, 제한조건, 방향, 상담시간과 공간, 내담자의 행동, 상담자의 역할 등에 대해 구체적인 정보를 주는 것을 말한다. 단, 구조화를 진행할 때, 내담자가 지키기 어려운 사정이 있다면, 상담자의 여건이나 효과적인 상담과정을 방해하지 않는 범위 내에서 서로 적절하게 조율하여 결정할 수 있다. 상담 초기에 구조화가 부드럽고 확고하게 이루어지면 내담자는 상담자가 체계적인 계획을 가지고 있다는 것을 알고 상담자를 신뢰하게 된다.

일곱째, '역할연습'이란 내담자가 겪고 있는 현실적인 문제의 장면을 상담자와 내담자가 실제에 가깝게 연출하는 '모의 행동' 과정을 말한다. 이러한 역할연습을 통해 내담자는 자신의 현실적인 상황을 보다 객관적으로 생각하고 느낄 수 있게 되며, 자신의 숨겨진 감정이나 생각을 행동으로 옮겼을 때 어떤 일이 발생할 것인지를 미리 예측해 볼 수 있게 된다.

(2) 다문화상담의 절차

중앙다문화교육센터(2013)는 '교사들을 위한 다문화학부모 상담 길라잡이'를 통해 교사가 다문화학부모를 대상으로 상담을 진행할 때 활용할 상담절차를 〈표 12-2〉와 같이 제시했다.

〈표 12-2〉 교사의 다문화학부모를 위한 다문화 상담절차

절차	내용
1단계	상담자의 문화적 역량을 점검하며 높여간다.
2단계	문화적으로 적절한 상담관계를 형성한다.
3단계	내담자의 세계를 이해하면서 문제를 진단한다.
4단계	필요한 도움을 충분히 받을 수 있도록 '지지 체제'를 구축한다.
5단계	심리상담을 실시한다.
6단계	의사결정에 함께 참여한다.
7단계	상담이 끝난 후에도 추수지도를 실시한다.

출처: 중앙다문화교육센터(2013)

1단계에서 '상담자의 문화적 역량을 점검하며 높여간다.'는 것은 상담자가 인간의 상호작용에서 벌어지는 많은 일들 속에 포함된 문화적 차이를 알아차리고, 수용하고, 존중하게 되는 것을 말한다. 또한 문화적 차이로 인해 갈등이 발생할 때, 소수집단의 입장에 서서 그들의 필요를 충족시킬 수 있는 자원과 문화적 지식을 지속적으로 개발해 가는 것을 의미한다.

2단계에서 '문화적으로 적절한 상담관계를 형성한다.'는 것은 내담자가 상담자에게 무엇을 요구하는 지, 내담자가 상담자와 어떤 관계를 맺기 원하는가를 탐색하여 적절한 관계를 설정하고, 이에 맞게 알맞은 라포를 형성하며 상담을 진행해 가는 것을 의미한다. 단, 상담자가 내담자와 사적인 관계를 맺거나 지나치게 친밀한 관계를 형성하거나 상담 이후의 관계를 약속하는 것은 하지 말아야 한다.

3단계에서 '내담자의 세계를 이해하면서 문제를 진단한다.'는 것은 내담자가 겪고 있는 어려움의 내용, 강도, 빈도, 문제를 일으키는 원인과 맥락 등을 개인적인 수준에서 진단할 뿐 아니라, 이주민으로써 겪는 여러 가지 어려움들과 문화·정치·종교적 요인들까지도 진단하는 것이다. 특히 개인적인 수준에서 문제를 진단하기 위해서 가정환경, 병리적 문제, 특별한 문화적 차이 등을 내부자적 관점(emics)에서 진단해야 하며, 필요에 따라서는 표준화된 심리검사를 통해 내담자의 성격·방어기제·문제행동의 요인 등을 파악해야 할 때도 있다.

4단계에서 '필요한 도움을 충분히 받을 수 있도록 '지지 체제를 구축한다.'는 것은 내담자가 직면한 문제에 매몰되지 않고, 문제를 해결해가며, 긍정적인 정체성을 가지

고 사회에서 역할을 수행해 갈 수 있도록 도와주는 여러 개인이나 집단을 만들어 주는 것을 의미한다. 이는 주로 개인 간의 협력이나 기관들과의 연계를 통해 이루어진다. 교사 및 동료 학생들을 포함한 학내 지지체제, 학부모 지지체제, 지역사회 및 기관과의 지지체제 등을 구축해 주어야 한다.

5단계에서 '심리상담을 실시한다.'는 것은 전문적인 훈련을 받은 다문화상담자가 내담자와 마음을 열고 상담을 목적으로 깊은 대화를 나누는 것을 말한다. 이를 통해 상담자가 내담자의 심리적인 상태를 보다 세밀하게 알 수 있고, 내담자에게 가장 알맞은 상담 기법 및 지원체제를 구축할 계획을 세울 수 있다. 일반적으로 개인 심리상담을 하는 경우가 많지만, 상황에 따라서는 집단 상담으로 접근하는 것이 더 효과적이고, 효율적일 수 있다.

6단계에서 '의사결정에 함께 참여한다.'는 것은 심리상담 과정의 의사결정, 지원체제 선택, 심리상담의 지속여부 선택 등의 의사결정을 할 때 다문화가정 학부모 내담자가 참여하는 것을 말한다. 다문화가정 학부모 내담자가 의사결정에 자유롭게 참여할 수 있도록 의사결정 전에 가족의 승인을 얻는 것이 좋으며, 필요하다면 가족구성원 중에 일부를 상담과정 및 의사결정 과정에 참여시키는 것도 고려해야 한다.

7단계에서 '상담이 끝난 후에도 추수지도(follow-up)를 실시한다.'는 것은 정해진 상담과정이 종결된 후에도 상담자가 내담자의 문제해결과 성장을 위해 계속해서 노력하는 것을 말한다. 특히 다문화가정 학부모나 자녀들은 상담에서 내려진 결론을 실행해 가는 과정에서 예상치 못했던 어려움에 직면할 수 있다. 따라서 상담자는 계속해서 내담자의 진전을 검토하고, 그들이 계속해서 상담을 해야 할 필요성을 느낄 때에는 상담을 다시 진행할 수 있다는 것을 알려주어야 한다.

Ⅵ

다문화 사회복지

제13장 다문화 사회복지(Multicultural social welfare)

제 13 장

다문화 사회복지 (Multicultural social welfare)

한국사회가 다문화사회로 급변하면서 다양한 사회문제가 발생하고 있다. 인간의 개성을 강조하는 고도화된 시대에 다양한 문화를 가진 구성원들이 어울려 살아감으로써 구성원들의 욕구도 한층 다양해져 가고 있으며, 사회문제의 발생 원인도 훨씬 다양해져 가고 있다. 이러한 다문화사회의 사회문제를 예방하고 치유하여 복지사회를 구현하기 위해 사회복지이론의 재해석과 다문화사회의 특성에 맞는 사회복지실천이 요구되고 있다.

다문화사회에서 국가와 지방자치단체·사회복지 법인·민간단체 등에 소속되어 복지를 구현하는 사회복지사들은 사회복지 전문가로서의 역량뿐 아니라, 문화적 감수성과 수용성, 다양한 언어 및 문화를 가진 대상자들과의 의사소통능력 등 뛰어난 문화역량까지 갖추어야만 대상자들에게 적절히 개입할 수 있다. 다양한 문화를 가진 구성원들의 특성에 맞게 적용할 수 있는 능력까지 요구되고 있다. 이에 따라 본 장에서는 다음과 같은 목표를 가지고 구체적인 내용을 살펴보고자 한다.

단원목표

1. 다문화사회에서 요구되는 다문화 사회복지의 정의와 인간의 욕구를 이해한다.
2. 다문화사회에서 요구되는 다문화 사회복지의 주체를 파악한다.
3. 다문화사회에서 요구되는 다문화 사회복지 실천의 기본가치와 기술을 이해한다.
4. 다문화 사회복지 실천 분야인 다문화 아동 복지, 결혼이민자 복지, 외국인 복지에 대해서 파악한다.

1) 다문화 사회복지의 정의

'사회복지(social welfare)'란 '사회(social)'와 '복지(welfare)'가 합쳐진 단어이다. 여기에 'welfare'란 '지내다', '살아가다'라는 뜻을 가진 'fare'와 '만족스러운', '적절한'이라는 뜻을 가진 'well'이 합쳐진 단어로써 '만족스럽고 적절하게 살아가는 상태'를 의미한다. 즉, '복지'란 건강, 경제적으로 윤택한 생활, 문화적으로 높은 수준, 안락한 환경 등이 어우러져서 만족을 느끼며 행복하게 살아가는 상태를 말한다. 그러므로 '사회복지'란, 그 사회의 모든 구성원들이 전생애에 걸쳐 건강하고, 경제적으로 윤택하게 생활하며, 문화적으로 높은 수준을 향유하고, 안락한 환경을 누리는 것을 통해 만족을 느끼며 행복하게 살아가도록 보장해 주는 것이다.

이러한 사회복지는 선택적이지 않으며, 사회의 유지를 위해 필수적인 것이다. 따라서 미국사회복지사협회(NASW)에서는 "사회복지는 사회유지에 필수적인 사회적 · 경제적 · 교육적 · 보건 의료적 욕구를 충족시키는 것을 돕는 국가의 프로그램, 급여, 서비스체계"라고 정의했다.

또한 바커(Barker, 1987)는 『사회사업사전』에서 "사회복지는 사회를 유지하는 데 기본적인 사회적, 경제적, 교육적, 건강의 욕구를 사람들에게 충족시키고, 지역사회와 전체사회의 집단적인 복지 상태를 유지하기 위한 국가적 프로그램, 급여, 서비스 체계이다."라고 정의했다.

그런데 이러한 사회복지의 정의들은 대부분 사회적 · 경제적 · 교육적 · 보건 의료적 욕구를 충족하는 영역에만 치우쳐 있다. 하지만 세계화가 이루어져서 다양한 문화를 가진 사람들이 한 사회 안에서 함께 어우러져 살아가야하는 다문화사회에서는 이러한 정의의 영역만으로는 부족하다. 다문화사회에서는 사회적 · 경제적 · 교육적 · 보건 의료적 욕구에 대한 영역뿐만 아니라, 다양한 문화적인 차이가 보편적으로 인정을 받아 소수의 문화를 가진 사람들이 편견의 대상이 되거나 차별을 당하지 않고 당당하게 사회의 구성원으로서 역할을 해 가도록 돕는 '문화적 욕구의 충족'이 필요하다.

따라서 '다문화 사회복지'란 "다문화사회를 유지하는 데 기본적인 사회적, 경제적, 교육적, 문화적, 보건 의료적 욕구를 사회의 모든 구성원들에게 충족시킴으로써 지역사회와 전체사회의 집단적인 복지 상태를 유지하여 다양한 문화를 가진 사람들이 평등하게 공존하며 당당하게 사회의 구성원으로서 역할을 해 가도록 돕는 국가적 프로그램, 급여, 서비스 체계"라고 정의할 수 있다. 이러한 다문화 사회복지는 다문화사회를 유지하는데 필수적인 것이다.

2) 인간의 욕구와 다문화 사회복지

(1) 인간의 욕구와 다문화 사회복지

① 욕구의 종류

일반적으로 사회복지는 인간의 욕구(欲求)를 충족시키기 위한 사회적인 서비스이다. 인간의 욕구란, 인간이 생존·안정·자아실현 등 삶의 전반에서 지금보다 나아지기를 바라는 것이다. 이러한 인간의 욕구는 대부분의 인간이 가지고 있다는 면에서 매우 보편적인 것이지만, 동시에 사람마다 다른 욕구를 더 강하게 가질 수 있으므로 매우 주관적인 것이다.

하비(Harvey)는 인간의 욕구영역을 '음식, 주택, 의료, 교육, 사회와 이웃봉사, 소비재, 여가, 지역편의 시설, 교통 시설'이라는 9가지로 설정하였다. 이밖에도 고용, 소득, 행복한 가정, 종교, 문화, 친밀한 관계 등 인간에게는 다양한 욕구가 있으며, 사람마다 개인적으로 더 중요하게 여기는 욕구가 있다.

매슬로우(Maslow)는 [그림 13-1]과 같이 인간의 욕구를 5단계로 나누었다. 즉, '생리적 욕구', '안전의 욕구', '소속과 애정에 대한 욕구', '존경의 욕구', '자아실현의 욕구'이다. '생리적 욕구'란 육체적인 허기를 면하여 생명을 유지하려는 욕구로서 인간의 생존에 가장 바탕이 되는 식욕(食慾)으로부터 의복이나 주택을 향한 욕구와 성욕(性慾)까지를 포함한다. '안전의 욕구'란 생리적 욕구가 충족되고서 나타나는 욕구로서 위험, 위협, 박탈(剝奪) 등의 불안으로부터 자신을 보호하려는 욕구이다. '소속과 애정에 대한 욕구'란 가족, 친구, 친척 등의 집단에 소속되어 친밀한 관계를 맺으며 집단의 구성원으로써 인정과 사랑을 받고자 하는 욕구이다. '존경의 욕구'란 다른 사람에게서 존경을 받아 명예, 권력, 지위, 존경 등을 누리고자 하는 욕구이다. '자아실현의 욕구'란 가장 높은 단계의 욕구로써 자신의 잠재력을 최대한 발휘하여 성공하고, 자기만족을 누리고자 하는 욕구이다.

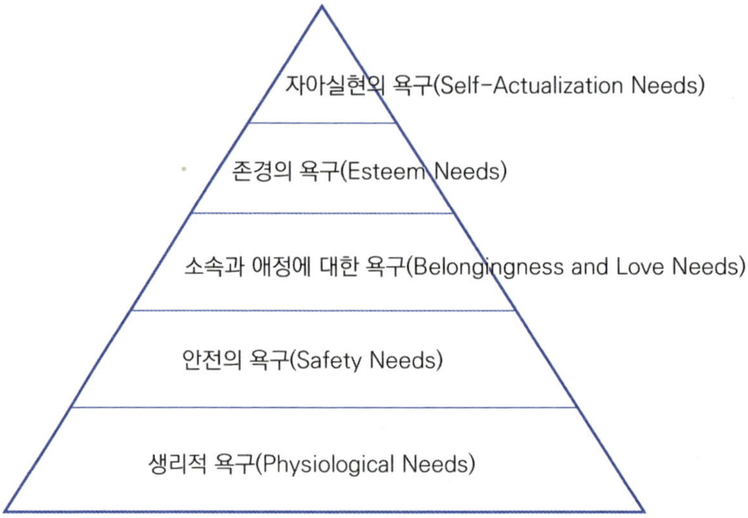

[그림 13-1] 매슬로우의 욕구 5단계

매슬로우는 생리적 욕구가 인간의 가장 기본적인 하위욕구이며, 하위 단계의 욕구가 충족되어야만 상위의 욕구로 나아간다고 했다. 그리고 이후에 매슬로우는 자아실현의 욕구를 넘어선 '자기초월의 욕구'가 있다고 주장했다. '자기초월의 욕구'란 자아실현을 넘어, 타인과 세계에 기여하려는 욕구이다.

현외성(1998)은 이러한 매슬로우의 욕구단계설이 사회복지에 주는 시사점을 다음과 같이 주장했다. 첫째, 인간의 욕구가 위계적인 특성을 지니고 있는 만큼, 인간의 욕구를 충족시키기 위한 사회적인 서비스인 사회복지도 일반적으로 낮은 수준의 욕구 충족에서 시작하여 높은 수준의 욕구충족으로 진행된다는 것이다. 사회복지가 제한된 사회적 자원으로 최대의 효과를 내야하는 한계를 지닌 만큼 효율적인 사회복지를 하기 위해서는 낮은 수준의 욕구 충족부터 시작하여 높은 수준의 욕구 충족까지 이루어 갈 수 있도록 노력해야 한다.

특히 다문화 사회복지의 주요 수혜자인 다문화구성원들의 경우에 경제적으로 불안정한 저소득층에 있는 경우가 많으므로 생리적 욕구·안전의 욕구를 충족시키기 위해 노력해야 한다. 또한 한국어의 미숙함으로 인해 자기의 욕구를 정확하고 설득력 있게 표현하기 어렵기 때문에, 사회복지 서비스를 제공하는 전문가, 행정가, 정책 입안자 등이 다문화구성원들에게 최대한 높은 수준의 욕구 충족이 이루어지는 서비스를 제공할 수 있도록 노력해야 한다.

둘째, 매슬로우의 욕구단계설이 사회복지 프로그램을 비교 분석할 수 있는 기준이 될 수 있다는 점이다. 즉, 각국의 사회복지 서비스 프로그램들이 어떤 단계의 욕구를 충족시키는 것을 줌심으로 실행되고 있는지를 분석함으로써 한국의 복지 발달 수준을 비교 분석할 수 있다. 일반적으로 하위단계인 생존의 욕구를 충족시키는 데 역점을 두고 있는 국가보다는 더 높은 단계의 욕구를 충족시키는 데 역점을 두고 있는 국가가 복지선진국이라고 할 수 있다.

한국은 다문화정책 및 다문화교육에 대한 연구나 프로그램 및 실질적인 서비스를 제공하는 구체적인 체계가 형성되지 못한 상황에서 급속히 다문화사회로 변해가고 있다는 것을 깨닫고 다급히 다문화정책을 세우고 다문화교육을 실행해야 했다. 그래서 이미 오래전에 다문화사회에 진입하여 많은 연구나 정책을 실행하고 있는 서구 유럽 국가들을 모방할 수밖에 없었는데, 그럼에도 불구하고 서구 유럽 국가들의 정책에 담긴 다문화주의는 실천하지 못하고 생리적 욕구를 충족시켜 주고 사회적인 통합을 이루려고 하는 차원에 머무르는 경우가 많다. 이제는 한국의 다문화 정책을 다문화주의를 기반으로 하는 강점 개발 중심의 정책으로 변화시켜 한국 사회의 다문화구성원들이 소속과 애정에 대한 욕구, 존경의 욕구, 자아실현의 욕구, 자기 초월의 욕구까지 충족할 수 있도록 지원해야 할 것이다.

셋째, 현실세계에서 인간의 욕구가 완벽하게 충족될 수 없으므로, 인간은 계속해서 더 높은 수준의 욕구를 충족하기 위하여 노력하며 살아간다는 것이다. 이처럼 인간의 욕구는 생활수준의 향상에 따라 계속해서 변해가기 때문에, 어떤 욕구가 충족된 후에도 계속해서 새로운 욕구를 충족시키기 위해서 노력하게 된다.

현재 한국의 경제적인 수준이나 문화적인 수준은 세계에서 최상위권이다. 그러나 이렇게 높은 수준의 한국 사회에서 살아가는 대부분의 다문화구성원들은 한국의 자국민들이 누리는 평균적인 수준의 경제적·문화적 욕구를 누리지 못하는 경우가 많다. '그래도 다문화구성원들이 기존에 살던 수준보다는 높은 수준에서 살아가는 것이 아니냐?'고 반문할 수 있겠지만, 인간의 욕구란 기존의 삶에 비추어 충족되는 게 아니라, 현재 함께 살아가는 사람들에 비추어 상대적으로 기대하기 마련이기에, 대부분의 다문화구성원들이 상대적인 박탈감과 소외감을 느낄 수밖에 없다. 그럼에도 불구하고 현재 한국 사회의 구조적인 체계가 다문화구성원들의 노력만으로 보다 높은 수준의 욕구를 충족할 수 없는 경우가 많다. 그러므로 한국의 자국민들이 다문화구성원들도 한국 사회에서 긍정적인 역할을 하여 보다 높은 수준의 욕구를 충족하며 살아갈 수 있도록 적극적으로 배려하고, 참여시키는 노력을 해야 한다.

② 다문화사회에서의 욕구 규정

인간이 살아가는 데 있어서 모든 개인에게 존재하는 공통적이면서 필수불가결한 최소한의 욕구가 있는데, 이것을 '기본 욕구(基本欲求, basic needs)'라고 한다. 이러한 인간의 기본 욕구를 누가 어떤 관점에서 규정하는가에 따라 사회복지를 실행하는 수준이 달라진다.

브래드쇼우(Bradshaw, 1977)는 인간의 욕구를 '전문가의 사정에 의한 규범적 욕구(normative needs)', '수혜자의 욕망이 느낀 욕구(felt needs)', '수혜자가 요구한 표현된 욕구(expressed needs)', '수혜자와 비수혜자간의 비교를 통해서 측정된 비교욕구(comparative needs)'라는 4가지 유형으로 구분했다.

첫째, '전문가의 사정에 의한 규범적 욕구(normative needs)'란 전문가가 이상적인 인간의 욕구 수준과 실질적인 욕구 충족의 수준을 비교하여, 실질적인 욕구 충족의 수준이 이상적인 인간의 욕구 수준에 미치지 못할 때, 이들이 욕구 상태에 있다고 규정하는 것이다. 예를 들어 내담자에게 하루 필요한 열량을 가장 잘 규정할 수 있는 사람은 의사, 간호사, 영양사 등의 전문가인 것처럼, 어떤 내담자에게 꼭 필요한 기본 욕구도 전문가가 가장 잘 규정할 수 있다는 관점이다. 실제로 사회복지 서비스에 대한 여러 정책들이 개개인이 느끼는 욕구가 아니라, 전문가가 규정하는 규범적 욕구(normative needs)에 의해서 결정된다.

다문화사회에서 '전문가의 사정에 의한 규범적 욕구'를 통해 욕구를 규정하는 경우에는 반드시 문화적인 차이에 따른 개별성을 고려해야 한다. 즉, 다양한 문화를 가진 다문화구성원들의 특성상 신체적・정신적・종교적・경제적 욕구가 다양하기 때문에 사회복지 정책들을 세울 때 자국민들이 갖는 평균적인 욕구 수준을 기준으로 삼아서는 안 되며, 문화적인 차이에 따른 개별성을 고려해서 사회복지 정책들을 세워야 한다.

둘째, '복지 서비스 대상자가 욕망이 느낀 욕구(felt needs)'와 '복지 서비스 대상자가 요구한 표현된 욕구(expressed needs)'는 사회복지 서비스를 받아야 하는 당사자의 입장을 강조한 것이다. '복지 서비스 대상자의 욕망이 느낀 욕구'는 서비스를 받아야 하는 당사자가 느낀 욕구의 주관적인 지각에 초점을 맞춘다. 일반적으로 특정 욕구와 관련된 사람들에게 사회복지 서비스의 필요성 여부 및 방법, 지원 정도 등에 대해

묻어서 측정하는데, 이렇게 측정되었다고 해서 '복지 서비스 대상자의 욕망이 느낀 욕구'가 모두 반영되는 것은 아니다.

셋째, '복지 서비스 대상자가 요구한 표현된 욕구'란 서비스를 받아야 하는 당사자가 서비스를 받아야 할 필요성을 느끼고, 관련 기관에 욕구가 충족되기를 요구하는 행동을 취한 것을 말한다. 이러한 '표현된 욕구'가 합법적인 방법을 통해서 이루어지기도 하지만, 그렇지 않았을 때는 분노・시위・폭동 등으로 이어지기도 하며, 심지어 자살과 같은 극단적인 방식으로 표출되기도 한다.

넷째, '복지 서비스 대상자와 비대상자간의 비교를 통해서 측정된 비교욕구(comparative needs)'는 주로 자원을 제공하는 행정가들이 서비스대상자들을 연구하여 규정하는 욕구이다. 현대사회의 다양성으로 인해 욕구의 내용이 다양해짐으로써 행정가들이 비교욕구 조사를 통해서 규정한 사회복지 서비스의 내용도 매우 다양해졌다. 이로 인해 사회복지 서비스의 대상자임에도 불구하고 정보가 부족하거나 당사자가 신청을 하지 않아서 서비스를 받지 못하는 경우가 많다.

특히 한국어 능력이 미숙하고, 한국의 사회복지 정책이나 행정에 익숙하지 않은 다문화구성원의 경우에 '느낀 욕구'를 '표현된 욕구'로 나타내는 것이 쉽지 않을 뿐 아니라, 다양한 사회복지서비스에 대한 정보를 인지하기도 어렵다. 그래서 사회복지 서비스의 대상자임에도 불구하고 인지하지 못한 채 어려움을 겪고 있는 경우가 많다. 이를 다문화구성원의 책임으로만 돌릴 수는 없으며, 사회복지 정책 및 행정 시스템을 만드는 전문가들과 현장에서 실제로 사회복지정책을 실행하는 사회복지사들이 다문화구성원이 '느낀 욕구'가 '표현된 욕구'로 표출되어 다양한 서비스를 받아 보다 높은 욕구가 충족될 수 있도록 적극적으로 도와주어야 한다.

(2) 생애주기와 다문화 사회복지

일반적으로 인간은 '출생-성장-노동-노화-사망'이라는 과정을 거치며 생애(生涯)를 살아간다. 이러한 인간의 생애를 영유아기, 소년기, 청년기, 중장년기, 노년기로 구분할 수 있으며, 각 시기마다 공통의 욕구를 가지고 있다. 인간의 욕구는 고정불변하지 않고, 계속해서 변화되어 간다. 이처럼 인간의 욕구를 변하게 하는 중요한 요소 가운데 하나가 '인간의 생애주기의 변화'이다.

Jean Piaget(1896~1980)는 인지발달의 과정에 따라 감각운동기(0~2세), 전조작기(2~7세), 구체적 조작기(6, 7세~11, 12세), 형식적 조작기(12세~성인기 전)로 구분했다. 각 시기마다 욕구가 다르고 발달과업이 다르기 때문에 각 시기에 맞는 적절한 교육을 해야 한다고 주장했다.

또한 이승신(2012)은 '개인 생활 주기별 발달 특징과 발달 과업'을 〈표 13-1〉처럼 제시했다.

〈표 13-1〉 개인 생활 주기별 발달 특징과 발달 과업

개인 생활 주기 단계	발달 특징	발달 과업
영아기	대뇌 발달, 감각 기관 발달, 근육 발달, 인지 발달, 언어 발달	젖떼기, 걷기, 말하기 돌보아주는 사람에 대한 신뢰와 애착 형성하기
유아기	근육 발달, 인지적 성장 언어 발달, 사회성 발달	식사, 수면, 배변 등의 기본 생활 습관 형성하기 공동생활에 필요한 생활 습관 형성하기 언어로 의사소통하기
아동기	신체 발달, 운동 기능 발달, 지적 흥미의 다양화, 또래 집단 형성	또래 친구들과 어울리기 적절한 성 역할 학습하기 기본적 기능 익히기 도덕성의 기초 형성하기, 학습 습관 형성하기
청소년기	급격한 신체적 성장 성적 성숙인지 발달 가치관 형성	자아 정체감 형성하기 신체적 · 지적 · 사회적 · 도덕적 발달 이루기 진로 탐색하기, 성인이 되기 위해 준비하기
성년기	결혼, 가정생활, 직업 생활, 책임 있는 사회 구성원	성인의 관점으로 사회적 가치 수용하기 직업 선택하기, 이상적 배우자상 확립하기 배우자 선택과 결혼. 책임 있는 시민으로서의 역할 수행하기 개인적 신념과 가치 체계 확립하기
중년기	신체적 노화 시작 성격의 안정 직업 안정 또는 직업 전환	행복한 결혼 생활 유지하기, 직업 생활 유지하기, 인생철학 확립하기 중년기의 위기 관리하기 건강 약화에 대비한 심신 단련하기
노년기	사회적 활동의 감소 체력 저하, 운동 기능 감퇴 감각 기능 퇴화	건강 관리하기, 은퇴에 적응하기 신체적 노화를 긍정적으로 수용하기 배우자 사별에 대해 준비하기, 여가 선용하기 경제적 대책 마련하기, 자신의 죽음에 대해 준비하기

출처: 이승신(2012)

물론 이러한 생애 주기가 평균 수명의 지속적인 연장, 출산율의 저하, 학력수준의 향상, 결혼 연령의 상승, 결혼 유형의 다변화, 산업구조의 변화, 문명의 변화 등으로 인해 상당히 변화되었다고 하지만, 그러할지라도 다양한 생애주기의 발달 특징과 발달과업에 맞춘 사회복지를 실천해야만 의미 있고 효율적인 복지가 될 수 있다.

특히 다양한 인종, 문화, 종교 등을 가진 구성원들로 형성된 다문화사회에서는 각 개인이 생각하는 생애주기도 다양할 뿐 아니라, 신체적인 변화에도 차이가 있다, 그러므로 의미 있고 효율적인 다문화 사회복지를 실천하기 위해서는 자국민들을 중심으로 구조화한 생애주기만을 가지고 정책을 만들어서는 안 되며, 다양한 구성원들의 개별적인 생애주기에 따라 다변화한 정책을 실행함으로써 다문화 구성원들이 실질적인 복지혜택을 받을 수 있도록 해야 한다.

(3) 사회문제와 다문화 사회복지

'다문화 사회복지'란 "다문화사회를 유지하는 데 기본적인 사회적, 경제적, 교육적, 문화적, 보건 의료적 욕구를 사회의 모든 구성원들에게 충족시킴으로써 지역사회와 전체사회의 집단적인 복지 상태를 유지하여 다양한 문화를 가진 사람들이 평등하게 공존하며 당당하게 사회의 구성원으로서 역할을 해 가도록 돕는 국가적 프로그램, 급여, 서비스 체계"이기 때문에, 개인의 생애주기뿐 아니라, 사회 및 국가를 어떤 관점으로 이해하는지가 중요하다. 이에 따라 어떤 사회문제를 정의하고, 원인을 찾고, 해결방안을 강구하여 복지를 실현하는 것이 달라지기 때문이다.

첫째, 파슨스(Talcott Parsons)를 중심으로 한 기능주의적 입장에서는 사회의 각 부분적인 체계가 전체 체계에 기능적으로 공헌하도록 되어야 사회가 생존하고 발전할 수 있다고 보기 때문에, 어떤 사회문제가 발생하는 것이 사회 전체의 기능적 결함이 아니며 사회체계 일부의 기능인 사회화와 사회 통제 기능이 실패한 것으로 규정한다.

둘째 마르크스(Marx), 라이머(E. Reimer), 보울즈(S. Bowles) 등으로 대표되는 갈등주의적 입장에서는 사회적인 현실을 무질서, 변화, 갈등, 투쟁이 상존하는 현장으로 생각하기 때문에, 어떤 사회문제가 발생하는 원인을 '비합법적인 사회통제와 착취', '희소자원의 불공평한 분배', '불균등한 분배를 가져오는 사회의 권위와 권력 구조' 등으로 규정한다.

셋째, 미드(Hurbert Mead), 브루머(Blumer), 쿤(Kuhn) 등으로 대표되는 상호작용주의 이론(interactionism)에서는 개인이나 집단 간의 상호작용이 개인과 사회에 미치는 결과에 중점을 두어, 사회의 한 집단이 다른 집단의 뜻에 동의할 수 없는 것을 사회문제로 본다. 따라서 어떤 사회문제가 발생하는 원인을 개인 또는 집단 간의 상호작용에서 어떤 현상이나 행동에 대해 동의할 수 없다고 판단하는 것, 어떤 현상을 바람직하지 않은 행동으로 낙인을 찍는 것, 어떤 행위가 다른 의미로 사회화되어 버린 것, 상징의 차이 등으로 규정한다.

넷째, 브라우(Blau), 호만스(George Homans) 등으로 대표되는 교환주의 이론에서는 타인에게 행한 것이 그에 상응한 결과를 가져다줄 것이라는 기대에서 사회적 행동이 이루어진다고 보는데, 이러한 교환관계가 단절되거나 불균형을 이루고 있는 상태를 사회문제로 생각한다. 이러한 사회문제가 일어나는 원인을 교환자원의 부족, 고갈 또는 가치저하 등으로 생각했다.

이처럼 개인마다 사회 체제에 대한 관점, 사회문제에 대한 정의, 사회문제가 일어나는 원인 등에 대한 생각이 다르기 때문에 그에 상응하는 개인의 욕구 수준도 달라지게 마련이고, 욕구를 충족하려는 영역도 달라질 수밖에 없다. 또 사회 체제에 대한 관점, 사회문제에 대한 정의, 사회문제가 일어나는 원인 등에 대한 개인이나 집단의 관점이 변화되어 가면, 그에 따라 기대하는 욕구의 영역이나 수준도 달라진다.

무엇보다 중요한 것은 사회복지와 관련한 법과 정책을 만드는 사람들이 사회 및 국가를 이해하는 관점이다. 법안 입안자, 행정가, 사회복지전문가 등이 사회 및 국가를 이해하는 관점에 따라서 어떤 사회문제를 정의하고, 원인을 찾고, 해결방안을 강구하는 것이 달라질 것이고, 그에 따라 사회복지에 관련한 법과 정책과 실천 체계가 달라질 것이기 때문이다.

다양한 정치, 문화, 종교 등의 배경을 가진 구성원들로 형성된 다문화사회에서는 사회적인 관점과 사회문제에 대한 생각이 매우 다양하기 때문에 모든 사람이 일치하는 사회복지 법과 정책과 실천 체계를 만들기 어려울 뿐 아니라, 모든 사람의 사회적인 관점의 차이를 고려한 사회복지 서비스를 제공하기는 어렵다. 하지만 그러할지라도 개인이나 구성 집단이 생각하는 사회적인 관점에 최대한 합당한 사회복지 서비스를 제공하기 위해 노력해야 한다.

3) 다문화 사회복지의 주체

사회복지가 시작되던 초기의 주체는 주로 구호활동이나 자원봉사활동의 형식을 지녔으나, 20세기 중반부터 대학에서 사회복지학과를 통해 사회복지사(Social Worker)를 배출하기 시작하면서 사회복지사에 의한 전문적인 활동이 강조되기 시작했다. 다문화사회의 현상이 가속화되면서 사회복지사의 실천 영역은 매우 다양화되었으며, 그중에서도 다문화구성원들을 지원하는 사회복지실천이 매우 큰 영역으로 자리를 잡았다.

사회복지는 '주체(기관), 객체(대상), 기능(방법)'이라는 세 축으로 구성되어 있으며, 이들은 서로 매우 밀접한 관련을 맺고 있다. 다문화 사회복지 활동의 주요한 주체로는 사회복지사, 국가와 지방자치단체, 사회복지 법인, 기업이나 종교 및 시민사회단체 등이 있다.

(1) 사회복지사(Social Worker)

한국의 경우 사회복지사업법 제11조 제1항에 "사회복지에 관한 전문지식과 기술을 가진 자"를 '사회복지사'로 규정하고 있으며, 동법에 따라 보건복지부장관으로부터 '사회복지사'라는 법적인 자격을 취득한 사람을 사회복지사라고 한다.

사회복지사의 등급은 1급과 2급으로 등급화 되어 있다. 사회복지사 1급 자격증을 받으려는 사람은 국가시험에 합격해야 하며, 사회복지사 2급 자격증의 경우에는 대학 및 정부의 허가를 취득한 기관으로부터 일정한 학점을 이수한 후에 신청하면 된다.

사회복지사는 사회복지 관련 기관에 소속되어 개인, 집단, 가족, 지역 사회의 복지 욕구를 충족시키고 사회문제를 해결하는 데 사회복지 분야의 전문가로 활동한다. 사회복지사업법 시행령 제6조 제1항에는 사회복지를 실천하는 기관 및 단체에게 '사회복지프로그램의 개발 및 운영', '시설 거주자의 생활지도 업무', '사회복지를 필요로 하는 자에 대한 상담업무' 등의 업무를 수행하기 위한 사회복지사를 채용하도록 규정하고 있다.

사회복지사의 역할은 소속되어 있는 사회복지기관이나 단체의 특성과 본인의 전문영역에 따라 달라진다. 사회복지전담공무원은 공적사회복지의 영역을 담당하며, 사회복지기관 및 시설에 소속된 사회복지사는 각 기관 및 시설의 특성에 따라 지역복지사업, 아동복지, 노인복지, 장애인복지, 모자복지, 근로복지 등의 영역에서 활동하게 된다. 또한 의료법과 정신보건법에 따라 보건의료영역에 활동하는 의료사회복지사(Medical Social Worker), 정신보건사회복지사(Mental Health Social Worker)가 있다. 그밖에도 학교에서 활동하는 학교사회복지사(School Social Worker), 자원봉사 영역에서 활동하는 자원봉사활동관리 전문가(Voluntary Activities Coordinator), 교정시설에서 활동하는 교정사회복지사(Correctional Social Worker), 군대에서 활동하는 군사회복지사(Military Social Worker), 기업체에서 활동하는 산업사회복지사(Industrial Social Worker), 다문화 구성원들을 지원하고 다문화의식을 고취하는 다문화 사회복지사(Multicultural Social Worker)등이 있다.

(2) 국가와 지방자치단체

한국의 중앙정부에서 사회복지 주무부처는 보건복지부이며, 관련부처로는 행정안전부, 여성가족부, 문화체육관광부, 고용노동부, 교육부, 법무부, 농림축산식품부, 국가보훈처 등이 있다. 이러한 각 행정부처는 직접 복지를 구현하기도 하고, 해당 산하기관을 통해 복지를 구현하기도 하지만, 주로 각 지방자치단체를 통해서 복지를 구현한다. 따라서 대부분의 국민들은 중앙부처에서 직접 복지 서비스를 받기보다는 광역자치단체 및 기초자치단체를 통해서 복지 서비스를 받는 경우가 많으며, 사회복지법인이 설립하여 운영하는 복지기관을 통해서 서비스를 받는 경우도 많다.

국가와 지방자치단체는 사회복지사업법 등의 법령에 근거해서 사회복지관련 정책을 연구·제정하며, 담당 공무원을 통해 직접 사회복지정책을 시행하기도 한다. 또한 사회복지법인 등에게 국가 재정이나 지방비를 보조하여 사회복지실천을 시행하게 하고, 국가나 지방자치단체 및 사회복지법인이 세운 복지기관을 민간에 위탁하여 복지를 구현하도록 지도 감독한다. 예를 들면 여성가족부에서 각 지역에 세운 다문화가족지원센터의 경우 전체 219개 센터 중에서 162개는 각 지방자치단체에서 직접 운영하지만, 57개 센터는 민간단체에 재정을 지원하여 위탁 운영하고 있다.

〈표 13-2〉 중앙 각 부처의 다문화 사회복지

행정안전부	결혼이주여성 지도자 양성 교육, 외국인주민 집거지 환경개선사업, 각 부처활동 지자체 담당 공무원 교육, 다문화정착 우수사례 확산, 외국인 주민 현황조사
여성가족부	다문화가족 사회통합 기반 구축, 전국 다문화가족 실태 조사, 다문화가족 정착 및 자녀 양육 지원, 폭력 피해 이주여성 지원 사업, 결혼이민여성 인턴 운영, 다문화가족 대국민 인식 개선, 이주배경청소년 초기 지원 프로그램
문화체육관광부	다문화가족 한국어 능력 향상, 다문화자료실 설치 및 프로그램 지원, 다문화가정을 위한 독서콘텐츠 개발, 디브러리 포털 다문화지식 정보 구축, 다문화가정을 위한 공연 프로그램 운영(중앙박물관), 문화다양성 증진 및 정책 환경 개선, 한국어 교원 양성 및 교육자료 개발 보급, 쌍방향 문화다양성 프로그램 확대, 다문화가정 미술관 소풍, 다문화 꾸러미 개발 및 운영
고용노동부	결혼이민자 취업 및 창업 지원, 실업급여 해당자 지원.
교육부	중앙다문화교육센터 운영, 다문화 대학생 멘토링 운영, 다문화가정 학생 교육 지원
법무부	외국인 사회통합 지원, 사회통합 프로그램 이수제 운영
농림축산식품부	이주여성 농업인 지원, 다문화가족 농촌정착 지원 교육.

(3) 사회복지 법인

'사회복지법인(社會福祉法人)'이란 사회복지 사업법 제2조(정의)에 따라 사회복지 사업을 할 목적으로 설립된 법인을 말한다. 사회복지법인은 시설법인과 지원법인으로 구분된다. 시설법인은 사회복지시설을 직접 설치·운영할 목적으로 설립된 사회복지 법인이며, 지원법인은 사회복지사업을 지원하는 법인이다. 사회복지법인에 대한 설립과 지도 감독을 관할하는 주무 관청은 보건복지부이다.

사회복지사업법 제16조에 의해 사회복지법인의 설립 허가를 받으려는 자는 대통령령으로 정하는 바에 따라 시·도지사의 허가를 받아야 하고, 이에 따라 허가를 받은 자는 법인의 주된 사무소의 소재지에서 설립등기를 하여야 한다. 즉, 사회복지법인의 설립허가를 받으려는 자는 법인 설립 허가 신청서에 보건복지부령으로 정하는 서류를 첨부하여 사회복지법인의 주된 사무소의 소재지를 관할하는 시장·군수·구청장을 거쳐 시·도지사에게 제출하여 허가를 받아야 한다. 시장·군수·구청장이 법인 설립

허가 신청서를 받은 때에는 자산에 관한 실지조사의 결과와 사회복지 법인 설립의 필요성에 관한 검토 의견을 첨부하여 시·도지사에게 송부해야 한다.

사회복지법인은 이윤 추구가 목적이 아니라 사회복지 사업을 수행하는 비영리 목적을 위해 설립되므로 사법인(私法人)·비영리 공익 법인·재단 법인의 성격을 동시에 지닌다. 하지만 사회복지사업법 제28조에 의해 사회복지법인은 목적사업의 경비에 충당하기 위하여 필요할 때에는 법인의 설립 목적 수행에 지장이 없는 범위에서 수익사업을 할 수 있다. 그러나 수익사업에서 생긴 수익을 법인 또는 법인이 설치한 사회복지시설의 운영 외의 목적에 사용할 수 없고, 수익사업에 관한 회계는 법인의 다른 회계와 구분하여 회계 처리해야 한다.

현재 한국에는 분당우리복지재단, 한국펄벅재단, 삼일사회복지재단, 여수다문화복지원 등 다문화 구성원들을 지원하기 위해 설립된 사회복지법인들이 많이 있다.

(4) 기타 관련 기관

위에서 언급한 사회복지 관련 기관 및 법인 외에도 기독교, 가톨릭, 불교, 원불교 등 종교기관에서 선교나 포교활동을 위해 복지서비스를 시행하기도 하고, 기업에서 이미지 제고와 이익의 사회 환원 차원에서 장학사업·사회복지프로그램 지원 사업·사회복지시설 지원 사업 등을 시행하기도 한다, 또한 공익적인 목적을 추구하는 민간단체에서 직접 복지 서비스를 시행하기도 하며, 사회복지와 관련된 문제들을 사회적인 이슈로 제기하여 여론을 형성하는 운동을 벌이기도 한다.

4) 다문화 사회복지의 실천

(1) 다문화 사회복지 실천의 기본 가치

미국사회복지사협회(NASW, 1982)에 의하면, '사회복지실천(Social Work Practice)'이란 인간과 사회 환경 간의 상호작용을 중시하는 생태체계적 관점에 기초하여 개인, 집단, 가족이 자신들의 문제해결능력과 대처능력을 향상시키고, 인간이 필요로 하는 사회자원, 서비스, 기회 등의 환경체계가 원활하게 상호작용을 할 수 있도록 도와주고,

자원과 서비스를 제공하는 다양한 사회복지기관이나 조직이 수혜자(client)에게 보다 좋은 서비스를 제공할 수 있도록 효과적이고 효율적인 운영을 추구하며, 이를 위해 새로운 사회정책의 개발과 향상을 목적으로 하는 실천 활동을 말한다.

프리드랜더(W. Friedlander)는 이러한 사회복지실천의 기본 가치가 '개인 존중의 원리', '자기결정의 원리', '기회균등의 원리', '사회연대의 원리(상부상조의 원리)'라고 규정했다.

첫째, '개인 존중의 원리'란 모든 사람은 인간으로서의 가치와 품위와 존엄성을 가지므로 개인은 그 이용가치에 상관없이 존중받아야 한다는 것이다. 따라서 모든 인간의 상이성(개성, 특성, 차이점)과 유사성(공통점)을 인정하고, 개인의 잠재력이 최대한 성취되는 방향으로 성장할 수 있도록 기회가 주어져야 한다.

이는 다양한 인종, 성, 경제적 · 정치적 · 사회적 지위, 종교, 국적, 신체적 조건 등의 특성을 가진 다문화사회에서 더욱 중요한 사회복지실천의 가치이다. 다문화사회의 모든 구성원이 다양한 인종, 성, 경제적 · 정치적 · 사회적 지위, 종교, 국적, 신체적 조건 등의 특성으로 인해 차별당하지 않아야 하며, 개별적인 상이성(개성, 특성, 차이점)과 유사성(공통점)을 인정받아야 하며, 인간으로서의 존엄, 기회 균등, 공평하고 동등한 대우를 보장받으면서 개인의 잠재력이 최대한 성취되는 방향으로 성장할 수 있도록 기회가 주어져야 한다.

둘째, '자기결정의 원리'란 모든 사람은 자신이 자신의 태도와 행동을 결정할 권리가 있다는 것으로서, 모든 사람에게 스스로 선택하고 결정을 내릴 수 있는 자유로운 권리를 주는 것을 말한다. 즉, 개인의 능력과 판단에 따라 자신이 어떤 욕구를 가지고 있는지 자유롭게 밝힐 권리를 주고, 그것을 어떻게 충족할 것인지를 스스로 결정할 권리를 주는 것이다. 이에 따라 사회복지사는 대상자(client)에게 필요한 제반자원에 대한 정보, 자원의 위치와 크기, 활용 방법 등에 대해서 자세하게 알려주어 대상자가 스스로 결정을 내릴 수 있는 기반을 마련해 주고, 그의 결정을 존중해 주어야 한다.

이는 다양한 인종, 성, 경제적 · 정치적 · 사회적 지위, 종교, 국적 등의 차이로 인해 사회적인 약자로 여겨지는 다문화구성원들에게는 더욱 소중한 사회복지실천의 가치이다. 자국민 출신이 다문화 사회복지를 실천할 경우에 사회적인 약자로 여겨지는 다문화구성원들을 수혜대상자로만 여기고, 다문화구성원들의 의견을 제대로 반영하려고 하기 보다는 정해진 규정에 따라 시혜(施惠)를 베풀 듯이 일괄적인 서비스를 행할 수 있기 때문이다.

따라서 다문화 사회복지를 실천하는 사회복지사 및 행정가는 자기결정의 원리에 따라 다문화 구성원을 포함한 모든 사람에게 필요로 하는 제반자원에 대한 정보, 자원의 위치와 크기, 활용 방법 등에 대해서 자세하게 알려주어 대상자가 스스로 결정을 내릴 수 있는 기반을 마련해 주고, 그의 결정을 존중해 주어야 한다.

셋째, '기회균등의 원리'란 재산, 교육 수준, 지위, 종교, 인종, 직업, 거주지 등의 차이에 의해 차별 당하지 않고, 모든 사람에게 균등한 기회가 주어져야 한다는 것이다. 이러할 때에 대상자가 마음을 열고 그의 사생활, 직업생활 및 제반 인간관계에 대한 원만한 적응을 위해 동참하며 협조하게 된다.

이는 인종, 성, 경제적 · 정치적 · 사회적 지위, 종교, 국적 등의 차이로 인해 편견과 차별의 대상이 되기 쉬우며, 한국어 능력의 부족으로 인해 다양한 사회복지 서비스에 대한 정보를 획득하거나 신청하기 어려운 다문화구성원들에게 대단히 소중한 사회복지실천의 가치이다. 진정한 기회균등의 원리를 실천하는 다문화 사회복지가 되려면, 여러 가지 문화적 배경의 차이나 한국어 능력의 부족으로 인해 서비스의 대상자임에도 불구하고 소외되는 일이 없도록 적극적으로 '찾아가는' 다문화 사회복지 실천이 되어야 한다.

넷째, '사회연대의 원리(상부상조의 원리)'란 현대사회에서 인간이 겪는 고통과 괴로움은 개인의 책임으로만 확정지을 수 없으며, 사회 공동체가 연대적인 책임을 지고, 공동의 과제로 해결해 가야 한다는 것이다. 이에 따라 사회문제를 겪는 사람의 문화적 배경, 경제적 수준, 인종, 국적, 종교 등에 상관없이 사회의 구성원으로 인정하고 사회생활에 적극적으로 참여할 수 있도록 보장해 주어야 한다. 그럼으로써 대상자들이 전체 사회 속에서 당당히 자기의 역할을 수행하며, 여러 가지 욕구를 충족하며 공존할 수 있게 해 주어야 한다.

이는 다양한 인종, 성, 경제적 · 정치적 · 사회적 지위, 종교, 국적, 신체적 조건 등으로 인해 낯선 이방인 취급을 당하는 다문화구성원들에게 매우 귀중한 사회복지실천의 가치이다. 어떤 사람이든지 자국 내에서 고통과 괴로움을 겪고 있는 사람이 있다면, 그의 여러 가지 조건들에 구애받지 않고 복지혜택을 받을 수 있는 국가가 복지 수준이 높은 국가이다. 따라서 한국의 자국민들과 인종, 성, 경제적 · 정치적 · 사회적 지위, 종교, 국적, 신체적 조건 등이 다른 다문화구성원일지라도 한국 사회가 연대적인 책임을 지고, 공동의 과제로 다문화구성원들의 어려움을 해결해 가야 한다.

(2) 다문화 사회복지실천의 기술

사회복지사가 다루게 되는 인간의 문제는 매우 복잡하고 다양한 반면, 다른 전문직에 비해 고가의 자원들을 많이 동원하여 인간을 돕기보다는 복지대상자 또는 예비 대상자들과의 상호관계를 통해 문제를 해결해 가거나 사회기능을 강화해 간다. 따라서 사회복지사는 복지를 실천하는 전문가로서 복지대상자 또는 예비 대상자들과의 상호관계에서 활용할 다양한 지식, 전략, 기술 및 기법을 가지고 있어야 한다. 사회복지사가 복지대상자 또는 예비 대상자들과 전문적인 관계를 형성하여 복지 서비스를 제공할 때 주로 사용하게 되는 구체적인 기술 가운데는 면접, 기록, 사정, 평가 등이 포함된다.

① 면접

사회복지사는 주로 복지대상자 또는 예비 대상자들과의 상호관계를 통해 복지서비스를 제공하기 때문에 현실적으로 가장 많이 활용하는 것이 면접 기술이다. 사회복지에서 면접이란 단순히 대화를 나누는 것을 넘어 복지 대상자의 욕구와 문제를 정확히 파악하여 가능한 범위 내에서 가장 적합한 자원을 제공하기 위한 전문적인 기술이다. 이를 위해 사회복지사는 복지 대상자의 행동을 관찰하는 기술, 복지 대상자 및 주변인의 말을 경청하는 기술, 구체적이고 효과적으로 질문하는 기술, 다양한 해석의 가능성을 열어두어 진의(眞意)를 해석하는 기술, 복지대상자에게 서비스에 대한 구체적인 내용을 설명하는 기술을 가져야 한다.

더군다나 다양한 문화적인 배경과 언어를 가진 사람들이 어울려 살아가는 다문화사회에서 복지 서비스를 제공하는 사회복지사들에게는 면접 기술이 더욱 중요하게 요구된다. 면접을 할 때 문화적 차이로 인해 편견을 갖거나 차별하지 말아야 하며, 진의를 해석할 때 문화적인 차이 및 대화법의 특성을 고려해야 한다. 특히 한국어 능력이 부족하여 대화에 어려움을 겪는 다문화 구성원들과 한국의 서비스 체계에 익숙하지 않아서 잘 이해하지 못하는 다문화 구성원들에게는 사회복지사가 인내심을 갖고 천천히 자세하게 반복적으로 설명해야 한다.

② 기록

사회복지사는 담당 사례를 체계적으로 관리하기 위해 사례의 계획 · 진행과정 · 결과보고서와 각종 회의록을 기록한다. 장인협(1996)은 기록을 하는 구체적인 목적이 복지대상자의 욕구 확인, 사례의 지속성 유지, 기관이 실시하는 서비스의 정당성 입증, 전문가 간의 의사소통 원활화, 복지대상자와 정보 공유, 사례에 대한 지도감독의 자료, 교육훈련의 자료, 행정적 과업을 위한 자료제공, 조사를 위한 자료 제공 등으로 활용하는 데 있다고 주장했다.

기록에 포함되는 내용은 복지대상자와의 활동일시 및 장소, 활동목표, 활용 프로그램과 목표 달성 전략, 활동 내용, 평가, 사후 활동계획, 발견 사항 등이다. 이러한 기록을 할 때 복지대상자의 비밀을 보장해 주어야 하며, 최대한 객관적 · 논리적으로 꾸준히 기록해야 한다. 또한 문서양식을 표준화하고, 가급적 모든 문서를 컴퓨터 파일로 작성 보관하며, 기록물에 등급을 매겨서 일정한 조건을 갖춘 해당 담당자가 기록물을 공유할 수 있게 해야 한다.

다문화사회에서 복지 서비스에 대한 기록을 작성하기 위해서는 사회복지사들에게 문화적 역량이 있어야 한다. 즉, 사회복지사들이 다양한 문화를 가진 구성원들에게 문화적 민감성을 가지고 접근하며, 다양한 언어와 의사소통 방법과 문화적인 차이에 대해 이해하고 있어야만 면접을 통해 진의(眞意)를 해석하여 정확히 기록할 수 있다.

〈표 13-3〉 다문화 사회복지 종합 정보 기록지

<table>
<tr><th colspan="11">종합 정보 기록지</th></tr>
<tr><td rowspan="2">등록
번호</td><td colspan="2" rowspan="2"></td><td rowspan="2">사례
관리사</td><td colspan="2" rowspan="2"></td><td>접수일</td><td colspan="3">2019년 8월 25일</td><td rowspan="2">■ 신규
□ 기존</td></tr>
<tr><td>작성일</td><td colspan="3">2019년 8월 26일</td></tr>
<tr><td>접수경로</td><td colspan="10">□ 자발적 요청 (방법: 전화로 법률 상담 동행 요청)</td></tr>
<tr><td>정보
제공자</td><td colspan="10">■ 본인 □ 가족 ( ) □ 서비스제공자 ( ) □ 기타 ( )</td></tr>
<tr><td>사례관리
대상자</td><td colspan="4">O O O</td><td>출신국</td><td colspan="5">O O</td></tr>
<tr><td>생년월일
(주민번호)</td><td colspan="4"></td><td>종교</td><td colspan="5">O O 교</td></tr>
<tr><td>주소</td><td colspan="4">OO시 OO읍 OO리 OO번지</td><td>연락처</td><td colspan="5">010-OOOO-OOOO</td></tr>
<tr><td rowspan="10">직계/동거
가족사항</td><td rowspan="2">관계</td><td rowspan="2">성명</td><td>성별</td><td rowspan="2">결혼
상태</td><td rowspan="2">동거
여부</td><td rowspan="2">학력</td><td rowspan="2">직업</td><td>건강상태</td><td rowspan="2">출신국</td><td rowspan="2">종교</td></tr>
<tr><td>연령</td><td>장애/질병명</td></tr>
<tr><td rowspan="2">본인</td><td rowspan="2">OOO</td><td>여</td><td rowspan="2">기혼</td><td rowspan="2">O</td><td rowspan="2">대졸</td><td rowspan="2">일용직</td><td>■ 질병</td><td rowspan="2">OO</td><td rowspan="2">OO교</td></tr>
<tr><td>38</td><td>기관지 천식,
허리디스크</td></tr>
<tr><td rowspan="2">남편</td><td rowspan="2">이**</td><td>남</td><td rowspan="2">기혼</td><td rowspan="2">×</td><td rowspan="2">고졸</td><td rowspan="2">-</td><td>■ 질병</td><td rowspan="2">한국</td><td rowspan="2">무교</td></tr>
<tr><td>56</td><td>하체 절단,
환청 및 환각</td></tr>
<tr><td rowspan="2">딸</td><td rowspan="2">이**</td><td>여</td><td rowspan="2">미혼</td><td rowspan="2">O</td><td rowspan="2">중퇴</td><td rowspan="2">-</td><td>■ 건강</td><td rowspan="2">한국</td><td rowspan="2">무교</td></tr>
<tr><td>15</td><td></td></tr>
<tr><td rowspan="2">아들</td><td rowspan="2">이**</td><td>남</td><td rowspan="2">미혼</td><td rowspan="2">O</td><td rowspan="2">중재</td><td rowspan="2">학생</td><td>■ 건강</td><td rowspan="2">한국</td><td rowspan="2">무교</td></tr>
<tr><td>13</td><td></td></tr>
<tr><td rowspan="4">* 대상자
인적사항</td><td colspan="2">결혼 상태</td><td colspan="8">■ 별거</td></tr>
<tr><td colspan="2">학력</td><td colspan="8">■ 대졸</td></tr>
<tr><td colspan="2">직업</td><td colspan="8">■ 일용직</td></tr>
<tr><td colspan="2">종교</td><td colspan="8">❶ 없음 ② 기독교 ③ 카톨릭 ④ 불교
⑤ 이슬람교 ⑥ 힌두교 ⑦ 기타: OO교</td></tr>
<tr><td rowspan="2">장애관련
특성</td><td colspan="10">■ 없음</td></tr>
<tr><td>원인</td><td colspan="2"></td><td>발생
년도</td><td colspan="2"></td><td>장애등록</td><td></td><td>발급지</td><td></td></tr>
<tr><td>가구유형</td><td colspan="10">■ 부부중심가구 (별거 중)</td></tr>
</table>

<table>
<tr><td>수급유형</td><td colspan="9">■ 저소득 가구</td></tr>
<tr><td rowspan="2">주거사항</td><td rowspan="2">주거
형태</td><td rowspan="2">■아파트(15평)
노후화 된
임대아파트</td><td rowspan="2">주거
구분</td><td rowspan="2">■ 월세
(보증금100만원/
월세 20만원)</td><td rowspan="2">난방
방법</td><td rowspan="2">■ 가스</td><td rowspan="2">화장실</td><td>■ 단독</td></tr>
<tr><td>■ 수세식</td></tr>
<tr><td>경제생활</td><td>주
소득원</td><td colspan="7">■ 근로수입(주소득원: 식당 등 일용직 월평균 120만원)
■ 기타</td></tr>
<tr><td colspan="3">가계도</td><td colspan="6">생태도</td></tr>
<tr><td colspan="3">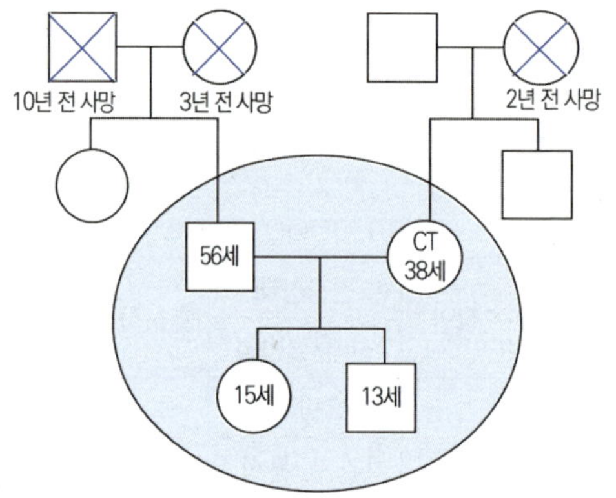
</td><td colspan="6">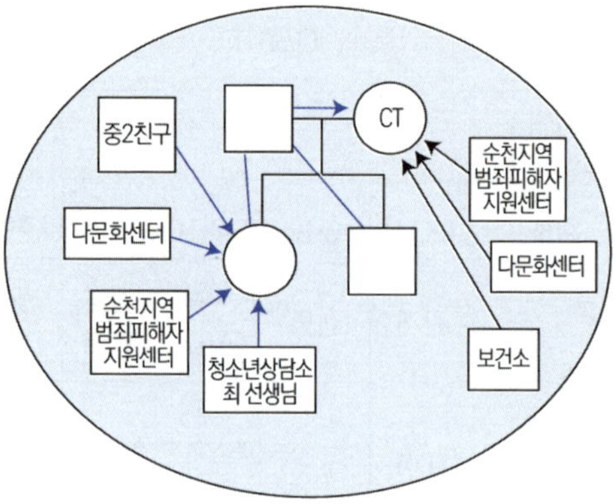
</td></tr>
<tr><td colspan="2">개인력</td><td colspan="2">가족관계</td></tr>
<tr><td>청소년기</td><td>OO에서의 청소년기는 부모 모두 공무원인 가정에서 사랑을 받으며 비교적 안정적으로 생활함.</td><td rowspan="2">부부관계</td><td rowspan="2">한국남자를 동경하여 결혼을 하였으나 나이가 차이와 의사소통의 어려움으로 신혼 때부터 갈등이 심하였고, 남편이 농기계에서 다리가 절단되면서 성격파탄자가 되어 환청·환각에 빠져 폭력, 흉기 위협을 하면서부터는 접근금지명령을 받아 별거 상태. 이혼을 원할 정도로 부부관계는 악화되어 있음.</td></tr>
<tr><td>청장년기</td><td>대졸 후 직장인으로 OO에서 일하다가 친구의 소개를 통해 한국 남자와 결혼하여 이주하게 됨.</td></tr>
<tr><td rowspan="2">중년기</td><td rowspan="2">결혼 초부터 갈등적 부부관계를 보내며 자녀 둘을 어렵게 양육하며 살았고 남편이 사고를 당한 이후 폭력에 시달리며 심한 두려움에 시달리고 있음.
다문화가정에 가장 역할과 어머니 역할을 충실하게 수행하고 있으나, 남편의 폭력으로부터 본인과 자녀들을 보호하며 경제적인 생활까지 감당해야 하는 고단한 한국생활을 하고 있음.</td><td>부모자녀
관계</td><td>ct와 자녀와의 관계는 밀착되어 있으며, 딸은 상처를 받아 중학교를 자퇴하고 집에 있는데 종종 심한 갈등이 일어남. 자녀는 아버지가 집에 오지 않기를 바람.</td></tr>
<tr><td>형제자매
관계</td><td>OO에 살고 있는 친정 언니와는 관계가 좋은 편이어서 왕래하고 지냄.</td></tr>
</table>

대상자의 성장배경	• 대상자: OO 출신의 결혼이주여성으로 16년 전 한국에 입국하였고, 현재 영주권을 취득한 상태임, 부모 모두 공무원인 가정에서 사랑을 받으며 비교적 안정적으로 생활함. 부모는 한국에 결혼이민자로 들어가는 것을 반대했음. 모는 2년 전에 사망했고, 부는 두 차례(2013년, 2015년) 자녀들과 함께 방문했을 때 만났으나, 평상시에는 교류가 없음, 남동생은 본인이 한국에 결혼이민자로 들어가는 것을 반대하다가, 한국에 들어온 이후에 연락이 끊긴 상태임, 현재 기관지 천식과 허리 디스크로 일을 하지 못할 때가 많음. 이혼을 원함. • 남편: 부로부터 심한 폭력을 당하면서 자람. 친구의 아내인 OO의 소개로 국제결혼을 했고, 결혼 초기부터 현재까지 대상자를 괴롭힘. 농기계에서 다리가 절단되면서 환청·환각에 빠져 성격파탄자가 되어 폭력, 흉기 위협을 하면서부터는 접근금지명령을 받음. 현재는 숙박업소에서 월세로 지내면서 가족과 별거한 상태임. 이혼을 원하지 않음. • 자녀1: 어렸을 때부터 아버지에게 폭력을 당하며 자람. 초등학교 때는 학교에 잘 적응했으나, 중학교 1학년 때부터 학교폭력에 시달리다가 중2때 자퇴함. 부가 집에 오지 않기를 바라고 있음. • 자녀2: 학습 부진으로 인해 대상자가 걱정을 하지만, 다행히 큰 문제를 일으키지 않고, 잘 지내고 있음, 부가 집에 오지 않기를 바라고 있음.
종합 의견	• ct는 남편의 흉기 위협 사건으로 인해 남편에게 접근금지명령을 받게 하여 현재 남편과 별거 중임. 법원 판결을 기다리던 중에 남편의 접근금지명령 기간이 만료되어 기간 연장과 이혼을 위한 법률 상담 및 동행 상담을 센터에 요청함. ct는 경제적으로 어려운 상황에서 남편의 폭력으로 인한 스트레스, 공포가 심함. 따라서 접근금지 법률지원뿐 아니라, 심리치료 및 건강 서비스 지원, 자녀 상담 및 교육 지원, 기초생활보호대상자 신청 지원 등으로 생계비 안정 등이 필요한 상황임,

출처: 이성순(2017), 적용 재작성

③ 사정(assessment)

사회복지실천에서 ‘사정’이란 사례에 개입하기 전에 대상자에 대한 적절한 자료를 수집, 분석, 종합하여 문제해결을 돕기 위한 계획을 세우는 일련의 과정이다. 이러한 사정 과정에서 사회복지사의 경험, 가치, 이론적 기반 등 전문적 지식기반에 근거하여 문제의 내용, 발생원인, 해결 또는 최소화 방안을 판단하게 된다. 올바른 사정을 위해서는 개입 초기부터 종결까지 지속적으로 사정을 해야 하며, 수집된 자료와 정보를 객관적으로 판단해야 한다.

사정이 사회복지사의 경험, 가치, 이론적 기반 등 전문적 지식기반에 근거하여 판단하는 것이기 때문에, 사회복지사가 자기의 전문성을 과도하게 맹신할 경우에 대상자의 의견이 무시되거나 제대로 반영되지 않아서 올바른 판단을 하지 못할 수 있다. 특히 자국민들과 다른 언어와 의사소통 방법과 문화적인 배경을 가진 다문화구성원들을 사회적인 약자로 여기는 사회일수록 강압적인 태도로 대상자의 의견을 무시할 위험성이 높다. 따라서 사회복지사는 대상자를 존중하는 마음으로 현재상황과 의견을 듣고, 이와 관련된 정보를 자세히 제공하고, 사회복지 전문가로서의 전문적인 판단을 제시하되, 최대한 대상자의 의견을 반영하는 사정을 해야 한다.

〈표 13-4〉 다문화 사회복지 욕구 및 강점 사정지

욕구 및 강점 사정지						
사례관리 대상자	OOO		등록번호		■ 신규 □ 재사정 ( )차	
사례 관리사	OOO		작성일자	2019. 12. 21		
욕구영역	개입목표	사례관리 대상자의 사정평가				
		주요현상	주요원인	강점	장애물	심각도(5)
① 안전	□가족 내 안전유지	폭력	폭력적 성향	법원 접근금지명령	남편의 정신적 문제 (환청, 환각)	5
② 건강 (질환장애 및 중독)	□신체적 건강유지	기관지 천식. 허리 디스크	만성 질환. 스트레스,	삶에 대한 의지 강함.	기관지 천식. 허리 디스크	4
	□정신적 건강유지	불안감	스트레스	삶에 대한 의지 강함	남편과의 문제	4
③ 일상생활 유지	□의식주 관련 일상 생활 유지 □역다생활 활용					
④ 가족관계 (친인척, 부부, 자녀관계)	□관계형성					
	□가족 돌봄	다문화가족 돌봄 곤란	무기력감	관계 좋음	남편과의 문제	3
⑤ 사회적 관계 (사회문제)	□친인척 및 이웃 간 관계설정					
	□소속된 집단 및 사회생활	기타 사회생활의 어려움	정보 부족	사람들과의 만남을 원함	기회 부족	3
⑥ 경제	□기초생활 해결	주거비 부족	허리 디스크	병 중에도 최선의 경제 활동	약한 체력, 병 발병	4

<table>
<tr><td></td><td>□자산관리</td><td></td><td></td><td></td><td></td><td></td></tr>
<tr><td rowspan="2">⑦ 교육</td><td>□기초지식 습득, 향상</td><td></td><td></td><td></td><td></td><td></td></tr>
<tr><td>□교육개선</td><td></td><td></td><td></td><td></td><td></td></tr>
<tr><td>⑧ 직업</td><td>□취(창)업</td><td>저임금, 일용직</td><td>건강 문제</td><td>성실함, 책임감 강함</td><td>기관지 천식, 허리 디스크</td><td>4</td></tr>
<tr><td rowspan="3">⑨ 생활환경 및 권익보장</td><td>□주거 내부 환경 개선</td><td></td><td></td><td></td><td></td><td></td></tr>
<tr><td>□주거 외부 환경 개선</td><td></td><td></td><td></td><td></td><td></td></tr>
<tr><td>□권익 보장 (법률 상담)</td><td>차별대우</td><td>다문화가족</td><td>알고자 하는 욕구 강함</td><td>결혼이주여성에 대한 피해의식</td><td>3</td></tr>
<tr><td>사례관리 대상자 가족의 삶에 대한 전망 및 목표</td><td colspan="6">• ct – 별거 기간 동안 남편의 접근 금지 명령 유지 및 안정적 경제 활동으로 생계 유지, 심리 · 정서적 안정으로 능동적인 삶의 자세로 생활.
• 가족구성원 – 남편의 폭력성, 환청 및 환각증상 치료 연계.
• 자녀(15세) – 심리 · 정서적 치료를 통한 안정. 진로 지도로 검정고시 합격.</td></tr>
<tr><td>대상자의 장점</td><td colspan="6">1. 식당 등에서 일용직으로 일하고 있음.
2. 생활력이 강함.
3. 자녀들과의 관계가 대체로 좋고, 아들이 상황을 잘 이겨내고 있음.</td></tr>
<tr><td>장애물 사정</td><td colspan="6">남편의 폭력, 폭언, 정신 질환(환청, 환각)</td></tr>
<tr><td>사례관리사 종합 의견</td><td colspan="6">ct는 남편의 폭력으로 스트레스가 높고, 본인의 건강이 좋지 않아서 제대로 된 경제생활에 제한을 받고 있는 것이 가장 큰 장애요인. 남편의 폭력에 대한 스트레스, 두려움이 감소된다면 정서적 안정, 질병 위험 요소 감소, 자녀 돌봄 능력 향상 등 긍정적인 변화가 일어날 가능성이 있음. 최우선 목표는 남편의 폭력으로부터의 접근금지 명령 유지라고 보임.</td></tr>
<tr><td>목표 (단기/장기)</td><td colspan="6">1. 단기목표
1) 대상자의 불안한 심리상태 안정화시키기
→ 법률 상담 연계 및 동행하여 상담 진행하기
2) 대상자 신변에 대한 안전 확보하기
→ 남편의 접근금지명령 기간 연장을 위해 법적 절차 진행하기
2. 장기목표
1) 자녀의 검정고시 합격 및 고등학교 진학 → 자녀 상담 진행하기
2) 경제적 어려움으로 인한 스트레스 해소하기 → 저소득층 지원 및 후원 기관 연계
3) 기관지 천식, 허리 디스크 → 의료서비스 연계하기</td></tr>
</table>

출처: 이성순(2017), 응용 재작성

〈표 13-5〉 다문화 사회복지 실행계획표

<table>
<tr><th colspan="7">실행 계획표</th></tr>
<tr><td rowspan="2">변화 목표</td><td colspan="2">단기목표(1~3개월)</td><td colspan="2">중기목표(4~6개월)</td><td colspan="2">장기목표(7~12개월)</td></tr>
<tr><td colspan="2">법률지원을 통한 안전 확보</td><td colspan="2">심리적 안정을 통한 건강 회복, 경제적 안정</td><td colspan="2">미래를 주도적으로 계획하고 실천할 수 있는 힘 기르기</td></tr>
<tr><td>욕구 영역</td><td>변화목표</td><td>실행 계획</td><td>우선 순위</td><td>실행 기간</td><td>빈도/ 횟수</td><td>실행자/ 기관</td></tr>
<tr><td rowspan="2">법률 지원</td><td>정확한 정보를 통해 이혼 여부 결정하여 미래를 합리적으로 계획하기</td><td>변호사 상담 진행
-이혼, 접근금지명령 기간 연장에 대한 정보 제공 받기</td><td>1</td><td>1주일 이내</td><td>1</td><td>법률구조공단</td></tr>
<tr><td>접근금지명령 기간 연장으로 심리적 안정 찾기</td><td>변호사 상담 진행
-접근금지명령 기간 연장 도움 받기</td><td>2</td><td>2주일 이내</td><td>수시</td><td>OO지역 범죄피해자 지원센터</td></tr>
<tr><td rowspan="2">경제적 지원</td><td>생계비 지원으로 경제적 어려움 감소시키기</td><td>생계비 지원 기관 연계하기</td><td>4</td><td>3개월</td><td>수시</td><td>시청복지과/ 민간단체 후원 기관</td></tr>
<tr><td>자녀의 검정고시 준비 및 둘째 자녀의 학습을 위해 학습환경 개선하기</td><td>책걸상, 노트북 지원</td><td>5</td><td>3개월</td><td>1</td><td>다문화가족 지원센터(후원품 전달)/ 민간 독지가 지원</td></tr>
<tr><td rowspan="2">신체 및 정신건강 관리</td><td>정서적 안정감을 통해 스트레스 감소시키기</td><td>사례관리사와 상담 진행</td><td>3</td><td>3개월</td><td>수시</td><td>다문화가족 지원센터</td></tr>
<tr><td>기관지 천식, 허리 디스크 치료를 통해 위험한 상황 예방하기</td><td>보건소 방문 보건 서비스 연계하기</td><td>6</td><td>3개월</td><td>수시</td><td>보건소</td></tr>
</table>

출처: 이성순(2017), 응용 재작성

④ 평가

사회복지실천에서 '평가'란 사회복지사가 사정을 통해 계획된 복지 서비스를 실천한 후에 투입된 내용과 결과를 토대로 개입의 효과성, 효율성, 복지 대상자의 변화 정도를 점검하는 것이다. 이러한 평가는 사회복지 관련 정책을 결정하는 행정가, 사회복지 기관의 운영자, 사회복지 실천가가 여러 가지 사회복지 관련 정책을 만들고 실천하는

데 중요한 근거가 되므로, 최대한 객관적이고 합리적인 평가를 해야 한다. 이를 위해 사회복지사가 평가를 할 때 사례에 맞는 평가 형식을 만들고, 객관적인 절차에 따라 평가를 진행하며, 사례별 평가와 종합적인 평가를 정리하고, 평가 내용을 지도 감독자와 관련 담당자에게 공표하여 피드백을 받아야 한다.

그런데 다양한 문화적 배경을 가지고 있으며, 여러 가지 상황에서 한국에 오게 된 다문화 구성원들의 특성을 감안할 때, 다문화 구성원들에게 자국민들의 평균적인 기준에 맞춘 일괄적인 평가 형식을 적용해서는 곤란하다. 또한 자국민들의 사례를 기준으로 효과성, 효율성, 복지 대상자의 변화 정도를 판단해서는 안 된다. 다문화 구성원들이 가진 문화적인 차이와 다양한 상황을 감안하여 평가하는 방식이 필요하며, 적어도 출신국가, 연령대, 성별, 종교, 유입 배경 등을 감안하여 서비스의 효과성, 효율성, 복지 대상자의 변화 정도를 판단하고 평가해야 한다.

〈표 13-6〉 다문화 사회복지 종결보고서

<table>
<tr><th colspan="8">종결 보고서</th></tr>
<tr><td>등록번호</td><td colspan="2"></td><td colspan="2">등록일</td><td colspan="3">2019년 8월 25일</td></tr>
<tr><td>성명</td><td colspan="2">OOO</td><td colspan="2">종결일</td><td colspan="3">2019년 12월 20일</td></tr>
<tr><td>종결사유
(구체적으로 기입)</td><td colspan="7">목표달성, 대상자의 욕구 충족(법률상담, 접근금지명령 기간 연장, 심리·정서적 안정)</td></tr>
<tr><td rowspan="2">욕구영역</td><td rowspan="2">변화목표</td><td rowspan="2">실행계획</td><td colspan="4">사례관리 대상자 점검</td><td rowspan="2">욕구 충족도</td></tr>
<tr><td>적절성</td><td>적시성</td><td>충분성</td><td>만족도</td></tr>
<tr><td rowspan="2">법률 지원</td><td>정확한 정보를 통해 이혼 여부를 결정하여 미래를 합리적으로 계획하기</td><td>변호사 상담 진행
-이혼, 접근금지명령 기간 연장에 대한 정보 제공받기</td><td>5</td><td>5</td><td>4</td><td>5</td><td>5</td></tr>
<tr><td>접근금지명령 기간 연장으로 심리적 안정 찾기</td><td>변호사 상담 진행
-접근금지명령 기간 연장에 대한 도움 받기</td><td>5</td><td>5</td><td>5</td><td>5</td><td>5</td></tr>
<tr><td rowspan="2">경제적 지원</td><td>생계비 지원으로 경제적 어려움 감소시키기</td><td>생계비 지원기관 연계하기</td><td>5</td><td>4</td><td>4</td><td>5</td><td>5</td></tr>
<tr><td>자녀의 진로학습 상담 및 학습환경 개선하기</td><td>사례관리사와 상담 진행, 책결상 및 노트북 지원</td><td>5</td><td>5</td><td>5</td><td>5</td><td>5</td></tr>
</table>

신체 및 정신건강관리	정서적 안정감을 통해 스트레스 감소시키기	사례관리사와 상담 진행	5	4	4	5	5
	기관지 천식, 허리 디스크 치료를 통해 위험한 상황 예방하기	보건소 방문 보건서비스 연계하기	5	4	4	4	4

종결 유형	총서비스 제공량				
■ 욕구충족 / 변화목표 달성 □ 계약기간 만료 □ 이사 □ 거절이나 해약 □ 사망(　　　) □ 연락두절 □ 기타 (　　　　)	제공 유형	대상			
		대상자	가족 구성원	비공식 지지체계	서비스 제공자
	전화				
	내방				
	방문				

사례관리 대상자의 종합의견	ct는 법률 상담으로 정확한 정보를 얻게 되고 접근금지명령 기간 연장 신청 및 이혼에 대한 정보를 얻게 되어 만족하였으며, 다문화가족지원센터 상담을 통해 힘을 얻고 안정을 찾았다고 함. 수차례 다문화가족지원센터를 방문하였고, 적극적으로 대처하려는 의지를 표명함.
가족/보호자 종합의견	남편의 경우 적대적 자세에서 다문화가족지원센터 상담을 받는 등 노력하는 자세를 보임. ct의 첫째 자녀는 사례관리사에게 문자를 보내 마음이 편안해졌다고 고마움을 표현했고, 검정고시 준비를 하기로 했음. 특히 책걸상 및 노트북 지원으로 기대감이 더욱 높아졌고. 공부를 열심히 하겠다며 앞으로의 삶에 대해 긍정적인 태도를 보임.

사후관리 계획	사후관리 빈도	■ (1)개월 이후부터 (3)개월 간격으로 총 □ 1회 ■ 2회			
	사후관리 예정일	1차	2020. 01.	2차	2020. 04
	사후관리 방법	■ 전화상담 □ 내소상담 □ 가정/방문 상담 □ 기타			
	의료기관 선정여부	■ 아니오 □ 예	기관명	담당자	연락처

사례관리 대상자	성명: OOO (서명 또는 날인)	가족/보호자	성명: 이OO (서명 또는 날인)

사례관리사 종합 의견	• ct는 첫 전화상담 시 불안한 목소리로 도움을 요청하였고, 면접상담 시 어두운 얼굴로 상담을 진행하였지만, 사례관리 개입 후 밝고 자신감 있는 모습으로 변화되었음. • 결혼이주여성이라는 의식 때문에 법률상담을 받는 것을 두려워했지만, 개입 후 스스로 법률상담을 받으러 가고 서류를 준비할 만큼 능동적인 태도로 임함. • 사례관리사와의 상담 및 개입으로 마음의 안정을 찾았다며 밝고 자신감있는 모습을 보이는 ct를 통해 개입에 대한 효과를 발견함. • 법원의 접근금지명령 기간 연장 판결과 이혼 진행을 위한 법률 상담 및 동행 상

	담을 통해 대상자의 태도가 한층 적극적으로 변했음. • ct의 경제적 어려움은 시청복지과와 민간단체 및 독지가의 도움으로 기본적인 생활을 할 수 있는 정도의 여건은 마련됨. • 건강관리를 위해 보건소의 정규검진 및 일정기간동안 기관지 천식 치료 필요함. • 첫째 자녀는 사례관리사와의 상담을 통해 검정고시를 준비하기로 했으며, 다문화가족센터와의 연계를 통해 지속적인 지도와 관리가 필요함. • 대상자는 기관지 천식과 허리 디스크를 앓고 있는 상태에서 남편의 폭력에 대한 두려움을 안고 자녀양육까지 해야 하는 상태이기 때문에 지속적인 건강관리 및 상담이 필요함.

출처: 이성순(2017), 응용 재작성

5) 다문화 사회복지 실천 분야

(1) 다문화사회의 아동복지

좁은 의미에서의 '아동복지(child welfare)'란 보호가 필요한 아동을 중심으로 한 복지활동을 말한다. 그러나 점점 더 '아동복지'의 개념이 확장되고 있는데, 넓은 의미에서의 '아동복지'란 보호가 필요한 아동을 포함한 모든 아동과 그 가족을 대상으로 다양한 복지 주체들이 유기적인 연관을 맺으며 체계적으로 복지활동을 전개하는 것을 의미한다. 이러한 아동복지는 아동의 기본적인 생활을 보장해 줄 뿐 아니라, 미래 인력의 보호·육성 및 사회 문제의 예방이라는 측면에서도 중요하다.

국제연합(UN)은 인권의 사각지대에 있는 아동의 권리를 보장하기 위해 1989년 국제연합 총회에서 아동권리협약을 채택하였으며, 2019년을 기준으로 196개국이 비준하고 있다. 아동권리협약은 전문과 54개 조항으로 구성되어 있으며. 만 18세 미만의 아동 및 청소년의 기본권을 보장하는 내용과 협약 당사국의 의무, 관련 절차 등을 명시하고 있다. 특히 주목할 것은 아동을 단순한 보호대상이 아닌 권리를 가진 인간 주체로 규정하고 있다는 것이다.

유엔아동기금(UNICEF)은 유엔 아동권리협약이 아동의 기본권을 '생존의 권리', '보호의 권리', '발달의 권리', '참여의 권리'로 구분한다고 해석했다. '생존의 권리'에는 적절한 생활수준 유지 보장, 영양 섭취와 기본적인 보건의료서비스를 받을 권리 등을 포함한다. '보호의 권리'란 폭력, 폭언, 부당한 형사처분, 과도한 노동 등 모든 형태의 학대와 방임과 착취에서 보호받을 권리를 말한다. '발달의 권리'는 교육을 받을 수 있는 권리와 놀이 · 문화생활 등 여가를 즐길 권리, 정보를 누릴 권리, 사상 · 양심 · 종교의 자유를 누릴 권리를 포함한다. '참여의 권리'는 아동이 자신의 문제에 대해서 자유롭게 자기의 의견을 말할 수 있는 권리, 적절한 사회활동에 참여할 권리를 포함한다.

아동복지서비스는 크게 세 가지 종류로 구분할 수 있다. 첫째, '지지적 서비스(supportive service)'란, 가족, 부모, 자녀가 자신의 역할을 잘 수행하도록 지원하고 강화하는 서비스를 말하며, 일반적으로 자신의 가정에 머물러 살면서 받을 수 있는 상담사업, 가족복지사업, 빈곤아동복지사업, 학교사회사업 등이 해당된다.

둘째, '보충적 서비스(supplemental services)'란 지지적 서비스와는 달리 가정 내에서 전개되는 서비스의 형태를 말하며, 부모의 실업, 질병, 장애, 경제적 곤란 등을 보충하기 위해 부모들의 역할을 일부 대행해 주는 것을 목적으로 한다. 보육사업, 아동 보호사업, 소득유지사업, 가정 조성사업, 방과 후 아동지도 등이 해당된다. 다문화가족지원센터에서 제공하는 아동복지 서비스는 주로 지지적 서비스와 보충적 서비스에 해당한다.

셋째, '대리적 서비스(substitutive services)'란 아동이 가정을 이탈하여 다른 기관이나 민간에 의해서 보호를 받는 서비스를 말하며, 입양, 가정위탁보호, 시설보호 등이 해당된다. 다문화 가족 보호시설이 여기에 해당된다.

(2) 다문화사회의 결혼이민자 복지

① 국민기초생활보장법에 따른 결혼이민자 복지

1999년 9월 7일 한국은 생활이 어려운 사람에게 필요한 급여를 실시하여 이들의 최저생활을 보장하고 자활을 돕기 위해 국민기초생활보장법을 제정하였다. 대한민국 국민과 혼인하여 국내에 체류하고 있는 외국인 중에서 출입국관리법에 따라 입국한 날부터 90일 이내에 그의 체류지를 관할하는 출입국관리사무소에 외국인등록을 한 자로서 다음의 어느 하나에 해당하면 수급권자 신청을 할 수 있다. : ① 대한민국 국민과 혼인중인 자로서 대한민국 국적의 미성년 자녀(계부(모)자 관계 및 양친자 관계를 포함한다.)를 양육하고 있는 자. ② 대한민국 국민인 배우자와 이혼하거나 그 배우자가 사망한 자로서 대한민국 국적의 미성년자를 양육하고 있는 자.

생활실태 조사를 받아 보건복지부장관으로부터 수습권자로 선정이 되면, 결혼이민자에게도 생계급여, 주거급여, 교육급여, 해산급여, 장제(葬祭)급여, 자활급여(자금의 대여, 직업훈련, 자활근로, 창업지원, 자산형성지원) 등을 차등 지급한다.

② 한부모가족지원법에 따른 결혼이민자 복지

1989년 4월 1일 한국은 모자가정이 건강하고 문화적인 생활을 영위할 수 있게 함으로써 모자가정의 생활안정과 복지증진에 기여하기 위해 모자복지법을 제정하였고, 2002년 모·부자복지법으로 개정했다가 2007년에 한부모가족지원법으로 개정하였다. 한부모가족지원법 제1조 (목적)에 따르면, 한부모가족지원법은 한부모가족이 안정적인 가족 기능을 유지하고 자립할 수 있도록 지원함으로써 한부모가족의 생활 안정과 복지 증진에 이바지함을 목적으로 한다.

출입국관리법에 따른 외국인등록을 마치고 국내에 체류하고 있는 외국인 중에서 대한민국 국민과 결혼하여 대한민국 국적의 아동을 양육하고 있는 사람은 한부모가족지원법상의 보호대상자가 될 수 있다.

한부모가족지원법상의 보호대상자로 선정되면 생계비, 아동교육지원비, 직업훈련비 및 훈련기간 중 생계비, 아동 양육비 등의 복지 급여를 차등 지급 받을 수 있으며, 창업 자금, 아동교육비, 의료비, 주택 자금 등의 복지자금을 대여 받을 수 있다. 이밖에도 공공시설에 매점 및 시설 우선 설치, 관련시설 우선 이용, 장애인·노인·만성질환자 등의 부양 서비스, 가사 서비스, 가족 관계 증진 서비스, 국민주택의 분양 및 임대 등의 지원을 받을 수 있다.

한부모가족을 위한 복지시설 중에서 일시보호시설은 보호기간이 6개월 이내이고, 미혼모자시설은 보호기간이 출산 전 후 1년 이내이며, 미혼모자 공동생활 가정·모자 공동생활가정·부자 공동생활가정·미혼모 공동생활 가정은 보호기간이 2년 이내이다, 또한 모자보호시설·모자자립시설·부자보호시설·부자자립시설은 보호 기간이 3년 이내이며, 여성복지관 및 한부모가족복지상담소는 보호기간의 제한이 없다.

③ 가정폭력방지 및 피해자보호 등에 관한 법률에 따른 결혼이민자 복지

1997년 12월 31일 한국은 가정폭력의 예방·방지와 가정폭력 피해자를 보호·지원하기 위해 가정폭력방지 및 피해자보호 등에 관한 법률을 제정하였다. 가정폭력 관련 상담소의 장은 가정폭력 피해자를 상담한 결과 임시보호가 필요하다고 인정되는 경우

피해자 본인 또는 그 보호자의 동의를 받아 임시보호를 받게 하여야 한다. 상담소 또는 보호시설의 임시보호는 3일 이내이며, 특별한 경우에 한하여 임시보호의 기간을 7일 이내로 할 수 있다.

가정폭력피해자를 위한 보호시설에는 6개월 이내의 범위에서 보호하는 단기보호시설, 2년 이내의 범위에서 자립을 위한 주거편의시설 등을 제공하는 장기보호시설, 배우자가 대한민국 국민인 외국인 피해자 등을 2년 이내의 범위에서 보호하는 외국인 보호시설, 장애인복지법의 적용을 받는 장애인인 피해자 등을 2년 이내의 범위에서 보호하는 장애인보호시설이 있다.

④ 건강가정기본법에 따른 결혼이민자 복지

2004년 2월 9일 한국은 건강한 가정생활의 영위와 가족의 유지 및 발전을 위한 국민의 권리·의무와 국가 및 지방자치단체 등의 책임을 명백히 하고, 가정문제의 적절한 해결방안을 강구하며 가족구성원의 복지증진에 이바지할 수 있는 지원정책을 강화함으로써 건강가정 구현에 기여하기 위해 건강가정기본법을 제정하였다.

건강가정기본법에 따라 국가 및 지방자치단체가 지원하는 사업은 가족구성원의 정신적·신체적 건강지원, 소득보장 등 경제생활의 안정, 안정된 주거생활 보장, 태아검진 및 출산·양육의 지원, 위해환경으로부터 보호, 가정폭력으로부터 보호, 결혼준비교육, 부모교육, 가족윤리 교육 등이다. 대한민국 국민과 결혼하여 국내에 거주하는 결혼이민자도 건강가정기본법에 따라 다양한 지원을 받을 수 있다.

⑤ 기타 결혼이민자 복지

고용보험에 가입하여 12개월 이상 보험료를 납입한 결혼이민자가 실업시 구직급여를 신청할 경우 90일의 실업급여를 받을 수 있다. 또한 결혼이민자의 모국이 대한민국과 국민연금에 대한 상호협정이 체결되어 있으면 국민연금의 적용 대상자가 되어 연금급여를 받을 수 있다.

(3) 다문화사회의 외국인 복지

① 고용보험법에 따른 외국인 복지

1993년 12월 한국은 고용보험의 시행을 통하여 실업의 예방, 고용의 촉진 및 근로자의 직업능력의 개발과 향상을 꾀하고, 국가의 직업지도와 직업소개 기능을 강화하며, 근로자가 실업한 경우에 생활에 필요한 급여를 실시하여 근로자의 생활안정과 구직 활동을 촉진함으로써 경제·사회 발전에 이바지하기 위해 '고용보험법'을 제정하였다.

원칙적으로 '외국인근로자의 고용 등에 관한 법률'의 적용을 받는 외국인근로자에게는 고용보험법을 적용하지만, 실업급여, 육아휴직 급여, 육아기 근로시간 단축 급여, 출산전후 휴가 급여 등은 고용노동부령으로 정하는 바에 따른 신청이 있는 경우에만 적용한다.

외국인근로자의 고용 등에 관한 법률의 적용을 받지 않는 외국인근로자로서 출입국관리법 시행령 제12조에 따른 외국인의 체류자격 중 주재(D-7), 기업투자(D-8) 및 무역경영(D-9)의 체류자격을 가진 자(법에 따른 고용보험에 상응하는 보험료와 급여에 관하여 그 외국인의 본국법이 대한민국 국민에게 적용되지 아니하는 경우는 제외한다.), 출입국관리법 시행령 제12조에 따른 외국인의 체류자격 중 영주(F-5)의 체류자격을 가진 자, 출입국관리법 시행령 제23조 제2항 각 호의 어느 하나에 해당하는 자는 고용보험법을 적용한다.

외국인근로자의 고용 등에 관한 법률의 적용을 받지 않는 외국인근로자로서 출입국관리법 시행령 제12조에 따른 외국인의 체류자격 중 재외동포(F-4)의 체류자격을 가진 자, 출입국관리법 시행령 제23조 제1항에 따른 취업활동을 할 수 있는 체류자격을 가진 자는 고용노동부령으로 정하는 바에 따라 보험가입을 신청한 경우에 한하여 고용보험법을 적용한다.

② 산업재해보상보험법에 따른 외국인 복지

1963년 11월 한국은 산업재해보상보험 사업을 시행하여 근로자의 업무상의 재해를 신속하고 공정하게 보상하며, 재해근로자의 재활 및 사회 복귀를 촉진하기 위하여 이에 필요한 보험시설을 설치·운영하고, 재해 예방과 그 밖에 근로자의 복지 증진을 위한 사업을 시행하여 근로자 보호에 이바지하기 위해 산업재해보상보험법을 제정하였다.

근로자를 사용하는 모든 사업 또는 사업장에 산업재해보상보험법을 적용한다, 단, 위험률·규모 및 장소 등을 고려해 대통령령으로 정하는 사업에 대하여는 이 법을 적용하지 아니한다.

외국인근로자의 고용 등에 관한 법률에 따라 국내에 고용된 외국인근로자도 산업재해보상보험법의 적용 대상이다. 장해급여 청구사유 발생 당시 대한민국 국민이 아닌 자로서 외국에서 거주하고 있는 근로자에게는 장해보상일시금을 지급한다.

③ 국민연금법에 따른 외국인 복지

1986년 12월 31일 한국은 국민의 노령, 장애 또는 사망에 대하여 연금급여를 실시함으로써 국민의 생활 안정과 복지 증진에 이바지하기 위해 국민연금법을 제정하였다. 국민연금법의 적용을 받는 사업장에 사용되고 있는 외국인은 당연히 사업장가입자가 되며, 기타 국내에 거주하고 있는 외국인은 당연히 지역가입자가 되어 국민연금의 대상이 된다. 단, 출입국관리법에 따라 체류기간연장 허가를 받지 아니하고 체류하는 자, 출입국관리법에 따른 외국인등록을 하지 아니하거나 강제퇴거명령서가 발급된 자, 문화예술(D-1)·유학(D-2)·산업연수(D-3)·일반연수(D-4)·종교(D-6)·방문동거(F-1)·동반(F-3)·기타(G-1)에 해당되는 체류자격이 있는 자는 국민연금법의 적용을 받지 않는다.

④ 국민건강보험법에 따른 외국인 복지

1999년 2월 8일 한국은 국민의 질병·부상에 대한 예방·진단·치료·재활과 출산·사망 및 건강증진에 대하여 보험급여를 실시함으로써 국민보건 향상과 사회보장 증진에 이바지하기 위하여 국민건강보험법을 제정하였다.

외국인도 국민건강보험법에 따라 직장가입자 또는 지역가입자로서 건강보험을 적용받을 수 있다. 직장가입자에 해당하지 않고, 국내에 3개월 이상 거주한 재외국민 또는 외국인(국내에 3개월 이상 거주하지 않은 재외국민 또는 외국인이라도 유학·취업 등의 사유로 3개월 이상 거주할 것이 명백한 자를 포함)이 신청할 경우 지역가입자로 건강보험을 적용받을 수 있다.

단, 출입국관리법 및 재외동포의 출입국과 법적지위에 관한 법률에 의해 체류기간 연장 허가를 받지 않고 체류하는 자, 출입국관리법에 의하여 강제퇴거명령서가 발부된 자는 건강보험을 적용받을 수 없다.

VII

다문화 간호

제14장 다문화 간호(Multicultural nursing)

제 14 장

다문화 간호 (Multicultural nursing)

한국사회가 빠르게 다문화사회로 변해가면서 다양한 국적, 인종, 문화적 배경, 신체적인 조건, 종교적인 신념 등을 가진 사람들이 모여서 살아가게 되었다. 이러한 다양성은 한국의 보건의료의 대상자들이 매우 다양해졌다는 것을 의미한다. 따라서 개별 대상자가 가진 국적, 인종, 문화적 배경, 신체적인 조건, 종교적인 신념 등을 다양하게 고려한 보건의료 정책을 세워야 하며, 개별 대상자의 특성을 다양하게 고려한 의료 서비스를 제공해야 한다.

이를 위해 한국의 보건의료 정책을 제정하는 행정가들과 의료 현장에서 실제로 다문화구성원에게 의료 서비스를 제공하는 의료인들에게 문화적인 수용성과 개방성이 필요하며, 다양한 국적, 인종, 문화적 배경, 신체적인 조건, 종교적인 신념 등을 이해하는 문화역량이 필요하며, 다양한 구성원들과 효과적으로 상호작용하여 최선의 의료 서비스를 제공할 수 있는 전문성이 필요하다. 이에 따라 본 장에서는 다음과 같은 목표를 가지고 다문화사회의 간호에 대하여 구체적으로 살펴보고자 한다.

단원목표

1. 한국의 다문화 구성원들의 보건 · 의료적 특성을 파악한다.
2. 다문화사회의 간호 전문인이 되기 위해 다문화 간호의 정의 및 필요성을 살펴본다.
3. 다문화 간호를 실현하기 위해 보건의료적 차원에서 문화의 다양성을 파악한다.
4. 다문화 간호를 실현하기 위해 보건의료적 차원에서 종교의 다양성을 파악한다.

1) 한국 다문화 구성원들의 보건 · 의료적 특성

① 결혼이민자들의 보건 · 의료적 특성

결혼이민자, 외국인근로자, 북한이탈주민, 다문화가정의 자녀들의 보건 · 의료적 특성과 현실적인 여건들을 살펴봄으로써 한국 사회에 다문화 간호(Transcultural nursing)가 얼마나 실현되고 있는지 짐작해 볼 수 있을 것이다.

〈표 14－1〉은 2019년에 여성가족부에서 발표한 '다문화가족 실태 조사' 중에서 전국 다문화가족의 전반적인 건강상태를 집계한 결과이다. 한국인 출신의 남편과 아내보다 외국 출신의 남편과 아내가 '나쁜 편이다'라고 응답한 경우가 많았고, 배우자의 연령이 높을수록 '나쁜 편이다'라고 응답한 경우가 많았다. 사실혼을 포함하여 배우자가 있는 사람일수록 전반적으로 건강이 좋은 것으로 집계되었으며, 배우자가 사망한 사람인 경우에 건강이 나쁘다고 응답한 비율이 높았다. 가구소득이 낮을수록 건강이 나쁜 편이라고 응답한 경우가 많았다. 또한 출신국적별로 보면, 중국(한국계) 출신이 '건강이 좋지 않다'고 응답한 경우가 가장 많았으며, 미주 · 유럽 · 대양주 출신이 '건강이 좋다'고 응답한 경우가 가장 많았다. 이러한 결과를 통해 건강과 문화적 · 경제적인 배경이 연관이 깊다는 것을 알 수 있다.

〈표 14-1〉 전국 다문화가족 전반적인 건강상태 (단위: %)

구분별(1)	구분별(2)	매우 좋다.	좋은 편이다.	보통이다.	나쁜 편이다.	매우 나쁘다.
성별	남성	20.3	45.0	21.6	11.1	2.0
	여성	21.4	47.2	22.7	6.9	1.8
성별 * 출신국가	한국출신 남편	21.4	47.5	22.8	6.6	1.7
	한국출신 아내	25.7	47.8	16.9	8.4	1.2
	외국출신 남편	22.3	40.6	20.7	12.1	4.3
	외국출신 아내	14.3	41.8	26.9	14.2	2.8
배우자의 연령	20~29세	45.0	40.1	13.2	1.3	0.3
	30~39세	29.9	52.6	14.7	2.5	0.2
	40~49세	22.6	48.9	22.4	5.0	1.1
	50~59세	15.9	43.7	27.3	10.6	2.6
	60세 이상	8.8	36.7	26.0	21.6	6.8

구분별(1)	구분별(2)	매우 좋다.	좋은 편이다.	보통이다.	나쁜 편이다.	매우 나쁘다.
배우자의 혼인상태	배우자 있음 (사실혼 포함)	21.6	47.0	22.3	7.4	1.6
	배우자 사망	0.0	26.7	34.2	39.1	0.0
	이혼 · 별거	17.5	45.7	24.8	8.2	3.9
가구 소득	100만원 미만	8.0	22.6	27.4	28.6	13.4
	100~200만원 미만	12.9	39.3	26.5	16.0	5.2
	200~300만원 미만	20.2	48.1	23.9	6.7	1.1
	300~400만원 미만	22.9	49.4	22.4	4.9	0.5
	400~500만원 미만	23.5	50.1	22.5	3.4	0.6
	500만원 이상	30.2	50.9	14.7	3.9	0.3
출신 국적	중국	23.6	47.6	20.9	6.9	1.1
	중국(한국계)	17.0	43.6	23.4	12.6	3.5
	일본	24.7	49.8	19.9	4.2	1.4
	대만, 홍콩	25.5	47.4	21.4	5.4	0.2
	베트남	21.4	48.0	24.3	5.3	1.0
	필리핀	19.1	49.6	22.4	7.4	1.4
	몽골	22.1	44.7	25.9	6.5	0.8
	태국	27.4	43.5	23.6	5.3	0.2
	캄보디아	20.4	45.5	26.8	6.3	1.0
	남부아시아	21.4	43.6	23.6	8.8	2.6
	러시아, 중앙아시아	23.8	45.7	23.1	6.6	0.8
	미주, 유럽, 대양주	33.8	54.3	10.3	1.3	0.3
	기타	28.3	45.6	20.3	4.8	1.0

출처: 여성가족부(2019)

〈표 14－2〉는 2019년에 여성가족부에서 발표한 '다문화가족 실태 조사' 중에서 다문화가족이 지난 1년 동안 아파서 병원에 가고 싶을 때 가지 못한 경험이 있는지의

여부를 집계한 결과이다. 결혼이민자가 기타 귀화자들보다 '있다'고 응답한 비율이 더 높았으며, 남성보다 여성이 '있다'고 응답한 비율이 더 높았다. 미혼이나 혼인관계에 있는 경우보다, 배우자가 사망했거나 이혼·별거 상태에 있는 경우가 지난 1년 동안 아파서 병원에 가고 싶을 때 가지 못한 경험이 있다고 응답한 비율이 더 높았다. 가구소득이 낮을수록 '있다'고 응답한 비율이 더 높았다.

〈표 14-2〉 다문화가족이 지난 1년 아파서 병원에 가고 싶을 때 가지 못한 경험 (단위: %)

구분별(1)	구분별(2)	있음	없음
결혼이민자 · 귀화자	결혼이민자	11.9	88.1
	기타귀화자	9.3	90.7
성별	남성	9.4	90.6
	여성	12.0	88.0
체류 기간	5년 미만	9.5	90.5
	5~10년 미만	11.6	88.4
	10~15년 미만	12.0	88.0
	15년 이상	11.8	88.2
혼인상태	미혼	3.0	97.0
	배우자 있음(사실혼 포함)	9.9	90.1
	배우자 사망	18.8	81.2
	이혼 · 별거	19.5	80.5
가구소득	100만원 미만	21.0	79.0
	100-200만원 미만	13.4	86.6
	200-300만원 미만	11.0	89.0
	300-400만원 미만	9.5	90.5
	400-500만원 미만	9.5	90.5
	500만원 이상	8.0	92.0

출처: 여성가족부(2019)

〈표 14-3〉는 2019년에 여성가족부에서 발표한 '다문화가족 실태 조사' 중에서 다문화가족이 지난 1년 동안 아파서 병원에 가고 싶을 때 가지 못한 가장 큰 이유가 무엇인지를 물은 결과를 집계한 것이다. 주로 '근무·육아 등으로 인해 시간이 없어

서', '치료비가 부담스러워서', '한국어를 잘하지 못해서'라고 응답한 경우가 많았다.

특히 체류 기간이 5년 미만인 경우에는 '한국어를 잘하지 못해서'라고 응답한 결과가 가장 많았으나, 체류기간이 늘어갈수록 한국어 능력이 부족한 것보다는 '근무·육아 등으로 인해 시간이 없어서'라고 응답한 결과가 많아져가는 것을 볼 수 있다. 또한 가구소독이 낮을수록 '치료비가 부담스러워서'라고 응답한 경우가 많았으며, 가구소득이 높을수록 '근무·육아 등으로 인해 시간이 없어서'라고 응답한 경우가 많아져가는 것을 볼 수 있다. 출신국적별로 보면, '한국어를 잘하지 못해서'라는 응답에 상당히 격차가 많이 나는 것을 볼 수 있다. 특히 중국(한국계) 출신 중에서 '한국어를 잘하지 못해서'라고 응답한 경우는 0.1%에 불과했으나, 대신 '치료비가 부담스러워서', '근무·육아 등으로 인해 시간이 없어서'라고 응답한 경우가 다른 국가 출신들에 비해서 많았다. 이러한 결과들을 통해 문화적·경제적인 배경이 개인의 의료적인 선택에 많은 영향을 끼친다는 것을 알 수 있다.

〈표 14-3〉 다문화가족이 병원에 가지 못한 가장 큰 이유 (단위: %)

구분별(1)	구분별(2)	한국어를 잘하지 못해서	가까운데 병원이 없어서	치료비가 부담스러워서	어떤 종류의 병원을 가야될지 몰라서	이용 절차가 복잡해서	근무, 육아 등으로 인해 시간이 없어서
결혼이민자·귀화자	결혼이민자	13.4	6.3	28.7	4.5	4.0	41.5
	기타귀화자	2.0	1.5	41.3	3.4	5.1	45.5
성별	남성	6.4	4.1	33.1	2.0	6.1	47.5
	여성	12.9	6.0	29.8	4.8	3.8	41.1
체류 기간	5년 미만	44.8	9.7	14.6	5.8	4.5	19.4
	5~10년 미만	21.5	7.1	18.9	4.6	5.0	42.4
	10~15년 미만	4.4	4.7	34.4	4.5	3.2	46.8
	15년 이상	0.8	4.1	41.7	3.6	4.1	43.2
가구소득	100만원 미만	9.2	4.2	57.6	2.9	5.1	17.5
	100 ~200만원 미만	8.1	5.0	37.1	2.4	2.9	43.5
	200 ~300만원 미만	13.8	4.4	22.9	6.0	3.0	47.3
	300	12.3	7.0	23.5	6.3	6.0	44.1

구분별(1)	구분별(2)	한국어를 잘하지 못해서	가까운데 병원이 없어서	치료비가 부담스러워서	어떤 종류의 병원을 가야될지 몰라서	이용 절차가 복잡해서	근무, 육아 등으로 인해 시간이 없어서
	~400만원 미만						
	400 ~500만원 미만	21.4	8.3	15.7	4.1	4.5	46.1
	500만원 이상	11.2	8.6	9.7	4.5	4.5	60.6
출신 국적	중국	14.1	6.4	26.9	3.8	3.2	45.0
	중국(한국계)	0.1	4.0	43.0	3.0	4.7	42.4
	일본	18.1	8.3	22.6	3.7	9.8	36.4
	대만, 홍콩	7.2	2.9	42.0	5.1	2.7	40.2
	베트남	20.5	6.2	17.8	5.1	3.6	45.7
	필리핀	23.1	4.7	27.0	8.3	3.0	33.2
	몽골	3.2	9.7	38.6	4.9	4.1	36.6
	태국	43.8	2.3	9.9	4.2	6.8	33.1
	캄보디아	23.6	16.2	18.4	9.1	2.1	31.0
	남부아시아	11.0	2.9	41.4	4.1	10.1	29.4
	러시아, 중앙아시아	5.0	6.9	51.2	13.4	1.9	21.4
	미주, 유럽, 대양주	14.0	5.0	18.8	5.7	1.6	53.2

출처: 여성가족부(2019)

② 다문화가정의 자녀들의 보건 · 의료적 특성

〈표 14－4〉는 2019년에 여성가족부에서 발표한 '다문화가족 실태 조사' 중에서 다문화가정의 주된 양육자의 아동정책 인지도, 이용여부 및 만족여부를 물은 결과이다. '어린이 국가예방접종 지원사업'을 '알고 있다'고 응답한 경우는 90.4%였으나, 실제로 '이용하고 있다'고 응답한 경우는 62.2%에 불과했고, 만족도는 95.3%로 매우 높은 것으로 나타났다. '영유아 건강검진사업'도 '알고 있다'고 응답한 경우가 87.4%였으나, 실제로 '이용하고 있다'고 응답한 경우는 45.6%에 불과했고, 만족도는 91.6%로 매우 높은 것으로 나타났다. 이러한 결과들을 볼 때, 좋은 보건의료 지원 정책을 만드는

것도 중요하지만, 다문화 구성원들이 실제로 서비스를 받을 수 있는 여건을 마련해 주는 것도 매우 중요한 일이라는 것을 알 수 있다.

또한, '아동 충치예방서비스(실란트, 스케일링 비용지원)'을 '알고 있다'고 응답한 경우는 60.4%로 상대적으로 낮았으며, 실제로 '이용하고 있다'고 응답한 경우는 26.8%에 불과했다. 그러나 만족도는 85.6%로 높은 것으로 나타났다. 따라서 다문화구성원들에게 이러한 서비스를 홍보하고, 실제로 서비스를 받을 수 있는 여건을 마련해 주어야 한다.

'정신보건센터 사업(아동・청소년 정신건강증진사업 포함)'을 '알고 있다'고 응답한 경우는 44.7%로 낮았으며, 실제로 '이용하고 있다'고 응답한 경우도 3.6%에 불과했으며, 만족도도 67.3%로 비교적 낮은 것으로 나타났다. '아동청소년 심리지원서비스(문제행동 아동 대상)'을 '알고 있다'고 응답한 경우는 42.2%로 낮았으며, 실제로 '이용하고 있다'고 응답한 경우도 4.5%에 불과했으며, 만족도도 76.1%로 보통인 것으로 나타났다. 따라서 이러한 서비스의 내용을 개선하여 만족도를 높일 필요성이 있으며, 적극적인 홍보를 통해 많은 다문화구성원들이 실제로 좋은 보건의료 지원을 받을 수 있도록 해야 한다.

〈표 14-4〉 주양육자의 아동정책 인지도, 이용여부 및 만족여부 (단위: %)

현황	알고 있다.	이용하고 있다.	만족한다.
어린이 국가예방접종 지원사업	90.4	62.2	95.3
영유아 건강검진사업	87.4	45.6	91.6
학교 우유급식지원(저소득층, 특수교육대상자)	73.1	12.1	87.3
아동 충치예방서비스(실란트, 스케일링 비용지원)	60.4	26.8	85.6
정신보건센터 사업(아동 · 청소년 정신건강증진사업 포함)	44.7	3.6	67.3
아동청소년 심리지원서비스(문제행동 아동 대상)	42.2	4.5	76.1
Wee클래스 상담지원(학교폭력 가해/피해, 위기/부적응 대상)	29.1	2.9	70.6
다문화가족자녀 언어발달지원	42.3	2.4	57.9

출처: 보건복지부(2019)

③ 외국인 근로자들의 보건 · 의료적 특성

2016년 3월 2일부터 출입국관리법 제11조 등에 의거한 외국인 결핵환자 사증발급 및 체류관리 지침에 따라 다음의 경우에는 반드시 결핵진단서를 제출해야 한다.

1) (재외공관 사증신청)
: 결핵고위험국가에 거주하는 결핵고위험국가 국민이 재외공관에서 장기(체류기간 91일 이상)비자를 신청하는 경우,
예) 중국(고위험국가)이나 태국(고위험국가)에 거주하는 중국(고위험국가)인은 제출대상이지만, 미국에 거주하는 중국인은 제출대상이 아님
* 결핵고위험국가: 네팔. 동티모르, 러시아, 말레이시아, 몽골, 미얀마, 방글라데시, 베트남, 인도,스리랑카, 우즈베키스탄, 인도네시아, 중국, 캄보디아, 키르기스스탄, 태국, 파키스탄, 필리핀

2) (체류자격 변경, 기간연장 허가 등)
① `16.3.2. 이후 입국자
- 단기체류자가 장기체류자로의 체류자격 변경허가 또는 체류기간 연장 신청 시
- `16.3.1. 이전에 장기사증을 받은 자는 외국인등록 신청 시

② `16.3.1. 이전 입국자
- 단기체류자가 장기체류자로의 체류자격 변경허가 또는 체류기간 연장 신청 시
- 장기체류자는 최초 체류자격 변경허가, 체류기간 연장허가, 외국인등록 신청 시

법무부와 보건복지부에 의하면, 2019년 7월 16일부터 6개월 이상 국내에 거주하는 외국인은 직장가입자나 피부양자가 아닌 경우에 지역가입자로 당연히 적용되며, 2019년 8월 1일부터는 건강보험료를 체납한 외국인의 경우에 비자연장이 제한된다.

2019년 10월 27일, 국회 환경노동위원회 소속인 한정애 의원실에서 발표한 자료에 의하면, 2014년부터 2019년 7월까지 비전문취업(E9) · 재외동포(H2) 비자를 받은 이주노동자 중에 611명이 사망보험금을 신청했다. 이 가운데서 자살(56건)과 산재보험처리(74건) 등을 제외하고 실제로 보험금이 지급된 경우는 412건으로 집계됐다.

보험금 신청 건수를 국적별로 보면, 중국이 181건으로 가장 많았고, 네팔(85), 태국(61), 캄보디아(49), 베트남(43) 순이었다. 사망 원인별로는 교통사고(81), 업무 중 사고(74), 급사 증후군(57), 자살(56), 암(46), 급성 심장사(34) 등이었다. 이들은 대부분은 한국인들이 열악한 환경 때문에 일하기를 꺼려하는 '3D' 업종에서 노동을 했다. (2019.10.27., 서울신문. 홍인기)

한국 정부는 비전문취업(E9) 비자를 받아 한국에 들어오는 외국인근로자들에게 의

무적으로 외국인 전용 상해보험에 가입하게 하고 있으며, 사망 사고 수습 및 장례를 지원하고 있으나 이와 함께 열악한 작업환경을 개선하는 것이 병행되어야 할 것이다. 또한 외국인근로자들을 대상으로 정기적인 건강검진을 지원해야 할 것이며, 의사와 간호사를 포함한 의료진들이 외국인근로자들의 문화를 고려한 친절하고 효과적인 치료 및 간호를 실시해야 한다.

④ 북한이탈주민들의 보건 · 의료적 특성

〈표 14－5〉는 북한이탈주민지원재단에서 발표한 '2018 북한이탈주민 사회통합조사' 중에서 '본인 건강 평가'를 조사한 결과이다. '좋다(39.2%)'고 응답한 경우도 많았지만, '나쁘다(24.5%)'고 응답한 경우도 많았다. 특히 남성 응답자의 경우와 여성 응답자의 경우의 편차가 심했으며, 직업에 따라서도 편차가 있었다.

〈표 14-5〉 북한이탈주민 본인 건강 평가 (단위: %)

구분별(1)	구분별(2)	좋음			보통	나쁨		
		매우 좋음	좋은 편임	소계		나쁜 편임	매우 나쁨	소계
2018년 전체 통계		7.0	32.2	39.2	30.2	24.5	6.0	30.5
성별	남성	12.8	40.2	52.9	26.6	15.9	4.6	20.5
	여성	5.1	29.5	34.6	31.5	27.4	6.5	33.9
경제활동	경제활동(취업자)	7.6	37.1	44.7	34.6	18.9	1.8	20.7
	경제활동(실업자)	6.3	30.0	36.3	36.0	26.7	1.0	27.7
	비경제활동	6.3	24.3	30.6	22.4	33.2	13.8	47.0
	판별불가	6.1	26.4	32.5	20.8	36.8	9.8	46.6

출처: 북한이탈주민지원재단(2018)

이밖에 북한이탈주민지원재단에서 발표한 '2018 북한이탈주민 사회통합조사'를 통해 집계된 결과를 보면, 북한이탈주민이 건강관리를 하는 방법으로 '적정 수면; 6~8시간(66.4%)', '정기 건강검진(61.6%)', '규칙적인 식사(48.9%)', '아침식사하기(45%)', '규칙적인 운동(33.9%)' 등으로 응답했다.

질병이 있는지 유병 여부를 묻는 질문에는 '있음(34%)', '없음(66%)'으로 응답했고, 50대는 50.5%, 60대는 69.7%가 질병이 있다고 응답했다. 경제활동을 하는 취업자는

25.9%, 경제활동을 하는 실업자는 37.8%, 비경제활동자는 46.7%가 질병이 있다고 응답했다. 상용직근로자는 24.6%, 임시직근로자는 32.3%, 일용직근로자는 30.3%, 자영업자는 22.5%, 무급가족봉사자는 32.1%가 질병이 있다고 응답했다. 이러한 결과를 바탕으로 생각해 볼 때, 직업과 질병의 연관성이 크다는 것을 알 수 있다.

'치료 여부'를 묻는 질문에는 '치료받음(37.1%)', '치료받지 않음(62.9%)'으로 응답했다. 치료받지 않았다고 응답한 경우는 남성(75%)이 여성(58.8%)보다 많았다. 경제활동을 하는 취업자는 71.4%, 경제활동을 하는 실업자는 57.5%, 비경제활동자는 50.1%이 치료받지 않았다고 응답했다. 상용직근로자는 72.2%, 임시직근로자는 66.9%, 일용직근로자는 69.6%, 자영업자는 73.6%, 무급가족봉사자는 64.8%이 치료받지 않았다고 응답했다. 이러한 결과를 보면, 직업에 따라 치료 여부도 많이 달라진다는 것을 알 수 있다.

또한 북한이탈주민이 이용한 의료기관으로는 '병・의원(49.4%)'으로 가장 많았으며, '공공의료원을 제외한 종합병원(20.2%)', '한의원을 포함한 한방병원(6.8%)', '공공의료원(5.1%)', '약국(5.1%)', '치과 병의원(3.4%)', '보건소(0.3%)' 등으로 집계되었다.

지난 1년간 이용한 의료기관이 있는 응답자를 대상으로 의료 서비스 만족도를 물은 결과, '매우만족(18.4%)', '만족하는 편(51.5%)', '보통(25.4%)', '불만족하는 편(3.8%)', '매우 불만족(0.9%)'인 것으로 조사되었다.

의료 서비스를 불만족하는 이유를 물은 결과, '치료결과가 만족스럽지 않음(39.5%)', '불친절함(14.3%)', '필요 이상으로 진료나 검사를 많이 함(14.2%)', '진료가 불성실함(11.8%)', '의료비 및 약값이 높음(8.9%)'인 것으로 조사되었다, 그런데 지난 해(2017년)에 비해 '치료결과가 만족스럽지 않음'이라고 응답한 경우는 28.6%에서 39.5%로 많아졌고, '필요 이상으로 진료나 검사를 많이 한다고 응답한 경우도 6.1%에서 14.2%로 많아졌으며, 진료가 불성실하다고 응답한 경우도 9.6%에서 11.8%로 많아졌다, 반면에 의료비 및 약값이 높다고 응답한 경우는 지난 해(2017년, 21.2%)에 비해 8.9%로 낮아졌다.

또한 의료 서비스를 받지 못했다고 응답한 이유를 물은 결과, '경제적 이유-치료비용이 너무 많이 들어서(48.4%)', '내가 갈 수 있는 시간에 병의원 등이 문을 열지 않아서-일이 바빠서(38.3%)', '병의원 등에 예약을 하기 힘들어서(3.2%)' 등으로 나타났다. 경제활동 취업자는 '내가 갈 수 있는 시간에 병의원 등이 문을 열지 않아서-일이 바빠서(56.3%)', '경제적 이유-치료비용이 너무 많이 들어서(36.1%)' 등으로 응답했고, 경제활동 실업자는 '경제적 이유-치료비용이 너무 많이 들어서(73.7%)'이라고 응답한 경우가 압도적으로 많았다. 비경제활동자도 '경제적 이유-치료비용이 너무 많이 들어서(66.8%)'이라고 응답한 경우가 압도적으로 많았다. 일용직근로자는 '경제적 이유-치료비용이 너무 많이 들어서(59.4%)'이라고 응답한 경우가 많았고, 자영업자(78.3%), 상용직근로자(57.5%), 임시직근로자(51.1%)은 '내가 갈 수 있는 시간에 병의원 등이 문을 열지 않아서-일이 바빠서'라고 응답한 경우가 많았다. 경제적인 이유 때문이라고 응답한 경우는 단순노무종사자(51.7%), 서비스 종사자(40.1%), 장치/기계 조작 및 조립 종사자(45.1%) 등이었고, '내가 갈 수 있는 시간에 병의원 등이 문을 열지 않아서-일이 바빠서'라고 응답한 경우는 기능원 및 관련 기능 종사자(73.6%)가 가장 많이 응답했다.

또한 자살 충동을 느낀 적이 있는지를 조사한 결과, 85.4%가 '없다'고 응답했으며, 14.6%가 '있다'고 응답했다. 자살 충동을 느낀 적이 있다고 응답한 경우는 비경제활동자(21.9%), 경제활동 실업자(21.3%), 경제활동 취업자(9.5%) 등의 순으로 나타났다.

자살 충동을 느낀 이유로는 '경제적 어려움 때문에(29.8%)', '신체적 정신적 질환, 장애 때문에(23.3%)', '외로움, 고독 때문에(20.7%)', '가정불화로 인해(10.8%)', '친구나 동료들과의 '경제적 어려움 때문에(29.8%)', '따돌림 때문에(3.1%)' 등의 순으로 나타났다. 남성의 경우에는 '외로움, 고독 때문에(25.7%)', '신체적 정신적 질환, 장애 때문에(21.8%)' 등의 순으로 응답했고, 여성의 경우에는 '경제적 어려움 때문에(28.2%)', '신체적 정신적 질환, 장애 때문에(23.6%)', '외로움, 고독 때문에(19.6%)', '가정불화로 인해(11.8%)' 등의 순으로 응답했다.

〈표 14-6〉은 북한이탈주민지원재단에서 발표한 '2018년 탈북 청소년 실태 조사' 중에서 '현재 고민이나 걱정거리-나의 건강문제(신체적, 정신적)'에 대해 북한이탈주민 청소년 985명(남성 473명, 여성 512명)에게 조사한 결과이다. 청소년기에 있음에도 불구하고 26.5%가 건강에 대해서 걱정하고 있다고 대답했으며, 여성 청소년이 남성 청소년보다 건강에 대해서 걱정하는 비율이 조금 더 높은 것으로 타나났다.(남성 22.5%, 여성 30.2%) 그러나 한국에 거주하는 기간이 오래될수록 건강에 대해서 걱정하는 비율이 낮아지는 것으로 나타나서 한편으로는 다행이라고 할 수 있다.

〈표 14-6〉 북한이탈주민 청소년의 건강문제에 대한 걱정 (단위: %)

구분별(1)	구분별(2)	걱정하는 편			걱정하지 않는 편		
		매우 걱정함	걱정하는 편임	소계	별로 걱정하지 않음	전혀 걱정하지 않음	소계
2018년 전체 통계		5.2	21.3	26.5	38.4	35.0	73.5
성별	남성	5.3	17.2	22.5	35.6	41.9	77.5
	여성	5.1	25.1	30.2	41.1	28.7	69.8
거주기간	3년 미만	7.4	27.7	35.1	37.1	27.9	64.9
	3~5년 미만	4.9	30.4	35.3	35.6	29.2	64.7
	5~10년 미만	5.7	17.6	23.3	39.9	36.8	76.7
	10년 이상	2.6	20.8	23.4	37.4	39.2	76.6

출처: 북한이탈주민지원재단(2018)

〈표 14-7〉는 2019년에 북한이탈주민지원재단에서 발표한 '북한이탈주민 실태조사' 중에서 북한이탈주민의 건강보험 가입 여부를 물은 결과이다. 남한 거주기간이 3년 미만인 북한이탈주민은 48.7%가 가입했고, 29.8%는 건강보험 가입 대상이 아닌 것으로 나타났다, 남한 거주기간이 3년 이상 된 북한이탈주민의 경우에도 건강보험을 가입한 경우가 70%를 넘지 않았다.

또한 상용근로자는 80.1%, 임시근로자는 29.8%, 일용 근로자는 19.3%가 건강보험에 가입했다. 특히 서비스 종사자인 경우에는 45.5%만이 건강보험에 가입했다. 이러한 결과를 통해 북한이탈주민의 건강보험 가입률이 낮은 원인이 북한이탈주민의 직업적인 안정성과 연관이 있다는 것을 알 수 있다. 즉, 북한이탈주민들 중에 상당수가 건강보험료를 부담스러워 한다. 만약에 건강보험에 가입하지 않은 북한이탈주민이 병원비가 많이 들어가는 치료를 받아야 할 경우에 상당히 큰 곤란을 겪게 될 것이 자명하다.

〈표 14-7〉 북한이탈주민 건강보험 가입 여부

(단위: %)

구분별(1)	구분별(2)	가입	미가입	대상 아님
성별	남자	70.4	21.6	8.0
	여자	62.7	22.4	14.9
남한 거주 기간별	3년 미만	48.7	21.5	29.8
	3~5년 미만	60.5	14.5	25.0
	5~10년 미만	69.4	20.6	10.0
	10년 이상	64.4	26.9	8.6
종사장 지위별	상용근로자	80.1	10.4	9.5
	임시근로자	29.8	57.5	12.7
	일용근로자	19.3	51.8	28.9
직업 유형별	단순노무 종사자	63.8	20.6	15.6
	서비스 종사자	45.5	34.0	20.5
	장치/기계조작 및 조립 종사자	78.0	16.8	5.3
	기능원 및 관련 기능 종사자	68.9	24.3	6.8

출처: 북한이탈주민지원재단(2019)

북한이탈주민들도 이러한 고충을 알기에 2019년 4월 4일에 북한이탈주민지원재단에서 발표한 '북한이탈주민실태조사'에 의하면, 더 나은 남한생활을 위해 필요한 지원이 무엇인지를 묻는 질문에 약 17.8%(남자 15.5%, 여자 18.6%)가 1순위로 의료비 지원이 필요하다고 대답했다.

2) 다문화 간호의 정의 및 필요성

(1) 다문화 간호의 정의

매들린 레닌저
(Madeline Leininger, 1925~2012)

1950년대 중반, 간호 인류학자였던 매들린 레닌저(Madeline Leininger) 박사는 자연과학적인 간호이론만으로는 각기 다른 민족문화를 가진 환자들을 효과적으로 간호하거나 치료할 수 없다는 것을 깨닫고 간호학과 인류학의 연계를 시도하였다. 이에 따라 간호사들을 위한 공식적인 연구와 실무 분야로 '다문화 간호'를 계획하면서, 레닌저 박사가 '다문화 간호(Transcultural nursing)'라는 용어를 최초로 사용했다.(Leininger, 2012, 이은희 외 역)

이러한 '다문화 간호'는 간호사 및 간호대상자를 포함한 모든 사람이 가진 문화유산을 분석・비교・연구하여 간호사와 간호대상자 사이의 문화적인 경계와 차이를 초월하고 간호대상자의 문화를 고려한 간호를 함으로써 간호대상자에게 가장 적절한 간호를 실천하고자 하는 간호학의 전문 분야라고 정의할 수 있다.

이를 위해 다문화 간호는 다양한 문화적 배경을 가진 개인, 가족, 집단 및 지역사회의 특수한 문화(culture-specific)와 보편적인 문화(culture-universal)를 고려한 간호 실무를 제공하기 위해 과학적이고 인간적인 지식체를 개발하는 것을 목표로 한다. 여기에서 '특수한 문화'라는 것은 한 집단만이 가진 독특하고 특별한 경향이 있는 가치나 신념 및 관행을 의미하며, '보편적 문화'라는 것은 인간행위와 생활양식에 대한 문화들 중에서 오랫동안 유사성을 유지하며 공유된 가치나 관행 및 생활패턴을 의미한다.(Leininger, 1978, 1991, 1995, 이은희 외역)

80년대 초반부터 한국에서도 문화현상과 관련된 건강・질병・정신건강 개념 등의 연구를 시작하면서, 다문화 간호가 연구되기 시작했다. 그 결과 다문화 간호에 대한 중요성과 필요성이 인식되어가고 있으며 다양한 연구들이 진행되고 있다.

대한간호협회는 '간호(Nursing)는 모든 개인, 가정, 지역사회를 대상으로 건강의 회복, 질병의 예방, 건강의 유지와 그 증진에 필요한 지식, 기력, 의지와 자원을 갖추도록 직접 도와주는 활동이다.'라고 정의했다. 이처럼 간호는 '모든 개인, 가정, 지역사회를 대상으로' 하는 것이기에 모든 인간 생명의 존엄성과 기본권을 존중하고 옹호하는 기본 정신을 바탕으로 평등한 간호를 해야 하며, 문화적 다양성에 따른 차이에도 불구하고 간호사는 간호대상자의 개별적인 요구를 존중해야 한다.

이에 따라 1972년 5월 12일에 제정한 '한국간호사 윤리강령'에 보면 '간호사와 대상자'를 다음과 같이 설정하고 있다. : 1. 평등한 간호 제공; 간호사는 간호대상자의 국적, 인종, 종교, 사상, 연령, 성별, 정치적・사회적・경제적 지위, 성적 지향, 질병과 장애의 종류와 정도, 문화적 차이를 불문하고 차별 없는 간호를 제공한다. 2. 개별적 요구 존중: 간호사는 간호대상자의 관습, 신념 및 가치관에 근거한 개인적 요구를 존중하여 간호를 제공한다.

이와 같이 '간호'는 본질적으로 다문화주의 정신을 내포하고 있다. 따라서 간호사는 간호대상자가 자국민과 다른 차이를 가지고 있을지라도 편견을 갖거나 차별하지 말아야 하며, 간호대상자의 문화를 수용하고 이해하여 개별적인 요구를 존중하는 간호를 하기 위한 문화역량을 갖추어야 한다.

(2) 다문화 간호의 필요성

레닌저 박사는 다문화 간호를 확립하는 데 영향을 준 8개의 요인을 다음과 같이 언급했는데, 이는 곧 다문화 간호의 필요성과도 맥락을 같이 한다. (Leininger(1995), 이은희 외 역)

첫째, 레닌저 박사는 전 세계적으로 국내의 이주민 및 국가 간의 이주민이 현저하게 증가하고 있으므로 이에 따라 우리 국가와 세계 인구를 특정 짓는 다양성이 증가하기 때문에 다문화 간호가 필요하다고 했다.

여기에서의 다양성이란 개인이 살아가면서 영향을 받는 모든 영역의 다양성을 의미한다. 즉, 민족과 민족성, 국가적 특성, 종교, 연령, 성별, 성적 지향성, 능력의 차이, 사회적 경제적 지위, 교육의 정도, 건강적 특성 등을 총체적으로 포함한다. 이러한 다양성을 지닌 사람들이 국내의 이주민 또는 국가 간의 이주민이 되어 다문화사회를 형성하고 살아가는 것이 세계적인 추세이기 때문에 개인의 특성을 고려하여 적절히 간호할 수 있는 다문화 간호가 필요하다.

둘째, 레닌저 박사는 사람들이 간호사와 다른 건강관리 제공자들에게 그들의 문화적 신념, 가치 및 생활양식이 이해되고 존중받기를 기대하면서 다문화적 정체성이 발생하였는데, 이것이 다문화 간호 확립에 영향을 주었다고 했다. 문화적 고려에 대한 기대는 간호대상자로서 당연한 것이며, 이것이 간호에 대한 만족도에 매우 큰 영향을 끼친다.

셋째, 건강관리에 기술(기계)의 사용이 증가하면서 때때로 대상자들의 문화적 가치와 갈등을 일으키기 때문에 다문화 간호가 필요하다고 했다. 예를 들면 미국의 전통적인 아미시(Amish) 교인들은 무호흡 모니터기, 정맥 펌프의 사용을 금지할 뿐 아니라, 그 외에 가정에서 건강관리 장비의 사용을 금지한다. 만약에 간호사들이 이들의 문화·종교적인 신념과 관행들에 대한 수용성이 없이 원칙적인 간호를 강요하려 할 때 갈등이 일어날 수밖에 없다.

넷째, 레닌저 박사는 많은 문화들이 서로 상호작용을 하면서, 건강관리에 영향을 주는 문화적 갈등, 충돌 및 폭력 등이 전국적으로 일어나고 있기 때문에 다문화 간호가 필요하다고 했다.

레닌저 박사가 살았던 미국은 오래전부터 이주민들이 모여서 형성된 다문화 국가이기 때문에 건강관리 및 의료적인 부분에서도 이러한 문화적 충돌 현상들이 더욱 많았을 것이지만, 한국도 급속도로 다문화사회로 형성되어가고 있기 때문에 다문화 간호에 대한 진지한 연구와 시행이 필요하다.

다섯째, 레닌저 박사는 세계의 많은 지역에서 여행을 하거나 일을 하는 사람들의 수가 증가하고 있기 때문에 다문화 간호가 필요하다고 했다. 세계화와 탈이념화로 인해 여행이나 노동 및 사업을 위해 이동하는 사람들이 점점 더 많아지고 있다. 출입국·외국인 정책 통계월보에 의하면, 2019년 8월 말을 기준으로 한국 국내에서 체류하고 있는 외국인이 2,420,198명으로 집계되었다. 여기에 단기 여행객들을 합하면, 상당히 많은 외국인들이 한국을 방문하거나 한국에서 살아가고 있다. 이들은 각 자 다양한 문화를 가지고 있으며, 건강관리와 의료적인 면에서도 자기들의 문화를 고려해 주기를 바라고 있다. 따라서 한국에 다문화 간호가 필요하다.

여섯째, 레닌저 박사는 건강관리 실무에서 문화적 갈등, 태만, 무지 및 남용으로 인한 법적인 소송이 증가하고 있기 때문에 다문화 간호가 필요하다고 했다. 건강관리 실무를 담당하는 간호사의 입장에서는 정해진 규정과 관행에 따라 간호를 했다고 주장할 수 있을 것이다. 하지만 간호사의 윤리 강령이 '간호대상자의 국적, 인종, 종교, 사상, 연령, 성별, 정치적·사회적·경제적 지위, 성적 지향, 질병과 장애의 종류와 정도, 문화적 차이를 불문하고 차별 없는 간호를 제공'하는 것이며, 간호대상자의 관습, 신념 및 가치관에 근거한 개인적 요구를 존중하여 간호를 제공하는 것이기에, 간호대상자의 문화적인 측면을 적극적으로 고려하지 않고 간호를 했을 경우 간호대상자와의 갈등이나 충돌 및 법적인 소송에 휘말릴 수도 있다. 그러므로 간호사가 문화적인 역량을 가지고 있어야 하며, 간호대상자의 문화를 적극적으로 고려하는 태도가 필요하다.

일곱째, 레닌저 박사는 여성과 아이들의 욕구 충족을 위한 건강관리체계에서 새로운 요구와 함께 여성주의 및 성적인 이슈가 증가하고 있기 때문에 다문화 간호가 필요하다고 했다. '여성주의(feminism)'란 여성의 권리를 중요시하는 주장으로서 여성주의자(feminist)들은 젠더 불평등과 여성의 사회적 인식 및 지위와 역할에 변화를 일으키고자 적극적인 실천 운동을 한다. 여성에게 낙태를 결정할 권리가 있다는 것을 주장하며, 성적 대상화·가부장적 편견·임금 차별 철폐 등을 주장한다. 이러한 주장은 의료와 간호의 영역에도 해당된다. 따라서 여성 평등의 문화를 적극적으로 고려하는 다문화 간호가 필요하다.

여덟째, 레닌저 박사는 다양한 환경적 맥락에서 문화적인 근거가 있는 건강관리 서비스와 지역사회에 대한 요구가 증가하고 있기 때문에 다문화 간호가 필요하다고 했다. 이러한 현상은 급속히 다문화사회로 형성되어가는 한국에서도 나타나고 있으며, 한국 정부도 국민들의 다양한 문화적 특징을 고려하여 의료정책을 다양화하고 있을 뿐 아니라 자국민들과 문화가 다른 외국인들까지도 의료 서비스를 받을 수 있게 하고 있다.

이밖에도 간호사가 다양한 간호대상자에게 효과적인 건강관리 서비스를 제공하기 위해서는 원활한 의사소통을 해야 하기 때문에 간호대상자의 문화를 고려하는 다문화 간호가 필요하며, 이를 위해 간호사들에게 문화적인 개방성과 수용성을 가져야 하며, 간호대상자의 문화와 의사소통 방식을 알고 적절히 반응하는 문화역량이 요구된다.

이와 같이 세계화로 인해 국가 및 집단 구성원들의 문화적인 배경이 다양해지고, 경제적인 상승과 문화적인 다양성으로 인해 생활패턴이 다양해져서 자기의 문화를 고려해주기를 바라는 다양한 의료적 기대가 있는 한국 사회이기 때문에 간호대상자의 문화를 고려하여 간호대상자에게 가장 적절한 간호를 실천하고자 하는 '다문화 간호'가 필요하다.

3) 문화의 다양성을 고려하는 간호

① 중국인의 건강관 및 의료시 주의사항

오경(五經) 중 하나인 『서경(書經)』의 '홍범편(洪範篇)'에 인간이 누릴 수 있는 최고의 복을 '오복(五福)'으로 기록하고 있다. "五福 一曰壽 二曰富 三曰康寧 四曰攸好德 五曰考終命" 즉, 오복(五福)이란 '장수하는 것(壽), 부유한 것(富), 신체가 건강한 것(康寧), 좋은 덕을 쌓는 것(攸好德), 하늘이 정한 자기 명대로 살다가 죽는 것(考終命)'이다. 이처럼 인간이 누릴 수 있는 최고의 복인 '오복(五福)'에 건강에 관련된 것이 세 개(壽, 康寧, 考終命)나 포함되어 있다. 이를 통해 중국인들이 신체가 건강하여 오래 사는 것을 얼마나 큰 복으로 여겼는지 알 수 있다.

하지만 오복(五福)에는 정신적인 건강이라고 할 수 있는 '좋은 덕을 쌓는 것(攸好德)'도 포함되어 있다. 이처럼 중국인들은 동양철학에 기반한 사상을 가지고 있기 때문에 신체적인 건강과 정신적인 건강을 분리하지 않고, 밀접하게 연관된 것으로 이해한다. 그래서 신체적인 건강에 문제가 생기면 신체적인 건강을 진단할 뿐 아니라 영적인 문제, 마음의 안정, 정서적 건강 등을 함께 진단하고 치료해 왔다.

이러한 중국인들은 침술, 한약, 지압 등의 한의학을 통해서 '기(氣)'를 보양하여 신체가 전체적으로 균형을 잡고 회복될 수 있는 방법으로 진단하고 치료를 해 왔다. 서양의학이 많이 유입된 현재도 중국인들은 한의학적인 방법들을 병행하는 경우가 많다.

또한 중국인들은 건강 유지와 장수를 위해 약 칠천 년 전부터 기공(氣功)을 해왔다. 기공(氣功)이란 '기(氣)'에 공(功)을 들인다.'는 뜻으로서 명상과 신체적인 움직임 및 단전호흡을 통해 사람의 몸 안에 흐르는 '기(氣)'라는 생체 에너지의 흐름을 부드럽고 원활하게 하여 건강을 유지하려는 것이다.

또한 양순옥(2011)에 따르면, 중국인은 장애를 수치라고 생각하고, 불운이나 임산부의 부적절한 산전관리로 생긴다고 여긴다. 환자의 행동은 신앙 여부에 따라 크게 다르며, 임종 시 정신이 또렷해야 한다고 생각하여 환자와 가족이 의식을 흐리는 처치를 거부한다고 한다.

중국인은 덕(德)을 중요시하기 때문에 상대방의 의견이 마음에 들지 않아도 직접적으로 부정적인 의견을 표현하지 않으며, 대개 침묵으로 대신한다. 대화가 별 의미 없다고 생각이 되거나 이해되지 않을 때에도 경청하는 표정을 짓는다. 따라서 중국인들과 의료적인 대화를 할 때에는 우호적인 분위기를 형성하고 친절하게 진의(眞意)를 물어볼 필요가 있다.

② 베트남인의 건강관 및 의료시 주의사항

베트남 여성은 임신 중에 자식이 게처럼 어긋나게 행동할까봐 '게'를 먹지 않으며, 자식이 침을 많이 흘리게 될까봐 고동을 먹지 않고, 자식이 언청이가 될까봐 토끼고기를 먹지 않는다. 이밖에도 임신 중에는 홍합, 조개 등을 먹지 않는다. 또한 임신 중에는 장례식이나 결혼식에 참석하는 것을 금하며, 출산 후에 외부인이 산모의 방에 들어가는 것을 금한다. 베트남 여성은 출산 후 한 달이 지나야 씻는다.

베트남인은 오랜 질병은 신이 내리는 벌이라고 생각하기 때문에, 집안에 환자가 생기면 절에 가서 절을 한다. 또한 약을 먹는 것보다 불공을 드리고 나서 제사용 금종이를 태운 재를 물에 타서 마시는 것이 더 효과적이라고 생각한다.

대부분의 베트남인은 아플 때 민간 치료사를 먼저 방문하고, 민간요법이 실패했을 때에야 병원을 찾는다. 민간 치료사은 부항을 많이 사용하는데, 부항의 흔적이 서구권 사람들에게 종종 학대의 흔적으로 오해되기도 한다. 따라서 간호사는 베트남인 환자가 어떤 민간요법을 사용했는지 파악해야 할 필요가 있다.

베트남인은 통증이나 질병을 잘 표현하지 않는다. 그러므로 베트남인 대상자의 얼굴 표정이나 말투, 행동, 혈압이나 맥박의 변화 등을 잘 관찰해야 한다. 또한 베트남인은 증상이 없으면 질병이 없다고 여겨서 스스로 약물 복용을 중단하기도 하기 때문에 만성질병처럼 당장 증상이 나타나지 않는 질병의 관리 및 치료를 어렵게 한다. 또 서양 의학의 약물들이 미국인과 유럽인들에게 맞게 만들어졌기 때문에 아시아인에게는 맞지 않는다고 생각해서 종종 처방된 서양 약물을 자기 생각대로 조정하여 복용하기도 한다. 채혈검사를 포함한 모든 출혈은 질병을 유발한다고 믿는다. 따라서 간호사는 베트남인 환자에게 서양 약물을 처방하게 될 때 약물의 성분에 대한 안전성과 복용법을 자세히 주지시켜야 하며, 채혈검사 등 출혈이 동반되는 검사나 치료를 할 때 대상자를 안심시켜야 한다.

베트남인은 죽음이 끝이 아니며, 사후에 혼이 다른 세상으로 간다고 믿기 때문에, 비교적 평온하게 죽는다. 베트남 속담에 "어린이가 죽으면 장례를 지내고, 노인이 죽으면 장례를 한다."는 말이 있을 정도로 노인이 죽으면 폭죽을 터뜨리며 기뻐하기도 한다. 베트남인은 임종 전에 죽어가는 사람을 위해 '햄(hem)' 혹은 '투이(thuy)'라고 하는 생전의 마지막 이름을 짓는다. 이렇게 해야 돌아가신 분의 혼이 방황하지 않고 제삿날에 돌아와 젯밥을 먹는다고 믿기 때문이다.(Linda Dayer-Berenson, 2014)

③ 캄보디아인의 건강관 및 의료시 주의사항

캄보디아인은 건강을 예방하는 데 관심이 적은 편이며, 건강문제는 나쁜 행동의 결과라고 여긴다. 사람이 죽으면 몸을 씻기고, 입에 동전을 물린다.

캄보디아인들은 중국 의학의 영향을 많이 받아서 동양의학과 서양의학을 병행해서 사용한다. 베트남인들과 유사한 수준의 중국의학 지식을 기반으로 건강문제를 관리하며, 건강문제는 음양과 기운의 불균형으로 발생한다고 생각해서 통상적으로 뜸 등의 치료법이 질환 치료에 사용된다. 캄보디아가 내전에서 불이익을 받았던 경험으로 인해 중년 이상의 캄보디아인은 의료기관에서 동의서를 받는 것을 불편해 하기도 한다.(양순옥 외, 2011)

④ 일본인의 건강관 및 의료시 주의사항

일본인은 우주와 사회와 자신과의 조화를 중시하기 때문에, 이러한 균형이 깨졌을 때 질병에 걸린다고 생각한다. 일본의 의료인은 질병을 치료할 때 자연적인 치료를 강조하기도 한다. 또한 신도를 믿는 사람들은 외부의 힘이나 나쁜 영들의 작용에 의해서 건강에 문제가 발생한다고 믿는다.

의료인이 진료를 할 때 노인을 정면으로 응시하면 무례하게 여긴다. 일본인은 신체적인 접촉을 꺼려하기 때문에 환자와 신체적인 접촉을 해야 할 때 먼저 양해를 구해야 한다. 또한 간혹 일본인은 고통스러운 상황에서도 감정을 억제하여 고통을 표현하지 않으며, 의료인에게 "아니요" 등의 부정적인 말을 거의 하지 않는다. "예"라고 대답하거나 고개를 젓는 것이 최대한의 표현이다.

일본인은 숫자 '4'는 한자어로 죽음을 의미하는 '死'와 발음이 같아서 꺼려하므로 환자의 병실을 정하거나 환자번호를 정할 때 '4'를 피해주는 것이 좋다.(양순옥 외, 2011)

⑤ 필리핀인의 건강관 및 의료시 주의사항

필리핀인은 모든 상황을 신의 뜻으로 돌리는 운명론적 사고를 가지고 있기 때문에 질병에 걸려도 신(神)에게 맡기고 기도를 하는 경향이 있다.

필리핀은 임산부가 장례식이나 영안실에 가면 아이가 귀신이 들린다고 여기기 때문에 피한다. 또 밤에 외출을 하는 것은 태아에게 나쁜 영혼을 가져온다고 여긴다. 임산부가 목에 무엇이든지 두르면, 탯줄이 아이의 목을 감는다고 여기기 때문에 두르지 않는다. 게를 먹으면 아이의 손발이 게 모양으로 태어날 수 있다고 여겨서 먹지 않는다. 계단에 앉는 것은 진통과 분만을 지연시킨다고 생각해서 피한다. 출산 전에 임산부는 태아를 잡아먹는 영혼(ASWANG)을 피하기 위해서 창가에 항상 마늘을 걸어두며, 아이가 태어나면 나쁜 영혼으로부터 보호받도록 아이에게 성호를 긋는다. 태반은 집으로 가져가서 무명으로 싸서 병에 넣고 사전과 연필과 함께 묻는데, 이렇게 하면 아이가 영리해진다고 믿기 때문이다.

필리핀인들은 서양 의료를 만간요법의 보조적 치료법으로 쓰기도 하며, 민간요법과 서양의료를 병행하여 사용하기도 한다. 따라서 간호사는 대상자가 건강과 질병에 대해서 어떤 문화적 신념을 가지고 있는지, 어떤 민간요법을 사용하고 있는지 파악해야 한다.

대부분의 필리핀 사람들은 죽은 후에도 삶이 있으며 죽은 영혼을 돌보는 것이 이생(異生)으로 평화롭게 들어가는 데 꼭 필요하다고 믿는다. 따라서 장례식에서 침통하게 눈물을 흘리지 않으며, 죽은 사람이 저승으로 떠나기 전에 다정했던 추억을 상기시킨다는 뜻에서 엄숙하게 거행한다.(Linda Dayer-Berenson, 2014)

⑥ 인도네시아인의 건강관 및 의료시 주의사항

인도네시아는 세계 최대의 이슬람 국가이면서도, 타 종교에 대해 관대하다. 대부분의 자바인들은 신비한 힘을 상징하는 '카삭텐(Kasakten)'을 믿으며, 영혼・조상의 혼・여러 종류의 귀신들이 존재하여 성공・행복・안녕・복・질병・죽음을 가져온다고 믿는다. 따라서 액을 막거나 질병을 치료하기 위해서 슬라마탄의 의례를 행한다.

자바인 치료자를 'dukun'이라고 부르며, 이들은 여러 가지 신체적, 정서적, 영적 질병을 치료하기 위한 처방을 하는데, 약초와 신비한 의식들을 사용한다.

인도네시아 무슬림은 일반적으로 아침에 임종하면 그날에 장례를 치르고, 오후에 임종하면 그 다음날 오전에 장례를 치른다. 시신은 주로 천이나 양탄자로 싸서 매장을 하며, 이슬람 색채가 강한 지방에서는 관을 사용하는 사람은 신앙심이 부족하다고 여긴다.

한국에서 생활하는 인도네시아인의 주요 건강문제 중 하나는 계절의 변화에 적응하지 못한다는 것이다. 인도네시아는 연중 날씨가 덥기 때문에 한국의 겨울을 견디기가 어렵고, 계절이 바뀔 때마다 감기에 잘 걸린다.(Linda Dayer-Berenson, 2014)

4) 종교의 다양성을 고려하는 간호

각 종교마다 생명, 질병, 죽음 등에 대한 종교관이 다르며, 종교심이 강한 간호대상자일수록 종교관이 의료적인 부분에 끼치는 영향이 크다, 레닌저 박사는 간호사들이 종교적 영역에 대하여 해야 할 일을 다섯 가지로 제시했다.(Leininger, 1995) 첫째, 공통된 목표와 우선순위를 얻기 위해 중요시 여겨지는 영역(종교적 영역 포함) 혹은 영역들의 조합을 대상자나 대상자의 지인들로부터 알아내는 것이 간호사의 역할이다. 둘째, 환자나 환자와 가까운 가족으로부터 특정 종교의 구성원이 중요하다고 믿는 종교의 믿음을 알아내야 한다. 셋째, 대상자의 문화, 민족성 혹은 종교적 관계를 바탕으로 대상자의 종교적 믿음 체계를 추측하는 것은 경솔한 것이며, 잘못된 추론으로 이끌어 갈 수 있으므로, 환자에게 직접 물어서 정확한 정보를 얻는 것이 중요하다. 넷째, 개인이 특정 종교로 확인되더라도 다양한 정도로 공식적인 믿음과 관행을 받아들이기도 하기 때문에 대상자와 대상자 가족에게 중요시 되는 종교적 요소들을 이해해야 한다. 다섯째, 종교에서 이상적 기준이 되는 행동과 대상자의 실제 행동이 다를 수 있으므로 간호사들은 대상자의 상반되는 기준을 이해해 주어야 한다.

또한 양순옥(2011)은 의료기관에서 접하는 종교 관련 질문에 적절히 대답하기 위해서 다음과 같은 세 가지를 파악해야 한다고 주장했다. 첫째, 환자가 입원하는 기간 동안 실천해야 할 중요한 종교 관습이 있는지 혹은 입원 문제나 건강 문제로 제한받을 가능성이 있는 종교 관습이 있는지 파악해야 한다. 둘째, 입원하는 기간 동안 환자의 영적 생활(종교 행위)을 계속하기 위해 의료인이 도움을 줄 수 있는 내용은 무엇인지 파악한다. 셋째, 환자의 종교관이 건강 문제를 인지하는 데 어떻게 영향을 주었는지 파악한다. 이러한 질문들을 바탕으로 간호대상자가 가진 종교를 잘 고려하여 간호를 해야 하며, 가능한 한 동일한 종교를 가진 환자들이 같은 병실에 입원할 수 있게 배려해 주는 것이 좋다.

① 개신교 신자를 간호할 때 고려해야 할 사항

개신교인이 병실에 입원하면 환자를 위해 예배를 드리러 오는 경우가 많고, 환자의 신속한 치유와 마음의 평안을 위해 기도를 해 주기도 한다. 때로는 같은 병실에 입원한 환자들이 불편함을 느낄 만큼 큰 소리로 찬송을 부르기도 하고, 기도를 하기도 한다. 그러므로 병실에 다른 환자들이 함께 입원해 있을 경우에 간호사들이 사전에 예배드리러 온 사람들과 다른 환자들에게 양해를 구해주는 것이 좋다. 또한 신앙심이 강한 개신교인들은 입원하는 기간 동안 성경을 많이 읽는다. 성경을 읽을 때에는 시끄러운 소음이 들리지 않게 해 주는 것이 좋다.

개신교 신도는 생명이 하나님의 영역이므로 하나님께 모든 것을 맡긴다는 심정을 가지는 경우가 많고, 의료 행위에 대해 특별히 거부감을 갖는 것은 없다. 또한 개신교 신도는 출석하는 교회의 목회자와 많은 정서적 유대관계를 가지고 있기 때문에, 중요한 의료행위에 있어서 간호대상자와 간호사의 의견이 계속 충돌할 경우 담당 목회자에게 도움을 구하는 것이 좋다.

② 카톨릭교 신자를 간호할 때 고려해야 할 사항

카톨릭 신도인 환자와 가족은 주일미사에 반드시 참석하기를 원하며, 중요한 의료처치를 할 때마다 기도가 중요한 절차가 된다. 카톨릭에서는 전례에 의해 일곱 가지 성사를 행하는데, 그중에 '병자성사(종부성사)'라는 의식이 있다. '병자성사(종부성사)'란 사제가 몸이 아픈 사람의 회복을 기원하는 성사이며, 사제가 전례서에 규정된 기도문을 봉송하면서 성유(聖油)를 병자의 신체기관(눈 · 귀 · 콧구멍 · 입술 · 손)에 바르는 의식으로 진행된다. 그런데 병원의 중환자실은 감염 우려 때문에 면회인원, 면회시간, 복장 등이 엄격하게 제한되어 있다. 이 때문에 환자나 가족들이 병자성사를 원해도 병원 규칙 때문에 제때에 받지 못하는 상황이 벌어져서 갈등이 생길 수 있기 때문에 적절한 대처가 필요하다.

또한 환자가 미사에 참석하지 못하면, 사제가 병실에 찾아와서 성체성사를 집례해 주기도 한다. 성체성사는 예수 그리스도의 몸을 의미하는 떡을 먹고, 예수 그리스도의 피를 의미하는 포도주를 마시는 의식인데, 환자가 금식 중이거나 특별히 해로울 경우에 간호사는 사제에게 이 사실을 알려주어 입술에 성체를 대는 것으로 대신하게 해야 한다.

카톨릭교는 임신을 촉진시키기 위한 불임 검사는 허용하며, 태어나지 않은 생명까지도 소중히 여겨 피임과 낙태를 허용하지 않는다. 의료진의 입장에서 피치 못할 사정으로 낙태를 해야 할 경우에 교구 사제나 의료기관에 파송된 사제와 상담을 거치는 게 좋다. 또한 고통을 줄이기 위한 진통제를 사용하는 것은 허용하지만, 안락사 등 환자의 목숨을 끊는 직접적인 행동은 허용되지 않는다. 해부와 시신의 기증은 올바르게 존중되고 충분한 이유가 있다면 허용될 수 있다. 기본적으로 매장을 하지만, 전염 가능성 등 특별한 상황에서는 화장이 허용된다.

③ 불교 신자를 간호할 때 고려해야 할 사항

한국의 전통적인 종교관은 유학과 불교에 깊이 연관되어 있다. 따라서 불심이 깊지 않아서 불교의 종교적 행위를 온전히 지키지 않으면서도, 자신의 종교를 불교라고 대답하는 경우가 있다. 따라서 의료적 행위를 위해 종교를 파악할 때 대상자가 자신의 종교를 불교라고 대답한다면, 불교의 종교적 행위를 어느 정도 지켜야 하는지 파악할 필요가 있다.

불교의 일부 분파는 채식주의 등의 엄격한 음식 규정을 지킨다. 불교에서는 식이요법, 투약, 백신, 그 외의 치료적 중재에 대한 제한은 없지만, 술, 자극제, 혹은 특정 약을 삼가는 신자가 있다. 장기기증은 자비로운 행위라고 장려하며, 부검이나 수혈에 거부감은 없다. 사람이 깨달음을 위한 성찰을 지속하지 못하게 될 경우에 안락사가 허용될 수 있다. 일반적으로 매장은 절에서 장례식을 치른 후에 화장을 해서 간략한 묘지의식으로 거행한다.

④ 이슬람교 신자를 간호할 때 고려해야 할 사항

이슬람교 신자들을 'Moslem' 또는 'Muslim'이라고 부른다. 이들은 병원에 입원해서도 종종 기도용 융단과 코란을 가지고 있는데, 이것을 의식적(儀式的)으로 부정한 사람이 만지면 안 되며, 그 무엇도 이 물건들 위에 올려놓으면 안 된다. 간호사는 기도를 위해 기도용 융단대신 병원 시트를 제공할 수 있으며, 기도가 방해받지 않도록 문에 '기도 중'이라는 안내문을 걸어주는 것이 좋다. 어떤 이슬람 신자들은 코란이 달린 검은 줄이나 금사슬·은사슬의 부적을 지니고 있다.

노약자, 병약자, 여행자, 임산부를 제외한 전 세계의 이슬람교도가 이슬람해의 9번째 달을 한 달 동안 '라마단' 기간으로 지키며 명상과 수양을 하고, 음식, 음주, 흡연,

성관계를 절제한다. 이슬람교는 'halal'이라는 절차를 따른 의식에 의거하여 도살한 고기만을 먹으며, 돼지고기를 먹는 것, 술이나 그 밖에 주류를 마시는 것이 엄격히 금지되어 있다. 그래서 무슬림들은 집에서 종교적 교리에 따라 먹을 수 있는 음식을 준비해 오므로 냉장고를 필요로 한다. 무슬림은 성별을 엄격히 구별하기 때문에 보통 1인실 병실을 선호한다.

이슬람은 장기이식을 허용하며, 혈액이나 혈액성분의 사용 및 약물치료에 대한 제한은 없고, 심지어 이슬람 교리에 따라 금지되는 것들도 치료 목적으로 처방된다면 허용된다. 인공수정은 남편과 아내 사이에서만 허용한다.

안락사를 포함하여 사람의 생명을 단축시키는 어떤 시도도 금지한다. 부검은 오직 의학적이고 법적인 목적으로만 허용하며, 시신의 기증에 대한 제약은 없다. 임종이 다가오면, 무슬림 가족은 환자의 머리를 동쪽을 향하게 두기를 원하며, 친구들이 모여서 코란의 특정한 부분을 큰 소리로 읽는다. 이슬람에서는 종교적인 절차에 따라 매장하는 것을 의무화한다.

무슬림은 복잡한 치료나 종교·윤리와 관련된 선택을 해야 할 때 성직자인 '이맘(Imam)'과 상의를 한다. 따라서 의료기관은 주변에 있는 '이맘'에 대한 정보를 확보하고 있다가 필요시 연결해 주어야 한다.

⑤ 기타 종교적으로 고려해야 할 사항

힌두교 신자들은 소고기를 먹는 것을 삼가며, 살아있는 동물에 해를 끼치므로 육식을 금지한다. 어떤 힌두교 신자들은 신앙요법을 믿으며, 질병을 신이 사람들의 죄를 벌하는 것으로 여긴다. 약물이나 혈액 및 혈액 제재의 사용은 가능하고, 장기이식도 가능하며, 모든 형태의 출산조절도 가능하다. 안락사는 실행되지 않으며, 신체나 장기의 기증 및 시신의 해부는 허용이 가능하다. 힌두교 신자들은 보통 화장을 하며, 재를 모아서 신성하게 여기는 강에 뿌린다.

'안식교'라고 부르는 제칠일안식일예수재림교회(Seventh-day Adventist Church; SDA)는 토요일에 종교적 행위를 지키며, 생태·환경적 가치를 중요하게 여겨서 채식을 지향한다. 그러므로 식단과 건강관리에 특별한 관심을 기울여야 한다. 일부 비채식주의자들은 새김질하고 발굽이 갈라진 동물(돼지, 토끼 등)을 먹지 않는다. 비늘과 지느러미를 가진 생선(연어 등)은 허용되지만, 갑각류나 새의 종류를 먹는 것은 금지한다.

여호와의 증인(Jehovah's Witness) 신도들은 종교적인 신념에 따라 수혈을 거부하며, 혈액이 재료가 되는 어떤 형태나 약제도 거부한다. 이와 관련하여 대한민국의 여러 종합병원에 있는 무수혈 센터에서 무수혈 수술을 받을 수 있다. 또한 여호와의 증인(Jehovah's Witness) 신도들은 장기이식을 거부하며, 불임수술 · 인공수정 · 유산이 금기시되며, 애국가를 부르는 것, 국기에 대한 경례, 법정에서 배심원이 되는 것, 군 복무, 담배 등을 금지한다.

몰몬교(Mormonism) 신도들은 '지혜의 말씀(word of wisdom)'에 따라 술, 담배, 커피, 차를 의미하는 뜨거운 음료, 불법적인 약물, 기타 유해하거나 중독성이 있는 물질을 엄격히 금한다. 그러나 의료적인 목적으로 약물을 사용하는 것이나 수혈에 대해서는 제한하지 않는다. 남편의 정자에 한하여 인공수정을 허용한다. 한 달에 한 번 일요일에 단식을 하는데, 24시간 동안 물을 포함하여 음료나 음식을 섭취하지 않는다. 단, 임산부, 매우 어린 아이, 노약자, 환자에게는 단식이 요구되지 않는다.

부록

전국 가족센터 및 다문화가족지원센터의 현황

1 전국 가족센터 현황

(2023. 1. 1. 현재)

연번	시도	시군구	가족센터 주소	연 락 처
1	서울	중구	서울시 중구 소파로4길 6	tel. 02-318-0227
2		강남구	서울시 강남구 개포로 617-8	tel. 02-3412-2222
3		강동구	서울시 강동구 양재대로 1634, 3층	tel. 02-471-0812
4		강북구	서울시 강북구 한천로 129길 6	tel. 02-987-2567
5		강서구	서울시 강서구 강서로 5길 50, 곰달래 문화복지센터 4층	tel. 02-2606-2017
6		관악구	서울시 관악구 신림로 3길 35 김삼준문화복지기념관 3층 사무실	tel. 02-883-9383
7		광진구	1센터: 서울시 광진구 능동로 30길 23, 새마을회관 2층 2센터: 서울시 광진구 아차산로 24길 17, 자양공공힐링센터 5층	tel. 02-458-0622(건가) tel. 02-458-0666(다가)
8		구로구	서울시 구로구 우마2길 35, 구로구가족종합지원센터 2, 3층	tel. 02-869-0317
9		금천구	서울시 금천구 금하로 11길 40 1층	tel. 02-803-7747
10		노원구	서울시 노원구 동일로 173가길 94 가온빌딩 3층	tel. 02-979-3501
11		도봉구	서울시 도봉구 도봉로 552 도봉구민회관 2층	tel. 02-995-6800
12		동대문구	1센터: 서울시 동대문구 청계천로 521, 다사랑행복센터 6~7층 2센터: 서울시 동대문구 무학로 89, 동대문구민행복센터 2층	tel. 02-957-0760(건가) tel. 02-957-1073(다가)
13		동작구	1센터 : 서울시 동작구 동작대로29길 63-26, 2,3층 2센터 : 서울시 동작구 양녕로25길 60-23, 미소가B동 302호 분소: 서울시 동작구 신대방1길 42, 신대방동 구립지역아동센터 3층	tel. 02-599-3301
14		마포구	서울시 마포구 양화로 19 합정오피스빌딩 B2층	tel. 02-3142-5482
15		서대문구	1센터 : 서울시 서대문구 증가로 244, 2층 2센터 : 서울시 서대문구 통일로 27길 19, 2층 3센터 : 서울시 연희로 32길 48, 연희성원아파트 관리동 2층	tel. 02-322-7595 tel. 02-375-7530~1
16		서초구	방배본부: 서울시 서초구 방배로10길 10-20, 5층 1센터 : 서울시 서초구 강남대로 201 서초문화예술회관 2층 2센터 : 서울시서초구사평대로205센트럴시티파미에스테이션 2층 3센터 : 서울시 서초구 청계산로9길70, 내곡SH플라자 301-1호 ※1인가구지원센터 21년 6월 위탁운영 종료됨.	tel. 02-576-2851(방배본부, 1센터) tel. 02-6919-9748(센터2) tel. 02-573-2010(센터3)
17		성동구	서울시 성동구 무학로 6길 9(홍익동) 3층	tel. 02-3395-9445
18		성북구	1센터 : 서울시 성북구 안암로 145 고려대학교 라이시움 102호 2센터 : 서울시 성북구 정릉로61-6 성북온가족행복지원센터	tel. 02-3290-1660
19	서울	송파구	1센터 : 서울시 송파구 양산로 5 송파구보건지소 2센터 : 서울시 송파구 마천로 41길 12 3센터 : 서울시 송파구 백제고분로42길 5, 408호 아이돌봄지원사업팀	tel. 02-443-3844 tel. 02-403-3844 tel. 02-430-3844 tel. 070-7459-3844

연번	시도	시군구	가족센터 주소	연 락 처
			4센터 : 서울시 송파구 토성로 19길 37 토성경로당 2층 공동육아 나눔터	
20		양천구	서울시 양천구 남부순환로83길 53(신월6동 행정복합타운 3층)	tel. 02-2065-3400
21		영등포구	서울시 영등포구 영등포로84길 24-5 4층	tel. 02-2678-2193
22		용산구	서울시 용산구 이태원로 224-19 3층	tel. 02-797-9184
23		은평구	서울시 은평구 은평로21가길 15-17	tel. 02-376-3761
24		종로구	서울시 종로구 종로53길 29(창신동 197-17) 토월 2층	tel. 02-764-3524
25		서울중구	서울시 중구 퇴계로 460 중구종합복지센터 10층	tel. 02-2279-3891
26		중랑구	서울시 중랑구 용마산로 369	tel. 02-435-4142
27	부산	금정구	부산시 금정구 중앙대로 1992 2층(남산동)	tel. 051-513-2131
28		기장군	부산시 기장군 기장읍 차성로 206 기장종합사회복지관 2층	tel. 051-792-4750
29		동래구	부산시 동래구 사직북로63번길 20-7, 사직종합사회복지관 2층	tel. 051-506-5766
30		사상구	부산시 사상구 가야대로 196번길 51 다누림센터 4층	tel. 051-328-0042
31		부산동구	부산시 동구 중앙대로 248(초량동, 엘림빌딩 3층)	tel. 051-465-7171
32		부산서구	부산시 서구 구덕로 127, 6층(토성동 5가, 서구가족센터)	tel. 051-241-6200
33		사하구	1센터: 부산시 사하구 하신중앙로 185, 3층(신평동, 사하구제2청사) 2센터: 부산시 사하구 신산로 177, 2층(신평동, 농협은행)	tel. 051-203-4588 tel. 051-205-8345
34		수영구	부산시 수영구 황령산로 7번길 45(남천동, 헤리티지) 지하 1층	tel. 051-758-3073
35		연제구	부산시 연제구 월드컵대로 46번길 11	tel. 051-851-5002
36		영도구	부산시 영도구 하나길 448	tel. 051-414-9605
37	대구	대구남구	대구시 남구 이천로10	tel. 053-475-2324
38		달서구	대구시 달서구 야외음악당로13길 60	tel. 053-593-1511
39		달성군	대구시 달성군 화원읍 성천로 5 5층	tel. 053-636-7390
40		대구동구	대구시 동구 안심로 300, 4~5층	tel. 053-961-2203
41		대구북구	대구시 북구 칠곡중앙대로 473, 2층(관음동, 조은빌딩)	tel. 053-327-2994
42		대구서구	대구시 서구 서대구로 330, 5~6층	tel. 053-355-8042
43	대구	수성구	대구시 수성구 들안로16길 78, 두산문화센터 1층	tel. 053-795-4300
44		대구중구	대구시 중구 남산로 53-1, 2층	tel. 053-431-1230
45	인천	강화군	인천시 강화군 강화읍 북문길11-1	tel. 032-933-0980
46		계양구	인천시 계양구 계양산로 102번길 5 사회복지회관 3층	tel. 032-547-1015
47		미추홀구	1센터 : 인천시 미추홀구 낙섬중로 129, 주민복지관 1동 2센터 : 인천시미추홀구소성로189, 새암빌딩 5층	tel. 032-875-2993(건가) tel. 032-875-1577(다가)
48		남동구	인천시 남동구 호구포로 203-31(논현동)	tel. 032-467-3904

연번	시도	시군구	가족센터 주소	연 락 처
49		인천동구	인천시 동구 박문로 8(송림동), 3층	tel. 032-773-0297
50		인천서구	인천시 서구 경명대로 693번길6(공촌동)	tel. 032-569-1560
51		연수구	인천시 연수구 청능대로 109, 4층	tel. 032-851-2730
52		옹진군	인천시 옹진군 영흥북로 228, 2층	'23년 하반기 개소 예정
53		인천중구	인천시 중구 답동로 23, 천주교사회복지센터 3층	tel. 032-763-9337
54	광주	광산구	광주시 광산구 광산로57-1	tel. 062-954-8004
55		광주남구	광주시 남구 서문대로 831, 7층	tel. 062-351-9337
56		광주동구	광주시 동구 남문로 693번길 14	tel. 062-234-5790
57		광주북구	광주시 북구 하서로 195	tel. 062-363-2963
58		광주서구	광주시 서구 상무대로 1224번길 18	tel. 062-369-0072
59	대전	대전광역시	대전시 유성구 테크노6로 40-17(관평동)	tel. 042-932-9995
60		대전서구	대전시 서구 배재로 155-40, 우남관 103-1호 (도마동, 배재대학교)	tel. 042-520-5928
61	울산	울산남구	울산시 남구 여천로 12번길 50(해피투게더 타운, B1)	tel. 052-274-3136
62		울산동구	울산시 동구 대학길 59, 3층	tel. 052-232-3357
63		울산북구	울산시 북구 동대5길 31(호계동 259-13)	tel. 052-286-0025
64		울주군	울산시 울주군 범서읍 점촌5길 39-7 1층	tel. 052-242-9600
65		울산중구	울산시 중구 중앙시장길 2 3층	tel. 052-248-1103
66	세종	세종시	세종시 새롬로 14, 새롬종합복지센터 2층	tel. 044-862-9336
67	경기	가평군	경기도 가평군 가평읍 석봉로 191번길 10, 2층	tel. 070-7510-5870
68		과천시	경기도 과천시 관악산길 58	tel. 02-503-0070
69		광명시	경기도 광명시 디지털로 34 철산별관 노둣돌 1동 2층	tel. 02-6265-1366
70		광주시	경기도 광주시 통미로 52번길 19	tel. 031-798-7137
71		구리시	경기도 구리시 아차산로 453 구리시 여성행복센터 5층	tel. 031-556-3873
72		군포시	경기도 군포시 수리산로112, 수리산상상마을 슬기관 1층	tel. 031-392-1811
73		김포시	경기도 김포시 김포한강4로 564, LH한가람 2단지 내	tel. 031-996-5920
74		남양주시	경기도 남양주시 경춘로 522 남양주시청 제2청사 2층, 4층	tel. 031-553-8211
75		동두천시	경기도 동두천시 중앙로 249 두드림희망센터 2층	tel. 031-863-3801
76		시흥시	본관: 경기도 시흥시 정왕천로 449번길 51 분관: 경기도 시흥시 승지로 59번길 1, 건아빌딩 301,302	tel. 031-319-7997
77		안성시	경기도 안성시 산수유길 15 안성종합사회복지관 3층	tel. 031-677-7191
78		안양시	경기도 안양시 동안구 동안로 158(비산동) 동안구청 별관 2층	tel. 031-8045-5572

연번	시도	시군구	가족센터 주소	연 락 처
79		양주시	경기도 양주시 평화로 1475번길 39 회천2동 행정복지센터 6층	tel. 031-858-5681
80		양평군	경기도 양평군 양평읍 중앙로 111번길 34-23 행복플러스센터 2층	tel. 031-775-5957
81		여주시	경기도 여주시 세종로61, 현대상가 3층	tel. 031-886-0321
82		연천군	경기도 연천군 전곡읍 전영로 11, 연천군종합복지관 5층	tel. 031-835-0093
83		오산시	경기도 오산시 성호대로 83(주사무소) 경기도 오산시 운암로7 오산시자원봉사센터 3층(부설사무소)	tel. 031-378-9766(건가) tel. 031-372-1335(다가)
84		용인시	경기도 용인시 수지구 법조로 230(용인시종합가족센터 3층)	tel. 031-323-7131
85		의왕시	경기도 의왕시 덕장로 19 청계종합사회복지관 4층	tel. 031-429-8931
86		의정부시	경기도 의정부시 둔야로 5번길 67	tel. 031-878-7117
87		이천시	경기도 이천시 남천로 31(중리동) 행정복지센터 3층	tel. 031-631-2260
88		파주시	경기도 파주시 중앙로 229	tel. 031-949-9161
89		평택시	경기도 평택시 서정로295(서정동) 북부복지타운 1층	tel. 031-615-3952
90		포천시	경기도 포천시 해룡로120 차 의과학대학교 면학관 101호	tel. 031-532-2062
91	경기	하남시	경기도 하남시 덕풍천서로 9 별관 3~4층	tel.031-793-2993
92		화성시	경기도 화성시 태안로 145 유앤아이센터 4층	tel.031-267-8787
93	강원	강릉시	강원도 강릉시 옥가로 48 2층	tel. 033-648-3019
94		고성군	강원도 고성군 간성읍 간성로 97 여성회관 1층	tel. 033-681-9390
95		동해시	강원도 동해시 천곡1길 20-3 동해시청 제 1별관	tel. 033-535-8377
96		삼척시	강원도 삼척시 원당로 2길 72-6번지 5층	tel. 033-576-0761
97		속초시	강원도 속초시 도리원길 5(경동대 속초캠퍼스 유아교육관 2층)	tel. 033-638-3523
98		양구군	강원도 양구군 양구읍 장터길 43(양구행복나눔센터)	tel. 033-480-2445
99		양양군	강원도 양양군 양양읍 안산1길 36(여성회관 2층)	tel. 033-670-2943
100		영월군	강원도 영월군 영월읍 단종로 12, 4층	tel. 033-372-4769
101		원주시	강원도 원주시 판부면 매봉길 16-18	tel. 033-764-8612
102		인제군	강원도 인제군 인제읍 비봉로 44번길 100 하늘내린센터 3층	tel. 033-462-3651
103		정선군	강원도 정선군 정선읍 봉양7길 16 3층	tel. 033-562-3458
104		철원군	강원도 철원군 갈말읍 삼부연로 22-1	tel. 033-452-7800
105		춘천시	강원도 춘천시 공지로305(홀트춘천복지센터 1층)	tel. 033-251-8014
106		태백시	강원도 태백시 해지개길 41	tel. 033-554-4003
107		평창군	강원도 평창군 평창읍 평창중앙로 67/ (문화복지센터 2층)	tel. 033-332-2063
108		홍천군	강원도 홍천군 홍천읍 꽃뫼로 87 2, 3층	tel. 033-433-1915

연번	시도	시군구	가족센터 주소	연 락 처
109		화천군	강원도 화천군 화천읍 산수화로45-30	tel. 033-440-4527
110		횡성군	강원도 횡성군 횡성읍 횡성로 379 횡성군종합보건복지타운 3층	tel. 033-344-3458
111	충북	괴산군	충북 괴산군 괴산읍 금산길 3	tel. 043-832-1078
112		단양군	충북 단양군 단양읍 별곡 12길 5 여성발전센터 2층	tel. 043-421-6200
113		보은군	충북 보은군 보은읍 남부로 4515, 거성상가 2층	tel. 043-544-5422
114		옥천군	충북 옥천군 옥천읍 삼금로4길6 옥천통합복지센터 5층	tel. 043-733-1915
115		영동군	충북 영동군 영동읍 성안길 8, 여성회관 1층	tel.043-745-8489
116	충북	음성군	충북 음성군 음성읍 음성천서길103 여성회관 2층	tel. 043-873-8731
117		제천시	충북 제천시 명륜로 13길 3 제천가톨릭복지관 2층	tel. 043-645-1995
118		증평군	충북 증평군 증평읍 문화로 75-1	tel. 043-835-3572
119		진천군	충북 진천군 진천읍 중앙북1길 11-10 2층	tel. 043-537-5435
120		청주시	충북 청주시 서원구 무심서로 333	tel. 043-263-1817
121		충주시	충북 충주시 사직산21길 34, 복합복지관 2층	tel. 043-856-2253
122	충남	계룡시	충남 계룡시 엄사면 엄사중앙로 94 4층 411호	tel. 042-551-1133
123		공주시	충남 공주시 우금티로 753 유아교육관2층 (공주대학교 옥룡캠퍼스)	tel. 041-853-0881
124		금산군	충남 금산군 금산읍 군청5길 35	tel. 041-750-3990
125		논산시	충남 논산시 관촉로 277번길 23-13 2, 3층	tel. 041-733-7800
126		보령시	충남 보령시 한내로 45(문화빌딩 2층)	tel. 041-936-8506
127		부여군	충남 부여군 규암면 아름1로64, 가족행복센터 1층	tel. 041-830-2900
128		서산시	충남 서산시 고운로 239, 3층	tel. 041-664-2710
129		서천군	충남 서천군 서천읍 서문로 38 가족누리센터 2층	tel. 041-953-3808
130		아산시	1센터 : 충남 아산시 시장길 29 시민문화복지센터 4층 2센터 : 충남 아산시 시민로 467-15, 글로벌가족센터 3센터 : 충남 아산시 온천대로 1496, 온양온천역 1층 4센터 : 아산시 신창면 서부남로 860, 2층	tel. 041-548-9779
131		예산군	충남 예산군 예산읍 산성공원2길 15 2층	tel. 041-339-8381
132		청양군	충남 청양군 청양읍 칠갑산로 9길 32 복지타운 2층	tel. 041-944-2333
133		태안군	충남 태안군 태안읍 백화로 180 교육문화센터 1층	tel. 041-670-2396
134		홍성군	충남 홍성군 홍성읍 조양로75번길 17	tel. 041-634-7432
135	전북	고창군	전북 고창군 고창읍 성산로 57 1층	tel. 063-561-1366
136		군산시	전북 군산시 축동1길 15-2(수송동)	tel. 063-443-0053
137		김제시	전북 김제시 요촌길 45, 지평선어울림센터 3층	tel. 063-545-8506

연번	시도	시군구	가족센터 주소	연 락 처
138		남원시	전북 남원시 용성로 43	tel. 063-635-5474
139	전북	무주군	전북 무주군 무주읍 신교로 2길 17	tel. 063-322-1130
140		부안군	전북 부안군 부안읍 오리정로 89 2층	tel. 063-580-3941
141		순창군	전북 순창군 순창읍 순창로 127 행복누리센터 3층	tel. 063-652-3844
142		완주군	전북 완주군 용진읍 완주로 456-39 완주가족문화교육원 1층	tel. 063-261-1033
143		익산시	전북 익산시 고현로 10-3	tel. 063-838-6046
144		임실군	전북 임실군 임실읍 봉황로 80, 3층	tel. 063-642-1837
145		장수군	전북 장수군 장수읍 싸리재로 15	tel. 063-352-3362
146		정읍시	전북 정읍시 중앙2길 22	tel. 063-531-0309
147		진안군	전북 진안군 진안읍 중앙로 28 3층	tel. 063-433-4888
148	전남	강진군	전남 강진군 강진읍 사의재길 41	tel. 061-433-9004
149		고흥군	전남 고흥군 고흥읍 고흥로 1656 새마을회 3층	tel. 061-832-5399
150		곡성군	전남 곡성군 곡성읍 학정3길 6	tel. 061-362-5411
151		광양시	전남 광양시 중마로 410(커뮤니티센터6층)	tel. 061-797-6800
152		구례군	전남 구례군 구례읍 구례로 508 청소년문화의집 2층	tel. 061-781-8003
153		나주시	전남 나주시 예향로 4075	tel. 061-331-0709
154		담양군	전남 담양군 담양읍 완동길 10-5 담양군여성회관 내 4층	tel. 061-383-3655
155		무안군	전남 무안군 무안읍 무안로 511	tel. 061-452-1813
156		보성군	전남 보성군 보성읍 송재로 186-5	tel. 061-852-2664
157		순천시	전남 순천시 중앙로 255 순천대학교 평생교육원 B동 1층	tel. 061-750-5353
158		신안군	전남 신안군 압해읍 천사로 1004 신안군청 보건소 4층	tel. 061-240-8706
159		여수시	전남 여수시 새터로 33(신기동)	tel. 061-692-4173
160		목포시	전남 목포시 수강로12번길 41, 5층	tel. 061-278-4222
161		영광군	전남 영광군 영광읍 물무로 171, 유림회관 2층	tel. 061-353-7997
162		영암군	전남 영암군 삼호읍 세가래로 88 삼호종합복지회관 2층	tel. 061-463-2928
163		완도군	전남 완도군 완도읍 개포로34-10 3층	tel. 061-554-3400
164	전남	장성군	전남 장성군 장성읍 충무5길 24 가정복지회관 1층	tel. 061-393-5420
165		장흥군	전남 장흥군 장흥읍 흥성로 37-24 장흥종합사회복지관 4층	tel. 061-864-4810
166		진도군	전남 진도군 진도읍 진도대로 7195(여성플라자 1층 우)	tel. 061-544-9993
167		함평군	전남 함평군 함평읍 들샘길 36, 함평천지종합복지관 4층	tel. 061-324-5431
168		해남군	전남 해남군 해남읍 북부순환로 10 2층	tel. 061-534-0017
169		화순군	전남 화순군 화순읍 대교로 11(화순희망센터 2층)	tel. 061-375-1057

연번	시도	시군구	가족센터 주소	연 락 처
170	경북	경상북도	경북 구미시 형곡동로 2길 4, 1층	tel. 054-454-0542
171		군위군	경북 군위군 군위읍 중앙길 31-10(군위군 구 보건소 2층)	tel. 054-383-2511
172		경산시	경북 경산시 경산로 131	tel. 053-816-4071
173		경주시	경북 경주시 북성로 87(북부동, 평생학습가족관 2층)	tel. 054-779-8706
174		구미시	경북 구미시 산책길73, 구미시가족행복플라자	tel. 054-443-0541
175		김천시	경북 김천시 공단로 152-32	tel. 054-439-8280
176		문경시	경북 문경시 매봉로 65, 4층	tel. 054-554-5591
177		봉화군	경북 봉화군 봉화읍 내성로5길 13 군민행복센터 3층	tel. 054-673-9023
178		상주시	경북 상주시 경상대로 3063-10	tel. 054-531-1342
179		성주군	경북 성주군 성주읍 성산9길 45 문화예술회관 2층	tel. 054-930-8245
180		안동시	경북 안동시 경북대로 440, 3층	tel.054-853-3111
181		영덕군	경북 영덕군 영덕읍 강변길 324 영덕문화체육센터 내 여성회관 2층	tel. 054-730-7383
182		영주시	경북 영주시 명륜길 28번길 25	tel. 054-634-5431
183		영천시	경북 영천시 운동장로 41(교촌동) 3층	tel. 054-334-2881
184		예천군	경북 예천군 예천읍 충효로 239 베스트프라자A동 2층	tel.054-654-4321
185		울릉군	경북 울릉군 울릉읍 봉래2길 31	tel. 054-791-0205
186		울진군	경북 울진군 울진북로 496-11, 1층	tel. 054-783-8988
187		의성군	경북 의성군 의성읍 후죽1길 21	tel. 054-832-5440
188		청도군	경북 청도군 화양읍 청려로 1846 청소년수련관 3층	tel. 054-373-8131
189	경북	칠곡군	경북 칠곡군 왜관읍 관문로 1길 24-11, 온가족행복센터 2층	tel. 054-975-0833
190		포항시	경북 포항시 북구 선착로 18-10(대신동)	tel. 054-244-9702
191	경남	거제시	경남 거제시 탑곡로 75, 근로자가족복지회관 2층(아주동)	tel. 055-682-4958
192		거창군	경남 거창군 거창읍 강남로1길 170	tel. 055-945-1365
193		고성군	경남 고성군 고성읍 성내로135번길 10-1	tel. 055-673-1466
194		남해군	경남 남해군 남해읍 망운로 32, 종합사회복지관 2층	tel. 055-864-6965
195		김해시	경남 김해시 김해대로 2232, 여객터미널 4층	tel. 055-329-6355(건가) tel. 055-329-6349(다가)
196		밀양시	경남 밀양시 밀양대로 2089 1층	tel. 055-351-4404
197		사천시	경남 사천시 용현면 부곡3길 90, 사천시여성회관 2층	tel. 055-832-0345
198		산청군	산청군 산청읍 웅석봉로 86번길 9-19, 산청군가족문화센터 2층	tel. 055-972-1018
199		양산시	경남 양산시 양주1길 7-1, 2층	tel. 055-382-0988
200		의령군	경남 의령군 의령읍 의병로 17길 6	tel. 055-573-8400

연번	시도	시군구	가족센터 주소	연 락 처
201		진주시	경남 진주시 진양호로 305(신안동)	tel. 055-749-5445(건가) tel. 055-749-5443(다가)
202		창녕군	경남 창녕군 창녕읍 창녕대로 172 사회복지타운 1층	tel. 055-533-1305
203		창원시	경남 창원시 성산구 대정로20번길 11, 1층(가음동, 여성회관 창원관)	tel. 055-225-3951
204		창원시 마산	경남 창원시 마산합포구 중앙북5길 20. 마산YWCA 지하1층	tel. 055-244-8745
205		통영시	경남 통영시 안개 4길 94(통영시종합사회복지관 내 3층)	tel. 055-640-7740
206		하동군	경남 하동군 섬진강대로 2214 종합사회복지관4층	tel. 055-880-6520
207		함안군	경남 함안군 산인면 가야로 217 산인면종합복지관 1층	tel. 055-583-5430
208		함양군	경남 함양군 함양읍 함양여중길 10	tel. 055-963-2057
209		합천군	경남 합천군 합천읍 옥산로 96-7, 2층	tel. 055-930-4735
210	제주	서귀포시	제주 서귀포시 서호남로 19-42	tel. 064-732-6482
211		제주시	제주 제주시 중앙로 14길 15(삼도이동) 2,3,4층	tel. 064-725-8005

※ 가족센터: (건강가정지원센터와 다문화가족지원센터의 통합센터)

2 전국 다문화가족지원센터 현황

(2023. 1. 1. 현재)

시도	시군구	다문화가족지원센터 주소	전화번호
부산 (4)	진구	부산 진구 백양대로 160, 2층(당감동, 부산진구 여성가족문화센터)	051-817-4313
	남구	부산 남구 수영로 356, 2층(대연동, 부산광역시 여성회관)	051-610-2027
	북구	부산 북구 효열로 76(금곡동 1108)	051-365-3408
	해운대구	부산 해운대구 해운대로 575, 11층(우동, 국제빌딩)	051-702-8002
인천 (1)	부평구	인천 부평구 열우물로 103(십정1동 279-20) 열우물어울림센터 7층	032-511-1800~1,9
대전 (3)	동구	대전 동구 동대전로 171(자양동) 우송도서관 706호	042-630-9945
	중구	대전 중구 대흥로 128(대흥동445-1)	042-335-4566
	대덕구	대전 대덕구 신탄진로 63, 대전가톨릭사회복지회관 2층(연축동)	042-639-2664
경기 (5)	수원시	경기 수원시 장안구 송원로 63 신성빌딩 3, 4층(송죽동)	031-257-8504
	성남시	경기 성남시 중원구 광명로 395번길 1	031-740-1175
	고양시	경기 고양시 일산동구 대산로 27 정원빌딩 4층	031-938-9801
	부천시	경기 부천시 조종로 68번가길 4	032-327-1370
	안산시	경기 안산시 단원구 화정로 26, 안산글로벌다문화센터 2층(초지동)	031-599-1700~16
충북 (1)	청원	충북 청주시 상당구 남일면 단재로 480 상당보건소 내 2층	043-293-8887
충남 (2)	천안시	충남 천안시 동남구 은행길 15-1 3층	041-558-8653
	당진시	충남 당진시 시청 1로 38 수청동(1005, 당진시종합복지타운 4층)	041-360-3160
전북 (1)	전주시	전북 전주시 완산구 태평5길 26 3층	063-243-0333
경북 (3)	청송군	경북 청송군 청송읍 복지타운길 77	054-870-6790
	영양군	경북 영양군 영양읍 군민회관길 36	054-683-5432
	고령군	경북 고령군 고령읍 왕릉로 30 문화누리 3층	054-956-6336

참고문헌

강휘원(2009), "캐나다 다문화사회의 통합과 이중정책", 「국가정책연구」, 제23권 제3호.

경기도다문화교육센터(2007), '제2회 경기다문화교육포험, 다문화시대의 교육, 어디로 가야하나?'.

고영남(2012), 『생활지도와 상담』. 교육과학사.

교육부 교육기회보장과(2019), '2019년 다문화교육 지원계획'.

교육부 교육통계과(2019), '2019년 교육기본통계 주요 내용'.

국가평생교육진흥원(2013), '다문화학생을 위한 교사용 매뉴얼, 생활지도 및 학습지도'.

김선미(2000), "다문화 교육의 개념과 사회과 적용에 따른 문제", 『사회과교육학연구』.

김태호(2008), "상담의 윤리와 효율성 향상을 위한 다문화적 접근", 『다문화교육연구』 2(1), 54-76.

노기옥 외(2019), 『문화 다양성 사회와 건강』. 수문사.

노안영(2005), 『상담심리학의 이론과 실제』. 학지사.

박이분 외(2018), "결혼이주여성의 적응과 부적응; 배우자와의 관계 만족과 경제활동을 중심으로", 통계연구 제23권.

법무실무연구회(2010), 『다문화가정의 지원 및 정착에 관한 도우미』, 예스폼.

부산상공회의소(2019), '부산지역 외국인근로자 임금 실태조사'.

북한이탈주민지원재단(2018), '2018 북한이탈주민 사회통합조사'.

북한이탈주민지원재단(2018), '2018 탈북청소년 실태조사'.

북한이탈주민지원재단(2019), '북한이탈주민실태조사'.

서종남(2012), 『다문화교육 이론과 실제』, 학지사.

설동훈 외(2004), '국내 외국인노동자 차별해소방안 연구', 대통령자문정책기획원.

설동훈 외(2011), '다문화가족 사회통합 관련 정책과제 개발 및 발전 방안 연구', 여성가족부.

양순옥 외(2011), 『다문화가족건강』, 도서출판 소화.

여성가족부(2019), '전국다문화가족실태조사'.

우수명 외(2015), 『다문화사회복지개론』. 양서원.

위키백과.

유호신 외(2005), 『지역사회간호학 Ⅰ』. 고려대학교출판부.

유호신 외(2005), 『지역사회간호학 Ⅱ』. 고려대학교출판부.

윤여상(2004), '북한이탈주민 문제와 종교단체의 역할'.

윤정향(2009), '외국인력 수요분석 및 활용방안'. 한국고용정보원.

이성순 외(2017), 『다문화사회복지론』. 양서원.

이승신(2012), 『과목별 학습 백과』, '기술 가정 중학교3 자습서'. 천재교육사.

이용교(2002), 『디지털 사회복지』. 인간과 복지.

이은미(2013), '간호대학생의 문화 간 의사소통 능력에 미치는 영향변인', 대구가톨릭대학교 대학원 석사 논문.

이은희 외(2012), 『간호에서의 다문화개념』, 수문사.

인권교육센터 홈페이지.

일본 총무성(2007), '다문화공생의 증진에 대한 연구회 보고서'.

장윤수 외(2012), 『한국 다문화사회와 교육』, 양서원.

장인협(1996), 『사회사업실천방법론-상』, 서울대학교출판부.

전남교육청(2011), '다문화수업의 길라잡이, 초등학교 다문화 이해교육 및 수업자료'.

조원탁 외(2019), 『다문화사회의 이해와 실천』. 양서원.

중앙다문화교육센터(2013), '교사를 위한 다문화학부모 상담 길라잡이'.

중앙다문화교육센터(2014), '2014년 교육부지정 다문화교육 중점학교 프로그램 운영 매뉴얼'.

중앙다문화교육센터 홈페이지.

천정웅 외(2015), 『이민다문화가족복지론』, 양서원.

천정웅 외(2015), 『아시아의 이해 사회화 문화』, 양서원.

최충옥 외(2012), 『다문화교육의 이해』, 양서원.

출입국・외국인정책본부(2019), '출입국・외국인정책 통계 월보' 2019년 11월호.

탈북청소년교육지원센터(2019), '2019년 탈북학생 통계 현황'.

통계청(2019), '2019 이민자 체류실태 및 고용조사 결과'.

하영수 외(2003), 『모성・여성건강 간호학 I』. 신광출판사.

하혜숙 외(2011), 『다문화 상담 - 이론과 실제』, 학지사.

한국고용정보원(2019), '고용허가제 고용동향(사업장 수)'.

한국다문화교육연구학회(2014), 『다문화교육 용어사전』, 교육과학사.

한국산업인력관리공단 외국인력국(2019), '2019년 경영 계획'.

한국외국인노동자지원센터(2019), '2019년도 한국외국인노동자지원센터 사업계획'.

한국행정연구원(2019), '사회통합실태조사'.

현외성 외(1998), 『사회복지의 이해』, 유풍출판사.

호남지방통계청 지역통계과(2019), '통계로 본 2018년 호남・제주 다문화 현황 및 분석'.

행정안전부(2019), '지방자치단체외국인주민현황'.

Bradshaw, J.(1977), "*The Concept of Social Needs*", Gilbert, N.& Specht, H. eds., Planning for Social Welfare, N.J.: Prentice-Hall.

Gollnick, Donna M. & Chinn, Philip(2009), *Multicultural education in a Pluralistic Society*, 염철현 역, 2012, 다문화교육개론, 한울.

Jon G. Allen(2010), *Coping with Trauma: Hope through Understanding*, 권정혜 외 역. 2010. 트라우마의 치유. 학지사.

Leininger, M. M. (1978), *Transcultural nursing; Concepts, theories and practices*, New York:

John Wiley & Sons.

Leininger, M. M. (1991), *Cultural care diversity and universality: A theory of nursing*; New York: National League for Nursing.

Leininger, M. M. (1995), *Transcultural nursing; Concepts, theories, research and practices*, New York: McGraw-Hill.

Linda Dayer-Berenson(2014), *Cultural Competencies For Nurses: Impact on Health and Illness 2/e*, JONES & BARTLETT LEARNING, LLC. ALL RIGHTS RESERVED. 손수경 외 역, 2014, 『간호와 다문화역량』, 수문사.

Miller, C.(1971), *Foundations of guidance*(2nd ed). NY: Harper & Row.

Ramsey, Patricia G.,& Williams, Leslie R. (2003), *Multicultural education*: A Source Book(Second Edition). N. Y. & London: Routledgefalmer.

Robert L. Barker(1987), *Social Work Dictionary*. 중앙사회복지연구회 역(1996), 『사회사업사전』. 이론과 실천.

Shertzer, B., & Stone, S C.(1981), *Fundamentals of guidance* (4th ed). Boston; Houghton Mifflin.

찾아보기

인명

내용

《ㄱ》

《ㄴ》

《ㄷ》

《ㅁ》

《ㅂ》

《ㅅ》

《ㅇ》

《ㅈ》

《ㅊ》

《ㅋ》

《ㅌ》

《 ㅍ 》

《 ㅎ 》

《 기타 》

임신웅

호남신학대학교 졸
호남신학대학교 신학대학원 졸
순천대학교 일반대학원 교육학과 졸업
순천대학교 교육학 박사
사회복지사 2급
現 순천대학교 교직과 강사 (교육학)
現 청암대학교 간호학과 강사 (다문화)
現 순천CYA(기독교청소년협회) 이사
現 광양외국인근로자센터 교육자문
現 순천명성교회 위임목사

새로운 다문화사회의 이해와 실천

2023년 8월 20일 1판 1쇄 인쇄
2023년 8월 25일 1판 1쇄 발행

저　자 : 임　신　웅
발행자 : 한　정　주
발행처 : 교육과학사

저자와의 협의하에 인지생략

경기도 파주시 광인사길 71
전화(031)955-6956~8/팩스(031)955-6037
Home-page: www.kyoyookbook.co.kr
E-mail: kyoyook@chol.com
등록: 1970년 5월 18일 제2-73호

정가 24,000원
ISBN 978-89-254-1816-2